U0574276

吴式颖　李明德
丛书总主编

外国教育通史

第二十卷

20世纪末至21世纪初期的教育
（下）

王　晨　郭志明　姜星海
本卷主编

GENERAL HISTORY OF
FOREIGN EDUCATION

北京师范大学出版集团
BEIJING NORMAL UNIVERSITY PUBLISHING GROUP
北京师范大学出版社

图书在版编目(CIP)数据

外国教育通史：全二十一卷：套装／吴式颖，李明德总主编. -- 北京：北京师范大学出版社，2025.1.
ISBN 978-7-303-30486-8

Ⅰ．G519

中国国家版本馆 CIP 数据核字第 20251WL437

WAIGUO JIAOYU TONGSHI：QUAN ERSHIYI JUAN：TAOZHUANG

出版发行：北京师范大学出版社 https://www.bnupg.com
　　　　　北京市西城区新街口外大街 12-3 号
　　　　　邮政编码：100088

印　　刷：北京盛通印刷股份有限公司
经　　销：全国新华书店
开　　本：787mm×1092mm　1/16
印　　张：684
字　　数：9000 千字
版　　次：2025 年 1 月第 1 版
印　　次：2025 年 1 月第 1 次印刷
定　　价：4988.00 元(全二十一卷)

策划编辑：陈红艳　鲍红玉　　　　　责任编辑：齐　琳　张　越
美术编辑：焦　丽　　　　　　　　　装帧设计：焦　丽
责任校对：张亚丽　　　　　　　　　责任印制：马　洁

版权所有　侵权必究

读者服务电话：010-58806806
如发现印装质量问题，影响阅读，请联系印制管理部：010-58806364

编委会

总主编

吴式颖　李明德

副总主编

王保星　郭法奇　朱旭东　单中惠　史静寰　张斌贤

编　委
（按姓氏笔画顺序排列）

王　立　　王　晨　　王者鹤　　王保星　　史静寰　　乐先莲

朱旭东　　刘淑华　　许建美　　孙　进　　孙　益　　李子江

李立国　　李先军　　李明德　　李福春　　杨　捷　　杨孔炽

杨汉麟　　吴式颖　　吴明海　　何振海　　张　宛　　张　弢

张斌贤　　陈如平　　陈露茜　　易红郡　　岳　龙　　周　采

郑　崧　　单中惠　　赵卫平　　姜星海　　姜晓燕　　洪　明

姚运标　　贺国庆　　徐小洲　　高迎爽　　郭　芳　　郭　健

郭志明　　郭法奇　　傅　林　　褚宏启

目 录 | Contents

第一章

20 世纪末至 21 世纪初期的日本教育

教育改革是指"在政府的倡导下，以一定的教育理念为基础，通过学校制度和教育系统的制度上的改革，重新审视现实教育的应有态势的过程"①。日本近现代教育历经三次大的改革，即明治初期的教育改革、第二次世界大战后占领期的教育改革以及 20 世纪 80 年代以来至今的改革。本章将聚焦于 20 世纪末期至 21 世纪初第三次教育改革，探讨其历史进程，分析其背景，检验其效用。

第一节　教育改革与发展的背景

一、20 世纪末期的教育改革背景

第二次世界大战后日本人口增长有两次婴儿潮，分别是 1947 年至 1949 年的第一次婴儿潮和 1971 年至 1974 年的第二次婴儿潮。1970 年，日本总人口达到 1 亿左右。其中，生产年龄人口达到 7212 万，劳动力人口达到 5289

---

① 　金子照基：《教育改革と政策理念》，载《日本教育行政学会年報》，1985(11)。

万。人口红利期的到来成为促进经济发展的主要因素之一。根据内阁府的《关于国民生活的舆论调查》结果，有 90% 的人认为自己的生活水平已属于国家的中游水平。① 而大多数国民认为自己属于中产阶级的这一现象也被称为"1 亿总中流"(1 亿中产阶级)现象。

随着人口的增长，可预见的高中和大学的入学率上升也促使教育进行多元化变革②。中央教育审议会(以下简称"中教审")从 1967 年开始对学前教育至高等教育阶段的各阶段教育进行研究和商讨，于 1971 年公布《关于今后学校教育的综合扩充整备的基本对策》(以下简称"四六答申")，拉开了日本现代教育第三次改革的序幕。

据日本文部科学省网站资料显示，"四六答申"探讨了学校教育发展的多方面内容，主要议题可以分为以下三类：

第一，各级各类学校教育改革。在初中等教育的学校体系改革上，对 4—5 岁的幼儿到小学低年级的一贯制以及初中和高中的一贯制试行改革。在高等教育改革上，以促进高等教育多样化来改革原有的基本制度和结构。

第二，进一步扩充教育的规模，如普及幼儿园教育、充实特殊教育等，力图实现教育机会均等。1976 年首次制订的高等教育计划，是从大学规模和合理配置等角度扩充教育规模的方案之一。

第三，提升教育的质量，包括改善教育课程和方法、维持教育条件的水平，改善教师的培养、研修和待遇以及改善学校的管理运营体制。③

20 世纪 50 年代以来以中学为中心出现的校内暴力、霸凌、拒绝上学等被称为"教育荒废"的教育病理现象在 20 世纪 80 年代发展成为深刻的社会问

---

① 据 1975 年日本社会学会的《社会阶层与社会移动全国调查》(简称 SSM 调查)的结果，有 75% 的人认为自己属于中产阶层。

② 20 世纪 70 年代中期，高中入学率达到了 90%，而大学、短期大学的入学率达到了 35%。

③ 访问日期：2021-04-03。

题①。为了解决这些教育问题，当时的首相中曾根康弘于 1984 年设置了直属内阁的临时教育审议会(以下简称"临教审")②。

临教审在第一次答申(1985 年)中分析了教育荒废的原因，认为随着经济的增长带来的教育规模扩大加剧了应试竞争的消极影响，形成了不良的学历社会风潮，而整齐划一的、死记硬背式的教育也难以适应学生的多样性。鉴于此，临教审建议从五个方面开展具体的改革：第一，纠正学历社会的弊端；第二，改革大学入学选拔制度；第三，大学入学资格的自由化和弹力化；第四，设置六年制中学；第五，设置学分制高中。随后的两次答申又在此基础上具体化了改革的规划。在 1987 年最后一次的答申中，临教审总结并提出了教育改革的三大课题，即重视个性原则、转向终身学习体系以及应对国际化和信息化。

临教审的设立及其四次答申内容是日本战后自教育刷新委员会的设置以来第二次由政府强力推行的教育改革，体现了日本政府改革的决心。通过临教审的四次建议报告，个性化和自由化成为日本教育第三次改革的基调。

二、21 世纪初期以来的教育改革背景

截至 20 世纪 90 年代，日本的教育改革可以说是由文部科学省占主导地位的，而进入 21 世纪，教育改革则是由首相官邸主导的，被称作"仓促而激进的改革、歪曲教育而偏向政治的改革以及加强对教育现场管控的改革"③。

从 1999 年开始，学生的学力下降问题引起广泛的社会讨论，政府以此为契机迅速推进教育的自由化和市场化。2000 年，小渊惠三首相设置了教育改

---

① 少年犯罪等问题共出现三次高潮，分别为 1951 年、1964 年、1983 年。
② 临教审在 1985 年至 1987 年间提出四次答申内容后解散。
③ 広田照幸：《教育改革のやめ方——考える教师、頼れる行政のための視点》，21 页，东京，岩波书店，2019。

革国民会议，该项会议提出了《教育改革国民会议报告——改变教育的17个提案》。该提案的内容包括将学生的志愿者活动义务化、构建个性可以伸展的教育体系、大学入学考试的多元化，等等。之后小泉纯一郎首相提出了《构造改革和经济财政的中期展望》，文部科学省据此制订了一系列的教育改革计划：《21世纪教育新生计划》(2001年)、《培养开拓新时代的日本人：从整齐划一转向自立和创造》(2002年)、《义务教育的改革案》(2004年)以及《以提高人力为目标的今后教育构造改革》(2004年)等。

安倍晋三首相继任后，修改了《教育基本法》，设置了"教育再生会议"，会议的四次报告(2007—2008年)提出了小学英语的必修化、道德教育的教学科目化以及改正宽松教育、教师资格更新制度等方案。安倍政府还于2007年修改了《学校教育法》《教师资格证法》和《地方教育行政法》。随后福田康夫首相继续推行"教育再生"的理念。简言之，进入21世纪之后，教育改革受到以新自由主义为基础的政府构造改革的影响，因此与20世纪末期的教育改革有所不同。①

第二节 教育体制的基本结构

第二次世界大战结束后，美国在日本进行了民主化的改革，奠定了当今日本教育体制结构的基础。教育体制既包括中央与地方的教育行政关系，也包括各级各类的学校系统。其中，教育委员会制度的建立及发展体现了中央与地方教育权力博弈的过程，其设立之初的宗旨也随着时间的变迁而不断遭到挑战。与此同时，日本战后的"六·三·三·四"学制在实践中取得了一定

---

① 桐田清秀：《戦後日本教育政策の変遷——教育課程審議会答申とその背景》，载《花園大学社会福祉学部研究紀要》，2010(3)。

成绩，但是面对人口少子老龄化的加剧，学校的发展也受到巨大影响。相应地，日本所应对的挑战和改革方式也将对我国今后的教育发展提供思路。

一、中央—地方教育委员会制度

（一）教育委员会制度

1. 教育委员会的由来

日本现行的教育体制是国家、都道府县及市村町各自分担且互相协作的体制。其中，教育委员会是各地方教育行政的主要力量。

第二次世界大战前，日本的教育行政是中央集权式的，虽然有一些关于地方自治与分权的议论和运动，但是教育基本上属于国家事务。战后，教育作为国民基本人权的确立使得地方自治也成为宪法保障的对象。在日本宪法的第八章中有"地方自治"部分，明确指出保障地方"团体自治"和"住民自治"两项权利。在保障地方自治权利的基础上，《地方自治法》规定教育事务，即学校、图书馆、公民馆等与教育、学术和文化相关的设施的开设、管理以及相关的事务归属于地方自治体管理。①

地方自治的行政机构主体之一为教育委员会。第二次世界大战结束后，美国对日本进行了军事占领，开始对日本的教育实行非军事化、民主化改革。教育委员会正是日本战后教育改革中教育行政的民主化、地方分权化以及确保自主性原则的制度化产物。各地教育委员会的第一次选举于 1948 年进行，最初只设立在都道府县和五大都市，直到 1952 年才在包括市町村的全国范围内设置。

2. 教育委员会的组织

在 1948 年颁布的《教育委员会法》中规定了教育委员会的设置、组成以及

---

① 《教育委员会法》第四条规定，除了法律另有规定以外，大学以及私立学校不属于教育委员会管理范畴。参见《教育委员会法》（昭和二十三年七月十五日法律第百七十号）。

选举方式等内容。具体而言，都道府县设置的教育委员会称为都道府县委员会，而市村町设立的教育委员会称为地方委员会。在委员构成上，都道府县委员会由7人组成，而地方委员会由5人组成(见图1-1)。其中，有一名由地方公共团体的议会中选举产生，而其余的成员皆由各地居民选举产生。委员任期为四年，每两年对委员会的半数成员进行改选。

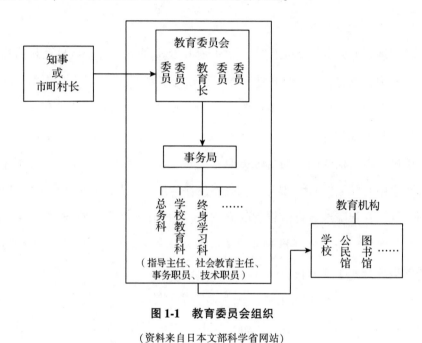

图1-1 教育委员会组织

(资料来自日本文部科学省网站)

3. 教育委员会的工作范畴

教育委员会负责所在地域的学校教育、社会教育、文化和运动等相关的事务。据日本文部科学省网站资料显示，教育委员会所负责的事务可以分为四部分内容，即学校教育、社会教育、艺术文化和文化财产以及运动等方面(见表1-1)。①

———————

① 访问日期：2021-07-01。

表 1-1　教育委员会的工作范畴

事务范畴	具体内容
促进学校教育	• 学校设置的管理 • 教职员人事以及进修 • 儿童和学生的就学以及学校的组织设置 • 校舍等设施和设备的购置 • 教科书及其他教材的相关事务
促进生涯学习和社会教育	• 终身学习和社会教育事业的实施 • 公民馆、图书馆和博物馆等的设置管理 • 对社会教育相关团体进行指导、建议和援助
促进艺术文化、保护文化财产	• 文化财产的保存和使用 • 文化设施的设置运营 • 文化事业的推行
促进体育运动	• 指导者的培养，确保体育馆、竞技场等运动设施的设置运营 • 体育事业的实施 • 体育信息的提供

其中，各地教育委员会的工作是以学校为中心展开的。与第二次世界大战(以下简称"二战")前监督地方教育的"视学"不同，教育委员会的指导主事对当地的学校并不具有监督权，仅对学校的教育内容和课程提供指导性的建议。换言之，教育委员会给予学校更大的自主权，让基层学校拥有更多组织和主导教育课程的自由。

4. 教育委员会与中央教育行政以及地方行政的关系

"二战"后日本的地方教育行政与中央教育行政的关系从原有的指挥监督转变为对等关系。据日本众议院网站资料，1999 年颁布的《文部科学省设置法》中指出，"除了法律所规定的特定场合以外，文部科学省不行使教育行政上的监督权""对于教育委员会、大学等其他教育机关给予专业及技术的指导和建议"。① 由此可见，与"二战"前的被监督与监督关系不同，教育委员会从

————————

① 访问日期：2021-07-01。

法律上获得了与中央教育行政对等的地位。

法律除了规定教育委员会与中央教育行政有对等的关系之外，教育委员会也独立于地方一般行政，具有政治的中立性。地方自治体的行政责任一般由行政长官担任，而与教育相关的事务则划分到独立于行政长官的教育委员会之下。行政长官虽然对教育委员的任命以及预算的制成等负有间接的责任，但是并不能指挥教育委员会。

(二)教育委员会制度的改革

1. 改革的原因

"二战"后教育委员会制度的建立使得地方自治权实体化，然而在全国范围内推广后出现了许多问题。1998年中央教育审议会提交了《今后地方教育行政的应有态势》报告。在报告中提出了地方教育行政制度在实行的50年中所存在的问题，包括国家与地方的关系职责不清、未能解决教育财政上的困境以及学级编制和教育设置上的弹性化等。据日本文部科学省网站资料显示，教育委员会制度存在的具体问题主要有以下两点：第一，在制度上，教育委员会制度过于形式化，对各种教育问题难以进行充分的讨论。同时，现行的教育长任命制以及教育长的选任制并不利于地方教育自治权的实行。此外，教育委员会事务局的结构薄弱，专业人员不足。第二，在民意反映上，不管是教育委员会成员的选举还是相关教育计划的制订与实施都不能很好地体现民意，且缺乏根据当地特点和实际情况制定相应教育措施的实践能力。①

2. 改革的方向

鉴于以上问题，《今后地方教育行政的应有态势》报告中提出了四项改善措施。

(1)教育委员的选任。首先，应该从教育委员构成的多样化出发，根据学术界人士的意见，向地方居民说明教育委员的选取标准、理由等，之后由行

---

① 访问日期：2017-07-01。

政长官来选考教育委员并征求议会的同意。其次，在人员补充和对新人员的培养上，增加原有的人数限额以及为新晋的教育委员提供相关的教育政策信息，确保其可以得到相关的研究机会。

（2）废除教育长的任命制度，根据地方中长期发展计划来招聘教育长。同时要改善教育长的待遇、权限以及为其提供相关的教育政策信息等。

（3）加强市町村教育委员会的行政制度。首先，为了更好地服务当地居民，扩大行政办事的范围，设置联合教育委员会。其次，培养能满足当地居民各种要求的专业职员。同时，为了进一步发挥教育委员会的作用，可以特别委派教师对工作学校以外的课程和教学进行专业指导。最后，对于小规模的市町村，根据其具体情况，在教育设备等购入和管理上委托当地学校进行，而在教育内容方法等专业事务的指导上则委托都道府县的教育事务所进行。

（4）积极理解和反映当地居民的意向，推进其参与地方教育行政。首先，在尊重当地居民的意愿方面，设置听证会等使当地居民可以和教育委员会直接交换意见；设置相应的投诉处理窗口；在划定学区和学校时，充分考虑家长及当地居民的意见，在扩大选择机会的同时注重教育公平，根据当地的实际情况进行弹性的管理。其次，在促进当地居民参与地方教育行政上，教育委员会需提供给当地居民相应的信息，如关于学校教育的方针、配置情况、班级编排、教育目标、教育活动以及终身学习、社会教育、文化和体育等领域的政策及其实施状况等；加强教育委员会会议的公开性，特别是对于居民们所关心的问题，要举行说明会和意见交换会；吸收当地居民成为志愿者并参与到教育委员会事务中；在招聘和培训教职员时积极与当地的专家和企业等进行合作；建立当地居民参与机制。

（三）地方教育行政的法律的修改

2013年，日本内阁提出了《教育委员会制度等的应有态势（第二次建议）》，中教审于同年做出回应，承认现有的地方教育行政制度存在职权不明等问题,并给出了相应的改革建议。据日本文部科学省网站资料显示,为了继续确保教育的政治中立性、连续性和稳定性,明确地方教育行政的职责,构建快速的危机管理机制,同时为了增强与首长的合作及改善国家与地方的关系①,日本国会于2014年通过了《地方教育行政的组织和运营相关法律的一部分改正法律》(下文简称"改正法")。改正法的公布,从法律的立场上确立了地方教育行政新的职责分工以及国家和地方公共团体的关系。

改正法主要从以下三方面改革了原有的地方教育行政制度:

第一,明确教育行政的责任。在组织上,将原有的教育委员长和教育长合为一体,形成教育长作为教育委员的代表负责教育委员会事务的组织制度;在教育长的身份上,新的教育长虽不受限于地方公务员法,但必须是以全职的身份担任并对地方相关事务承担第一责任;在教育长的任命上,新的教育长必须由地方首长直接任命;在教育长的权限上,通过缩短新教育长的任期以及会议召开必须1/3以上的成员参与等方式来规范新教育长的权限。

第二,加强与地方行政长官的合作。根据原有的制度,地方行政长官的权力涉及大学及公立、私立学校的管理、教育预算的制成等,与地方教育委员会的事务范围密切相关。为了进一步明确两者的职责,改正法规定:设置由地方行政长官召集教育委员会的综合教育会议,会议议题包括教育行政大纲的制定、根据地方实情改善教育条件以及紧急情况下应采取的措施等;行政长官具有制定教育目标和对策的根本方针的权力,可利用综合教育会议与教育委员会进行商议和调整,但是最终的教育大纲制定由行政长官执行,行政长官和教育委员会在制定的方针下各司其职。

第三,重新评估国家参与地方的教育行政事务。为了防止因地方教育委员会的失职而造成伤害学生的情况发生,文部科学大臣可以对教育委员会进行指示。

————————

① 访问日期:2021-04-20。

作为"二战"后日本修改的教育三法之一，地方教育行政法的新修订奠定了20世纪后期以来日本教育行政的基调，即中央对地方教育行政的管控日益加强，地方自主权随之遭到削弱。

结　语

可以说，教育委员会制度成为"二战"后日本保障地方教育自治权的主要途径，然而，该制度在实践的过程中也饱受诟病，出现了上述《今后地方教育行政的应有态势（1998年）》中所列举的问题。2011年，滋贺县大津市中学发生了由校园霸凌导致的自杀事件，学校和教育委员会不仅否认霸凌和自杀有关联，而且处理的结果也难以服众，激起了日本国民的愤慨。教育委员会在此事件中对所属地教育监督的失职、包庇以及面对危机时的处理能力等在社会上受到批判。事实上，国家与地方关系"职责不清"的问题在教育委员会制度中一直存在，当局和学界也有许多关于制度存废的争论，而大津市中学霸凌事件则成为将矛盾暴露在公众面前的导火索，直接推动了后续《地方教育行政的组织和运营相关法律的一部分改正法律》的公布，使国家"顺理成章"地"夺回"了地方教育的管控权。

教育委员会设立之初的宗旨包括保持政治的中立性、确保教育的连续与稳定，以及充分反映地方居民的意图，与中央教育行政具有法律规定的行政对等地位等。新的教育委员会制度为了确保政治的中立性，仍然作为地方教育事务的执行机关。然而，为了明确与地方行政的责任划分，教育长取代教育委员长成为委员会的代表，并且必须由地方的行政首长来任命，同时，由地方行政首长设置综合教育会议，制定教育的基本方针。换言之，新的教育委员会制度使得地方一般行政与教育行政联合起来，行政首长对教育的干涉权力扩大。此外，为了进一步防止诸如大津校园霸凌事件的出现，中央教育行政（文部科学省）可以对地方教育委员会进行指示。

正是地方一般行政和中央教育行政对地方教育事务的介入和掌控，使得新教育委员会制度遭到了许多批判。批判的重心仍在于新制度打破了地方委员会制度的设定宗旨，无法保持政治的中立性，也无法确保教育行政的民主性和专业性。地方行政长官对教育委员会管控权力的扩大，使得行政长官的办事风格和对教育行政的理解直接影响地方的教育事务。据一项对 45 个核心城市的市议会会议记录(2011—2014 年)的分析，可以将市长跟教育委员会的关系分为 5 种类型，即全面负责教育行政而废除教育委员会的"强—市长"、教育行政基本由市长负责而教育委员会处于咨询机构位置的"稍强—市长"、重视"政治的中立性、连续性及安定性"的"中立—市长"、教育委员会拥有大多数行政教育权限而只关心教育行政中的一部分内容的"稍弱—市长"以及不关心教育行政，秉持一般行政和教育行政分开理念并将教育行政权全权委任给教育委员会的"弱—市长"。①

可见，如何防止地方行政长官过于干涉教育行政事务，从而平衡地方行政长官和教育委员会的关系成为改革进程中的关键点。其中，因为教育委员会的教育长是由行政长官来任命，为了确保教育委员会的独立性，改正法中强调了教育长的任命必须获得地方议会的同意，议会也需考虑教育委员会的成员的选择是否妥当。改革政策的设计凸显了议会的"监督"与"参与"的重要性。然而，在文部科学省的调查中，各地议会在对教育长的任命同意手续上，有超过半数(52.5%)的市村町没有任何质疑便直接采纳了教育长候选人的提议②，在教育委员成员的任命上也是如此③。也就是说，议会的作用在现实中往往是流于形式的。

———————————

① 小松茂久：《新教育委員会制度について考える——教育委員会制度研究の視点から一》，载《教育行財政研究》，2016(43)。

② 林紀行：《教育委員会制度改革とその課題》，载《法政治研究》，2017(3)。

③ 研究者通过对冈山县议会的会议记录(2015 年 3 月—2016 年 12 月)分析发现，议会仅进行了教育长的述职，并没有相应的质疑和讨论，而在教育委员成员的任命上则更是精简了程序。参见林纪行：《教育委員会制度改革とその課題》，载《法政治研究》，2017(3)。

　　总而言之，"二战"后日本的教育行政从之前具有独立性到现在归属于中央管辖。虽然日本教育改革的初衷在于明确地方教育行政和一般行政以及中央教育行政的职责问题，使地方教育行政能更好地处理危机状况，然而，在实际操作中政策实施却遭遇了许多困难，最令人担忧的是，新的教育委员会制度使得原本标榜独立性的地方教育行政权逐渐被一般行政和中央教育行政的力量蚕食，相关议论也指出要谨防国家和地方的"垂直关系"的出现。此外，也有学者指出改正法和相关研究多关注新教育委员会的政治中立性，对于如何充分反映地方居民的民意而言，究竟通过何种途径才能实现亦是改革需要思考的问题。① 要言之，与民众息息相关的教育如何才能充分听民所想、解民之需，是一个迫切需要解决的问题。

二、学校教育体制

（一）学前教育

　　"二战"前，日本采用的是双轨制的学校制度。在美国占领日本之后，为了使全体国民享有均等的教育机会，日本的学制被改为美国的"六·三·三·四"制度，即小学 6 年、初中 3 年、高中 3 年、大学 4 年的学制，并且义务教育阶段由原来的小学 6 年扩展到初中，即实施 9 年义务教育制。

　　然而，随着战后日本经济的发展和学龄人口的增长，单一的学校制度无法适应社会的需求，因此日本修改了单轨制学制，制定了高等专门学校制度和中等教育学校制度，现有的学校制度如图 1-2 所示。

　　其中，幼儿园（幼稚部）以 3—5 岁的幼儿为对象，在设置上，由国家、地方公共团体和学校法人设置的幼儿园是主流，但是对宗教法人和个人开办的幼儿园也予以承认。而由日本的厚生劳动省管辖的保育所则接收学龄前的婴

---

　　① 小松茂久：《新教育委员会制度について考える——教育委员会制度研究の视点から一〉，载《教育行财政研究》，2016(43)。

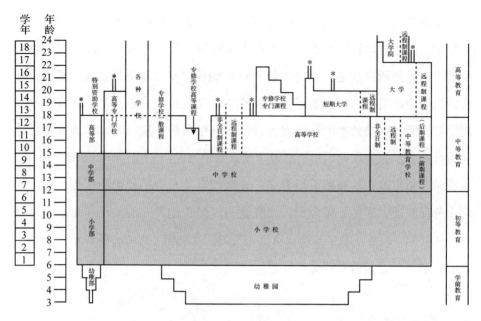

图 1-2 日本学制

(注：阴影部分代表义务教育阶段；＊号表示"专攻科")

(资料来自日本文部科学省网站)

儿及幼儿。目前，在日本少子化的社会背景下，国家的改革方向走向"幼保一体化"，使幼儿园的教育指南和保育所的保育方针相通，同时也能使两个设施可以共筑在同一个场地。此外，在原有的二元化体系中，保育所的对象为学龄前的婴幼儿，幼儿园面对的则是3—5岁的幼儿，为了促进两者一体化，以及解决等待上保育所的难题等，文部科学省批准幼儿园提供延长托儿的长时间服务。

在实施现状上，受少子化的影响，日本原有的幼儿园数量在1985年达到峰值，即15220所，而到了2021年，包括所有类别的幼儿园下降到9421所。另一方面，为了促进幼儿园和保育所的一体化，国会于2006年公布了《推进提供学龄前儿童的教育和保育综合服务的法律案》，并据此形成了认证儿童园的制度，即各地可以根据文部大臣和厚生劳动大臣设定的基准，同时参照各地的相关条例，由都道府县的知事对儿童园进行认证。认证儿童园主要有四种类型：一是幼儿园型。在经批准的幼儿园中增加保育所的功能。二是保育所型。在经批准的保育所中增加幼儿园的功能。三是幼保合作设施型。幼儿园与保育所合作，通过共用设施来进行统一管理。四是地方裁量型。虽然不是被认可的设施，但是对于所在地区来说具有幼儿园及保育所的功能的，可以进行认证。根据日本文部科学省网站发布的 2019 年的《学校基本调查》，现有的认证儿童园有 7208 所，在园者人数达到了 692140 人。①

在幼儿教育阶段的另一项改革则为实施免费的幼儿教育和托儿服务。在内阁进行的《结婚及组成家庭的相关意识调查》中，30 岁以下的妻子中有76.5%的人认为"养育及教育孩子的花费过大"，因此无法拥有理想数量的孩子，而 30 岁至 34 岁之间的妻子则有 81.8% 人选择相同的理由来解释其关于少生的原因。更进一步地，据日本文部科学省网站资料显示，在"怎样才会使你想要更多的孩子"的问题中，认为"对未来教育费用有补贴"的占 68.8%，而"有幼儿园和保育所等费用的补贴"的占 59.4%，这两项是影响生育决定的主要因素。② 在政府所颁布的一系列政策(《新经济政策一揽子计划》《骨太方针 2018》③和《幼儿教育免费制度的具体化方针》等)的基础上，2019 年修改了《儿童和育儿支援法》(下文简称"修改法")。根据修改法：第一，3—5 岁的儿童可以免费享受幼儿园、保育所、认证儿童园、地方型保育以及公司主导的托儿服务，而 0—2 岁的免税家庭使用上述设施时免费；第二，根据实际情况，除幼儿园之外需要托儿服务的，每月免费可达 1.13 万日元；第三，对进入未经批准的保育设施的幼儿而言，若认可了其保育的需求，3—5 岁的幼儿可以每月免费 3.7 万日元，0—2 岁的免税家庭免费可至 4.2 万日元；第四，

---

① 访问日期：2021-05-01。
② 访问日期：2021-05-01。
③ 即"经济财政管理和改革的基本方针"，是小泉纯一郎内阁(自民党政权)于 2001 年提出的《经济财政管理及经济社会结构改革的基本方针》中提出的，一直延续至今(在民主党政权下的 2010—2012 年间中断)，该方针使国家财政预算权从财务省转移到内阁手上。

在费用负担方面,国家负担1/2、都道府县负担1/4、市町村负担1/4。①

(二)小学教育

据日本文部科学省网站资料,小学是义务教育的一部分,由国家、地方公共团体、学校法人设置。② 在管理经费方面,由国家和都道府县分担;在课程方面,以课程标准为依据,教学科目包括国语、社会、算数、理科、生活、音乐、图画和手工、家庭、体育和外语以及教学科目外的道德、特别活动、综合的学习时间以及外语活动③(见表1-2);在组织管理上,实行市町村、都道府县的教育委员会以及文部科学省的多层管理。

表1-2 新课改后的日本小学课时

教学及活动科目	1年级	2年级	3年级	4年级	5年级	6年级
国语	306	315	245	245	175	175
社会			70	90	100	105
算数	136	175	175	175	175	175
理科			90	105	105	105
生活	102	105				
音乐	68	70	60	60	50	50
图画和手工	68	70	60	60	50	50
家庭					60	55
体育	102	105	105	105	90	90
外语					70	70
道德(特别的科目)	34	35	35	35	35	35
外语活动			35	35		
综合的学习时间			70	70	70	70
特别活动	34	35	35	35	35	35
总课时	850	910	980	1015	1015	1015

(资料来自日本文部科学省网站)

---

① 访问日期:2021-05-01。

② 根据"构造改革特区"制度,也承认由公司所设置的学校。

③ 根据2017年新修订的课程标准,小学高年级开设"外语"科目。

2002 年日本开始全面实行新的课程标准，小学阶段据此新设了"综合的学习时间"。学习的时间数虽由国家制订，但是具体的内容和方法却是由各学校根据自身的情况施行。实施的时间是从小学三年级开始至高中阶段。实施的内容有四个主要方面，即国际理解、信息教育、社会福祉、人权。

据 2021 年《学校基本调查》结果显示，现有小学的学校数为 19340 所、学生数为 6223401 人、教职员数量为 422865 人（见表 1-3）。在学生数上，2021 年比上一年度减少了 77000 人，是历史上最少的在校生数，与 1958 年第一次婴儿潮时的峰值数据（13492000 人）相比，学生数已极剧下跌。

表 1-3　小学的相关统计数据（2021 年）①

类别	国立	公立	私立	合计
学校数（所）	67	19032	241	19340
班级数（个）	1139	268869	2835	272843
学生人数	36171	6107708	79522	6223401
教师人数	1716	415741	5408	422865

（三）中等教育

战后改革将义务教育延长到 9 年，将初中阶段也纳入了义务教育之中，在管理上与小学教育相同，实行市町村、都道府县的教育委员会以及文部科学省的多层管理。在课程上，作为义务教育，中学实施统一的课程，但是为了发展学生的能力和兴趣，中学阶段也开设了许多选修课程。

在中等教育阶段，包含了属于义务教育的初中和义务教育阶段外的高中，从初中到高中的升学率达到 97%。为了解决在中等教育中初中和高中的不连续性问题，1998 年的学校教育法将初中和高中作为中等教育的前期和后期，实行 6 年的一贯教育，类型包括中等教育学校、并设型初高中学校以及合作型的初高中学校。其中，公立学校的学生免交前期教育的学费，并且不以学

---

① 笔者根据《学校基本调查》（2021 年度数据）制作。数据资料来源于日本政府统计的综合窗口网站，访问日期：2021-05-07。

力检查的结果作为入学标准,学生可以从中途加入初中和高中学习。在学校的设置上,公立学校的初中由市町村设置,而高中则由更高一级行政级别的都道府县来设置。一般而言,由于财政上的原因,市町村开设中学较为困难,故承认由市町村和都道府县、国立和都道府县共同开设的合作型初高中。

中等教育阶段包括初中及高中,虽然两个阶段的教育共通且初升高的升学率高达97%,但公立初、高中由于管理设置的不同,未能实现有效的衔接教育。此外,升学的压力给初中生带来很多问题,同时由于开设的中高一贯制学校多为私立,城市地区的公立学校逐渐失去了竞争力。鉴于此,1998年的《学校教育法》规定了公立学校的中高一贯制教育制度,即以一贯制中等学校和合并型初、高中以及合作型初、高中三种类型作为实现一贯制教育的学校;学制变为初中3年和高中3年,共6年;初中免收学费,并且在升学时不依赖学力测试;学生可中途转学至一贯制的初中或高中。此外,虽然不同行政级别的财政政策以及教师制度不同,但是对于大多数困难的市町村而言,可与上级的都道府县进行合作开设学校,都道府县也可以和国立学校进行合作。

据2021年《学校基本调查》数据显示,现有10077所中学,在校人数为3229707人,比前一年度增加了18000人,教师数为248254人。

表1-4　中学的相关统计数据(2021年)①

类别	国立	公立	私立	合计
学校数(所)	68	9231	778	10077
班级数(个)	763	111815	7394	119972
学生人数	27267	2957191	245249	3229707
教师人数	1546	231007	15701	248254

① 笔者根据《学校基本调查》(2021年度数据)制作。数据资料来源于日本政府统计的综合窗口网站,访问日期:2021-05-07。

（四）高等教育

据《学校教育法》，高等教育阶段包括大学、研究生院以及短期大学。日本战后两次"婴儿潮"的出现直接使大学进入大众化阶段，然而新增设的大学，尤其是短期大学，在当下的少子化现状中正遭遇着生源危机。此外，长期的应试教育所造成的社会问题逐渐深化。鉴于此，短期大学改为四年制大学，同时调整其课程以便更适应就业环境和学生需要；改革国立大学的设置形态，赋予国立大学法人资格；设置专门职研究生院等改革正在进行中。

据日本政府统计的统合网站资料显示①，现有大学数为 803 所，在校生为 2918318 人，教师人数为 190479 人（见表 1-5）。

表 1-5　大学相关统计数据（2021 年）

类别	国立	公立	私立	合计
学校数（所）	86	98	619	803
在校生人数	597462	160437	2160419	2918318
教师人数				190479

除了普通高中以外，日本还设置有高等专门学校和高等专修学校等提供义务教育阶段后的教育。与旧制（"二战"前）的高等职业学校不同，新制高等职业学校是在战后经济进入高速发展期后需要大量技术型人才的背景下设置的。将高等学校阶段的 3 年和短期大学的 2 年学习加在一起，为产业界培养中级技术人才。此外，高等职业学校等处于普通高中和大学教育之外的教育轨道，在建立之时，毕业生很难升入大学。在制度上，虽然具有类似普通高中和大学的地方，但又不等同于普通高中和大学（见图 1-3）。为了避免又变为"二战"前的双轨制，日本政府灵活地调整了教育制度，使高等教育变得更加多元化。

---

① 访问日期：2021-05-07。

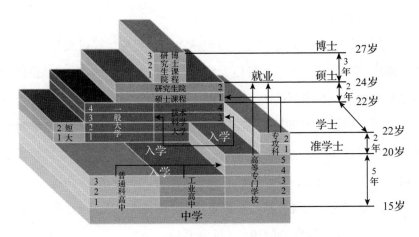

图 1-3 高等专门学校与高中、大学的制度关系

(资料来自日本文部科学省网站)

这些高等学校的制度形式也多种多样，在上课的开设方式上，有全日制、定时制(白天、晚上、白天+晚上)及函授制；在学业完成的认定方式上，有学年制和学分制；在所设的主要专业上，有普通教育专业、职业教育专业和综合专业；根据不同的教育水平，分为本科、专修科(本科毕业后 1 年)和别科(初中毕业后 1 年)。职业学科包括农、工、商、水产、家庭和看护等学科(参见表 1-6)。

表 1-6 日本高等职业学校各专业的人才培养目标①

学科	人才培养目标	教育课程内容	获得资格证书
机械工程	①在机械工程领域采用新技术进行教学实践 ②培养通信信息科技进步所需的实用人才	信息处理、机械制造、建筑工程汽车保养维修等	信息技术工程员、电子系统工程员、汽车维修技师等

---

① 王丽燕、丘林：《日本高等职业教育体系有效衔接的经验及启示》，载《职教发展研究》，2021(3)。

续表

学科	人才培养目标	教育课程内容	获得资格证书
农林园艺	在园林、农业、畜牧业等专业领域学习生物工程等新兴专业知识	园艺园林、花园管理、生物工程、畜牧动物管理	园艺技术师、花艺设计师、园林师等
医疗护理	①培养以护理人员为主的各种医疗卫生现场技术人员②对学生取得国家认可的从事医疗工作的职业资格执照进行必要的考试辅导	临床护理、牙科卫生、放射线检查治疗、康复理疗等	护理护士、临床检查技师、牙科执业医生、放射线技师、康复治疗师等
营养卫生	对学生从事饮食营养、美容美发等相关工作进行培训	营养调理、面包甜点制作、美容美发等	营养调理师、面点师
社会福祉	①培养学生的职业责任感②通过现场实习指导学生掌握专业技能	社会养老福祉、医疗康复、学前教育等	康复保健师、精神保健师、家庭护理员、养老福祉师、幼儿保育员等
实用商务	培养能在实用商务领域发挥实力的技术人员	信息统计、财务会计、文秘、酒店管理、旅游观光等	会计师、出纳员、行政秘书、导游、酒店事务员等
家政服装	传授学生时装设计、服装制作专业知识，同时培养学生的审美能力	时装设计、和服和洋服裁缝、服饰服装店经营等	服饰服装搭配师、时装设计师、服装订单跟单员等
文化艺术	设置领先于时代的艺术、语言等相关专业领域课程，以及其他丰富的新兴学科教学内容	美术、音乐、3D设计、外语翻译、法律、体育等	设计师、翻译、公务员、司法文书、体育训练员等

据调查，目前的高等专门学校共有 57 所，在校学生达 56905 人，教师人数为 4085 人(见表 1-7)。据日本文部科学省网站资料显示，高等专门学校的就业率几乎能达到 100%。高等专门学校设置有专攻科，完成 5 年的本科学习以后，可以再升入专攻科接受为期两年的更高技术的职业教育，专攻科毕业后可以获得学士学位(与大学的学士学位相同)，也可以升入大学的 3 年级继续学习。

表 1-7 高等专门学校相关统计数据(2021 年)①

类别	国立	公立	私立	合计
学校数(所)	51	3	3	57
在校生人数	51316	3772	1817	56905
教师人数				4085

(五)特殊教育

"二战"后日本为了保障公民的受教育权,将特殊教育(即残障儿童教育)纳入正规学校系统,保障适龄儿童的义务教育。然而,随着 1979 年养护学校的义务化,对不同情况的残障儿童的支持教育逐渐成为特殊教育的课题。2006 年,根据修订的《学校教育法》,养护学校改为特别支援学校。学校以有智力障碍、身体障碍、疾病以及身体虚弱的儿童为对象。特别支援学校包括幼儿园、小学部、初中部、高中部以及高等学校;在班级构成上,包括患同种障碍的儿童组成的普通班级以及有多重障碍的儿童所组成的多障碍班级。同时,除了养护学校以外,还设有盲人学校和聋人学校。

据《学校教育调查》统计,现有特殊学校 1160 所,在校学生为 146290 人,教师人数为 86143 人(见表 1-8)。

表 1-8 特殊学校相关统计数据(2021 年)②

类别	国立	公立	私立	合计
学校数(所)	45	1100	15	1160
班级数(个)	490	35967	149	36606
学生人数	2907	142528	855	146290
教师人数	1513	84322	308	86143

---

① 笔者根据《学校基本调查》(2021 年度数据)制作。数据资料来源于日本政府统计的综合窗口网站,访问日期: 2021-05-07。

② 笔者根据《学校基本调查》(2021 年度数据)制作。数据资料来源于日本政府统计的综合窗口网站,访问日期: 2021-05-07。

(六)专修学校及其他学校

专修学校及其他学校并不属于正统学校,但根据法律也设置相应的课程,所以与私人的补习班不同。作为以终身型学习社会和扩大教育机会为目的的一种学校制度,专修学校与高中教育以及高等教育处于同等的地位。教育领域包括工业、农业、医疗、卫生、教育及社会福祉、商业实务、服饰、家政和文化及教养。专修学校的课程分为高等课程、专业课程和普通课程。其中,高等课程接收初中毕业的学生,专业课程接收高中毕业的学生,而普通课程则对学生没有资格上的要求。专业课程(必须修满两年以上)的毕业生可以升学进入大学学习。

据统计,日本现有专修学校3084所,在校生达到662157人,教师人数为40623人(见表1-9)。

表 1-9　专修学校相关统计数据(2021 年)①

类别	国立	公立	私立	合计
学校数(所)	8	186	2890	3084
学生人数	300	22953	638904	662157
教师人数	82	2751	37790	40623

结语

总的来说,日本现行的学校制度是以美国的"六·三·三"学制为基础发展起来的,而人口成为影响日本学校制度发展的核心因素。"二战"后,日本分别在20世纪40年代末和20世纪70年代初出现了两次"婴儿潮",对教育的影响主要体现在两个方面:一是学龄人口的增长使得"六·三·三·四"学制得到普及;二是社会对学历的重视加剧了大学入学的竞争,形成"考试地

---

① 笔者根据《学校基本调查》(2021年度数据)制作。数据资料来源于日本政府统计的综合窗口网站,访问日期:2021-05-07。

狱"的社会现象。① 然而，据日本内阁府网站资料显示②，自1997年始，儿童的数量开始少于高龄者人口。日本BENESS教育综合研究所网站资料也显示，从1990年至2015年，7至18岁的人口从21158千人减少到13547千人，人口减少率增长至36%。③ "少子社会"概念④出现并成为20世纪末至21世纪以来日本教育改革和发展的现实依据。从时效性来看，少子化对教育的影响可以分为即时性影响和长期影响。其中，即时性影响包括：第一，对学校教育的影响(学校和班级的恰当规模难以保持、教师聘用的减少、为了获得生源的公私校竞争等)；第二，对家庭教育的影响(过度保护和干涉孩子、兄弟姐妹间缺乏竞争等)；第三，对学校和家庭教育外的影响(儿童教育产业的发展以及地方儿童活动的停滞等)。而长期影响则主要体现在教师年龄构成的不平衡上。⑤

具体而言，人口减少对日本学校制度的影响表现在学校结构方式以及功能的变化上。日本学者将当下和今后日本学校重组的结构归纳成四种类型：第一，资源集中型。包括统合校、一贯校和特任校。⑥ 虽然现实中多采用此种方式进行学校的重组，但是由于家长和当地居民意见的整合难度以及学校的距离所带来的移动困难等原因，在人口密度低的地区很难进行。第二，校际资源共享型。根据学校地理位置的不同，会产生不同的合作成本。宫崎县便采用此种方式，实现了多所学校的联结。第三，地方合作为基础的资源共享

---

① 刘幸、姜星海、钟秉林：《日本战后人口变迁与教育变革的关系研究》，载《教育科学研究》，2021(12)。

② 访问日期：2021-07-01。

③ 访问日期：2021-07-01。

④ "少子社会"一词首次出现在经济企划厅编的《平成4年国民生活白皮书》(1992年12月刊)的副标题"少子社会的到来，其影响及应对"中。因其与高龄人口相关，也称"少子高龄化社会"或"人口减少社会"。

⑤ 桑原敏明：《少子化社会と教育政策の课题》，载《日本教育政策学会年报》，1997(4)。

⑥ 特任校是指不采取学区制度而接收学区外的儿童的学校。为了进一步阻止少子化背景下学校的统废合，文部科学省和教育委员会合作积极地指定可以接收学区外儿童入学的学校。

型。学校不再把学生围在校园内，在活用地域的生活及劳动等教育资源的同时，也分享自己的资源给地方社会。第四，分散教育资源的循环型。如社会应保障个人终身学习的教育功能，对义务教育阶段内有限的教育进行补充，并且在个人离开学校进入社会后也能根据自己的情况选择何时以何种方式获得教育。①

　　相应地，为了解决人口减少对现有学校教育制度的挑战，研究者认为，除了学校统废合的方式之外，还可以采取以下三种策略进行改革。据日本国立政策研究所网站资料显示，策略包括：第一，建构地方自治体全域内校际学校（虚拟学校）系统。比起为了维持学习网点而努力联结全规格学校和村落小规模学校的网络，应该站在全域的视角，制定区域内整体的维持学生数量的方案，并建构全域内的虚拟学校系统。第二，活用信息和通信技术（ICT）。研究发现，无论是处于极限状态下的学校还是具有标准规模的学校都表明了对ICT提高学习效果的期待。在今后知识基础型社会中，ICT也将发挥更重要的作用。第三，加强学校、家庭与地方社会合作的教育活动，完善学校教育功能的不足。因此，可以考虑引入特别讲师等特定领域内的专业人士进行教育支援。

　　简言之，人口一直是影响教育的重要因素，进入人口减少社会的日本，其学校教育制度遭遇了许多现实的困境和挑战，如何保持学校的适当规模，如何设计新的学校制度以及如何重新审视学校教育的社会功能，是今后日本学校教育制度改革的关键。

---

①　水本德明：《人口减少社会時代における学校再編》，载《日本教育経営学会紀要》，2016（58）。

第三节　各级各类教育改革和发展

　　20 世纪末至 21 世纪以来，日本对包括学前教育、基础教育、高等教育以及职业教育在内的各级各类教育进行改革。其中，学前教育的改革主要围绕幼保一体化、幼小衔接和教育无偿化等展开，完善了育儿支援制度；基础教育改革的理念主要经历了从"宽松教育"到"扎实学力和 21 世纪能力"的变化，而课程内容、教学与评价也基于人才目标的改变而进行改革，自上而下式的一体化改革逐渐深化。高等教育的改革主要包括大学的管理、入学考试、课程以及评价等方面，从原有的"象牙塔"走向高等教育普及化阶段的"巨型大学"；职业教育的最新改革为设立专门职大学和专门职短期大学，是"职业教育"概念走向理论知识和实践能力结合的关键时期。

一、学前教育改革

(一)幼儿教育振兴行动计划

　　文部科学省于 2001 年制定了《幼儿教育振兴计划》，是 1964 年制定《幼儿园教育振兴计划》的第四次修改。该项计划包括推进幼儿园和小学的衔接、幼儿园与保育所的合作等内容。更进一步地，在 2006 年，制定了以公立、私立幼儿园和认证儿童园为中心的《幼儿教育振兴行动计划》(以下简称《行动计划》)。据日本文部科学省网站资料显示，《行动计划》为期 5 年，包括 7 项主要内容：第一，促进幼儿园和保育所的合作以及推广认证儿童园的使用；第二，为所有幼儿提供强化版的幼儿教育；第三，以发展和学习的连续性为依据来加强幼儿教育；第四，提高教育的资质和专业性；第五，恢复和提高家庭和地方社会的教育能力；第六，促进家庭和地方社会融入终身学习的体系中；第七，加强地方社会对幼儿教育支持的基础。①

1. 幼保一体化

如前所述，在少子化的背景之下，解决家庭的负担、提升教育的质量以及将幼儿教育放置在家庭、地方社会以及幼儿园等设施综合的体系之下，成为日本推进学前教育改革的出发点。为了整合教育资源并减轻财政负担，政府积极促进幼儿园和保育所的一体化，成立儿童园(如图1-4所示)。

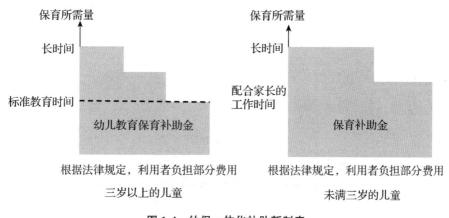

图1-4　幼保一体化补助新制度

(资料来自日本文部科学省网站)

具体而言，幼保一体化包括补助系统的一体化和设施的一体化。其中，就补助系统方面来说，在保证教育质量前提下，吸收多样的事业主体参与到保育事业中，以提高教育的容量。而在设施的一体化上则为设置学校教育、保育以及家庭的养育支持一体化的综合设施(见图1-5)。对于城市地区而言，为了适应学校教育和保育的需求，可以根据实际情况整备幼儿教育及保育资源。在人口减少地区，根据市町村的计划，推进既有设施转向综合设施。

---

① 访问日期：2021-06-05。

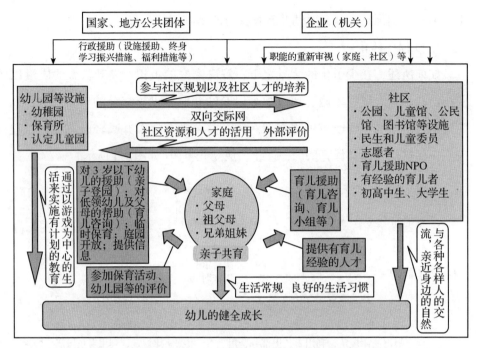

图 1-5 幼儿园等机构、家庭、社区协同推进幼儿教育①

2. 幼小衔接

虽然学前期的教育不在义务教育之列，但是作为义务教育到大学教育的基础，《教育基本法》也指出了幼儿期的教育重要性。在家庭层面，父母期待幼儿园和保育所能提供家庭无法做到的集体教育。因此，为了保障儿童发展与学习的连续性，幼儿时期的教育(包括幼儿园、保育所和认定儿童园的教育)与儿童期的教育(小学教育)的有效衔接至关重要。

鉴于此，文部科学省于 2008 年颁布了《幼儿园教育要领》《保育所保育方针》《小学学习指导要领》等教育指南，同时，于 2009 年与厚生劳动省共同制定了《保育所及幼儿园等与小学教育的衔接案例》，并发送给各级教育相关部

---

① 王小英、刘思源：《日本 2018 年实施的〈幼儿园教育纲要〉述评——基于日本〈幼儿园教育纲要〉五次修订的视角》，载《外国教育研究》，2018(8)。

门。然而，据日本文部科学省网站资料显示，2009年实施的《幼儿教育现状调查》报告发现，即使各地方相关部门都认识到了幼小衔接的重要性，但仍有77%的都道府级的部门和80%的市町村部门认为幼小衔接并未有进展。理由包括"衔接的具体实践很难（52%）""并不理解幼小衔接的内涵（34%）"以及"实践中对于衔接课程的编制并不积极（23%）"等。①

为了进一步有效推进幼小衔接教育，文部科学省于2010年颁布了《关于幼儿教育与小学教育应如何顺畅地衔接》的报告。据日本文部科学省网站资料显示，报告主要揭示了三个要点：第一，从连续性和一致性的视角看待幼儿教育和小学教育，即认识幼小衔接的"培养学习的基本能力"的目标及理解幼小衔接的结构（教育的目标→教育课程→教育活动）等。第二，设法联结幼儿期和儿童期的教育活动。幼儿期与儿童期的孩子处于不同的发展阶段，幼儿期主要是在游戏中学习，而儿童期则更多地通过各学科的课程来学习。日本文部科学省指出可采取以下方法：其一，对于"与人的关系"和"与事物的关系"这一点是共同的并可以通过教育活动来进行联结。其二，在小学入学时设置初始课程以使儿童度过"衔接期"。第三，建立相应的衔接体制、教师的研修机制以及与家庭和地方等进行合作的体制。②

3. 教育无偿化

随着日本国内城市化、家庭核心化、少子化和信息化等带来的社会变化，如何关注儿童以及倍感孤单的父母成为社会的主要问题之一。为了解除父母对育儿的不安以及更好地促进儿童的成长，日本政府对幼儿教育进行了多方位的支持。

其中，在经济方面，实施幼儿教育无偿化。2017年政府内阁会议决定实行新的经济一揽子计划，2018年颁布了《经济财政管理和改革基本方针》。紧

---

① 访问日期：2021-06-10。

② 访问日期：2021-06-10。

接着，内阁府于同年举办了关于实施教育免费(幼儿教育和高等教育)的会议。该会议决定从2019年开始实施教育免费政策。具体有如下措施：第一，幼儿园、保育所和认定儿童园的幼儿，在3岁到5岁的学前阶段享受免费的政策①。资助对象外的幼儿园最多可免除月额2.57万日元的费用②。来自免税家庭的0—2岁的婴幼儿在使用相关服务时也是免费的。第二，使用幼儿园托儿服务的3—5岁的幼儿，可最多免除1.13万日元的费用。第三，认定外的保育设施等的儿童③，最多每月可免除高达3.7万日元的费用(以3—5岁幼儿为对象)，或者最多可免除高达4.2万日元的费用(以0—2岁的免税家庭婴幼儿为对象)。第四，对障碍儿童而言，免除其进入相关设施的费用(3—5岁幼儿3年间的费用)④。据日本内阁府网站资料显示，对于同时使用幼儿园、保育所和认定儿童园的障碍儿童而言，免除其使用两个机构的费用。⑤

(二)教育内容的改革

1948年，文部科学省颁布了"二战"后幼儿教育的指导性文件，即《保育要领》⑥，此后约每十年都会对其进行一次修订。2017年，经历了5次修订的《幼儿园教育要领》(以下简称《要领》)颁布。与2008年的《要领》相比，新的《要领》在内容上主要有两大方面的变化，即新增了前言部分的内容和充实了总则部分的内容(见表1-10)。在新增的前言部分，直接指出了新《要领》的三大目标，即实现面向社会的教育课程、培养每个幼儿的素质和能力以及与小学后

---

① 上学的接送费、午餐的食材费以及活动费等由父母承担。关于食材费，年收入未满360万日元的家庭免除其副食品的费用，所有的居民的第三胎及之后的孩子也可以免除副食品的食材费。

② 属于全国认证幼儿园的平均保育费用。

③ 包括一般的认证外的保育设施、地方团体独自认证的保育设施、婴儿中心、认证外的工作场所的保育设施，等等。

④ 包括儿童发展支援、医疗型儿童发展支援、居家访问型儿童支援、保育所等的访问支援、福祉型障碍儿设施和医疗型障碍儿设施等。

⑤ 访问日期：2021-06-10。

⑥ 文部科学省于1956年全面修订《保育要领》，颁布了《幼儿园教育要领》，此后的修订皆为对《幼儿园教育要领》的修订。

的教育和终身学习相联系。而在总则部分则有以下几点变化，详见表1-10。

表1-10 《幼儿园教育要领》修订前后的组成内容 ①

第4次修订后的《幼儿园教育要领》	第5次修订后的《幼儿园教育要领》
	前言
第一章　总则	第一章　总则
一、幼儿园教育原则	一、幼儿园教育的原则
二、教育课程的组成	**二、幼儿园教育中应培养的素质和能力以及幼儿期应达到的理想状态**
三、教育课程外的教育活动	三、教育课程的作用以及组成等
	四、教学计划的制订和基于幼儿理解的评价
	五、对有特别需要儿童进行指导
	六、幼儿园管理上的注意事项
第二章　目标及内容	第二章　目标及内容
一、健康	一、健康
二、人际关系	二、人际关系
三、环境	三、环境
四、语言	四、语言
五、表现	五、表现
第三章　教学计划以及课程外的教育活动注意事项	第三章　教育课程外的教育活动注意事项
一、教学计划制订的注意事项 1. 一般注意事项 2. 特别注意事项	
二、课程结束后教育活动的注意事项	

（资料来自日本文部科学省网站）

针对上表我们可以看出，首先，教育的基本原则没有改变，仍然以通过环境进行教育为基本原则。其次，明确了幼儿教育应培养的素质和能力以及

---

① 黑体字表示新《要领》的新增内容。

在幼小衔接的背景下幼儿教育阶段所应达到的状态。在素质和能力方面，确定了培养的三大支柱，即通过丰富的体验、感知等来培养知识和技能的基础；运用知识和技能的基础去思考、尝试、钻研和表现来培养学生的思考力、判断力和表现力。据日本文部科学省网站资料显示，幼儿园和小学的教师应该了解小学入学前儿童应达到的 10 项目标，即健康的身心、自立心、合作性、道德性和与自然的关联以及对数量和图形、标志与文字的感知等。此外，为更好地实现幼小衔接，新的《小学学习指导要领》(即课程标准)中也增加了对低年级的儿童进行各科相融合的教育的指导。

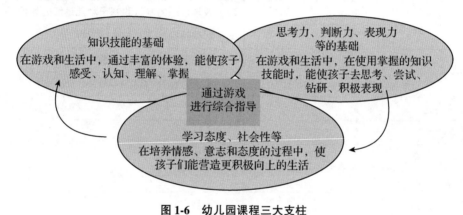

图 1-6 幼儿园课程三大支柱

(资料来自日本文部科学省网站)

再次，新增了基于幼儿理解的评价内容，即保持以往的评价思路，不再将幼儿进行横向的比较；与小学教师共享幼儿的发展状况；通过日常记录，从过程上来评价幼儿，并与家长共享这些发展状况的信息。

此外，新增了对有特别需要儿童的指导内容，其中包括对残障儿和对海归幼儿的支援，灵活地帮助他们适应幼儿园的生活等。

最后，新增了幼儿园的管理注意事项，强调课程管理的重要性。在管理上，提出应该以幼儿教育应达到的状态为基础编制教育课程，对教育课程的实施状况进行评价以及确保和改善课程实施过程中所需的人与物的体制。

(三)教育评价的改革

关于对幼儿园的学校评价，文部科学省于 2007 年召开了"促进幼儿园学校评价调查研究合作者"会议进行讨论，次年制定了《学校评价指南》(以下简称《指南》)，并在 2010 年进行第一次修订。为了进一步促进第三方评价，2011 年又颁布了新的《指南》。

幼儿园的学校评价分为三种形式，即自我评价、学校关系者评价和第三方评价。其中，自我评价是由校长领导、学校全体教职员参与，并对照设定的目标和具体计划，评价其对目标达成情况以及过程中的适当性；学校关系者评价的主体是由家长和地方居民所构成的委员会等，通过对学校教育活动的观察和互通意见，对自我评价的结果进行评价；第三方评价是以学校管理的专家为中心，根据幼儿园的自我评价和学校关系者评价实施情况，从专业的角度评价幼儿园的教育活动以及学校管理等整体情况①。

在实施的过程中，以学校的自我评价为例，包括以下步骤(详见图 1-7)：设定需要重点解决的目标；设定自我评价的评价项目(设定自我评价的项目和指标、妥当地设定成果性目标和过程性目标)；对学校进行全面的检查和评价；实施自我评价；制作评价结果报告书；公开报告书；根据评价的结果和改善方案来改进今后的教育。

在评价的项目上，自我评价一般包括 12 个方面的内容，而第三方评价主要包括 4 个方面的内容。自我评价项目包括：教育课程和指导；保健管理；安全管理；特殊教育；组织管理；教师研修；教育目标和学校评价；信息提供；与父母和地方居民的合作；育儿的支持；托儿服务；教育环境的整备。第三方评价主要评估学校的组织管理、指导、保健和安全的管理以及与家庭和地方社会的合作情况。

---

① 与幼儿园的自我评价和学校关系者评价不同，第三方评价是根据实施者(学校为主体)的需要来进行的，并不属于法律规定的义务。

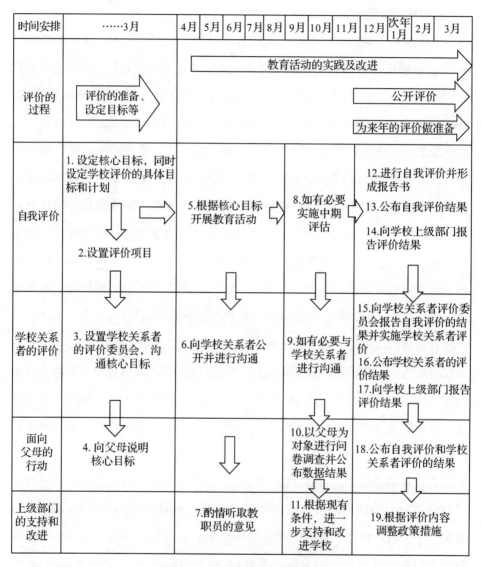

图1-7 幼儿园评价具体步骤

(资料来自日本文部科学省网站)

结 语

综上所述，21世纪以来日本的学前教育改革主要包括两个方面的内容：

一是在整体上完善育儿支援制度，二是在具体实践中推进幼小衔接。其中，在育儿支援制度上，"儿童·育儿支援新制度"（以下简称"新制度"）①于2015年实施，旨在综合推进幼儿教育、保育以及地域的儿童和育儿支援。据日本内阁府网站资料显示，新制度的主要内容包括：一是推动认证儿童园的发展。二是以市町村为实施主体，根据地域的实情开展相应的儿童和育儿支援。三是由政府来推动体制的完善，包括加强对工作和育儿的调和等。四是由社会全体来负责相关的费用。五是推进幼儿教育从量的扩大到质的提升。② 在内阁府的委托下，研究者对在施行新制度中表现优异的30个地方自治体进行调查，总结出这些优秀案例的经验，评判标准包括以下三点，一是市民参与的重要性。育儿的支援与地方市民息息相关，倾听当事人的意见并保证双方的良好沟通是新制度在地方得以实施的第一步。二是支援体系应涵盖从出生到成年的方方面面。例如，横滨市不仅在各个区设置了育儿支援的网点，也同时在各个网点配有相应的育儿支援搭档，使地方的相关机构能与市民有效合作。三是加强幼儿园、保育所和认证儿童园与小学、家庭以及地域的合作，建立相应的体制，从根本上提高幼儿教育的质量，其内容包括制订行动计划和指导方针、教育局和福利局合作、幼儿园与小学甚至是与大学的合作、建立幼儿园教师的研修体制、培养幼儿教育的建言者，等等。③ 另一方面，这些经验也反映出今后新制度在各地方自治体推进过程中所面临的挑战。

据日本文部科学省网站资料显示，在幼小衔接方面，幼小衔接的方式主要包括学生之间的交流活动、举办教师共同参与的研修会和研究会、教师间参观彼此的教学或活动以及共同制定并实施衔接的教育课程等，该网站同时

---

① 是以2012年颁布的《儿童·育儿支援法》《认证儿童园法的一部分改正》以及《儿童·儿童支援法以及认定儿童园的一部分改正法的实施相关的法律》三大法律为基准创设的制度。后期幼儿教育和保育的无偿化也属于该制度的一部分。

② 访问日期：2021-07-01。

③ 大豆生田啓友：《新制度以降の自治体発の子育て支援·保育の取り組み》，载《医療と社会（特集：子どもをめぐる諸課題を考える—少子化問題を中心に—）》，2017(27)。

显示，幼小衔接在实施中也被指出面临诸如对幼小教育不同的理解不充分和衔接难以落地等困难①。具体到课程的衔接上，有研究者聚焦于"语言"的活动领域，调查了幼儿园和小学管理者及教师对"语言"衔接课程的看法，发现对于课程的基本思路、形式以及具体的方法而言，幼儿园和小学的教育相关者未能互相理解，而且对于"语言"能力的认识也存在显著差异(幼儿园关注"听"和"说"，而小学则同时关注"读"和"写"等能力)。②

简言之，日本学前教育改革通过搭建和完善儿童·育儿支援的制度，正力图从量的发展转变到质的提高，地方自治体成为新支援制度的实施主体，在被赋予权力的同时也承担着地方幼儿教育以及与此息息相关的地域发展的重任。同时，学前教育改革中一直存在的幼小衔接议题在现实中仍存在许多难以解决的问题。怎样在教育中增进幼儿与小学教师之间的理解，怎样以儿童为中心在技术层面完成衔接课程的制定而不是浮于表面的合作，是改革政策真正落地需要考虑的问题。

二、基础教育改革

(一)教育理念改革

日本的教育理念改革经历了"宽松教育"1.0—"扎实学力"2.0—"21世纪能力"3.0的变化过程。

首先，20世纪70年代末到21世纪初为"宽松教育"1.0改革。战后日本为完成经济的赶超型发展，采取了教育为经济服务的策略，学历成为衡量人才的标准。而为达到加速培养人才的目的，学校教育大幅增加课程内容与课程时间，"填鸭式教育"成为主流，如1968年版的《学习指导要领》(即课程标

---

① 访问日期：2021-07-01。

② 春木憂、森美智代：《幼児教育と小学校教育をつなぐ"ことば"の教育：接続期カリキュラムに関する調査をもとに》，载《全国大学国語教育学会国語科教育研究：大会研究発表要旨集》，2019(137)。

准）成为课程内容最多、规定课时最多的课程标准。但"学历主义"使得整个社会出现了盲目追求高学历之风，学生疲于应付考试与补习，个性与创造力被抹杀，高压之下产生了儿童自杀、校园暴力等病理现象。① 面对上述问题，日本政府于 20 世纪 70 年代后期开始"宽松教育"改革（即战后日本的第三次改革），这一改革一直持续到 21 世纪初。

"宽松教育"以"自由"与"个性"为宗旨，旨在减轻学生学业负担，强调让学生在"快乐中学习"，重视学生个性与创造性的培养，重视健全的品德养成，最终使学生获得在社会上生存的能力。"宽松"的教育理念主要体现在《学习指导要领》（即课程标准）修订的实践上②。经过层层修订，"宽松"的教育改革日渐覆盖学校教育的各个层面，包括减少课时数量、课程内容简单化、增加学习实践课程等内容。可以说，经过层层改革，日本的基础教育已极为宽松，此前填鸭式教育带来的学生学业压力过大的问题在一定程度上得到了改善。但随着时间的推移，"宽松教育"带来的学生基础能力薄弱等问题逐渐显现，日本学生在国际学业能力测试中排名的急剧下降也是"宽松教育"弊端最有力的证据。

其次，为 21 世纪初的"扎实学力"2.0 改革。21 世纪初，日本学生 PISA 测试与 TIMMS 测试排名的下降③，使得学校教育改革饱受社会各界的批判。同一时期，据《读卖新闻》（日本国内影响力较大的全国性报刊）的民意调查显示，超过 80% 的日本民众对学生的学业能力下降表示担忧，超过 70% 的民众不赞成当前"宽松"的教育改革政策，认为中小学的授课时间及教学内容被过度缩减了。在国际上人才竞争加剧和国内社会对教育的不信任的双重压力下，

① 汪辉、李志永：《日本教育战略研究》，11~13 页，杭州，浙江教育出版社，2014。
② 日本的《学习指导要领》（即课程标准）一般每十年修订一次。
③ 2003 年日本学生的数学、科学、阅读排名从第 1、第 2、第 8 位变为第 6、第 2、第 14 位，2006 年的数学、科学、阅读排名分别从第 6、第 2、第 14 位下降到第 10、第 6、第 15 位，分数也呈不同幅度下降。

日本政府开启了保守地修正宽松教育的进程，逐渐开始重视学生的基本知识的习得与基础技能的掌握。2002 年，时任日本文部科学省大臣的远山敦子发表了以《劝学》为主题的演讲，"扎实学力"一词首次进入公众视野。

"扎实学力"包含以下三个方面：一是基础知识与基本技能；二是思考力、判断力、表现力及其他能力；三是主动学习的态度。2007 年修订的日本《学校教育法》第 30 条第 2 款规定："在掌握基础知识与基本技能的同时，培养应用知识和技能解决问题所需的思考能力、判断能力、表现能力等，培养自主的学习态度。"这便是从法律的层面明确了"扎实学力观"的"学力三要素"。简言之，"扎实学力"强调知识的"理解"与"运用"，即具备扎实的基本知识和基础技能并将其运用到解决问题中，重视知识与技能在具体情景中的运用与生成。正如日本学者安彦忠彦所说："'扎实性'就如辞典一般，即使积累了大量的知识，倘若不去使用它，它就将失去存在的意义。失去具体的运用情景，也就不能称之为扎实的学力。"①

最后，为"21 世纪能力"3.0 变革。面对急剧的信息化带来的人才竞争压力，世界各国纷纷探索本国学生发展的核心素养，在这一潮流的推动下，同时也为继续解决国内人才教育问题，日本开始了核心素养探索之路。日本在核心素养的研究过程中，先分析了世界各国家、组织的核心素养体系，发现各国大致从"基础素养""认知素养"和"社会素养"三方面进行指标体系的建构；随后分析了其国内文部科学省、内阁府等机构提出的素养指标体系，并从"知识素养""社会与人际关系素养"和"自我管理素养"三个方面进行归纳与总结；在对国内外的素养指标体系分析的基础上，结合相关教育理论、学习理论，立足指定研究学校的开发案例，最终将"生存能力"按照"基础""思考"与"实践"三个视点进行重组，形成了"21 世纪能力"。

2013 年，日本国立教育政策研究所发表《教育课程编制基础研究报 5》，

---

① 钟启泉：《"扎实学力"与学习动机——日本安彦忠彦教授访谈》，载《上海教育科研》，2005(5)。

公布了日本学生核心素养框架——"21 世纪能力"，成为今后日本课程改革的基础，并通过课程标准内容的设置体现核心素养的课程价值。①据日本国立教育政策研究所网站资料，"21 世纪能力"模型（如图 1-8 所示）是对关键素养的聚焦，呈三个圆层层嵌套的偏心圆模式，具有层级性和统一性。其中，"思考力"是"21 世纪能力"的核心，它以"基础力"为支撑，以"实践力"为导向，故置于中间层；"实践力"与"21 世纪能力"关系最为密切，同时又能引导"思考力"的方向，置于最上层；"基础力"为"思考力"和"实践力"提供基本知识和技能，置于最底层，三个圆层层嵌套，表明在教学实践中应综合培养学生素养，而不能把素养进行分割。②该网站资料表明"21 世纪能力"体现了日本教育长期以来的能力取向，在"知"与"德"的衡量中，秉承"扎实学力"的教育理

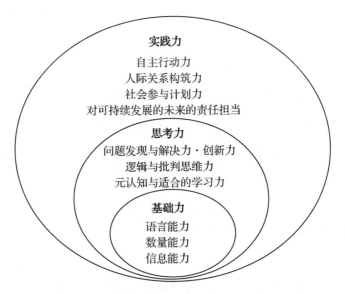

图 1-8 日本学生"21 世纪能力"结构模型

（资料来自日本国立教育政策研究所网站）

---

① 辛涛：《基于学生核心素养的课程体系建构》，载《北京师范大学学报》（社会科学版），2014(1)。

② 访问日期：2021-05-02。

念而偏重于"知"。"21 世纪能力"既秉承了上一期学力提升的理念,又更加强调学生合作解决问题的能力,通过引导课程标准修订,从"能做什么""学什么""怎么学""怎么评价""怎么支持"等几个方面带动课程变革。①

(二)课程内容的改革

在"宽松教育""扎实学力""21 世纪能力"的教育理念引导下,日本的"学习指导要领"(即课程标准)也随之修订,相应地,课程内容也在不断发生变化。总体而言,在课程目标方面,虽然各个阶段各有侧重,如存在着"重视学生自由与个性""重视学生基础知识和基本技能""重视学生思考能力和实践能力"的变化趋势,但培养学生"知""德""体"的基本理念依旧贯穿整个教育变革时期;在课时数上,存在着"减""增""增"的变化趋势;在课程内容上,存在着内容量从"减"到"增"的趋势以及内容难易度从"降低"到"恢复"的趋势;在课程设置上,呈现出重视以"综合学习时间"等实践课程到"充实学科教育"的变化趋势。

1. "宽松教育"时期"学习指导要领"的修订要点(1977—1998 年)

1977 年,日本文部科学省以"宽松和充实"为口号修订了"学习指导要领",小学四年级的周课时数减少了 2 个课时,五、六年级的周课时数减少了 4 课时;课程内容削减了 20%—30%。增加"特别活动"作为课程的一部分;1989 年"学习指导要领"的修订,废除了小学一、二年级的"社会科"和"理科",而代之以"生活科"。

如果说前两次修订是对"宽松教育"的小试牛刀,那 1998 年的修订则是"宽松教育"的白热化。也就是说,中小学课程时间和课程内容都降到历史最低值。② 在课时上,小学减少了 418 课时,中学减少了 210 课时;在课程内容上,各科内容削减 30%,并大幅降低课程难度;同时,开设"综合学习时间"

---

① 访问日期:2017-01-10。
② 谭建川:《日本"宽松教育"的兴衰及其启示》,载《今日教育》,2016(11)。

课程，通过丰富学生的课外实践活动的形式减轻学生压力，锻炼学生的生存能力；此外，在初中阶段增加了选修课的节数。

2. "扎实学力"时期"学习指导要领"的修订要点（2008 年）

面对"宽松教育"带来的学生学力下降的问题，2008 年修订的"学习指导要领"主要通过加强学生基础知识的掌握、基本技能的习得，以及增加主要科目的时间来提升基础学力。

首先，削减了"宽松教育"时期最典型的产物——"综合学习时间"课程的课时数。小学三、四年级由 105 课时缩减至 70 课时；五、六年级由 110 课时缩减至 70 课时；初中也由 70—130 课时缩减为 50—70 课时。① 同时，也削减了选修课时数。

其次，增加课程内容，即充实各个主要学科的内容。包括充实语言活动，掌握扎实的读写知识；充实理科、数学教育，增加教学内容，并重视内容的系统性和国际化；充实传统文化教育，如加强对国语科中的古典文化的相关内容、社会科中的历史内容、音乐科的唱歌和乐器演奏、美术科中本国美术文化内容，以及保健体育科中对武士道等方面的教学；充实道德教育，保证道德教育的授课时间，根据儿童的各个发展阶段采取不同的道德教育方式；充实体验活动，以培养儿童丰富的人性和社会性为目标，根据学生发展的不同阶段，安排不同的体验活动；充实外语教育，在小学五、六年级开设"外语活动"，增加中学外语词汇等。②

最后，增加课时数。小学增加 278 个课时，初中增加 105 个课时。③ 其中，语文、数学、外语、科学和社会课的课时增加了 10%；科学和数学的课

---

① 谭建川：《困顿中的摸索：解读日本新一轮〈学习指导要领〉的修订》，载《比较教育研究》，2010(2)。

② 陈城城：《日本现行〈学习指导要领〉修订研究》，硕士学位论文，东北师范大学，2012。

③ 吴伟、赵健：《日本"宽松教育"：历史脉络与理性审视》，载《比较教育研究》，2013(4)。

时分别增长了33%和22%。①

3. "21世纪能力"时期"学习指导要领"的修订要点(2017年)

首先,2017年修订的"学习指导要领"强调了改革的三个出发点。一是为了进一步培养儿童面向未来的素质和能力,应强调"向社会开放的教育课程";二是在现有的"学习指导要领"的基础上,强调知识和技能的获得以及思考力、判断力和表现力的培养之间的平衡,以培养更扎实的学力;三是通过加强道德教育和体验活动,以及加强体育和健康指导来培养身心健康的身体。

其次,新"学习指导要领"强调培养"主体的、对话的深入学习"能力。具体表现为培养学生澄清"我能做什么"的能力。为了培养学生在知、德、体方面的"生存能力",改革课程与教学,重新调整学力的三大支柱,即"知识和技能""思考力、判断力和表现力"及"向学力"在课程与教学中的体现。例如,在初中科学课上,可以先让学生理解生物的生理构造与生存以及生命的连续性,再通过观察和实验等科学的探究活动去理解生物的多样性,培养学生发现和表达规律性的能力,最后要通过这门课程来培养学生科学探究的态度以及尊重生命和保护自然环境的意识。

再次,加强各学校的课程管理。为了培养学生应对当代社会问题所需的资质和能力(主要为语言能力、信息利用能力、发现和解决问题的能力等),各学校应该加强课程的横向跨学科建设。此外,为了加强"主体的、对话的深入学习",集中课时以平衡学习等方式尤为重要。鉴于此,整个学校应该通过适当地分配教育内容和时间、确保必要的教师和教学资源以及根据具体实施状况改进方案等措施来提高教育课程和教育活动的质量,最终实现学习效果的最大化。

最后,在具体的教育内容上,据日本文部科学省网站资料,主要包括:

---

① 杨静:《新世纪以来日本基础教育课程改革及其启示》,载《河北师范大学学报》(教育科学版),2014(3)。

第一，培养准确的语言能力。根据发展阶段规律，培养学生准确理解词汇，并能准确理解和正确表达信息的能力(主要通过小学和初中的国语科目进行)；加强各科的语言学习活动，例如实验报告的编写、澄清立场和理由并予以讨论等(通过小学和初中的各科目进行)。第二，加强科学教育。维持上次修订时将科学教育的课时数增加了 20%—30% 的设定，在此基础上增加日常生活中的相关问题(小学的算数科目以及初中的数学科目)以及通过观察和实验(小学和初中的科学科目)等方式来提升学习质量。同时，加强收集并分析资料、通过趋势来判断解决问题的统计教育(小学的算数科目和中学的数学科目)，充实与自然灾害相关的教育内容(小学和初中的理科科目)。第三，加强与传统和文化相关的教育。加强本国语言文化(小学和初中的国语科目)、县内主要的文化财产和年度活动(小学的社会科目)、本国及乡土的音乐和乐器(小学和初中的音乐科目)、武士道(初中的保健体育科目)等的指导。第四，加强道德教育。通过之前将道德作为特别科目的改变，进一步加强道德教育以培养学生能从多维度思考和讨论道德问题，理解道德的价值是自己的事情。第五，加强体验活动。增加能使学生感受到生命和自然的重要性以及与他人合作的重要性的体验活动。第六，加强外国语教育。在小学的低年级设置"外语活动"，在高年级设置"外语"科目。为此要配套新的教材、改善教师的聘用和研修方案，等等。同时，也要注意加强对国语教育的指导。①

(三)教学方式的改革

据日本文部科学省网站资料显示，日本目前的课改提出以追求学习本质为目标的"主体、对话和深入"的主动学习过程及方式，改善教与学。② 2015年，教育再生实行会议发表了《新世纪对人才的要求以及培养学生素养的教育

---

① 访问日期：2021-07-05。

② 李婷婷、王秀红：《日本新一轮基础教育课程改革新动向——文部科学省"学习指导要领"(2017)述评》，载《外国教育研究》，2019 (3)。

和教师(第七次建议)》,提出将"主动学习"作为未来课堂教学的实践重心,以促进学生素养的发展。中央教育审议会将"主动学习"定义为与讲授式教学不同的学习者能动地参与学习的教学法的总称,包括发现学习、问题式学习、体验学习、调查学习等方式,在课堂内还可使用小组讨论、辩论、小组合作等方法。

学生的"主动学习"有三个重要视点:"主体""对话"和"深入"。"主体"指学生的自主学习,强调学生能够从自身兴趣及能力水平出发,自我组织并监控学习,调整学习策略;"对话"指学生的合作学习,强调学生在学习过程中积极参与师生、生生的对话,在共同解决问题中培养合作意识与合作能力,构建良好的人际关系;"深入"指学以致用,强调学生能够充分调动所学知识解决现实情境中的具体问题。可见,"主动学习"关注了学生学习的主体性、学习过程的探究性及学习结果在现实生活中的运用,重视学生发现问题能力、独立思考能力、问题解决能力的培养。在主动学习提出之后,很快成为日本教育界研究和实践的热潮。如广岛大学附属东云学校,以培养学生核心素养为主题,进行了一系列教学研究;长崎大学立足核心素养开发了一系列综合学习课程,对其教学方式作了深入的探讨。

(四)教育评价的改革

2017年4月,日本国立教育政策研究所发表了《培养学生素养的教育课程研究报告书5——学生素养的评价研究》,该报告指出今后关于评价改革的工作主要有以下几个方面:

第一,贯彻落实"教学与评价一体化"的原则,持续推进形成性评价在教学实践中的运用。形成性评价于20世纪70年代传入日本,在建构主义与本土实践的双重影响下,形成了日本的独有模式,评价主体由教师个人扩展到教师与学生共同评价;评价目的不仅是修订教学目标,还包括改进教师教学策略和调整学生学习行为;评价内容既包含学生知识与技能的掌握程度,也包括学生情意方面的发展；评价方式除了测验，还有观察课堂及课间表现等。① 总而言之，形成性评价在日本学校评价体系中占据举足轻重的地位。

第二，关注学生情意方面的发展，使用多种评价方式进行评价。一方面，素养不是外部力量强加给学生的，而是学生内发形成的，核心素养格外关照学生的主体性，因此，学生评价愈发关注学生的态度、道德、人性等方面的发展。另一方面，现行《学习指导要领》中提到的评价是以学科为基础的评价，但核心素养除了通过学科形成，还要通过综合学习活动、道德活动、特别活动等其他方式形成，因此需要使用多种评价方式对学生进行评价。如日本文部科学省网站资料显示的那样，可参照《学业评价标准》，从"关心、态度""思考、判断、表现""技能""知识、理解"四个维度进行目标达成的绝对评价；如通过结合档案袋评价、个人内在差异评价、表现性评价等非纸笔测验的方法对学生作出真实的评价，其中表现性评价广受研究者的关注，因为"21世纪能力"强调学生运用所学知识解决问题的能力，而表现性评价主要通过学生的作品或成果如报告、展示物或演讲等对学生进行评价②，关注学生对知识和技能的活用情况，是对真实学习的最直观的评价，不少学校对表现性评价展开了实践探索。

第三，重视学生的自我评价。自我评价既有利于学生主体性的发挥，也有利于教师更清楚地了解每一位学生、对学生作出合理的判断。据日本国立教育政策研究所网站资料显示，报告特别指出，教师的评价具有主观性，应提升教师的专业素养，以期做出更合理、真实的评价。③ 由此可见，日本基于核心素养的评价正在实现由"过去取向"向"未来取向"的转变，评价的功能从选拔与甄别转向关注学生本体的发展，评价内容与评价方式也变得多元化。

---

① 田中耕治、项纯：《日本形成性评价发展的回顾与展望》，载《全球教育展望》，2012(3)。
② 访问日期：2021-07-05。
③ 访问日期：2019-01-15。

结　语

综上所述，自20世纪50年代以来，日本的基础教育改革可看作依托社会需要的、自上而下的一体化改革，即根据社会对人才的需求修订人才培养目标，再依据人才目标修订课程标准，通过"课程目标—课程内容—课程实施—课程评价"完成基础教育的一体化改革。其中，人才培养目标与日本社会的"学力观"紧密相连①。"二战"后日本的学力观经历了从"问题解决型"学力与"基础"学力的论争，到"可测量的"学力、"无法测量的"学力的演变②，再到重视"生存能力"的新学力观与重视"基础知识与基本技能"扎实学力观的摇摆，最后具化成"21世纪能力"。学力观的发展和变化与前文中多次提及的20世纪70年代日本国内发生的教育荒废现象以及"宽松教育"改革实施后学力低下论的扩大相关。学力论也直接影响了每隔十年一次的基础教育课程标准的修订。换言之，学力观的更迭反映了教育与社会关系的变化，同时也决定着课程标准的发展。以2017年新修订的课程标准为例，新的课程标准以21世纪能力的学力观为基准，在培养目标上强调培养学生面对未来社会挑战的能力，包括与生存紧密联系的"知识和能力"、应对未知情境的"思考力、判断力和表现力"以及人生中不断学习所需的主动学习能力和丰富的人性；在课程内容上，强调课程内容的设置应打破学科的壁垒，建立多学科共同培育学生21世纪能力的内容体系，并建立面向社会的课程体系，重视课程内容与社会、与生活的联系；在教学方式上强调"主体、对话和深入"的主动学习，重视学生学习的主动性、合作性以及深入性；在评价上以"教学与评价一体化"为原则，以培养目标为评价基准，并以学生为中心使用多种方式进行评价。

----

① "学力观"是指对学力概念的认识，而"学力"是指通过学校学习获得的知识和技能。参考秦东兴、窦志珍：《日本新学力观与基础教育课程改革探析》，载《外国教育研究》，2009(12)。

② 可测量的学力观与当时日本国内的全国学力测试相关，认为学力是通过学习可测量的学习内容而获得的能力。参考秦东兴、窦志珍：《日本新学力观与基础教育课程改革探析》，载《外国教育研究》，2009(12)。

简言之，从 20 世纪以来日本的基础教育改革实践中，可以发现改革的动因与社会发展密切相关，而改革的计划严谨，以学力观为核心的改革确立了中心思想，课程标准的设计由此生发且紧扣主题。由此可见，核心素养的界定与落实对于课程的改革而言至关重要，这也对我国今后的课程改革提供了借鉴意义。

三、高等教育改革

（一）改革的理念

1. 21 世纪教育新生计划：高度化、个性化及活性化

20 世纪 80 年代后期的日本大学迎来了第三次改革。在工业化迈向成熟阶段、科学技术迅速发展以及新的国际化出现等时代背景下，为了进一步面向 21 世纪，教育改革势在必行。政府于 1984 年成立了直接对首相负责的临时教育审议会。临时教育审议会依次于 1985 年、1986 年、1987 年提出了针对教育领域的改革意见。据日本文部科学省网站资料显示，在第 4 份报告中，总结了今后教育改革的 3 个基本立足点，即重视个性、向终身教育体系过渡和适应社会的变化。[①]

在临时教育审议会之后，政府于 1987 年开设了大学审议会，大学审议会确定了高等教育改革的三大支柱，即高等教育的高度化、个性化以及活性化。据日本文部科学省网站资料显示，高度化是指教育研究的高度化，即以加强和改革研究生教育为目标，通过扩充研究生院的数量、集中和重点分配资源以形成和支持研究生院作为卓越的教育及研究基地、实行弹性化的研究生院制度以强化其教育和研究功能以及创设专业研究生院和加强与产业界的合作等方式来实现教育研究的高度化。个性化是指修改大学设置基准以使大学能更加弹性地设计自己的课程及其他制度，实现高等教育的个性化和多样化。

①　访问日期：2021-04-05。

活性化是指采取灵活的方式进行组织管理,包括大学组织管理体制的明确化、教师组织的弹性化和流动化以及引入第三者评价制度以形成多元评价体系等。① 在个性化的改革理念之下,大学教育改革具体包括国立大学的法人化改革、认证评价制度的改革以及卓越研究教育基地和专业研究生院的设置,等等。

2. 教育再生

随着 21 世纪初所展现的诸如校园霸凌、暴力以及不上学运动等诸多教育问题,教育的再生成为解决这些问题的重要概念被提出。2006 年,新的《教育基本法》颁布,文部科学省在此基础上修正了相关法律条令并制订了教育振兴计划。目前,日本共制订了三次教育振兴计划。2013 年,教育再生与经济再生被同时作为日本发展的两项重大议题,安倍晋三政府决定实施"教育再生实行会议"②。会议成员由总理、内阁官方长官和教育部部长以及教育界、经济界和地方公共团体等领域的有识者构成。会议自开办以来共提出了 12 份报告书以指导教育改革工作的展开(见表 1-11)。在教育再生的理念下,大学改革主要围绕高中教育、大学教育和大学入学考试教育的一体化以及推进大学的国际化和认证评价制度进行。

表 1-11 教育再生实行会议的 12 次报告(2013—2021 年)

提出时间	报告名称	主要内容
2013-02-26	应对欺凌问题	①制定反欺凌的相关法律 ②道德教育课程化及增加德育科目教材
2013-04-15	教育委员会改革目标	明确地方教育行政的权限和职责

---

① 访问日期:2021-04-05。

② 早在 2016 年,教育再生理念提出之时,文部科学省就设置了教育再生会议,并在一年多的时间里提出了 3 次报告。但是安倍政府的教育再生实行会议与此不同。

续表

提出时间	报告名称	主要内容
2013-05-28	未来大学教育的改革目标	①创造教育环境 ②营造创新的教育和研究环境 ③强化为社会输送人才的教育功能 ④增强为社会人员提供再教育的功能 ⑤大学治理改革
2013-10-31	高中教育和大学教育的衔接以及大学入学选拔的改革目标	①提高高中教育质量(开展基本能力完成度测试等) ②增强大学的人才培育功能 ③大学入学考试改革(开展发展能力完成度测试以及向多元化综合性选拔等转化)
2014-07-03	未来学制的改革目标	①小中一贯教育的制度化 ②高等教育机构入学的弹性化 ③高等教育机构职业教育的制度化
2015-03-04	为实现终身学习型社会、全员参与型社会和地方教育的改革目标	①建设谁都可以继续学习的社会 ②建议女性、高龄者和残障者等都可参与的"全员参与型社会" ③通过奖学金的方式促使大学生安居地方社区 ④支持地方大学
2015-05-14	未来所需的素养和能力以及与此相应的教育与教师培养的改革目标	①培养能通过 ICT(Information and Communication Technology)来革新学习环境和培养信息应用能力 ②推进主动学习 ③教师改革(包括培养目标的明确化、整合全国的教师培养机构,等等)
2015-07-08	为实现教育立国的教育投资和财政的改革目标	①幼儿教育阶段的免费以及质量的提高,以减轻高等教育阶段的教育负担为主的教育投资 ②通过利用民间的资金和改革税制来确保教育财政投入 ③促进国民对此政策的理解
2016-05-20	迈向使全部儿童能发展其潜力的教育	①更好地应对有发展障碍的儿童 ②加强教育以培养儿童更优秀的能力 ③考虑通过福利型奖学金的方式来减轻家庭的教育负担

续表

提出时间	报告名称	主要内容
2017-06-01	提升学校、家庭和地方的教育能力以实现儿童自我发展并用自己的双手去开创未来的教育	①推进综合的家庭教育支持以及访问型家庭教育 ②引进社区学校及推进地方学校的合作 ③改革教师的工作方式 ④推进儿童的自我发展工作
2019-05-17	技术进步下的教育革新以及新时代下高中改革	①社会 5.0 所需的能力的培养以及推进 CT 环境 ②普通高中类型的选择 ③平衡高中的文理科教育，改革大学入学考试
2021-06-03	后疫情时期新的学习的改革目标	①从实现社会中每个人的幸福转变为以学习者为主体的教育 ②促进电子化，并实现向数据驱动型的教育转变

(表格资料来自日本文部科学省网站)

(二)国立大学法人化改革

日本于 2003 年颁布了国立大学法人化相关的 6 项法律，并于次年开始推进法人化改革。据日本文部科学省网站资料显示，法人化改革的出发点有三个：一是为了建设个性丰富的大学以及展开具有国际竞争力的教育研究；二是重视对国民和社会的责任及引入竞争原理；三是实现经营责任明确的大学管理。① 而根据日本文部科学省网站资料，国立大学法人制度主要由五个方面的内容构成：

第一，赋予大学"法人资格"，以确保其自主管理。大学从国家的行政组织的一部分变为具有独立法人资格，各大学可以制订自己的目标和计划，并展开相应的管理工作。对大学的预算和组织等的限制缩小，由大学来决定预算等。大学可以根据自己的判断，灵活地展开与产业及官方等的多种合作。

第二，引入"民间思维"的管理方法。具体而言，是引入董事会制度实现最高管理层管理。以实现全校的资源最大化而展开战略性的管理，鼓励扩大

---

① 访问日期：2020-03-01。

收入，并灵活地进行一些组织和业务的外包和投资工作。

第三，通过"校外人士参与"来实现大学管理的制度化。包括引入校外人士参与董事会制度，校外人士也可参与董事会以外的管理工作，参与校长甄选委员会以选出校长。

第四，向"非公务员型"的弹性人事系统转变。包括引入根据能力和业绩来进行工资分配的制度、取消国家对兼职的限制、积极实行公开招聘制以及校长任命制。

第五，通过引入"第三者评价"过渡为事后检查的评价方式。通过第三方机构来对大学的教育和研究绩效进行评价和检查。根据第三方的评价结果来分配大学的资源，并将评价的结果、财务状况以及教育和研究等信息公布给公众。①

(三)大学入学考试改革

2012年，中教审在名为《为了构建新的未来，向大学教育的质的转变——以培养学生终生学习和拥有主体的思考能力为目标》的咨询报告中提出高中教育和大学教育衔接(下文简称"高大衔接")的改革方向。教育再生实行会议于2013年进一步提出《高中教育与大学教育的衔接以及大学入学选拔的应有态势》的报告，在报告中强调改革大学入学方式的必要性。随后，高中教育、大学教育和大学入学者选拔的一体化改革正式展开。

在少子化的社会背景下，"二战"后的日本大学入学考试改革从采用大学入学考试中心的考试发展到走向结合 AO(Admission Office)考试和推荐考试等方式的多元入学考试体系。在大学逐渐进入"全入时代"时，大学入学考试也被指责逐渐丧失其选拔性功能。② 为了进一步提高学龄儿童的学习能力以应对复杂的国际形势，大学入学考试被放置在高大衔接改革中的重要位置(见图1-9)。

---

① 访问日期：2020-03-01。

② 姜星海、杨驹：《日本高考改革动向与争论》，载《教育科学研究》，2020(8)。

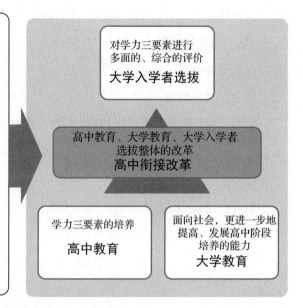

图1-9 高大衔接改革的必要性图示

（资料来自日本文部科学省网站）

2016年，《高大衔接系统改革会议最终报告》明确了大学入学考试的改革内容：第一，为了解决AO考试和推荐考试降低学力考核的弊端，提高现有对这两项考核方式学力的要求。第二，为了改善只注重考生成绩的知识评价方式、完善多方面的综合评价，提出可灵活地运用高中阶段记录学习情况的调查书和活动计划等与考生个性相关的材料。此外，为了缓解生源问题，也强调要招收具有多样背景的考生(如家庭贫困、残疾以及具有外国国籍的学生等)。第三，计划在2020年以"大学入学共通测试"取代大学入学考试中心举行的考试。出题的方式将引入"记述式"考题，并且英语的考试内容将增加"说"和"写"的部分(见图1-10)。[1]

① 姜星海、杨驹：《日本高考改革动向与争论》，载《教育科学研究》，2020(8)。

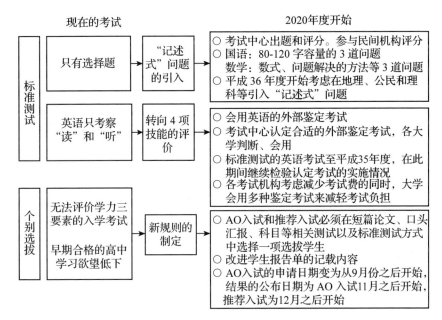

图 1-10　大学入学考试的改革内容

（资料来自日本文部科学省网站）

（四）课程的改革

20 世纪 90 年代，日本大学的课程制度从原有的"二·二"分段制变为"四年一贯"制度，即将一般教育和专业教育分离的两段式变为两者相结合的课程制度。① 其中，课程改革内容可总结为以下几点，即改革集中在课程分类的修改、选修课与必修课的确定以及学分的计算方式和毕业学分规定等；采用学期制的学校逐渐增加；92% 的大学制定了教学大纲；根据学生在高中时的学习情况安排教学；重视小班教学；重视外语教育和信息化教育；提高教师的教学水平；组织学生对教师进行教学评价以及实施研究生担任助教等制度。②

进入 21 世纪，2008 年中教审在《转向学士课程教育的建构》的咨询报告

---

① 胡建华：《战后日本大学史》，259 页，南京，南京大学出版社，2001。

② 胡建华：《战后日本大学史》，271—272 页，南京，南京大学出版社，2001。

中指出了大学教学管理上的三大方针，即"授予学位的方针""教育课程的编制和实施方针"以及"入学方针"（下文简称"三项方针"）。在此基础上，各大学必须制订学位授予的方针和教育及研究方面的目标，并据此实施具有整合性的教育课程。具体而言，包括编制体系化的教育课程、落实学分制度、改善教育方法、严格实施成绩评价、促进教师的专业发展、大学相关团体的自愿和自主的质量保证。据日本文部科学省网站资料显示，由于2010年《学校教育法施行法则》中规定大学等公共教育机构负有对民众进行说明的责任，大学必须公开其学位授予及与课程有关的教育信息，例如，教师人数和教师的资历业绩、开设科目及教学计划、成绩评价和毕业认定标准以及学费和学校相关支持政策，等等。①

2016年，根据新修改的《学校教育法施行规则》，大学有义务制订并公布自己的三项方针。而今后不同类别的大学课程改革将围绕以下几个方面展开：

第一，在大学学士课程教育上，首先，要加速推进大学教育的再生。通过推进主动学习、学习成果的可视化、入学考试改革、高大衔接、长期校外学习项目等，促进大学教育质量的转型，从根本上强化大学人才培养的功能。其次，推进大学间的合作。超越国家、公立和私立的设置形态，根据地区和教育领域的不同加强大学间的合作。在为共同构筑教育和质量保障体系的努力中，（国家）择优对其进行重点的财政支持，以保证和提升教育的质量。最后，制定教职员研修的共同使用基地制度②。为了能够提供更高质量的教育，文部科学省大臣将认定大学和相关机构为大学教职工进行研修和培训的共同使用基地。

---

① 访问日期：2021-07-24。
② 针对教师的职业发展项目称为"Faculty Development"（FD），是为了改善大学的教学内容和方法而展开的研修及研究活动。具体包括实施教师之间的听课，开设有关教学方法的研究会以及新任教师的研修会等。而针对职员的职业发展项目称为"Staff Development"（SD），是为了能更好地管理以促进大学的教育和研究活动，让事务性职员能获得相应的知识和技能所展开的研修活动。具体包括关于管理和研究支持等方面的内容的研修。

第二，据日本文部科学省网站资料显示，在短期大学学士课程教育上，跟一般大学的学士课程一样，具有制定和公布三项方针的义务。根据2014年中教审所颁布的《今后短期大学的应有态势》，短期大学需要通过开发自己的特色课程和学习实践指导法来增强其教育功能。同时，短期大学的课程也将与一般大学一样，保证和提升其教育质量。①

第三，据日本文部科学省网站资料显示，根据2011年中教审的《全球化社会的研究生教育》咨询报告和以此为基础的《第2次研究生教育振兴施策纲要》，研究生教育主要有两方面的改革。首先，从根本上强化研究生教育，包括博士课程教育的领先计划和系统性研究生教育改革促进计划。这两项计划的目标均是在"产学官"的共同参与之下，培养能够活跃于产业界、学术界以及政界等的领袖人才，为之提供更系统的研究生教育。其次，形成卓越的教育研究基地。包括全球COE项目和卓越研究生基地经济支援计划。以国际的视野建立国际一流教育和研究基地，并提供给学生能专心研究的经济支持，以培养优秀的能活跃于国际学界的人才。②

（五）教育评价的改革

首先，在大学设置的认可制度上，改革为弹性化的准许设置制度。据日本文部科学省网站资料显示，大学（包括一般大学、短期大学和高等专门学校）的设立和组织等需要经过一定的审查手续。具体步骤为文部科学大臣在收到设立大学的申请之后，就申请内容是否符合《大学设置标准》等法律法规，向学校法人审查委员会等进行咨询。审查委员会会根据教育、财政和管理等方面内容进行审查。文部科学大臣根据审查结果判断是否批准申请。③ 而在个性化改革理念的指导下，2003年文部科学省修改了大学的设置认可制度，并

---

① 访问日期：2021-07-24。
② 访问日期：2021-07-24。
③ 访问日期：2021-07-24。

废除了一些诸如大学和大学学部增设、在学人数、专业等的限制。然而，为了保证大学设立后的教育质量，文部科学省要求大学做出详细的报告，即对其设置计划履行情况进行调查，报告内容主要为以开设年入学的学生为对象，对其从入学到毕业期间的教学科目的开设以及教师的配置等实际情况进行汇报。文部科学省会根据报告和调查，督促需要改进的大学以及一些存在重大问题需要重新进行认证的大学改善其办学质量。

其次，在评价方式上，从自我评价制度的确立到引入第三方评价的多元评价体系的建立。1991 年，在《关于改善大学教育》的咨询报告中，大学的自我评价被列为改革的主要内容。评价项目包括教育理念和目标、教育活动、研究活动、教师组织、校舍设备、国际交流、面向社会、管理和财政以及自我评价体制 9 个方面。① 为了进一步提升大学的教育和研究质量，2004 年日本引入第三者评价制度(又称认证评价制度)，以构成多元的大学评价体制。据日本文部科学省网站资料显示，《学校教育法》规定了所有大学都有义务接受来自第三方评价机构的评价。第三者评价制度包括两种类型：一是对大学的教育和研究、组织管理以及设施等综合状况每 7 年进行一次评价；二是对专业研究生院的教育和研究活动每 5 年进行一次评价。不同的评价机构可以根据自己的标准来进行评价，而考虑到大学的自主性和自律性，大学可从多个评价机构中进行选择来完成第三方评价的义务。② 可以说，认证评价制度是在大学教育弹性化的同时确保大学教育质量的"事后"(大学设立后)确认体制。此外，为了提升大学的教育和研究水平，2019 年新修订的《学校教育法》要求认证评价机构对大学的教育和研究等状况进行评价，未达标的大学需要向文部科学大臣提交报告和相关材料。据日本文部科学省网站资料，截至 2019 年，共有 63 所一般大学、31 所短期大学和 13 所高等专业学校完成了认

① 胡建华:《战后日本大学史》，286 页，南京，南京大学出版社，2001。
② 访问日期：2021-07-24。

证评价。①

最后，在信息公开上，大学有义务就其办学理念、状况和进展等向民众进行说明。作为公共教育机构的大学，担负有向社会说明及提高其教育质量的责任。根据 2011 年的《学校教育法施行规则》，所有大学都必须公开其教育和研究活动情况。据日本文部科学省网站资料显示，2017 年，一般大学和短期大学都必须公开其"学位授予方针""教育课程编制和实施方针"以及"入学方针"。政府通过此三项方针来掌握学生的实际成长情况，过程中不断地检查和评估教育质量被认为至关重要。②

结　语

综上所述，21 世纪日本高等教育在"高度化、个性化和活性化"的理念以及"教育再生"的理念下，对大学的管理、入学考试、课程以及评价等方面进行了改革。事实上，21 世纪日本高等教育的改革多源于"外压"，压力的出现与国内外社会环境的变化相关，包括经济全球化、20 世纪 90 年代后长期的经济停滞、进入少子高龄化社会等，而施加压力的是日本的政府以及政府背后的产业和经济界。③ 在政府对高等教育界频繁施加改革之前，大学制度对战后日本学历社会的形成产生巨大影响，同时，大学之间存在鲜明的阶层，大学内部"近亲繁殖"现象严重，故被批判为单一的金字塔状结构，缺乏竞争性和大学应有的活力。④ 也就是说，"二战"后日本的高等教育确实存在许多弊端。另一方面，战后中等教育的民主化发展也直接提高了大学和短期大学的入学率，入学人口的增加又扩大了私学发展的空间，但此时的政府还是持谨慎的

①　访问日期：2021-07-24。

②　访问日期：2021-07-24。

③　井上定彦：《現代日本の社会変動と高等教育改革：到達点と課題》，载《島根県立大学総合政策学会》，2006(11)。

④　天野郁夫：《全球化视野中的日本高等教育改革》，载《现代大学教育》，2006(6)。

态度，并没有放开对大学规模的控制。为了解决学历社会和"考试地狱"的问题，中曾根政府的临时审议会在 20 世纪 80 年代末期提出了大学"自由化、个性化和多样化"的发展路线。大学在此基础上改革了教育课程的设置。然而，1997—1998 年出现的经济危机使得政府的公信力下降，经济和产业界也顺势加大了对高等教育的干涉，体现在改革上即为强调竞争性。进入 21 世纪以后，政治对高等教育的影响愈发明显，2001 年小泉政府提出的"构造改革"在高等教育上表现为"国立大学法人化"改革和引入第三者评价等，安倍政府的"教育再生实行会议"进一步推进了高中教育、大学教育和大学入学考试的一体化改革。也就是说，从 20 世纪 90 年代开始，经济界和产业界对高等教育的影响日益增大，而减少财政负担并推动高等教育的市场化改革则是历届政府沿袭的内容。

虽然日本高等教育改革的上述特征表现多源于"外压"而不是内发式的变革，但也有学者持不同的观点，如天野郁夫认为高等教育在大众化走向普及化的过程中，面对"市场力量"与"开放与竞争"的压力是一种必然的趋势。大学虽然看似被动地卷入竞争，但这主要是源于大学的自身发展的需求，大学终将在进入大众阶段后发展成为"巨型大学"，而大学所需要做的便是主动发展其"作为组织体的独立筹集资金能力""资金的高效分配和使用能力"以及"迅速而且准确地做出选择和抉择的能力"。[1]

四、职业教育改革

(一)中等职业教育改革

在中等教育阶段的职业教育主要是指在专门高中所进行的包括农业、工业、商业、水产、家庭、看护、信息和社会福祉等与职业相关的教育。为了适应社会和工业的发展，日本科学与产业教育审议会于 2008 年提出《今后专门高中教育的应有态势》咨询报告，指出今后中等教育阶段的职业教育发展方向，即重视

---

① 天野郁夫：《全球化视野中的日本高等教育改革》，载《现代大学教育》，2006(6)。

专业性的基础和根本、开展适应社会和产业发展的教育以及确立地方和产业界等的合作伙伴关系。在改革的内容上，主要包括课程、创设专门项目以及教师和教育设施等方面。据日本文部科学省网站资料显示，改革内容包括：

第一，在课程改革上，首先，从重视专业性的基础和根本出发，削减了20%的科目、严选并明确各科目及科目内容。其次，为了扩大学生选择范围，削减了专业科目的必修学分（从 30 学分以上减至 25 学分以上），将必修科目削减为"基础"和"课题研究"两大科目。再次，为促进各学校的创新，删除了与学科相关的标准。最后，为了适应生物技术、制造技术的系统化以及商业的国际化和信息化的发展，对现有的科目进行修订，同时也新设"信息"和"福祉"科目来应对信息化社会和老龄化社会。

第二，在创设项目上，包括"以专家为目标""大家的专门学校项目"以及举办全国产业教育展览。其中，"以专家为目标"是指文部科学省指定专门学校进行生物技术及电子工学等先进技术和技能培养，以成为专家为目标来开发技能的习得方法及课程开发，等等；"大家的专门学校项目"是指通过专业高中和中学进行合作来使学生获得农林水产业的职业经验，以促进教育与地方产业相结合并活用相关资源来加强职业教育；举办全国产业教育展览，是由文部科学省及各都道府县举办，展览内容为专业高中学生的研究报告以及作品等，旨在使工业界、教育界和广大民众加深对产业教育的理解。

第三，在教师方面，主要是以教师研修为主。以担任产业教育的教师为对象，文部科学省对其进行关于新工业技术发展以及新课程所需的知识和技术的培训，或者派他们到大学或者海外进行 3 个月至 1 年的学习。

第四，在设施和设备方面，文部科学省根据《产业教育设施设备基准》，为公立和私立高中提供产业教育实验和实习所需的设施和设备，并对实验和实习的经费进行一定的补助。①

---

① 访问日期：2021-08-01。

除了中等教育阶段的专门高中，为了使年轻人能更好地从学校走向社会，2011 年，中教审公布了《今后学校的职业生涯教育的应有态势》的咨询报告，将职业生涯教育扩展到从幼儿期到高等教育期，同时也对各阶段的职业生涯教育提出具体建议。据日本文部科学省网站资料显示，其建议包括：在儿童发展阶段的职业生涯教育应当注意两点：一是初中等各学校需要根据学生发展阶段的特点以及其实际情况，明确学校的职业生涯教育方针，以此来系统地推动职业生涯教育；二是应该将职业生涯教育贯穿于学校的教学科目和教育活动中，系统地修改教育课程体系，不能仅停留在进行单一的与职业生涯教育相关的活动上。而对于中等教育后期，尤其是对高中阶段(一般教育)的职业教育而言，则要以《学习指导纲要》为依据，对普通科目、专业科目和综合科目的设置等进行指导。具体而言，首先，展开职业教育主要从以下四点出发：一是要培养学生能自立于社会的基本能力和态度；二是通过教学科目来使学生获得职业生涯发展的必要知识；三是提供在校学生与毕业生和当地职业工作者进行沟通和交流的机会，以启发学生计划自己的职业发展；四是使学生形成自己的价值观和职业观。其次，在综合科目的教学上，深化"产业社会与人类"这门课程的指导与教学工作，并将其放在职业教育科目中的核心位置。此外，增加学生的职业体验活动时间。再次，对非职业高中而言，尤其是对于有就业而非升学需求的学生较多的学校而言，适当地分配各科目的时间，修改职业科目课程的比例以及指导方法，同时可与当地企业进行合作制定相关职业教育科目。最后，增强负责职业指导的教师与各科教师之间的合作，以更好地实现职业生涯教育指导。[1]

(二)高等职业教育改革

在高等教育阶段实行职业教育的机构主要有大学、短期大学、高等专门学校和高等专修学校。"二战"后日本的《学校教育法》虽然规定将旧制的高等

---

[1]　访问日期：2021-08-01。

教育机构改编为4年制的大学，但随着短期大学制度的改革以及1962年高等专门学校、1976年高等专修学校的创设，使得高等教育阶段的职业教育功能逐渐完善（见表1-12）。中教审于2011年颁布《今后学校的职业生涯教育的应有态势》，报告首先指出了高等教育阶段的职业教育所存在的问题：一是在社会准入职场的要求变高的背景下，有许多毕业生无法顺利就业；二是随着高等教育"量"的扩大，多元化的学生对职业教育的需求也不同；三是在提升国际竞争力的前提下，如何将职业生涯教育思想贯穿于整个教育体制，并在高等教育阶段培养社会和企业所需的人才，成为高等教育机构职业教育发展的重要课题。该报告还建议在职业教育观点上应该进行改变。据日本文部科学省网站显示，改革的方面包括：首先，改变以往将培养实践型人才看成是企业的责任的想法，在学生培养过程中以培养其成为可以自立的专业人士作为目标。其次，各类高等教育机构应该在确定自己的培养目标基础上，形成多样化的职业教育。再次，在培养目标和培养方案的制定和完善过程中，应该与产业界以及国家和地方的各个团体加强交流和对话。最后，具体到每类教育机构的改革要点上，包括以下两点：一是大学和短期大学在教育内容上应注意专业性强和专业性不强的学科（大学）之间职业教育的平衡、专业教育与教养教育（短期大学）的平衡以及增强与企业合作进行教育等；二是高等专门学校应注意与地方产业的合作，在培养学生专业实践能力的同时也要注意加强学生的学习活动和学业成绩等。[1]

表1-12 日本高等职业教育体系的特色[2]

学校类型	短期大学	高等专门学校	高等专修学校
创建时代	20世纪50年代	20世纪60年代	20世纪70年代
学校性质	私立	公立	私立

---

① 访问日期：2021-08-01。
② 王丽燕、丘林：《日本高等职业教育体系有效衔接的经验及启示》，载《职教发展研究》，2021(3)。

续表

学校类型	短期大学	高等专门学校	高等专修学校
入学条件	高中毕业	初中毕业	无条件限制
学科设置	多学科	单科	单科
入学方式	推荐入学	直接升学	申请入学
学制	2—3 年	5 年一贯	1—3 年
办学特色	培养女性职业技能型人才,侧重文科教育	培养男性职业技能型人才,注重机械工业	向社会人开放,通过技能学习获得相应的职业资格

除了上述教育机构以外,日本于 2019 年开始实施专门职大学(即职业大学,包括专门职大学、专门职短期大学、专门职业学科)制度。在产业结构、就业环境和少子高龄化社会的背景下,为了给学生提供高质量的实践型职业教育,日本决定创设新的大学,即专门职大学。专门职大学是指在大学系统里,跟普通大学"以学术为中心,广泛传授知识,教授专业的学问"的目标一致但侧重培养学生专业性职业所需的实践能力的学校。也就是说,专门职大学不仅重视实践也重视学术,以培养兼具理论知识和实践能力的人才为目标(见表 1-13)。

表 1-13 专门职大学与大学、专修学校的区别

项目	大学、短期大学	专门职大学、专门职短期大学	专修学校(专修学校专门课程)
目的	•大学:以学术为主,在广泛传授知识的同时,教授专业知识和进行学术研究,培养学生认知能力及应用能力(《学校教育法》第 83 条) •短期大学:教授专业知识和进行学术交流,培养学生职业和生活所需的必要能力	•教授专业知识和进行学术研究,培养学生实践和应用的能力 •在大学和短期大学中,符合上述目的的则为专门职大学和专门职短期大学	•培养学生职业所需求的能力

续表

项目	大学、短期大学	专门职大学、专门职短期大学	专修学校(专修学校专门课程)
职业教育的特点	•以广泛的通识教育和学术研究成果为基础的专业教育 大学职业教育的特色，以通识教育为基础，以分析和批判的方式进行理论教育	•理论与实践相结合的教育 •与业界和地方社会合作制定课程、设置"教育课程合作协议会" •与大学的不同 ①注重实习： 毕业学分要求有约 2/3 以上的课程为实习； ②小班授课： 班额限定需为 40 人以下； •与专门学校的区别 ①理论为基础的实践技能培养； ②注重特定职业的专业性培养之外，强调广泛知识的获得	•培养特定职业实践所需的知识、技能(通过实习培养即用型能力)
教师	•以研究型教师为主	•积极任用具有实践经验的教师：40% 以上的教师具有从业经验(其中包括兼具研究能力的老师) •为提供理论和实践相结合的课程而配备相应的研究型教师和实务型教师	•以有实务知识和技能的教师为主
学制	大学：4 年 短期大学：2 年或 3 年	专门职大学：4 年 专门职短期大学：2 年或 3 年	1 年以上 (一般以 2 年制和 3 年制为主)
学位	授予学位 学士、短期大学学士	授予学位 学士(专门职)、短期大学学士(专门职)	授予称号(高度专门士、专门士)
质量保证	•确保学位授予机构符合国际设置标准(以学术为重点) •由国家进行设置认可 •向公众公开大学的自我评价和教育及研究活动等情况 •认证评估机构的第三方评价	•确保学位授予机构符合国际设置标准(以实践的职业教育为重点) •由国家进行设置认可 •向公众公开大学的自我评价、教育及研究活动情况、教育课程合作协会的审议状况等情况 •认证评估机构的第三方评价	•更灵活的设置标准 •由都道府县进行设置认可 •向公众提供学校自我评价(义务)、学校利益相关者评价、学校运营情况等信息

续表

项目	大学、短期大学	专门职大学、专门职短期大学	专修学校(专修学校专门课程)
入学选拔	基于学力三要素，从多方位对入学申请者进行综合判断	●努力实现选拔方式的多样化 ●针对不同类型的学生，制定相应的入学政策	●由专门学校各自制定入学条件

(资料来自日本文部科学省网站)

　　如前文所述，大学的设置需要符合设置认可条件，对于专门职大学而言，其设置也必须遵循《学校教育法》和《设置基准》等法规，此外，还要在充分考虑社会需求的基础上去设计自己的人才培养目标和方案。据日本文部科学省网站显示，在三项方针(即"学位授予方针""教育课程的编制和实施方针"以及"入学方针")的设计上，大致方向为：第一，"学位授予方针"需明确培养目标所必须具备的资质和能力，以就业单位和产业界的需求为基础，并且要能保证学位的水准达到社会以及国际的通用性标准。第二，"教育课程的编制和实施方针"需注意与"学位授予方针"保持一体性，编制体系化的课程。在教学科目上分为四类，即基础科目、职业专门科目、拓展科目(即关联科目)和综合科目(见表1-14)。此外，专门职大学的课程还必须要包含实地实习的内容，并且该课程占据重要的地位(共 20 个学分，约等于 15 周的实习时间)。实习课的计划由大学方来制订，而且必须保证跟其他教学科目的品质一样①。第三，"入学方针"需根据学位授予方针、课程方针来制定，入学选拔要按照文部科学省的《大学入学者选拔指南》来进行。

---

　　① 内容包括、实习的目的、具体的内容、通过实习可以获得的具体知识和技能、评价方法和标准、实习前和实习后的指导计划、确保实习质量的方案、实习地的实习指导者的分配，等等。

表 1-14 专门职大学教学科目的类别及内容

科目类别	内容	学分 (4 年制学制)	学分 (2 年制学制)
基础科目	不局限于特定领域的基础科目、终身学习所需的通识科目等	20 学分以上	10 学分以上
职业专门科目	特定职业领域的专业科目(应保持理论和实践、基础知识与实际运用的平衡)	60 学分以上	30 学分以上
拓展科目	能培养学生在相关的其他领域的应用能力,使其更好地在专业领域发挥创造力	20 学分以上	10 学分以上
综合科目	综合上述所学知识和技能,能全面提高学生实践能力和创造力的课程	4 学分以上	2 学分以上

(资料来自日本文部科学省网站)

结　语

总而言之,21 世纪日本的职业教育在中等教育和高等教育阶段都有新的发展,而当今日本职业教育改革正将"职业教育"和"职业生涯教育"概念融合并纳入教育体制中。

一般而言,"职业教育"(VE)与"职业生涯教育"(CE)概念主要有两个方面的不同:在对象上,VE 适用于希望获得特定工作或职业种类所需技能的学生,而 CE 是面向所有学生的;在时间范围上,VE 通常不早于 10 年级开始,而 CE 则涵盖幼儿期和成年期。① 在日本的语境下,"职业教育"与"职业生涯教育"发展出具有自己特色的内涵。

"二战"后,日本"职业教育"的概念源自于安藤尧雄所界定的"帮助(个体)学习职业生活必要的知识、技能和态度等",但此时的职业教育相对于"产

---

① Irene Clements. *Career Education and Vocational Education: A Comparison*. Washington, D.C., National Education Association of the United States, 1977, p.1.

业教育"而言处于从属的地位。① 在职业教育内涵的发展上，日本学术型导向和实践型导向的职业教育逐渐发展出既兼顾学术又注重实践的混合型职业教育。具体而言，职业教育可划分为三种类型：一是广义的职业教育，即在职高和高等专门学校里实行的职业教育，以产业的类别(农业、工业、商业、家政和信息行业等)为基准培养相关人才，学习内容以学术为导向(注重普通科目和教育科目)，因其依据产业类别而不是职业种类进行教育的特点，亦被看成是产业教育，也就是一种广义上的职业教育。二是狭义的西欧型职业教育，指与西欧的职业教育相同，以获得特定的职业和职业种类的资格和能力为目标，例如专修学校、都道府县的职业能力开发学校和职业能力大学、职业能力短期大学即为此种类型。然而，日本有95%的专修学校是私营的，也就是说，日本的实践型职业教育具有私人性的特点。三是混合型的职业教育，即兼顾学术性和实践性的教育，实施机关为短期大学和新设置的专门职大学和专门职短期大学。②

据日本文部科学省网站资料显示，日本的"职业生涯教育"是在1999年中教审的咨询报告中出现的，报告将其定义为"在(使个体)获得理想的职业观、劳动观以及与职业相关的知识和技能的同时，培养(其)对自己个性的理解和选择自己职业道路的能力和态度的教育"。该报告还指出学校教育应该从小学开始就引入职业生涯教育。随后，2002年文部科学省举办"推进职业生涯教育的综合调查研究协力者"会议，开始具体研究如何将职业生涯教育引入学校生活，该会议在2004年提出相应的报告书，在报告书内对小学至大学的职业生涯教育内容进行介绍。③

---

① 寺田盛紀:《職業教育とキャリア教育及び高等教育との関連—政策形成への関与を振り返って—》，载《敬心·研究ジャーナル》，2021(1)。

② 寺田盛紀:《職業教育とキャリア教育及び高等教育との関連—政策形成への関与を振り返って—》，载《敬心·研究ジャーナル》，2021(1)。

③ 寺田盛紀:《職業教育とキャリア教育及び高等教育との関連—政策形成への関与を振り返って—》，载《敬心·研究ジャーナル》，2021(1)。

　　职业教育与职业生涯教育在日本的真正融合体现在中教审的《今后学校的职业生涯教育的应有态势》（2011）的报告中。据日本文部科学省网站资料显示，该报告将职业生涯教育重新定义为"为了每个人在社会和职业上的自立，通过对其必要的基础能力和态度的培养，来促进职业生涯发展的教育"①。由此可见，职业生涯教育的概念扩展为既包含"社会的自立"也包括"职业的自立"。有学者认为此项定义保证了职业生涯教育和职业教育的连接性，使得职业教育体系化了。②

　　简言之，21世纪后的日本职业教育逐渐增强了对学生"实践能力"的培养，使其能从学校顺利地走入社会和职场。然而，对于最新的专门职大学和专门职短期大学的发展，在具有根深蒂固"等次"学位观的高等教育传统中，这类学校是否能真正兼顾理论知识和实践能力的培养并实现自身的教育目的，值得我们进一步地关注。此外，关于与职业生涯教育的融合，如何在教育现场真正实现（例如在课程设置和不同学段的衔接等方面）也是今后深化相关改革的重点。

第四节　教育思想

一、教育的"个性化"改革理念

（一）背景

　　1975年前后的日本，随着城市化和核心家庭化的进展，共同体社会逐渐受到瓦解，家庭的教育力下降等问题开始出现。此外，战后第二次婴儿潮（生

---

① 访问日期：2021-08-01。

② 寺田盛紀：《職業教育とキャリア教育及び高等教育との関連—政策形成への関与を振り返って—》，载《敬心・研究ジャーナル》，2021（1）。

于1971—1974年)的出现使得学校规模逐渐扩大并带来考试竞争的低龄化倾向，儿童和青少年的教育环境也在不断恶化。随之产生的青少年犯罪的增加以及校园欺凌等社会问题使得国家开始展开教育改革。其中，追求公平的战后教育原则加上追赶型经济社会的发展，使得学校教育中的整齐划一性、僵硬性等问题成为众矢之的。鉴于此，时任首相的中曾根康弘设置了内阁咨询机构，即临时教育审议会(以下简称"临教审")，并在1984—1987年提出了四次咨询报告。这四次咨询报告确立了战后日本改革的三个基本理念，即重视个性、向终身学习型社会转变以及适应国际化和信息化时代的变化。

(二)历程

第一阶段为从"教育的自由化"到"教育的个性化"改革理念的确立阶段。以新自由主义为教育政策起点的中曾根政府，推崇教育的规制缓和、教育提供主体的多元化以及扩大教育的选择机会等，将"教育的自由化"作为教育改革的基本理念。① 然而，"教育自由化"在第一次临教审会议上遭到强烈的反对。针对"教育自由化"的理念，日本当时有三派不同的观点：一是支持派，即自民党内的中曾根派、原通产省官僚、财界以及相关学者与评论家；二是中立派，即自民党内的文教派、文部科学省等；三是反对派，即社会党与共产党议员、民间的日教组等。② 支持者认为"自由化"是根本性改革的突破口，而反对者则认为"自由化"容易扰乱改革实践，究竟在哪个具体部分实现"自由"往往难以界定。此外，支持者将"自由化"看成一个包含理念和手段的关键概念，而反对者则更多从手段的层面去理解"自由化"，故而这个概念又与多样化和弹性化等概念相重合了。③论争的结果是在最后的咨询报告中以"教育

---

① 三和義武：《臨時教育審議会における自由化論から個性主義への転換と審議会の特徴に関する一考察》，载《学び舎—教職課程研究—》，2020(3)。

② 臧佩红：《日本近现代教育政策研究》，133页，南京，江苏人民出版社，2019。

③ 三和義武：《臨時教育審議会における自由化論から個性主義への転換と審議会の特徴に関する一考察》，载《学び舎—教職課程研究—》，2020(3)。

的个性化"取代了"教育的自由化"，确定了之后日本教育改革的方向，即打破原有教育的划一性、封闭性和非国际性，实现多样性、开放性和国际性的变革，从整齐划一主义向个性主义转变。

第二阶段为深化"教育的个性化"至教育的各个方面，包括从创设"宽松"的教育环境到强调学生主体性、个性的教育原则。在创设"宽松"的教育环境方面，主要体现为学校教育制度的"放宽"。例如，在中等教育阶段实施中高一贯制，改变战后确立的单一的"六·三·三"型学制。在高等教育阶段的大学法人化改革、引入自我评价和第三者认知评价制度等，以实现教育的"个性化"发展。在强调学生的主体性及个性发展上，主要体现在教育课程，即"学习指导要领"的修订上。例如1989年的"学习指导要领"指出课程改革的基本方针即为培养心灵丰富的人；培养学生的自我教育能力；重视基础，发展个性教育；尊重传统与文化，促进国际理解。2017年的"学习指导要领"则强调要进一步培养学生开拓未来的资质和能力以及平衡学生的思考力、判断力和表现力，等等。

（三）基本内容与评价

在临教审的第一次咨询报告（1985）中，界定了"重视个性原则"。据日本文部科学省网站资料显示，"重视个性原则"是指打破教育根深蒂固的统一性、僵化性、封闭性和非国际性的弊端，确立尊重个性、自由自立、自我负责的原则。个性不仅指个人的个性，也指家庭、学校、地区、企业、国家、文化和时代的个性，它们彼此之间并不是孤立存在的。只有真正理解自己的个性并培养个性，履行好自己的责任，才能更好地尊重他人的个性。此外，自由与放纵、无政府状态、不负责任和无纪律等完全不同。①

然而，对于个性化的教育改革理念，相关学者也有持批判性态度的，这主要体现在：

---

① 访问日期：2021-05-06。

首先，"个性"概念的含糊不清，个人层面的"个性"与集体层面的"个性"存在混用的情况。例如，在同一份报告中，出现"儿童的多样的个性""日本文化的个性"以及"学校教育的充实、个性化"等表述。有学者指出"个性"在个人和集体层面的指涉是不同的，集体的"个性"越强也意味着其组成成员的均质化倾向越严重。① 在学校环境中，拥有"个性"的学校往往会抑制学生的"个性"。也就是说，咨询报告中所述教育改革对"个性化"的追求事实上在实践中会出现与理念相背离的情况。②

其次，"个性"的措辞、"自由"的实质。虽然在第一次审议会中，将有争议的"自由化"改为"个性主义"，并声称是为了解决长久以来的"教育荒废"问题，但改革的实质仍然是在教育界引入新自由主义，引入了竞争。例如，在临教审的咨询报告中可以看出教育改革的"自由化"实质，咨询报告称：一、以自由化、竞争化和民营化为目标。与规制缓和相关，利用民间的力量来激发公立学校的活力，民间教育产业的评价、扩大通学区域、开放学校，简化教科书审定程序、学习指导要领的大纲化以及推进地方分权，等等。二、以高中教育的多样化为目标。为了应对因升学率增长而出现的多样化的学生，设置6年制的中等学校和学分制的高中以及给予高等专修学校毕业生高中毕业的资格、分配高等职业学校的学生升入大学的名额，等等。三、以改革管理为目标。加强道德教育、实行教职初期研修制度，等等。③

最后，"个性"的内涵中强化了"国家个性"。从临教审的咨询报告中对"个性"的所下定义可以发现，表面上主张"个性"与"自由"，实际上也强调了"集体"和"责任"。在此后的教育改革实践中，通过加强中学的道德教育和志

---

① 三和義武：《臨時教育審議会における自由化論から個性主義への転換と審議会の特徴に関する一考察》，载《学び舎一教職課程研究一》，2020(3)。

② 河野誠哉：《「個性」というアポリア：教育改革、若者文化、障害者理解をめぐる横断的考察》，载《山梨学院生涯学習センター紀要》，2020(3)。

③ 河野誠哉：《「個性」というアポリア：教育改革、若者文化、障害者理解をめぐる横断的考察》，载《山梨学院生涯学習センター紀要》，2020(3)。

愿者活动①、法制化国旗和国歌等，不断在教育领域加强国民的"国家"意识。②

二、终身学习

（一）背景

"二战"后，为了适应社会以及产业发展的要求，日本政府开始恢复与发展社会教育。1965年，日本代表波多野完治（御茶水女子大学名誉教授）参与了联合国教科文组织召开的成人教育大会，在大会上，保罗·朗格朗提出了著名的"终身教育理论"。会后，波多野将"终身教育"理念介绍到日本。1967年、1968年，中教审和社会教育审议会（下文简称"社教审"）对文部科学省大臣提出的终身教育咨询要求展开审议工作。1970年，日本内阁会议颁布《新经济社会发展计划》，明确将"应对终身教育的施策"列为"教育与提高人的能力"的措施之一。③ 自此开始，终身教育成为日本的教育国策并随着时代议题的变化而不断被赋予新的内涵。

（二）历程

日本"终身学习"政策经历了发端、法制化和深化三个阶段。第一个阶段，即为确立终身教育基本政策以及从"终身教育"向"终身学习"转换的时期，在时间上为20世纪60年代中后期至80年代。中教审和社教审于1971年分别颁布了《关于全面扩充和改善学校教育的基本政策》和《关于为适应急速变化社会结构的社会教育方向》，指出学校教育和社会教育要在终身教育的理念下进行全面改革。1981年，中教审提交了题为《关于终身教育》的咨询报告，报告中以"终身学习"替代了"终身教育"的概念，认为"当今社会日新月异，人们为

---

① 学校学生参加的志愿者活动主要包括体育俱乐部活动、到老年福利院进行的慰问活动，等等。
② 臧佩红：《日本近现代教育政策研究》，134—139页，南京，江苏人民出版社，2019。
③ 臧佩红：《日本近现代教育政策研究》，238页，南京，江苏人民出版社，2019。

了自我充实、自我启发及提高生活质量,要求适当、丰富的学习机会。这种学习,以个人意志为基础,根据需要选择适合自己的手段与方法,并在一生中进行。从这一意义上讲,称其为终身学习是合适的"①。"终身学习"强调学习者的主动性,更能调动国民的积极性,更有利于"终身教育"政策的推进。②随后,在临教审 1984—1987 年发布的四次咨询报告中,向"终身学习型社会"转型成为日本战后第三次教育改革的基本理念之一。其中,1987 年的最终报告中,指出要"面向终身学习体系化,改变以往偏重学校教育的风气,以满足人生各个阶段的学习需求。同时要立足新的观点,综合调整家庭、学校、社区等社会各方面教育、学习的体制和机会"③。

第二阶段是终身学习的法制化时期,时间为 20 世纪 80 年代后期至 90 年代。在终身学习成为国家教育的基本政策之后,政府通过立法和建立终身学习行政体制方式来完善终身学习体系。首先,颁布专门的法律。1990 年,政府颁布《终身学习振兴政策实施体制整备法》(简称《终身学习振兴法》),内容包括终身学习政策的目的、实施的注意事项、都道府县的振兴事业及政策实施体制、地方终身学习振兴基本构想、中央及都道府县级终身学习审议会、市町村合作体制。《终身学习振兴法》规定了中央与地方政府以及政府与民间的责权关系。④ 值得一提的是,为推进终身学习体系的多方参与,《终身学习振兴法》提出:私有企事业单位可以通过直接拨款的形式参与终身学习的各项事业,而政府会采取诸如减税等政策来给予参与的企事业单位奖励;通商产业省⑤可以直接参与终身学习事业,各地终身学习的展开需要经过文部科学省大臣和通商产业省大臣的共同认可⑥。其次,建立终身学习的行政体制。1988

---

① 臧佩红:《日本近现代教育政策研究》,240 页,南京,江苏人民出版社,2019。
② 臧佩红:《日本近现代教育政策研究》,240 页,南京,江苏人民出版社,2019。
③ 夏鹏翔:《日本终身教育政策实施现状分析》,载《日本学刊》,2008(2)。
④ 臧佩红:《日本近现代教育政策研究》,242 页,南京,江苏人民出版社,2019。
⑤ 原中央省厅之一,承担日本的经济管理职能,制定产业政策并进行管理。
⑥ 王树义、孙嘉:《战后日本终身学习体系演进及启示》,载《成人教育》,2016(1)。

年，文部科学省将原有的社会教育局改为终身学习局，规定终身学习局负责终身学习事业的规划，对学校教育、社会教育以及文化振兴的相关发展作出调整。1990年设立终身学习审议会，专门针对终身学习事业作出咨询建议工作。而在地方行政上，各都道府县、包括市町村一级的地方政府也随之成立了专门负责终身学习事务的部门，实施并推进终身学习。据统计，1995年，在市町村一级，制订了终身学习振兴计划和发展规划的就达到1036个。①

　　第三阶段为终身学习政策在学校教育以及社会中的推广和深化时期，即20世纪90年代至今。在通过建立相关的法律和行政政策建立起终身学习体系以后，除了在义务教育阶段和高等教育阶段的学校教育中融入终身学习的理念之外，21世纪后的日本更多地将终身学习的参与主体从官方为主扩展到全社会公民。终身学习推进主体"从官到民"的趋势主要体现在：第一，地方居民真正参与到社会教育活动中，从单纯的参与者向管理与评价者转变。例如市民讲师制(当地居民灵活发挥自己的知识与特长担任讲师)、以志愿者的身份从事当地终身学习事业的协调、讲座和沙龙活动的宣传和管理等工作。第二，强化非营利组织(NPO)的参与。日本于1988年颁布的《特定非营利活动促进法》以及2003年实行的制定管理者制度②，使得NPO成为终身学习体系构建的重要主体之一。根据相关调查，NPO的负责人大多拥有本科及以上的学历，职业领域也涉及广泛，包括教师、公务员和专业技术者，等等，能够发挥自己的经验和特长开展社会服务；NPO提供的学习支援活动包括学习会、信息提供和咨询等服务、主题集会、电影话剧等活动、交流会、提供设施，等等。③ 第三，促进财团法人的参与。财团法人是指拥有法人资格的财团，主要形式为基金会。财团法人因其可灵活运用的预算和工作人员以及与所在地

---

①　臧佩红：《日本近现代教育政策研究》，243页，南京，江苏人民出版社，2019。
②　制定管理者制度，是指为了满足市民的多样需求，公共设施可由NPO、志愿者组织、民办企业等法人和其他团体开发，以充分发挥其价值。
③　王国辉、杨红：《从官到民：日本终身学习推进主体的多元化态势》，载《教育科学》，2014(2)。

方相关行政部门的合作关系等,是地方开展终身学习的主要民间合作者。第四,建立复数主体构成的网络平台。由相关行政部门、大学、NPO、企业等的网络平台,可以提供给学习者更多元的学习信息、会场、人才、教材等学习资源,通过整合地方资源来提高学习质量。①

(三)基本内容与评价

据日本文部科学省网站上的《文部科学省白皮书》显示,"在学校教育和社会教育中,终身学习不能仅作为有目的和有组织的学习活动而进行,在体育运动、文化活动、爱好、娱乐活动和志愿者活动中也存在。此外,学习活动的场所除了家庭、大学等高等教育机构,小学、初中等中等教育机构以外,也包括公民馆、图书馆、博物馆、文化设施、体育设施、文化中心、企事业单位等。因此,终身学习是包含人们一生中在不同的地点所进行的各种学习活动的核心概念"②。同时,该网站显示,2006年新修改的《教育基本法》中,界定了"终身学习的理念",即"为使每个国民能够磨炼自己的人格,过上丰富的生活,要提供给每个人无论何时都能随时随地学习的场所和机会,并使人们可以运用所学"③。以此理念为基础,最新的《第三期教育振兴基本计划(2018—2022)》中指出要推进面向百年人生的终身学习,即以最大限度地发挥每一个人的"潜力"和"机会"为目标,研讨社会教育的振兴方案以建立新的地方社会,促进社会工作者通过再学习来获得职业所需的知识和技能。④

具体到学校教育中的终身教育而言,在小学阶段,"终身教育"并不是独立的教育课程,但通过教科和特别活动等来启发孩子思考生活态度。在中等教育阶段,学生们的毕业指导变得重要,因此这一阶段的终身教育主要以职业教育为主,尤其是职业体验活动的课程。根据国立教育政策研究所的调查,

---

① 王国辉、杨红:《从官到民:日本终身学习推进主体的多元化态势》,载《教育科学》,2014(2)。
② 访问日期:2021-07-10。
③ 访问日期:2021-07-10。
④ 访问日期:2021-07-10。

公立初中的职业体验活动的实施率达到了 91.9%（2005 年）。然而，高中虽然有很多与职业相关的科目和实习活动，但对于升学率很高的学校而言，升学指导成为其"职业指导"的主要内容。[①] 在高等教育阶段，给社会人提供更多接受高等教育的机会，例如开设"放送大学"（即广播电视大学）、夜校和函授制度、社会人员入学制度、旁听生和研修生制度以及公开讲座制度等。[②]

日本教育改革还包括对 21 世纪以来终身学习体系的构建。在该体系中，将终身学习的机构分为适合向社会开放的和不适合向社会开放的两大类。适合向社会开放的教育设施承包给有实力的民间组织，由民间组织向民众提供相关的服务，而政府则掌控和监管不适合向社会开放的教育设施和机构。[③] 这种引入市场自由原则的做法，在终身学习体系中更多地给官方以外的企业、NPO 以及地方居民等主体参与的权利，使得终身学习体系更加灵活也更具经济效益。

三、国际化

（一）背景

"二战"后，日本在经济上成功"追赶"上发达国家。然而，在国际社会相互依存程度逐渐加深的背景下，日本却在教育、研究和文化等领域鲜有国际影响力。为了更好地适应社会发展，通过人力资本来赢得国际竞争，"国际化"成为日本的教育国策之一。

（二）历程

日本的"国际化"教育政策的发展可划分为发端、确立和战略深化三个时期。首先，在政策的发端期（20 世纪六七十年代），意识到人的国际能力的重

---

① 江川玟成、高橋勝、葉養正明、望月重信编：《最新教育キーワード（第 13 版）》，278 页，東京，实事通信出版，2009。
② 臧佩红：《日本近现代教育政策研究》，243—245 页，南京，江苏人民出版社，2019。
③ 王树义、孙嘉：《战后日本终身学习体系演进及启示》，载《成人教育》，2016(1)。

要性并开始注重教育的国际交流。早在 1963 年，日本政府在《经济发展中人的能力开发的课题与对策》报告中指出："伴随着今后国际交流的活跃，有必要从国际视野培养、利用人的能力。"[1]1974 年，中教审发布了题为《关于教育、学术、文化的国际交流》的咨询报告，提出了教育国际化的实施途径，即展开国际理解教育，加强外国语教育，推进大学的国际开放(包括增加派遣教师到海外学习以及加强海外日本人子女的教育等)；促进留学生的交流，提高对留学生的待遇、完善学生的国际交流制度以及增加海外研究员等；充实日本国际教育协会、日本学术振兴会等以国际交流为目的的机构；增强对发展中国家发展所需的教育、学术和文化等方面的援助和合作；整备对外国人的日语教学、教材开发以及培养日语教师的体制等。[2]

第二阶段为将教育国际化明确作为教育改革的基本理念提出并强调时期(20 世纪八九十年代)。临教审于 1987 年颁布的第四次咨询报告中将"适应国际化和信息化时代的变化"列为第三次教育改革的基本理念之一。报告认为，首先，"新时代的国际化，应该站在全人类的视角上，而作为国际社会的一员，有促进人类的和平与繁荣的责任"。据日本文部科学省资料显示，教育改革内容包括应该思考如何培养在国际社会中的日本人。此外，应该提高大学的教育和学术研究水平，改变过去只面向日本人的封闭性。其次，通过教育来培养人对不同事物的兴趣和宽容，以形成能灵活应对国际关系和有不断自我创新能力的教育体系。最后，要以每个国民作为实现国际化的主体，从基层开始培养人们发现和解决问题的意识，持续稳步地推进其成为国民运动。[3]

第三阶段为将教育国际化提升到国家战略并全方位推进国际化教育时期(21 世纪以来)。进入 21 世纪，日本认为知识即是财富的来源，知识型社会

① 臧佩红：《日本近现代教育政策研究》，182 页，南京，江苏人民出版社，2019。
② 平原春好、土屋基规：《戦後日本の教育関係審議会答申年表》，载《教育学研究》，1977(4)。
③ 访问日期：2021-08-01。

需要加大对教育的投入，而国际化成为赢取国际教育市场和提升国家"软实力"的重要途径，具有重大的战略意义。2006 年，在新修改的《教育基本法》中，将"培养为国际社会的和平与发展做贡献的态度"列为教育目标之一，赋予了国际化法律的地位。2010 年，日本制定了《新增长战略——"活力日本"复兴方案》，教育国际化被进一步纳入国家的总体发展战略，方案具体包括"完善国内体制，扩大接收外国留学生，便于研究者及专业性海外人才就业。……促进与亚洲及世界的大学、科技、文化、体育、青少年等的交流与合作，加强培养活跃的国际型人才"。①

（三）基本内容与评价

在不同的学校教育阶段，"国际化"具有不同的内涵。在中小学阶段，教育国际化体现在国际理解教育上。如上文所述，以中教审于 1974 年颁布的《关于教育、学术、文化的国际交流》为开端，以 1984—1987 年临教审的国际化改革理念、1987 年的教育课程审议会的教育课程基准改善基本方针的确立为基础，国际理解教育政策逐渐成形。1996 年，中教审的咨询报告中指出"在国际化的过程中，在拥有广阔视野的基础上，培养能理解异文化、能与异文化的人和谐共存的态度"的必要性。在此报告的基础上，1998 年《学习指导要领》将"国际理解"作为"综合的学习时间"的主题。此后，学校层面的国际理解教育开始在全国范围内展开。进入 21 世纪，为了响应联合国提出的"可持续开发的教育"概念，学校教育中的国际理解教育的内涵也逐渐变为培养学生能自觉地与多样的人共同解决所在地方乃至全世界的问题的能力。2005 年，文部科学省初等中等教育局的咨询机构发布了《初等中等教育的国际教育推进研讨会报告：为了培养国际社会的人才》，报告称："国际关系和异文化并不仅仅是'理解'，我们自己作为国际社会中的一员，应该如何生存的主体性意识是非常必要的。"而该报告指出今后国际理解教育的方向应为：第一，接纳

---

① 臧佩红：《日本近现代教育政策研究》，184—185 页，南京，江苏人民出版社，2019。

异文化和持有异文化的人，可以与其共生的态度和能力；第二，建立根植于日本的传统和文化的自我；第三，能传达自己的思考和意见，并能付诸实践。① 在高中阶段，主要通过增加学生出国留学与学习旅行的机会、派遣教师留学和招聘外籍教师、开设国际高中和招收留学生等方式来实现教育的国际化。文部科学省于 1988 年修改了《学校教育法施行规则》，鼓励高中生到国外留学。而在教师队伍的国际化上，推行系列制度派遣教师到国外留学和研修，并且积极聘请外国的教师任教，辅导英语和相关国际文化与知识。在学校的设置上，通过在普通高中开设"国际班级"和新设"国际高中"等方式，提供给日本海外归国者的子女和外国人的子女更多的教育选择机会。②

高等教育阶段是教育国际化的重点环节，主要政策包括"10 万留学生计划""30 万留学生计划""超级国际化大学计划"等。其中，"10 万留学生计划"和"30 万留学生计划"是分别于 1983 年和 2008 年制订的留学生招生计划。自留学生招生计划实施以来，日本逐渐建立起较为完善并能吸引留学生的教育体系，包括以 13 所大学为改革试点的"G30"计划③，努力为留学生提供良好的留学环境和有魅力的教育，以培养出能活跃于国际舞台的留学生为目标。据日本文部科学省网站资料显示，试点大学的改革包括：大幅增加可以用纯英语教学取得学位的课程；完善留学生的接收体制(例如增设专门的可以支援留学生学习和生活的人员、提供日语教学和日本文化等的学习机会以及可以体验日本企业的实习活动，等等)；每所大学在两个以上的国家开设海外办事处，以促进战略性的国际合作；在海外开展日本留学说明会，吸引海外优秀人才。④ 除了从数量上扩大高等教育国际化规模以外，日本大学也在不断提高

---

① 江川玟成、高橋勝、葉養正明、望月重信编：《最新教育キーワード（第 13 版)》，63~64 页，東京，実事通信出版，2009。

② 张德伟：《论日本学校教育的国际化》，载《外国教育研究》，1994(2)。

③ 试点的 13 所大学分别为东北大学、筑波大学、东京大学、名古屋大学、京都大学、大阪大学、九州大学、庆应义塾大学、上智大学、明治大学、早稻田大学、同志社大学、立命馆大学。

④ 访问日期：2021-07-17。

国际化教育的质量。2014年，文部科学省公布了"超级国际化大学计划"。超级国际化大学是指以培养国际化高素质人才和推动世界性研究为目标的大学，而日本政府则会为超级国际化大学提供资金。入选的37所大学分为两类①：第一类大学为顶尖型大学，每年可获得420万日元的资助；第二类大学为牵引型大学，每年可获得172万日元的资助。而第一类大学的目标是进入世界大学排名的前100位，第二类大学的目标是引领日本高校的国际化。②

教育国际化是日本第三次教育改革的基本理念之一，是日本增强其国际竞争力中不可或缺的"软实力"基础。然而，也有许多人对于"国际化"理念存在质疑。有的学者认为"国际化"更多的是一个国家的政策性概念，因为"国际化"往往是经过很长的历史发展阶段所呈现的结果，而日本政府却将其作为一个短期的教育改革目标。同时，有许多学者注意到"国际化"的两面性，国际化政策既强调要作为日本人的身份认同，即"建立根植于日本的传统和文化的自我"，又强调要具有国际视野和理解异文化。

结 语

通过对20世纪以来日本的教育改革脉络的梳理发现，教育的"个性化"、终身学习以及国际化既是日本教育改革的背景，也是改革的目标、内容和具体实践方式，贯穿于整个改革之中。对于这三个理念的推崇也从另一个方面显现了日本第三次教育改革的特征。金子照基认为可以从4个方面探讨教育

---

① 第一类大学有13所入选，包括北海道大学、东北大学、筑波大学、东京大学、东京工业大学、名古屋大学、京都大学、大阪大学、九州大学、广岛大学、东京医科齿科大学、庆应义塾大学、早稻田大学；第二类大学有24所入选，包括千叶大学、东京外国语大学、东京艺术大学、长冈技术科学大学、金泽大学、丰桥技术科学大学、京都先端科学技术大学院大学、京都工艺纤维大学、冈山大学、熊本大学、国际基督教大学、芝浦工业大学、上智大学、东洋大学、明治大学、立教大学、创价大学、关西学院大学、立命馆亚洲太平洋大学、法政大学、立命馆大学等。

② 齐小鹍：《日本高等教育国际化政策：演进与趋势》，载《上海教育评估研究》，2018(3)。

改革，即决定改革的过程、改革方案、推进的过程以及教育改革结束的时间。① 据此分析第三次教育改革，可以发现改革延续了政治主导的特点，国家和社会的需要成为教育改革论立论的核心。政治主导改革的倾向使得教育成为政治的手段，在高等教育领域的改革体现得尤为明显。而改革回应国家与社会需要本无可厚非，但会使改革风向频繁更迭，给教育现场带来负担。鉴于此，金子照基呼吁需要回到改革的"原点"，思考教育本身所需要的，改革的原点不能被"外来的"和政治意图掩盖。这也意味着，教育改革的理念需要进一步重构和解释，否则这又将是一次"不彻底的改革"。②

---

① 金子照基：《日本の教育改革の特質について一試論》，载《教育学研究》，1970(37)。
② 金子照基：《日本の教育改革の特質について一試論》，载《教育学研究》，1970(37)。

第二章

20 世纪末至 21 世纪初期的韩国教育

1962 年韩国开始引进先进技术，实行以出口为导向，承接国际技术转移的经济发展模式，创造了经济飞速发展的奇迹。在这一时期，科学技术的发展一直处于其生产力的核心位置，成为国家经济发展的重要支柱。然而进入 20 世纪 80 年代后，过度依赖技术引进和出口导向的经济发展模式使得韩国在国际竞争中越来越处于被动的地位。20 世纪末至 21 世纪初的东南亚金融危机，让韩国意识到只有实现科技的自主研发才能摆脱当前困局，而教育作为培养科技创新人才的重要手段，最先得到了韩国政府的重视。面对复杂的国内外经济、政治形势，韩国对各级各类教育进行了一系列富有成效的改革，帮助国家克服了经济危机带来的不良影响，实现了在 21 世纪之初的又一次经济腾飞。

第一节　教育改革与发展的背景

韩国教育体制的形成和发展是随着韩国资本主义社会的逐步发展而形成的。自建国后，韩国教育的规模随着垄断资本的增长以及轻工业和重化工业对劳动力的大量需求，出现了急剧膨胀。1959 年韩国完成小学教育的义务化，1969 年开始实施初中免试制，1973 年实施高中平准化政策，1980 年扩大大学招生，其教育规模不断扩大。韩国的垄断资本积累是以工人、农民的低工资以及牺牲农业政策为基础进行的，当时的政府要求对民众实施思想上的控制，而学校教育则成为思想教育的重要途径。这一时期韩国通过发展主义、政权合法化等方式，追求体制的稳定与再生产，并构建了教育部—教育厅—校长相衔接的中央集权制教育行政体制。教育课程是按照政治和经济要求改编的，政府通过实施教科书验证制度，筛选和控制了教育内容。教员的自主性被压制，教师组织也无法获得政府的认可。政府监视和控制学生团体及其活动，并通过学生护国团形成了对学生的动员体制。针对上述情况，20 世纪 80 年代以来，韩国教育经历了史上变化最剧烈的改革时期。

20 世纪 80 年代以来，随着以强调脑力劳动为主体的知识经济的到来，韩国各界也逐渐意识到科学技术的开发对于国家经济和社会发展的重要意义。1982 年韩国通过了技术发展促进法，开启了以科学技术部为主的一系列研发计划，包括先导技术计划(NAH)、创造研究项目(CRI)和国家研究实验室计划(NRL)。[1] 相应地，为了适应社会对高技术人才的需求，韩国在"教育改革和知识文化立国"的目标背景下，设立了教育改革委员会，以增进国民与政府在教育人力资源开发时的相互信任，从而保持了教育改革的连续性。[2]

第三次工业革命的到来，预示着信息技术成为知识经济中最重要的高新技术产业。因此，韩国政府十分重视信息化教育的普及，并将其看成是韩国跻身世界十大信息产业国的必要条件。为此，韩国在 1996 年制订了"促进信息化基本计划"，在此基础上，1999 年又发布了"网络韩国 21 世纪"计划。随

---

① 谈毅、仝允桓：《韩国政府科技计划评估模式分析与借鉴》，载《科学与科学技术管理》，2004(6)。

② 艾宏歌：《当代韩国教育政策与改革动向》，7 页，北京，社会科学文献出版社，2011。

着这一计划的实施，截至 2004 年，韩国信息通信部已为中小学配备了 30 万台教学电脑，并在学校普遍建立了电脑实验室和短距离通信网，每年为 5 万低收入家庭学生免费提供电脑和上网操作，为 50 万名低收入家庭学生提供免费电脑教育。①

也是在 20 世纪 90 年代，快速增长的经济也使得韩国开始谋求国际政治舞台的影响力，在教育领域也开始重视国际理解教育。1991 年，时任总统的金泳三正式提出韩国新的国家发展战略，试图通过建立一个统一的国家，使韩国在世界舞台上占据一席之地。② 因而在教育方面，韩国提出"应对未来社会，呼应内需"为特征的国际理解教育，于 1995 年在联合国教科文组织韩国全国委员会下设立国际理解教育研究中心，并于 2000 年与教科文组织签订实施国际理解教育的相关协议，成立了亚太地区国际理解教育研究院。③

从韩国的国内背景来看，一方面，过热的课外辅导使得在教育内容上过分强调应试训练，忽视了学生的全面发展。而盲目的课外补习造成的激烈的高考竞争以及不断上升的大学毕业生失业率，对韩国社会和公民造成巨大的浪费和损失。另一方面，过于集中的教育体制在管理上过分强调中央政府的指导，削弱了地方教育管理的积极性和民主性，使得地方教育运行陷入僵化。④ 这些教育问题阻碍了面临转型的韩国社会对于综合素质人才的需求，不利于韩国综合竞争力和文化软实力的形成。

基于国内教育内容和教育体制以及国外知识经济、信息化等与韩国经济社会发展之间的矛盾，韩国在 20 世纪 80 年代针对各级各类教育的体制与内容进行了改革和调整，以面向未来的教育为发展目标，为其实现新世纪的社会进步与经济发展增添了新的动力。

---

① 陈剑光：《信息化教育的国际经验及启示》，载《科技进步与对策》，2004(8)。
② 徐小洲、柳圣爱：《韩国跨国教育的现状与问题》，载《比较教育研究》，2005(6)。
③ 姜英敏：《韩国"全球公民教育"的发展及其特征》，载《比较教育研究》，2013 (10)。
④ 孙启林：《战后韩国教育研究》，28—31 页，南昌，江西教育出版社，1995。

第二节　教育体制的基本结构

一、教育行政管理体制

韩国的教育行政管理分为三级，自上而下分别为中央教育行政机构—大韩民国教育部、地方自治政府的教育行政机构—教育厅和下属各学区的教育室。

据韩国教育部官网资料显示，教育部共设教育部长和教育副部长2位总负责人，其中由副总理兼任教育部长，全面领导和负责教育部工作。其下由3室12局组成，下设51个科室(图2-1)，主要负责教育政策方针计划的制订和调整，初、中、高等教育政策的制定与各年级教科书的编撰和检查认证，各级学校的行政财政补助，地方教育行政机关的支援，教师培养制度的运营，成人教育和人力资源政策开发等业务。有关学龄前及中、小学教育行政则由各市道教育厅负责；各道和广域市还设有教育委员会，在各郡、市也有教育委员会下属的专员，负责小学、初中和高中的教育活动。①

据该网站我们还可以得知，教育科学技术部下设韩国教育发展研究所、韩国发展研究所、韩国劳动学院、韩国职业教育与培训研究所、韩国课程与评估学院、韩国国家研究基金会、韩国国际经济政策研究所和韩国公共财政研究所8个直属机构。② 部制体制改变后，教育部的职能分工更加清晰简明，主要承担着与教育研究相关的业务，包括教育政策制定、教育培训与研究、教育管理与财政等。

二、学制及现行教育结构

韩国实行单一学校水平的单轨六·三·三·四学校制度，即小学6年，

---

① 艾宏歌：《当代韩国教育政策与改革动向》，4页，北京，社会科学文献出版社，2011。
② 访问日期：2021-07-19。

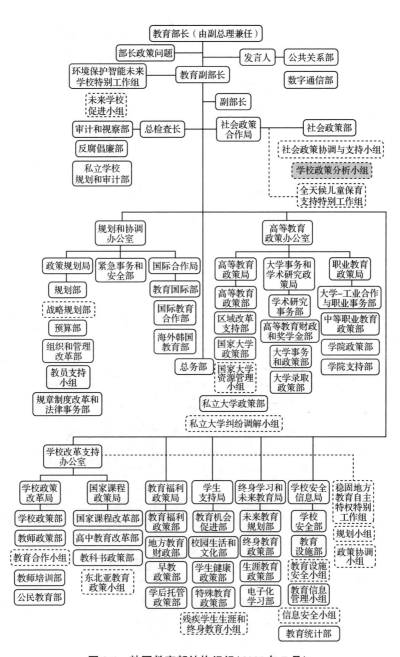

图 2-1　韩国教育部结构组织（2021 年 7 月）

（资料来自韩国教育部官网）

初中3年，高中3年，大学4年的分级式学制。韩国政府致力于依据每个学生的能力，使其不受歧视地接受初等、中等和高等教育。现行教育体制主要根据1998年《基础教育法》《中小学教育法》和《高等教育法》的规定设立。其中，《基础教育法》第9条规定，学校应当提供学前、小学、中学和高等教育；《中小学教育法》涵盖与学前、小学和中学教育有关的教育问题，而《高等教育法》涉及与高等教育有关的事项。具体的学制结构如图2-2所示。据韩国教育部官网资料可知，韩国教育包括8类25种学校①。近年来，随着初、中、高等教育的普及，学前教育和成人教育也得以快速发展，更趋于灵活性和人性化。

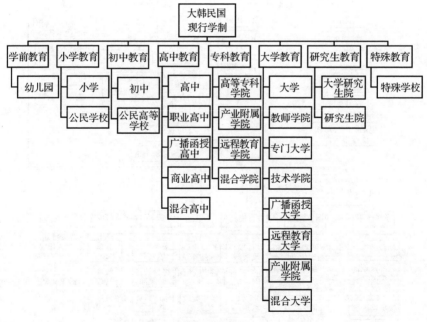

图2-2 韩国学制结构(2021年7月)

(资料来自韩国教育部官网)

---

① 访问日期：2021-07-19。

学前教育机构主要包括幼儿园和儿童之家，其中幼儿园是指针对学龄前儿童进行教育的幼儿教育机构，儿童之家是照顾和教育小学入学前儿童的幼儿保育机构，过去称为托儿所，但从 1968 年开始改为儿童之家。以前儿童之家只负责照顾孩子，近些年来开始对孩子进行教育。上述两种教育机构中，具有学校教育性质的机构是幼儿园。幼儿园的教育课程是以教育部令形式制定公布的，其中规定了正式的教育内容和教育宗旨。据韩国法律信息中心网显示，《幼儿教育法》第二条和第三条规定："幼儿是指三岁至小学入学前的儿童，幼儿园则是根据本法规定，为幼儿教育而设立、运营的学校。幼儿教育的职责为国家和地方人民政府与幼儿保护者共同承担幼儿健康的责任。"①为了实现这一宗旨，实施下列具体目标：第一，培养健全、安全、愉快生活所需的日常习惯，促进身体所有技能的协调发展；第二，使之感受集体生活的乐趣，并培养相应的兴趣，使之开始萌发协同、自主、自律精神；第三，使之开始正确理解身边的社会生活和环境；第四，引导他们正确使用语言，培养他们对童话、图画书的兴趣；第五，通过音乐、游戏、绘画、手工或其他方法，培养他们对创作表现的兴趣。

小学教育主要指义务教育的最初阶段，这一阶段是中学教育和大学教育的基础，其内容是初级性的教育。小学是受宪法保障接受无偿教育的义务教育机构，这也是小学教育的最主要的特点。但是，因为儿童无法自己保障自己接受教育的权利，因此所有的国民都有义务让自己的子女至少接受初等教育和法律所规定的教育。据韩国法律信息中心网显示，韩国《小学和中学教育法》第四节规定，"小学的宗旨是为公民提供公民生活所必需的基础教育，小学学年为六年"②。

为了实现上述教育目标，小学应努力达到如下要求：第一，培养能够正

① 访问日期：2021-08-16。
② 访问日期：2021-08-16。

确地理解和使用日常生活中所需国语的能力；第二，理解人、社会、国家的关系，培养道德感和责任感、社会公德和协同精神，尤其是正确理解乡土和民族的传统以及现状，强化民族意识，培养独立、自尊的作风，同时培养国际合作精神；第三，培养科学地观察和思考日常生活中的自然事物和现象的能力；第四，培养正确理解和处理日常生活中数量关系的能力，培养对衣食住和职业等的基本理解和技能，培养奋发进取和独立生活的能力；第五，音乐、美术、文艺等能使人更加活泼快乐，要培养相关的基本理解能力和技能；第六，使儿童加深对保健的理解，培养良好的习惯，使身心协调发展。

第二是中等教育。据韩国法律信息中心网，韩国《小学和中学教育法》第五节和第六节规定："初中的宗旨是在小学教育的基础上开展中等教育，初中的学年为3年；高中的宗旨是在初中教育的基础上开展中等教育和基础专业教育，高中的学年为3年。"①为了实现该宗旨，韩国政府认为中学应该努力完成下述四个目标：第一，进一步发展和扩大初等学校的教育成果，培养其作为国家栋梁所应具有的品德和素质；第二，传授社会所需的职业知识和技能，培养其尊重劳动的精神和行为，培养其选择适合自己个性的未来发展方向的能力；第三，促使学生参加校内外的各种自主性活动，培养表达正确感情和公正批评的能力；第四，促使学生锻炼身体、增强体质，使之成为拥有健全思想的有作为者。为了实现上述目标，教育课程被分为一般课程和特别活动两个部分实施。此外，课程分为必修课和选修课两种，必修课包括道德、国语、数学、英语、社会、体育、科学、音乐、美术、技术、商业等，选修课包括汉语、计算机、环境等课程。特别活动由年级活动、学校活动、课外小组活动构成。

第三是高等教育。在韩国，过去仅有少数最优秀人才才能在高等教育机构接受教育，但是今天普通人只要达到相应能力，也可以接受高等教育。大

---

① 访问日期：2021-08-16。

学门槛的放宽使得高等教育急剧膨胀，数量增长迅速。建国初期，包括4年制大学和短期高等教育机构在内，学生总数约为7900人，但是到1998年专业学校人数为36万人，4年制的学生为134万人，研究生为9.7万人。同人口总数相比，应该说大学生数量的增长是十分可观的。高等教育机构的数量也有所发展，目前有专业大学145个、师范大学10个、4年制大学179个。据韩国法律信息中心网，《高等教育法》第二十八条规定："高等学校的宗旨是发展学生的个性，教授和研究国家和人类社会发展所必需的科学和艺术的深奥理论及其应用方法，为促进学生的发展做出贡献。"①

　　第四是职业教育。在韩国，可以说1883年聘请中国人教授工业技能是其现代职业教育的开端。之后，随着1911年《朝鲜教育令》的颁布，韩国开始设立农业学校、工业学校等实业学校。1951年韩国修改《教育法》，明文规定中高等学校要选择一定比例以上的实业课程，1963年政府又制定了《产业教育振兴法》，确定了实业教育的法律地位。1981年12月韩国制定《职业训练基本法》，正式实施工人职业训练，以提高工人地位，发展国民经济。1982年韩国设立职业训练管理机构，整合原有的职业训练的法律依据，同时实现了开发未升学青少年职业能力的产学协同训练的制度化。由于技术集约型产业的发展需要新的技术工人，因此各种专门大学正在培养相关的专业人才。除了正规教育机构外，公共机构负责的青少年职业学校、企业职业训练所、国家认证的职业训练所等也在培训众多的技师和技工。与此同时国家技术资格测试制度开始实施，目的是提高职业教育的质量，并设立职业训练研究所开展职业教育研究。

---

① 访问日期：2021-08-16。

第三节 各级各类教育改革和发展

一、学前教育改革

(一)教育管理改革

受到持续走低的生育率和职业女性回归家庭的影响，韩国在20世纪末面临经济转型和人力资本缺口的双重压力，使得韩国政府越来越重视学前教育。尽管政府于1981年将《儿童福利法》全面修改并改名为《儿童福祉法》，在内容上更加适应时代的发展，但因财政不足，女性劳动权利保障不够等因素，影响了其实施效果。

为此，韩国政府在20世纪90年代起，逐渐认同社会投资对于学前教育的积极作用，认为其有助于消除贫困儿童问题，应对全球经济竞争，成为国民经济从制造业转向知识密集型产业的工具。基于这样的共识，韩国国会于1991年1月讨论通过了《婴幼儿保育法案》，具体指出学前教育机构由国立/公立保教机构、民间保教机构、单位附属保教机构及社区家庭型保教机构四大类组成，从而确定了社会力量参与学前教育办学的合法性。①

进入21世纪，政府于2004年由"老龄化与未来社会统筹委员会"制订了第一份国家儿童保育扶持计划方案，该方案指出，为幼儿提供普遍的早期保育扶持计划，有利于人力资源开发。这次会议上确定了儿童保育所有政策的问题，明确了儿童早期教育和保育对象是0—8岁幼儿，并且就以人口技术数据为基础建立科学的保育政策的紧迫任务达成了一致；次年，该委员会又提出第二套国家儿童保育扶持计划方案，提出了全面的保育支持计划，包括财政支持机制。这份方案中指出"未来人力资本发展""提高妇女在经济活动中的参与度"和"提高出生率"是儿童保育政策的目标。针对此目标，该方案提出增

---

① 张晶：《韩国0—6岁婴幼儿早期教育及其启示》，载《中国教育学刊》，2014(1)。

加保育机构和幼儿园，减轻家庭育儿费用的负担和提高保育服务质量等措施。除了直接投资学前教育事业之外，韩国还根据家庭收入水平对儿童教育和保育进行分层性支持。2004年之前，按照法律规定保教费用只用于扶持低收入家庭儿童，但2004年之后，政府逐渐增加了扶持经费，扩大了受惠人群，对需资助的儿童予以分级支持。该政策扩大了受资助儿童的范围和数量。[①]

（二）教育功能改革

自20世纪70年代以来，韩国的学前教育和幼儿保育分别属于不同的机构进行运行和管理，然而随着儿童早期教育和托儿服务需求的不断扩大，这两个部门的服务对象开始重叠，功能上的差异已经缩小。所以，二者彼此独立而又相互交叉的现象给管理带来许多不便。这直接导致教育财政多重管理、重复投资，工作效率严重低下等问题。另外由于二者具有相似的教育功能，给3—5岁儿童的家庭带来了不必要的困扰，为此，20世纪末韩国政府明确了学前教育作为国家教育投资的重要方式，确定了学前教育和幼儿保育一体化为一种降低家庭财务负担和提高妇女社会经济参与的策略，使得二者正朝着更加紧密整合的趋向发展。目前韩国研究者提出了五种具有前瞻性的整合模型，分别是年龄统一的整合模型、功能统一的整合模型、目标协调的整合模型、教育机构赞助组织的临时整合模型，以及儿童保育机构组织的临时整合模型，旨在通过学前教育一体化和政府的系统化方法来遏制由于两个机构在功能上的重复和冲突带来的混乱。[②]

2011年9月，韩国国家教育科技部联合国家卫生和家庭事务部制定了一项针对5岁幼儿的保教一体化课程，即"Nuri课程"，意在为5岁幼儿提供免费的教育和保育服务，并于2013年起将课程对象扩展至3—5岁，以便更好

---

① 刘云艳、岳慧兰、杨晨晨：《韩国的学前教育政策：现状、问题及其启示》，载《外国教育研究》，2013（7）。

② 刘云艳、岳慧兰、杨晨晨：《韩国的学前教育政策：现状、问题及其启示》，载《外国教育研究》，2013（7）。

地促进幼儿的发展。

首先,从课程目标来看,该课程旨在帮助3—5岁幼儿"协调大脑和身体,为成为民主社会的公民打下基础",包括五个具体目标:一为促进基本运动能力发展,养成健康安全的生活习惯。二为发展语言交流能力,正确使用语言。三为培养幼儿的自尊心,帮助他们养成与人共同生活的良好态度。四为培养幼儿对美的兴趣,使其能以创造性的方式表达他们的思想和感受。五为培养幼儿探索周围环境的好奇心,在日常生活中提高基本的算术技能和解决问题的能力。

其次,从课程内容看,该课程根据OECD"界定和选择关键能力项目"中提出的未来社会公民需要的三种核心能力,结合3—5岁幼儿发展特点和生活习惯,提出了以培养幼儿的创造能力、解决问题能力、合作沟通能力、自主学习能力和公民素养为目标的课程体系,确定了运动与健康、沟通、社会关系、艺术体验和科学探究五个具体教育领域,同时还包括体育运动、预防网络成瘾、绿色教育和理解多元文化等方面的内容,为不同年龄段的孩子提供相适应的课程。接着,从教育方法的角度,Nuri课程提倡以游戏为主要形式的综合教育活动,认为这样的教育方法既能够平衡课程内容的内在体系逻辑,还符合幼儿的身心发展规律。最后从质量评估方面,Nuri课程制定了严格的课程质量评估体系,政府通过建立幼儿园评估系统,以3年为一个周期对全国半日制幼儿园的课程、教育环境、儿童健康和安全、幼儿园管理等方面进行一次全面评估,同时对所有的全日制托幼机构进行机构认证系统的定期检查,以确保学前教育的质量。①

(三)课程内容改革

20世纪末至21世纪初,韩国针对学前教育分别进行了第三—七次课程改革。具体改革的情况如表2-1所示。由表2-1可知,从教育理念来看,韩国政府对幼儿园的培养目标由抽象的培养国民变为具体的个人的全面发展;从课

---

① 涂玥:《韩国3—5岁幼儿保教一体化课程述评》,载《幼儿教育》,2014(Z6)。

程改革的内容看，其内容遵循儿童身心发展的阶段性特征，注重儿童独立人格和良好习惯的养成，注重其社会性的养成；同时在课程管理上，延长了儿童的在园时间，让家长有更多的时间投入工作，同时注重与家长的联系，共同为孩子的健康成长提供支持；从课程的教育方法看，强调多样化、灵活以及体验式的教育方式，注重游戏对于幼儿成长的重要意义。

表 2-1　20 世纪末 21 世纪初韩国学前教育课程改革情况①

次数/时间/标志/事件/教育目标	课程改革内容	教育方法
第三次课程改革 1981—1987 年 1. 开始：文教部第 442 号公告 2. 首次提出评价指南 3. 发布《幼儿园新教育课程纲要》，系统性地体现教育课程内容 4. 成立韩国教育开发院，专门进行教育课程的研究和开发 教育目标：培养愿意为民族福祉和公正社会建设积极做出贡献的自主的创意的国民	1. 内容领域：身体发展、情绪发展、语言发展、认知发展、社会性发展共五个发展领域，重点强调情绪领域的内容，并提出了各个领域的具体内容 2. 课程管理：调整以前不合理的幼儿园学时，从规定的 200 天以上减少到 180 天以上，一天教育的时间标准为 3—4 小时	融通性的教育课程计划，提出了发展领域的综合性指导方法、遵照个人兴趣，以游戏为中心的指导方法及家校合作的指导方法
第四次课程改革 1987—1992 年 1. 开始：文教部第 87—9 号公示 2. 教育目标：培养幼儿健全的人格、自主的生活能力等，为发展民主国家和实现人类共同理想做贡献	1. 内容领域：和第三次课程改革的教育领域相同，但为了更加强调全方位发展的教育，第四次幼儿园教育没有提出各个发展领域的具体内容，只是提出了教育目标要求，使教师们能够自由地选定教育内容 2. 课程管理：规定一年教育天数为 180 天以上，一天教育时间为 3 小时	强调了各个领域的综合性运用和以兴趣、游戏为中心的教育的重要性

---

① 资料来源：李珉廷：《韩国幼儿教育研究》，硕士学位论文，南京师范大学，2015；苏贵民，谭菲：《韩国幼儿园课程改革的最新进展及发展特点》，载《比较教育研究》，2012，(5)。

续表

次数/时间/标志/事件/教育目标	课程改革内容	教育方法
第五次课程改革 1992—1998 年 1. 开始：文教部第 1992—15 号公告 2. 幼儿园入园年龄：幼儿园入学年龄从满 4—5 岁调整到满 3—5 岁 3. 幼儿园运行：根据非全职母亲增加的现状，强调幼儿园全日制班的运营。 教育目标：(1)培养基本的感觉运动能力，实现身体和精神的和谐发展，健康而安全地生活 (2)通过培养幼儿基础的自我调节能力和让其熟识社会性知识和态度，使他们学会尊重自己与他人，愉快地与他人共同生活 (3)培养丰富的情感和想象力，学会将自己感受到的经验准确而创意性地表现出来 (4)通过培养幼儿对说和写的兴趣，以及基础的语言能力，让其享受语言生活 (5)通过探究各种事物和现象，培养基础性的思考能力和创意性的问题解决能力	1. 内容领域：以实现幼儿的全方位发展为方向具体划分生活领域，包括健康生活、社会生活、表现生活、语言生活以及探究生活 5 个生活领域 2. 课程管理：强调和父母的联系、强调管理的地区化，市、道教育厅基于国家教育课程，实施适合各个地区实际情况的教育	实施教育活动的综合性运用，创造民主的活动气氛，进行均衡的每日课程活动，并通过实物使幼儿得到亲身体验

续表

次数/时间/标志/事件/教育目标	课程改革内容	教育方法
第六次课程改革 1998—2007 年 1. 开始：文教部第 1998—10 号公告 2. 成果：制定较为完善的"国家幼儿园课程体系" 教育目标：帮助幼儿培养健康地长大的经验、基本的生活习惯、与他人一起生活的态度、创意地表达自己的想法和感受的经验、正确地使用语言的经验和面对日常生活中的问题自己独立思考的态度	1. 内容领域：与第五次课程改革相同 2. 课程管理：幼儿园要指导幼儿形成基本的生活习惯、人文性、创意性和尊重传统文化的情感，提供多样而有趣的室内教育环境和室外教育环境，时刻准备好新的玩具，并为提高教育效果而实施对父母的教育	幼儿园制订综合性的教育活动计划，按照幼儿水平运营教育内容，教育内容要反复学习，教育活动的形式要多样化，以游戏为中心开展教育活动，教育活动要有均衡性，注重幼儿和教师、幼儿和幼儿、幼儿和教具之间的互动，提倡全日制班运营，使用直接具体的教材，使用教具并用积极的态度与幼儿进行互动，通过提问的方式促进创意性培养，进行特殊幼儿教育
第七次课程改革 2007 年至今 1. 开始：文教部第 2007—153 号公告，《幼儿园修订课程总论》 2. 教育目标：(1) 促进儿童心灵和身体的健康发展，掌握基本的生活习惯 (2) 培养儿童的团体生活意识，热爱祖国的传统文化 (3) 使儿童能以创造性的方式自由地表达自己的思想和情感 (4) 培养儿童正确使用语言的习惯和开发其语言沟通能力 (5) 使儿童怀有好奇心去探索周围的世界，并养成尊重自然的态度	1. 内容领域：与第五次课程改革内容相同 2. 课程管理：全日制幼儿园课程由以幼儿为中心的活动构成，要保障儿童有充足的休息和户外活动时间；下午的教育活动以自由选择活动为中心，要侧重并培养幼儿的兴趣和特长，使其在完全属于自己的空间、时间里去探索，去创新；幼儿园每天课程时间不能少于 180 分钟，全年不少于 180 天，允许各幼儿园根据市 (道) 教育厅课程指南和自身实际情况自主调整和采纳半日制、时间延长制、全日制等多样化教育模式	注重通过现实生活来开展教育活动，强调积极利用生活资源和生活环境等方面的信息来进行教学。同时，在每个课程领域为教师提供教学指导方针，方便教师进行教学指导活动

(四)教育评价改革

自 2000 年开始,韩国著名幼儿教育学家李基淑组成研究团队对幼儿教育评价进行研究,并基于全国幼儿园调查结果阐述出台幼儿园评价制度的重要意义,但由于幼儿教育机构对评级制度的认识不足,当时未能有所作为。2004 年韩国制定《幼儿教育法》,其中第十九条第一款规定,教育人力资源部可为有效开展幼儿教育而进行幼儿园运营情况的评价。这标志着幼儿园正式教育评价的开始。其后出台的《幼儿教育法实施令》规定,依据《幼儿教育法》对幼儿园进行评价应围绕预算的编制和运用,幼儿园设施和设备,教育课程的编写、实施和学习方法,教职员工的人事管理和福利待遇,其他应予评价事项等来进行。为有效进行评价,教育人力资源部可组成评价委员会,评价采用书面评价、现场评价、综合评价等方法。2007 年,教育人力资源部制订了《提高幼儿教育质量的幼儿园评价基本计划》,为了检验评价项目和评价方法,教育人力资源部选择了 100 所幼儿园(公立和私立各 50 所)进行评价试点。2007 年 10 月 18 日—11 月 2 日,对 100 个试点幼儿园以规定方法进行了评价。2008 年,教育人力资源部组织接受正式评价的幼儿园对评价项目和《幼儿园评价便览》的适用性进行研讨,并总结了试点工作的经验和不足。在此基础上,教育人力资源部修改并完善了评价项目和指标,并于 2008 年开始正式对全国幼儿园进行教育评价。幼儿园评价每 3 年进行一次,2008—2010 年为第一周期,评价活动涉及全国 8300 多所幼儿园。关于实施评价机制的目的,当时的教育科学技术部在 2008 年《幼儿园评价便览》中有明确表述:第一,检视整个幼儿教育领域的质量水准,收集幼儿园运营实际情况的信息;第二,把握韩国幼儿教育的优势和缺点,基于评价结果探索制定幼儿教育发展的方略;第三,向有关管理机构和研究机构提供有关幼儿园的全面信息,以利于今后为幼儿园提供更好的指导和咨询;第四,为教育科学技术部、地方教育厅提供制定教育政策所需要的基础资料，以利于出台更为正确的政策。①

二、基础教育改革

（一）教育理念改革

20世纪90年代以来，韩国进入了信息化社会，经济实现了快速发展。一方面，社会对高质量人才的需求对基础教育提出了新的要求；另一方面，学生和家长对个性化、特色化教育的需求也大幅增加，使得韩国家庭不得不支付大量的费用为学生课外补习，增加了家庭负担的同时，也激化了学生为获取优质学校资源而进行激烈竞争的矛盾。为此，韩国政府对基础教育进行了频繁的改革，在教育理念上，由强调教育平等的"平准"教育理念向强调精英教育的"英才"教育理念转化。具体来说，有以下几方面。

首先，建立英才教育理念的制度化体系，保证其实施的合法性。1995年韩国教育改革委员会向总统提交了英才教育理念后，1996年韩国教育开发院受教育部委托设立英才教育研究组，再到目前成立英才教育研究中心，韩国已建立了一套完整的英才教育制度体系；同时韩国政府在此基础上，于1999年10月通过了《英才教育振兴法》，以国家法律的形式确立了英才教育制度的合法地位，并于2000年10月开始分别在庆尚南道、釜山、马山等地建立英才教室进行试点，2002年3月，《英才教育振兴法》经总统签署正式在全国范围内颁布实施。随后，原教育人力资源部又联合其他七部委颁布实施了《英才教育振兴综合计划》，2006年6月12日颁布实施了经过修订的《英才教育振兴实施令》，进一步完善了英才教育具体实施办法。根据《英才教育振兴法》规定，英才是指具备优秀才能和潜质、需要因材施教、通过特殊教育方法加以培养的人才，英才教育应发掘早期卓越人才，开发其潜力，通过实施素质的教育，实现其个人价值，为国家和社会的发展做贡献。在组织机构上，教育

---

① 陶建国：《韩国幼儿园教育评价制度研究》，载《外国教育研究》，2014(11)。

部成立中央英才教育振兴委员会，在各市道教育厅成立对应的英才教育振兴委员会，由政府制订英才教育综合计划，从政策和财政上进行支持。①

其次，全面实施初中阶段的义务教育、义务教育学制改革和"放学后学校"制度，保障英才教育的有效实施。在初中义务教育改革方面，韩国原教育人力资源部于2001年10月修订《初等·中等教育实施令》，承诺分为三个阶段（即2002年面向一年级、2003年面向二年级、2004年面向三年级）向全国初中生实施免费义务教育，义务教育相关经费由中央财政负担。为此，韩国于2005年改革《地方教育财政交付金法》和地方教育自治相关法律，确立了以地方教育财政为主的、单一的支付结构以及初中教师工资由国库负担等具体原则。在义务教育学制改革方面，韩国目前有将义务教育年限延长至10年（小学一年级到高中一年级）或12年（幼儿园大班到高中二年级）的方案、小学入学年龄下调至5岁的早期入学方案和实施小学阶段的跳级、留级制度的机动方案以及缩短小学学制的方案等，这些方案的共同点在于根据学生能力保障他们优先入学或毕业的权利。在校外教育方面，原教育人力资源部自2007年开始积极推行"放学后学校"政策。教育人力资源部特设"放学后学校政策课"，并在各地方下设相关部门进行管理。2007年，教育人力资源部指定全国80所学校为示范校，以小学一年级、初中二年级和高中一年级为对象实施放学以后的学校教育。"放学后学校"采取校长负责制，部分教学科目或教育活动可由校长委托校外非营利团体和机构负责，"放学后学校"的教师也可由校长聘请外部讲师、社区志愿者担任。"放学后学校"的教育对象不仅限于本校学生，其他学校学生或辍学青少年以及社区居民也可参加这些教育项目。

最后，加大学校英语教育投入，实现英才教育的国际化。韩国明确提出

① 艾宏歌：《当代韩国教育政策与改革动向》，22—24页，北京，社会科学文献出版社，2011。

了旨在提高英语教育水平的具体方案。例如，加强英语教师的在职培训；制订"中等英语教师聘用实验改革方案"，并从2009年开始实施；2008年开始从小学一、二年级实施英语教育；直至2010年，所有中学都要配置英语为母语的英语辅导教师。从以上改革方案也可看出原韩国教育人力资源部对英语教育的关注程度。①

（二）课程内容改革

20世纪末至21世纪初，韩国针对基础教育分别进行了第四—九次课程改革。具体改革的情况如表2-2所示。由表2-2可知，从教育目标来看，韩国政府对基础教育的培养目标重视学生的全面发展，同时与时俱进，注意学生信息化素养的培养；从课程改革的内容看，课程内容遵循学生身心发展的阶段性特征，注重学生社会性的养成，同时在义务教育阶段进行融合课程的探索，注重学生综合知识和能力的养成，在高中阶段开设选修课程，因材施教，进行特色化课程改革，注重学生的个性化培养；在课程内容理念方面，由过去的均质化课程理念到精英化课程理念再到核心素养的转变，表明韩国期望通过人才强国战略来进一步扩大国际竞争力的决心。此外，不断加强的国民课程，也表明了韩国政府对学生价值观引导的重视；同时在课程管理理念方面也给予地方和学校更多的自主权，使得课程的编写和安排更加具有灵活性，学校能够因地制宜开展教育教学工作。

表 2-2　20 世纪末 21 世纪初韩国基础教育课程改革情况表 *

改革/批次/时间 标志事件/教育目标	课程改革内容	课程理念
第四次课程改革 1981—1987 1. 开始：文教部第 442 号公告；公布课程改革大纲； 2. 小学课程于 1982 年 3 月 1 日起实施，初高中课程于 1984 年 3 月 1 日起实施 教育目标：培养"新韩国人形象"，即健康的、有审美观、有能力、有道德、自主的人	1. 建立系统的基础教育课程体系，注意各教育阶段课程内容的衔接和知识体系的连贯 2. 强调在课程中建立系统地国民精神教育体系，渗透国民精神教育的内容，使"国民精神教育生活化" 3. 对小学 1、2 年级进行"综合课程"改革试点	1. 建立国家统一的新课程理论和实施体系，由国家指定的大纲文件来决定 2. 强调"以人为中心"的课程体系，突出学生在教育活动中的中心地位
第五次课程改革 1987—1992 1. 开始：文教部第 87—9 号公示 2.1989 年 3 月 1 日起小学实行新课程；1990 年 3 月 1 日高中实行新课程 教育目标：培养主导信息化、开放化和国际化的高度发达的 21 世纪社会的具有自主精神、创造精神和有道德的韩国人	针对小学课程：1. 继续实行综合课程；2. 强调基础学习能力的提高和学习资料多样化；3. 改善评估方法，提倡合理灵活地掌握每周的授课时间和特别活动 针对初中课程：1. 在课程系统中体现国家和社会对教育的要求；2. 加强数学和科学课程，新设"技术·家教"科目；3. 调整"特别活动"领域，增加班级活动；4. 扩大学校自由选择权 针对高中课程：1. 扩大校长对教育课程安排的自主权限；2. 设置所有课程的学分数要求；3. 统整课程内容，规定教育课程的必选科目，减少科目数量；4. 新设"信息产业"科目	强调了课程综合化，践行全人教育教育理念，为培养国际化的经济政治科技人才做准备

续表

改革/批次/时间 标志事件/教育目标	课程改革内容	课程理念
第六次课程改革 1992—1997 1. 开始：文教部第1992—15号公告 2. 小学、初中课程于1995年实施，高中课程于1996年实施 教育目标：为应对民主化、信息社会化、高度产业化、国际化以及政治多极化，改善现实教育问题，提高初等和中等学校的教育质量，涵养学生的道德品质，发展学生的创新精神	针对初中课程：1. 为减轻学习负担，将授课时间调整到每周34学时；2. 统整合并相关课程，减少科目数量；3. 引入选修课程制度；4. 重新确立了国家地方学校三级教育课程设置和管理体系 针对高中课程：1. 实行"普通课程、专门课程"二元化开放型课程体系，给予地方教育厅和学校更大的选择权和自由度；2. 教育课程内容从"学问中心"向"实用中心"和"生活中心"转变；3. 以学生的个性和需求为中心，精简课程，增设多样化特色课程，减轻学生负担，提高教育质量	实行教育课程决定分权化、教育课程结构多样化、教育课程内容适当化和教育课程管理效率化
第七次课程改革 1997—2007 1. 开始：文教部第1997—15号公告 2. 小学课程改革方案于2000年开始陆续在全国实施；初中于2001年陆续实施，高中于2002年陆续实施 教育目标：培养"共同生活的人、智慧的人、实干的人"，即在全面发展的基础上追求个性的人；以基本能力为基础，发挥创造性能力的人；以丰富的通识为基础，开拓前进道路的人；在对韩国文化理解的基础上，创造新价值的人；以民主意识为基础，为共同体发展做出贡献的人	针对小学和初中教育：1. 课程包括基础科目、能力培养活动和特别活动三部分；2. 将英语课程提前至小学三年级，增加科学和信息技术课程；3. 进一步加强道德教育课程，增加能力培养活动时长；4. 给予学校学生更多的教育学习自主权 针对高中教育：高中的科目课程按内容主要分为通识课程和专业课程	1. 所追求的培养规格由原先的单一性要求转变为复合的、多层次的要求；2. 设置国民共同基本课程；3. 引入适合学生发展的选择性教育课程体系和课程学科群；4. 设置不同水平的课程；5. 保障第一线教师和学校的自主性，增加能力培养活动时间；6. 确立教育课程评价体系，加强对教育的质量管理

续表

改革/批次/时间 标志事件/教育目标	课程改革内容	课程理念
第八次课程改革 2007—2015 开始：文教部第 2007—153 号公告，于 2009 年进行修订，颁布 2009—41 号公告，最终于 2011 年 3 月 1 日起陆续实施 教育目标：为了使韩国能够适应信息化社会，并能够在这场竞争中取得成功，需要培养国际化创新型和学习型人才	针对小学课程：课程目标为通过有意义的学习体验在身体素质和心理素质上都获得健康全面的发展，体会丰富多彩的人类生活；解决学习和生活中的常见问题；理解并欣赏韩国文化；用多种方式表达自己的体验，并学会与他人合作 针对初中课程：1. 课程目标为身心发展健全，在丰富多样的活动体验和学科知识中确立自我发展方向；在基本能力和问题解决能力中培养重视创新性思维；扩大对多元文化和价值观的理解；培养多种交流技能，发展对如何成为民主公民的认知。2. 课程内容：初中阶段共设置了 8 门学科(群)和创新体验活动，学科(群)中有必修课和选修课两部分 针对高中课程：1. 课程目标为在学习各种知识和技能的过程中，确定终身学习的基础能力和基本态度；培养批判的、创新的思维和态度，以便对学习和日常生活形成新的价值观认知；具备接受多元文化和价值的能力，欣赏韩国文化；为国家共同体的发展而努力，培养合格的公民应有的能力和态度。2. 课程内容：高中阶段的课程包含四个领域：基础领域，探索领域，体育/艺术领域和生活/人文领域	1. 此次修订特别强调为国际化做好文化准备，强调国际化的思想 2. 体现以学生为本的课程理念，强调课程的设置要关注学生的身心发展和可持续发展。同时，关注学生的经验，关注学生的创新思维能力的培养，并在不同的年龄阶段有不同的要求 3. 强调以校为本的课程理念，让学校有更大自主权对课程设置进行灵活安排

续表

改革/批次/时间 标志事件/教育目标	课程改革内容	课程理念
第九次课程改革 2015 年至今 1. 开始：2015 年 9 月 23 日《初、中等学校教育课程总论》 2. 实施：2017 年 3 月起陆续实施 教育目标：以"弘益人间"的理念为指导，健全国民人格，培养国民具备自主生活能力、民主素养、正确人生观的同时，使其能够为国家的发展和人类的共同繁荣贡献力量	针对小学教育：课程目标为让小学生认识自我价值，养成健康的生活习惯，通过丰富的学习经验树立人生理想；在学习和生活中培养小学生发现问题、解决问题的能力，同时提升他们的想象力和创造力；通过参与多种多样的文化活动，体会到自然和日常生活中的美好与幸福；遵守规章制度的同时能够关爱他人、学会协作 针对初中教育：1. 课程目标为以下四个部分：一是在学生身心和谐发展的基础上养成自尊自爱的品德，确立人生目标、规划人生方向；二是在具备基本能力和问题解决能力的基础上培养其敢于挑战、积极创新的精神品质；三是让学生通过积极体验和了解韩国文化及世界文化，培养其同理心；四是提升学生共同体意识的同时培养其形成尊重、关爱他人的良好品质。2. 课程内容：初中教育阶段的课程仍沿用修订前的课程设置，但减少了选修课的课时 针对高中教育：1. 课程目标为以下四个部分：一是使学生具备成熟的自我意识和端正的品行，具备终生学习的能力及与自己未来职业相对应的知识与技能；二是使学生能够将多门学科的知识和经验相融合，积极面对并创造性地解决问题；三是具备人文、社会、科学技术的基本素养、跨文化的理解力及文化创新的态度和素质；四是具备国家责化沟通能力。2. 课程内容：一是修订后的高中阶段课程包括	1. 更新课程理念，构建"核心素养"体系 2. 明确培养目标，打造"创新融合型人才" 3. 革新课程结构，增设"自由课程"与"融合课程" 4. 改革课程教学与评价，推进零书面考试的"自由学期"，培养责任感、关爱和分享的道德品质

续表

改革/批次/时间 标志事件/教育目标	课程改革内容	课程理念
	"共同教育课程"和"选择教育课程"。选择教育科目群由"一般选择教育课程"和"职业选择教育课程"组成。二是取消文理分科制度并新设"融合课程"。其目的是培养学生"核心素养",改善过去以高考科目为中心的知识偏重及文理分科所带来的人才知识结构不均衡的现象,培养人文、社会、科学技术等基本素养均衡全面发展的人才	

*注：表格资料来源

①孙启林：《韩国基础教育课程改革述评(上)》，载《课程·教材·教法》，1993(10)。

②孙启林：《韩国基础教育课程改革述评(下)》，载《课程·教材·教法》，1993(11)。

③孙启林、杨金成：《面向 21 世纪的韩国基础教育课程改革——韩国第七次教育课程改革评析》，载《外国教育研究》，2001(2)。

④吕君、韩大东：《"核心素养"理念下的韩国新一轮基础教育课程改革述评》，载《基础教育》，2019 (1)。

⑤刘敏、董筱婷：《韩国高中教育改革——以首尔为例》，载《外国中小学教育》，2015(3)。

⑥綦春霞、洪厚柞、王瑞霖：《韩国新修订的国家课程及其启示》，载《外国中小学教育》，2012(4)。

⑦张瑜：《韩国小学课程改革的历史演进与启示》，载《教学与管理》，2009(29)。

⑧Kyung-chul Huh：《对韩国第七次课程修订的反思与展望》，载《教育发展研究》，2005(19)。

(三)教育体制改革

韩国基础教育自 20 世纪 50 年代起实行的六·三·三学制随着信息化进程的加快而显得日益僵化，与本国的发展出现明显的不适应，受到社会各界的批评。于是缩短学制、调整各级学校的修业年限，进行多元化学制改革的方案纷纷出台，引发了社会的普遍关注。目前主要的改革方案有缩短学制改革和调整学制内部时间段两类。

首先，缩短学制改革方案主要由政府和教育开发院主导。其中政府的基础教育学制改革方案于 2015 年提出，主要是为了应对韩国日益严峻的低生育率和老龄化问题，改革以缩短学制和降低学生入学年龄为主要特点。具体改革方向分为三点，即小学入学年龄从满 6 周岁改为 5 周岁，小学修业年限从 6 年改为 5 年，中等教育修业年限从 6 年改为 5 年。韩国教育开发院的改革方案于 2006 年提出，以《关于克服两极化和促进社会统合的社会经济政策提案》为标志，该提案指出现行教育体制存在"教育课程和教育体制相脱离"等问题，并指出"这种升学和就业课程二元化的高中教育体制不适合时代发展"，建议将 12 年的基础教育学制改为 10 年的义务教育体制，让所有国民不分家境贫富，都能接受优质的义务教育。此外，该提案还提出设置两年制的中等后教育阶段，该阶段招收已取得中等教育毕业资格证的学生，为学生的职业生涯规划和出路选择提供一个过渡时期。这一阶段主要提供以下三类教育：一是提供以掌握技能为主的短期课程，学生可以准备就业；二是提供以学习高级技术为目的的升学准备课程，学生学习完该课程后可报考 2—3 年制的大学；三是提供以掌握高级技术和学术研究为目的的升学准备课程，为报考大学做准备，学习课程结束后可报考四年制大学。

其次，调整学制内部时间段方案主要包括"五·三·四"学制、"五·四·三"学制和"六·四·二"学制三类。第一类学制是目前韩国支持率最高的学制改革方案，是指将现行学制改为小学 5 年、初中 3 年、高中 4 年的学制结构，并将幼儿教育纳入基本学制框架中，保留原来的 12 年修业年限。这一方案指出应缩短小学教育年限、延长高中教育年限，让学生拥有更充分的时间思考未来出路，以此来实现提高高中教育质量的目的。这一方案将高中四年课程分为前期和后期两部分，前期课程开设为期两年的国民共同基本教育课程，后期课程则开设为期两年的选修课程，学生可根据自己的兴趣和能力选择升学或就业课程，集中进行升学或就业准备教育。该学制具有两个优势：一是推迟学生分流时间，将学生分流时间推迟到高中阶段的后两年，学生可以更为从容地考虑未来的职业生涯，从而弥补了"六·三·三"学制过早对学生分流的问题；二是可打破高中的普职二元化模式，在同一高中内共设升学型教育课程和就业型教育课程，能加强普职之间的联系，还可消除歧视职业高中等现象。第二类学制也是目前韩国讨论较多的方案。该方案也将幼儿园纳入基本学制中，注重小学与幼儿园和初中等阶段教育课程之间的相互衔接。该方案建议将小学修业年限缩短为 5 年，并将缩短的一年延长到初中，初中课程为 4 年，其目的是加强未来职业生涯的探索过程，使学生选择符合自己兴趣和能力的高中。高中分为升学课程和职业课程，学生在学习过程中可以重新选择。提出这一学制改革方案的理由主要有以下几点：一是初中教育年限延长到 4 年，使学生有更充分的时间对升学和就业进行思考；二是高中阶段课程更具有灵活性，在高中的普通教育课程和职业教育课程之间搭建了桥梁，使得学生可根据自己的能力和兴趣选择升学或就业；三是幼小衔接可避免教育内容的重复，解决小学教育课程效率偏低等问题。第三类方案重视现行各阶段学校教育课程之间的联系，确定了小学和初中阶段学习第七次教育课程改革的国民共同基本教育课程，2 年制高中阶段集中学习选修课程。该学制改革方案提出延长一年初中教育年限，缩短一年高中教育学习年限，因此，有民众认为这一方案不利于升学教育和职业教育，实现的可能性并不高。[1]

(四)教育评价改革

自 1995 年"5·31 教育改革"后，韩国政府为减少各级政府行政指令性的评价指标和频繁无序的评估要求，激发基础教育办学活力，积极推进地方自

---

[1]　金红莲：《韩国基础教育学制改革研究》，载《当代教育科学》，2016(16)。

治制度，将中央的教育管理权逐渐转移到地方，扩大地方在教育管理上的自主权。不仅如此，在学校事务管理上政府也推行自律化政策，加强学校在自身事务管理上的自主权，鼓励学校自主办学，支持教育创新，客观评价学校办学质量，提高学校教育质量。1996 年，韩国教育改革委员会创建了教育课程评价院，全面负责对学校的评价，以督促学校履行教育责任和义务，提高学校教育质量。但是，过于集中的教育评价制度增加了学校和教师的负担，扩大了竞争效应，影响了学校的自主正常办学。为此，韩国政府限定 3 年为一个评价周期，不允许各级政府轮番、多头、重复开展劳民伤财的学校评估活动。① 从 20 世纪末至 21 世纪初，韩国逐步形成了从中央到地方对不同水平基础教育学校的"多层级""梯队型"的评价结构。

首先，在国家层面，中央教育行政机构评价的实施主体是政府业务评价委员会，评价类型主要分为自我评价和特定评价，实施过程主要以采用自我评价为主，评价的结果主要用于对所辖机构在政策实施、推进过程中的问题进行应对措施的制定，以及对政策业务中的不足之处进行监督，并将改善结果提交到政府业务评价委员会。具体来说，从评价主体的角度看，政府业务评价委员会共有 15 位委员，除了安全行政部长官、规划财政部长官和国务调整室室长等政府行政管理人员以外，为了确保评价的专业性和客观性，委员中还包括拥有评价专业背景的大学或研究机构的副教授以上或同等水平的人员、曾任一级公务员或相当于同等级别的公务员、在评价或行政管理方面具有丰富学识和经验的社会有识之士等。除了上述评价委员会委员以外，在各评价部门还设置了由民间人士组成的评价团，以提高评价的客观性和公正性。从评价类型的角度看，政府的自我评价主要是指中央教育行政机构对自身所实行或推进的政策实施情况进行评价，而特定评价主要是指国务总理对国家教育政策中认为有必要进行评价的政策实施评价。近年来，韩国政府逐渐放

---

① 李水山：《韩国教育的重大改革进程与效益评价》，载《职业技术教育》，2003(31)。

开了中央行政机构自我评价指标的限制,扩大了评价对象的自主权,各中央行政机构可以开发基于自身的评价指标。2012 年,政府业务评价委员会发表的《2012 年度政府业务评价实行计划草案》明确了这一改革方针,该草案指出,为了发挥各部委的机构特性及业务特性,应该将评价指标及测定方法完全自主化。《政府业务评价基本法》规定,第一,中央教育行政机构的负责人每年要制订自我评价计划,具体内容包括当年的任务、战略目标及成果目标;当年的主要政策;自我评价的基本方向;自我评价组织或自我评价委员会的构成及运营;自我评价的对象及方法;自我评价结果的利用及改善措施等。第二,中央教育行政机构要设置自我评价委员会,其委员长从具有丰富的评价及专门知识的人员或公务员中选拔,由中央教育行政机构的长官任命。第三,中央教育行政机构的负责人在每年的 4 月末之前把计划提交到政府业务评价委员会。从评价结果发布的角度看,中央教育行政机构的评价结果要通过电子统合评价系统或网页等方式公开发布。国务总理汇总每年度的各种评价结果报告并将其提交到国务会议或评价报告会。中央教育行政机构的负责人还要将全年政策的自我评价结果提交到国会的常设委员会。

其次,在地方层面,1991 年韩国出台了《地方教育自治法》,标志着地方教育自治的开始。地方教育评价的主体为市、道教育厅,评价指标从定量评价与定性评价相结合的体制转变为以定量评价为主的评价体制,实施过程以定量评价为主、辅以定性评价和满意度调查等几个部分,评价结果主要运用于划分市道教育厅的等级,公布优秀教育厅,此外,还运用于财政预算的等级化分配。具体来说,从评价主体的角度,《初等中等教育法》第九条第二款规定:"为了有效施行教育行政及提高学校教育能力,教育部长官要对地方教育行政机构和学校进行评价。"该法表明地方教育行政机构的评价制度是为了监督和提高教育行政机构的效率,并在法律层面为教育部实施地方教育行政机构的评价和学校评价提供依据。每年中央教育行政机构会组织由具有评价领域专门知识的教授、研究机构的专家、学校及教育行政机构的专家组成的临时评价委员会，由该委员会对市道教育厅进行评价，同时，为了保持评价的一贯性和公正性，每年会在一定范围内调整评价委员。从评价指标的角度，韩国的地方教育评价指标经历了三次变化。第一次为1996年正式施行市道教育厅评价，其评价指标主要根据《初等中等教育法实施令》，侧重于检验政府教育政策及教育改革的实施情况，使得评价标准过于宽泛，而且教育部长官对评价标准的制定拥有很大权力，因此评价内容及评分体系经常发生变化。第二次为2009年，市道教育厅评价指标迎来变革，从注重对政府教育政策及改革成果的评价，逐渐转向重视对市道教育厅自身的机构力量和教育目的的评价。评价领域包括学校教育的内在化、学校管理的先进化、扩大教育福利、教育支援的效率化四个部分。第三次是2011年以后，市道教育厅评价体制和评价指标从定量评价与定性评价相结合的体制转变为以定量评价为主的评价体制，削减了评价指标的数量的同时，增加了削减课外辅导费的实际成效等地方教育厅层次的评价指标，使得评价指标更加全面。从教育实施过程的角度看，2011年以后，韩国市道教育厅评价主要根据学校信息公示系统、教育行政信息系统（NEIS）等公开的资料和数据，实施定量评价。《初等中等教育法》第五条规定："市道教育厅评价要采用定量评价的方法。当定量评价无法正确评价时，可兼用书面评价、问卷调查、有关人员面谈等定性评价的方法。"从而确立了定量评价的主体地位，而定性评价主要是根据教育部负责人每年制订和提出市道教育厅评价的基本计划，指出评价的具体内容、方法、指标等，由各市道教育厅根据其评价的基本计划制订和提交定性评价报告来进行，满意度调查主要由市道教育厅进行，一般采用抽样调查的方式，以学生、家长和教师为调查对象。从评价结果的角度看，地方教育行政机构评价结果将对地方教育财政产生显著影响，其中，排名最高与最低的教育厅之间的财政支援额差距达到了123亿韩元，由此可见，评价结果对地方教育财政预算分配的影响非常大。

最后,在学校层面,评价主体主要是初等中等教育机构,评价指标包括课程及教学学习领域、教育管理领域、教育成果领域和满意度领域四个部分,评价过程中,主要由市道教育厅作为学校评价的实行主体和责任主体,各市道教育厅根据自身情况制定评价领域及评价实施过程。在评价结果中,大部分市道教育厅都会公开发布评价分数、评价结果总评、评价结果报告和评价等级,以便于学生和家长及时了解各学校的发展情况,选择符合自己需求的学校。具体而言,从评价主体的角度,学校评价主要经历了四个阶段:第一个阶段是学校评价起步时期(1996—1999年),这一时期学校评价的主体是市道教育厅;第二个阶段是国家层面评价为主的学校评价时期(2000—2003年),在这一时期国家将学校评价事业委托给韩国教育开发院,由韩国教育开发院负责开发和制订国家主导的学校评价的模型并进行有关的基础研究;第三个阶段是依据共同指标开展学校评价时期(2004—2011年),在这一时期国家逐步将学校评价事业移交给市道教育厅;第四个阶段是市道教育厅的自主评价阶段(2011年至今),在这一阶段,学校评价主体完全转移到了市道教育厅。由此可见,学校评价主体的核心力量是市道教育厅,韩国教育开发院受教育部委托开发的评价指标并不具有强制性,仅作为市道教育厅进行学校评价时的参考。从评价指标的角度看,四个指标中课程及教学学习领域细化为以人为本的教育、社会服务活动、社团活动、课后学校计划、学校体育小组等各项指标,此外,还包括改善和支援与教学和学习相关的课堂研究、公开课堂、生活指导计划等指标;教育管理领域的指标侧重于学校教育活动管理及支援方面,如学校管理的民主性和合理性、人力及物力方面的支持及管理体系、提高学校成员的专业性等方面付出的努力和成果等;教育成果领域的评价是判断学校问责的重要依据,因此,主要由学业成就度、升学、就业、学校适应程度等指标构成;满意度领域以问卷调查为主,设置了学生、家长及教师等对学校满意度的指标。从评价实施过程的角度看，大部分市道教育厅的学校评价大致包含了以下几个阶段：首先，由中小学制作自我评价报告，提交到所在市道教育厅；其次，由市道教育厅实行满意度调查，对教师、学生、家长等进行网上问卷调查；再次，实行定量评价，各市道教育厅设置的研究信息院收集教育行政信息系统及学校的公开信息与资料，并利用所收集资料对学校教育成果进行定量评价；然后是书面评价，研究信息院根据学校自我评价报告、学校教育计划、满意度调查结果及定量评价评定结果等，制订书面评价；最后是访问评价，实施主体是研究信息院，采取根据书面评价等结果观察学校现场、向学校人员进行面谈等定性评价的方式。在上述几个评价阶段中，最重要的是定量评价，初中等教育机构必须依据这一法律，通过网站等途径公开发布上述信息，为顺利开展定量评价提供资料。从评价结果的利用角度看，学校评价结果的作用还包括：制订学校教育计划；推广优秀案例；改善学校管理方法；表彰、奖励、晋升等人事问题；财政预算的分配。由于评价结果对财政预算的影响力最为突出，教育部的特别预算分配就以市道教育厅的学校评价结果为依据，市道教育厅也根据学校评价结果划分学校等级，并根据等级分配财政预算。可见，学校评价结果与学校的财政利益是息息相关的。[1]

三、高等教育改革

(一)教育理念改革

"教育立国"战略一直是韩国发展和改革高等教育的一大特点，韩国的历届政府和民众都很重视教育，重视人力资源开发。早在20世纪60年代，韩国就把"教育立国"方略定为基本国策。20世纪80年代后，韩国坚持教育改革，并将教育改革定为"四大国政指标"之一。20世纪90年代以来，为了应

---

①　金红莲：《韩国多层级教育机构评价制度及其特点》，载《外国教育研究》，2014(8)。

对经济全球化的挑战，韩国政府开始了新一轮大学改革，亚洲金融危机以后，提出了"第二次教育立国"的方针，并制订了一系列高等教育发展规划。① 其中，在教育理念方面，韩国高等教育突出表现为特色化、国际化和信息化的特点。

韩国高等教育特色化发展理念是伴随着其高等教育急速扩张，实现高等教育大众化的背景下诞生的，主要受到平等主义、均衡主义和人力资本理论等思想的影响。进入20世纪80年代之后，韩国高等教育继续发展，并以惊人的速度出现了第三次发展高潮，并共同组成了世界高等教育史上前所未有的"急剧扩大时期"。20世纪90年代，韩国适龄人口下降，青年升学压力减轻，韩国政府因势利导，颁布了《大学教育自主化方案》与《通过自学获得学士学位的法律》，推行办学多样化的政策，促进多样化、特色化办学模式的发展。② 具体来说，韩国高等教育的特色化教育理念共经历了两个阶段的变化，首先是20世纪80年代至90年代，基于形式平等主义价值观下的特色化教育理念。这一时期高等教育发展的重点集中在办学规模的扩大和基础设施的扩建上，对大学特色化的政策性关注相对减少，特色化进程趋缓。20世纪80年代政府发布了《教育正常化及消除过热课外补习方案》，通过一系列措施消除私立教育热，改革大学入学制度的政策措施引起国民广泛关注，保障政权和社会的稳定，也奠定了这一时期国家高等教育改革的基本框架。在特色化政策方面主要集中在继承以往举措，即从20世纪70年代延续下来的工科学院特色化政策、1984年的大学特色化政策以及教育改革审议会时期的大学特色化政策。1987年，教育改革审议会提出"创造主导21世纪的韩国人"的口号，发布了题为"十大教育改革"的教育改革案，其中第七个课题"追求大学教育的卓越性"中重点提到"大学的功能分化与特色化"的问题，强调根据大学的类型

① 张玉荣、刘光华：《韩国高等教育的主要特征及其对我国的启示》，载《现代远距离教育》，2006(3)。
② 张开芬、王雪燕：《韩国高等教育大众化对我国高等教育发展的启示》，载《现代教育科学》，2008(5)。

进行作用划分，并以此为依据实施特色化建设。在这样的背景下，进入20世纪90年代以来，韩国高等教育特色化发展主要基于人力资本主义和均衡主义的价值观来进行一系列改革。一方面，根据美国著名发展经济学家赫希曼的非均衡发展理论，韩国高等教育必然需要经过在开始资源较少的情况下集中有限财政资助个别大学和学科发展的非均衡发展道路，待到经济发达后，再转向以强调高校协调、全面的内涵式平衡的特色化发展道路。另一方面，知识经济的到来，使得在现代社会，人力资本的多寡对社会发展的速度和质量具有决定性的影响，在经济增长方面，人力资本的作用甚至要超过物质资本。而物质资本相对匮乏的国情决定了韩国对人才培养的重视，大学特色化政策将人力资源开发作为核心环节，将等级式人才培养作为大学特色化政策的目标，充分显示了大学特色化政策人力资本主义的价值追求。①

　　韩国高等教育的国际化发展理念主要是在经济一体化和开放市场的潮流下产生的。20世纪90年代以来，一方面，从国家经济的角度看，全球范围内的学生跨国流动加快，国际教育收入已经成为许多发达国家GDP增收的主要项目，而韩国的留学教育仍旧赤字惊人。由于韩国优质高等教育资源相对匮乏，大量韩国学生涌入发达国家求学，与出国留学人员相比，赴韩留学生的数量和增幅处于颓势，因此留学教育赤字巨大，这不仅导致巨额的教育贸易逆差，还使韩国陷入高端人才流失的窘境。为扭转这一趋势，韩国政府开始积极推进高等教育国际化，争取将人才流失转为人才流入，并加速人才循环，补充人才缺口。另一方面，从高校的角度看，国际化作为世界大学排名榜中衡量大学质量的重要标准，重视国际化水平可以提升大学的国际知名度。同时，政府的许多大型项目都普遍设置了国际化指标，通过提升国际化水平，高校可以承接更多政府项目，从而赢得财政资助。此外，受到韩国出生率持续低迷，大学适龄人口急剧下降等客观条件的影响，使得不少韩国高校不得

---

① 梁荣华：《韩国大学特色化政策变迁过程中价值观的转变》，载《外国教育研究》，2009（12）。

不通过吸引留学生来赚取学费，维持学校的正常运转。韩国高等教育国际化发展理念具体包括六个方面，一是通过制定一系列留学优惠政策，吸引留学生，提高生源国际化水平；二是通过提高高校科研水平，加快科研国际化步伐；三是引进优秀外籍教授，加强师资国际化建设；四是提高大学英语授课课程比例，深化课程国际化改革；五是打造区域教育枢纽地位，建设高等教育国际化高地；六是整合有效资源，丰富国际化形式。[①]

韩国高等教育信息化发展是为适应未来信息社会发展需要，而将信息技术应用于高等教育的硬件设施以及教学和研究等领域的一场改革运动。20 世纪 80 年代中期至 90 年代中期是韩国教育信息化基础设施建设的重点时期，政府出台《促进和扩展电脑网络使用法案》，保证全国中枢网络的建设，自此，韩国教育信息化全面、深入开展。具体来说，在硬件建设方面，主要为电子信息学习教学平台和数据库系统的建设。如韩国教育部在大学中推行的"高等教育电子化学习行动计划"，各地区以竞争的方式选择一所高校作为本地电子化学习支持中心，支持中心将配备演播室、教学系统等先进设备，同时承担促进地方大学数字化资源建设与共享等任务。同时，教育部为促进信息技术支持学术研究，专门立项帮助大学图书馆实现管理系统信息化，分别建设了韩国教育与研究信息服务系统以及韩国社会科学数据中心的数据库系统，支持科学研究中信息技术的应用，分享数字信息。此外，成立于 1998 年的研究信息服务系统不仅促进了学术研究资源在全国范围内的共享，而且与其他国家合作收集来自国外的研究信息。随着 2007 年全国各地大学图书馆的网络连接，研究人员可以在任何一所图书馆检索国内外数据库，获取相关信息，各图书馆的资料也能够进行馆际互借。从软件建设方面，主要为大学生信息能力的培养以及教育信息化的研究提供智力支持。2003 年韩国首先在敬仁教育

---

① 魏玉亭、高长完：《韩国高等教育国际化建设：动因、战略与挑战》，载《比较教育研究》，2019 (6)。

大学建立了远程教育与培训支持中心，用于促进利用技术进行教师培训，提高教学方法和教学内容的数字化等，同时，韩国通过"服务于地区改革的新大学"项目，对地方大学的电子化学习提供重要支持，缩小与其他大学的差距。此外，各大学也在信息化发展的过程中总结和利用自己电子化学习的成功经验，并在教育部的支持下成立了支持信息化教学与学习的专门机构来推广信息技术应用，如首尔国立大学的"教与学中心"，负责管理全校的多媒体教室，并帮助教师和学生解决教学与学习中技术相关的各种问题。①

（二）教育功能改革

20 世纪 90 年代至 21 世纪初，东南亚金融危机后，在重振韩国经济的过程中，韩国政府十分重视教育在国民经济发展中的作用，提出"第二次教育立国"的口号。同时，面对知识经济和经济全球化的发展，越来越多的研究成果向经济效能转化，教育与科技水平逐渐成为各国在经济领域的核心竞争力，以经济竞争、政治竞争和资源竞争为主的传统竞争已经不能满足国际化进程的发展，科技与人才的竞争在国际竞争的舞台上显示出越来越重要的地位。但是与其他国家相比，韩国的基础研究水平偏低，韩国高等教育在国际上的评价总体偏低，科研实力与科教水平并不能让韩国在国际经济竞争中处于优势地位，此外，韩国私立高校为主的办学体制使得政府对大学的经费投入不足，监管不到位，导致韩国高校的教学质量、学术水平与科研水平不断下滑，韩国高等教育毕业生的质量也开始受到社会各界的批评。面对新的形势，针对韩国高等教育体制和功能，韩国提出了一系列的改革计划，包括"智慧韩国21 工程"（简称 BK21 工程）"NURI 计划"、"WCU 计划"和"BK21 PLUS 计划"等。

首先是 BK21 工程。该工程于 1999 年被提出，旨在进一步改革和完善高等教育体制，充分发挥高等教育的特点和优势，通过政府与社会在人力、财

---

① 李海霞、具滋亿：《韩国高等教育信息化发展近况及其启示》，载《比较教育研究》，2009(7)。

力和物力等方面的投入，有重点地把一部分高校建设成为世界一流水平的研究生院和地方优秀大学，培养 21 世纪知识经济与信息化时代所需的新型高级人才和国家的栋梁。这一工程有 3 个主要目标：第一，作为一项基础结构建设，着重培养一批具有世界水平的大学院，即研究生院，为社会发展提供优良的技术和创意；第二，有重点地建设一批地方优秀大学，加强地方高校的竞争力；第三，提倡和鼓励大学教育机构广泛培养社会所需要的专门人才，创造一个公平的竞争机制，即在高校之间的竞争中评价某所大学不能以"是不是名牌学校"为标准，而要看学校科研成果的数量和质量以及学生的实际能力。以此为核心，韩国还提出了加强国际教育的交流与合作，建立严格的高校管理制度和大学教授业绩评价制度以及截至 2002 年建立一套比较完善的大学入学制度等任务。该工程涵盖四个学术领域：一是应用科学领域，包括信息技术、生命工程、机械与材料；二是艺术与社会科学领域，包括韩国学研究与文化；三是特色(传统)科学领域，包括韩医药学(源于中医学、中药学)及发酵食品；四是新兴产业科学领域，包括设计、影像动画等。为了确保其实施，韩国政府采取了一些有力措施：一是给高校研究生创造一个优良的教育与科学研究氛围，最大限度地减少其额外负担，保证研究生能够全身心地投入学习和科研活动中，措施包括提供研究生专用宿舍，为其提供研究经费及海外留学进修的经费等支援。二是改善大学教授的研究环境，实行研究生院专任教授制，减轻大学教授的教学负担，减少大学教授指导的人均学生数；还要通过教授业绩评价制度的实施和大学教师升迁及报酬等人事制度的改革，在高校中建立一套公平的竞争机制。三是改革大学教育课程，使之与世界一流大学接轨，并加强产学合作。①

其次是 NURI 计划。该计划始于 2004 年，由韩国教育人力资源开发部制订并实施。该计划是为了支持地方大学发展，增强其专业化水平和竞争力的

---

① 孟宪华、牟为娇：《"BK21 工程"与韩国高等教育改革》，载《东北亚论坛》，2004(4)。

一项重要工程。与 BK21 不同，该计划将重点放在优秀地方大学的本科生培养上，旨在通过专门的教育计划来培养优秀的地方人才和提升地方大学毕业生的就业率。该计划主要对象是首尔首都圈以外的地方大学，采取绩效拨款机制。计划中的项目则采取"自下而上"的选拔方式，由当地管理机构提议，并由每一个省市教育部门的"地方人力资源开发委员会"（如大邱庆北区域人力资源开发合作委员会、光州全南区域创新委员会等）进行评价和建议。地方大学、政府、产业界、智囊团、非政府组织和其他 NURI 计划的成员都可以就项目的范围、规模及其他细节问题按照区域和大学的发展战略来进行决策，然后根据计划在五年内稳定地接收到所需的资金（工资、经营费用、科研费用及维修费用等）。该计划的主要内容为通过政府投资，增强地方大学在专业领域的竞争力，加强地区专业课程修订和实践环节的培养，提高地区大学毕业生的就业能力，促进大学间的交流与合作，推进工程教育，最终促进地区产学战略联盟的形成。①

接着是 WCU 计划。2008 年韩国教育科技部公布"建设世界一流大学计划"实施方案（WCU 计划），以推动本国世界级高水准优秀大学的培育。该计划的主要内容是：第一，开设新学科和新专业。面向国际，聘请海外高水平的专家学者来韩任职，其中大多为全日制教授，包括专职教师、特聘教授、项目基金资助教授等。在韩任职期间，国外专家学者应与韩国本地专家学者共同研究并设立新的具有发展前景和成长空间的学科与专业，开发全新的研究项目与学科领域，从而为韩国高等教育成立新的院系类别。第二，聘任学者。邀请海外学者以全日制教授的身份进入现有学科授课，同时承担科研工作，并且让其与韩国教授共同开展研究，进而强有力地促进韩国高校现有学科的快速发展。助理教授以下级别至少聘任 3 年，3 年均为全日制；副教授以上级别至少聘任 3 年，每年至少有一学期为全日制。海外学者与韩国教授以

---

① 田华：《工程教育与产学联盟的纽带：韩国 NURI 计划》，载《高等工程教育研究》，2008（S2）。

1：3或1：4的比例开展科研。第三，邀请国际学术专家。凭借政策优势和宽松的学术环境，邀请海外各领域知名大师与世界级优秀科研人员来韩进行科学研究与教学活动，并对大师与专家们的留韩工作时间做一个设定，尽量确保其有充足的精力与时间为韩国高等教育事业做出贡献。这样，在提升韩国高校科研实力的同时又能提高教学质量，为韩培养高端精英人才。该计划通过对所有申报项目的严格筛选来保证其申报通过的结果质量。此外，该计划重点支持的领域集中在新学科领域，主要有边缘突破性技术、工学、生化制药工程、太空、国防、瓦解性技术与融合技术、认知科学与能量科学、金融数学与人力资源及组织开发等人文科学和理工科类交叉性学科与领域。①

最后是BK21 PLUS计划。该计划于2013年提出，是韩国政府针对"BK21计划"和"WCU计划"在人才评价和培养的具体实施中存在的不足而进行的调整，最终目标是培养引领创新经济发展的硕博创意人才，具体目标分为以下三点：第一，巩固研究型大学的根基并提升其国际化水平，将进入QS世界大学排名前200名的韩国大学数量从2012年的6所增加到了2019年的11所；第二，培养包括复合领域在内的各学科创意高端人才，每年资助15000余名优秀研究生与一定数量的新进研究人员；第三，提高包括地方大学在内的所有大学的教育与研究质量，将SCI级别论文被引用次数的国际排名从2011年的第30位提升到2019年的第20位。同时，为保障工程顺利实施，BK21 PLUS计划提出了以下六点具体措施。第一，构建以质量为中心的成果管理体系，并完善研究型大学制度，从而提高研究生院的人才培养与科研质量，并强化研究型大学的根基。第二，加大对地方大学的资助力度，并加强地方高校与中小企业的衔接，以强化地方研究生院的教育与研究能力。第三，通过密切的产学合作，培养熟悉产业需求的硕博人才。第四，培养创新经济社会急缺的数码多媒体、文化创意、时尚设计、旅游业及信息安全等领域的专业

---

① 周慧文：《"WCU计划"与韩国世界一流大学建设》，载《中国高校科技》，2019(4)。

人才。第五，通过严格的项目管理，提高研究生院质量。第六，提高对研究生及新进研究人员的资助金额，将硕士研究生的资助金额从每月50万韩元提高到60万韩元，博士研究生的资助金额从每月90万韩元提高到100万韩元，新进研究人员的资助金额从每月200万韩元提高到250万韩元。该计划的具体资助类型分为三种，即国际化人才培养计划、特殊领域专业化人才培养计划与未来创意人才培养计划。国际化人才培养计划重点资助能推动创新经济发展且为国家亟须的交叉学科群，以此来加强高等教育机构在国家核心领域的国际化研发水平。特殊领域专业化人才培养计划虽面向科学技术与人文社会的所有学科进行资助，但重点资助时尚设计、数码多媒体、文化创意、旅游观光、信息安全与特殊装备等领域，以促进高附加值领域与国家战略领域高级专业化人才的培养。未来创意人才培养计划对项目团与项目组的资助领域略有不同。项目组面向基础科学、应用科学、人文社会与复合学科等领域进行全面资助，项目团在面向人文社会与复合学科等领域的资助与项目组没有区别，但在面向基础科学与应用科学时，其资助范围却有所缩小。[1]

(三)教育管理改革

自20世纪90年代金泳三总统上任，韩国开启了文官政府统治。为了解决军事力量对政治的干预和韩国国内官员腐败等问题，金泳三实施了严肃纲纪、改革政府机构和人事制度以及整肃军界、开展"净化运动"，推行"金融实名制"等政治改革，为韩国建立了民主化政权。在高等教育领域，金泳三总统建立了"文民政府"，重新树立了民主主义与自由精神，减少国家对社会各领域的干预，使得韩国大学重获自主权利，扩大了大学自律。在教育管理上，体现为国家对国立大学的法人化改革以及大学内部的去行政化改革。

首先是国立大学的法人化改革，这一改革主要经历了三个阶段。第一阶

---

[1]　魏玉亭、高长完:《韩国一流大学与卓越人才发展计划:"BK21 PLUS工程"实施述评》，载《高等工程教育研究》，2020(3)。

段为方案的酝酿阶段，即在 1987 年的全斗焕政府时期，当时总统直属咨询机构——教育改革审议会提出"教育改革综合构想"，建议将国立大学法人化作为教育改革促进计划的一环。但是当时的军事政权担忧民主斗争会削弱其自身的统治基础，因此，根据政治需要，只实行了一部分政策，国立大学法人化等存在较大争议的政策并未公开推行。第二阶段为方案的试验阶段，1995年金泳三的"文民政府"执政，实行民主化改革，在《"5·31"教育改革案》中公布了国立大学选择性特殊法人化方案，选择出一部分愿意进行改革的大学作为试点，推行特殊法人化政策。1996 年教育部和韩国教育开发院提出了《新经济长期构想中教育部门课题》，宣布从 2000 年以后，进行国立大学法人化、公立化和民营化的设想。1997 年又提出了《国立大学特别会计法(案)》及《同法施行令》的立法预告，但由于教育部各部门之间的意见分歧，该法案没有实施。到了 1998 年金大中总统上任，由于当时韩国接受了国际货币基金组织有条件的经济援助，政府的新自由主义改革倾向更为坚定和明显。在国立大学改革上，金大中政府继续实行金泳三政府的法人化政策。1999 年国民政府公布了《教育发展五年计划试案》，提出不仅要改革预算会计制度，还要改革人事、组织、决策机构等领域的国立大学结构调整方案。2000 年发表的《国立大学发展计划》和 2002 年的总统业务报告均制定了《关于国立大学运营特别法》的方针。由于国立大学法人化进程的阻力非常大，政府于 2007 年 4月制定了《关于设立和运营国立大学法人蔚山科学技术大学校的法律》，第一次为国立大学法人化提供了法律根据。第三阶段为方案的正式实施阶段，2008 年，在李明博政府时期，教育科学技术部发布了《国立大学财政会计法(案)》的立法预告，力图通过这一法案把国立大学的财政和会计从政府事务中分离。教育科学技术部阐明《国立大学财政会计法(案)》的制定理由是国立大学作为国家机构，使用政府的预算会计体系，这不利于大学按照中长期发展计划实行教育及研究的自主性。此外，国立大学会计分为国库会计和非国库会计，降低了财政运营的透明性，无法保障大学财政的整体运营。按照《国立大学财政会计法（案）》的规定，大学校长有权自制预算，实行责任财政运营体制，由校内人士组成财政委员会对预算进行审议和决定，合并国库会计和非国库会计，提高国立大学的财政会计运营的自律性、效率及透明性。①

其次是大学内部的去行政化改革。韩国大学教师主要分为专职教师、行政管理人员和兼职教师三类。其中，学校的专职教师都是由教务处负责公开招聘的。每个专业专职教师的数量根据该专业学生数确定。教师可根据学术业绩和资历等的不同，经过评估后直接被聘为教授、副教授、助理教授或专任讲师。所招聘的教师能充分体现学术背景的多元化和差异化，每个学科专业都由一个德高望重、学术水平高、一般为该专业的创办人担任首席教授，定期讨论并制订本学科专业的发展规划。每个教授都有很强的自律意识和民主意识，彼此尊重所从事的学术工作，充分体现大学的学术自由精神；学校行政管理人员都从专职教师中产生，任期结束后继续从事教学和学术研究，几年之后，仍有可能被任命为其他岗位的管理人员，从事行政管理工作。因拥有较高的学术造诣和工作能力，所以教授成为教学和科研工作的核心力量，学校行政管理部门主要为其做好服务和协调工作；学校的兼职教师都具有博士学位，可以同时在该专业部门教授的研究室参与研究工作，一般从刚毕业的博士生中选聘，其工资按照课时多少支付，收入水平与专职教师相近。兼职教师课余时间从事研究工作，提高自己的学术水平，也可申请政府资助，出国留学。条件成熟时，兼职教师可以申请应聘专职教师，兼职教师一般承担部分基础课和专业基础课教学。在韩国大学教师的管理方面，由学校计划处对专职教师进行考核，每年对教师的教学和学术成果进行考核，教师工资的晋升根据其成果决定。在韩国大学内部的科研管理方面，对外协作处下设研究支援科，统筹学校的科研管理、服务和支援。研究工作以各学科教授为

---

① 金红莲、臧日霞：《韩国国立大学法人化改革述评》，载《比较教育研究》，2010(2)。

主开展，各教授根据本研究室的人员情况决定申请研究项目的多少。科研管理部门主要在教授和政府、基金会、企业之间起到牵线搭桥作用，组织召开科研项目说明会，负责在研项目的管理工作。研究课题来自各级政府、基金会和企业。来自政府和基金会的项目，其申报和评审较为规范和公正，与我国国家自然科学基金的评审颇为相似，这就减少了靠行政权力获得科研项目的机会，从而避免了行政权力对学术资源的垄断。由于韩国的科研投入比较大，科研项目不再是稀缺资源，可以保证每个教授都有科研项目，因此教授在申请项目时会量力而行，不会出现教授之间为争取项目而过分竞争，也不会出现教授因项目过多完成不了的现象。同时，由于每个教授都有自己的研究室，且研究方向不同，因此一般不会出现实验室重复建设的情况。同时，教授之间的科研资源都有互补性，可以实现资源共享。在韩国大学领导岗位的任期方面，行政领导岗位都有严格任期，教师岗位和领导岗位均有相对应的级别和待遇。从教师岗转到行政领导岗位，再从行政领导岗位回到教师岗位，只是工作岗位和角色的转换，教师始终都保持学者本色。领导工作和学术工作之间并不存在一个天然的鸿沟，丰富的阅历和长期从事具体工作的经验使得大学教授具备管理能力，因此可以随时被任命为管理干部，走上管理岗位。走上行政领导岗位的教授，任期内不从事教学科研活动(系主任除外)，只专心于行政管理工作，这就防止了其靠行政权力对学术资源的占有和垄断。①

(四)教育评价改革

韩国自 21 世纪初实施的 WCU 计划旨在通过聘用海外一流学者，集中发展一批关系国家未来发展、具备广阔发展前景的学科专业，从而加快培育世界一流大学，大力提升大学教学科研水平，增强其国际竞争力。这一时期韩国的大学意识到改善教育状况、提高教育教学质量、加快世界一流大学建设

---

① 胡瑞华：《韩国大学内部管理特点及对我国大学去行政化的启示》，载《高教探索》，2011(6)。

的必要性和紧迫感，开始自觉地实行改革。但是在高等教育扩张时期，由于国家没有足够的财力增设国立或公立大学，导致私立大学快速扩张，私立大学只关心是否盈利，内部纠纷不断，给学校带来了运营不良等问题；另一方面，由于政府对一些不符合设置要求的大学采取了默许态度，其结果是直接影响了教育质量。这些长期以来积压的问题得不到解决，再加上大学内部存在的矛盾，致使改革成效不佳，政府和社会普遍认为非常有必要借助外部力量促使大学自觉进行改革。为此韩国建立了多元的高等教育评估体系，同时引进第三方评估机构，增强评估结果的可信度。

具体来说，韩国首先建立了多样化的评估体系。在大学层面的评估包括综合评估、革新大学评估、以教学为中心的评估等。在学科层面的评估包括人文、社会、自然科学和理工四个领域，每年根据教育消费者关注的学科专业选择具体的评估对象。此外，大学生满意度调查、全日制 MBA 项目评估、大学教育质量评价等使韩国大学评估的种类更加丰富、全面。评估对象是至少具备人文、社会、自然、工程、医学和文体系列中四个以上领域专业设置的综合性大学。学科评估的目的是促进各大学在不同领域的差异化发展。根据教育消费者关注的学科专业选择评估对象，评估对象的数量每年不等。大学生满意度调查包含两个层面：一是进行面对面访谈或问卷调查，调查在校大学生对所就读学校师资、课程、行政服务等方面的满意程度；二是开展雇主调查，就毕业生的职业能力、专业水平等调查其雇主的满意程度。韩国大学评估的意图之一是要顺应大学发展需求，推动大学特色化、多样化发展。评估类别的多样化对避免大学同质化发展具有良好的促进作用，同时多样化的评估向学生、家长、企业等高等教育消费者提供了更为全面的教育信息。类别多样的大学评估也调动了大学的改革积极性和自觉性。

其次，韩国大学评估还根据大学发展的变化动态调整评估指标和权重。评估指标调整的依据，一是根据每年大学发展变化的趋势调整指标的内容和权重。比如在大学评估起步阶段，师生比、外国教师比率等反映学校基本教育条件的指标被赋予了相当高的权重。进入21世纪，韩国大学的教育条件得到改善，反映教育条件的相关指标权重下降，之后基本维持稳定。二是根据评估专家、教育消费者、高校的意见及收集的评估资料确定评估指标和每项指标的权重。评估小组每年都会成立专门的机构收集教育消费者和高校的评估意见作为调整指标内容和权重的重要依据。2008年评估指标中废除了一项主要指标——"改革力度"，依据是高校指出"改革力度"方面的指标与教育条件、财政情况以及教师研究成果等方面的指标重合。近年来，韩国大学综合评估的指标体系变化反映了社会发展需求以及大学发展的趋势。一级指标主要涵盖教育条件及设施、教师科研、学生教育与成果和社会声誉四个方面。教育条件及设施方面的评估指标主要反映大学办学及人才培养的基本条件；教师科研方面的指标体现大学的科研创新能力；学生教育与成果体现大学人才培养的质量以及社会对大学人才培养质量的认可度；社会声誉评价体现大学对社会发展的贡献以及获得社会认可的程度。四个一级指标下设的二级评估指标年度动态调整，包括指标数量的增加或减少、评估指标赋予权重大小的变化。

最后，在评估主体方面，为了提升第三方评价的公信度，韩国大学评估使用了多渠道的评估数据，包括韩国各类组织机构提供的数据信息、公共信息平台的统计数据、通过访谈调查获得的直接数据和参评大学填报的数据。评估数据由媒体负责收集。每年5—8月为数据的采集阶段。评估小组参考评估专家、教育消费者和大学的建议以及所获取数据资料确定最终的评估指标，之后填写评估手册向各大学通告评估数据来源及评估方法等，评估数据来源的多元化一定程度上提升了评估的客观性和透明度，进而增加了韩国大学评估的社会认可度和公信度。同时，评估数据来源渠道的多元化也增强了大学与社会之间的互动，形成了社会对大学教育质量监督的氛围，使社会自觉参与大学的建设和发展。通过对企业的调查而获得的评估数据促进了企业和大学之间的合作。韩国大学评估的一项重要内容是对大学的"学生教育与成果"实施评价，通过评估大学生在企业的实习比率、创业比率等，促使大学加强与社会和市场的合作。通过向社会发放调查问卷或面对面访谈获得有关大学声誉的评估数据，凸显了社会对大学的评价。此外，由于第三方评估机构实施的韩国大学评估是从多渠道获取评估数据，未给参评学校带来额外的人力、物力、财力等方面的负担，评估结论客观公正，得到了韩国大学的广泛支持、认可。[1]

四、职业教育改革

为适应20世纪90年代以来社会信息化、教育国际化的新局面，韩国政府及时制定了职业教育发展战略，从教育体制、教育观念、升学就业和区域发展等方面，对职业教育进行了整体改革。首先，在教育体制方面，在普通教育体系中渗入职业教育，拓宽了职业教育发展道路。韩国政府通过数次课程改革，将职业知识和技能渗透在普通教育的课程体系当中，培养普通学校学生的职业意识和职业能力，拓宽了普通学校毕业生的发展道路。同时，把终结性的职业教育改为阶段性教育，使职业教育多样化和灵活化，将职业教育的重点由高中阶段向大学阶段转移，为产业体制和文化更新所需的继续教育提供动力。其次，在教育观念方面，加强观念引导，注重提高技术工人和技术员的社会地位。韩国政府通过实施《国家技术资格法》，对获得技术资格者给予相应的经济和社会待遇，并在就业、海外进修、资金、服兵役等方面给予优先照顾。政府规定，最高档次的技术人才享受与其他高级职称人员同等的待遇。此外，韩国政府还采取一系列措施，全方位地提高职业教育的社

---

[1]　王战军、雷琨、于妍：《韩国大学评估特征探析及对我国"双一流"建设评价的启示》，载《教育发展研究》，2020(3)。

会地位，分别在职业教育前、职业高中、职业教育后推行优惠政策，政策涉及面广泛，不仅包括职业学校的学生，还包括社会上的技术人员。在升学就业方面，韩国政府为职业教育学校学生的升学与就业提供了优惠待遇，吸引学生报考职业学校。20世纪80年代，韩国政府改革了奖学金制度，扩大了职业高中学生的"受惠率"，职业学校的学生可获得较高的奖学金，免收10%至15%的职业高中学费。同时，韩国政府还规定，在高考录取时，当普通高中和职业高中学生成绩相同时，优先录取职业高中毕业生，使他们可以继续升入职业大学或综合大学相应专业学习，且职业大学学生可转入综合大学学习。同时，政府出台政策优先保证职业高中毕业生就业，就业后获得熟练工人证书。在区域发展方面，政府鼓励产学研结合，让企业参与职业教育的管理与评估。韩国政府支持学校与企业的合作，积极尝试并鼓励学校式的教育模式向企业的教育模式转化。企业投资办教育，实行产学研结合，已成为韩国主要的办学模式。政府鼓励企业办学，并给予其财政、税收等的政策支持。[1]

(一)中等职业教育改革

20世纪末21世纪初的韩国中等职业教育改革主要从财政投入、机构调整、教育体系、课程设置、人才培养和师资队伍六个维度来进行，以此来扭转长久以来人们轻视职业教育的传统观念，规避在东南亚金融危机后因忽视职业教育所造成的大规模失业问题。首先，在财政投入方面，韩国政府在财政拨款上给予职业教育大力支持，从投入职业高中的资金来源看，国家投入占50%，另一半由地方财政投入，社会团体、企业、个人也参与赞助。在为职业高中不断增加拨款的同时，韩国政府还加大了对职业高中学生提供奖学金的力度。此外，还提供经费更换职业教育学校的陈旧设备、增加多媒体教室等。其次，在机构调整方面，2001年年初，韩国宣布了"政府重建法案"，其中最引人瞩目的是改组了以前的教育部，将其更名为"教育和人力资源发展

---

[1] 雷丽平:《韩国职业技术教育的发展与改革对我国的启示》，载《东北亚论坛》，2008(2)。

部"，并扩大了其职权范围，由一名代理总理担任首任教育和人力资源发展部部长，负责在政府部门内全面管理和协调发展人力资源。从职业教育的角度看，这一体制避免了教育和劳动部门对职业教育的交叉管理，对职业教育普及、促进职业教育为社会经济服务起到了积极的作用。在教育体系方面，韩国政府致力于将中等职业教育与终身职业教育体系相联系，通过实施职业高中与初级学院的"2+2"合作项目，把职业高中后两年的课程与初级学院的两年课程衔接起来，以此来扩大职业高中生继续学习的机会。同时，引导职业教育学生进入多科技术大学继续深造。多科技术大学是为已就业的成人提供高等教育的大学，其招生条件与普通大学相同，但是对于职业高中和普通高中职业班的毕业生，可以优先录取。在课程设置方面，韩国逐步开始以市场为导向设置专业，并促进了课程设置综合化。各个专业都有必修课和选修课，必修课是专业的骨干课程，固然很重要，但是在职业高中里选修课的地位不亚于必修课，这有利于扩充学生的职业知识，以便于更灵活地适应社会变化带来的挑战。在人才培养方面，韩国实行多元办学体制，加强学校和企业之间的产学合作。韩国政府大力推动职业学校与企业的密切联系，把产学合作作为职业教育发展的战略措施之一，甚至将"产学合作"写入《产业教育振兴法》中，要求产业界要积极协助学生到现场实习，职业学校学生现场实习要义务化。韩国还成立了由学校、产业界、地方自治团体以及民间代表参加的"产学合作教育协议会"，指导和协调产学合作事宜。在师资队伍建设方面，韩国政府为了提高职业高中教育的实践性，允许并推动学校聘请企业有实践经验的能工巧匠、企业工程师等担任职业学校的学科教师，这些教师具有丰富的实践经验，对学生能做到因材施教。与此同时，韩国还加强在职教师的现场进修，即派遣职业学校教师到企业等工作现场进修，实施教师参与企业研修的制度。此外，韩国政府每年都派遣一定数量的教师到国外进修，保持与国外职业教育的密切联系，使韩国职业教育紧跟世界发展。高素质的师资队伍是高质量职业教育的根本保障。①

（二）高等职业教育改革

20世纪末21世纪初的韩国高等职业教育改革主要从教育管理、机构设置、教育体制、学位和资格制度、人才培养五个维度来进行。首先，在教育管理方面，韩国政府通过财政补助、法人化建设以及自治委员会制度，加强对高等职业教育的评价和质量保证。政府规定财政补助要向职业教育培训改革倾斜，要通过财政补助，建立职业教育质量管理体制，有效利用有关职业教育培训的人、财、物资源；同时，促进国立、公立职业教育机关的法人化建设，在职业教育部门之间形成相互合作和竞争的机制，加强职业教育培训单位评估制度化，强化地方自治政府的作用，使得地方自治政府作为"职业教育培训审议会"的共同议长，要制订和推进职业教育培训单位的投资计划并保障其设施、设备的现代化；此外，发挥中央政府的作用，解决教育与培训脱节的问题，以及培训援助体制中存在的问题。其次，在机构设置上，1997年设立的"职业能力开发院"是由教育部和劳动部共同设立并管理的特殊法人单位，由有关部、署的公务员、产业、劳动、教育、人事等人员组成，主要职能包括研究职业教育培训的基本政策、开发编制并审定职业教育培训计划及教育课程、研究资格制度的标准、对民间资格制度的审定并公布结果、发布信息等，同时设立培养专家的专业研究生院并给予其资助。接着，在教育体制上，设立特别专科大学，例如动画、广告、汽车、烹调等专科大学，充实开放大学的职业教育，以推进职业教育体制的改革。在学位与资格制度方面，引进专业职业领域的学位制度。在企业单位的就业人员，可通过职业继续教育，取得本领域的最高学位。同时，对资格制度进行修订，加强教育与劳动市场的衔接机能，引导职业教育的方向和水平，提高人才的竞争能力，扩大

---

① 施永达：《韩国中等职业教育改革及对我们的启示》，载《外国中小学教育》，2007(11)。

民间组织参与资格制度的管理，使资格制度的主体向政府和民间多元化转变。① 最后，在人才培养方面，20世纪90年代以来实施的CE（customized education），使得韩国企业成为"产学合作"模式中人才培养要求的制定者。这种人才培养模式按"顾客导向"的模式定制培养计划，即学院将企业作为顾客，与企业在人力、物力资源上合作，改造教育环境，按企业需求人力的数量、规格和具体专业培养人才。②

第四节　教育思想

一、英才教育

（一）背景

韩国自20世纪70年代实行的"平均化"教育方针难以为拥有特殊才能、卓越能力与特殊个性儿童提供相应的个性化教育，而自20世纪末国际化与信息化的迅速发展，使得韩国社会对人力资源的开发乃国家发展之基石这一观念达成共识。为确保国家竞争力，发现与培育以科技领域为首的各领域的优秀人才，无疑是极为必要的。

（二）发展历程

第一阶段是在20世纪80年代开始设立京畿道科学高中，是韩国英才教育的发端。1983年，韩国在《基础教育法》中规定建立"特殊目"高中，并创建了首所以培养科技英才为目标的科学高中——京畿道科学高中。截至2008年，韩国共建立了19所科学高中，加上2003年建立的首所科学英才学校，一共有20所高中水平的科学英才培养机构。科学高中的设立，标志着英才教

---

① 焦健：《韩国的职业教育改革》，载《教育发展研究》，2001(7)。
② 郑英蓓：《韩国高职教育中的"产学合作"模式》，载《高等工程教育研究》，2006(2)。

育浮出水面，关于英才教育领域的研究也随之活跃起来。

第二阶段是20世纪90年代，是英才教育的酝酿阶段。韩国政府在1995年推出了《5·31改革报告书》，该报告指出："要尽快开发和使用科学的判定工具，以便于早期发掘各领域内的英才，使英才们可以得到适于英才的教育。具体可通过正规学校内的英才教育课程和英才教育机构来实现对英才的教育。"该报告提议对相关研究所和大学附属英才教育中心的建设给予支援。根据这一指导意见，韩国教育部于1996年指定韩国教育开发院为英才教育中心，令其开发和研制英才判断测定工具和学习资料，并令其于1999年开始进行"构筑活性化英才教育体制五年研究"。与此同时，在全国范围内组织运营英才教育示范校和市、道教育厅所属英才班级。1997年，韩国对《教育基本法》进行修订，在第十九条中明确规定将开展英才教育作为国家和地方团体的责任和义务。

第三阶段是21世纪初至今，2000年《英才教育振兴法》的颁布，标志着英才教育的正式开始。该法案确立了英才教育的法律地位，构建了全新的教育体系。同年9月召开的全国人力资源开发会议建议将科学高中转变成英才学校。在这一政策的指引下，韩国将釜山科学高中转变为韩国第一所英才教育学校。接着，在2001年12月公布的《国家人力资源开发基本计划》进一步推进了英才教育的发展。其主要内容如下：第一，构筑英才教育制度基石；第二，推进反映各英才教育机构特色的英才教育事业；第三，创设激发英才潜能的教育条件；第四，完善英才教育基本体系。2002年4月，韩国又颁布了《英才教育振兴法施行令》，为英才教育在公共教育体制下更为系统地展开奠定了基础。同年11月，韩国出台了《英才教育振兴综合计划（2003—2007年）》，这是韩国首部国家具体操作层面上的关于英才教育的综合性计划。该计划规定，截至2007年，将对基础教育在学学生中的0.5%即4万人进行英才教育，同时，将由教育厅或大学附属运营的英才教育学院扩增至200所以上，并培养8000名英才教育教师，在发展和培养数学、科学领域英才的同时加大对艺术、信息通信等领域英才的培养。2004年12月，韩国教育人力资源部发表的《为培养富有创意性的人才而实行的卓越教育综合对策》(以下简称《卓越教育对策》)，促使英才教育与普通学校卓越性追求建立了联系并得到进一步发展。伴随着第一次综合计划(2003—2007)的完成，韩国于2007年12月推出了第二次综合计划(2008—2012)。第二次计划的重点是把英才教育推向纵深发展，提高其质量。具体内容包括：加强政府各部委间的联系；为英才教育教师提供培训，促进其专业成长；提高英才教育机构所设课程的效率；加强对教师研修课程的质量监管；构筑英才教育综合体系等。①

(三)基本内容与评价

根据《英才教育振兴法》的规定，所谓英才教育是指"以英才为对象，以符合每个人的能力和素质的教育内容和方法而实施的教育"。英才教育实施的目的包括两个方面：一是试图实现"个人的自我实现"；二是"促进国家和社会的发展"。这反映出金融危机后的英才教育开始强调国家与社会的这一动向。英才教育的实施对象是"才能优秀者，是为启发与生俱来的潜力而有必要实施特殊教育者"，《英才教育振兴法施行令》第十二条规定，英才教育的对象是在"特定学科或特定领域"以及"艺术和身体领域"中被认定具有一定水平以上的优秀人才或具有潜在能力的人才。《英才教育振兴法》第五条规定，英才教育包括6个领域，即一般智能、特殊学问的适应性、创造性思维能力、艺术上英才、身体上英才和其他特殊性英才。英才教育的体制涉及基础教育和高等教育，在基础教育阶段设置两类学校，第一类是具有特殊目的的英才学校，这类学校只包括高中，所谓特殊目的高中是指"以特殊领域的专业教育为目的的高中"。由市道教育厅决定入学者的选拔以及学校的预算、教员配置、教育课程运营、学校评价等全盘教育活动。它共有9个系列，是培养包括工业类、

① 朴钟鹤：《韩国英才教育的历史沿革与特点》，载《比较教育研究》，2010(4)。

农业类等实业学校在内的特殊领域专业人才的学校。也就是说，并非所有特殊目的高中都是英才教育机构。一般来说，科学、外语、艺术、体育这4个系列的学校被认定为英才教育机构。其中，科学高中和体育高中都是公立高中，外语高中和艺术高中大多是私立高中。第二类是一般学校的英才教育，主要分为两种类型，即英才班和跳级或越级入学制度。自1996年起，在一般学校中开始实施早期升学与早期毕业制度和小学5岁早期入学制度。此外，国际数学奥林匹克等各种竞技考试也是一般学校英才教育的一种。在高等教育阶段，主要是由所在大学、研究所及教育厅等设立的英才教育院，是大学、研究所、教育厅等利用周末和假期等实施的非正规课程的英才教育机构。它分为两类，即接受科技部下属的韩国科学财团的支持与监督而在大学设置的"大学附属科学英才教育院"和地方政府(市道)的教育厅设置与运营的"市道教育厅英才教育院"。从英才教育院的设置主体可见，国家、地方政府、大学、公益法人等都是拥有公共属性的机构，因而英才教育院的英才教育也同样具有鲜明的公共性。综上所述，韩国英才教育的特征为：第一，体育领域英才教育的必要性在当今的韩国被广泛认同。事实表明，韩国存在体育领域的英才教育机构——体育高中，而且都是公立学校。第二，韩国英才教育的重点是培养科技领域等特定领域的专家，并非社会领导层面上的指导者与管理者，这与美国英才教育涵盖"领导能力"有所不同。事实上，韩国英才教育是在数学、科学、语言、艺术和体育等领域展开的，各领域都设立了特殊学校。[1]

针对英才教育的评价，从积极的方面看，第一，韩国英才教育机构的多样化满足了处于不同阶段、拥有不同特点的人才的发展需要。第二，在选拔方式上具有的自主性特点。其选拔的流程如下：首先，由英才教育机构公布招募对象。其次，有意接受英才教育的学生持推荐书到所要报考的英才教育

---

[1]　刘继和、赵海涛：《韩国英才教育制度及启示》，载《比较教育研究》，2012(12)。

机构报名。然后由各英才教育机构组织英才教育对象选定推荐委员会，制定选拔方案，按照规定程序选拔学生。最后，将选拔的结果提交给教育监，经过市、道英才教育振兴委员会的审议，确定最终名单。"以潜力为中心"是贯穿始终的英才选拔原则，目的是禁止以学生学科成绩为中心选拔人才，避免与以往的"快慢班"的选拔方式雷同。第三，在判定工具上也具有科学化的特点。自 2003 年起，韩国教育开发院会同 13 个地方教育厅对英才判定工具进行了联合研发，对学生实行英才判定检测时，通常采取全方位、立体式的考查。如根据检测目的对学生概括、分析、诊断能力进行考查；根据提问方式检测学生语言及非语言能力；根据测定方法检测学生解题的速度、能力水平；根据检测内容对学生的智力、学力、性格、情感态度观、社会性等能力进行考查。凡此种种，都是为了加强判定的科学性。第四，英才教育经费的多元化特点，为英才教育的发展提供了基本的经费保障。《英才教育振兴法》第三条关于国家的任务中，提出"国家要为英才教育发展提供所需经费"，第十四条规定"国家及地方自治团体应为英才教育机构提供与购置设备、经营、实验实习及其他相关所需必要的经费"。由此可见，韩国在推行英才教育时，践行多渠道筹资的理念，实现了经费来源的多元化。① 但该教育理念在具体实施中仍然存在不足。第一，英才教育计划时间存在局限性，除了一些特殊高中以外，韩国许多英才教育仅仅在校外时间为学生提供，这一时间安排受到许多教师和学生的抱怨；第二，英才教育计划人数存在有限性，因为韩国英才教育计划的人数规定限制，许多优秀的学生被排除在计划之外；第三，英才教育计划实施缺乏灵活性，韩国英才教育在普通中小学缺少英才教育中心等类似的机构和教学设施，对普通中小学的学生存在一定程度的不公平；第四，学校英才教育计划缺乏持续性，教育行政部门的政策认为，英才教育计划并非对所有的学生开放，也不是对所有年级开放，参加的学生并非永远参加，

---

① 朴钟鹤：《韩国英才教育的历史沿革与特点》，载《比较教育研究》，2010(4)。

这在一定程度上影响了英才教育的实施效果。①

二、终身教育

(一)背景

从 20 世纪末到 21 世纪初，世界各国的经济、科技和文化都发生着日新月异的变化，国际间竞争力导向逐渐由资本转向科技和人才。在这样的国际背景之下，韩国将本国的终身教育作为国家教育发展战略的重要组成部分，并不断进行变革。2000 年 3 月，韩国的《终身教育法》正式实施，作为之前《社会教育法》的替代法律，在获取学位、开办终身教育机构、加强综合协调及调动学生学习积极性等方面具有明显改进，进一步完善了韩国国民接受终身教育的法律保障体系。在学士学位自学考试制度和学分银行制度经历了 20 多年的执行和发展过程中，韩国教育部也对其限制终身教育制度发展的相关条款不断地进行调整和补充，以适应本国社会发展对教育质量和教育公平的诉求，贯彻可持续发展教育理念与实践，构建终身学习氛围浓厚的学习型社会。

(二)发展历程

第一阶段为终身教育的法律地位确立时期。20 世纪 80 年代至 90 年代，韩国在宪法的修订中，确立了终身教育在国民教育中的重要地位。韩国在1980 年的《第五共和新宪法》中首次提出终身教育的理念。新宪法第二十九条第五项规定，韩国政府必须提倡终身教育。这一举措对规范与拓展终身教育活动起到了极大的推动作用。1987 年 10 月 29 日韩国又修订了《大韩民国宪法》，其中第三十一条第五项对"国家应大力发展终身教育事业"的法律条款继续予以了明确规定，由此，"终身教育"在国民教育体系中的法律地位再次得

---

① 谌启标：《韩国基础教育改革中的英才教育计划》，载《外国中小学教育》，2005(5)。

到宪法的认定。

第二阶段为终身教育的立法阶段。进入 20 世纪 90 年代后，韩国通过多方努力，最终为终身教育单独立法。1996 年 8 月韩国政府将原有的《社会教育法》修订为《终身学习法》(最终被定名为《终身教育法》)。经过 1998 年和 1999年两次全国性的调查及广泛听取社会意见之后，韩国《终身教育法》于 2000 年被制定并正式实施。

第三阶段为终身教育的发展阶段。进入 21 世纪，韩国政府根据国内外局势发展情况，于 2007 年、2009 年、2013 年、2014 年对《终身教育法》进行了修订，同时创建了一大批居民自治组织，从而形成了自上而下的完整的管理系统和自下而上的居民自治系统。2013 年韩国政府颁布了《第三次终身教育基本计划(2013—2017)》，制定了终身教育未来发展的三大目标和实现的四大领域，为更好地实施覆盖全民的终身教育体系提供方向指引。[①]

(三)基本内容与评价

根据韩国《终身教育法》的规定，"终身教育"是指除(正规)学校教育以外，有组织的教育活动。[②] 其主要的特色为在终身教育体系上，施行"自上而下"和"自下而上"相结合的开展框架以及学分银行制来实现质量保障机制。

首先，在韩国终身教育"自上而下"的推进体制中，最为突出的是在行政区划的基础上，形成了由不同层级的行政机构和专门机构编制的终身教育网络。韩国的行政区划中，划分为中央政府、广域自治体、基础自治体、基层行政单位。在国家层面，制定和实施终身教育相关政策的中央行政组织是教育部，教育部下设审议、协议机构"终身教育振兴委员会"。同时，为了更好地落实终身教育的政策和法律的实施，2008 年韩国成立了"国家终身教育振兴

---

① 吴遵民、黄健:《国外终身教育立法启示——基于美、日、韩法规文本的分析》，载《现代远程教育研究》，2014(1)。

② 宁波:《韩国的终身教育机制》，载《教育研究与评论》，2010(2)。

院"(简称 NILE)。韩国终身教育体制的枢纽,是由原韩国自学学位考试院、学分银行中心以及终身教育中心三个部门整合而成。其主要职责为执行国家的终身教育相关政策,支援终身教育项目开发,培养包括终身教育人士在内的终身教育从业人员,维护终身教育综合信息系统,建立学分银行,开发自学学士学位和终身学习认证系统,评估终身学习账户等终身学习成果,遴选终身教育机构,为地方终身教育机构提供支持与咨询等。在广域自治体层面,终身教育行政由以终身教育科为核心的广域自治体和教育厅承担,其主要任务是推进终身教育振兴政策,履行地区终身学习的相关工作,实施地区终身学习活动;在基础自治体层面,终身学习馆由一般行政(自治体)和教育行政(教育支援厅)管辖,其功能主要是运营开发终身教育项目,提供咨询、信息收集,推进居民的终身教育相关活动等。终身学习馆的主要职能为开展终身教育活动,培训终身教育从业人员,收集、提供终身教育相关信息,支援、管理"邑·面·洞"终身学习中心的活动,探索区域性终身学习课题,联合地区内的图书馆、学校等创建终身学习网。这种"自上而下"层层铺设直至延伸到最基层行政组织的网络体系,尽可能确保了全体国民的学习权利,为地区居民参与终身学习提供了极大的便利。

其次,"自下而上"的推行体制是通过居民或居民组织自主参与促进政府在制度层面的改进。韩国终身教育"自下而上"的推行体制更加注重调动社会民众的广泛参与,重视"底层设计"及针对民众诉求解决实际问题。同时,中央放权于地方,有利于地方根据自身的实际情况进行合理有效的教育管理,为社会组织的成熟提供了土壤,孕育了居民自治系统,该系统主要有三种形式:第一种是成立市民团体为相关政策制定提供基础。进入21世纪以来,随着终身教育的开展,一些自治体开始着力建设终身学习的基础设施,为韩国的终身学习搭建了一个新的平台。市民团体通过倡导公开商议民众共同关心的问题,逐步开展终身教育活动,这些活动某种程度上影响了终身教育政策的制定。第二种是成人"文解教育"确定居民参与终身教育的合法性，成人"文解教育"的目的是基于学习权的理念，赋予人们读写的权利、发言的权利、书写自身历史的权利，属于终身学习的源头，是终身教育主要的议题，其对象主要是弱势和边缘群体。弱势群体终身教育支援项目和 2006 年实施的成人"文解教育"支援项目是韩国实施的主要"文解教育"政策。第三是设立基层自治的终身教育设施，以此来确保终身教育的平稳运营，如以村为单位的"学习灯塔"，由希望设置"学习灯塔"的小区或者居民楼根据居民的意向制定建设"学习灯塔"的设施协议书，并提交申请，在评价学习条件和申请志向后，政府会指定"学习灯塔"，并配置"学习灯塔"管家，最后，由村民组建的"学习灯塔"运营委员会，对村民学习需求进行调查，并基于调查结果决定教育项目。与之相类似的基层自治项目还有居民自治中心，以及小型村级图书馆的设立，一方面提高了终身教育服务的效率，扩大了终身教育的覆盖面，另一方面也缓解了政府的教育财政压力，增强了政府对终身教育行政部门的宏观调控职能。①

最后，学分银行制是其质量保障机制。"学分银行制"（CBS）是韩国为终身教育独创的制度，主要是指在学校及其他社会教育机构进行的多样化、多层次的学习和获取资格、资质，由学分管理机构进行学分加权换算和认证，学分积累到一定数值便可以换取相应学位的制度。能够提供学分银行制课程的机构主要分为正式教育机构和非正式教育机构两类。正式教育机构包括大学、国家批准的私立教育机构和职业教育培训中心。非正式教育机构如果想开设学分银行制课程，需经过教育行政部门的认证和认可。这些教育机构虽然会在其网站上公布开设课程等信息，但学校的硬件设施、教师人数、发展计划等信息并未公开。学分的来源主要有 6 个渠道，即评价认证学习课程、

---

① 马丽华、刘静、李正连：《韩国"自上而下"和"自下而上"相结合的终身教育推展框架及思考》，载《外国教育研究》，2018(11)。

时间登录制、重要非物质文化遗产、学分认证许可学校、资格证书和学士学位自学考试。韩国终身教育振兴院的学分银行本部负责学分的登录和认证。学生修满规定学分后，即可获得相应的学位。目前，随着韩国高等教育水平的不断提高，大学招生考试录取率普遍维持在 80% 以上，已经进入了高等教育普及化阶段，其终身教育的参与者主要由退休的老年人和需要补充专业知识的在职人员构成，参与终身教育的人数逐年减少。为了提高国民参与终身教育的积极性，构建具有韩国特色的学习型社会体系，韩国教育部于 2016 年 9 月 28 日起对学分银行制制定相关法律，通过加强教育机构信息公开化，定期公示法律规定的相关内容，建立对不良教育机构的处罚机制，保障学习者的合法权益，使韩国的终身教育体制更加标准化、合理化以及法制化和公平化。①

针对终身教育体制的评价，从积极层面看，韩国的终身教育提升了教育质量，促进了教育机构健康可持续发展；同时，坚持"以人为本""弘益人间"的教育理念，构建开放民主的学习型社会；并且依法依规发展终身教育机构，注重终身教育的社会效应。② 但是韩国的终身教育体制也面临着许多困境，比如政府责任和效率的矛盾以及终身教育推进机构的功能定位和名称使用混乱，终身教育设施的设置标准还不够完善等；市·道终身教育协议会、一般自治行政和教育自治行政在制订和实施终身教育振兴基本计划上还未形成良好的合作体系；终身教育机构的覆盖率还有很大的进步空间等。③

三、公民教育

① 凌磊:《韩国终身教育改革新动向——基于学分银行制和学位自学考试制度改革分析》，载《现代教育管理》，2018(2)。
② 凌磊:《韩国终身教育改革新动向——基于学分银行制和学位自学考试制度改革分析》，载《现代教育管理》，2018(2)。
③ 马丽华、刘静、李正连:《韩国"自上而下"和"自下而上"相结合的终身教育推展框架及思考》，载《外国教育研究》，2018(11)。

（一）背景

随着经济全球化的不断深入以及韩国国内由权威政府向民主政府的过渡，韩国已开始由一个专制社会逐渐向现代意义上的公民社会过渡，韩国要求培养民主和世界公民的目标就是在这一背景下提出的。20世纪80年代后半期，韩国开始研究提高学生"民主公民意识"问题，如韩国教育开发院20世纪80年代后半期制订的教育科研6大课题中就有一项与"加速学校民主化进程"有关。这项研究的目的在于"教育学生增强公民意识，树立正确的价值观，端正学习态度，以促进民主共同体的形成"。到20世纪90年代以后，民主和世界公民的培养成为韩国中小学系统的目标。随着经济全球化的日益深入以及民主化过程中逐渐成熟，区别于国家概念的公民社会形成，基于传统国家主义公民观的爱国主义教育面临着被解构与重塑的时代要求。鉴于公民个体权利意识的加强和公民身份背景的复杂性等原因，以往关于国家主义爱国教育的直接表述开始减少，现在倾向于使用间接隐喻的表达方式来替代直接灌输方式。

（二）发展历程

第一阶段为20世纪80年代至90年代末，这一时期是公民教育以"应对未来社会，呼应内需"为特征的国际理解教育急速发展期。1982年，韩国以在首尔召开的"国际化时代韩国的国际理解教育"研讨会为契机，重启国际理解教育。20世纪90年代，韩国政府开始关注国际化对韩国教育的影响，强调国际理解教育，并于1995年在联合国教科文组织韩国国内委员会下设立国际理解教育研究中心。1996年，韩国梨花女子大学召开了题为"全球教育的方向与课题"的国际研讨会，第一次在学理上讨论了全球公民教育的相关概念与问题，同年联合国教科文组织韩国国内委员会提出了国际理解教育的教育目标。1999年成立的韩国国际理解教育学会也以中小学为对象积极推动国际理解教育，1997年颁布的第七次教育课程改革中也强调了实施国际理解教育，培养

"国际社会一员"素质的重要性。2000年韩国与联合国教科文组织成立了亚太地区国际理解教育研究院(APCEU)。该研究院的成立,明确提出了"全球公民"的培养目标,通过开发教育项目、实施教师培训、编写各种相关教材等方式将国际理解教育理念传播到韩国的中小学乃至整个亚太地区。

第二阶段为21世纪至今的"积极扩大韩国影响,标榜全球公民培养"为特征的全球公民教育发展期。21世纪以来,韩国政府提出要将韩国建设为"教育竞争力前十位"的国家,大力加快其国际化的步伐。与此同时,韩国国内因国际婚姻等导致国民成分越来越复杂,不同群体之间的矛盾与冲突日益升级的问题也使韩国政府认识到实施国际理解教育的必要性。而政府这种动向与联合国教科文组织提出的"全球公民教育"虽然存在本质差异,但从其实施形式上仍然出现殊途同归的现象。[1]

(三)基本内容与评价

韩国的公民教育主要分为道德教育和国际理解教育。前者主要侧重于国家主义和民族主义,为公民观的道德教育;后者主要侧重于多元文化主义的国际理解教育,近年来,两种教育趋向融合。韩国教育部于2009年颁布实施了现行的公民教育,从公民教育课程的实施中,可以看出在道德教育课程中也蕴含着全球公民教育理念的特点。从课程的性质来看,韩国新修订的道德课程标准中,将其解释为"在当今为应对社会及其文化的急剧变化和全球范围内的环境危机以及因急剧多元化所派生出来的道德问题,将道德课的重点规定为培养对差异与多样化的尊重,确立个人的价值观,培养对国家的认同,巩固我国社会共同的价值基础。此外,在全球气候变暖等环境问题日益引起危机意识的情况下,道德课应关注学生的环境伦理意识培养,使学生认识到亲近环境的生命价值,培养学生解决全球性环境问题所必要的道德判断能力和积极的实践力量"。从课程的培养目标来看,道德课程所要培养的人是"在

---

[1] 姜英敏:《韩国"全球公民教育"的发展及其特征》,载《比较教育研究》,2013(10)。

全面发展基础上发展个性、开拓未来之人；在夯实基础能力之上，以新构想和新挑战体现创造力之人；以文化素养和多元价值的理解为基础，营造有品格的生活之人和作为与世界沟通的公民，以关怀与分享的精神参与共同体发展之人"。从上述内容中可以看出，韩国为缓解国内快速增长的各类矛盾以及移民与主流民族之间的矛盾，迅速适应国际化发展需要，以"国际公民"及国际视野的培养作为道德课程的首要任务。从公民教育的目标体系看，韩国的公民教育主要分为五大领域：一是文化多样性领域，主要是通过对国外文化的探究，理解文化的多样性与普遍性，学习理解其他文化的方法，使学生为韩国文化发展做出贡献。二是国际化问题领域，主要是理解急剧发展的国际化所带来的积极、消极影响，培养其国际化的素养与素质，以促进个人、集体、国家与国际社会之间的相互交流与合作。培养国际视野与国际意识。三是人权尊重领域，应使学生认识到无论人们是何种性别、人种、肤色、宗教、语言等，均为平等的人，具有基本的自由与权利。另外，为消除偏见与歧视而努力的同时，加深对不平等的国际政治与经济结构的理解，从而培养建设共生世界的能力。四是和平世界领域，应使学生理解因战争、暴力、贫困、压迫、歧视等造成的冲突与纷争以及其所造成的威胁，探索非暴力、和平解决冲突的可能性。五是可持续发展领域，主要是使学生从全球角度理解因追求无节制的发展导致的生活品质与环境问题的危害，思考人类的环境、资源与未来社会，培养可持续发展的理念。从公民教育的内容体系来看，在小学阶段，主要以文化理解、地球村生活、缔造和平、环境保护为主题；在初中阶段，主要以文化理解、人权保护、和平世界、地球环境为主题；在高中阶段，主要以文化间理解、人权尊重、和平文化和可持续发展等为主题。① 在大学阶段，主要以培养解决问题的想象力和能力、了解世界与丰富社会阅历、更美好的人——自我变化和更美好的世界——创造未来文明为主题进行理论

① 姜英敏：《韩国"全球公民教育"的发展及其特征》，载《比较教育研究》，2013(10)。

与实践学习，将公民教育课程与大学其他学科课程以及实践活动相融合的方式来开展。[①]

针对韩国公民教育的评价，从积极方面来看，以国家主义和民族主义为主，同时融合了多元文化主义的公民教育，一方面培养了学生的爱国主义精神，增进了他们对国家历史传统与文化特殊性的理解，增强了学生的民族认同感；另一方面，注重国际理解教育与道德教育的双向互动原则，加强了韩国社会对多元文化背景下移民群体的认同。但是韩国的公民教育也面临着价值观冲突，韩国学生的公民观念建构仍然存在挑战。一方面，在多元化的全球公民社会框架下，宪政爱国主义将公民对国家的爱和忠诚寄托在自由民主宪政的规范、价值以及程序之中，作为国际化时代民族国家社会整合的新工具迎接国际化的挑战，促使多元文化主义成为可能并赋予少数阶层平等的文化权利。随着国际化的持续发展，基于客观存在的主权国家之中的国家主义公民观还将面临不断地解构与重塑。另一方面，作为传统的单一民族国家，韩国还没有做好迎接多元文化社会到来的准备，多元文化人口已经成为比较严重的社会问题。从公民教育的角度，由于韩国尚未构建完善的多元文化教育制度与体系，多元文化家庭背景的子女在教育上相对来讲处于劣势地位。目前，韩国政府仍然为应对国际化的挑战，在解构与重塑国家主义公民观的基础上重构爱国主义教育，加强传统文化教育，强化民族本位主义公民观，推进国际理解教育，实现多元文化主义的公民身份认同，在国家公民教育基础上，主动探索世界公民教育，积极推动公民教育改革。

---

① 梁荣华：《基于融合理念的韩国大学公民教育课程研究》，载《黑龙江高教研究》，2017(9)。

第三章

20 世纪末至 21 世纪初期的印度教育

印度自独立以来就十分重视人才培养，强调以人力资源开发作为未来国际竞争的有力武器，力图以教育和科技发展促进其综合国力的增长。20 世纪80 年代中期以来，印度对教育领域进行了全方位的改革，提出了一系列新的教育政策。从 20 世纪八九十年代普及义务教育到进入 21 世纪以来积极推行创建世界一流高等教育体系，印度教育取得了丰硕的成果，为其他国家的教育发展提供了有益的借鉴。

第一节　教育改革与发展的背景

一、经济背景

20 世纪 80 年代中期以来，印度经济在经过了近 20 年相对缓慢发展之后，进入了平稳快速发展的新时期。1984 年，拉吉夫·甘地（Rajiv Gandhi）执政后，积极推动印度计算机产业的发展，以软件服务业为代表的第三产业逐渐成为印度经济的催化剂。1991 年拉奥（P. V. Narasimha Rao）执政后，印度告别了"尼赫鲁时代"的计划经济发展模式，开始以"自由化""私有化"等为原则的经济市场化改革运动,步入了经济快速增长期。这次改革指出除个别关系国家安全的领域之外,其他领域均向私营部门开放;修改反垄断法,放松对私营经济的限制;逐渐放松外资进入印度的限制,进一步扩大对外开放。1991年市场改革以来,印度经济形成了以服务业为核心的经济发展模式,但其制造业规模始终维持在较低水平。2014年莫迪(Narendra Damodardas Modi)执政后,提出了"印度制造"战略,意在将印度打造为制造业大国。该战略的重点是在经济发展的25个产业领域创造就业并提升技能。为实施"印度制造"战略,莫迪政府围绕土地、劳工和投资制度等进行了改革。从20世纪80年代后期开始,印度仅用了16年就实现了人均GDP翻番。其中,1990—2000年,印度GDP年均增长超过6%;2000—2010年,GDP年均增长超过8%。①

与此同时,这一时期印度人口飞速增长,从1951年到2001年,印度人口的十年增长率都超过20%。其中,25岁以下的人口超过50%,使得印度成为世界上最年轻的国家之一。随着国际产业的不断分工和产业链的转移,印度的人口优势日渐凸显。作为世界上最年轻的人口大国,印度丰富的人口资源蕴藏着巨大的人口红利。迈入21世纪后,印度政府同时面临人口资源丰富与人力资源短缺的矛盾与困境。人口素质的低水平化,技能人才的大量短缺,尤其是中、高等技能劳动力的匮乏,直接制约着印度经济的产业升级和技术创新,阻碍着印度经济的可持续发展。

虽然印度经济发展迅速,但经济结构仍不平衡,信息技术服务业一头独大,而工业、农业增长比较缓慢。贫困人口并未能从经济增长中受益,社会仍然存在较大的贫富分化现象。贫困仍是印度社会所面临的主要问题之一。根据印度计划委员会网站的官方统计,贫困人口比例已从2004—2005年度的37.2%(4.07亿人)下降到2009—2010年度的29.8%(3.55亿人)。但此结果引起不少社会问题专家的质疑,认为该统计所依据的贫困标准线太低。根据

① 李文主编:《印度经济数字地图2011》,14页,北京,科学出版社,2012。

联合国授权的相关调查显示，印度的多维贫困指数（MPI，包括教育、健康和生活水平三大维度）为 0.296，远高于其他的金砖国家。2000—2008 年印度的贫困人口比例高达 55.4%。[1]此外，由于生育率偏高和其他方面原因，近些年表列种姓和表列部落以及穆斯林等弱势群体人口占总人口的比例都在增加。印度快速的人口增长尤其是弱势群体人口比例的增长已成为印度发展的一大挑战。贫穷和教育低下的弱势群体制造了更高的生育率，而人口的激增和贫穷的加剧又影响了弱势群体状况的改善。因此，如何使经济增长同弱势群体生活的实质性改善相协调，仍然是印度政府迫切需要解决的问题。

二、政治背景

自 20 世纪 80 年代以来，印度政治局势发生转变，印度国大党衰落，而印度人民党迅速崛起，国大党一党独大的历史结束，印度迎来了多党联合执政的时期。1989 年，在印度大选中，国大党竞选失败，并宣布放弃与其他政党联合组阁的计划。之后，人民党、印度人民党联合其他政党组成自印度独立以来的第一个少数党联合政府。1989—1999 年的 10 年中，印度共举行了 7 届大选，其中有 5 届是联合政府。印度政治格局发展为由国大党、印度人民党以及全国阵线（以人民党为首）和左翼阵线（以印度共产党为首）组成的联合阵线构成。进入 21 世纪后，联合阵线瓦解，印度政治局势演变为国大党和印度人民党两党之间的博弈。

自 20 世纪 90 年代起，越来越多的地方政党参与选举，低种姓群体的政治意识开始觉醒，一些代表低种姓群体的政党也不断壮大。少数党纷纷在各邦竞选中获胜组阁，"分权"也成为频繁出现在一系列重要政策中的词语。地方性政党作用的凸显，使得印度政治由注重中央政府权威逐步向地方分权方向发展，各政党角逐的重心开始转向地方，各地方性政党主导邦级政权，邦

---

[1]　李文主编：《印度经济数字地图2011》，153 页，北京，科学出版社，2012。

级政治力量得到加强，进而要求分享更多的中央权力。

从20世纪80年代末开始，由于没有一个政党能够在人民院(下议院)选举中获得单独组阁的多数席位，印度进入多党联合执政时期。印度议会多党政治在进一步民主化的同时，也导致了政局动荡不定，政府更迭频繁。由于反对党过多，意见分歧过大，影响了政党间的联合和团结，对执政党难以发挥监督和制衡作用。各政党的政治立场与发展政策不尽相同，导致了一些重要法案和重要决策不容易被通过，推行的相应改革政策缺乏延续性，政治经济改革等波折重重。随着国大党实力的衰弱，政党竞争的加剧，许多政党纷纷利用宗教宣传扩大影响，加上教派主义政党的建立和发展，导致宗教政治化和政党宗教化。①

三、社会文化背景

印度是一个多民族、多宗教、多语言、多文化的发展中国家，各种信仰、宗教、种族共存。印度社会目前仍然面临着地区发展不平衡，宗教、种族冲突，人口增长过快、失业率高，贫困人口较多，种族、阶级和性别歧视等社会问题。20世纪七八十年代以来，印度种姓冲突、教派冲突不断，妇女问题和少数民族问题越来越公开化，印度全国各地形成了争取人权和公民权的运动，妇女运动也不断兴起。弱势人口众多、暴力冲突频发使得印度社会变得极不稳定。

受传统的印度宗教、种姓制度和男权社会思想的影响，印度社会对弱势群体的歧视仍然根深蒂固。早在公元前10世纪至公元前6世纪中叶，印度婆罗门教按照其教义将人分为四个等级(婆罗门、刹帝利、吠舍和首陀罗)，就此形成了一套严格的等级制度，即种姓制度。印度除了这四个等级的种姓外，

---

① 王丽：《国大党的兴衰与印度政党政治的发展》，124—125页，厦门，厦门大学出版社，2014。

还有"表列种姓"和"表列部落"这两个最贫穷、最受歧视的阶层。印度社会等级森严，不同种姓的人在经济、社会、文化、地位以及受教育程度等方面差别很大。贫穷、社会地位低、教育水平低几乎是表列种姓和表列部落的代名词。时至今日，表列种姓和表列部落以及其他落后阶层仍是印度社会的弱势群体，他们广泛分布于印度的贫困地区，处于印度社会的底层。由于触犯了其他种姓、宗教群体、党派或集团的既得利益，针对弱势群体的改革政策遭到了种种抵抗。例如针对穆斯林群体的保留政策尽管在个别邦实施，却一直未能获得联邦政府的通过。女性作为印度的弱势群体之一，其所衍生的问题也相当敏感。在中央以及各邦议会为女性议员保留33%议席的议案历时14年，才于2010年3月在议会联邦院（上议院）以绝对多数票通过，但仍未能获得人民院（下议院）通过。女性在印度依然备受歧视，针对妇女的犯罪案件逐年增加。印度政府国家犯罪记录局官网出示的数据显示，2011年全印度针对妇女的犯罪案件多达22.8万起，比上一年度增长了7.1%。①

印度教徒与伊斯兰教徒、锡克教徒、佛教徒和基督教徒之间都发生过不同程度的教派冲突，其中最为严重的是印度教徒与穆斯林之间的冲突。20世纪80年代后期，印度教徒与穆斯林的暴力冲突从北印度扩大到南印度，并从城市延伸到农村。20世纪90年代以来，印度教势力又把印度基督徒作为新的攻击目标。此外，1992年12月，一些极端印度教徒强行拆毁了阿约迪亚的巴布里清真寺，继而引发了新德里、孟买、瓦拉纳西等地严重的教派冲突。由此次寺庙之争引起的教派冲突导致3000多人死亡，成为印巴分治后范围最广、伤亡最重的一次教派冲突。

与此同时，贫富差距加大也加剧了不同阶层的对立。2009年印度政府批准通过的《儿童免费义务教育权利法》规定私立学校为低收入家庭和处境不利儿童提供不少于25%的入学名额，这一政策也遭到了强烈反对。私立学校和

---

①　访问日期：2021-06-10。

受惠于私立学校的社会上层阶级将该法案上诉到了最高法院，尽管2012年4月印度最高法院裁决将坚持实施这项政策，要求自2013年开始严格执行，但具体实施起来仍然困难重重。2005年，为落后阶层增加高等教育保留名额的《第93次宪法修正案》通过后，立刻引起了高等种姓阶层的强烈反对。2006年，包括印度理工学院在内的一些高等院校的学生上街举行示威集会，抗议政府坚持实施该政策。

第二节　教育体制的基本结构

一、学校教育体制

印度曾被英国作为殖民地统治了一百多年，因此印度的现行学制基本上沿袭了英国的教育体制。20世纪60年代中期之前，印度各邦实施各自的学制规定，没有全国统一的学制，甚至同一个邦由于地区不同，其教育结构也有所不同。有的邦实施的是五·三·二学制，有的邦实施的是四·三·三学制，但普遍实施的是五·三·三学制，即小学5年，初中3年，高中3年。为加快教育发展，提高教学质量，改变学制混乱等问题，1964年7月，印度政府任命印度教育委员会负责向政府提出有关全国的教育模式以及教育发展的总方针和政策。1966年6月，委员会向政府提出了《教育与国家的发展》报告。该委员会在报告中向政府建议，将教育结构改变为10+2+3制。印度现行学校教育制度即是据此逐步建立起来的，"10+2+3"的统一学制被大部分邦所采用。该学制主要阶段划分如下：10代表初等教育和初级中等教育，可分为小学8年(其中初小5年，高小3年)，初中2年，这一阶段，采取共同必修科目制；2代表高级中等教育，即高中教育阶段，在这一阶段，学校会根据学生的爱

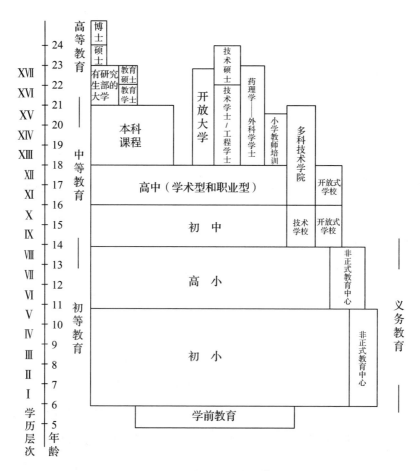

图 3-1 印度现行学制①

好、兴趣、个性、能力实行分科教育，并将其划分为学术轨和职业轨；3 表示高等教育第一级学位阶段，即学生通过 3 年的大学学习，可得到学士学位。此外，印度的高等教育又包含 2 年硕士，3—4 年博士阶段。由于印度地区间经济、社会发展水平不均衡，差异明显，各邦县的教育发展程度差距较大，因此到目前为止，印度并未真正实现全国学制的统一。

① 杨汉清主编：《比较教育学》，108 页，北京，人民教育出版社，2015。

(一)学前教育

印度的学前教育对象为0—6岁儿童，其中5—6岁儿童被纳入学制体系之中，学前教育不属于义务教育，但对弱势群体实施的学前教育服务项目是免费的。印度学前教育主要由政府、私立机构以及合作机构等提供。政府举办的公立学前教育机构覆盖了大多数的适龄儿童，是提供学前教育的主体。由私人或团体运营的营利性学前教育机构集中在城市地区，主要满足社会经济地位较高家庭的学前教育需求，此类机构是印度学前教育的重要辅助和支撑。合作机构主要由志愿机构或非政府组织提供，由国家或国际援助机构、信托机构、宗教团体资助的早期儿童教育服务机构，主要服务于农村、部落民、流动劳工、城市贫民区以及受自然灾害影响的家庭中的弱势儿童，该类组织及志愿者往往获得来自国际、国家援助机构的补贴和资助。

目前，印度学前教育机构类型众多。公立的学前教育机构主要包括儿童综合发展中心、拉吉夫·甘地国家托儿所、与基础教育衔接的早期儿童教育中心和中小学附设的学前班等。儿童综合发展中心是儿童综合发展服务计划(ICDS)提供学前教育服务的机构，由该计划所创办的学前教育机构数量占公立学前教育机构总数的69%。[①]儿童综合发展中心主要坐落于农村或城市贫民区中，负责为3—6岁儿童提供非正规学前教育以及孕妇和幼儿的营养健康、医疗服务和保健等。拉吉夫·甘地国家托儿所则是2001年印度政府设立的，为有全职工作的母亲或其他处于困境中的母亲提供儿童托育服务的机构。截至2008年3月，印度政府在全国范围内批准的此类托儿所总数量达到31737所。[②]与基础教育衔接的早期儿童教育中心，强调为儿童进入正规小学阶段学习做好准备。私立机构举办的学前教育机构主要包括家庭和日托之家、保育

---

① 余海军：《印度发展学前补偿教育项目的经验及启示》，载《比较教育研究》，2012(7)。
② 霍力岩、黄爽、陈雅川等：《美、英、日、印四国学前教育体制的比较研究》，483页，北京，北京师范大学出版社，2013。

所、幼儿园以及附设在私立小学、初中等学校中的学前班等。目前这类机构正逐渐向半城市甚至农村地区发展。志愿者和合作机构提供的学前教育场所一般被称为"托儿所"或"早期儿童教育中心"，有些非政府组织还运营流动托儿所。流动托儿所大部分是由大型工矿企业这类流动性比较大的企业建立，旨在为随季节迁移的贫穷的企业劳工提供幼儿日托服务。此外，一些大学也有附属的实验保育学校。

(二)初等教育

印度 1950 年颁布的宪法规定 6—14 岁的初等教育为义务教育阶段，并提出了十年内在全印度实现普及义务教育的目标。2009 年，印度颁布了《儿童免费义务教育权利法》并于 2010 年 4 月 1 日实施。2011 年，印度政府又提出将义务教育延伸至中等教育阶段，时长从 8 年延长至 10 年，让印度的每一个儿童——不分性别、种姓、阶层，都能接受至少 10 年的正规义务教育。

印度初等教育的入学年龄一般为 6 岁，年限为 8 年。初等教育阶段的课程和教材由各邦自主制定，但各邦初等教育的课程设置一般都遵循中央教育部门确定的相关原则。中央教育部门还提出了相关指导性的课程设置纲要，例如根据 1986 年《国家教育政策》，印度全国教育研究与培训委员会(NCERT)制定并于 1988 年公布的供全国参照使用的初等教育全国性课程设置方案。印度是一个多语言国家，因而在课程设置中有"三种语言"方案，即学生须学习三种语言：母语或地区语言、印地语和英语。初小阶段学习一种语言或地区语言；高小阶段学习三种语言，即母语或地区语言以及现代印地语和英语。

(三)中等教育

印度的中等教育修业年限一般为 4 年，包括九年级至十年级的初中阶段和十一年级至十二年级的高中阶段。经过 12 年中小学学习后，由中学教育委员会颁发证书。初中阶段的课程实行共同科目制，除增设了第三种语言外，其余科目与初等教育阶段基本相同。全国教育研究与培训委员会 1988 年公布的初中课程框架包含三种语言(30%)、社会科学(13%)、自然科学(13%)、数学(13%)、劳动实习(13%)、艺术教育(9%)、卫生教育和体育(9%)等。中等教育的高中阶段实行学术和职业分轨,学术轨的目标为上大学;部分学生为了就业,选择入职业轨。根据统计,1995—1996 年度印度 6476 所学校中有 18709 个职业班,分流 93.5 万学生,占学生总数的 11.51%。1999—2000 年度职业班分流的学生占比已超过 20%。高中阶段的课程一部分是共同必修课,由语言、社会科学、自然科学、数学和一门工艺课组成,另一部分为选修课,由人文科学、社会科学、自然科学、商业、技术、农业与家政等科目组成。

印度目前的中学教育机构类型从性质上分主要有公立学校和私立学校两大类。在公立学校中,又包含邦立学校和新式学校等。邦立学校是由各邦政府直接创办和领导或由市政机关进行间接管理的。邦立学校是印度中等教育的主体,教学用语为印地语或地方语言,大部分学生就读于此类学校。新式学校直接隶属于中央中等教育委员会,以印地语和英语为教学语言,其宗旨是在保证平等和社会公正的基础上实现培养优秀人才的目标,招收对象主要来自农村地区有天赋的儿童。在私立学校中,又有宗教学校、公学和模范学校等。宗教学校具有较强的宗教性,主要由一些宗教组织创办,如基督教使团、印度教的圣社、锡克教的宗教团体等,其中基督教使团创办的学校,其教学用语为英语,其他社团创办的学校仍使用印地语或地方语言。公学为殖民时期遗留下来的仿照英国公学模式的寄宿学校,模范学校则是一种日校,两类学校教学语言均为英语,印地语仅作为第二语言教授。这类学校注重教育质量,重视语言学习,传授中上层社会的道德规范和行为准则,因此学费昂贵,贫民阶层对其只能望而却步。

(四)职业教育

印度形成了较为完整的职业教育体系,从范围上主要分为学校职业教育和企业、社会的职业教育两大类；在教育水平上，可分为中等职业教育和高等职业教育两个层级；在教育类型上，可分为中等职业教育、职业培训、技术教育、普通高等教育中的学士学位职业教育等。

印度实施职业教育的机构种类较多，主要途径包括以下几种类型。

1. 普通教育的职业化。印度在整个初等和中等教育的 10 年(8+2)普通教育阶段开设了职业教育课程；高中阶段(11—12 年级)实施与学历教育系统分流的职业教育。学术轨的课程为准备上大学接受高等教育的学生提供；职业轨的课程为职业教育与训练，主要为毕业后直接就业的学生提供。

2. 职业学校。该类学校是实施中等职业教育的主要机构，招收完成 10 年级学业的学生，学制 2 年，主要培养技能型的技术工人和操作工。

3. 职业培训机构。主要包括工业训练学校和学徒培训制等。工业训练学校分公立和私立两种，隶属于全国职业行业培训委员会，通过其考试的学生可获得全国行业证书和全国艺徒培训证书，这类学校主要培养熟练工人与手工艺人，招收 10 年级以上到大学入学资格的学生，修业年限一般为一到两年。学徒培训制主要在大中型企业中实施。1961 年，印度制定了在大中型企业执行的《学徒法》，规定在 140 个专业中必须实行学徒制，学徒期限一般为1—3 年。

4. 技术教育机构。包括综合技术学校和工程技术教育院校等。综合技术学校是印度中等层次的技术教育机构，主要培养技术员，招收完成 10 年级或 11 年级学业的学生，学制2—4 年，以 3 年为最常见，一般实行全日制，部分学校半工半读，毕业后颁发技术员证书。工程技术教育院校是印度高等教育层次的技术教育机构，主要培养工程师，以招收完成高中阶段学业的学生或综合技术学校的毕业生为主，也招收在高中修完职业教育课程的学生，毕业生可获取工程学学士学位。从层级上看，工程技术教育院校分为中央政府资助的学院，其中包括国家重点院校，如印度理工学院、国立技术学院、印度科学学院等；其次是邦立的工程技术类大学或学院，其发展水平参差不齐，著名的有浦那工程学院、孟加拉工程学院等；最后是私立的工程技术类大学及学院，这类学院自 20 世纪 80 年代以来得到迅速发展，但绝大部分都是附属学院，拥有较少的办学自治权。

5. 学士学位职业教育。普通高等教育职业化是当前印度教育发展趋势之一。1994 年，印度大学拨款委员会(UGC)实施了学士学位职业教育计划，在一部分试点大学启动学士学位职业教育课程，由这些大学提供 1—3 门职业课程。此后，职业课程被引入普通高等院校。到 2014 年，印度大学拨款委员会又提出在普通高等教育中设置职业学士学位，职业学士学位有明确的人才培养分级标准，要求大学与企业合作开发课程，教学突出实践导向。

(五)高等教育

1947 年印度独立后，印度高等教育迎来了真正的发展期。印度政府将发展高等教育作为实现全面现代化的助推器。在几十年的时间里，印度高等教育的快速发展大致经历了以下三个阶段。第一阶段为 1948—1966 年，这一时期印度主要对传统高等教育发展模式进行改造，以发展地方大学为主；第二阶段为 1967—1985 年，这一时期是印度高等教育的全面转型时期，现代高等教育模式逐渐形成，高等教育发展取得瞩目成就；第三阶段为 1986 年至今，根据《国家教育政策》精神，印度不断深化高等教育改革，逐步实现了高等教育从精英教育向大众教育的转变。[①]

印度高等教育机构类型很多，其隶属关系、办学形式较为复杂，从归属上可划分为国立机构和私立机构两大类。其中，国立机构又包含国家重点学院系统、中央大学与邦立大学。国家重点学院系统是为了满足国家发展对高科技人才的需要，由立法建立的一些"国家重点学院"组成，主要涵盖技术教育领域，旨在培养高级技术人才，以印度理工学院为主要代表。这些国家重

① 赵中建:《战后印度教育研究》，145 页，南昌，江西教育出版社，1992。

点学院由中央政府直接管理，独立于大学拨款委员会管辖的大学系统之外，其经费充足，办学条件优越，因而入学竞争激烈，生源质量高，在印度高等教育系统中的地位最高，享有很高的社会声誉和国际知名度。中央大学由印度政府、议会、教育部统一管理，其教育经费由中央政府拨付，在软硬件条件以及师资方面具有突出优势，地位仅次于国家重点学院系统，以德里大学等为代表。邦立大学由邦政府统一管理，教育经费也由邦政府负责，如贾达普洱大学、奥斯马尼亚大学、迈索尔大学等。目前，邦立大学及其附属学院是印度高等教育机构的主体。随着经济的发展，印度的私立大学不断壮大且形式多样，这类大学一般由私人公司、财团或营利性机构管理并自行承担经费。私立大学又可根据经费来源分为受助与自筹经费机构两类，根据机构级别又有附属学院、学院、准大学（荣誉大学）与大学之分。此外，在高等教育系统中，还有数量庞大的各类学院。这些学院规模较小，水平低于大学标准，一般没有独立的办学自主权，需附属于正规大学，由大学制订学院的教学计划、考试以及学位颁发等，这类学院被称为附属学院，而具有附属学院的大学则被称为"附属型大学"或"纳附大学"。截至 2016 年，印度的各类型大学数量增至 799 所，其中国家重点学院 75 所、中央大学 43 所、邦立大学 362 所、私立大学 276 所，各类学院数量发展至 39071 所。①

从高等教育的结构来看，印度的高等教育主要包括普通教育、职业技术教育、业余教育、广播电视教育以及成人教育等。前两种基本上是全日制的、常规的教学形式；后三种基本上是非全日制的、远程的教育形式。在印度，远程教育是高等教育的重要补充形式，主要承担非全日制高等教育任务。此外，印度政府倾向于把文科、理科、商科、法律和教育学科划分为普通高等教育，把农林、工程和医药等学科划分为专业高等教育，相应的教育机构即

---

① 刘进、徐丽：《"一带一路"沿线国家的高等教育现状与发展趋势研究（五）——以印度为例》，载《世界教育信息》，2018(10)。

为普通高等教育机构和专业高等教育机构。①

二、教育行政体制

印度在政体上属于联邦制国家，在教育行政体制上由联邦（中央）、邦或中央直辖区、区、县、村构成，采用中央和邦的分权式管理体制。1976年以前，印度教育主要由各邦负责，中央政府仅决定技术和高等教育的标准，同时负责各邦之间的协调。1976年，联邦议会通过宪法第42次修正案，将技术和高等教育改为中央政府和邦政府共同负责，初等和中等教育仍由邦政府负责。经过几次重要改革，印度逐步形成了由中央政府统一指导，以各邦为主的教育管理体制，构建起了从中央到地方的教育行政体系。

印度中央一级教育的行政机构为人力资源开发部（MHRD）。1985年，印度政府对教育行政进行了重新调整，将原教育部、文化部、艺术部、青年事务和体育部、妇女和儿童发展部等合并为人力资源开发部。人力资源开发部作为印度教育的最高行政部门，统筹管理全国教育事业，制定国家教育政策和发展计划，确保其在全国的执行和实施；关注社会弱势群体如贫困人口、女性和少数族裔等的受教育机会，为其教育提供国家财政支持；鼓励教育领域的国际合作等。人力资源开发部下设学校教育和扫盲司及高等教育司两个部门。学校教育和扫盲司主要负责中小学教育、成人教育和扫盲教育等，通过与各邦合作，提高学校教育及扫盲的质量与标准，普及基础教育等。高等教育司主要负责大学教育、技术教育、远程教育等，致力于创建世界一流的高等教育机构，以促进印度高等教育质量的提高。

印度各邦政府主要负责管理包括初等义务教育和中等教育在内的普通教育和直属大学等。各邦政府设有邦教育部，统筹负责邦内教育事务。印度政

---

① 王建梁、武炎吉：《印度高等教育结构：现状、评价及反思》，载《世界高等教育》，2020(1)。

府会定期召开"各邦教育部长联席会议"，协调各邦教育发展以及中央与邦的教育交流，确保各邦教育发展与中央教育政策协调统一。邦和直辖区一级的所有教育计划，一般由邦和直辖区教育局负责制订和实施。邦级以下的地方教育由县教育委员会和县学校委员会负责，其职权涉及全县的普通教育，制订和执行教育计划，对地区内的所有学校进行直接管理。

此外，印度政府还设立了中央级教育管理机构，这些机构主要是法定自治机构，是以政策咨询为主要任务的"半行政机构"，协助政府制定和落实各项教育政策，其职权范围十分广泛，在政策咨询、标准制定、教育督导等方面发挥教育治理功能。此类机构以众多全国性教育咨询委员会为代表，主要有大学拨款委员会、全国技术教育委员会、全国教育研究与培训委员会、中央教育咨询委员会、全国教师教育委员会、全国教育规划与管理研究所等。例如，中央教育咨询委员会是在教育领域中向中央政府和各邦政府提供建议的最高咨询机构，主要探讨全国教育改革与发展问题，其提交给中央政府相关部门的教育报告通常会被批准成为全国性政策。

第三节　各级各类教育改革和发展

一、学前教育

联合国儿童基金会官网数据显示，印度是世界上儿童人数最多的国家，约占全球儿童总数的19%，但儿童的发展状况不佳。婴儿和5岁以下儿童的死亡率较高，只有1/3的新生儿享有半年的母乳喂养和免疫服务，1/3的儿童有接受学前教育的机会。[1]为改善印度儿童的早期教育状况，印度议会于1974年通过了《为了儿童的国家政策》，开始重视政府在改善儿童状况中的作用，

---

① 访问日期：2017-06-20。

之后印度政府于1975年推出了儿童综合发展服务计划(ICDS)，这是印度最著名、影响最大、涉及人数最多的学前补偿教育项目。从1975年的33个工程和4891个服务中心，发展到2014年共7076个工程和140万个服务中心，惠及约3810万3—6岁儿童，现已成为世界上最大的早期儿童发展项目之一。①该计划的主要目的是以综合方式为农村、部落民族和城市贫民窟中6岁以下的学前儿童提供免费服务，包括学前教育与保育，营养与健康，心理、生理与社会发展等，以确保生活在这些地区的儿童正常地成长和发展。该计划的资金主要来源于中央和地方政府以及世界银行、联合国儿童基金会、世界粮食计划署等国际组织，随着儿童综合发展服务计划不断扩展，其对学龄前儿童的覆盖面也在不断扩大，中央政府对该计划的投入不断增长，地方政府也成为重要分担者，政府持续稳定的财政投入保障了项目的持续、良好发展。

进入21世纪后，印度政府在法律层面进一步明确了学前教育的重要性，制定了一系列关注早期儿童发展的教育政策，进一步全面、深入地推进学前教育的发展。2002年的宪法修正案明确规定，国家应为所有6岁以下的儿童提供早期儿童保育和教育，同时，明确了学前教育的价值、地位以及国家的责任，为学前教育的发展提供了基本的法律保证。2003年，印度通过了《国家儿童宪章》，重点关注儿童的生存、生活和自由，游戏和娱乐，保证儿童的最低需要和生命安全，推进健康和营养高标准，为儿童的生存、生长和发展提供早期保育和免费义务教育，加强家庭和父母双方的责任，保护儿童免受经济剥削和任何形式的虐待，保护女童和残疾儿童，加强对被边缘化和处境不利儿童的保育、保护等。2005年，印度政府又出台了《国家儿童行动计划》，提出普及早期儿童服务来确保儿童的身体、社会、情感和认知的发展，确保所有3岁以下的儿童能够有机会获得保育和发展，确保所有3—6岁的儿童能

---

① 潘月娟、孙丽娜：《印度发展学前教育的措施、问题及其对我国的启示》，载《比较教育研究》，2015(3)。

够获得综合保育和发展以及学前学习机会。同时，计划明确了要优先向弱势群体儿童提供教育和保育服务，解决由于性别、阶级、部落、种姓、宗教等导致的歧视问题，确保所有的儿童都享有平等的发展权利。印度的《第十一个五年教育发展规划》(2007—2012)更是明确提出学前教育"全纳性增长"的发展理念，推进学前教育的均衡发展，缩小区域、群体和性别间的差距。

除了具体的学前教育服务项目以及相关教育指导政策的出台外，印度政府也对学前教育的内容展开规划。2012年，印度妇女和儿童发展部出台了《早期儿童教育课程框架(草案)》，反映了印度学前教育发展的新动向，为早期儿童教育的教学工作提供纲领性指导。框架明确了早期儿童教育课程的设计原则、教育目标、课程内容、教学方法及课程评价，提出了一系列有利于儿童最优化发展的框架性指导原则和发展任务等。框架指出，促进儿童潜能的最大化发展，为其终身学习奠定基础是早期儿童教育课程的目标，以此来确保每个儿童在认知、情感和社会性等方面得到更好发展。

总的来说，由于印度政府认识到了学前教育的重要价值与作用，积极组织实施了针对处境不利儿童的学前补偿教育项目，在一系列法律和教育提案中明确了学前教育的性质和地位，同时加强了中央与地方对学前教育的管理，并在财政上不断加大投入。这些政策和措施有力地促进了印度学前教育的发展，推动了学前教育的普及和质量提高，在解决儿童营养不良、发病率和死亡率高以及学前教育普及率低、发展不均衡等方面取得了明显进步，促进了幼儿个体和社会的整体发展。然而，由于印度政府偏向发展高等教育和义务教育，被排除在义务教育之外的学前教育常常受到忽视，所以尽管20世纪90年代以来印度学前教育事业的发展速度加快了，取得了一些显著成就，但总体发展水平仍然较低。

二、基础教育

(一)普及初等教育计划

1950年的印度宪法虽然指出要在10年内为所有儿童提供免费义务教育，但直到20世纪80年代初，印度政府都没有真正地重视普及义务教育一事。随着经济、社会发展需要，20世纪80年代中期，印度才迎来基础教育发展的转折点。1986年，以《国家教育政策》的颁布为契机，初等教育的普及在印度有了实质性的推动。20世纪80年代末，印度政府发起了操作黑板计划。该计划旨在提升初等教育质量，满足最低限度的教育设施和教师要求，其措施包括为小学生提供必需的教学设施和材料，为学生数量超过100人或持续办学两年以上的小学增配1名教师等。到20世纪90年代末，该计划进一步覆盖了初级小学范围，并向高级小学阶段延伸，同时附加了新的资助项目。1994年，由中央政府资助的县域初等教育计划开始实施。该计划意在通过扩大初等义务教育入学率，降低初级小学阶段的辍学率，提高学生学业成绩，缩小不同性别和社会群体间的入学差异等，促进地方初等教育治理能力建设，提升教育管理水平，实现初等教育普及化的目标。此外，从20世纪90年代中期开始，印度很多邦陆续实施了代课教师计划。该计划通过聘用受过专门培训，在资格要求上低于初级小学正规教师且工资只有正规教师20%—50%的代课教师，从而将学校教育推进到正规学校未能覆盖到的村庄，扩大初等教育的普及。到2004年，印度代课教师的数量已达到50万人。[①]

尽管印度初等教育发展取得了一定成绩，但仍然存在发展滞后与区域不均衡，入学率低、辍学率高，群体差异大，女童和少数族裔仍处于不利地位以及贫困家庭教育负担较高等问题。进入21世纪后，印度加大了普及初等教育的力度，这一时期也迎来了印度普及教育运动的高潮——初等教育普及计

---

① 阚阅:《公平与积极的反歧视:印度义务教育均衡发展策略透析》,载《比较教育研究》,2011(8)。

划的实施，这是自普及初等教育以来，印度政府实施的最广泛，也是最强有力的一次教育行动。

初等教育普及计划是印度政府于 2001 年面向全国所有小学启动的教育项目（简称 SSA 计划），旨在推动基础教育公平和教育质量的提高。该计划的主要目标为：2005 年前使 6—14 岁的所有儿童入学，到 2010 年使所有 6—14 岁儿童完成八年义务教育；有效弥合小学阶段学生因性别、阶级差异导致的在入学率、巩固率和学习上的差距；提高整个小学阶段学生的学业成就。该计划的主要措施包括资助建立新学校，改善学校设施配备和学习环境，提高教师工资，聘用新教师并对教师进行定期培训与辅导，创新教育，提供学术资源支持以及提供免费教科书等。2004 年，印度政府划拨所有税收中的 2% 作为教育专项费用投入该计划和午餐计划中，2008 年后经费增加为所有税收的 3%，进一步扩大了经费投入。初等教育普及计划是目前花费最大的教育计划，印度人力资源开发部官网显示，在印度政府 2010—2015 年的预算中，平均每年的投入超过 4600 亿卢比，对于一些教育落后邦，中央的经费投入比例一直维持在 90%，其他地区也达 65% 以上。2002 年，印度在第 86 次宪法修订案中将为所有 6—14 岁的公民提供免费义务初等教育写入宪法。2009 年，印度又颁布了《儿童免费义务教育权利法》（RTE），该法对普及初等教育的目标、措施、标准等做出详细规定，为初等教育普及计划的继续推行提供了法律支撑。印度人力资源开发部下属的学校教育和扫盲司随后成立了 RTE—SSA 委员会，在《儿童免费义务教育权利法》的指导下，完善并推行二合一的 RTE—SSA 项目，实现义务教育阶段所有儿童入学目标的最后期限调整为 2013 年 3 月 31 日。

初等教育普及计划始终将弱势群体的教育作为重点。该计划在城市贫民区、偏远的农村、少数民族区域等建立临时教育机构，重点解决表列种姓、表列部落、女童、残障儿童等弱势群体的失学问题。

初等教育普及计划通过实施教育保障计划(EGS)和替代与创新教育(AIE),设立临时教育机构解决失学儿童问题。EGS 主要解决在居住区内方圆 1 千米范围没有设置正规学校的失学儿童教育,失学学生人数达到 15—25 人就要开办。EGS 中心由家长教师联合会、乡村教育委员会或村自治机构等地方机构管理,教授正式课程,提供免费的教科书和午餐。经过 2—3 年,能够成功运作的 EGS 中心可以升格为正规小学。AIE 主要针对童工、流浪儿童、居无定所儿童等处于艰苦环境中的儿童,尤其关注女童。该计划要求居住地附近有 20 名失学儿童就开办补习教学中心、寄宿营、就学中心等,并为其开设 3 个月到 1 年不等的短期衔接课程,最终使这些儿童能够顺利进入正规学校。由于这些临时教学机构设施比较简陋,教学质量也难以保证,自 2010 年起,印度政府依据《儿童免费义务教育权利法》开始将 EGS 中心升格为正规学校或关闭,AIE 中心也逐步转化成为正规小学服务的特殊教育场所。

初等教育普及计划对处于弱势地位的女童教育也采取了一系列措施,例如为女童提供义务教育阶段内的免费教科书,修建女童专用厕所,提高新聘任女性教师比例(达 50%)等。2003 和 2004 年,该计划连续出台了两个女童专项教育计划,即全国小学女童教育计划(NPEGEL)和高级小学女童寄宿计划(KGBV)。NPEGEL 是在特定的教育落后地区,以区为单位,面向在校和失学女童,设立中心示范学校。该计划通过动员社区力量监督女童入学,设立学前儿童护理教育中心(ECCE),提升教师对女童弱势地位的敏感度,提升女童入学率、巩固率和学习成绩,传授女童生活技能,通过为女童提供免费文具、校服、交通(护送)服务等措施来保障女童权益。KGBV 则为偏远落后地区表列种姓、表列部落以及其他落后少数民族女童提供寄宿制学校,专门解决女童因上学路途远而造成的辍学问题,使她们能继续在高级小学学习。印度人力资源开发部官网数据表明,2009—2010 年度 KGBV 学校已达 2570 所,

《儿童免费义务教育权利法》颁布后又新增了 1030 所，总数达到 3600 所。①

　　残障儿童在印度所有失学儿童中占相当大的比例，为推动残障儿童入学，初等教育普及计划采取"零拒绝政策"，要求正规学校和特殊学校都要接纳残障儿童，印度政府还积极推广包括远距离教学、社区课堂、家庭教育等多种教学形式，为不同类型的残障儿童提供辅助教育。初等教育普及计划通过提供早期鉴别，及时对残障儿童进行筛选和专业的身体状况评估，为他们提供个性化教育和辅助教学设备，同时进行专门的师资培训，设置无障碍通道，并对其中的女童实施特别关注等。此外，印度政府编制了《SSA 框架下规划和履行全纳教育手册》，为残障儿童教学提供指导，同时增加资助额度。总体上讲，残障儿童教育仍是印度弱势群体教育中的难点，2010 年的《儿童免费义务教育权利法》并未对残障儿童做出清晰界定，这也使得残障儿童不能真正受到法律保护。2012 年 4 月，该法重新修订了残障儿童的概念，为促进残障儿童免费义务教育的推行提供了进一步的法律保障。

　　除了初等教育普及计划外，为进一步提升弱势群体儿童的入学率、巩固率并为他们增加营养，印度政府在 1995 年启动了全世界最大的免费午餐计划。该计划最初主要面向全国农村及贫困落后地区，到 2001 年所有公立学校和受政府资助的私立学校 1—5 年级的小学生都可以领到至少包含 200 卡路里和 8—12 克蛋白质的午餐，免费午餐的年供应天数不少于 200 天；2002 年，该计划进一步扩展到为弱势群体修建的非正式性的临时学校；2004 年，印度政府提出将在暑假为受到自然灾害影响的学生提供免费午餐；2007 年，该计划扩大到 3479 个教育落后地区的 6—8 年级学生；2008 年 4 月后，该计划扩展到全印度所有 1—8 年级的学校，免费午餐的营养标准也提高为包含 700 卡路里和 20 克蛋白质。免费午餐计划仍重点向落后地区倾斜，如东北各邦每个孩子每天的午餐费标准是 1.8 卢比，其他地区为 1.5 卢比。免费午餐计划的

---

① 访问日期：2011-12-01。

实施和监管强调中央、邦、县及社区等多方的参与，经过十多年的发展，该计划对提高学生的入学率和巩固率以及学生的学业成绩，促进初等义务教育的普及发挥了重要作用，尤其是对来自贫困家庭和社会底层的学生以及表列种姓和表列部族女童的入学率和出勤率产生了积极影响。

随着初等教育普及计划等的实施，印度初等教育的入学率以及教育质量都得到了显著提高，尤其是弱势群体教育机会和教育状况有了一定的改善，但印度普及初等教育的目标被推迟了50年后仍然没有完全实现，尽管入学率持续攀升，但辍学率仍然很高。据印度人力资源开发部官网资料显示，截至2006—2007年，印度全国初等教育总辍学率仍然高达46%，高级小学阶段(6—8年级)辍学率为零的一级行政区只有8个，而辍学率超过50%的一级行政区有11个，甚至一些区超过了70%。通过对女童教育计划的实施，初等教育阶段的性别差距有所好转，但少数民族儿童的教育依旧落后于其他群体，社会群体差距依旧较大。同时，尽管初等教育机构的基础建设得到发展，但城乡差异依然明显，教学质量的地区差异仍然比较突出。

(二)普及中等教育计划

在保证小学阶段入学率的稳步提升后，为顺应新时期教育发展的新需要，印度将普及教育计划延伸到了中学阶段。2004年9月，作为印度教育决策最高咨询机构的中央教育咨询委员会委任了一个10人委员会，研究规划初等教育普及化实现后，中等教育普及化的蓝图，由此拉开了普及中等教育的序幕。经过5年的酝酿与筹划，2009年1月，印度内阁经济事务委员会批准通过了普及中等教育计划。该计划于当年3月正式启动，这是印度首次开展的全国性大规模的普及中等教育计划，其目标是提高中等教育阶段14—18岁学生的入学率和教育质量，到2020年基本普及中等教育。

学制和课程结构改革是印度普及中等教育改革中力度最大的一环。计划提出要坚持和推行10+2的学制，并在高中阶段实现课程的多样化，以满足不同学生的需要，并强调必须将生产性劳动作为教学手段引入课程，以此来培养学生的价值观和工作技能。同时，在全国范围内组建职业教育与培训项目，而且其结构和管理应置于学校系统之外，并加强各模块课程横向和纵向上的紧密联系。对高中教育体制中存在的问题进行彻底改革，以便于高中教育的普及，包括加强多元智能教育和健康教育，改革课程结构与学科设置、增设选修课程，加强并更新高中阶段的职业教育项目建设，进一步实施"三语言模式"计划①，改革教学与评估体制，实施建构主义教育理念和教学方式、弱化考试，实行学生档案袋评价模式等。

计划指出，中等教育应该是普及和免费的，普及高中教育需要政府进行不同程度的补助，各邦都有责任为社会处境不利群体提供接受高中教育的机会。该计划也特别关注解决弱势群体，包括女生、残障学生、表列种姓、表列部落、其他落后阶层和少数民族学生的受教育问题，提出到 2020 年消除因性别、社会经济地位和身体残障等所带来的教育不平等问题。

三、职业教育

(一)职业教育体系的发展与完善

1986 年《国家教育政策》的颁布标志着印度职业教育发展进入新阶段。《国家教育政策》重申了发展职业教育的重要性。政策要求进一步拓展职业课程，增加农业、社会服务、市场营销、健康卫生等领域的内容。同时，通过创设"桥梁课程"，实现职业教育从终结性向双向性的转向，冲破职业教育唯就业取向的壁垒，向有意学习普通教育课程的学生提供双向发展平台。此外，在初级中等教育阶段引入职前职业教育；加强职业机构建设，规定私营机构

---

① "三语言模式"产生于 20 世纪五六十年代，旨在应对日趋紧张的印度不同语言地区间的冲突，解决相关文化认同问题。"三语言模式"规定在印地语为母语的州提供印地语、英语和一种现代印度语言三种语言教学；在非印地语的州提供印地语、英语和区域语言三种语言教学。

在职业教育办学和课程开发中的职责；关注贫困地区人员、残障人员、女性等社会弱势群体的需求，为其提供适当的正规与非正规职业培训项目。通过上述改革，职业教育的发展有了更为详细的规划，职业教育体系在横向上逐步与普通教育体系衔接，具有了职业教育和普通教育的双向流动性，在纵向上不断向多层次方向延伸。

进入21世纪后，伴随印度经济改革的发展，印度的工业化步伐加快，大批农业剩余劳动力亟须向非农业领域转移，很多部门急需大量技术熟练劳动力，企业对员工的技术水平也提出了更高要求。但印度职业教育仍然面临着社会认可度低，人才培养质量参差不齐、就业质量不高，课程设置僵化、与各类产业发展需求联系不够紧密，职业教育与普通教育之间的纵向流动困难等问题。在此背景下，2012年印度人力资源开发部颁布了《国家职业教育资格框架》(NVEQF)，旨在进一步提高职业教育发展水平，满足社会需求。

《国家职业教育资格框架》从工艺要求、专业知识、专业技能、核心技能和责任五个方面，对国家职业标准的12个层级(包括先前学习认定1—2级、国家岗前培训1—2级、国家能力证书1—8级)进行概括性描述，力求使其国家职业标准达到国际水准。框架指出，在学习认定阶段，既认可正规学习取得的学分，也认可非正规途径的学习结果与证书；在学校教育阶段，由资格证书颁发部门和行业技能委员会制定不同职业及学历层次对应的学分框架，推行学分累积、资格互认与转换制度，规定可通过补修桥梁课程，进行职业教育课程和普通教育课程的学分转换，达到相应学分要求的学生可选择职业教育与普通教育双向流动或进入更高等级的学校深造，这种举措实现了职业教育体系内部的衔接，同时加强了职业教育与普通教育体系间的融通；框架还规定，产业界的参与要贯穿职业教育课程设计、实施、评估的全过程，促进职业教育与产业界或雇主间的合作。

该政策进一步推进了普通教育与职业教育的融通、职业教育向更高层次的转移以及行业企业的深度参与，为职业教育的多元化发展提供了广阔的前景，对确定职业教育人才培养标准，提升职业教育质量，建设中高职衔接机制提供了基本保障。可以说，框架的实施标志着印度现代职业教育体系已渐趋完善。

（二）新中等教育职业化计划

中等教育作为印度职业教育的主体，是其职业教育改革的重点。早在1976年印度即颁布了《高中教育及其职业化》的文件，这标志着印度中等教育职业化的开端。到了1988年，印度政府正式提出了中等教育职业化计划。该计划主要在11—12年级的高中阶段提供职业课程，旨在为学生提供多样化的教育机会，提高学生就业能力。1988年中等教育职业化计划实施以来，取得了一些良好的成果，但在发展过程中也遭遇了种种难题，制约了其进一步发展。如中等职业教育的规模仍然不足，女性接受职业教育的比例过低；优质教师资源缺乏，教师培训不足；学制和课程设置僵化，与社会需求脱节；中等职业教育与其他层级职业教育，以及职业教育与普通教育之间缺乏融通和衔接；计划缺乏有效监管。[①]这些问题直接导致了印度中等职业教育的质量不高，毕业生难以被就业市场所接受。此外，2012年颁布的《国家职业教育资格框架》也对中等职业教育提出新要求，要落实框架的理念，与其实现对接，就必须对原有的中等职业教育计划做出相应调整。为此，印度政府对该计划进行了重新修订，并于2014年3月正式颁布了"新中等教育职业化计划"。

修订后的中等教育职业化计划实施基于能力的单元课程，以提高青少年的就业能力。这种课程强调课程设置的核心是提高学生的能力，为学生日后参与劳动力市场竞争提供了必要的知识与技能。学生通过每个单元的学习获得相应的学分，再通过学分累计获得相应的证书，证书可以作为学生就业或

---

① 翟俊卿、袁靖：《印度职业教育的新变革——解读"新中等教育职业化计划"》，载《职业技术教育》，2018(24)。

升学的凭证。计划通过建立与国家职业教育资格框架相对接的资格认证体系，将职业教育资格证书与普通教育资格证书相对应，学分可以积累和互换，达到普通教育与职业教育的合流，为中等职业教育的学生提供多样化的学习机会与发展渠道，增强学生竞争力。修订后的中等教育职业化计划还扩大了职业教育的范围，即不仅针对高中阶段的 11—12 年级的学生，还包括初中阶段的 9—10 年级学生。教育范围的扩大有利于吸收那些辍学的初中学生，减少非技能劳动力对劳动力市场的冲击。新计划注重学校与企业的联系，要求每所中学都要与一家企业建立合作关系。企业不仅要为学生实习提供场地与培训教师，而且要参与课程与学习资料的开发，以使职业教育课程更贴近劳动力市场需求。新计划也特别重视保障女性和特殊群体接受职业教育的权利和质量，指出应避免课程选择中的性别歧视，促进女性选择正规职业教育，为女性提供有针对性的指导和咨询，在就业和贷款上消除对女性的歧视。同时，计划还强调中等职业教育要覆盖表列种姓、表列部族、少数民族、特定的弱势儿童等。

新中等教育职业化计划获得了政府充足的经费支持，且一改 1988 年中等教育职业化计划中各邦承担过多经费的状况，据印度劳动与就业部官网资料显示，联邦政府与各邦的投入比例调整为 75∶25，政府对中等职业教育的支持力度大大提升。①新计划依托国家职业教育资格框架，通过能力本位的模块化课程、资格认证、学分累积和互换，提高了各层级职业教育之间的纵向贯通性、职业教育与普通教育之间的横向融通性，从而使整个职业教育体系更趋灵活。此外，新计划加强了公私合作，课程的设计、开发、实施、评估和认证都得到产业和雇主的咨询和建议，改善了印度职业教育长期以来与社会、产业需求脱节的困境。该计划使印度职业教育体系更富活力，更加符合经济社会发展的需求，增强印度在国际劳动力市场上的竞争力。

---

① 访问日期：2018-02-12。

四、高等教育

作为世界高等教育大国，印度在不断推动高等教育快速发展进程中取得了一定成效，尤其在专业高等教育发展水平上取得了举世瞩目的成就，培养出了长期位列世界前三名的工程技术人员队伍。[①] 但在印度高等教育改革和发展过程中，由于政策实施力度不足和资源利用效率较低，导致在高等教育大众化、教育质量和教育公平等方面，存在一系列亟待解决的问题。印度这一时期的高等教育发展主要围绕这些问题展开，政府着力推进相关改革，完善和发展高等教育治理水平。

(一)加快高等教育大众化步伐

尽管印度高等教育发展速度较快，现已步入高等教育大众化阶段，但不论是在校生人数，还是毛入学率都很低，现有学生规模仍然不能满足社会、经济发展需要。为了保证高等教育大众化目标的实现，改变印度高等教育发展的落后局面，印度政府希望通过加快高等院校建设速度，到 2020 年之前毛入学率达到 50%。

为此，印度政府提出了一系列保障措施。第一，增加中央政府教育投入。第十二个五年计划(2012—2017)期间将提高高等教育支出比重，从占当前 GDP 比例的 1.22% 提高至 1.50%。[②] 鼓励各邦制定综合性的策略规划以满足对资源不断增长的需要。中央政府与邦政府将制定共同的拨款机制和评估机制，确保资金的恰当使用。第二，支持非公共经费资助办学的途径。鉴于公共经费投入的有限性，政府鼓励大学寻找其他增加办学经费的途径，允许大学自行确定学费标准、接受慈善性的私人与校友的捐赠、赞助、开办附属性企业，允许大学借助民间和外国资本，从而为其办学条件改善提供更多的经费保障。

---

① 安双宏：《印度教育发展的经验与教训》，载《教育研究》，2012(7)。

② 马君：《印度高等教育面临的挑战及应对策略——基于印度"高等教育第十二个五年规划"(2012—2017)的分析》，载《高教探索》，2014(3)。

第三，扩大教师队伍，及时弥补因为规模扩充而造成的师资数量不足。印度政府计划到第十二个五年计划末将高校教师增加 1 倍，即由 2012 年的 80 万人增加到 2017 年的 160 万人。①同时印度还将央属大学教师的退休年龄提高到 65 岁，一些特殊领域甚至延长至 70 岁，并提高教师的工作待遇。

（二）优化高等教育质量，提升教学和科研水平

印度高等教育不仅存在数量不足的问题，更主要的是面临质量不高的压力。为了解决质量问题，印度政府开始将质量提升列入重要议事日程。

印度政府计划在第十一个五年计划（2007—2012）期间完成对现存大学，尤其是本科附属学院内部治理结构调整和重构的任务。包括扩大其高等教育的办学自主权，增强他们自主办学能力，放权所有院校根据外部环境和条件变化需要决定本校发展战略和方向；充分保障院校及其所属机构在教师招聘和专业发展方面拥有自主权；鼓励院校自主多渠道筹措和支配教育经费，包括根据市场价格自定学费标准等。政府希望通过实现这些目标进而不断缩小不同院校之间的质量差距，提高高等教育整体水平。②在第十二个五年计划期间，进一步实施高校分类和自主权改革。打破高校标准化模式，按照研究型、教学型和技能型对高校进行分类并进行不同的管理和资金支持。

加强大学教师队伍建设。为保证获得合格的师资，中央和地方分别设立了两级资格考试制度，即国家资格考试（NET）和邦资格考试（SET）。按照相关政策规定，这两种资格考试分别是中央和地方大学聘任讲师所必备的条件（获得正式大学博士学位论文者除外）；在第十二个五年计划期间，启动"国家教师和教学使命计划"，整合所有教师发展项目在全国统一实施，开发更多的教师专业发展项目以及改进雇佣政策和工作条件，以期增加客座教师和兼职

① 杨晓斐：《卓越、扩张、公平——印度高等教育"十二五"规划"三极"战略述评》，载《比较教育研究》，2014（12）。

② 施晓光：《走向 2020 年的印度高等教育——基于印度"国家中长期发展规划"的考察》，载《中国高教研究》，2011（6）。

学术员工的绩效；启动"国际教师发展计划"，将派遣一批优秀教师到国外著名大学开展为期 3—6 个月的访学和实习，组织国际知名教师和研究人员为印度博士后人员和教师举办 40—50 次年度专题研讨会；对教师进修和研究设置专项经费资助计划，包括实施"有卓越先例的大学资助计划"和"有卓越潜力的学院资助计划"，促进教师专业发展。

推进高水平研究大学和科研中心建设。第十二个五年计划期间，印度政府计划进一步加大国家科研投资力度，并将创建一批"科研卓越中心"，将其作为国家关键战略领域长期投资项目，以汇聚大批卓越科研人才，并在科技、人文社科前沿领域创建"科研培训中心"。同时，印度政府着力加强研究型大学建设，计划通过新建和转型方式创建一批"研究创新型大学"。2013 年年初，印度国会通过了《研究创新型大学法案》，明确了研究创新型大学创建的目的、功能、地位和标准。此外，印度政府重点建设包括印度理工学院、印度管理学院在内的 14 所大学，使之成为世界一流院校和"全球性知识的中心"。

加大引进国外优质教育资源，努力提升高等教育国际化水平。印度政府鼓励印度高校与世界排名 200 名以内的国外大学在印度本土合作建立国外名校的分校；鼓励印度高校到国外建分校，如甘地国家开放大学已经开始为中东、东非、印度洋群岛和东南亚 30 多个国家提供课程。同时，实施一系列教育国际化举措，包括开展教师和学生的国际交流互换项目；在教学和科研上展开国际合作；引进多样化的教学学习模式；开发国际化的课程，建立全球兼容的学分系统，开展课程的国际认证等。2002 年，印度政府成立了印度海外教育促进委员会，积极与世界各国和组织加强教育合作与交流，大学拨款委员会在大学系统内实施与其他国家的双边交流项目。2007 年，印度议会通过了《外国教育机构法案》，法案规定，允许国外教育机构进入印度高等教育领域；鼓励实力较弱的私立院校与外国大学开展合作办学，鼓励缺乏资金的公立院校在科学技术和一些专业领域与外国院校合作办学等。

(三)关注弱势群体，推动高等教育公平发展

公平问题依然是印度高等教育亟待解决的难题。印度高等教育的重要目标是消除阶层、性别、城乡、区域上的不平等，增强高等教育体系的全纳性。2005 年，印度颁布第 93 次宪法修正案，决定在中央院校和私立高等教育机构中单独为落后阶级增加 27% 的保留名额，从而使落后阶级的名额总体比例达到 49.5%。在第十一个五年计划中，印度政府将实现教育机会平等作为一项重要的任务指标。此外，第十一个五年计划还对各邦开展全纳性高等教育提出具体的要求，并规定凡是积极响应中央政府建议、实施全纳性高等教育的各邦都会得到相应的经济补偿。为了能够使表列种姓、表列部落、少数民族以及其他弱势群体接受到更好的高等教育，印度政府承诺使用大量资源来发展教育。

首先，印度政府加强了弱势群体学生的财政支持力度。政府大幅度增加公共部门财政经费，提高奖学金数额，制订特殊扶植计划，如针对参加博士生项目的表列种姓和表列部落子女的 2000 个国家奖学金计划。同时，实施低息贷款政策，帮助经济困难学生完成学业。2009 年，印度政府委托印度银行协会制定"教育贷款方案"，地方两级政府都成立专门机构，专门负责制定相关的配套政策，确保落后阶级、少数民族、残疾学生、女性学生和家庭困难学生都能够支付起高等教育费用。其次，重点支持边远和落后地区的高等教育发展，缩小地区间的非均衡性和差异性。在第十一个五年计划和第十二个五年计划期间，印度政府还将实施的低入学率地区示范性学院、社区学院和多科技术学院等拓展到所有少数民族聚居区和其他贫困地区；在小城镇创建妇女学院，优先向妇女提供居住保障。此外，中央政府成立专门机构，负责推动落后地区高等教育发展工作。如印度大学拨款委员会就下设"教育机会均等办公室"，其他政府机构也设立了相关部门负责落后地区教育发展工作。同时，印度政府还通过大力发展远程教育提高整个落后地区的高等教育水平

和质量。

五、教师教育

从 20 世纪 70 年代以来，印度开始对教师教育进行全面审查和研究，教师教育的发展逐渐走向成熟。1978 年，全国教师教育会议的政策性文件《教师教育课程：一种框架》确立了教师教育的内容、原则、地位、目标、途径和作用，力图扭转教师教育与社会发展主流相脱节的局面，被认为是印度独立以来教师教育发展的里程碑。[①] 1987 年，印度中央政府推出了教师教育的重组与改革计划，旨在促进教师教育结构重新调整和组织。这一计划主要包括：成立县教育与培训学院，为小学教师、从事非正规教育和成人教育的人员开设职前与在职培训课程，提供资源支持，开展行动研究；加强教师教育学院建设，并把其中的 50 所建设成高级教育研修学院；重新恢复邦教育研究与培训委员会，以加强邦一级的指导；在全国教育研究与培训委员会的监管之下，执行已规划的教育培训计划，对教师进行大规模的集中培训；通过大学拨款委员会的拨款，建立和加强大学的教育系。[②] 该计划强化了中央和地方政府对教师教育的领导，创建了一批教师教育机构，提供形式多样的职前和在职教师教育，开展教师教育研究，由此，教师教育的发展逐渐形成规模和体系。

1993 年，国家教师教育委员会（NCTE）成立，旨在保障和提高教师教育的质量标准，促进教师教育发展，它的成立对印度教师教育的发展具有重要意义。委员会的具体职责包括：提供教师教育相关机构及其所提出计划间的必要协调，为中央和邦政府、大学等提供关于优先发展、政策、计划、项目的建议，负责调整所有层次的职前教师教育课程，制定教师教育的规范、标准、纲领，对教师教育机构进行认定，制定有关教师资格最低条件的指导方

---

① 单中惠主编：《教师专业发展的国际比较》，150 页，北京，教育科学出版社，2010。
② 赵中建：《印度基础教育》，149 页，广州，广东教育出版社，2007。

针、开展教育调查与调研、教育研究与创新、出版印度本土的教师教育学术著作、州教师教育研究成果、防止教师教育的商业化等。国家教师教育委员会负责全国教师教育项目的研究和人员培训，包括认可所有培养学前、小学、初中、高中以及非正规教育、业余教育、成人教育、函授教育等各种类型教师的课程。委员会在 1995 年、1998 年和 2001 年先后三次颁布了认可教师教育的标准。2006 年，委员会颁布了认可各类教师培训项目的规定——《国家教师教育委员会规定（认可、标准及程序），2007》，进一步规范了教师教育的最低标准，为教师教育专业化发展提供了政策保障。

2002 年，印度通过的第十个五年计划指出了教师教育发展的重点推进领域，包括教师教育机构的发展和扩大、职前和在职教师教育质量的提高、教师教育职业化发展以及学生的评估等。2007 年印度颁布的第十一个五年计划中，进一步指出要加强教师教育的技术应用，将小学教师教育与高等教育结合，扩充表列种姓、表列部族和其他少数民族地区教师教育数量。2000 年，印度国家计划委员会成立了"2020 年印度愿景委员会"，并在 2004 年出版了《教育领域的 2020 年愿景报告》。报告中指出到 2020 年，教师教育计划会有很大的修订。教师教育年限将会延长，教师培训的重心将更加倾向于以中小学为基础，将增加教师教育的投入力度，注重发展师范生的思维能力，要培养教师对未来人发展多元化的一种全新的洞察力，同时要加强全国教师教育委员会、全国教育研究与培训委员会、大学拨款委员会等组织之间在教师教育方面的合作。[①]

在印度，职前教师教育没有统一的国家课程，国家教师教育委员会为各邦教育部和许多大学的教师教育课程提供大纲和框架。2009 年印度国家教师教育委员会颁布了最新版的《教师教育国家课程框架》（NCFTE）。课程框架从教育基础、课程与教学、学校实习三个领域规定了教师教育课程的主要成分、

---

① 安双宏：《印度教育战略研究》，206 页，杭州，浙江教育出版社，2013。

课程开设与课程筹备要求，这些内容是从事不同教育阶段(学前、小学、初中与高中)教学的师范生或在职教师所要学习的核心。课程框架指出，要在课程转化和处理上以未来教师培养目标为导向，注重实效，强化实践；在教师教育机构成立教师学习中心，并将其建设成为课程实施重要平台；在课程实施成效和质量评价中，评估教师专业发展水平；广泛使用媒体技术，开展形式多样的在职教师培训；培养高水平的教师教育师资队伍，保障教师教育课程实施。可以说，教师教育国家课程框架作为指导教师教育发展的纲领性文件，是印度教师教育课程改革的重要依据，同时也是培养专业化程度高、具有人文精神的中小学教师，进而提升学校教育质量的重要保障。

六、弱势群体教育

在印度，弱势群体主要指那些在社会、经济、文化以及居住的地理环境上处于不利位置的群体，主要包括在种姓制度中备受歧视的贱民阶层(即表列种姓)、偏远山区和丛林地带的少数民族部落居民(即表列部落)、伊斯兰教群体和其他落后阶层。由于女性的经济、社会地位低，受教育机会和水平都远低于男性，因此在印度，女性也属于弱势群体。这些弱势群体往往和贫穷、受教育程度低下、受歧视等相联系。2001 年的印度全国人口普查显示，在印度人口中表列种姓占 16.2%，表列部落占 8.2%，信奉伊斯兰教者占 13.4%，其他落后阶层约占印度总人口的 32%，由此印度的弱势群体保守估计总数应接近 70%。[①]在地域分布上，弱势群体主要集中在印度中部和东北部地区，包括北方邦、比哈尔邦、西孟加拉邦和中央邦等人口数量大邦。在城乡分布上，弱势群体主要分布在农村，随着印度城市化发展，一部分流向城市的弱势群体主要居住在城市的贫民窟中。在种姓和宗教信仰上，弱势群体主要为不列

---

① 杨旻旻、连进军：《印度改善弱势群体基础教育运动及问题——以 20 世纪 80 年代中期以后为中心》，载《外国教育研究》，2013(8)。

入种姓的贱民阶层和首陀罗中的大部分,信奉伊斯兰教的群体相比其他宗教弱势群体来说,所占比例最高。

在印度政府颁布的一系列国家教育政策和改革计划中,无论是针对初级教育还是高等教育,无不关注弱势群体的受教育权问题,并给予其优先和重点扶助,努力消除弱势群体与其他阶层人员的教育鸿沟,以此来推动教育公平。1986年出台的《国家教育政策》强调要通过关注那些长期受到不公正待遇的弱势群体的特殊需求,来消除教育差距,实现教育机会平等。1992年出台的《行动纲领》明确提出了人人有受教育的权利,同时对表列种姓、表列部落以及其他落后阶层的基础教育规划做了具体说明。1989年开始实施的妇女平等教育计划主要针对农村地区尤其是处在社会和经济边缘的弱势妇女和女童提供教育服务。1993年启动的县初级小学教育计划关注女童教育和部落教育。1995年启动的免费午餐计划成功地提高了贫困家庭和社会底层学生的入学率。作为基础教育领域的两大核心计划,2001年启动的初等教育普及计划和2009年开展的中等教育普及计划,都将表列种姓、表列部落、其他弱势群体和少数民族的学生以及女生、残疾学生等作为重点的关注对象,并给予相应的教育支持政策。此外,鉴于弱势群体中的穆斯林和少数民族的教育水平相对更落后,2009年印度政府开展了穆斯林教育质量提升计划,通过加强科学、数学、语言和社会等正式课程以及教师培训提高该群体中学生的素质。同时,少数民族区基础设施计划也启动实施,扩充和加强少数民族学校的基础设施,关注少数民族女童和特殊儿童发展。此外,包括人力资源开发部、劳动部、农业部和大学拨款委员会等在内的中央和地方政府都成立了长期的支持弱势群体学生的奖助学金项目。

印度政府高度重视保障处境不利群体的高等教育入学权利,独立后的印度政府为处于社会底层长期受压迫、受歧视的表列种姓和表列部族分别保留了15%和7.5%的高等院校入学名额。进入21世纪,印度政府又顶住巨大的压力，为其他弱势群体保留了 27% 的入学名额。根据这个政策，占印度总人口近半数的弱势群体在参加高校入学考试时，即使成绩很低，也会获得优先录取机会。尽管保留政策多次引发全国性的抗议，但印度政府一直坚持实施，且保留政策的覆盖面还有所扩大。尽管这些因保留政策而得以进入高校的弱势群体学生通常还要接受补习教育，许多人甚至由于跟不上学业进度而不得不退学，但保留政策对缩小印度不同阶层群体间的教育差距，维护印度的高等教育入学公平还是发挥了一定的积极作用。

可以说，印度政府对弱势群体开展的教育扶助政策和支持计划在降低弱势群体的辍学率，提高他们的识字率、入学率、接受中高等教育的比例等方面发挥了重要的作用。尽管针对有关弱势群体的政策利弊之争不绝，相关政策和计划在设计和具体实施中也存在着一定的不足和问题，但在现阶段印度的教育发展中，这些政策保障了弱势群体受教育的权利，减少了社会不平等问题和种族、阶层冲突问题，因而在维护社会稳定，促进经济发展，提高国民整体文明素质以及提升教育整体发展质量方面具有积极意义。

第四节　教育思想

一、克里希那穆提的教育思想

吉杜·克里希那穆提（Jidu Krishnamurti，1895—1986）是 20 世纪印度著名哲学家、教育家，其思想在西方有着广泛而深远的影响，被世界著名文学大师萧伯纳（George Bernard Shaw）称为"我所见过的最美的人类"。①克里希那穆提的一生极富传奇色彩，他曾巡游世界各地进行演讲，将自己对世界和宇宙

---

① ［印度］普普尔·贾亚尔卡：《克里希那穆提传》，胡因梦译，68 页，深圳，深圳报业集团出版社，2007。

人生的洞见，播散进千千万万精神漂泊者的内心，其对教育的论述同样极富见地，启迪人心、发人深省。

(一)生平与教育活动

克里希那穆提出生于印度南部一个名为马德拉斯的小城，是一个婆罗门家庭的第八个孩子，他的父亲是一名公务员，母亲是一位虔诚而慈悲的印度教徒。14岁时，因为一个偶然的机会，他被"通神学会"①选中，并于1912年将他作为未来的"世界导师"送到英国接受该学会的悉心培养和训练。1922年，克里希那穆提与患了肺结核的弟弟尼亚前往美国加利福尼亚州的奥哈伊居住养病。从1922年到1925年的两年多时间，克里希那穆提自发地展开了一段激烈的灵性觉醒过程，彻底摒弃"通神学会"强加给他的"知识障"，在胡椒树下实现了彻悟。顿悟后的克里希那穆提坚信真理纯属个人了悟，"一定要用自己的光来照亮自己"。1929年，他毅然脱离"通神学会"，解散了专为他设立的"世界明星社"，退还了信徒的所有捐款。他宣布真理乃"无路之国"，任何一种形式化的宗教、哲学都无法一窥究竟。"只有当人们获得理性与爱之间的和谐，才能获得不朽的永恒"。②

第二次世界大战爆发后，克里希那穆提中断了巡游世界的生活，在1939—1947年的八年时间里，他一个人居住在美国的奥哈伊。1947年印度独立后，克里希那穆提回到了印度，恢复了以前巡回演讲的生活。他通过"公开演说，对谈和讨论，个人的访谈，散步和晚餐时轻松披露的般若慧观以及空性"，将他的理论传播至世界各地。③ 从1969年起，克里希那穆提侨居于美国

---

① 通神学会是由俄国女子勃拉瓦茨基夫人和美国军官奥尔科特在1875年共同创立的，其主旨为促成超越种族、性别、阶级和肤色的兄弟友爱，鼓励会员研究各类古老传统如卡巴拉犹太秘教、诺斯弟教、印度教、佛教、藏密及神秘主义玄学体系。

② ［印度］普普尔·贾亚尔卡：《克里希那穆提传》，胡因梦译，64页，深圳，深圳报业集团出版社，2007。

③ ［印度］普普尔·贾亚尔卡：《克里希那穆提传》，胡因梦译，92页，深圳，深圳报业集团出版社，2007。

奥哈伊，并主持克里希那穆提基金会。1986 年 2 月 16 日，克里希那穆提在美国奥哈伊松舍逝世。

克里希那穆提一生都在从事教育活动，一大批关心教育的人在克里希那穆提的教诲下，分别在印度、美国和英国等地创办了一批以克里希那穆提思想为指导的实验学校，这些学校被统称为克里希那穆提学校。到 1949 年，创建于 20 世纪 20 年代的印度瑞希山谷教育基金会使之前已经存在的两所学校——瑞希山谷学校和拉吉卡德贝赞特学校成了传播和实践克里希那穆提教育思想的首要阵地。1969 年，布洛克伍德公园学校在英国伦敦成立。1975 年，橡树林学校在美国加利福尼亚州的奥哈伊成立。1973 年和 1978 年，达莫德尔花园学校和班加罗尔中心山谷学校分别在印度金奈和班加罗尔成立。位于孟买的巴尔阿南德学校在这一时期也正式成为克里希那穆提学校中的一员。这些学校在克里希那穆提的悉心指导下，得到了良好的发展。克里希那穆提经常在学校里与老师和学生讨论。从 1968 年到 1983 年的 15 年间，他坚持和学校老师通信。橡树林学校一创立，克里希那穆提即草拟了一份学校章程。1984 年，他又和学校教师共同对章程进行了修订。在橡树林学校，所有人都不能带任何既定观念、理论和信仰来理解事实及其行为，深入探求世界和生命的各种可能是这所学校的宗旨。学校提倡并鼓励在一种非竞争的全面的学习环境里进行探求，认识自我以及相互关系的艺术。

克里希那穆提毕生诲人不倦，出版的著作达 60 多部，大都是其演讲和谈话的结集，现已被译成近 50 国语言。他的主要著作包括《最初和最终的自由》《你就是世界》《重新认识你自己》《觉醒智慧》《觉醒与冥想》《教育就是解放心灵》《一生的学习》《人生中不可不想的事》《生命的注释》等。

(二)教育的本质与目的

克里希那穆提对那种偏重于知识传授、只对学生未来职业负责的教育目的进行了批判，认为以知识传授为主的教育使我们变得越来越机械，让我们的心灵越来越狭窄、局限和不完整,"使独立思考变得极端困难",这样一来,"教育就会仅仅成为适应工作或某种职业的机械过程",使人过着"一种机械的生活方式",进而使心智"模式化"①,教育应不仅仅关注知识传授、特定技术职业的学习,更要关心人的转变和他的日常生活,让他了解自己的全部和无限的活力及潜力。他强调任何一种教育,如果只关心人的一部分,而非人的整体,那么它必然会导致有增无减的冲突和痛苦。正确的教育"应该帮助人去体验生活的完整过程"。②我们需要的不是理想家,亦非心智被机械化的人,我们需要的是有智慧且自由完整的人。教育的最大任务就在于产生一个完整的人,使其个人有能力对生活加以整体地处理,把生活当成一个整体加以体验,使人能够从强调其中的某一部分——"我"和"属于我的"的束缚中解放出来,帮助心灵超越自身,以便发现真实的事物。

这种完整的人是智慧且自由的。克里希那穆提认为智慧的本质是敏感性,也就是爱。智慧是感知整体的能力,它不会划分人与人,不会让人对抗自然。他也指出智慧要与知识相区别,"知识不是智慧"。人类历史的诸多事实已经表明,历史上积累流传下来的丰富知识并不能使人明智地做出恰当行为。知识具有局限性,如果我们把代表过去经验的知识用于指导现在乃至未来的事情,就必然会产生腐化。知识使得我们陷入已知的束缚,进而丧失了探索未知世界的勇气。知识会腐化心灵,对自由造成威胁。在他看来,掌握知识尤其是科学技术知识无疑是重要的,但由于这些知识缺乏对人类生活整体过程的了解,忽视了活生生的人类生活现实,因此会使人受制于陈规,并不能有效地解决人们内心的压力和心灵冲突。因此,他指出,"教育不仅仅是要获取知识,更为重要的是让智慧觉醒,然后智慧会利用知识",所有学校工作的重

---

① [印度]克里希那穆提:《教育就是解放心灵》,张春城、唐超叔译,1页,北京,九州出版社,2010。

② [印度]克里希那穆提:《一生的学习》,张南星译,19页,北京,群言出版社,2004。

点就是"帮助学生唤醒他的智慧"。①那么如何唤醒学生的智慧呢？最重要的一点是要反对"权威"。因为顺从"权威"，便是摒弃了智慧，也即舍弃了自我认识和自由，而自我认识是智慧和人格完整的开始。智慧的获得不能经由恐惧和压制产生，它必须建立在每天对人与人之间所发生的种种事件的观察、思考和了解上。

教育的真正目标是让人获得自由，从而实现"心灵的绽放"。什么是"心灵的绽放"，心灵如何才会绽放？克里希那穆提说，"绽放意味着自由"，它是一种心灵的觉醒。自由是从内在和外在的痛苦、困惑中彻底解脱出来，它不是一个想法、一个概念，而是在日常生活中保持理智，自由没有对立面，它就是它自己。当理智、情感和身体三者得到全面发展与培养，处于完全的和谐，没有对立或矛盾时，心灵的绽放就会自然地到来。教育就是要帮助学生自然地绽放心灵。这就要求教育中不能存在任何形式的权威和强迫，要让人的内心摆脱恐惧和束缚，学校应该被塑造成为让学生可以自由发展的"悠闲"的场所。这种"悠闲"意味着内心不是常常被各种问题、各种享受或感官的满足等事情所占据，它意味着拥有无限的时间，去观察身边以及内心正在发生的事情，去倾听和观察。②这种"悠闲"也意味着拥有一颗平静的心，没有动机也没有方向，把心从机械中解放出来。唯有在这种"悠闲"的状态下，学生的内心才能获得真正的自由，心才能学习。这种从内心生发的学习，不仅仅是对科学、历史、数学等具体学科的学习，也是对自我的学习。

(三)何为教育者

克里希那穆提认为正确的教育始于教育者，教育者是怎样的，教育就会成为怎样的。一个真正的教师应该自问的第一件事是何谓教育，为何我们要

---

① [印度]克里希那穆提：《教育就是解放心灵》，张春城、唐超叔译，12页，北京，九州出版社，2010。

② [印度]克里希那穆提：《教育就是解放心灵》，张春城、唐超叔译，7页，北京，九州出版社，2010。

教育孩子和自己，这一切有何目的？因为一位教育者本身拥有什么，他传授的便是什么，"如果他没有受到正确的教育，那么除了他所接受的同样机械化的知识之外，还能教什么呢？如果我们教育者并不了解自己，不了解我们与孩子之间的关系，而只是以知识填塞于孩子脑中，使他通过种种考试，那我们又怎么能够建立起一个新的教育呢？"①因此教师首先必须了解自己，并能够从固有的思维模式中解脱出来。教师能否成为创造性个体取决于他们的自知。教师需要着手观察，他们必须随时警觉，密切注意自己的思维和情感以及自己所受的限制方式，破除自身中使我们麻木、迟钝、轻率的种种障碍。通过这种警觉的观察，他们才能产生智慧，他和别人以及其他事物的关系才会有根本的转变。

真正的教师也应该具有宗教家的情怀——无私、忘我、笃定、坚持，把教育视为自我的天职。真正的教师献身于教育是自动自发的，是对教育怀有真挚的兴趣与热情，而不是任何劝服和希冀个人利益的结果，他们会为了这项工作而腾出时间，找到机会，不求报酬、荣誉或名望。真正的教师必定将职业的精神追求置于物质利益之上。他们的从教动机决不只是为了维持生存和温饱。任教一旦沦为技术性的工作，将永远无法造就精神的理解。对于一个真正的教育者来说，"教育不是一项技术，而是他的生活方式：就像一个伟大的艺术家一样，他宁愿挨饿也不放弃他的创造性工作"②。真正的教育者是能够觉察到唯有经由正确的教育人类才能有和平与快乐的人，他们是自然、情愿、发自内心热爱地把毕生精力和兴趣投入这项教育中。

教师的使命是引领学生追寻生命的自由，帮助学生朝向自我认识的路，成为一个敏感、有智慧、完整的人。因此，教师要了解真实的学生而不将我们认为"他应该如何"加诸他的身上。要帮助学生，教育者需要耐心、爱与关

---

① ［印度］克里希那穆提：《一生的学习》，张南星译，115 页，北京，群言出版社，2004。
② ［印度］克里希那穆提：《一生的学习》，张南星译，128 页，北京，群言出版社，2004。

怀，需要花费时间去研究和观察他们的倾向、性情和特性，而不是通过某种理想的幕布去看他们。正确的教育者应该特别注意不能成为学生的权威。教育者要帮助学生从其自身以及环境所制造出来的障碍中解脱，教育者首先要对任何形式的控制都加以了解并舍弃，因为"如果头脑被权威束缚，它就萎缩了"。①任何权威，任何形式的控制和强制，都是自由与智慧的直接障碍。比起知识的获得，教师更应该强调让学生获得心灵上的自由，帮助他们理解自身的反应和欲望的本质。正确的教育者应是心灵完整的人。教育的功用在于培养完整的人，要做到这件事，教育者本身必须是个完整的人。教育者只有把生活当成一个整体来了解它的意义，以完整的心灵融入日常的行动中，这时才会出现智慧，才会有内心的改造，也才能正确地帮助学生了解他自身及生活的整体过程，成为完整的人。

二、印度教民族主义教育的兴起

(一)印度教民族主义的复兴

印度教是印度历史最悠久、信徒最众多、分布最广泛的宗教。作为印度第一大宗教，约 80% 的印度人信奉该教，其对"印度政治、经济、文学、艺术、法律、道德以及个人生活各方面所产生影响的广度与深度，是其他文明社会所无法比拟的"②。印度教民族主义作为一种社会政治思潮，试图用印度教的教义和文化来规范印度社会秩序，秉持以印度教哲学思想为核心的价值取向，意在将印度打造为一个"印度教国家"。

印度教民族主义诞生于 19 世纪以革新印度教为先导的社会改良运动，以及争取民族独立与教派斗争的政治运动中。在社会政治运动兴起的同时，以

---

① ［印度］克里希那穆提：《思考从结论开始吗——生命的注释Ⅲ》，徐文晓译，219 页，上海，华东师范大学出版社，2005。

② 宋丽萍：《印度教特性运动的政治文化解读》，载《南亚研究》，2019(4)。

萨瓦卡(Vinayak Damodar Savarkar)和戈尔瓦卡(Madhava Sadahiva Golwalkar)
为代表的印度教思想领袖进一步提出了印度教民族主义的思想理论。印度教
大斋会的首领萨瓦卡是印度教民族主义的首倡者。他率先提出建立"印度教国
家"的理论，认为印度教徒、印度教信仰、印度教民族和印度教文化是该理论
的四个基本要素，其核心要义是恢复印度教的传统，建立一个属于印度教徒
的印度教国家。在萨瓦卡的基础上，国民志愿团领袖戈尔瓦卡进一步提出"国
家虔信"论。他强调"印度的土地是印度教的土地，印度的文明是印度教的文
明，印度的生活方式是印度教的生活方式，印度的国家是印度教的国家"，宣
扬每一个印度教徒必须把自己的一切贡献给印度教国家，将其视为"祖国母
亲"，必须对她绝对地虔诚和崇信。①

　　1947年印度独立后，由于尼赫鲁及印度国大党政府坚持世俗主义，反对
狭隘的民族主义，使印度教民族主义的发展在很长一段时间内陷入沉寂状态。
20世纪80年代以来，国大党丧失了在印度政坛的强势地位，以印度人民党为
代表的印度教政治势力逐渐崛起。在1996年印度大选中，印度人民党击败国
大党成为议会第一大党；1998年到2004年，印度人民党击败国大党执掌全国
政权；2014年至今，印度人民党再次重掌全国政权。自20世纪80年代以来，
在印度教政治势力的鼓动和宣传下，印度教民族主义思潮又在印度兴起和
蔓延。

　　(二)印度教民族主义教育的兴起

　　成立于1925年的国民志愿团(RSS)是印度教的核心组织，它在公众生活
的许多领域都依靠自身及其所建立的各种特殊组织发挥作用。自创立以来，
国民志愿团就致力于通过文化教育活动，在印度社会产生更加持久的影响。
教育被当成推广印度教特性，宣扬印度教民族主义意识形态的重要部分。

---

　　① 张帅：《宗教政治化与宗教社会化：印度教民族主义的崛起及未来走向》，载《印度洋经济体
研究》，2021(2)。

早在印度独立之前，国民志愿团就开始在国内建立学校，并且在其学校全面推广印度教化的教育。20世纪80年代以来，在印度人民党执政时期，国民志愿团从政府获取了更多政策和资金支持，同时通过其在海外的基金组织募集资金，在全国范围内发展和扩大教育规模，加大了对印度教民族主义思想的宣传。

成立于1978年的印度知识协会是国民志愿团在教育领域的重要组织，是其实施印度教特性意识形态化教育的主要机构。它在全国各地建立各类学校和教育机构，大量雇佣印度教徒教师，向学生传授印度教文化。到2003年，印度知识协会已拥有2.1万多所学校、10.7万名教师、250万名学生，到2008年，其在全国各地所建立的学校达到6万所，其中大部分建立在印度人民党执政的邦。①在印度知识协会下属的学校里，学生要学习包括体育、瑜伽、音乐、梵语、道德精神教育、文化知识等在内的核心课程，在教育内容上会讲授印度教《史诗》《往事书》等，也会将印度教思想家的生平事迹放入指定阅读材料，并且会向学生灌输诸如"每一堂课你都可以从《薄伽梵歌》看出印度文化的影响""泰姬陵不是一个纪念建筑而是一座印度教庙宇""基督教徒说牛肉最有营养，我们告诉学生，牛是我们的母亲"等印度教特定观念。②

此外，国民志愿团还设立了印度学生协会。作为印度教重要的学生组织，它的主要目的是传播国民志愿团的信息，宣扬印度教文化及其民族主义思想等。印度学生协会成立于1948年，目前是印度学生联合会中成员最多的组织，在全国各地区设有工作站，在上百所大学中设有分支机构，它拥有许多活动点，如体育俱乐部、音乐会、指导组、健身中心等。通过学生会的竞选，印度学生协会在校园中表现积极。在德里旁遮普邦、马哈拉施特拉邦和中央邦的重点大学中，都曾成功地占领过学生会阵地。

---

① 陈小萍：《印度教民族主义与独立后印度政治发展研究》，165—166页，北京，时事出版社，2015。
② 邱永辉、欧东明：《印度世俗化研究》，281—282页，成都，巴蜀书社，2003。

印度人民党领导的政府上台执政后,极力推行印度教化教育,公开实施其基于教派意识的文化民族主义政策。1998 年,印度人民党联合政府将教育部门的核心人物替换为印度教民族主义者,改变了教学课程和历史教科书,削弱高等教育及其他教育文化机构的独立性,对图书出版机构进行严格监督和审查等。

印度教民族主义者的教育计划与尼赫鲁和国大党主流倡导的教育计划不同,他们的教育理想是努力建设一个伟大的印度教民族国家。2004 年,印度国大党联合政府执政后,重新考察了人民党实施的新教科书和课程,去掉了其中的沙文主义和教派主义内容。但是,随着人民党的再次执政,印度教育与社会中存在的教派与世俗力量的冲突仍在继续,印度教民族主义思想仍发挥着重要影响。印度教育如何在传统文化、宗教信仰以及世俗、多元之间找到平衡,建立一个真正包容、理性、充满活力的印度社会,仍是一个巨大的难题。

第四章

20 世纪末至 21 世纪初期的以色列教育

以色列是一个中等发达的资本主义国家，是世界上唯一以犹太人为主体民族的国家。2004 年《人类发展报告》显示，以色列在世界最具竞争力的国家中排名第 20 位，成人识字率为 95%，各级教育的入学率达到 92%，人类发展指数居世界第 22 位，人均国内生产总值达 1.95 万美元，生活预测指数位居世界第 8 位，高于英美。① 这些成就，与以色列政府重视教育、积极发展各级各类教育具有密切联系。本章主要针对 20 世纪 90 年代以来以色列的教育的发展进行简要介绍。

第一节　世纪交替之际的社会背景

一、国际社会与以色列的政治、经济环境

20 世纪 90 年代，以色列的安全战略发生了变化，他们扩展国家安全战略的范围，加强与周边友好国家的政治、经济及军事合作，积极寻求战略伙伴、

① 陈腾华：《为了一个民族的中兴：以色列教育概览》，11 页，上海，华东师范大学出版社，2005。

合作伙伴，努力冲破被包围的战略局面。1996 年后，以色列的安全重心进一步变化，公共安全与个人安全被放在了突出地位。[1] 动荡的环境迫使以色列将大量的资源消耗在应付战争和防恐方面。为此，以色列建起了比较完善的国防安全保障体系，并与其追求和平的努力相呼应，成为国家立足的保障。与此同时，以色列也在积极探索政治改革。如在政党选举与议会选举制度方面进行了改革，使议会中代表不同群体的议员结构发生了变化，政治民主化进程向前推进。

20 世纪 90 年代，随着中东和平进程的推进和大批苏联犹太知识精英移民的涌入，以色列迎来经济发展的新机遇。政府加快国有企业私有化改革，促进向市场经济转变。随着全球经济一体化及"新经济"形态的出现，以色列高度重视信息技术及高新科技产业的应用，积极吸引外商投资，同时加大出口，推动经济发展。20 世纪 90 年代以来，第三产业在国民经济中的比重日益上升。1995 年，第三产业中的服务业产值达到 66%。2000 年，以色列农业就业人口只有 75000 人，仅占整个就业人口的 3%。[2] 2001 年沙龙当选总理后，阿拉伯世界反应强烈，巴以关系恶化，给以色列的经济带来一系列打击。直到 2003 年，随着国内局势趋于稳定，经济逐渐从衰退中走出，并进入连续五年的稳定增长期。2008 年，面临全球金融危机，以色列快速调整政策，经济发展相对稳定。2010 年 5 月 27 日，经济合作与发展组织(OECD)正式接纳以色列为成员国。

20 世纪末，以色列经济结构已完成了转型，建起了较为合理的经济体制和结构，具备了工业化社会的基本特征，成为中东地区工业化、经济发展程度最高的国家。以色列的混合型经济，以知识密集型产业为主，农业、生化、电子、军工等部门的技术水平都比较高。在比较成熟的市场经济体系中，政

---

[1] 杨曼苏：《今日以色列》，33、53、183 页，北京，中国工人出版社，2007。

[2] 李芳洲：《以色列教育发展与现代化》，109—110 页，哈尔滨，黑龙江教育出版社，2014。

府的作用也很明显，科学化的管理体制与较强的经济实力，使以色列的竞争力居世界先列。

二、科技发展与社会进步

20世纪末期以来，以色列经济的发展很大程度上得益于高科技产业的进步，并由此获得"高科技大国"之称。以色列对于人类科技发展的贡献很大，高新技术产业举世闻名，军事科技、电子、通信、计算机软件、医疗器械、生物技术工程、农业、航空等领域的成就显著，尤其是电子监控系统和无人机领域的成就，处于世界领先水平。1991年，以色列在海湾战争中受到伊拉克导弹袭击，受战争激发，战后积极研发侦察卫星、导弹技术，成为中东地区第一个拥有发射卫星能力的国家。目前，以色列小型卫星发射水平在国际航空领域也比较领先。20世纪末，以色列已从主要依靠农业和科技含量低的工艺品国度，成功转型为高科技占主导地位的工业化国家，成为世界重要的科技创新中心之一，其高科技产业的产值占GDP的比例大幅提升。①

进入21世纪，以色列已成为以高科技闻名的创新国度。其国土面积仅2.5万平方千米，总人口仅813万，但2014年的人均GDP已高达32505美元，位居世界前三十；在纳斯达克上市的高科技企业数量仅次于美国，位居世界第二；2014—2015年世界经济论坛（WEF）全球竞争力报告的数据显示，以色列在最具创新性国家中排名第三。政府对教育与科技的重视以及推动军用技术从实验室向市场转化的努力，带来了经济与高科技产业的崛起。2000年之后，在高科技带动以及市场经济改革的推动下，以色列经济发展势头良好。

三、移民潮与多元文化

以色列是个移民国家，是由来自世界各地的犹太移民及其后裔构成的。

---

①　张倩红：《以色列史》，484—485页，北京，人民出版社，2014。

1948 年建国以来，每年都有大量的犹太后裔从世界各地返回。以色列文化是由犹太教和犹太人数千年来的历史经验交织而成。

　　20 世纪 90 年代，以色列迎来一次大的移民潮，有近百万俄罗斯犹太人以及大量的东欧犹太人来到以色列。仅 1990—1991 年，就有大约 38 万人抵达以色列。建国初，以色列人口是 60 万人，1998 年，增加到 550 万人，2001 年，增加到 650 万，2004 年，总人口达到 680 万。[①] 来自世界上百个国家的移民，给以色列社会带来了丰富多彩的文化生活。宗教信仰是以色列民族的特殊身份。2014 年 11 月 23 日，以色列总理办公室发表声明，以色列内阁批准了将以色列定义为"犹太国家"的法案。今天，以色列的人口结构，除了犹太人外，还有约 20% 的阿拉伯人和 4% 的其他种族。犹太人、阿拉伯人、德鲁兹人等，属于完全不同的种族。他们的宗教信仰也复杂多样，包括犹太教、伊斯兰教、基督教、德鲁兹教等。[②]

　　犹太移民可简单分为"东方犹太人"和"西方犹太人"。人们习惯于把来自亚非的犹太人称为"东方犹太人"；把来自欧美的犹太人称为"西方犹太人"。[③]来自不同文化背景下的犹太移民，给以色列带来了多元文化，也带来了宝贵的人力资源。一般来讲，西方犹太人在教育程度、社会地位与收入等方面，高于东方犹太人。他们"更深层次的差异表现在文化传统、价值观念和思维方式上。西方犹太人身上具有一种鲜明的西方工业社会的特点，他们崇尚科学和理性，极少人持世俗主义的观点。东方犹太人带有典型的农耕社会的特点，深受传统观念的熏陶，以家庭为重，大多数人为虔诚或极端的正统派教徒"[④]。为消除两类人在政治、经济与教育等方面的差异，政府做出了诸多努

---

　　① 陈腾华：《为了一个民族的中兴：以色列教育概览》，42 页，上海，华东师范大学出版社，2005。

　　② ［以色列］米希尔·葛兰：《以色列教育体制：现状及挑战》，郭潇莹、潘雅译，载《世界教育信息》，2015(2)。

　　③ 杨曼苏：《今日以色列》，46 页，北京，中国工人出版社，2007。

　　④ 杨曼苏：《今日以色列》，53 页，北京，中国工人出版社，2007。

力。1995 年 11 月，以色列总理拉宾遇刺身亡，也是犹太移民之间冲突的激化表现，政府适时调整政策，充分尊重民族文化的多元性。

20 世纪 90 年代以来，历届政府对教育的投入与重视有增无减，以色列也有"创新之都"及出产"英才"的美誉。教育的发展与成就，已成为以色列社会进步的重要基石。"崇尚智慧是犹太民族的传统，重视教育是其民族历史的重要实践。……犹太人的历史从一个角度看就是一部崇智史和教育史。"[①]以色列历届政府都强调优先发展教育。"每年，国家的教育经费要占到国民生产总值的 8% 以上，仅次于防务开支，而且即使是在国家打仗时也没有降低过。"[②]

第二节　稳步发展的基础教育

1990—2000 年，有近百万的移民抵达以色列，使其人口增加了 20% 以上，在校学生的总数也大幅增长。大量移民的到来，带来了人口结构的变化与文化的多元，加之世纪交替之际，科技发展与社会进步，基础教育的发展表现出种种新的特征。

一、教育管理体制及其政策、法规

（一）教育管理体制

以色列人口构成复杂，不同种族、不同宗教派别有着各自不同的教育体制。各种教育体制都由以色列教育部统一管辖。以色列教育部是国家教育管理的最高权力机构，是教育决策者、政策的制定者和教育内容的决定者。21世纪之前，地方教育机构主要提供基础设施，如提供与维护学校建筑、教学

---

① 杨曼苏：《今日以色列》，64—65 页，北京，中国工人出版社，2007。

② 杨曼苏：《今日以色列》，66 页，北京，中国工人出版社，2007。

设备等。2000 年之后，很多地方教育机构掌握了更多的资金，对教育投入加大了，在教育方面的参与度越来越高，对教育内容也有了更大的自主权，其影响力也在增加。

(二)发展义务教育的新举措

1968 年，以色列教育体制改革形成的六·三·三学制，即初等教育 6 年、初级中学 3 年、高级中学 3 年，一直沿用至今。与此同时，小学 8 年、中学 4 年的八—四学制也在使用。两种学制的比例大约是 6：4。义务教育是 1—12 年级，其中学前教育 1 年，小学 6—8 年，中学 6 年或 4 年。

1949 年，以色列颁布义务教育法，规定儿童享受 9 年免费义务教育；1969 年修订义务教育法，将义务教育从 9 年延长至 11 年。1977 年，免费义务教育的年限又延长到 12 年，高级中学的入学率大大提高。1993 年，90% 的学生进入了 12 年级学习，参加高中毕业考试人数从 1990 年占人口的 51.8%，增长到 1995 年的 61.2%。[1] 5 年里中等教育的在学率提高了近 10%。1999 年免费义务教育又扩大到了整个学前教育阶段，教育实现了最大限度的普及，以色列成为世界上免费义务教育时间最长的国家之一。1998 年，小学生有 69 万人，占适龄人口的 96%，中学生为 48.1 万人，占适龄人口的 90%。2001 年，在 3850 所中小学接受基础教育的人口达到 135 万。其中，小学生为 75 万人，占适龄人口的 98.6%，中学生为 60 万人，占适龄人口的 93%。[2]

随着义务教育年限的最大化以及普及教育人数的增加，提高教育的质量问题成为新的目标。为此，中小学采取了一系列措施降低辍学率，保证在学率。例如，巴以冲突和周边军事紧张的大环境，使学生的心理健康问题凸显，为此，心理健康教育成为诸多改革中比较突出的一项。1996 年，有 83% 的学校实现了每校有正式编制的心理辅导员。2000 年之后，学生和教师、警方之

---

① 李芳洲：《以色列教育发展与现代化》，48—49 页，哈尔滨，黑龙江教育出版社，2014。

② 陈腾华：《为了一个民族的中兴：以色列教育概览》，42 页，上海，华东师范大学出版社，2005。

间的联络进一步加强。①

在 21 世纪的第一个 10 年，以色列初等教育的普及率达到 100%，其中公立小学(含八四制的 7—8 年级)96%，私立与宗教学校 4%。中等教育(9—12 年级)的普及率达到 84%。② 保证在学率是以色列义务教育从数量满足转向质量提高的重要举措。

(三)确保教育质量的政策与法规

20 世纪末，全球范围的基础教育改革如火如荼。为进一步提升基础教育的管理质量、促进学生的发展，以色列政府颁布了一系列教育法律法规对教育进行规范化管理。"1997 年，以色列颁布了《长学习日及加强学习法》，法令规定，教育机构在原有的学时基础上，增加学习与授课时间。2000 年，《学生权利法》的颁布，是根据联合国宪章制定的儿童权利的有关规定，强调学生拥有不受歧视和人身攻击(侮辱)的权利，规定学校不得由于种族、社会经济地位和政治原因歧视学生。2000 年，根据国会教育委员会的有关法律，经 90% 以上教师和学生、家长的同意，政府颁布了《教材租借法》，制订了教材的借用计划。法令动员教师和学生将使用过的教材提供给学校。学校制订出最高的借用标准，依据教材采购启动费的标准，决定教材借用费的限额。有些学校经批准可自行制订借用计划。2000 年，《对地方政府教育拨款法》颁布，规定了地方政府所接受的国家拨款，只能用于政府规定的使用范围，包括教育机构教师和其他雇员的工资、教师和学生使用的设备以及教育机构的维持费用等。2001 年，《患病儿童免费教育法》颁布，规定当患病或住院儿童在家休养或住院超过 21 天时，学校应为其提供免费补课，该法 2002 年开始实施。2001 年颁布了《义务教育法修正案》，对义务教育做了进一步的补充规定，要求 3—15 岁的公民必须接受义务教育；学校校长根据教育部和地方教

① 李芳洲：《以色列教育发展与现代化》，50 页，哈尔滨，黑龙江教育出版社，2014。

② 李芳洲：《以色列教育发展与现代化》，51 页，哈尔滨，黑龙江教育出版社，2014。

育局规定，报告学生注册情况；未经教育部批准，不得因学业成绩开除学生；禁止种族和宗教歧视，禁止选校歧视，禁止体罚学生，禁止录取、择校、升留级等歧视。2001年颁布了《在学校教授急救知识法》，要求教育部在卫生部指导下6个月内制定相关规定，使在校学生熟知急救知识并且能够应用。此法2002年开始推广，2005年在所有学校施行。"①

以色列非常重视英才儿童的培养。1992年，英才儿童部更名为英才儿童和科学青年部(DGCSOY)，承担全国约20000名英才学生的培养工作。英才儿童和科学青年部的政策强调发展英才学生的个人能力，使其为社会做出贡献。② 2004年7月，教育部通过了英才教育指导委员会提交的《2005年以色列促进英才教育的政策》，该政策"成为以色列教育体系改革的重要组成部分，促进了近年来以色列英才教育在界定、安置、培养、财政支持等方面的突破性进展"③。新政策取消了原先国家统一的标准，将国家和地方两种标准结合起来，对英才学生进行定义；在鉴别方法上，取消了原先单一的智商测试，在智商测试的基础上，引入动机和创造力两个标准，实现了多样化的测量方法。此外，英才教育指导委员会成为一个常设委员会，为了更好监控和支持的各项措施的实现，每两个月召开一次会议。④ 同时，英才教育指导委员会还起草了相关的法律，保障英才学生的学习权益。如，2007年的一项法律规定，要保障每一个有天赋学生有权在政府支持和授权的环境中学习，使其技能和能力得到发展。⑤

---

① 陈腾华：《为了一个民族的中兴：以色列教育概览》，31—34页，上海，华东师范大学出版社，2005。

② Blanka Burg，"Gifted Education in Israel," *Roeper Review*，1992(3)，pp.217-221.

③ 吴春艳、肖非：《以色列的英才教育现状研究》，载《比较教育研究》，2012(12)。

④ 张立娅：《以色列英才教育研究》，硕士学位论文，华东师范大学，2015。

⑤ Shlomit Rachmel，" The New Policy for Promoting Education for Outstanding and Gifted Students in Israel," in *Science Education*: *Models and Networking of Student Research Training under 21*, eds. P. Csermely, K. Korlevic and K. Sulyok, Amsterdam, IOS Press, 2007, pp.130-139.

扶持欠发达地区教育的发展，减少种族及地区间的教育差距，一直是以色列政府制定教育政策的一个重要导向。政府公布的数据显示，在发达与欠发达地区之间、不同族裔之间，学生的成绩、升学率等方面都存在着较大的差异。为此，"以色列政府加大对欠发达地区的资金投入、增加大学入学资格考试的学生数量、实行'向升学过渡计划'，向一些符合标准的学生提供第二次考试的机会"。[1] 同时，政府还通过加大拨款、派遣英语教师等政策与措施，改进这些地区的教育现状；另一方面也通过开展远程教育，为农村和沙漠地区学校提供优质课程，确保教育质量。与此同时，教育部非常重视对残障学生学习权利的保障。法律规定，家长可以决定学习障碍孩子是否参加正常课程的学习；规定所有公共场所都必须装备方便残疾人使用的设施；要给聋哑人、盲人等专门配备适合他们使用的笔记本、台式电脑等设备。

（四）加大教育投资

以色列中小学的教育经费大部分都由中央和地方政府承担，小部分由社会组织和学生家庭承担。国立小学教师的工资由中央政府支付，中学教师的工资由地方政府解决；地方政府还负责学校维护及新修校舍、设备设施的费用等。

自20世纪70年代以来，以色列的教育经费一直未低于GDP的8%，1995年达到9.5%。在教育投资中，政府投资占65%，其余来自地方当局和其他渠道，地方当局每年预算的40%—50%都用于教育。1995—2001年，以色列中小学教育的教育经费增加了20%。有数据显示，2001年以色列教育投资总额占当年国内生产总值的8.6%，远远高于经济合作与发展组织30个成员国教育投资的平均水平6.2%，同期最高的美国也仅为7.3%，丹麦为7.1%。[2]

2000年，中央政府对小学的投入占总投入的88.5%，地方政府占5.37%，

---

① 李世宏：《以色列基础教育发展特点分析》，载《外国中小学教育》，2003（2）。

② 李芳洲：《以色列教育发展与现代化》，26—27页，哈尔滨，黑龙江教育出版社，2014。

政府投入总计93.87%，其余为非政府投入。对中学，中央政府、地方政府和政府非营利机构的投入分别为75.6%、0.6%和1.2%，政府投入总体占77.4%，其余22.6%由非政府的非营利机构和其他投入构成。2004年，国立中小学教育预算投资占教育部总经费的66.6%，其中，小学占31.3%，中学占35.3%。在中小学的教育经费投入中，教师工资占了大部分。从1990—2004年，70%以上的经费用于教师工资，17.8%用于公共工资，其余11.2%用于购置和其他花费。①

教育投资是历届以色列政府管理教育的重点，他们在教育上的投入是一般国家无法比拟的。20世纪90年代以来教育经费投入时有增加，最高时达到国内生产总值的11%左右，印证着以色列社会强调教育投资是一种有效的国家资源的信念。②

二、学前教育

随着20世纪90年代移民潮的到来，学前教育也迎来了发展的机遇，政府随即确定了大力发展学前教育的策略。

(一)政策、法规与学前教育的普及

以色列政府不断通过新的法律来确保学前教育的质量。1995年，幼儿教育惠及儿童31.5万人，在园儿童总数约占适龄儿童的92%。2001年，幼儿教育稳定在30万人左右。2000年修改的《义务教育法》，将儿童接受义务教育的年龄从5岁提前到3岁，5.6万名弱势群体的儿童因此受益。2000年颁布的《风险幼儿法》和《康复日托中心法》等法案以及2012年完全实施3—4岁年龄组义务教育法法案的通过，使2001年受益儿童扩大到7.8万人。③ 2000年之

---

① 李芳洲：《以色列教育发展与现代化》，21—22页，哈尔滨，黑龙江教育出版社，2014。
② 李芳洲：《以色列教育发展与现代化》，27页，哈尔滨，黑龙江教育出版社，2014。
③ 陈腾华：《为了一个民族的中兴：以色列教育概览》，40页，上海，华东师范大学出版社，2005。

后，学前教育普及率达到 100%。2002 年度的数据显示，希伯来教育系统中，市立和国立幼儿园学生人数，占教育总人数的 96%，私立幼儿园学生占教育总人数的 4%。[①]

中央政府和地方政府是学前教育经费的主要承担者。通过普及学前教育缩小东西方犹太子女的差异等，是以色列政府教育经费投入的一个重要原则。2000 年，中央政府投入占学前教育总投资的 31.1%，地方政府投入占 46.2%，政府非营利机构投入占 10.9%，私人非营利组织投入占 5.4%，其他投入占 6.4%。2004 年，教育部总预算投资为 247 亿谢克尔，学前教育占总预算的 8.4%。[②] 政府对学前教育充足的经费投入，保障着学前教育的健康发展。

(二)教育机构

以色列的学前教育，包括 0—3 岁的托儿所(日托中心)和 3—6 岁的幼儿园两个系统。0—3 岁的幼儿教育主要以经济产业部监督的日托中心和家庭护理式托儿所为主，同时还有一些私立日托中心。3—6 岁的幼儿园教育根据管理主体分为不同类型。

按照举办主体的不同，以色列的学前教育机构分为国立、市立、集体所有制和私立幼儿园四类。国立和市立幼儿园是公立幼儿园，由国家或地方政府投资兴办和管理，是普通家庭和新移民家庭子女接受教育的主要机构，所以在园人数最多。国立幼儿园中的国立宗教幼儿园，属于国立宗教教育系统，完全由国家投入，同其他国立宗教教育机构一样，享有自治的权利，由教育部下属的宗教教育局负责管理。中央政府负责国立幼儿园的教育经费、课程编制、教材编写、师资培训；地方政府负责学前教育学校的修建、维修、设施设备购置和管理。集体所有制幼儿园，由农村地区的集体农庄基布兹和莫沙夫创办，是免费幼儿教育机构。基布兹幼儿园强调集体生活，对幼儿进行

① 李芳洲：《以色列教育发展与现代化》，37 页，哈尔滨，黑龙江教育出版社，2014。
② 李芳洲：《以色列教育发展与现代化》，19 页，哈尔滨，黑龙江教育出版社，2014。

全天的教育，注重培养他们的集体主义观念。私立幼儿园，是由宗教团体、世俗社会团体以及个人举办的幼儿园，没有学费限制和政府补贴，有的甚至连政府监督都没有，靠收取学杂费来运转。这类幼儿园主要设立在社区中，为居民提供更为便捷的教育服务。私立幼儿园系统中有些是被政府认可的私营机构，也被称为公认机构，是由私营实体或非营利组织(如妇女组织、宗教团体等)运营，并从政府机构中获得资助和补贴，但必须符合要求并且接受政府监管。私立宗教系统幼儿园、妇女组织创办的托儿所(日托中心)和幼儿园，都必须遵守国家最低限度的课程标准，才能获得国家教育经费资助，它们在幼儿教育中也发挥着很大的作用。

(三)教育目标与内容

学前教育的培养目标包括：提高认知技能；渗透生活技能、社会技能，灌输社会和民族价值观；鼓励形成独立的人格；促进语言和多方面素养的形成；培养能够将儿童转变为终身学习者的技能。①

为实现这些培养目标，教育部为学前教育制定了全国统一的教学大纲，详细规定了6个方面教学内容，即生活活动技能和习惯(如推理技能和智力状况，语言和识字，健康和安全，体育道路安全等)、自由玩耍、利用素材表达、计划的社会活动、身体运动。围绕这些内容，幼儿园开设了阅读、写作、算术、计算机基本技能、体育等课程，注重价值观、责任感和情感等方面的教育，强调社会交际能力、生活技能的培养等。此外，家庭与社区也是学前教育的重要组成部分。在以色列，每个家庭与社区都会积极参与到幼儿园的教育教学活动中，从而确保幼儿教育的连贯一致。

(四)师资队伍建设

以色列政府非常重视幼儿教师的质量，对学前教育教师的要求，与对中小学教师的要求相同，即必须接受过四年正规的师范教育，并获得学士学位。

---

① 李芳洲：《以色列教育发展与现代化》，36页，哈尔滨，黑龙江教育出版社，2014。

准幼儿教师一般是在大学第四年通过教学实习并参加最终评估，再通过考试获得教学执照。为提高幼儿教师的教育水平，政府设立各种短期与长期培训班，鼓励教师进修。教育培训学院的预算和监督都由教育部负责。

20世纪90年代以来，为了加强科技教育，教育部为幼儿园教室配备计算机，并从多方面培训教师。1997年，教育部专门为幼儿园教师举办了科技培训，提高教师的科技知识，同时在教学设备上进一步普及计算机。[1] 2000年后，幼儿教师的培养与在职培训，与中小学教师完全同步，并且随着社会的发展，不断提升其质量与要求。2012年9月，教育部总干事向国会教育委员会的报告中提出了对幼儿教师的重新培训计划，其中涉及重新授予学位证书的学者资格；使至少有5年经验的幼儿教师参加教育学士学位认证计划。[2]

三、初等与中等教育

20世纪90年代以来，以色列中小学教育进行了一系列改革，取得了不少成就。

(一)学校组织形式

与多元化社会相适应，以色列的学校组织形式也呈现出多样化的特征。以色列的教育法允许阿拉伯人、超正统派的犹太人、虔诚的锡安主义者、犹太复国主义者以及世俗犹太人建立不同的教育系统，形成了复杂多样的教育系统。主要包括国家世俗教育、国家宗教教育、独立教育和极端正统的教育等。

国家世俗教育是指政府管理的公立学校，课程是教育部规定的核心课程，主题和教学方法是统一的。国家世俗教育的主体是国立和市立学校，其中既有一般的普通中小学，也有集体所有制和合作制为基础的基布兹中小学和莫

---

[1] 李芳洲：《以色列教育发展与现代化》，40页，哈尔滨，黑龙江教育出版社，2014。

[2] 吴若楠：《以色列学前教育研究》，硕士学位论文，西北大学，2018。

沙夫①中小学，还有突出犹太学的塔利学校。普通中小学的教育在整个基础教育中占主导地位，而教育系统中占比较小的基布兹、莫沙夫中小学和塔利学校保留了传统教育特征，体现了以色列教育系统的独特性。希伯来中小学教育是以色列规模最大的教育系统，一般的研究多以他们的教育示范为例。

1. 初等学校

20世纪90年代以来，初等学校保留了传统形式，主要有国立小学、基布兹小学和莫沙夫小学。国立学校由政府投资，面向所有学生，有八年制（八四制）与六年制（六三三制）两种。基布兹学校和莫沙夫学校是农村学校，属于国立普通小学，也是八年制与六年制并存。

2. 中等学校

中等学校包括初中与高中。初中是1968年学制改革之后出现的，在六三三与八四制并存的情况下，初中是沟通两种学制的桥梁。以色列教育法规定，学生和家长有选择学校类型的权利，八年制小学的学生可以在6年级或8年级毕业后选择六三三制中学，也可选择八四制的中学。

高中主要有学术高中与综合高中。学术高中培养学术型人才，强调双重培养目标，即提高学生的科学知识水平和社会技能，同时培养学生的社会责任感。这类学校的规模小，人数少。综合高中采取普通教育与职业教育融合的教育，是以色列中等教育的主要力量。与此同时，以色列还有很多艺术、音乐、科学等专门中学。

---

① 基布兹的希伯来语意是集体定居点，也被译为"农业合作社"或"集体农庄"。莫沙夫是另一种较为松散、更为自由的合作农场。二者都是在公有制基础上个体劳动者合作互助的农业定居点，是一个具有特殊价值观和生活方式的小社会。他们强调集体主义与劳动教育，非常重视教育，无论定居点大小，都有专门的教育委员会，有自己的中小学，甚至高等学校。他们并不是一种单纯意义上的经济组织，而是不同于城市社会的一种社区生活方式。20世纪90年代后，他们的影响开始衰弱，其特有的社会结构和生活模式发生改变，追求共同的价值观、崇尚互助合作的精神影响到社会许多方面，甚至出现了城市基布兹。

（二）学校管理体制改革

以色列小学和初中直接由教育部负责管理，高中教育主要由地方教育局负责管理，教育部通过经费补助、规范制定和辅导措施等，对高中教育进行有效管控。以色列教育部负责学校课程制定、教育标准制定、监督教学人员和校舍建设等。地方教育局负责学校维护、设备和供应品的采购等。2000 年以来，政府鼓励学校进行自我管理，提高教学和组织管理的灵活性，增加学校的活力，确保教育质量的提高。

（1）增加学校的自主权。2001 年，以色列教育部推出 5 年教育改革计划，提出扩大学校行政管理自主权的改革方向。增加学校的行政管理自主权主要体现在以下几个方面：一是在教材的编写上，给学校更大的自主权，鼓励学校编写符合本地、本校特色的教材；二是鼓励学校、教师采用新的、具有创新意义的教学手段；三是鼓励教师主体地位的发挥、突出教师在教学管理中的中心地位；[1] 四是给校长更大的权力，中小学校长尤其是中学校长对学校的教学问题、教学人员的招聘承担主要责任。

近年来，以色列教育部规定所有公立小学都要建立自我管理系统，提高教学和组织管理的灵活性。今后公立学校 25% 的教学时间由学校自行决定，鼓励各校发展特长或自设课程。[2]

（2）确立新的质量评估体系。确立新的质量评估体系，强调对学校实行全面评估。2001 年，教育部推出的 5 年教育改革计划提倡学校以年度活动计划为基础编制中期教育展望计划，以此检查校长在执行中所起的作用，并根据学校对各类学生提供的帮助、防止学生辍学、提升学生学习能力、维护学校声誉、减少校园暴力以及与学生沟通等情况，对学校进行评估。[3] 2003 年 9

---

[1]　李世宏：《以色列基础教育发展特点分析》，载《外国中小学教育》，2003(2)。

[2]　姜言东：《以色列启动实施新一轮教育改革——基础教育是"创新型国家"的关键》，载《中国教育报》，2017-03-17。

[3]　陈腾华：《以色列开始新一轮基础教育改革》，载《基础教育参考》，2004(12)。

月，教育部委托商界人士波拉特(Borat)组成专门委员会，对中小学教育体制进行调研，进一步推进教育体制的改革。

(3)加强师资队伍建设。以色列的中小学教师，属于国家公务员，他们的薪酬制度与公务员一致。进入 21 世纪后，以色列教育部通过提高教师待遇，扩大教师自主权等措施，积极推进基础教育的改革：

首先，提高教师待遇，制定严格的考核制度。2001 年以来，以色列实施了两轮 5 年教育改革，由此推出的教师评估体系，对教师的教学质量、学生认同情况进行考评，并以此决定教师的工资和职称晋升。一方面，提高教师的社会地位、提供更好的工作环境、给予更高的薪水，吸引优秀人才加盟教师队伍；另一方面，对素质不高的教师说"不"。主要做法是减少教师编制，打破"铁饭碗"，让他们有"尊严"地提前退休。① 2008 年，教育部启动"新地平线"改革计划，大幅提高教师待遇，小学教师工资提高 32%，中学教师工资提高 8%，要求所有新教师都必须具备大学学历和教学资格证书。2013 年开始的高中教育改革，严格教师的教学业绩考核，强化校长的管理权，改善教师工作条件等。② 近年来，以色列教育部与教师工会、全国市长联合会等达成一致，从三方面提高教师队伍素质：给学校放权，校长有权根据教师的业绩给予其奖励和升职，有权解雇不称职者；定期公布各校考试成绩，推动教学改革；成立由家长、教师、教育部门和地方政府代表组成的监察委员会，监督教师和学校的教学工作。③

其次，扩大教师的自主权。2000 年以来，为适应不同地区、不同民族教育的差异性与多样性，教育部赋予中小学教师更多的教育教学自主权。教师可因

---

① 罗朝猛：《基础教育：以色列民族中兴的基石》，载《新教师》，2013(10)。

② 姜言东：《以色列启动实施新一轮教育改革——基础教育是"创新型国家"的关键》，载《中国教育报》，2017-03-17。

③ 姜言东：《以色列启动实施新一轮教育改革——基础教育是"创新型国家"的关键》，载《中国教育报》，2017-03-17。

"校"制宜，自编教材。"据统计，有近70%的中小学使用自编教材。……教师根据自己的教学科研实际情况编写适应社会需求的教材，使教学内容更加联系实际。"①

(三)课程与教学改革

1. 强调核心课程的教学计划

20 世纪 90 年代以来，以色列教育部不断推出教学改革措施，在强调爱国主义教育、心理健康教育和价值观教育的同时，重视核心课程的设置与教学。以色列中小学课程分为必修课、选修课和学校自定课三部分。必修课包括核心课程、文学、《圣经》、历史等学科。选修课是根据教育部教学大纲推荐的内容以及家长和学生选择而开设的课程。学校自定课程是学校根据家长委员会的意见，自行确定的校本课程。为提升基础教育阶段学生的核心能力，从2000 年开始，教育部陆续提出一系列改革措施，修正课程计划及教学设计。2000 年，高等法院根据教育部的诉求裁定，凡接受国家资助的中小学都要开设核心课程，即 1—10 年级开设数学、英语、科学、术科、希伯来语(阿拉伯学校为阿拉伯语)五门核心课程。

以色列小学重视人文学科知识学习与犹太文化的传递，强调小学生对社会的认识，课外活动非常丰富。初中阶段的教育，仍然以学科为导向。2000年后的教育改革试图弱化这种导向，让学生有更宽阔的视野。在改革传统课堂教学的同时，也增加了更丰富的课外活动。高中阶段学生开始分流其课程，分学术和职业技术两类。

针对英才儿童的教育，以色列教育部强调要为他们提供专门的课程。2003 年，教育部要求英才教育部为英才学生提供特别课程，提供承认其特殊需要的教育系统，并且能够充分满足他们发展的需要，以实现天才学生潜力

---

① 李芳洲：《以色列教育发展与现代化》，89 页，哈尔滨，黑龙江教育出版社，2014。

的发展, 保证他们接受适当教育的合法权利。①

2. 提高教学质量的教学改革

新世纪伊始, 为提高大学入学率, 加强英语、阅读和数学教育的趋势变得极为明显。加之以色列学生在国际测试中的成绩不理想, 社会各界对教育质量的关注增加。

(1)强化核心课程改革。2001年以来, 教育部多次进行教育改革, 提出在中小学推行核心课程教学, 加强外语、数学、科学以及阅读教学, 强化价值教育。2002年, 教育部要求实行早期英语教育与读写教育计划, 并在常识课中保证每周2小时的英语授课, 在1000所幼儿园试行读写课。在2003年, 有56.4%的12年级以色列学生获得大学入学许可: 希伯来语学生有57.4%, 阿拉伯语学生有50.7%。这一比例超过了之前的水平, 改革产生了初步的成效。2004年教育部首次推行数学、阅读、英语和科学4门科目全国统考, 并把考试成绩作为衡量学校教学质量的标准。② 教学改革进一步深化。2015年, 以色列学生在国际学生评估项目测试中的成绩不理想, 国家继续推行教育改革, 在更大的范围内强化外语、数学和科学教学。2016年年底, 教育部实施为期10个月的"英语强化教学计划", 在2001年试行的基础上, 进一步要求阿拉伯学校也从小学一年级开始教授英文课程。

(2)德夫拉特计划。2004年5月, 以色列政府内阁批准德夫拉特计划, 该计划是由教育部委托以德夫拉特为首的委员会通过调研做出的改革计划。这一计划建议精简教师队伍、减轻财政负担、提高教师素质、提高基本工资, 稳定高质量的教师队伍; 减少课程, 加强基础教学; 关闭小规模的学校, 优化学校分布, 允许部分居住区自由择校, 促进学校间的教学竞争; 集中教师

---

① Miriam Peyser, "Identifying and Nurturing Gifted Children in Israel," *International Journal for the Advancement of Counseling*, 2005(6), pp.229-243.

② 姜言东:《以色列启动实施新一轮教育改革——基础教育是"创新型国家"的关键》, 载《中国教育报》, 2017-03-17。

资源，促进小班教学；改革宗教教育，以适应社会变化。由于教师未参与改革的政策制定，该计划受到教师联盟组织的抵制，也受到了大学教授的猛烈批评。此外，经费短缺也是推行改革计划的很大障碍。虽然计划遭到一些人反对，但是支持者依然不少，政府最终实施了部分举措，但改革的结果并不明显。

（3）新起点计划。2007年，以色列教育部和教师联盟组织共同签署协议，发起面向小学和初中的新起点计划。该计划受到德夫拉特计划的影响，致力于提高学业成绩，以改善教育质量。其中很多措施是德夫拉特计划的延续和深入。改革包括：延长教师的工作时间、提高教师薪酬、提高校长的薪酬和权力、提高教师质量等。新起点计划从2008年开始实施，改革成效明显。2010年，教育部发布的调查报告显示，实施新起点计划的学校，在教育部举办的标准测试中，学生的数学成绩平均提高了10分，但英语、语言研究、科学技术的分数并未提高；教师工资大体上得到提高，工作条件得到改善，校长有更多的权力决定教师的聘用；通过教师专业发展，教师的技能得到了提高；尽管教师对改革表示满意，但64%的教师表示工作量太繁重，58%的教师表示因为在课堂教学中时间投入过多而没有充足的时间参加继续教育；另外，学校的物质条件还不能满足教师的工作需求，校长的自主权还不够充分。2011—2012学年，所有的小学和2/3的初中加入了该计划。2011年，类似的计划"变革的勇气"在高中也开始实施。2011—2012学年，33%的世俗犹太人高中、27%的阿拉伯高中、32%的贝多因高中、55%的德鲁士高中和23%的极端正统犹太教高中加入了此次改革①，2016年后，类似的改革在所有公立高中实施。2017—2018年的教育工作，继续倾斜扶持大学入学率较低地区的教育；支持边远和少数民族教育，缩小教育差距。

（4）教育技术改革与远程教育。为配合教学改革，以色列政府大力推进教育技术改革。20世纪90年代以来，政府斥巨资建设网络化教学环境，一方面

---

① 邓莉：《21世纪以色列基础教育改革研究》，硕士学位论文，华东师范大学，2014。

将它作为提高教育质量的依托，另一方面，也以此作为缩小民族间与地区间教育差异的手段。伴随着教育技术的发展，各种远程课程得到推广。近年来，推进教育改革、提高教学质量、缩小民族间与地区间的教育差距、强化基础知识和基本技能的教学，赋予学校更多自主权，依然是基础教育改革的方向。

(四)英才教育

以色列是一个非常重视英才儿童教育的国家，几乎每所学校都配备了教授特殊天赋儿童的教师，并通过多种形式的"天才培养计划"项目，为其提供特殊课程，比如科学、艺术等。有些学生一周中要花一整天来学习专门课程；这些学生每周都会有几小时的户外活动。从小学至大学，这些学生都能见到大学教授，并有机会去实验室、高校学习或实践，因此他们的能力能够不断提高。[1]

20 世纪 90 年代以来，以色列的英才教育借助网络平台获得大的发展。借助网络平台，有限的教育资源使更多的英才学生，尤其是偏远地区的英才学生受益。1994 年，英才和优秀学生部为 7 年级及以上的英才学生开设远程教育，灵活的在线教育满足了边缘地区英才学生的需求。[2] 进入 21 世纪后，英才教育的线上服务面进一步推广，极大地满足了不同地区、不同人群的需要。

(五)劳动教育

以色列民族有重视劳动教育的传统。中小学教育都非常强调劳动教育，重视教育与社会生产劳动相结合。小学从一年级开始就设有手工课，通过系统的劳动教育，培养学生学会使用基本的劳动工具。开设在农场的基布兹和莫沙夫中小学，更强调劳动教育，学生普遍具有较强的劳动实践能力。普通小学高年级和初中的学生，要求学习并掌握一些劳动技术和家政服务技能等。如普通学校 8 年级的学生学习"以色列工业和国民经济"等课程，了解工业生

---

① 潘雅：《继承和发扬根植于民族血液里的创新精神——访以色列教育部部长夏伊·皮隆》，载《世界教育信息》，2015(1)。

② 成建丽：《建国后以色列中小学英才教育发展历史研究》，硕士学位论文，天津师范大学，2020。

产方面的相关知识。高中的劳动教育与职业教育的联系更加密切，有工业与农业技术教育课程，学生可以自由选择。

通过劳动教育，使学生在中学毕业时不仅可以获得一些基本的劳动知识与技能，更重要的是形成了正确的劳动态度与价值取向。

（六）国防教育

以色列实行普遍义务兵役、预备役和志愿服役三结合的兵役制度，凡年满 18—29 岁的男性公民、年满 18—24 岁的女性公民，如无特殊情况均须服兵役。一般是男性 3 年，女性 2 年，也可延迟征召日期。与此相配合的是中小学独特的国防教育，强调从幼年起，培养学生为国家服役的态度与一定的应对能力。

小学和初中没有专门的军事训练课，主要通过一些活动进行军事教育。小学每年有大约 12 小时到部队的军事训练营参加初步的军事操练以及防空、防震演习。初中的军事训练教育，包括艰苦旅行、野外学习营和防空、防震演习等军事操练活动。

从高中开始，国防教育系统化，学校为 11—12 年级学生开设系统的军事课程。

高中一般设军事训练教师一名，由具有本科以上学历的退役军官或体育教师担任。11—12 年级学生，每周有 1 节军事训练课，学习军事历史、以色列战争实例、军事基本常识，进行队列训练等。国防部还在全国设立 300 余处青少年军事训练营地"加德纳"，每年接受 2 万多名中小学生参加训练。中学生每年暑假都会参加 20—40 天的军事夏令营，接受航空、航海、射击、无线电通信、雷达操纵、车辆维修和战场救护等方面的训练。从 2005 年起，国防部安全社会局又开展了一项名为"聆听英雄讲故事"的国防教育活动，在每年 10 月份之前安排 11—12 年级学生到戈兰高地接受参加过 1973 年战争的老军人的现身说法，以此坚定青年人为国家服役的决心。①

面向11—12年级学生还有入伍前预备教育，包括心理适应教育以及为技术兵种设立的短期技术培训。

与国防教育相配合的是国土安全教育。以色列中小学每年举行一次紧急演习，国防军后方司令部根据形势需要，到学校演示各种紧急情况的处理办法，如操练学生从课室撤离到掩蔽所等。1991年海湾战争后，这种演习进一步制度化。2001年美国911事件以及2002年伊拉克战争前后，以色列紧急救援署和国防军后方司令部统一部署，组织全国中小学进行遇到突发事件全过程的操练。2002年，紧急救援署和国防军后方司令部的战士参加了6个学校的演习。2003年伊拉克战争前夕，上述机构还派人到全国各类学校演示如何使用防毒面具以及如何在听到警报后进行紧急疏散等。②

第三节　与时俱进的教师教育

20世纪90年代以来，各届政府都非常重视教师教育，通过提升教师教育的质量，提高教师的素质。

一、教师教育制度

1963年的师范教育改革，确立了以色列的师范教育的基本框架。20世纪90年代后，师范教育发展为将职前与职后教育纳入一体的教师教育，由教育部全权负责，为中小学培养了一批批优秀的教师。以色列中小学教师教育的

---

① 陈腾华：《为了一个民族的中兴：以色列教育概览》，59—60页，上海，华东师范大学出版社，2005。

② 陈腾华：《为了一个民族的中兴：以色列教育概览》，59—62页，上海，华东师范大学出版社，2005。

职责由不同的教育机构承担，高中教师的培养主要由大学教育学院承担，现在个别教师教育学院也开始培养或培训某些专业的高中教师。

教师教育学院主要承担培养和培训幼儿园、小学和特殊教育教师的任务，具有颁发学士学位和教师资格证书的资质，部分学院还有独立授予某些专业硕士学位的资格，有的专业与大学联合授予学生专业硕士学位。

中小学教师教育的类别丰富多样，既有正规的学历教育，也有多种多样的非学历教育，包括教师资格培训、专项培训、常规培训、校本培训等。20 世纪 90 年代末，50% 以上的希伯来小学教师、37% 的阿拉伯小学教师具有大学文凭；76% 的希伯来中学教师、68% 的阿拉伯中学教师具有专业学位。[①] 2000 年之后，基础教育的改革需求与教师教育的快速发展，吸引了更多的学生，以色列中小学教师的学历水平与教师资格证书持有者的数量，在原有的基础上都有很大的提高。

二、提升教师教育的质量

教师教育的经费由以色列教育部提供。稳定、充足的培训费用很大程度上保证了教师教育的质量。

（一）强化专项培训，提高培训层次

进入 2000 年后，教育部多次进行教育改革，将教师教育的地位提升到新的高度。政府在给予教师更高薪金待遇的同时，通过提供更严格的培训，提高教师的专业地位，引导年轻人成为教师。2001 年，教育部推出的 5 年教育改革计划，鼓励教师参加专项进修，通过教学技巧、教育方法、计算机信息管理、民族文化传统知识等方面的培训，提高教师的素质，保证教学质量。随着信息技术的发展，政府斥巨资培训教师的现代教育技术，同时还投入大量资金打造信息化课堂，使中小学教学实现电脑化、网络化。2005 年以后的

---

① 陈腾华：《为了一个民族的中兴：以色列教育概览》，36 页，上海，华东师范大学出版社，2005。

德夫拉特报告和新起点计划，都强调提高教师工资的同时，加强教师培训的质量。以色列国会官网信息显示，德夫拉特报告明确提出，要提高教师的专业性和教师地位，必须加强教师的培训，提高培训教师的学术机构的最低入学要求，并鼓励在职发展。① "新起点计划"规定，要改革教师专业发展及其晋升机制，根据学生的学业成就与教师在职培训的完成率，决定教师的晋升。所有的教师在未来 5 年中都必须拥有学术学位。② 2008 年，教育部启动"新地平线"改革计划，要求所有新教师都必须具备大学学历和教学资格证书。③

从 2010 年开始，政府还启动了一系列特殊项目，招募和培训教师。其中的"青年活动"项目，发掘了很多天赋异禀有志成为教师的青年。同时成立的"青年团体"，旨在把青年人培养成为合格的教师。这个项目的发展非常迅速。2015 年，在以色列 55 个地区，每个地区都有约 2500 名青年加入教师队伍。这个数字对于以色列来说是惊人的。2010 年后的另一个重要项目是"为全体而教"，这是精英教师培训项目之一，同时也是一个全球性的项目。该项目从美国开始，现在已经扩大到 40 多个国家，以色列是其中一员。④

(二)英才教师培养专门化

以色列英才教育刚实施时，是从教育系统中选拔出优秀教师，通过定期开展讨论式的学习，或参与由英才儿童部提供的在职培训，学习特殊的课程，掌握教授天才儿童的方法。他们有的是普通教师，有的是大学教授，有的是在校研究生。1990 年开始，教育学院开启了英才教师培训项目，是英才教师的培养专门化的开始。1990—1991 学年，在特拉维夫的哈基布特齐姆教师培

---

① 访问日期：2018-08-31。

② 邱兴：《以色列中小学教师职前教育体制及其特点》，载《外国中小学教育》，2009(1)。

③ 姜言东：《以色列启动实施新一轮教育改革——基础教育是"创新型国家"的关键》，载《中国教育报》，2017-03-17。

④ 潘雅：《继承和发扬根植于民族血液里的创新精神——访以色列教育部部长夏伊·皮隆》，载《世界教育信息》，2015(1)。

训学院设立了正规的英才教师教育方案，为英才项目培训教师。① "1990年，特拉维夫市的教师教育学院开始了英才教师教育。师资培训的途径包括：开展学术研究、在职教师的专业发展计划、教师学院学生的英才教育特殊训练计划等。"②2004年以后，教育部提出英才教师需获得英才教师资格证书。2010年后，以色列英才教育局明确提出：所有英才教师必须参加224学时的培训，并且获得英才教育资格证书。③ 以色列英才教师培养走向专业化。

第四节　快速发展的高等教育

一、高等教育管理体制的变化

(一)国家教育管理体制

1. 管理体制的结构及其职能

高等教育理事会(CHE)是以色列高等教育的最高管理机构，是政府和高等教育机构以及高等教育机构之间沟通和协调的中介，是维持学术自由和高等教育监督平衡的机构。理事会成立于20世纪50年代末，是基于1958年的高等教育理事会法确立其结构与职能。该法律规定，高等教育事务将由一个独立机构负责，该机构负责制定政策，并在经过专业审议后做出决定；拥有以预算形式管理内部事务的自主权。该法律还规定，根据个人在高等教育领域的地位，选出2/3以上的理事会成员，人数在19—25人，由现任教育部部

① Blanka Burg, "Gifted Education in Israel," *Roeper Review*, 1992(3), pp.217-221.

② 吴春艳、肖非：《以色列的英才教育现状研究》，载《比较教育研究》，2012(12)。

③ Baruch Nevo and Shlomit Rachmel, "Education of Gifted Children: A General Roadmap and the Case of Israel," in *Creativity in Mathematics and the Education of Gifted Students*, R. Leikin, A. Berman and B. Koichu, Rotterdam, Sense Publisher, 2009, pp.243-251.

长领导。成员每五年选举一次。① 该理事会致力于高等教育管理与协调的事务。

高等教育理事会的机构设置，随着社会、政治、经济以及高等教育自身的发展不断进行着调整。2001 年，高等教育理事会有 25 名成员，包括教育部部长，理事会、计划与预算委员会主席以及全国学联主席等，其中 17 名委员是大学教授。这些专家组成员，是履行高等教育理事会职能的重要保障。2010 年，高等教育理事会的设置包括计划与预算委员会、大学和教师培训学院委员会、地区学院与海外教育委员会、工程和技术学院委员会、质量评估委员会等。其中，计划与预算委员会的权力最大。2014 年 11 月，以色列总理办公室、教育部和财政部组成了以色列高等教育治理指导委员会，其成员除了高等教育理事会和高等教育计划与预算委员会的资深代表外，还包括各类高等教育机构、相关政府办公室 (包括总理办公室、财政部、司法部、最高法院和其他机构) 的代表。其目标是重新制定高等教育治理的组织结构，评估大学与政府的互动，既维持高等教育体系某种程度的自治，又体现政策以及国家需要和目标的政治意图，强调规划程序、质量控制和学术认证三者间的正相关联系。②

2. 市场经济下的高等教育管理

20 世纪 90 年代以来，以色列在适应经济全球化的发展过程中，积极推进市场经济改革。受市场经济的影响，高等教育的管理模式开始发生变化，原有的单一监管制度分为三个子系统：完全受监管的公立高等教育部门、受到学术监管的私立高等教育部门以及放松管制的国际高等教育机构。③ 1993 年，高等教育理事会制定了新的高等教育规划，政府通过了该规划，建议增加公

---

① Nitza Davidovitch, "Yaakov Iram, Models of Higher Education Governance: A Comparison of Israel and Other Countries," *Global Journal of Educational Studies*, 2015(1).

② 黄海刚：《20 世纪 90 年代以来以色列高等教育的变革》，载《中国高教研究》，2017(9)。

③ 黄海刚：《20 世纪 90 年代以来以色列高等教育的变革》，载《中国高教研究》，2017(9)。

立性学院的数量，并使以色列拥有学位点的公立学院增加了两倍。[①] 与此同时，以色列首次允许在高等教育领域由私营机构运行，这些机构仍然接受高等教育理事会的监管，但不享受政府公共财政拨款的支持。同时，在以色列境内建立外国高等教育机构分校也得到了许可，这些机构在学术上保持独立，仅接受高等教育理事会的行政监管。

3. 强化国家管理的趋势

进入 21 世纪，在市场导向的管理模式继续发挥作用的同时，加强国家监管的趋势再次抬头。首先，市场导向的持续影响。2000—2003 年的财政紧缩政策，直接影响到大学拨款，大学发展寻求外援成为必然；同时，在大学与学院之外，成立科研与教学相结合的第三种类型的大学学院，为学院从事科学研究奠定了合法性基础，也打破了以色列大学 65 年的垄断地位，意味着以色列大学必须面对市场竞争。[②] 其次，为提升高等教育的办学质量，在尊重市场需求的前提下，以色列不断强化国家对高等教育体制的监管。2002 年高等教育理事会重组，在 25 个理事会席位中，大学教授的席位从 17 个减少到 12 个，失去了原有的主导地位，国家重新获得高等教育的主导权。然而，与之前不同的是，新监管体制充分尊重高校的自主地位，并根据国家的战略规划与长远目标发挥其监管影响力。

2000 年以来，以色列高等教育体制改革并非单一地扩大公立综合性大学体系，而是同时发展各种类型的高等教育机构，逐渐降低公立综合性大学在校学生的比例。2002 年 1 月 6 日，时任教育部部长在给《国土报》的"教育垄断联盟的终结"的信件指出了教育垄断的弊端："数年来，公立综合性大学就如同商业垄断机构一样，仅保护着某个特定社会阶层的利益，……教育垄断联盟采取了各种可能的手段来阻止拖延改革的进程。……目前，教育垄断联

---

① 姜勇、严婧、黄瑾：《以色列高等教育体制改革的变迁与启示》，载《高教探索》，2013(5)。
② 黄海刚：《20 世纪 90 年代以来以色列高等教育的变革》，载《中国高教研究》，2017(9)。

盟已经完全脱离了社会大众，摆脱了原本应该服务大众的职责。"①改革确立了国家对高等教育有效监管的新体制，加强了国家对于各类大学的直接监管，之前封闭的政策网络也发生了变革，传统公立综合大学的垄断地位有所削弱，各种新的公立和私立教育机构建立并发展起来。2014 年，以色列高等教育治理指导委员会提交了一份报告，提出了如下建议：成立高等教育管理局，将机构认证的权力从新的机构中分离出来；高等教育规划和预算委员会应包括一名学生代表；保留教育部长为治理委员会的主席，并由前最高法官领导的委员会委任各委员会成员。② 改革强化了政府的控制，是对高等教育管理模式市场导向的纠正，目前这项改革仍在进行之中。

以色列的高等教育管理是基于一系列法律法规的监管程序，确保其监管和干预的方向，由高等教育理事会作为监管者进行干预。一方面是高等教育理事会强有力的监督和控制系统的运作，另一方面是一些机构的自主发展和自我评估。③ 在经济发展、社会进步的大潮中，以色列的高等教育呈现出多样化、私有化和国际化的发展态势。

(二)大学行政结构及其管理

以色列高等教育机构享有高度的行政管理和学术自由，并形成了有效的运行机制，在制定规划、监督管理、筹集资金等方面发挥着重要的作用。

1. 最高权力机构

董事会是大学的最高权力机构，成员包括来自世界各地的学者、科学家、社会贤达、学校对外友好协会负责人、以色列政府代表、世界犹太复国主义运动组织的代表、其他支持高校建设的组织代表、校友代表以及学生会代表。

① 姜勇、严婧、黄瑾：《以色列高等教育体制改革的变迁与启示》，载《高教探索》，2013(5)。

② 黄海刚：《20 世纪 90 年代以来以色列高等教育的变革》，载《中国高教研究》，2017(9)。

③ Nitza Davidovitch, Yaacov Iram, "Regulation, Globalization, And Privatization of Higher Education: The Struggle to Establish A University in Israel," *Journal of International Education Research*, 2014(3).

董事会的职责是制定学校的章程，规定学校的法律地位、校名、办学宗旨和招生原则等。其常设机构是执行委员会，该委员会由董事会任命的委员、主席和名誉主席以及学术委员会任命的委员组成，根据董事会的授权在董事会休会期间负责管理和处理学校的事务。

2. 最高学术机构

学校的最高学术机构是学术委员会，由全校教授、学院院长、图书馆馆长、副教授、高级讲师、部分职员代表组成，学术总监为学术委员会主席。负责学术运作，监督和维护学校教学、教育、研究以及学科建设水平，制定图书馆规则等。

3. 教学事务管理机构

学院院务会议是在学校学术权力机构之下的常设机构，负责学院的教学事务，调整教学内容，协调科研并向学术委员会递交相关建议。

4. 政策执行与实施机构

学校行政机构是董事会的政策执行和实施机构。校长是学校的行政首长，对董事会负责；学术总监是学校的学术首长，对学术委员会负责；院长是学院事务的首长，负责学院的行政、教学和科研管理，是院务会议召集人。[1]

二、教育经费投入的增加

以色列高等教育经费采取政府直接分配的制度。计划与预算委员会是以色列高等教育理事会的常设机构，是以色列高等教育经费预算与管理的主要职能部门，其职责是从规划、预算和财务角度来审查新机构、新单位或新的学术项目的申请，并向高等教育委员会提出建议。

20 世纪 90 年代以来，随着高等教育的快速发展，教育经费也进一步增

---

① 李芳洲：《以色列教育发展与现代化》，75—77 页，哈尔滨，黑龙江教育出版社，2014。

长。平均来讲，1995—2001 年，高等教育的经费增加了 16%。[①] 其中，研究基金的增幅比较显著，1997—2008 年，高等教育委员会分配给研究基金的数额从 2000 万美元增长到 5000 万美元。此外，专项拨款所占比例也较大。2011 年，计划与预算委员会颁布了新的预算拨款模式，在短期或中期启动和开展各项活动的经费，专项拨款占整体拨款的 20% 左右。为学生提供的资助在最近几年也有大幅提升。2011—2012 学年，提供给学生的补助奖金(80%)和贷款奖金(20%)约 1380 万美元，很大程度上减轻了学生的经济负担。[②]

2011 年 1 月，为增强大学教学和科研能力，教育部规定，今后 6 年将大幅增加教育投资 30%，总额达 21 亿美元。新增教育经费将主要用于加强基础研究和提高教学质量，包括增加 2000 所大学和学院教师职工，资助建立 30 个新研究所，增加有竞争力的科研项目拨款等。部分资金将用于改善非犹太民族接受高等教育的机会。[③] 该计划是以色列高等教育发展的转折点，是以色列高等教育居世界前列的重要保障。

三、高等教育大众化及其结构变迁

(一)高等教育大众化

20 世纪 90 年代，随着大量移民的到来，高等教育的求学人口迅速增加，以色列高等教育迎来一个大发展的时机。政府及时出台了一系列法规政策，为高等教育的发展提供了有力的支持。1994 年，议会通过的年度决议，扩大了授予学术学位机构的数量，将非政府拨款机构、教师教育学院、技术学院和地区学院升格为高等教育机构，并允许外国大学在以色列设立分校。1995 年，以色列通过了高等教育理事会第 10 号修正案，允许学院授予学术学位，

---

① 李芳洲：《以色列教育发展与现代化》，26—27 页，哈尔滨，黑龙江教育出版社，2014。
② 赵慧杰、施枫：《以色列高等教育发展的现状、问题及启示》，载《中国电力教育》，2013(16)。
③ 李芳洲：《以色列教育发展与现代化》，24—25 页，哈尔滨，黑龙江教育出版社，2014。

并将其正式纳入高等教育体系之中。①

20世纪90年代是以色列高等教育受教育人数增长最快的时期，大批地区学院、专业学院和教师教育学院建立，同时海外高等教育机构进入，以色列掀起了高等教育的办学高潮，并一直持续到2000年之后。首先，高等教育机构数量逐年增加。2003年，以色列高等教育理事会的统计数据显示，全国授予本科以上学历的高等院校有58所，包括8所著名的大学以及24所地方院校、专业学院和26所教师进修学院。② 2011—2012学年，高等教育学生数量增长了3倍，高等教育机构数量也不断扩大。2014年，以色列高等教育机构，包括7所研究型大学、魏茨曼研究院（提供高级教育）、开放大学、37所学院（其中19所是政府资助的，18所是预算外的）和21所教师教育学院。③ 其次，高等院校学生数量增加迅速。20世纪90年代以来，接受高等教育的人数增加迅速，其中本科生以平均每年8.9%的速度增加。1990年各类高校在校学生是6.7万人，1991年达到9万人，1995年增加到15.4万人，2000年又增加到20.1万人。2001年增加到21.7万人，2002年增加到22.75万人，2003年增加到24万人，2004年增加到24.5万人，其中攻读本科学位的学生约占19.1万人，攻读硕士学位的学生占4.3万人，攻读博士学位的学生占9000人，呈逐年上升趋势。④

在1990—2000年的10年间，以色列各类高等教育机构在校学生数量已经翻番。接受高等教育机会的增加，满足了不断增长的入学群体的需要，也使接受高等教育的机会增加了50%。1990年以来，以色列高等教育快速发展。20

① Nitza Davidovitch, Yaacov Iram, "Regulation, Globalization, And Privatization of Higher Education: The Struggle to Establish A University in Israel," *Journal of International Education Research*, 2014(3).

② 陈腾华：《为了一个民族的中兴：以色列教育概览》，101页，上海，华东师范大学出版社，2005。

③ Nitza Davidovitch, Yaakov Iram, "Models of Higher Education Governance: A Comparison of Israel and Other Countries," *Global Journal of Educational Studies*, 2015(1).

④ 陈腾华：《为了一个民族的中兴：以色列教育概览》，99页，上海，华东师范大学出版社，2005。

世纪 90 年代末，以色列每 1 万名劳动力中取得理工科硕士和博士学位的为 7 名，而英国为 5.3 名，美国为 4.8 名，加拿大为 3.3 名，日本为 2.6 名，德国为 1.9 名。[①] 2000 年之后，接受高等教育的人数继续增加。高等教育理事会的统计显示，2014 年，包括开放大学在内的高等教育机构，在校学生已达 30 多万。[②]

高等教育机构与接受教育人数的增加，使以色列的高等教育由精英教育走向大众教育，高等教育的职能得以拓展。

(二)高等教育结构变迁

伴随着 20 世纪 90 年代高等教育大众化的实现，以色列形成了层次分明的高等教育结构。随着社会的发展，高等教育结构不断趋于合理。以色列高等教育理事会法规定，高等教育机构"包括从事教学、科学和研究的大学和其他有学位授予权的机构"。[③] 这些机构包括"大学"和"其他高等教育机构"两个层次。这里的"大学"是指有权授予学士、硕士、博士学位的学术性大学。"其他高等教育机构"包括地区学院、专业学院、教师教育学院、开放大学以及海外教育机构。这些高等教育机构互为补充，形成多层次多类型的高等教育结构，为以色列高等教育大众化发展做出了重要贡献。

1986 年，以色列 85% 以上的高等教育机构的学生是本科生，很少一部分为教师教育学院和其他高等教育机构的本科生，而地方性学院的学生数为零。之后，综合大学的学生数量占总数的比例逐渐下降。2000 年，综合大学所占的比例不到 60%，而教师教育学院、其他高等教育机构的学生比例急剧增加。2010—2011 年度，共有 125000 名学生在综合大学，96700 名学生在专业学院，30000 名学生在教师教育学院，此外，还有 46000 名学生在开放大学。此时，综合大学在读学生所占比例已经降低到 41.99%，而专业学院、教师教育学院

---

① 李芳洲：《以色列教育发展与现代化》，29 页，哈尔滨，黑龙江教育出版社，2014。

② Nitza Davidovitch, Yaakov Iram, "Models of Higher Education Governance: A Comparison of Israel and Other Countries," *Global Journal of Educational Studies*, 2015(1).

③ 饶本忠：《论以色列对西方高等教育模式的移植》，载《现代大学教育》，2010(3)。

的在读学生比例则分别达到32.48%和10.08%。① 2000年以来,以色列各类高校的布局逐渐走向平衡,从以本科院校为主,逐步形成各类型本专科院校、教师教育学院、开放大学等多元并举的高校办学模式。

四、高等教育机构的发展

大学、地区学院、专业学院与教师教育学院、军事院校、外国大学是以色列高等教育的主体机构,下面做主要介绍。开放大学主要面向在职人员,将在后面的成人教育中介绍。

(一)大学

以色列的大学主要指综合性或研究型大学,以精英教育的管理模式为主,服务于教学和科研双重目标。每所大学(魏茨曼科学院除外)均在美术、文科和理科领域授予学士、硕士、博士学位。同时,国家尖端领域中最基础的研究室都在7所公立大学,由专家负责领导。2006年的调查显示,中东地区最好的10所大学里,有7所位于以色列。这7所大学都是具有国际影响力和国际化的研究型大学,承担了以色列全部的研究项目,拥有全国80%以上的应用技术专利(见表4-1)。

表4-1 以色列七所著名大学

大学(简称)	创立年份	院校类型
希伯来大学(HUJ)	1918	综合性大学
以色列理工学院(IIT)	1912	工科大学
魏茨曼科学院(WIS)	1949	研究型大学,无本科
巴尔·伊兰大学(BIU)	1955	综合性大学
特拉维夫大学(TAU)	1956	综合性大学
海法大学(HU)	1963	综合性大学
内盖夫本·古里安大学(BGU)	1969	综合性大学

① 姜勇、严婧、黄瑾:《以色列高等教育体制改革的变迁与启示》,载《高教探索》,2013(5)。

希伯来大学是综合性的研究大学，学科门类齐全、科研力量雄厚，多年来一直致力于精英教育，是最具有国际化的高校，目前已经出了7位诺贝尔奖获得者。特拉维夫大学1956年成立，是以色列规模最大、综合性最强的大学，拥有9所学院、106个系、90个研究中心，在以色列的科技领域遥遥领先。以色列首台超级电子计算机由该大学研发，该校的电子器械、系统工程、电子计算机、生态学领域都处于世界顶尖水平。该校的创业、创新教育非常有名，整体实力在全球创业十强高校中名列第九。[①] 魏茨曼科学院，下设13个研究中心，还有自己的工业园区，专业范围非常广泛，已成为世界知名科研机构。目前，以色列理工学院已经培养出了3位诺贝尔奖获得者，号称"以色列的麻省理工学院"。以色列理工学院的目标是建立一流理论和应用工程学科，吸引一流的教师和科研人才，培养一流学生。2004年该校的赫什科教授和谢查诺瓦教授与美国加州大学尔湾分校(UCI)教授共同分享诺贝尔化学奖。

(二)地区学院

随着20世纪90年代高等教育的迅速发展，大批地区学院建立。地区学院除了作为成人教育中心外，也在大学帮助下提供学术课程，聘任大学教师并颁发学士和非研究型硕士学位。地区学院大多数是由大学委托或协助办学，学院主要承担教学任务。地区学院的经费由教育部与地方政府共同承担。高等教育理事会负责制定学院的教学大纲，由常设的地区学院委员会负责大学指导的课程。教学方式以远程教育和业余教育为主，为居住在远离中央位置大学的学生提供机会。

地区学院的学生一般会在学院修习一部分课程，然后在主办大学的主校园内完成其余部分。20世纪最后10年间，以色列高等教育中攻读学位的学生数增长迅速，从1990学年度的6.3万人增加至2001学年度的20.7万人。[②]根

---

① 唐志超:《以色列的教育》，载《领导科学论坛》，2017(12)。
② 饶本忠:《论以色列对西方高等教育模式的移植》，载《现代大学教育》，2010(3)。

据2002年中央统计局资料，占有区位优势的地区学院已经普遍成为学生攻读学士学位的首选，既省时省钱又能较灵活选择合适的专业。地区学院本科生招生比例在过去10年以1%的年增长率稳步上升，同期大学的年增长率仅为0.4%。2001年《耶路撒冷邮报》的统计数据显示，1990—2001年，地区学院招生比例增加了11.3%，开放大学招生比例增加了7.1%，同期大学的年增长率为0.7%。2000—2003年，地区学院招生以8.6%的比例继续呈稳步增长态势，同期大学的年增长率仅为1.1%。2003年，在大学就读的本科生是77万人，而在地区学院就读的本科生已经达到68万人。本科生的热门专业教育（89.7%）、商业与管理（79.8%）、法律（71.8%）等主要集中在地区学院，而大多数社会科学、人文、医学、理学等研究性学科还是集中在大学。[①] 在高等教育大众化过程中，地区学院的贡献非常突出。

（三）专业学院、教师教育学院

以色列的专业学院也称职业技术学院，有权授予专业学士学位，包括技术、商业、护士、医务辅助、办公室工作等各类小型专业学校。教师教育学院培养学前及小学教师，有权授予教育学士学位。这两类学院的学制一般为2—3年，其经费来源主要是以色列教育文化部与地方政府。专业学院与教师教育学院有公立和私立两类。它们在一些特定的专业方面提供大学水平的教学，如法律、管理、技术和教师教育等；此外，还有培养护理人员的专业，如视力学、放射学、牙齿保健和运动、文化以及烹调技术等。20世纪90年代以来，出现了不少法律、工商管理等实用专业的私立学院。

20世纪90年代以来，以色列职业教育最大的变化是科学技术的含量增加。1992年，以色列政府提出了"面向二十一世纪科技进军"的《明天：98》计划，强调科学技术的重要性。报告建议职业教育由职业技术体系转向科学技术体系。这一转型推动了教育中的科技含量。为此，学校鼓励学生选修与经

---

① 陈腾华：《为了一个民族的中兴：以色列教育概览》，112页，上海，华东师范大学出版社，2005。

济发展密切相关的课程，尤其是一些尖端技术课程，如计算机、数据处理和软件开发等。20 世纪 90 年代，在职业教育中学习高层次尖端技术的学生从 20 世纪 70 年代的 30% 增加到 60%；而学习较低层次普通技术课程的学生从 20 世纪 70 年代的 50% 减少到 30%。① 2000 年之后，专业学院和教师教育学院的学生比例快速增加。据统计，2010—2011 年度，专业学院学生达 96700 名，占在读大学生比例 32.48%。教师教育学院的在读学生有 30000 名，占到高等教育学生总数的 10.08%。② 这一比例超过了过去任何一年。专业学院、教师教育学院以及地区学院，在高等教育大众化过程中都做出了积极的贡献。

(四)军事院校

军事教育是以色列教育中的一大特色。以色列军事院校以军官和专业军士的中短期培训为主，不单独实行学历教育。以色列共有各类军事院校 20 余所，形成初级院校、指挥参谋学院、国防学院三级培训体制。军事院校强调结合实际。初级院校的教学注重具体方法的传授和实际运用能力的培养；中级学院重视指挥控制、组织决策等方法及理论的学习；高级学院突出国防和安全等战略问题的研究。以色列的军队院校不能单独授予学位，必须依托国民教育系列开展学位教育。以色列各大学也为部队培养人才提供各种方便，除了吸收部队学员外，一些重点大学均设有暑期班，为部队学员开课。近年来，军队院校开始采取与地方大学联合办学的方式，为军人提供学历教育。如从 2002 年开始，空军飞行学院与内盖夫本·古里安大学联合办学，将两年学制延长为 3 年，大学为部队学员开设数学和计算机、信息技术与管理、经济学与管理、政治学与管理等 4 门专业，学员选择其中一门学习，学业完成后授予大学理学学士学位。③

---

① 李芳洲：《以色列教育发展与现代化》，102—103 页，哈尔滨，黑龙江教育出版社，2014。
② 姜勇、严婧、黄瑾：《以色列高等教育体制改革的变迁与启示》，载《高教探索》，2013(5)。
③ 陈腾华：《为了一个民族的中兴：以色列教育概览》，113—115 页，上海，华东师范大学出版社，2005。

（五）外国大学

外国大学是近年来国外的一些大学在以色列建立的分校，他们直接受教育部的行政监管，在学术上保持独立。20 世纪 90 年代，经高等教育委员会批准，在以色列境内独立办学的海外高等教育机构有 25 所，体现了以色列高等教育的多样化特征。1994 年后，外国高等教育机构的涌入，使以色列高等教育组成份额发生了重大变化。从 1994 年到 1998 年，以色列的学院和大学数量翻了两番，从 21 所增加到 84 所。其中 49 所是本地大学，35 所是海外大学的延伸。截至 1998 年，尽管外国高等教育机构规模仍然不够庞大，招生人数占全国学生总数不到 10%，但其在以色列国内已经占有相当大的份额，约占全国高等教育机构总数的 45%。[①] 外国大学收费昂贵，但服务的范围广泛，为以色列高等教育的迅速发展做出了积极的贡献。今天，以色列境内的外国大学有 30 多所。

五、教育评估与科研

（一）教育质量评估

以色列高等教育强调科研，注重科研成果的转化，会及时根据市场需要设置与调整专业。20 世纪 90 年代以来，高等教育的快速发展，也带来了一些问题。2000—2007 年，政府的财政紧缩，削减了高等教育预算，大学科研拨款减少。高校的师生比和大学教师的年龄结构也相应发生了变化。2000 年后，新建的高等教育机构，在经历了初期的蓬勃发展后，也出现了学术、财政和合法性等方面的问题。高等教育体系的一系列问题，直接影响到教育的质量。政府及时建立起一整套监督机制，严把高等教育的质量关。

2003 年，以色列成立了高等教育质量评估委员会，确定了内外结合的质量评估政策，强调高校自我评价与高等教育理事会组成的外部评估相结合，

---

① 姜勇、严婧、黄瑾：《以色列高等教育体制改革的变迁与启示》，载《高教探索》，2013(5)。

以加强评估的质量意识、完善高等教育的内部机制建设、确保以色列学术系统与世界接轨。2010年，作为高等教育计划与预算委员会与以色列财政部多年协议的一部分，评估和保障部门成为高等教育委员会的一个独立机构——质量评估部。随着教育质量评估改革的深入，学科评估的范围也在不断扩大。2011—2012学年，高等教育理事会评估学科涉及阿拉伯语和语言文学、软件工程和信息系统能源工程、计算机科学、艺术史等；2012—2013学年，评估的范围拓展到材料科学与工程、医学实验室、医学科学实验室、教育、科学指导、医学、法律等学科。[①] 2013—2014学年，高等教育质量评估委员会对26所高等教育机构(大学和学术型学院) 的317个部门和学院的50个研究领域进行了评估。向国际评估委员会提交了328份报告，报告基于机构和全国的视角分析每一个研究和学科领域的情况。[②] 高校自评与高等教育理事会评估内外结合的评估体系，反映了高等教育质量提升的要求以及与国际接轨的趋势。

(二)科研及其成果转化

科研是以色列高等院校发展的灵魂。高等院校的科研活动涉及各个领域，已成为以色列经济、科技与军事发展的生力军和开拓者，在科技成果转化过程中起着重要作用。以色列高等教育特别强调应用与创新，形成了"政府—大学—企业"三位一体的应用与创新体系。各大学不仅有负责科研成果转化的机构，有的还设有专利办公室。有些大学建立工业园区，有些还成立了实业公司，对促进科研成果的转化起到了重要的作用，也取得巨大的商业成功。"以色列大学获得的专利经费是美国大学的2倍多，是加拿大大学的9倍多。"[③]在以色列的大学中，还有跨学科的研究和实验机构，主要从事与国家工业关系

① 李芳洲：《以色列教育发展与现代化》，81—82页，哈尔滨，黑龙江教育出版社，2014。
② 黄海刚：《20世纪90年代以来以色列高等教育的变革》，载《中国高教研究》，2017(9)。
③ 张倩红：《以色列教育的特点》，载《西北大学学报》(哲学社会科学版)，2000(2)。

重大的科学技术领域的工作。另外，还有很多院校就技术、行政、财务和管理等方面的问题对工业界提供咨询服务。① 与此同时，以色列非常重视与其他国家的合作。2000 年在美国纳斯达克市场上市的以色列公司就超过 100 家。2007 年 9 月，以色列高等教育理事会与泰国政府签署了谅解备忘录，2009 年与智利签订了学生合作项目。②

高等教育机构科研及其成果转化的经费，主要来源于政府和公立机构，其资助总额占以色列研究与开发经费的一半以上。与其他国家相比，以色列这部分资金在总额中所占份额很大；资金总额中近 40% 用于提高知识水平，由高等教育协会和赠款委员会通过综合大学基金会拨给各大学。③

20 世纪 90 年代以来，以色列高等教育发展取得了显著成就，为国家培养了一支稳定、高效、强大的科研队伍。以色列拥有世界上人均最多的工程师，每万名居民中拥有 135 名科学家和工程师；每万人中拥有著作者人数，在自然科学和工程领域高达 60 余人，居世界第一位。科学出版物在世界出版物中占据了相当大的比例（大约占到 1%）。④ 大学教授在自然科学、工程、农业、医学领域发表研究成果的人数，在其劳动人口中的比例也远远超过其他任何国家。这些科技人员，在科技进步与经济发展中发挥着重要的作用。以色列优质的高等教育，已成为推动科技繁荣和经济发展的劲力。

第五节　应对需求的成人教育

以色列的成人教育主要由教育部成人教育司和劳工社会保障部以及社会

---

① 唐志超：《以色列的教育》，载《领导科学论坛》，2017(12)。
② 李芳洲：《以色列教育发展与现代化》，83—84 页，哈尔滨，黑龙江教育出版社，2014。
③ 唐志超：《以色列的教育》，载《领导科学论坛》，2017(12)。
④ 李芳洲：《以色列教育发展与现代化》，28 页，哈尔滨，黑龙江教育出版社，2014。

发展局联合主持，同时吸引社会力量参与。

一、政策法规

教育部在制定成人教育政策时明确规定了成人教育的目标是：第一，发展终身教育文化，增加成人知识，扩大成人知识视野，向成人提供丰富个人兴趣的学习机会。第二，缩小成年人口的教育差距。第三，满足移民人口在希伯来语言和文化方面迫切和不断的需求。第四，通过提供家庭生活所需要的知识和技能，改善个人、家庭和社区生活的质量；推动成人教育领域的职业训练和在职训练，并与世界专业组织开展有关成人教育的国际合作。[①] 为实现上述目标，国家向成人提供犹太传统道德认知、知识与文化教育，期望通过学习希伯来语和文化，使每个公民都能成为家庭生活和社区的优秀成员。

二、教育内容

以色列成人教育的课程由教育部直接负责，围绕不断变化的世界和社会发展展开，既有基本的识字教育，也有深化学习掌握技能的教育，还有国家承认学历的高等教育等，主要有以下四种。

(一)扫盲教育

以色列是一个重视教育的国家，是中东地区识字率最高的国家。20 世纪 90 年代以来，以色列的扫盲教育进一步发展，成效显著。1990 年文盲率减少到 13%，1998 年又降到 12.5%，并且以色列阿拉伯文盲主要是老年人，其中 55 岁以上的占 55%。[②] 1998 年，15 岁以上的犹太人有 135.1 万人，其中未受过任何正规教育的仅为 2.6%，30% 的犹太成年人接受了至少 13 年的正规教育。2000 年，以色列成人识字率达 94.6%，全国文盲率仅为 3%，其中犹太

---

① 陈腾华：《为了一个民族的中兴：以色列教育概览》，211 页，上海，华东师范大学出版社，2005。
② 陈腾华：《为了一个民族的中兴：以色列教育概览》，213 页，上海，华东师范大学出版社，2005。

人受教育率达 100%。[1]

(二)语言教育

20 世纪末的移民潮，给以色列带来了丰富的人才资源。其中，来自苏联的新移民，有 50% 具有大学本科及以上的教育程度。1990 年，以色列共接纳 10 万新移民进入成人教育体系学习希伯来语。为使这类人才尽快融入社会，政府拨专款建立了希伯来语补习学校乌尔潘，为新移民提供为期 5 个月的全日制强化免费教育。乌尔潘由教育部和移民回归部共同主办，采取国家补贴、自愿参与的原则，受到新移民的欢迎。1993 年起，教育部成人教育司和移民回归部尝试以就业为导向的再教育课程，面向新乌尔潘毕业生以及更多的有语言需求的成年人，开设相应的课程。

(三)文化教育

1999—2000 学年，参加成人教育初级预备班的学员是 1.09 万人，进入成人教育小学程度教育人数是 8000 人，进入成人教育中学程度教育的人数是 9400 人，而进入成人教育大学预科和一般院校以及教师教育学院学习的学生人数达到了 4.33 万人。[2] 与此同时，为提高民众的文化水平和社会参与度，各类高校也通过大学的继续教育学院和国际学院，面向成人举办各种非学历培训班，主要有一年的证书学习班、半年的短期班和暑期班等多种形式。

(四)职业培训

1994 年，以色列劳动与社会事务部劳动力训练与发展局，在教育部的配合下发起了"转变机遇"的成人教育计划，这是针对失业人口展开的教育，旨在培训那些因教育水平低不能参加职业培训的失业者。1994 年，该计划率先在失业率较高的 40 个城镇，通过建立成人教育中心试行。由教育部设计课程，降低教育门槛，按层次分班、小班授课。该计划 1996 年得到推广。职业

---

[1]　李芳洲：《以色列教育发展与现代化》，94、51 页，哈尔滨，黑龙江教育出版社，2014。

[2]　陈腾华：《为了一个民族的中兴：以色列教育概览》，212 页，上海，华东师范大学出版社，2005。

培训一般包括基本能力教育，主要是提高希伯来语读写能力，为获得专业证书奠定基础，同时，提升个人素养；第二是进行相关的职业培训，为进入职场做准备；第三是传授多种选择的职业技能，使学生获得更高级别的职业技能而终身受益。[①] 与此同时，遍及全国的"民众大学"（面向大众、收费低廉的私立学校）也开设了大量的成人教育班和讲习班，既有以就业为导向的语言教育，也有为就业打基础的学术与人文学科的课程。

三、开放大学

20世纪90年代以来，随着网络教育的发展，线上学习逐渐成为成人教育的重要方式。成立于20世纪70年代的开放大学，也在发挥着越来越重要的作用。开放大学也称为空中大学、公开大学、成人大学，是以色列高等教育理事会授权授予学士学位的正规高等教育机构，是以色列成人教育的重要机构。与其他传统大学一样，开放大学具有办理远距离教育的资格，是一所高等远程教育学校。政府对开放大学的投资仅占25%，其余费用均由社会和个人资助。[②] 开放大学的招生对象95%是在职人员，入学的目的是为接受继续教育和更新知识。教学以远程教育为主，通过电视网络和多媒体手段进行教学，针对不同专业的学生配有相应的辅助教具，全国各地设有120个指导中心。20世纪90年代后，随着互联网等现代通信技术的发展，开放大学的教学资源不断得到充实与优化，授课模式也日趋多样化，很多教育资源实现了共享，与其他七所大学的差距逐步缩小。自1996年起，开放大学的生物思维、计算机科学、民主研究、工商管理和教育等学科获得了硕士学位授予权。

进入21世纪后，开放大学有着强劲的发展势头。2002年，开放大学的学

---

① 陈腾华：《为了一个民族的中兴：以色列教育概览》，217—218页，上海，华东师范大学出版社，2005。

② 李芳洲：《以色列教育发展与现代化》，95页，哈尔滨，黑龙江教育出版社，2014。

生人数已达到 33000 多人，按照注册的学生人数来计算，开放大学是以色列人数最多的大学。① 2010—2011 年度，开放大学共有 46000 名学生，占到大学生总数的 15.5%。② 开放大学的有线和无线电视网络以及多媒体手段等灵活的授课方式，吸引了全国以及国外不同群体的成人学生。今天，越来越普及的网络平台，使开放大学的教育更加便捷、普及；国家承认的学历，以及与其他大学毕业生享有同等待遇、多数企业用人单位对开放大学的认可等，都是开放大学可持续发展的重要保障。与此同时，以色列还通过电视教育、网络平台、教育部青年与社会工作部等多种途径，开展成人教育。

第六节　关注全面素质的社会教育

以色列是一个尊重知识、注重教育的民族，早在远古时代，犹太人形成了热爱学习的传统，社会教育在其中发挥着重要的作用。

一、社区教育

以色列民众都很重视学校之外的社会教育，强调通过多种社会活动，让学生亲近大自然，参加社团、研讨会、工作坊等实践活动。有些活动还有专门的教师负责，强调培养学生的社会实践能力。以色列很重视培养学生的社会责任感。学生从高中起，每年必须参加 60 小时的志愿者活动，平均每周 70 分钟。③ 教师根据学生的表现给出的评语与"高考"直接挂钩。没完成社会活动的学生没资格上大学，表现不好的很难得到好大学的录取。2014 年开始，

---

① 邱兴：《以色列教育》，229 页，北京，中国文史出版社，2004。
② 姜勇、严婧、黄瑾：《以色列高等教育体制改革的变迁与启示》，载《高教探索》，2013(5)。
③ 唐志超：《以色列的教育》，载《领导科学论坛》，2017(12)。

以色列推行了一项新的制度，即高中毕业后，学生先到社区服务一年，为社会做些事，同时可以去旅游，思考生命和世界，寻找人生的愿景。这就是有关意义和愿景的教育。以色列国民都有服兵役的义务，当他们到社区服务一年后去当兵时，已成为一个不同的人。[①] 在最近几年的高考与高校招生制度改革中，教育部再次强调，高中生必须在3年内完成180小时的社区志愿服务，才可获得高考资格。[②] 今天，以色列的许多中学都在积极寻找机会，加强社区与社团之间的合作，充分利用社区资源，实现学校和社区的互惠共赢。

二、场馆教育

犹太人非常重视通过各种节假日对孩子进行历史传统与社会生活教育。他们的场馆教育非常普及，是社会教育的重要内容。以色列的中小学课外活动很多，小学生每周1—2次去博物馆、展览会参观或旅游，初中与高中也经常利用博物馆、展览会对学生进行知识、文化教育。每年暑期，政府都会为学生设计、安排丰富多彩的活动，免费向学生派发各类参观展览券，组织学生到不同的地区开展文化体验活动。以色列非常重视科学教育，许多中心城市都建有科学教育中心。中心多由私人基金会出资建设，教育部和市政厅共同投资运作。许多科学教育中心招收热爱科学的学生，采取小组讨论、一对一辅导等形式，利用周末或节假日对他们进行免费高端培训，组织开展各种科学实验等。[③] 遍布以色列全国的公共图书馆和大学图书馆有1000多所，平均不到4000人就拥有一座公共图书馆。全国有大小博物馆120个，其中国家

---

① 潘雅：《继承和发扬根植于民族血液里的创新精神——访以色列教育部部长夏伊·皮隆》，载《世界教育信息》，2015(1)。

② 姜言东：《以色列启动实施新一轮教育改革——基础教育是"创新型国家"的关键》，载《中国教育报》，2017-03-17。

③ 罗朝猛：《基础教育：以色列民族中兴的基石》，载《新教师》，2013(10)。

级有 8 个，每年参观人数近 1000 万。① 全国出版各类杂志近 1200 多种，全国最畅销的报纸平均每五人一份，出版社数量也为全球之首。1998 年，联合国教科文组织的调查数据显示，以色列 14 岁以上的人均拥有图书与每年人均读书量，超过世界上任何一个国家，为世界之最。2000 年以后的数据显示，以色列人平均每年读 64 本书，日本人每年读 40 本，法国人每年读 20 本。② 在信息化时代，以色列民众的读书量，在世界范围内依然遥遥领先。犹太民族是一个以信仰立国的民族，他们的宗教节日非常多，每个节日几乎都与民族历史息息相关。各类场馆在民族文化的传承与青少年一代的成长过程中，都发挥着十分重要的作用。每当节日来临，犹太人都会举办盛大的纪念活动，启发和教育孩子铭记苦难的历史，继承优秀的文化，养成优秀的品格。

"以色列国将教育作为民族优先的事业，因为我们相信投资教育将帮助以色列维持世界上最先进国家行列的地位。"③以色列是一个非常重视教育的民族，这一传统得到了很好的继承，在民族进步和社会发展的过程中，不断更新。20 世纪 90 年代以来，以色列教育中最突出的变化乃是科技教育的普及，最稳定的基石则是基础教育的高质量发展。全民重视教育、尊重教育的意识，政府有效的教育政策、不断增加的教育投资、不断完善的教育体制以及教育改革与社会需求的良性互动等，使以色列教育保持了蓬勃的生命力。

---

① 李芳洲：《以色列教育发展与现代化》，145 页，哈尔滨，黑龙江教育出版社，2014。
② 唐志超：《以色列的教育》，载《领导科学论坛》，2017(12)。
③ 陈腾华：《为了一个民族的中兴：以色列教育概览》，35 页，上海，华东师范大学出版社，2005。

第五章

20 世纪末至 21 世纪初期的非洲教育

本章的重点是 20 世纪末至 21 世纪初撒哈拉以南非洲(下文简称非洲)国家的正式教育，主要讨论小学(包括学前)和中学的教育。探讨的内容主要是反映非洲国家的教育概况，包括教育目标、教育资源、教师教育、课程和评估、教学方法以及教育管理等。此外，鉴于非洲国家国情的显著差异，本章还讨论了三个不同背景国家的学校教育，即南部非洲纳米比亚的民主教育、西非尼日利亚的民族团结教育，以及坦桑尼亚的自力更生教育。

第一节　非洲教育概况

一、教育目标

近年来，非洲教育的一个重要共同目标是全民教育——使所有符合条件的人都能接受初等教育[①]，另一个共同目标是培养有文化的个人，具体表现为塑造科学化的个人，而考试和测试通常是为了量化和判断个人是否都实现了

---

① UNESCO：*Education for All 2000—2015*：*Achievements and Challenges EFA Global Monitoring Report*，Paris，2015。

这些目标。那么非洲国家的根本教育目标是什么呢？首先，由于大多数非洲国家的教育系统都有欧洲殖民历史，因此一些非洲国家的根本教育目标是重视和保存积极的非洲文化和语言遗产。例如，赤道几内亚和肯尼亚的教育目标是"将最好的传统价值与当代价值相融合，以建立一个稳定的现代社会"①。此外，基于种族多样性，许多非洲国家的教育目标是促进国家团结和对国家的忠诚高于对民族群体的忠诚。例如，在经历1967年至1970年内战后的尼日利亚，其教育目标是实现国家团结；在近年来经历了种族冲突的肯尼亚，教育的关键目标是"促进民族主义和爱国主义，民族团结教育应使青年获得民族意识，和平共处，为民族作出积极贡献"②。邻国坦桑尼亚的关键教育目标也强调了对当地文化的自豪和民族团结。③

以上教育目标引发了民族国家应该如何运作的问题。取得独立后，一些非洲国家把教育视为建设社会主义的重要工具。如在津巴布韦和坦桑尼亚等国，社会主义政治教育和生产教育是课程的关键要素。④冷战结束后，许多非洲国家，如博茨瓦纳、冈比亚、纳米比亚、坦桑尼亚和南非，转而将民主作为教育的主要目标。赞比亚教育部也表示："赞比亚是一个自由民主的社会。因此，教育政策的制定和执行，必须以自由民主的价值作为指引。核心价值观是理性和道德的自治、平等、公平和自由。"⑤同样，莱索托在其教育目标

---

① Njiale P. M., "Equatorial Guine and Sao Tome and Principe: Context, Analysis and Comparison," in *Education in East and Central Africa*, ed. C. Wolhuter, London, Bloomsbury, 2014.

② Nyatuka B. O., "Kenya: An overview," in *Education in East and Central Africa*, ed. C. Wolhuter, London, Bloomsbury, 2014.

③ Anangisye W. A. and Fussy, D., "Tanzania: Revisiting Eastern and Central African Education Systems," in *Education in East and Central Africa*, ed. C. Wolhuter, London, Bloomsbury, 2014.

④ Harber C., "Politics in African Education," in *Education in Southern Africa*, ed. London, Bloombury, 2013.

⑤ Masaiti G. and Chita J., "Zambia, An Overview of Formal Education," in *Education in East and Central Africa*, ed. C. Wolhuter, London, Bloomsbury, 2014.

中也强调人权、民主价值观和尊重。①

其次，非洲国家的另一个根本教育目标是在个人和社会层面促进和平与非暴力。1998—2008年，全世界有35个国家经历了武装冲突，其中30个国家是像非洲国家一样的低收入和中等收入国家。6100万辍学儿童中有42%生活在受冲突影响的低收入非洲国家。这些国家暴力冲突的平均持续时间为12年，相当于一个孩子的整个中小学周期。超过4300万人因武装冲突而流离失所，难民教育面临重大障碍。2008年，难民署难民营中只有69%的小学适龄难民儿童在上小学②。

最后，包括非洲在内的世界各地的一个关键教育目标是可持续发展。如果我们过度开发水、土地和矿产等资源，并导致气候变化，那么我们所有人的未来都将是黯淡的。如果我们赖以生存的生态系统崩溃，那么让更多的孩子上学、实现减贫等是没有意义的。1992年联合国环境与发展会议指出："教育对于促进可持续发展和提高人们解决环境和发展问题的能力至关重要。……它对于实现符合可持续发展的环境和伦理意识、价值观和态度、技能和行为以及有效参与决策至关重要。"③在肯尼亚，教育目标之一是"确立环境保护和管理的重要性"④。在卢旺达，关键教育目标也包括"基于保护和利用环境的可持续发展"⑤。

---

① Lekhotho M., "Lesotho: Organisation, Structures and Challenges," in *Education in Southern Africa*, ed. C. Harber, London: Bloomsbury, 2013.

② UNESCO: *The Hidden Crisis: Armed Conflict and Education EFA Global Monitoring Report*, Paris, 2011.

③ Manteaw O., "Education for Sustainable Development in Africa: The Search for Pedagogical Logic," *International Journal of Educational Development*, 2012(3), pp.376-383.

④ Nyatuka B. O., "Kenya: An Overview," in *Education in East and Central Africa*, ed. C. Wolhuter, London, Bloomsbury, 2014.

⑤ Nzabalirwa W., "Rwanda: An Overview," in *Education in East and Central Africa*, ed. C. Wolhuter, London, Bloomsbury, 2014.

二、教育资源

(一)财力资源

因为非洲各国的教育筹资和支出方式各不相同，因此我们关注总体情况和一般模式，使用个案来说明一般模式。[1] 在非洲，学校资金来源多种多样，包括政府的税收支出，家长向学校支付的费用，企业和社区对学校的捐赠，教堂和其他宗教团体的资金，个人和企业为私人教育提供的资金以及外国政府、国际机构和非政府组织的国际援助，等等。

撒哈拉以南非洲各国政府在教育上的支出远远高于国际财政援助，2012 年国际社会对非洲小学生的人均援助为 12 美元，而国内的人均支出为 136 美元。然而，在非洲低收入国家，国际社会援助经费总额高达教育预算的五分之一，在非洲贫穷国家尤其如此。例如，在莫桑比克，1999 年至 2010 年期间，辍学儿童的数量从 160 万下降到 50 万，而在此期间的大部分时间里，42% 的教育预算是由国际社会资助的。[2]

非洲各国政府的教育支出占政府支出的比例从 1999 年的 3.9% 上升到 2012 年的 4.9%，只有肯尼亚、纳米比亚、尼日尔、南非和马里实现了教科文组织认为应该达到的 20% 的公共教育支出水平。[3] 与此同时，撒哈拉以南非洲国家在教育财政资源的分配上存在相当大的不平等，其 43% 的公共教育支出由受教育程度最高的 10% 的人获得，而在马拉维，受教育程度最高的 10% 的人甚至获得了 73% 的公共教育资金。[4]

---

[1] Majgaard K. and Mingat A., *Education in Sub-Saharan Africa: A Comparative Analysis*, Washington, World Bank, 2012.

[2] UNESCO: *Youth and Skills: Putting Education to Work EFA Global Monitoring Report*, Paris, 2012.

[3] UNESCO: *Education for All 2000—2015: Achievements and Challenges EFA Global Monitoring Report*, Paris, 2015.

[4] UNESCO: *Teaching and Learning: Achieving Quality for All EFA Global Monitoring Report*, Paris, 2013/2014.

许多因素影响非洲国家的教育预算，包括军费预算、学费免除、国际援助减少，以及腐败，等等。几内亚比绍、卢旺达、乍得和赤道几内亚的军费预算都影响了各自的教育预算。其中，在2002—2003年内战期间，布隆迪政府在国防上花费了43%的政府预算，在教育上只花费了13%；① 几内亚比绍的军事预算是小学预算的四倍。② 卢旺达、乍得和赤道几内亚的军事预算也给教育造成了压力。③

自2000年以来，15个撒哈拉以南非洲国家免除了小学学费，小学入学率提高了，然而教育支出不能与学生人数保持同步增长，因此学生的平均教育支出有所下降，尼日尔和马拉维也存在这种情况。④ 国际社会对撒哈拉以南非洲基础教育的财政援助从2002年开始稳步增长，但从2009年开始下降，从2002年到2004年，国际社会基础教育援助金额的47%流向了非洲，而2010年到2012年，这一比例下降到了31%⑤。

(二)物力资源

物力资源是阻碍许多非洲学校教育质量提升的因素，很少有非洲学校拥有有效教学所需的物力资源。在缺乏最基本的教学材料和用品的情况下，提高非洲教育质量的任何努力都显得步履蹒跚。⑥ 尽管世界银行建议，要达到可

---

① Rwantabagu H., "Burundi: Trends and Challenges," in *Education in East and Central Africa*, ed. C. Wolhuter, London: Bloomsbury, 2014.

② Yonemura A., "Guinea-Bissau: An Overview, Trends and Futures," in *Education in West Africa*, ed. E. J. Takyi-Amoako, London, Bloomsbury, 2015.

③ Lawai B., "A Comparative Analysis of Secondary Education in Four Central African Countries (Burundi, Rwanda, Chad and Equitorial Guinea)," *the Social Sciences*, 2007(2), pp.181-191.

④ UNESCO: *Education for All* 2000—2015: *Achievements and Challenges EFA Global Monitoring Report*, Paris, 2015。

⑤ UNESCO: *Education for All* 2000—2015: *Achievements and Challenges EFA Global Monitoring Report*, Paris, 2015。

⑥ Verspoor A., "The Challenge of Learning: Improving the Quality of Basic Education in Sub-Saharan Africa," in *The Changing Landscape of Education in Africa*, ed. D. Johnson, Oxford, Symposium, 2008.

接受的教育质量水平，33%的教育预算应该用于学习和教学材料。① 然而，在许多非洲国家，教师工资占教育预算的大部分，结果是花在教师工资上的预算比例越高，可用于其他资源的比例就越少。在刚果民主共和国，95%的教育预算用于教师工资。② 在利比里亚，100%的小学教育预算用于支付教师工资，津巴布韦、吉布提和喀麦隆的这一比例超过90%，贝宁、加纳、多哥、塞拉利昂、乌干达、布隆迪和南非的这一比例超过80%。17个非洲国家缺乏教学基础设施，如校舍、教科书、自来水、电力、办公桌和厕所。坦桑尼亚100多所中小学的大多数学校都缺少课桌和厕所。然而，这还不仅仅是数量的问题，在肯尼亚，学校厕所的质量差和清洁程度低成为男女生缺课的重要原因之一。③ 加纳、埃塞俄比亚和坦桑尼亚学校厕所太少和质量差给女生在月经期间带来了特殊问题。④

保障教育质量的关键因素之一就是教室。在一些非洲国家，教室建设已经取得了相当大的进展。例如，莫桑比克在1992年至2010年期间将小学和中学的教室数量增加了两倍。⑤ 2008年至2010年期间，南苏丹建立了5000个新教室，尽管取得了这些进展，大多数小学仍然在帐篷、树下和半永久性建

① UNESCO：*Education for All* 2000—2015：*Achievements and Challenges EFA Global Monitoring Report*, Paris, 2015。

② Bigawa R. N., "The Democratic Republic of the Congo：An Overview," in *Education in East and Central Africa*, ed. C. Wolhuter, London, Bloomsbury, 2014.

③ Dreibelbis R. and Greene L. E., et al., "Water, Sanitation, and Primary School Attendance：A Multi-Level Assessment of Determinants of Household-Reported Absence in Kenya," *International Journal of Educational Development*, 2013(5), pp.457-465.

④ Sommer M. and Ackatia-Armah N., et al., "A Comparison of the Menstruation and Education Experiences of Girls in Tanzania, Ghana, Cambodia and Ethiopia," *Compare*, 2015(4), pp.589-609.

⑤ UNESCO：*Education for All* 2000—2015：*Achievements and Challenges EFA Global Monitoring Report*, Paris, 2015.

筑中运营。① 调查显示，坦桑尼亚大多数学校的教室太少，小学平均每个教室
80 人，甚至超过 200 人；中学平均每个教室 48 人，甚至超过 75 人；私立中
学平均每班 33 人；教师住房也严重短缺。② 即使是在教育较为发达的南非，
其东部省份仍有 510 所屋顶漏水的破旧学校，还有 2401 所学校没有水，3544
所没有电，913 所没有沐浴设施。③ 在吉布提，由于教室短缺，多所学校实施
了一组学生上午使用教室，另一组学生在下午使用同一间教室的双班制。④ 双
班制的实际运作及其对学生学习的影响是喜忧参半的。一方面，双班制学校
既有让更多学生在同一间教室使用相同教员的优势，也有让学生能够在一天
中的其他时间从事其他活动的优势。然而，另一方面，双班制学校也会因为
教学负荷过大而降低教职员工的士气，减少了两班制的接触时间，限制了课
外活动，并因磨损增加而导致教室和教材的老化。⑤

　　保障基本教育质量的关键因素之二是教科书。肯尼亚和乌干达教科书供
应案例表明，教科书供应与学生在考试中的表现呈正相关。⑥ 然而，有研究显
示绝大部分撒哈拉以南非洲国家中学教科书供不应求。⑦ 在肯尼亚、马拉维和

---

① Du Toit P. J., "South Sudan: An Overview," in *Education in East and Central Africa*, ed. C. Wolhuter, London, Bloomsbury, 2014.

② Hartwig K., "Using A Social Justice Framework to Assess Educational Quality in Tanzanian Schools," *International Journal of Educational Development*, 2013(5), pp.487-496.

③ Skelton A., "Leveraging Funds for School Infrastructure: The South African 'Mud Schools' Case," *International Journal of Educational Development*, 2014(39), pp.59-63.

④ Tsehaye R., "Djibouti: Formal and Non-Formal Education," in *Education in East and Central Africa*, ed. C. Wolhuter, London, Bloomsbury, 2014.

⑤ Bray M., *Double-Shift Schooling: Design and Operation for Cost-Effectiveness*, Paris/London: UNESCO/Commonwealth Secretariat, 2008.

⑥ Lee V. E. and Zuze T. L., "School Resources and Academic Performance in Sub-Saharan Africa," *Comparative Education Review*, 2011(3), pp.369-397.

⑦ UNESCO: *Education for All 2000—2015: Achievements and Challenges EFA Global Monitoring Report*, Paris, 2015.

纳米比亚，2000—2007年，学生入学人数迅速增加，但教科书供应没有跟上。① 在南苏丹，教育尽管有所改善，但小学教科书与学生的比例仍然是英语1∶3，数学1∶3，科学1∶4，社会科学1∶4。② 此外，在非洲国家，即使学校有教科书，也不一定意味着它们会被使用。在马拉维，由于存在学生旷课和辍学的风险，教师不愿让学生使用书籍；而在塞拉利昂，教科书供应的不确定性导致了教科书被囤积或不被使用的问题。由于学校经常不提供教科书，因此父母就必须为教科书埋单。有调查显示12个非洲国家购买学习用品的开支占据了家庭总支出的34%。③

保障基本教育质量的关键因素之三是食物。一项对坦桑尼亚中小学的调查显示，80%的学生上学时饿着肚子，20所公立中学中只有9所提供膳食，但4所私立中学中有3所提供膳食。④ 世界粮食计划署向莱索托、布基纳法索和乌干达等非洲国家实施了学校供餐援助方案，以减轻贫困的影响，提高入学率和促进学习。⑤

（三）人力资源

尽管全球大多数国家的生师比例都有所下降，但与世界其他地区相比，撒哈拉以南非洲的生师比仍然很高。在全球小学生/教师比超过40∶1的29个国家中，有24个国家位于撒哈拉以南非洲。中非共和国的比例最高，为80∶1。初中的生师比情况也是如此，乍得、毛里塔尼亚和赞比亚的生师比超

① UNESCO：*Teaching and Learning：Achieving Quality for All EFA Global Monitoring Report*，Paris，2013/2014.

② Du Toit P. J.，"South Sudan：An Overview,"in *Education in East and Central Africa*，ed. C. Wolhuter，London，Bloomsbury，2014.

③ UNESCO：*Education for All 2000—2015：Achievements and Challenges EFA Global Monitoring Report*，Paris，2015.

④ Hartwig K.，"Using A Social Justice Framework to Assess Educational Quality in Tanzanian Schools," *International Journal of Educational Development*，2013(5)，*pp*.487-496.

⑤ Lekhotho M.，"Lesotho：Organisation，Structures and Challenges," in *Education in Southern Africa*.，ed. C. Harber，London，Bloomsbury，2013.

过30∶1，在埃塞俄比亚、冈比亚、几内亚和马里等一些国家，1999年至2012年，实际上每名教师教授的学生增加了至少6名。[1] 此外，在非洲部分地区，特别是东部和南部非洲，教师饱受艾滋病危机的影响。感染艾滋病病毒的教师无法继续教学，艾滋病造成的较高死亡率意味着在受这一流行病影响的国家，教育系统面临着教师资源缺失的严重问题。

在非洲许多国家，训练有素的教师和女教师更短缺，例如，几内亚比绍只有39%的教师受过培训，在中非共和国、乍得、几内亚比绍和南苏丹，学生与受过培训的教师的比例超过100∶1，在其他38个撒哈拉以南非洲国家，学生与受过培训的教师的比例超过40∶1。[2] 因此，许多非洲国家政府通过雇佣越来越多的不合格和未经训练的人来扩充教师数量，以满足学校名额的需求，这些人被雇佣的成本更低，而且通常签订的是短期合同。2005年前后，在一些西非国家，合同制教师占教学队伍的一半，某些国家合同制教师比编制教师还多。[3] 加蓬试图通过大规模招聘高中毕业生，然后对其进行几周培训课程的方式来解决教师短缺问题。[4] 布隆迪、塞内加尔、乌干达和马拉维未经培训的教师人数在减少，但持有非标准证书的教师以及由社区和政府按短期合同条款聘用的教师人数却在增加。[5] 在加纳，未经培训的教师占小学和初中教师的大多数，特别是在农村地区。这类教师没有工作保障，只能签订短期

---

[1] UNESCO：*Education for All 2000—2015：Achievements and Challenges EFA Global Monitoring Report*，Paris，2015．

[2] UNESCO：*Education for All 2000—2015：Achievements and Challenges EFA Global Monitoring Report*，Paris，2015．

[3] UNESCO：*Teaching and Learning：Achieving Quality for all EFA Global Monitoring Report*，Paris：2013/2014．

[4] Ginestie J. and Bekale Nze J. S.，"The Republic of Gabon：An Overview，"in *Education in East and Central Africa*，ed. C. Wolhuter，London，Bloomsbury，2014．

[5] Marphatia A. and Legault E.，et al.，The Role of Teachers in Improving Learning in Burundi，Malawi，Senegal and Uganda，London，*Action Aid and the London Institute of Education*，2010．

合同，未经过培训的教师和接受过培训的教师之间往往存在某种职业差距。未经过培训的教师认为，与受过培训的教师相比，地区教育官员往往更不重视也更不信任他们。受过培训的教师往往集中在城市地区。虽然合同制教师降低了非洲国家的生师比，但合同制教师的工作条件、工作保障和工资待遇往往比编制教师差。此外，非洲普遍缺乏女教师。有数据证明，在非洲国家中，女教师在小学教师总数中所占比例小于 40%。在吉布提和厄立特里亚等入学率性别差距悬殊的国家，女教师尤其短缺。① 如上所述，各国在教师供应方面存在区域差异和不平等现象，特别是受过培训的教师，由于城市地区的工作条件较好，他们更愿意在城市地区工作。

　　教师工资对保障教育质量是至关重要的，因为低工资会导致优秀的学生离开教育行业去别处找工作，而优秀的教师也有可能另谋高就，同时，有证据显示提高教师工资能够提高学生的学习成果。② 非洲教师面临的一个共同问题是工资问题，许多教师的工资很低，有时在很长一段时间内根本没有工资。教师的工资比同类职业中的其他人要低。除了南非个别国家外，在过去 30 年里，整个撒哈拉以南非洲地区本已很低的教师工资都在下降。③ 作为养家糊口的家庭主力，一名教师至少有四个家庭成员需要供养，每天至少需要赚取 10 美元，才能维持贫困线以上每人每天 2 美元。然而，中非共和国、几内亚比绍和利比里亚等多个非洲国家的教师工资都低于这一数字④。在津巴布韦，较低的教师工资导致了教师流失到邻国和海外国家，特别是科学和数学教师。

---

① UNESCO：*Teaching and Learning：Achieving Quality for All EFA Global Monitoring Report*，Paris，2013/2014.

② UNESCO：*Education for All* 2000—2015：*Achievements and Challenges EFA Global Monitoring Report*，Paris，2015.

③ UNESCO：*Education for All* 2000—2015：*Achievements and Challenges EFA Global Monitoring Report*，Paris，2015.

④ UNESCO：*Teaching and Learning：Achieving Quality for All EFA Global Monitoring Report*，Paris，2013/2014.

虽然政府已经承诺要重新评估教师的工资，但却没有采取什么措施来解决这一问题。在过去的几年里，因为低工资和其他恶劣的工作条件，教师工会已经动员成员们作出反抗。自2000年以来，博茨瓦纳一系列的教师罢工对各个层次的学生表现和教育质量产生了负面影响。

在撒哈拉以南非洲，教师流失的原因不仅仅是低工资和待遇差。与非洲其他国家相比，南非教师的薪酬相对较高，然而一项研究发现，南非西开普省的3/4的教师曾考虑离开这个职业。其中的原因包括教师社会地位低、工作量大、工作满意度低以及犯罪和帮派暴力事件侵入学校导致的安全问题，等等。此外，在斯威士兰、南非和津巴布韦，中央课程改革也造成了中学教师离职。喀麦隆也有因为调往偏远地区教学引发教师离职的现象。

三、教师教育

(一)教师教育课程设置

在非洲，小学和初中教师的教育往往在中学和大专院校进行，而高中及以上教师的教育往往在大学和其他高等教育(研究生)机构的教育系进行。研究生课程一般为一年，而小学教师的课程从4年到几个月不等。培养小学和初中教师的教育机构应该教授学生(准教师)小学和中学课程的核心科目以及教授他们教育心理学、教育社会学和教育管理方面的课程。目前，非洲教师教育面临的问题之一是许多教师缺乏核心学科知识。例如，肯尼亚六年级教师在为学生设计的考试中只得了60%的分数；尼日利亚北部的卡诺州，1200名基础教育教师中有78%的人英语知识有限，冈比亚的小学教师在基础英语语言测试中得分很低。南部和东部非洲的教师也接受了与6年级学生类似的测试，结果表明教师所得的分数越高，学生的表现就越好；教师分数每增加10分，学生的分数就会增加38分。然而，在非洲大部分国家，一方面，教师教育学院的课程往往人满为患，导致这类机构没有足够的时间和精力升级学科知识。① 另一方面，许多非洲国家要求小学教师负责教授所有课程科目，因此，职前教师应掌握所有小学科目的内容，还要掌握适当的教学方法以及心理学、社会学、教育管理、历史和教育哲学等学科的基本知识。但这些知识都需在两到三年的时间内完成，事实上，目前教师所受训练的时间太短了。

非洲教师教育课程的另一个问题是理论和实践脱节。在一些非洲国家，培养教师的院校给学生提供的教学实践时间相当短，导师的支持也不稳定。在许多非洲国家，实践教学正受到威胁，因为职前教师和导师在教学实践期间的差旅费和生活费用对教师教育机构造成了财政预算压力，因此一些机构缩短了职前教师教学实践时间。职前教师们认为有必要在课程上进行更多的实践，而不是单纯学习理论，他们需要更多地接触学校，并获得更多的教学经验，以便他们能够更多地了解实际问题，例如如何标记登记簿、管理学校财务和参与课外活动。② 此外，教师往往没有做好充分的准备，以应对他们可能面临的实际教学环境，例如多语种课堂教学。在塞内加尔，只有8%的受训教师表示对用当地语言进行阅读教学有信心。教师教育还需要让职前教师们做好在偏远地区或资源不足的学校任教的准备，其中包括复式班级学校，也就是同一班级有多个年级的学生。在布基纳法索、马里、尼日尔、塞内加尔和多哥等国家，至少有10%的学生在这样的教室学习。③

针对以上教师教育问题，非洲本土国家和国际社会实施了一系列解决方案。例如，针对8000余名未经培训和不合格的教师，南非夸祖鲁纳塔尔省开设了一门面向在职教师的兼职研究生教育证书课程，教授有关评估策略、课堂管理、课程结构和规划的知识，此类课程至少为教师们树立了更多的信心。

---

① UNESCO：*Teaching and Learning：Achieving Quality for All EFA Global Monitoring Report*，Paris，2013/2014.

② Mazibuko E.，"Understanding the Experiences of Beginning Secondary School Teachers，" *International Review of Education*，1999(5-6)，pp.589-602.

③ UNESCO：*Teaching and Learning：Achieving Quality for All EFA Global Monitoring Report*，Paris，2013/2013.

英国开放大学开发了撒哈拉以南非洲教师教育和培训(TESSA)项目,该项目使用了 100 多位学者编写的 4 种语言(阿拉伯语、英语、法语和斯瓦希里语)的教材资源,建立了网站帮助教师教育工作者,组建了由 9 个非洲国家的 13 个教师教育机构组成的联盟,参与合作研讨会、信息交流和专家访问,提供资源帮助非洲教师教育者。借助"从人到人的发展援助"项目,马拉维在农村地区建立了 4 所教师教育学院,他们的课程强调理论与学科内容的融合、教学技能的实际应用、学生主导的研究和反思、社区推广和社会发展。毕业后,教师将使用当地现有资源制作的教材在农村地区工作。[1] 该项目具有很强的实践性,尤其在鼓励年轻妇女接受农村教师培训方面成绩更为显著。

(二)教师教育过程

非洲大部分国家的教师教育过程仍然依赖传统的讲授教学方法。在加纳,大学里最常用的教学方法是"由教师口述笔记的授课方式",学生很少有机会参与具有互动性的"小组"工作。事实上,尽管教师教育学院的老师教授了进步的教学方法,但他们并没有在课堂上真正使用这些方法,大多数老师的教学方法仍然是讲座和讨论。在马拉维,很多职前教师的学习都是以传递知识的方式进行,这种方式投放的信息很少,学生参与辩论和反思的机会也很少。课堂问题通常是信息性的和基于记忆的,大部分教学是以考试为导向,很少偏离考试参考资料。在莱索托,教师教育学院的大多数教学都是以传授为导向的,很少强调提高学生的独立学习能力以及批判性分析、创造性思维等能力。虽然授课期间学生和导师之间的互动包括问答方式,但问题是限制性的,不允许学生完全独立思考。在坦桑尼亚,教师教育学院的教学方法也是以讲课为主,每节课的时间是一小时,而由讲解、问答和使用粉笔板书组成的辅导式互动占据了近 80% 的时间,其余的时间由个性化工作、小组工作、管理

———————

① UNESCO: *Teaching and Learning: Achieving Quality for All EFA Global Monitoring Report*, Paris, 2013/2014.

和课间休息组成。由于缺乏教科书、图表和实用设备等教学资源，学生们不得不抄写黑板上的笔记。即使在教学方法论的课堂上，传授模式仍然占主导地位，很少有理论与实践结合的教学方法。而评价方法主要有记忆测验法、记分法和不重视形成性评价的教学实践量化法。在这种教学实践中，准教师们在大部分时间里都在被动接受知识，教育界所倡导的新教学方法更多的是名义上的，并不能付诸实践。

在加纳、肯尼亚、马里、塞内加尔、坦桑尼亚和乌干达，小学教师在教学过程中，说教性的教学模式占主流地位。莫桑比克教师教育的教学方法和教学质量很差，相关研究表明，教师教育机构没有为职前教师做好充分的准备，以适应基础教育新课程设想的具体变化，如将以教师为中心的教学转变为以学生为中心的教学方法，引入跨学科的教学方法以及改变教学实践和教学方法等。教师自己并不理解跨学科教学的含义，尽管他们可以清楚地表达以学生为中心的含义，但他们在课堂上往往是以教师为中心的。

南非也存在这种情况。尽管南非采用了多种教学方法，包括参与式和话语式的教学方法，但将先进的教学理论付诸实践仍存在一些障碍，如聘用兼职人员教授学科方法、教师超额工作量、财政限制、大学重科研轻教学等。在南非某大学的教师教育课程中"照我说的做"和"照我做的做"之间存在矛盾。在教师教育机构里，许多课程告诉了职前教师什么是他们必须要教的和必须要做的，但是教授者们自己却不会去做这些事情。例如，教授者告诉职前教师们如何在课堂上做好演讲，但他们自己并没有做到这一点。此外，一些教授者自己缺乏组织纪律，不守时，却要评判学生在教学实践中的表现。总而言之，以上种种导致了职前教师们感觉"没有榜样"。

四、课程与评估

课程是对知识、技能和价值观的选择，这些知识、技能和价值观在学校被正式教授，并出现在国家课程声明和学校时间表中，通常是以一系列学校科目的形式出现的。设置的课程不能涵盖人类所有的知识、技能和价值观，所以它必须是一种选择，选择什么和不选择什么总是一个有趣的问题，一个可以揭示在社会中占主导地位的优先事项的问题。此外，在学校学到的很多东西都不会出现在正式课程中。例如，对权威、竞争、性别或守时的态度可能永远不会以书面形式出现在课程中，但可能会以口头或每天举例的方式传授。这有时被称为"隐性"课程。此外，正式的学校课程内容本身很少是中立的，学校科目本身就是对知识的选择。在这一节，我们将讨论非洲的课程类型、课程内容和课程评估。

(一)课程类型

非洲国家的课程基本上可以分为"问题解决型"和"填鸭堆积型"两种类型。[①] 在"问题解决型"课程中，学生和教师平等参与课堂，共同设计和讨论课程，传统的学科界限可能被打破；在"填鸭堆积型"课程中，知识被记录在教科书和官方教学大纲中，并被划分为各个学科。教师将知识传授给学生，学生将其熟记于心，学生的主要目的是获得资格证书，而不是解决问题。

21世纪初，针对"填鸭堆积型"课程，许多非洲国家进行了课程改革。卢旺达推出了旨在提高学生的技能和能力(如批判性思维、推理能力等)而不是在确定的学科范围内背诵和复制知识的新课程。与此相一致的是，教学应该变得更具互动性，以学习者为中心，教师应该成为学生构建自己知识的推动者，而不仅仅是传递既定文本。2005年，坦桑尼亚引入了基于提高能力的新课程，新课程的理念是教师有能力解释如何在现实生活中应用知识和技能。喀麦隆、加蓬、马里和塞内加尔也进行了类似的基于能力的课程改革。然而，由于对即将引入的以能力为基础的课程的含义和确切模式不清楚以及缺乏培

---

① Blakemore K. and Cooksey B., *A Sociology of Education for Africa*, London, George Allen and Unwin, 1981.

训，这类改革一直受到阻碍。

南部非洲国家也普遍倾向于修订课程，朝着以学习者为中心的方向发展。例如，南非试图摆脱以学校科目的严格划分为基础的僵化的课程，于 1997 年推出了基于成果的课程（即《2005 课程》），旨在促进更积极、更民主的学习形式。学校科目被更灵活、更开放的"学习领域"取代，其目标是实现关键的学习成果，而不是灌输固定的学科知识内容。[1] 新课程的指导原则是基于合作、批判性思维和社会责任，从而使个人能够参与到社会的方方面面中去。随之而来的是教师需要改变他们的教学方法，从一种更具说教性的教学方法，转变为一种鼓励学生积极参与的教学方法。然而，该课程改革在实施之初便被批评过于复杂，且对教师的要求过高。2000 年，南非对其进行了审查和修订，取而代之的是语言更平实的国家课程声明，该声明"更加强调基本技能、内容知识和年级上升的合理进步。它结合了以学习者为中心的课程，要求培养批判性思维，强调民主价值观，并认识到课程内容和对教师支持的重要性"。

加纳、肯尼亚、马里、塞内加尔、乌干达和坦桑尼亚就因为对教师缺乏培训和支持，导致教师往往不理解课程改革的目标。因此，坦桑尼亚的教师还没有充分引入基于能力的新课程。此外，教育资源的匮乏也阻碍了在课堂上实施新课程的尝试。博茨瓦纳虽采用了旨在培养学生更具批判性、解决问题和创造性的新课程，结果却因为在高度规范的国家课程背景下实施，所以最终因阻力太大而失败。事实上，大多数非洲国家在继续实行中央规定的全国性标准化课程，以便使来自不同地区和背景的学生均能接受。不过，莫桑比克等一些国家也认识到了地方环境的重要性，并引入了一种课程，其中

---

[1]　Harber C., *State of Transition: Post-Apartheid Educational Reform in South Africa*, Oxford, Symposium, 2001.

80% 由中央规划,其余 20% 由地方学校社区决定,以便纳入与地方相关的材料。[①]

此外,课程内容被纳入学校的主要教科书中,而这些教科书往往包含价值观、事实和信息,有时甚至把价值观当成事实来呈现。在非洲,这种现象不仅出现在人文学科的教科书中,而且出现在了数学和科学的教科书中。这些学科也可能出现有争议的主题,例如污染、核能或全球变暖,等等。[②] 一项有关南非 40 本教科书的研究发现,这些教科书仍然倾向于延续种族的刻板印象,例如,强调白人在数学方面的贡献高于其他人,并将黑人描绘成主要从事低等工作的人。这些书还倾向于淡化女性在领导中的作用,并完全忽略了残疾人。[③] 一项针对尼日利亚等国学校教材的研究发现,在职业和家庭生活等学科教材中对女性的性别偏见依然存在。[④] 而肯尼亚学校教材也出现了同类状况。

(二)课程内容

20 世纪末至 21 世纪初,大多数非洲国家都将学校课程的内容非洲化了,例如,更多地强调非洲而不是欧洲的历史、文学、地理等。尽管如此,在学校里教授非洲传统文化还有很多工作要做。例如,纳米比亚的学校课程没有借助传统宗教、计算、艺术、医学和语言形式对土著文化给予足够的重视。此外,应该教授哪种文化价值观也是一个问题,是教授西方价值观(例如个人

---

① Alderuccio M. C., "An Investigation of Global/Local Dynamics of Curriculum Transformation in Sub-Saharan Africa with Special Reference to The Republic Of Mozambique," *Compare*, 2010(6), pp.727-739.

② Harber C., *Politics in African Education*, London, Macmillan, 1989.

③ Jansen L., "Stereotyping in School Textbooks," *The Mercury*, 2015.

④ UNESCO: *Education for All* 2000—2015: *Achievements and Challenges EFA Global Monitoring Report*, Paris, 2015.

主义)还是传统的非洲价值观(例如地方自治主义)。① 肯尼亚的课程本质上是一种"混合文化"课程,综合体现了传统本土文化和现代西方的理论。目前非洲的课程强调的价值观是优先考虑国家统一,试图培养对国家忠诚,而不是对地方和种族忠诚的学生。例如,非洲当代典型的小学课程是民族语言、数学、科学、历史、地理、社会研究/公民教育、音乐和体育等。中学课程也大同小异,但包括了外语、商业、宗教、道德、社会、生活技能以及信息技术。如加纳已经引入了在学校课程中发展信息和通信技术技能的政策。此外,除卢旺达外的其他东非国家也制定了类似的信息和通信技术政策。

非洲国家的地方因素导致其课程出现了一些特殊科目。例如,安哥拉的初中课程包括了体力劳动科目。20世纪60年代至80年代,坦桑尼亚的课程也有体力劳动科目。在宗教信仰多样化的肯尼亚,中学课程包括了基督教、伊斯兰教和印度教科目。此外,许多非洲国家已经尝试将艾滋病防范教育纳入课程,并取得了不同程度的成功。在过去十年中经历过激烈暴力冲突的布隆迪、利比里亚、乌干达和卢旺达等非洲国家将不同形式的和平教育引入课程中。

虽然整个非洲的课程模式(规定的科目和规定时间内的科目内容)可能是相似的,但这并不意味着其课程所设置的科目是完全相同的。在全球范围内的课程改革均试图通过引入有关可持续发展、公民权利和人权以及信息技术科目等内容,使课程更切合个人的需要。

(三)课程评估

国家进行课程评估的原因很多,例如了解学生学习了哪些内容,由老师或学生自己来监督或诊断学习情况,并看看需要做什么来提高学生的学习成

---

① Matemba Y. H. and Lilemba J. M., "Challenging The Status Quo: Reclaiming Indigenous Knowledge Through Namibia's Postcolonial System," *Diaspora*, *Indigenous and Minority Education*, 2015(3), pp.159-174.

绩(称为形成性评估);或者,用来判断学生在国家考试中是否做了足够的努力来通过某一科目或某一组科目(总结性评估)。这种全国总结性考试具有重要的选择功能,可以决定谁能继续接受更高层次的教育,进而影响学生进入劳动力市场的机会。在许多较贫穷的非洲国家中,全国总结性考试能否及格会在个人机遇方面产生相当大的影响。所有学生参加的国家标准化考试,例如在小学或中学结束时进行的考试,也可以用来对个别学校和教师的质量和进步做出总结性判断。表现良好的学校可能会获得更高的声誉,其员工的地位和职业前景也会得到改善。

非洲国家课程评估的形式是多种多样的,包括一次性通过的计时测试或考试、学习者一年内定期提交作业的持续评估以及艺术和手工艺品制作时的演示评估,等等。不同类型的课程评估目的是有区别的,包括知识回忆、概念理解、技能掌握,等等。具体评估要求有使用证据论证事件的能力,解读成套数字或散文段落的能力,用手和大脑创作艺术或设计东西的能力,以及在特定活动中表演的能力。此外,课程评估问题的形式也是多种多样的,包括在教学过程中教师在课堂上所提的问题、课后以形成性的方式查看知识是否被理解的问题、南部和东部非洲教育质量监测联盟(SAQMEQ)等地区性考试中的问题,以及国际学生评估计划(PISA)、国际数学和科学研究趋势(TIMSS)、国际阅读素养研究进展(PIRLS)等国际评估考试中的问题,等等。

课程评估对教育产生了很大的影响,导致了所谓的反拨效应,即教师为了最大限度地提高考试成绩,针对课程评估调整教学。例如,如果期末考试主要是关于信息的记忆,那么教师将倾向于集中精力确保学生在考试前掌握并记住这些信息。

一项对坦桑尼亚两所全国考试通过率为95%的农村公立小学的研究发现,学校仍推行以教师为中心的教学方法,如死记硬背等,以帮助学生为国家考试做准备。此外,两所学校都定期举行模拟考试。在其中一所学校,所有学生都接受了月考，考试结果被张贴在学校走廊的公告牌上，以便家长和学生都能看到。这些学校的教师表示，他们之所以遵循这种做法，是因为政府检查人员主要依靠考试成绩来监控教育质量。①

在同一项研究中，家长们还表示，学生们不再学习书面和口头表达，因为目前的考试省略了作文和简短的书面答案，只考多项选择题。其原因是国家考试系统在财政和专业方面都受到严重的资源限制。其他非洲国家也出现了类似问题，低收入国家的国家考试质量往往受到时间压力和资源限制的严重影响。因此考试要求学生只需背诵默写即可，这样教师可以快速出题，且不需要很高的专业技能。相比之下，构建高要求的问题，需要学生展示思维技能，在专业上既具有挑战性，又耗时。因此，记忆题通常在这些考试中占主导地位，而思维技能题通常数量很少，或者完全不存在。

尽管越来越多的非洲国家选择了形成性评估和总结性评估相结合的持续评估，以便于对学习者的进步和成绩进行更全面的判断，然而，在实践中，非洲国家由于资源问题、培训不足和外部总结性评估的压力，使得这种持续评估往往相当于重复的总结性评估，仅由教师填写记录表，而不给学生提供具体的反馈。② 即使有些国家采用了更多基于技能的评估形式（如国际中等教育普通证书，简称 IGCSE），而不是死记硬背，但传统的教学方法仍然很难改变。例如，斯威士兰引入 IGCSE 以后，虽然新课程强调技能的发展，但教师使用的教学方法并没有反映出这一重点，他们继续使用与教学大纲中的评估目标不一致的教学方法。这导致学生在公开考试中表现很差。更糟糕的是，一些非洲国家的公共考试制度在某些方面已经失去了公众的支持和信任。公开考试试题外泄就是造成信任危机的原因之一，马拉维国家考试委员会

① Roberts D. M., "Cracks in the Support for Two Tanzanian Rural Primary Schools with High Performance on National Exams," *International Journal of Educational Development*, 2005 (43), pp.32-40.

② UNESCO: *The Quality Imperative*, Paris, 2005.

（MANEB）曾多次面临在街上发现小贩出售公开考试试卷的尴尬，一些学校的校长、老师、监考人员、保安、学生、家长和其他利益相关者都卷入了公开考试舞弊的丑闻中。①

五、教学方法

联合国教科文组织在《2005年全球教育质量监测报告》显示，以教师为中心的教学法和死记硬背的学习将学生置于被动地位，将他们的活动局限于记忆事实并向老师背诵。这种教学方法在撒哈拉以南非洲和其他地方都是常态，甚至在最富裕的国家也是如此。②

20世纪末21世纪初，非洲国家课程改革的总体变化是转向了"以学习者为中心的教育"，至少在政策层面上是这种趋势，这往往是应国际捐助机构的要求，但也并不完全是在国际捐助机构的要求下进行的。以学生为中心的教学方法有许多不同的解释和含义，但均受到了所谓的"建构主义"的强烈影响，建构主义强调学习者的社会和文化背景，强调他们积极参与学习的过程，强调教师是促进者，强调在做中学。换言之，学生是知识的积极建构者，或是与教师一起的共同建构者。以学生为中心的教育本质上是指教学和学习方法的多样化，使学生定期积极参与学习。与传统的以教师为中心的课堂相比，讨论、小组工作、项目、模拟和独立学习都将被更频繁地使用。在传统的课堂上，教师讲授信息，学生们倾听和吸收。然而，如果学习者想要发展成为灵活、自给自足和有技能的人，他们需要经历多种不同形式的学习和互动。然而，在传统的威权课堂上，这种多样性是不可能存在的，因为绝大多数的课堂都是教师主导的。

---

① Kamwendo G.，"Malawi：Contemporary and Critical Issues，" *in Education in Southern Africa*，ed. C. Harber，London，Bloomsbury，2013.

② UNESCO：*The Quality Imperative*，Paris，2015.

　　总体而言，在实践中，撒哈拉以南非洲的课堂教学仍然以教师为中心，尽管课程改革的方向是以学生为中心的教学法。在非洲，学校的特点是等级组织、传授教学和以教师为中心的课堂。教师与学生的互动通常是长时间的背诵，课堂教学环节由教师讲解和提问组成，所提问题通常由个别学生或全班学生简短回答。这种教学法将学生置于被动地位，学生只能死记硬背知识，然后将其复述给老师。以教师为中心的教学方法均占据着主导地位。一项关于莫桑比克学生活动时长排名的研究表明，时长排在第一位的学生活动是听老师讲课，学生每隔一天才会在课堂发一次言，而且很有可能只是重复老师或课本上的句子。排名第二的学生活动是等待，包括等待老师开始上课，等待老师在黑板上写东西，等待他们的作业被批改。学生活动时长排名第三的是抄写作业。另有研究表明，肯尼亚小学流行的教学方法是事实的传递，教师引导的问答交流占压倒性优势，绝大多数问题是"封闭性的"（即要求提供一个答案或提供事实），而"开放的"（即要求一个以上的答案）问题只占所有教学问题的 2%，并且学生之间的互动几乎为零。[①]

　　在贝宁、尼日利亚、加纳和乍得等西非国家，以教师为中心的教学方法也占据主导地位。相关研究发现，贝宁的教师经常紧抓着他们的讲义不放，尼日利亚的小学教师在课堂上使用讲解和要求学生背诵的教学方法很普遍[②]。加纳的教室里，学生们通常坐成一排，前面坐着或站着授课和监督其行为的老师。[③] 乍得的教学方法，是仅由教师讲授，不允许儿童积极参与。在课堂活动中，教师是知识的给予者，儿童是知识的接受者。以教师为中心的教学方

---

　　① Ackers J. and Hardman F., "Classroom Interaction in Kenyan Primary Schools," *Compare*, 2001(2), pp.245-261.

　　② Hardman F., Abd-Kadir J. and Smith F., "Pedagogical Renewal: Improving the Quality of Classroom Interaction in Nigerian Primary Schools," *International Journal of Educational Development*, 2008(1), pp.55-69.

　　③ Dull L., *Disciplined Development: Teachers and Reform in Ghana*, Oxford, Lexington Books, 2006.

法也蔓延到了博茨瓦纳、马达加斯加、马拉维、莫桑比克、南非和津巴布韦等南部非洲国家，以及肯尼亚、索马里、南苏丹、坦桑尼亚和刚果(金)等东中部非洲国家。

在非洲，以教师为中心的教育方法占据主流地位的原因有很多，包括教师和学生的传统期望、在职教育的缺失、国际组织强加的以学习者为中心的教育政策以及教师教育本身的再生性质、资金和物质资源的缺乏、班级规模、教师士气低落、语言问题，评估需求等社会文化因素。① 事实上在非洲拥挤的中小学教室里，学生们很难移动课桌进行小组讨论、校长没有得到足够的培训来指导他们的老师、校长希望学生抄写信息的教室里保持安静、教师往往缺乏促进学生对话和辩论的语言能力，因为斯瓦希里语(小学教学的主要语言)和英语可能只是他们的第二或第三语言，等等。② 此外，以学习者为中心的教学方法的基本原则与非洲国家对权威结构、服从和师生关系的理解相冲突，也导致了以教师为中心的教学方法占主导地位。③

六、教育管理

近几十年来，教育管理的分权化已成为非洲教育政策的共同特征，这在一定程度上是应国际发展机构的要求。然而，必须指出的是，尽管非洲各国的中央政府无法做到这一点，但是随着地方社区和家长教师协会的作用日益凸显，一些事实上的决策权力下放已经实现。权力下放背后的理念是从自上而下的远程系统转向更本地化的参与式系统，将利用决策、地方知识和理解

---

① Tabulawa R., *Teaching and Learning in Context: Why Pedagogical Reforms Fail in Sub-Saharan Africa*, Dakar, Codesira, 2014.

② Roberts D. M., "Cracks in the Support for Two Tanzanian Rural Primary Schools with High Performance on National Exams," *International Journal of Educational Development*, 2015 (43), pp. 32-40.

③ UNESCO: *Education for All* 2000—2015: *Achievements and Challenges EFA Global Monitoring Report*, Paris, 2015.

加强地方问责制。因此，教育决策责任将向下转移，从国家教育部转移到更低的层次，如地方议会和学校本身，这些机构与提高教育质量有直接的利益关系。

事实上，教育权力下放是2000年达喀尔全民教育框架的关键倡议之一。权力下放带来的好处包括政府的反应能力增强、更多的社区参与、更灵活的规划、更高效地执行以及更有效地提供商品和服务。然而，一些批评人士认为，分享了教育权力的地方和学校就其现有的人力和物力资源而言是不平等的，并不是所有的地方都能更好地发挥分权的作用，反而增加了教育系统的不平等。此外，权力下放的程度不同于简单地将任务下放给地方机构，中央保留权力也不同于真正的权力下放——地方机构（地方和学校）拥有独立于中央的权力和责任。

在教育管理中，我们经常讨论教育领导和教育管理的区别。教育领导关注的是教育目标和政策的制定和实现，而管理关注的是实现这些目标和政策的过程。地方教育机构——地区和学校——在多大程度上能够发挥领导和管理作用，将取决于权力和权力真正下放到地方层面的程度。核心问题涉及政府和学校领导在决定教育目标和目的方面的相对权力。政府希望学校有远见卓识的领导。① 在非洲，权力下放的程度和权力分配因为级别的高低而存在差异，这些活动在不同的国家是不同的。本节的重点是研究地方层面（地方教育管理机构和学校）的教育管理，也包括它们与中央政府的关系。我们将讨论权力是如何分配的，谁有权力做出决定，以及权力在实践中是如何行使的等问题。

（一）地方教育管理

尽管权力下放政策影响了许多非洲国家的教育，但有时这只是纸上谈兵，而非现实。有效的权力下放过程往往受到地方财政窘迫和人力资源匮乏的阻

---

① Bush T., *Theories of Educational Leadership and Management*, London, Sage, 2011.

碍,特别是在农村地区,由于缺乏基础设施,教育权力下放工作变得更加困难,优秀的教师更难招募。例如,马拉维一所学校所在地区没有银行,该地区的教育官员必须在武装警卫的陪同下每月前往该地区的中心筹集支付工资和其他开支的资金。此外,该地区教育管理部门和学校本身也无法随时获得精确的信息,以便通过准确保存有关教师任命、升职、降级、休假、辞职和退休等事项的记录,帮助分散教育管理事务。尽管喀麦隆实行了权力下放的官方政策,但基础教育部和中等教育部仍然对公立学校的招生、任命、派遣、支付、课程开发和晋升的各个方面进行管理。这在一定程度上是由于资源不足,地方学校管理委员会的权力和技能不足。同样,在马里,尽管教育权力下放政策已经实施了20年,但其影响有限,因为中央政府向权力下放机构转移财政资源的速度很慢,而且新的权力结构面临财政和人力资源短缺的艰巨挑战。

地方教育局的关键作用是视察和监督学校,以监测学校和教学质量,但在资源方面也存在问题,特别是在为学校提供培训材料和参与培训的机会方面。例如,东部和南部非洲国家的地方教育主管虽反复提出了教师职前和在职培训要求,且这些国家也开设了一些在职课程,但这些课程并没有纳入全面的能力建设方案,也没有充分关注监督问题。① 西非正在经历教育权力下放过程的贝宁、几内亚、马里和塞内加尔几个国家实际上仍然由中央控制,地方教育局在人事和财务管理方面的自治度较低。在贝宁的一个地方教育局,19名工作人员中有4名患有精神疾病,一名几乎失明,另一名是聋盲人,还有一名官员是透析患者,每周只去工作两次。因为他们无法继续教学,所以被派遣到了地方教育办公室,而地方教育局因缺乏适当的设施,导致他们无法有效地工作。如果中央教育部能有效地管理当地的学校,而地方教育局充当学校和教育部之间的联络人,这就不会成为一个问题,但事实并非如此。

---

① UNESCO: *School Supervision in Four African Countries*, Paris, 2001.

事实上，权力下放政策的根源在于缺乏政府接触，因此造成一种权力真空，市政当局、宗教团体、部落酋长、地方精英和国际非政府组织等其他行为者在试图填补这一权力真空。

在非洲，当教育权力和任务下放到地方时，实际会发生什么？哪些背景因素会影响权力下放的进程，又是如何影响的？首先，贫穷和资源匮乏是影响有效权力下放的首要因素。相关研究发现，马拉维的贫穷和低工资影响了权力下放的方式。在工资非常低的情况下，地方教育工作人员普遍认为，需要通过津贴来增加工资。而在提出津贴和补给要求时，校长们经常会夸大需求，因为他们知道，从中央教育部门得到的东西往往与他们要求的东西少一些，夸大需求反而成了一种保险措施。其次，有关乌干达教育分权的研究显示，家庭规模和结构、迷信和巫术、权威观念、年龄和性别等社会和文化因素也不利于教育权力下放。教育分权在乌干达并没有发挥应有的作用，因为在实践中，当地的关键人物，包括校长、教师、官员、家长、承包商等有着传统的价值观，他们的做法往往与乌干达决策者及其国际顾问和支持者的现代官僚作风相冲突。几内亚教育权力下放甚至导致了贪污罪、敲诈勒索罪、受贿罪和诈骗罪。在纳米比亚，权力下放导致在地区管理和个别学校之间建立了由5至7所学校组成的学校集群，旨在通过学校之间的资源、经验和专业知识共享，特别是富裕学校与贫穷学校共享，管理较弱的学校与管理较好的学校共享，以便改善教学和学校管理。在这种模式下，单个学校并没有真正的自主权，而是由集群学校的校长、选定的教师和学校管理机构成员组成的集群管理委员会管理。[①]

(二)学校管理和校长的管理角色

国家教育部和地方教育局都领导和管理着学校。在研究非洲学校本身的

---

① Pomuti H. and Weber E., "Decentralisation and School Management in Namibia: The Ideologies of Education Bureaucrats in Implementing Government Policies," *International Scholarly Research Network*, 2012, pp.1-8.

管理方式之前，有必要将学校视为一个组织。学校教育的组织模式起源于19世纪末的欧洲，在本质上是官僚主义的。

希普曼(Shipman)认为学校是一个官僚组织，其目的是教授从农业社会向现代工业社会过渡的非人性化技能、契约价值和关系。因此，学校实施的价值观是官僚机构高效运作所需的价值观——服从、遵守规则、忠诚、尊重权威、守时、安静、集体有序按时工作、容忍单调乏味以及忽视与手头任务无关的个人需求。① 然而，学校和教师并不一定表现出上述典型的官僚作风。事实上，现代学校是一个嵌在多元民族和文化的社会结构中的外来者。任何国家的教育计划都必须在特定的社会和文化中运作。里格斯的"棱镜社会"理论认为融合的白光穿过棱镜后，折射出一系列不同的颜色。"棱镜社会"理论证明发展中国家的许多学校同时具有"传统"和"现代"组织的社会、文化、经济和行为特征。② 发展中国家既包含传统的融合型社会组织元素，也包含结构更具差异化的"现代"社会元素。其结果是一个看起来像一所现代官僚学校的组织往往是一种表面现象，因为学校的实际运作并非如此。

非洲有许多管理良好的学校，帮助学生取得了成功。相关研究发现，非洲学校管理成功的关键是做好基础工作：首先，所有的学校都以教学、学习和管理为中心，培养师生的使命感、责任感。其次，他们有很强的组织能力，包括领导和管理能力，并重视专业精神。再次，所有学校都有能力、有信心完成任务。最后，这些学校都有强有力的问责制度。③

非洲学校的校长对学校的经营好坏有很大影响。对加纳和坦桑尼亚的一项研究显示，在招生人数增加和课程改革的背景下，权力下放不仅增加了地方的责任，也增加了学校本身的责任，尤其是校长的责任。然而，校长上任

---

① Shipman M., *Education and Modernisation*, London, Faber, 1971.

② Harber C., *Education, Democracy and Political Development in Africa*, Brighton, Sussex Academic Press, 1997.

③ Bloch G., The Toxic Mix, *Cape Town*, Tafelberg, 2009.

时往往极少或根本没有受过教育管理方面的培训，校长上任的主要考量是其教学资格和课堂教学经验。这些校长也更有可能是男性而不是女性。一项对东部和南部非洲 12 个国家的研究发现，在肯尼亚和坦桑尼亚，尽管几乎一半的小学教师是女性，但女性校长比例不到 20%。[①] 在学校里，无论男女校长都要在执行国家政策、管理人力物力和财政资源，与更多的外部行为者合作等方面发挥关键作用。非洲校长的众多额外角色和作用包括管理职工(例如食堂工作人员、园丁和清洁工)、与当地要人打交道，以及为艺术、体育和其他活动安排交通出行，等等。这些任务往往意味着校长没有多少时间专注于"课程领导人""质量保证协调员""教育变革引领者"或"有效供应和利用资源的管理者"等理想化的校长角色。此外，校长不仅肩负着许多与教学没有直接关系的任务，而且他们也没有得到所需的额外培训的帮助。

对非洲学校校长财务管理权力的一项研究发现，下放的财务管理权力并没有使校长们将更多的投资集中在与教学和学术相关的事务上，反倒增加了校长的负担，使他们不得不为计划外的活动争取资金，而不是使用现有资金来维持和扩大当前的教育规模。另一项对南非乡镇学校财务管理分权的研究发现，被调查的学校教职人员不具备财政预算方面的技能和知识，而且当地社区中为数不多的有经验的人也不愿意承担此事，因此学校无法执行这项任务，他们需要额外培训此项技能。[②]

事实上，将教育管理从政府下放到学校，可能会导致权力重新集中到校长手中。[③] 即使校董会主席能与校长分享权力，但由于他们缺乏专业知识，加

---

① UNESCO: *Education For All* 2000—2015: *Achievements and Challenges EFA Global Monitoring Report*, Paris, 2015.

② Mestry R. and Naidoo G., "Budget Monitoring and Control in South African Township Schools," *Educational Management Administration and Leadership*, 2009(1), pp.107-125.

③ Chikoko V., "Negotiating Roles and Responsibilities in the Context of Decentralised School Governance: A Case Study of One Cluster of Schools in Zimbabwe," *International Studies in Educational Administration*, 2007(1), pp.22-38.

上对学校日常运作的并不了解，故可能会将更多实权交到校长手中。因此，校长是塑造学校文化的关键人物，无论学校是自上而下的专制管理方式，还是开放和参与的民主管理方式。

(三)利益相关者的管理角色

家长、教师、当地代表和学生等学校利益相关者往往通过由他们组成的学校管理委员会来参与学校管理活动，然而学校管理委员会并不总是能有效地发挥作用。这是因为学校管理委员会的能力、技能和资源不足，也缺乏参与的意愿。一项对东非学校管理委员会的研究发现，在参与度和让学校承担责任方面，家长和教师处于相对弱势的地位。埃塞俄比亚的相关研究显示，学校校长、教师、家长和其他社区成员认为自己并没有准备好扮演系统分配给他们的角色。① 马拉维的学校管理委员会本应定期开会，以解决一系列学校问题，然而，现实情况是学校管理委员会和家长教师协会通常不存在，或者即使存在也基本上处于休眠状态。虽然该研究也发现，一些学校管理委员会确实参与了当地的教育，但这主要是为了给学校提供资源，而不是参与学校管理。不过当他们参与到雇佣教师和给老师支付工资的管理活动中时，确实对学生的阅读和数学成绩产生了有益的影响。② 事实上，在马拉维优秀的农村学校中，社区和家长确实积极参与了学校管理，而在低水平的学校中则没有类似的参与。参与的社区和家长倾向于优先考虑帮助学生通过国家级考试，而没有优先考虑修复和建设学校设施。③ 以上研究表明，如果学校管理有效，

---

① Yamada S., "Determinants of 'Community' Participation: The Tradition of Local Initiatives and the Institutionalisation of School Management Committees in Oromia Region, Ethiopia," *Compare*, 2014(2), pp.162-185.

② Barnett E. "An Analysis of Community Involvement in Primary Schools in Malawi," *International Journal of Educational Development*, 2013(5), pp.497-509.

③ Taniguchi K. and Hirakawa Y., "Dynamics of Community Participation, Student Achievement and School Management: The Case of Primary Schools in Rural Malawi," *Compare*, 2016 (3), pp.479-502.

学生成绩优异，社区和家长就会参与学校的管理。社区参与并没有直接提高学生的成绩，但它通过改善学校管理，间接提高了学生的成绩，这也促进了社区和家长的进一步参与。

本节探讨了非洲国家的教育目标、教育资源、教师教育、课程与评估、教育方法以及教育管理。在教育目标方面，我们区分了促进目标(出勤率、识字和计算能力)、中间目标(就业、减贫和改善健康等)以及基本目标(教育希望帮助塑造的社会和个人)，主要分析了非洲国家教育的基本目标。在教育资源投入方面，非洲国家存在相当大的差异，但也表现出了一些共同点。例如，大多数非洲国家政府目前没有将政府财政预算的 20% 用于教育，或者没有将其视为优先事项，非洲的教师，特别是农村地区的教师，经常在非常困难的环境下工作。其次，在大多数非洲国家，学校的物质资源匮乏。农村地区的学校受到的影响最大，因为它们更缺乏电力和清洁的自来水供应，而且道路不好，很难抵达。最后，撒哈拉以南非洲国家教师短缺，训练有素的教师，尤其女教师短缺。在教师教育方面，虽然非洲国家存在一些良好的教师教育项目，但更多的证据表明，教师教育正处于资质差的职前教师—质量差的教师教育—不合格的在职教师这样的恶性循环中。这其中的主要原因之一是教师在教育过程中实施"照我说的做，而不是照我做的做"导致的。教师教育没有充分地示范其所宣扬的教学方法，故而职前教师没有体验到多样化的教学方法。在课程与评估方面，虽然某些非洲国家曾有一些改革课程性质的尝试，但这些努力都面临障碍，而且只取得了有限的成功。大多数课程继续围绕离散的、以知识为基础的科目进行组织。然而，在知识本地化的方向上发生了变化，从以前以欧洲为中心的课程转向更多地使用非洲内容。评估可以用于许多目的和方式，但在实践中，传统的基于回忆的评估形式仍然占主导地位。在教学方法方面，撒哈拉以南非洲国家"以学习者为中心的教学法"与现实的学校课堂之间存在差距。虽然以学生为中心的教育在政策层面上可能占主导地位，但在实践中，以教师为中心的课堂往往占主导地位。最后，本节还集中讨论了地方和学校自身两个层面的教育分权管理。总体而言，尽管教育政策强调权力下放，但非洲的教育仍然倾向于自上而下的集中管理。此外，在大多数学校，即使是在管理良好、效率很高的学校，权力仍然主要掌握在校长手中。

第二节　非洲国家教育案例

　　一般而言，非洲国家的教育都会受到独立初期的社会背景和政治哲学的影响。例如，在赞比亚，国父肯尼思·卡翁达(Kenneth Kaunda)颁布了一项基于社会主义蓝图的"人道主义"政策，但由于该国精英阶层和教会的抵制，随之而来的教育改革很快被放弃。在乔莫·肯雅塔(Jomo Kenyatta)领导下的资本主义国家肯尼亚，重要的官方意识形态之一是"哈拉比"(harambee，斯瓦希里语，字面意思是"齐心协力")，意思是肯尼亚人应该互相帮助，有服务意识。有钱有势的肯尼亚人提供大笔资金设立了"哈拉比基金"，用于资助社区发展，建设新学校。由于喀麦隆曾是英法两国的殖民地，因此在独立时采取了英法双语的语言教育政策，不过在教学过程中两种语言之间的不平等(有利于法语)造成了教育系统内的紧张局势。

　　随着经济自由化、政治民主化以及全球目标设定和衡量的世界格局对非洲的影响，非洲教育的许多鲜明特征已经消失，或至少削弱了。然而，仍有一些鲜明的特征存在，本节将集中讨论三个非洲国家独立时期确立的关键教育目标以及这些目标是如何持续影响其后续的教育发展的。我们要讨论的三个非洲国家来自撒哈拉以南非洲三个主要的地理区域，即南部非洲的纳米比亚、西非的尼日利亚和东非的坦桑尼亚。其目的是探索这三个国家教育模式的差异，同时找出它们与其他非洲国家共同的教育特点。

一、纳米比亚的民主教育

纳米比亚在经历了一百年的殖民统治和三十年的解放战争后于 1990 年独立，脱离了当时的南非种族隔离政权。在经历了威权政权之后，纳米比亚以民主宪法为基础，希望在民众中发展民主政治文化。学校系统被视为建设更加民主的纳米比亚的重要工具。因此，纳米比亚的主要教育目标之一是民主。纳米比亚基础教育的目标包括"促进国家团结、正义和民主"以及"促进人权、尊重自己和尊重他人，及其文化和宗教信仰"。

独立后，纳米比亚的新民主主义教育是建立在以学习者为中心的教育哲学基础上的。这种学习和教学的方法要求打破过去专制的师生关系，鼓励理解学习者现有的知识和技能，鼓励学习者积极参与学习过程，明确学生的学习目标是通过民主学习为公民进入民主社会做好准备。政府还决定，以往的教育倾向于以考试为导向，因此新的评估政策应该奖励表现，而不是惩罚错误。在纳米比亚，以学习者为中心的学校教育被认为具有以下特点：①

①学生积极参与学习

②超越事实学习的概念学习

③教师愿意放弃一些旧观念

④强调解决问题

⑤持续评估

⑥对教学结果负责

⑦跨学科领域综合学习

⑧强调学生的全面性

① Namibia Ministry of Education, *A Report on the Training of Trainers*, Windhoek, Ministry of Education, 1993.

⑨系统地利用宝贵的生活经验

⑩有足够的课程时间让教师和学生发起活动

⑪鼓励学生的创造力

⑫鼓励试错学习

⑬鼓励选择

⑭鼓励灵活性和平衡性，教师成为向导或教练，而不是专家

⑮所有的教师和学生应既是学生又是教师

⑯以学生为本的教学

⑰讲究教与学的乐趣

⑱每个人都要有耐心

⑲注重小组工作的机会和时间

⑳所有教师和学生相互尊重和合作

纳米比亚民主教育主要体现在课堂教授内容、学校管理和教师教育三个方面。民主教育的关键要素是在课堂上教授有争议的问题。[1] 在纳米比亚的多文化、多语言和分层化社会中，独立后的政策制定者意识到，如果教师要成为变革的推动者和实施者，那么他们必须努力处理多种观点，提出根本性问题，理性地处理争议性问题，学会区分有/无事实根据的意见，做出公平而灵活的评估，并探索个人信仰问题。

在学校管理方面，纳米比亚每所公立学校都设有由教师、家长、校长和学生组成的校董会，负责管理学校的事务，促进学校的发展。校董会制定学校的使命、目标和宗旨，就学校的校外课程向学校管理层提供意见，就教育所需和学校的课程向地区总监提供意见，建议委任教师和其他教职员以及监

---

① Zeichner K. and Dahlstom L., *Democratic Teacher Education Reform in Africa: The Case of Namibia*, Boulder, Westview Press, 1999.

督社区对学校设施的使用。① 尽管这似乎将民主决策分散到了学校层面和学校内部，但仍然存在文化障碍。因此，虽然正式的治理结构已经发生了很大的变化，但核心执行人员的思想和行动仍然保持不变。虽然新的改革是建立在共同合作和参与式民主的基础上，但种族隔离时代对威权主义、等级制度和官僚主义的尊崇决定了政策如何能有效地转化为实践。设想的授权和自治受到中央教育部门及其地方官员继续发挥决定性作用的限制，威权主义、官僚主义和管理意识形态相互补充并交织在一起。②

在教师教育方面，纳米比亚的民主教育思想体现在其实施的综合教师培训项目上（ITTP）。该项目由瑞典赞助，其理念是在学生和教师中提倡反思实践和行动研究，也就是让学生参与实践，鼓励他们对自己的实践和他人的实践进行批判性反思，并为其提供实验和尝试新想法的机会，通过反思和研究从经验中学习，然后相应地改变和改进实践。该项目倡导的教师教育是通过行动研究项目提供反思实践的经验，对教学观察进行批判性反思，并通过日记和期刊参与反思性写作。这种做法具有强烈的民主性质，研究和调查的传统角色转变为促进者和研究实践者。③ 一位教师教育者在纳米比亚北部的一所大学里对自己的学生进行研究后说："每次活动后，我都观察到我的学生的行为发生了变化。例如，女学生会自愿决定在班级中扮演角色。她们开始参与报告小组的调查结果，提出问题，并在每次课堂讨论时对同学的想法提出批判性质疑。在微格教学课程中，从个人活动到结对活动和小组活动，学生们展示了他们使用多种活动的能力。在有争议的问题上，女生开始参与实质性

---

① Likando G. N. and Wolhuter C., "Namibia: An Overview of System Reform," in *Educaion in Southern Africa*, ed. C. Harber, London, Bloomsbury, 2013.

② Pomuti H. and Weber E., "Decentralisation and School Management in Namibia: The Ideologies of Education Bureaucrats in Implementing Government Policies," *International Scholarly Research Network*, 2012, pp.1-8.

③ Stephens D., *Qualitative Research in International Settings*, London, Routledge, 2009.

的辩论。总而言之，我了解到，只要有明确的指导方针、老师的鼓励和没有刻板印象的学习机会，学生一般都有潜力和能力参加活动。"①

然而，一项对纳米比亚在职教师进行的研究发现，教师仍然认为教学是由教师传授知识为主，支持以教师为中心的教育，而不是以学生为中心的教育。② 事实上，20 世纪 90 年代中后期，纳米比亚在职教师仍然大量使用以教师为中心的教育方法，因为他们发现很难理解以学生为中心的教育的含义，因此很难实施该教育理念。③

纳米比亚 ITTP 教师教育项目实施 20 年后，教育仍然是纳米比亚的优先事项，教育占国家预算的最大份额(22%)，2009 年纳米比亚教育支出占国内生产总值(GDP)的 6.4%，略高于经合组织国家的平均水平。尽管如此，与许多其他非洲国家一样，纳米比亚的学校条件和教育成果仍然很差，特别是农村地区。以学习者为中心的民主教育政策仍然是教育的关键政策，至少在口头上是这样，尽管在实践中更倾向于以教师为中心。事实上，ITTP 方案的设计者之一达尔斯特罗姆认为，该政策实际上未能得到实施，一些人甚至觉得纳米比亚民主公民身份背后的后殖民教育政策更多是在散漫和象征意义层面上运作的，旨在政府合法化和得到国际认可。在他们自己对前 ITTP 参与者的研究中发现，前 ITTP 学生仍然支持以学习者为中心的教育原则和做法，认为这是最适合新时代纳米比亚的政策。纳米比亚政府还是非常重视教育在发展民主和积极公民意识方面的作用，尽管他们认识到了目标和实践、政策与执行之间存在巨大的差距。

---

① Tubaundule G., "Promoting Active Participation in the Education Theory and Practice Classroom," in *Democratic Teacher Education Reform in Africa: The Case of Namibia*, ed. K. Zeichner and L. Dahlstom, Boulder, Westview Press, 1999.

② Rowell P., "Perspectives on Pedagogy in Teacher Education: the Case of Namibia," *International Journal of Educational Development*, 1995(1), pp.3-13.

③ O'Sullivan M., "The Reconceptualisation of Learner-Centred Approaches: A Namibian Case Study," *International Journal of Educational Development*, 2004(6), pp.585-602.

二、尼日利亚的民族团结教育

尼日利亚是一个拥有 350 多个不同族裔群体和 500 种土著语言，有着极其丰富的民族文化的国家。这种由殖民强加的边界划分造成的多样性，对独立后的尼日利亚的教育产生了重大影响，也引起了人们的关注。在后殖民时期的尼日利亚，区分"国家"（state）和"民族"（nation）可能比其他国家更为重要。尼日利亚由许多不同的民族组成，南方以基督教为主，北方以穆斯林为主。20 世纪 50 年代的政党是沿着民族和宗教路线发展起来的，只有争取独立的斗争才把它们团结起来。基于种族和文化的政治冲突和对抗成为尼日利亚当代政治的一个重要特征，并在 1967—1970 年的内战（比夫兰割让战争）中达到顶峰。

在教育方面，至少在政策和言论层面，尼日利亚遵循求同存异的原则，即保留民族文化，但鼓励人们首先将自己视为尼日利亚人，其次才视自己为某个民族的成员。因此，在内战后，社会科学的教科书强调民族团结，学生们学习国旗和国歌，每天在学校宣读国家誓言。政府还推出了一项政策，每个州的联邦政府学院，都必须录取来自不同种族的孩子。然而，一项针对尼日利亚内战结束后学校教育和国家统一的研究发现，相当多的少数民族学生似乎并不受学校教育的影响，对他们来说，家庭、同辈群体和媒体等其他社交机构具有更强大的影响力。[1]

然而，对民族团结的重视始终未变，当代尼日利亚教育政策继续强调民族团结的重要性。《尼日利亚联邦共和国宪法》规定，国家政策的方向是确保所有人享有平等和充分的教育机会。[2] 教育的主要目标是："作为一个不可分割、民主和主权的国家，团结和谐地生活……教育对于促进进步和统一的尼日利亚至关重要……建设一个团结、强大和自力更生的国家……对学生灌输

---

① Harber C., *Politics in African Education*, London, Macmillan, 1989.
② Government of Nigeria, *Nigerian National Policy of Education*, Lagos, NERDC Press, 2013.

民族意识价值观和民族团结观念。"

一项关于尼日利亚教育、种族关系和国家建设的研究指出，尼日利亚仍然是一个因种族和宗教不平等而严重分裂的国家，"国家团结似乎不太可能"。① 人们仍然担心一种宗教或种族团体会主宰其他宗教或其他种族团体，因为这无疑会加剧冲突，自 1999 年以来，尼日利亚已有 1. 35 万人在种族冲突中丧生。此外，在这个石油资源丰富但经常受到腐败破坏的国家，政府并没有提供预期的优质教育。然而，教育往往是政府提供的最重要的服务，因此，当政府不能满足人们对教育、安全或归属感的要求时，一些人会求助于种族或宗教。②

据报道，尼日利亚专门设立的一小批私立学校在增进宽容和理解方面取得了一些成功，在公立学校使用教科书促进民族团结和群体间宽容的努力也还在继续。此外，最近还引入了联邦联合学院，该学院再次尝试融合来自尼日利亚各地不同族裔的学生。然而，尽管尼日利亚政府试图将教育作为帮助尼日利亚的不同种族群体团结成一个国家的工具，但这些努力大部分是无效的。③ 由于持续不断的暴力，许多父母不愿将孩子送到离家较远的地区上学。事实上，尼日利亚在利用学校教育促进民族团结方面并不是很成功可能是其教育系统本身规划不足和管理不善、资源匮乏等导致的；治理和管理结构过于集中和官僚化，导致重复决策和监测不足。④

尼日利亚是撒哈拉以南非洲地区辍学率最高的国家，有 800 万儿童辍学，

---

① Moland N., "Nigeria: An Overview," in *Education in West Africa*, ed. E. J. Takyi-Amoako, London, Bloomsbury, 2015.

② Moland N., "Nigeria: An Overview," in *Education in West Africa*, ed. E. J. Takyi-Amoako, London, Bloomsbury, 2015.

③ Moland N., "Can Multiculturalism Be Exported? Dilemmas of Diversity on Nigeria's Sesame Square," *Comparative Education Review*, 2015(1), pp.1-23.

④ Johnson D., "Improving the Quality of Education in Nigeria: A Comparative Evaluation of Recent Policy Imperatives," in *The Changing Landscape of Education in Africa*, ed. D. Johnson, Oxford, Symposium, 2008.

其中北方各州儿童辍学率是 51%，南方各州儿童辍学率是 20%。5—16 岁儿童的识字率仅为 47%，其中北方儿童识字率为 29%，南方儿童识字率为 72%。此外，学校的生师比高，教师缺勤率高，教学质量较差。① 事实上，很有可能教育不仅没有成功地促进国家团结，反而由于教育分配的不均衡和不公平，助长了群体之间的不平等，实际上也间接地助长了冲突。

三、坦桑尼亚的自力更生教育

从 1967 年开始，朱利叶斯·尼雷尔领导下的坦桑尼亚走上了一条由"自力更生教育"政策支持的"非洲社会主义"道路。② 尼雷尔拒绝走资本主义和新殖民主义的发展道路，而是倾向于非洲版的社会主义，即回归他所认为的被殖民主义摧毁的非洲村庄的传统公共价值观。

自力更生的教育政策标志着坦桑尼亚教育政策的根本变化，使坦桑尼亚与许多其他非洲国家有很大不同。尼雷尔的自力更生教育哲学拒绝了基于竞争和个人主义的教育。与这一政策相应的是，每所学校都拥有一个农场或其他生产性企业，使学生不会脱离社会的农业生产，从而保持对体力劳动的尊重。小学教育本身成为一个完整的教育阶段，而不仅仅是为上中学做准备。为了判断学生对学校和生产企业的更广泛的贡献，坦桑尼亚在正式考试中增加了品格评估。此外，非洲社会主义价值观的政治教育在整个教育过程中成为必修课。③

20 世纪 80 年代，坦桑尼亚经济恶化导致了结构性的经济改革，改革从社会主义转向资本主义。虽然自力更生教育的理论和实践之间总是存在差距，但这些经济变化也影响了教育，加剧了教育的不平等现象。不可阻挡的私人

---

① Moland N., "Can Multiculturalism Be Exported? Dilemmas of Diversity on Nigeria's Sesame Square," *Comparative Education Review*, 2015(1), pp.1-23.

② Nyerere J., *Education for Self-Reliance*, Dar Es Salaam, Government Printer, 1967.

③ Harber C., *Politics in African Education*, London, Macmillan, 1989.

投资浪潮涌入全国各级教育。英语授课学校和宗教机构开办的学校极大地吸引了坦桑尼亚中等收入家庭的家长的目光。一些富裕的父母甚至把他们的孩子送到国外求学。经济改革前，即使是来自经济贫困家庭的孩子，如果资质出众也可以上优质学校；经济改革后，所有贫困家庭的孩子确定都能上学，但是上的是合格教师、课本和课桌长期短缺的社区学校。①

尽管自20世纪80年代初以来，社会意识形态发生了深刻变化，但在政策层面上，坦桑尼亚仍然在持续强调自力更生的教育。具体表现为坦桑尼亚小学教育的官方目标之一仍然是"为每个儿童提供自主、自我发展和自信的基础"，而中学教育的官方目标之一仍然是"在科学技术、学术和职业知识和技能的新领域灌输自学、自信和自我进步的意识和能力"。② 事实上，对坦桑尼亚自力更生教育的持续影响的相关研究发现，目前自力更生教育在市场经济中的表现形式为创业教育。③ 该研究注意到了创业教育与自力更生教育政策的相似之处，分析了在坦桑尼亚创业教育领域工作的一个非政府组织，该组织旨在帮助经济上自给自足的学校。这些学校通过发展自己的业务来做到自给自足，这些业务为学校提供资金，同时向学生传授经营这些业务所需的技能。该非政府组织项目中的每一所学校和每一名学生都要生产利润并自力更生，从而使学校和学生的教育以及经济生活结合在一起。让学生为市场经济做好准备的话语渗透到学校规划、课程、教学甚至日常互动中。经济上可持续发展的学校的日常实践有助于培养自立的学生，他们像做生意一样经营——生

---

① Anangisye W. A. and Fussy D., "Tanzania: Revisiting Eastern and Central African Education Systems," in *Education in East and Central Africa*, ed. C. Wolhuter, London: Bloomsbury, 2014, p.373.

② Anangisye W. A. and Fussy D., "Tanzania: Revisiting Eastern and Central African Education Systems," in *Education in East and Central Africa*, ed. C. Wolhuter, London: Bloomsbury, 2014, p.373.

③ DeJaeghere J., "Education, Skills and Citizenship: An Emergent Model for Entrepreneurship in Tanzania", *Comparative Education*, 2013(4), pp.503-519.

产、销售、盈利、储蓄投资以获得更大的生产力，这样的循环一直持续下去。①

参与该项目的一名学校工作人员明确提到了尼雷尔的"自力更生"一词，但在这种情况下，意思是让学生能够创造自己的就业和生活机会，因为社会和经济体系很少帮助他们。② 因此，坦桑尼亚新兴创业教育中关于自力更生的论述，与尼雷尔的社会主义和后殖民主义的自力更生理想及资本主义和外国援助截然不同。自1967年以来，尼雷尔的自力更生教育政策强调自力更生、个人物质财富和参与全球经济，而不是平等或集体努力，尽管其教育尝试"未能改变学校、学院和大学产品的思维模式，白领工作仍然是人们的追求"，但人们仍在不断提及并尊重这一政策。③

虽然撒哈拉以南非洲的教育受到国际一体化的影响，有助于形成整个区域教育发展的共同模式，但在学校教育方面仍各有特色，这从上述的三个国家中得到了证明。自独立以来，尼日利亚的文化和语言构成以及国内的竞争意味着教育不可避免地被视为国家建设的理想工具，尽管它并不总是发挥其潜力。在纳米比亚，种族隔离和种族主义教育制度逐渐被以学习者为中心的教育制度取代。尽管政策和实践之间存在差距，旧制度的残余仍然存在，但这种努力仍在继续。在坦桑尼亚，自力更生教育最初是朱利叶斯·尼雷尔拥护的一项激进的社会主义政策。尽管在现行资本主义的教育背景下，这一政策有了不同的含义和解释，但是对其的关注和争论仍在继续。

---

① DeJaeghere J., "Education, Skills and Citizenship: An Emergent Model for Entrepreneurship in Tanzania", *Comparative Education*, 2013(4), pp.503-519.

② DeJaeghere J., "Education, Skills and Citizenship: An Emergent Model for Entrepreneurship in Tanzania", *Comparative Education*, 2013(4), pp.503-519.

③ Anangisye W. A. and Fussy D., "Tanzania: Revisiting Eastern and Central African Education Systems," in *Education in East and Central Africa*, ed. C. Wolhuter, London: Bloomsbury, 2014, p.373.

第六章

20 世纪末至 21 世纪初期的埃及教育

埃及是非洲的重要国家之一，其教育的发展对于周边国家和地区具有重要的影响。埃及的教育发展的历程一波三折，社会和人民寻求教育权利和机会的道路充满了艰辛，尤其是在 21 世纪，这个国家又重新面临社会的变革，教育的各种问题也需要进一步解决。这个过程中的经验和教训无疑值得我们深思。

第一节　改革与发展背景

探讨埃及教育的发展历史需要对埃及向共和国转型期间政治、经济和文化交织状况进行细致研究。1953 年之前，埃及主要由外国统治。这一状况自总督时期(1805—1914)开始改变，经苏丹国时期(1914—1922)，直至法鲁克王国时期(1922—1953)后，埃及才再次获得独立。值得一提的是英国对埃及的占领从 1882 年开始，一直延续到 1922 年。在上述时期，许多外部强权将埃及视为战略重地，为自身利益榨取这个国家的资源。因此，由于目标不是为埃及人服务，提高埃及人民的教育水平就不是他们的主要关注点。理查兹写道：

　　英国占领期间对于改进社会几乎无所作为。因为依赖于间接统治的方法，所以英国人既未能挑战大地主的统治地位，也漠视对大众的教育。不仅如此，英国还为了减少教育开支，强制对初等教育进行收费。当然他们也通过塑造教育系统来满足自身对顺从的政府职员的需求，因为埃及官员独立的分析性思维不为英国殖民当局所喜，并且他们也并不希望埃及人挑战或更改英国的决定。机械学习和死记硬背是培养这样一类人的教育方法（这种方式暗含对权威的接受）。这些政策除了延宕埃及的扫盲进程之外（在英国统治35年后的1917年，埃及超过90%的人口还是文盲），还带来了两方面的持续性影响：（1）塑造了一种价值观，即强调教育作为培养政府雇员的手段的重要性；（2）促进和强化了一种"记忆型"的学习方式。学生们通过逼迫自己去记忆大量信息来取得进步，之后在考试中逐字重复这些信息。正如我们所看到的，近一个世纪之后，这依然还是今日埃及高等教育中存在的一个突出问题。①

埃及共和国（1953年至今）

　　第二次世界大战期间，埃及被英国军队用作该区域多场军事行动的主要基地。虽然英国军队迫于当地和国际压力从埃及撤出，但在1947年仍有英国军队驻扎在苏伊士运河区域。许多埃及人因此滋生了一种出于民族独立的反英情绪，尤其在埃及于1948年败于以色列之后，这种反英情绪催生出了一个由埃及军队领袖组成的自由军官组织，并于1952年7月发动革命废黜了法鲁克国王。该组织的两个关键人物是迦玛尔·阿卜杜尔·纳赛尔和安瓦尔·萨

① Richards A., *Higher Education in Egypt*, Washington, D. C., World Bank, 1992, Vol. 182, pp.6-7.

达特。第二年，自由军官组织废除了 1923 年宪法和君主政体，并于 6 月宣布埃及为共和国。

(一)纳吉布与纳美尔时期的埃及(1953 年 6 月—1970 年 9 月)

埃及由外族人统治几乎有 2000 年的时间，直到 1953 年才第一次由埃及人独立统治。这是一次全新的体验，穆罕默德·纳吉布被推选为总统，一年多之后，纳吉布便于 1954 年 11 月辞去总统职务，并由纳赛尔接任。

从 1952 年组建"自由军官"组织发动革命，到纳吉布辞任总统时，纳赛尔逐渐成长为一位在埃及乃至整个阿拉伯世界都富有影响力的领袖。在王朝时期的埃及，0.5% 的精英拥有超过 30% 的肥沃土地，6% 的埃及人拥有 60% 的土地。因此，纳赛尔发起了一场土地改革。这场新改革的内容包括规定土地所有者的土地不得超过二百费丹①，超过部分由政府征购，建立农民合作社，设立最低工资标准，构建免费教育和免费医疗保健体系。纳赛尔的教育改革是作为极端措施出现的，反过来也造成了相应的问题。理查兹曾提到：政策革新出于两种关切：第一，是对教育公平以及扩大国家教育社会基础的郑重承诺；第二，通过外交和军事手段以及建设现代化工业国家的方式提高埃及的民族独立性和区域影响力。相较于英国间接统治时期和早期政权而言，这场政策革新达成了很多目标，包括政治、经济、工业等方面，但公平抑或发展的目标却没有完全实现，原因如下：第一，尽管埃及快速扩张，但就像"二战"后所有发展中国家一样，国家的人口增长率也在加速，所以导致了公平和发展的目标难以实现；第二，公平和发展两个目标间时有冲突。

纳赛尔对于社会的公共服务体系，如公共健康系统和教育系统特别关注，也提出了很多新的措施。对于成员全部来自中产阶级的"自由军官"组织而言，教育系统的改革是政府重大且急需实现的目标之一。他们着手向所有埃及人提供免费教育，免除了国立学校和大学的入学费用。此外，教育部门的预算

_____

① 费丹为埃及面积单位，1 费丹等于 4200 平方米。

翻番，政府的教育支出从建国时的不到 GDP 的 3%，到 1978 年超过 5%，初等学校的数量随之翻番。一份报告显示，在 20 世纪 70 年代中期，教育支出已超过政府预算总支出的 25%。① 除了面向所有埃及人实行免费教育之外，纳赛尔还对教育实行了国家监管下的集中管理，许多外国学校被国有化了。另外，这一时期的教育世俗化改革还强调为女孩在教育系统注册入学提供更多机会；支持职业教育并设立大量的职业高级中学，以此来推动埃及的工业化运动。

具体而言，纳赛尔的改革可以分为以下三个时期：

1952—1956 年：革命初期，纳赛尔政府逐步建立对教育机构的控制，但并没有采取较为激进的教育改革方式，其在内政和外交方面均采取了较为平和中庸的路线，来团结各种力量，建立国家认同，提高国家自信。这种"积极中立主义"帮助纳赛尔在革命初期稳定了局势，为后续的执政发展和教育改革奠定了重要基础。

1957—1961 年：这一时期纳赛尔构建了一个经济和工业发展计划，反映在教育领域则是在教学和课程中提高科学和技术的重要性。穆兄会试图通过控诉纳赛尔无神论(这一点在埃及令人反感)来中伤他。作为回应，纳赛尔创建了"古兰经广播电台"，这在当时的中东尚属首次。他还发起了几项改革使伊斯兰清真寺学校现代化，将伊斯兰和社会主义思想融合起来。②

1962—1967 年：该时期埃及的"社会主义改造"达到顶峰，在很多教育政策中体现为强调纳赛尔政府的政治思想。在此期间，高等教育成为政府的基础工具。许多新的清真寺学校被建立，这实属一种教育革新。然而，埃及在 1967 年同以色列"六日战争"中的战败削弱了纳赛尔的影响力。

---

① Helen Chapin Metz, *Egypt: A Country Study*, Washington, GPO for the Library of Congress, 1990.

② Aburish Said K., *Nasser: The Last Arab*, New York, St. Martin's Press, 2004.

强调纳赛尔在尝试实现对埃及的控制尤其是对教育改革的控制过程中所面临的压力很有必要。在纳赛尔执政的第三个时期(1962—1967年),教育已经相对改善(至少在基础和技术教育领域)。许多来自伊斯兰组织的反对力量发展起来,对抗纳赛尔式的"社会主义改造"。米尔沙指出,课程改革过于强调回应纳赛尔关于埃及军事领导权重要性的思想,历史课程则相对被忽视,埃及1952年之前的历史总是受到贬低。[①] 国内压力,以及战争落败,迫使纳赛尔宣布辞职。然而,在请愿他复职的群众示威游行之后,纳赛尔更为强势地回归。1968年,他发起"消耗战",一种旨在收回1967年战败后被以色列占领的西奈半岛的革新性战争策略。接下来的一年里,纳赛尔试图将军队去政治化,并发起一系列政治自由化改革,但由于纳赛尔于1970年就过世了,这些改革没有达到引发教育变革的程度。总体而言,在20世纪,迦玛尔·阿卜杜尔·纳赛尔时期对教育有着最大的积极影响。但是,由于自由主义、社会主义和宗教激进主义三方的冲突,埃及社会处于非常紧张的局势中。

(二)萨达特时期的埃及(1970年10月—1981年10月)

有人认为,在纳赛尔、萨达特、穆巴拉克这三位领导人就任总统期间,教育系统高度"政治化"。随着迦玛尔·阿卜杜尔·纳赛尔的过世,副总统穆罕默德·安瓦尔·萨达特在1970年10月成功当选总统。1950年"自由军官"运动刚刚兴起时,彼时的萨达特作为运动的年轻成员,见证了埃及独立后纳赛尔哲学和思想的发展。然而,"六日战争"之后,以色列占据西奈半岛所带来的政治和经济挑战迫使萨达特转入一种特定的思维方式。萨达特时代可以分为三个时期:

"矫正性革命"(1970—1973):这一时期萨达特不得不采取勇敢无畏的主动行动,如收复西奈半岛,让埃及获得经济发展,改革埃及军队,以及转化

---

① Mirshak N., "Authoritarianism, Education and the Limits of Political Socialisation in E-gypt," *Power and Education*, 2020(1), pp.39-54.

教育系统。这引发了来自纳赛尔主义者（纳赛尔的追随者）的强烈对抗，因为他们希望保持他们已有的权力。1973年10月6日，埃及重新获得被以色列占领的土地，标志着对以色列战争的胜利。

"门户开放"（1974—1976）：在这一时期，特别是击败以色列后，萨达特获得了民众的拥护并得到了更多权力。萨达特的改革目标也从赢得战争转向和平建设，这给了埃及一个机会。通过"旨在推进埃及经济自由化，并与一个国际化资本主义体系相联结"的"门户开放"政策，萨达特与西方建立了联系。在此基础上，一种不同于纳赛尔的自由主义意识形态对教育产生了深刻的影响，例如，学校教科书开始强调埃及世俗的民族主义，而不是纳赛尔时期的阿拉伯爱国主义理念。①

"政治伊斯兰的兴起"（1977—1981）：这一时期与以色列的戴维营和平协议在1978年9月正式签署，造成了埃及内部以及埃及与阿拉伯世界的紧张关系。对抗变得越发激烈，对抗带来了仇恨，造成1981年10月萨达特被暗杀。

萨达特时期的教育改革本质上仅是政治的，它旨在重新定义伊斯兰宗教，来对抗宗教激进主义的兴起。同时，门户开放政策的主要益处在于给埃及带来了更廉价、更高品质的消费产品。然而，这一政策对埃及经济和教育有长期的消极影响。本土工厂关闭，教育质量开始降低。随着门户开放政策的实行，以及教育部门不再获得更多的经费（相较纳赛尔时期），更多外国的和私立的学校开办，社会不平等情况因此加剧。米尔沙曾评论说："萨达特的门户开放政策及不计后果地对新自由主义的逢迎，促使埃及开始从先前保证提供的诸如医疗保障和教育等基础服务中回撤。简言之，埃及政府不再能富有效率、卓有成效地提供服务，由此使得失业率增加、贫困加剧，经济和教育不平等状况恶化，反而影响了许多埃及人。相应地，这也意味着萨达特时期，

---

① Mirshak N., "Authoritarianism, Education and the Limits of Political Socialisation in Egypt," *Power and Education*, 2020(1), pp.39-54.

教育的功能是将学生政治性地社会化,向学生提供参与劳动力市场和政治生活所需知识和技能,以此推行萨达特政权所持有的理念。"①

(三)穆巴拉克时期的埃及(1981 年 10 月—2011 年 2 月)

在萨达特被暗杀后,副总统胡斯尼·穆巴拉克在全面紧张局势下开始掌权。穆巴拉克在埃及重新实施紧急状态法。虽然当时有必要通过这个法案来恢复政府对国家的控制,但法案中关于扩大警察权力,对宪政赋予的政治权利、自由表达和集会权予以限制的规定,导致了一系列负面影响的产生,包括教育领域,教育界人士再也没有机会表达改进教育体系的想法和愿景。不同于纳赛尔或者萨达特,穆巴拉克自己并没有一个"宏大的视野"来发展教育,也不能进行有效的教育改革。他满足于沿袭萨达特的教育路线。②

在接下来的十年里,穆巴拉克逐步让国家得以恢复,但领导力的主要缺点在于他身边缺乏能提供意见的专业人士。他曾是一名将军,自混乱之后上台执政。他是一个为自己土地而战斗的民族领袖(例如从以色列夺回塔巴地区,从苏丹夺回海拉伊卜和沙拉丁地区),然而,由于他身边缺乏议政和监督力量,腐败团体在政府各个地方滋生。不幸的是,穆巴拉克没有采用有力行动来制止这种状况,使得其继而影响了教育领域。政府资金甚至无法满足基础设施建设和教学仪器购买的需求。

到 1991 年,内部矛盾并没有从根本上予以解决,区域形势也未能给予埃及在政治上成熟起来的机会。让形势更为严峻的则是为应对伊拉克入侵科威特以及此后的海湾战争,埃及不得不加入西方军事联盟,将伊拉克军队从科威特驱逐出去。教育也因战争而受到影响。战后,境况也没有改善。总体上,糟糕的教育和经济发展状况、腐败,以及不断增长的警察野蛮行为,造成了

---

① Mirshak N., "Authoritarianism, Education and the Limits of Political Socialisation in E-gypt," *Power and Education*, 2020(1), pp.39-54.

② Amin G., *Egypt in the Era of Hosni Mubarak: 1981—2011*, Cairo, American University in Cairo Press, 2011.

宗教极端组织的日益壮大，仇恨的情绪日益积聚。

阿布伊塔对穆巴拉克时期所宣称的教育改革成就进行了批判性的研究。[①]据称在穆巴拉克统治的 30 年里，民众受教育机会得到扩大。数据显示，成百上千的学校基础设施得以建成；民众尤其是女孩的识字率得到提高；公立学校注册入学人数大幅增加；埃及似乎正走在实现让所有人进入初等教育的"联合国千年发展目标"的路上。然而，阿布伊塔在批判性地研究了这些数据后，也揭示了一些不那么令人赞叹的结果，如他认为埃及的文盲率还很高；虽然基础教育的名义入学率近乎 100%，但有的学生实际上处于辍学状态，教师也只是存在于名册之中而实际上并没有到校教学；埃及人中富人和穷人之间的受教育状况和社会经济地位的差距变大。这个社会见证了在腐败影响下的教育竞争的模式。私立教育日益成为社会阶层固化的工具，面对贫乏的公立教育，富有的人通过雇佣私人家庭教师来提高孩子的学业水平。教育质量在这种竞争中经历了一场倒退。阿布伊塔认为"国家修辞、政府数据以及国际视角"并不能反映埃及公共事务的现实，"这些现实被穆巴拉克出于政治利益而有意歪曲了"。

（四）穆尔西与曼苏尔时期（2012 年 6 月—2014 年 6 月）

2011 年 1 月，开罗发生了一系列的街头示威、抗议和非暴力反抗，示威和抗议最后发展成了革命。穆巴拉克在 2011 年 2 月前辞职。2011 年 3 月埃及举行了宪法公投，同年 11 月，又举行了自穆巴拉克下台后的第一次议会选举，2012 年 3 月进行了总统选举，6 月，埃及选举委员会宣布穆罕默德·穆尔西在总统选举中获胜。

穆尔西提出了他在道德教育方面的教育改革议程。尽管他确实提出了诸如技术教育或建设基础设施等方面的想法，但他并没有行动的计划。

2013 年 6 月，埃及人民仍没有看到穆尔西采取任何行动来解决经济、政

---

① Abuaita A., "Schooling Mubarak's Egypt," PhD diss., Brown University, 2018.

治、卫生和教育问题,因此许多抗议者走上街头,强烈要求穆尔西下台,并请求军方进行干预。穆尔西于 2013 年 7 月 3 日被捕。

推翻穆尔西的领导后,埃及经历了由曼苏尔领导的另一次过渡。阿德利·曼苏尔这个名字可能对很多读者来说并不熟悉,因为他只在短时间内担任过埃及的临时总统。然而,曼苏尔却领导着埃及渡过了其历史上最艰难的时期之一。在推翻穆尔西的领导后,埃及处于巨大的危险之中。曼苏尔曾是埃及最高宪法法院的院长(首席法官)。2013 年 7 月,舒拉议会(协商会议)被终止,曼苏尔宣誓成为临时总统。这使得他在埃及拥有三个极其重要的权力:司法权(因为他是埃及最高宪法法院院长);立法权(因为协商会议被终止);行政权(因为他是现任总统)。一直到下一届总统选举之前,他担任总统并管理着埃及的机构。2014 年 6 月,塞西当选为总统。

(五)塞西时期(2014 年 6 月至今)

阿卜杜勒·法塔赫·塞西出生于 1954 年 11 月,当时正处于"自由军官"运动和"埃及民族"的社会梦想时期。他目睹了 1967 年埃及的战败,随后决定参军。从 1977 年到 2014 年,他一直在军队服役,并先后担任过司令官、总参谋长、副局长、局长等职务,直到 2012 年 8 月,他被任命为国防和军事生产部长。

1. 总体发展

自 2014 年 6 月担任总统以来,塞西会见了许多科学家和知识分子,他们此前曾为"2030 埃及愿景"制订发展计划。2014 年至 2022 年,埃及开展了5400 多个国家项目,涵盖卫生、教育、青年与体育、能源、交通、科学研究、信息和通信技术、农业、生产、文化和艺术等诸多领域,反映了埃及 2030 年愿景的全面性。此外,他一直致力于公共服务领域施行电子政务。例如在卫生方面,塞西采取了许多积极行动收集埃及公民的信息并建立了一个公民健康状况数据库。该数据库成为电子政务的一个基本要素,因为它为所有公民提供了疾病群或身体弱点的状态图，而这有助于为那些符合申领条件的人直接提供财政和医疗方面的补助。此外，数据库使得疾病的早期预防措施成为可能，从而能帮助民众保持良好的健康状况的同时为政府节省数百万的开支。

在青年与体育方面，政府规划了推进健康的生活方式的愿景，并以此作为促进健康和教育的一种方式。他们花费了 160 亿埃及镑(约合人民币 65 亿元)建造了 8 个青年城市，11 个体育俱乐部，4 个特设俱乐部(面向残障人士)，251 个乡村青年中心，并翻新了 3700 多个青年中心和体育俱乐部的游乐场。愿景开发还包括建造游泳池、体育场、运动营地和俱乐部，以举办未来的国家和国际锦标赛。青年与体育部的这项计划是发展埃及青年整体健康和体育教育的一部分。

在工业发展方面，新政府共实施了 38 个项目，耗资 200 多亿埃及镑(约合人民币 80 亿元)，覆盖 15 个省份，使埃及的失业率从 14% 以上下降到 7.9%。此外，这些项目还为教育改革后的新一批职业培训机构毕业生提供了数千个的工作机会。

2. 教育方面的发展

在教育方面，塞西总统任职期间的教育支出从 2013—2014 年的 800 亿埃及镑增加到 2020—2021 年的 1570 亿埃及镑。2020—2021 学年，学校数量从 4.9 万所增加到 5.7 万所，仅学校翻修的总成本就达到 367 亿埃及镑。与此同时，塞西政府不断提高教育质量，以求达到具有竞争力的国际水平，其核心在于教育信息化基础设施建设，几年间，埃及政府为 1.25 万所学校配备了相关电子网络设备，其中 2530 所学校连接光纤网络；为所有中学生提供了 200 万台平板电脑；为中学教室配备 3.7 万个互动屏幕。

此外，还为 9.4 万名教师提供了教育技术培训；为学生提供了 2000 万个电子邮件账户；推出网上教学平台；提供虚拟课堂的交流和直播技术；配备学习管理系统。教育领域最大的变革之一，便是电子系统的应用。例如，164

万名学生接受了在线测试和评估；1900 万份电子化研究被提交和评估；1040 万份电子化考试评估得以开展；以及在 YouTube 和数字图书馆上推出了全国教育频道。

在职业技术教育方面，建立了 1109 所职业技术教育学校，涵盖工业、商业、农业和酒店服务等专业。此外，政府还与私营部门和主要工业公司合作建立了 28 所应用技术学校以及 59 所"双元制"学校。除此之外，通过学校质量认证、根据市场需求灵活调整和增加专业以及课程电子化等方式，职业技术教育的整体质量也得到了极大的提高。[①]

2019 年 8 月，塞西政府宣布在新行政首都建设"知识之城"。该项目被认为是新行政首都最重要的项目之一，将会推动埃及在智力、文化和技术的进步。"知识之城"耗资约 25 亿埃及镑(约合人民币 10 亿元)。城市中有四个主要建筑，它们都与技术有关，一是埃及信息学大学(非洲第一所完全专注于信息技术和通信科学研究的大学)。二是一栋专门用于技术发展培训的建筑物。它包括一个信息技术研究所和一个国家通信研究所。三是一个专注于技术开发的研究机构。四是一座应用研究和创新大楼。

这座"知识之城"还包括从事技术的国际公司，以及为残障人士开设的特殊学院。这个项目是埃及目前主要的教育改革之一，它将成为一个研究、创新和技术进步的中心，并预计将创造 50 万个工作岗位。

值得一提的是，中国企业在塞西总统任内对埃及进行了大量投资。有 1500 多家中国公司在埃及全国各地开展国家级项目。截至 2019 年，投资总额超过 8.5 亿美元。

---

① Zakareya Faten, "49.66 Billion Pounds, the Cost of Implementing Education Projects Within 7 Years," *Akhbar El-Yom Newspaper*, 2022-01-03.

第二节　埃及教育系统的基本结构

21 世纪的埃及有两个截然不同的教育时代，即穆巴拉克时代和塞西时代。穆巴拉克担任埃及总统期间带来的最大挑战是由于社会地位的不同以及教育部的管理不善而产生的多种学校类型。这里的管理不善意味着视野不开阔，以及缺乏资金。在塞西的总统任期内，政府更加重视改善教育系统。

一、基本结构

（一）幼儿园

幼儿园教育遵循埃及 1996 年宪法的相关条款。该条款指出，"幼儿园是一个为实现学前儿童全面发展做准备的教育系统"。根据宪法规定，幼儿园招收 4—6 岁的儿童，其教育的主要目的是"帮助学前儿童在心理、身体、肌肉运动、生存、社会、道德和宗教方面实现全面综合发展"。幼儿园（无论是公立还是私立教育机构）的入学年龄是根据儿童在本学年 10 月 1 日申请入学时的年龄来计算的。如果有名额，一些私立幼儿园可以接受 3 岁以上的儿童。此外，幼儿园教育不是义务基础教育体系的一部分，因此，它不被视为进入公立学校小学阶段的一个条件。在公立幼儿园层面，一些幼儿园采用了日本的全人教育模式，该模式强调以活动引领整体教学。在私立幼儿园层面，一些幼儿园已经开始采用蒙台梭利哲学和课程进行幼儿园教育，这种教学方式强调儿童心理和实践能力之间的平衡。总的来说，埃及的幼儿园教育与国际标准教育分类（ISCED）的初始级别相对应。

（二）义务教育

自 20 世纪 50 年代以来，在埃及著名文学家塔哈·侯赛因（Taha Hussein）的启发下，义务教育被写入宪法。宪法第十九条指出，免费义务教育阶段从 9

年延长到 12 年。也就是说，义务教育包括从 6 岁到 18 岁的儿童，包含了整个基础教育阶段和高中教育阶段。自 1981 年以来的现行教育政策及其后来的修正案规定基础教育阶段包括两个部分：第一为小学教育共 6 年；第二为初中教育共 3 年。这使得基础教育的总数为 9 年。因此从小学到高中教育由三个阶段组成：

1. 小学教育：这个阶段的持续时间在 5—6 年。这个级别对应国际标准教育分类的第一级(ISCED-1)。学生在 6 岁时入学，这也是官方规定的注册年龄。

2. 初中教育：这一阶段的持续时间为 3 年，相当于国际标准教育分类的第二级(ISCED-2)，学生的入学年龄为 12 岁。

3. 高中教育：相当于国际标准教育分类的第三级(ISCED-3)，学生在 15 岁时进入以下三轨中的一轨，三轨包括：第一，国家高级中学：这相当于中国的普通高中，初中教育阶段合格的学生，只要达到特定的成绩，就可以进入这一轨道，为大学教育(学位)或学院教育(文凭)做准备。第二，技术高中：完成基础教育(9 年)但成绩没有达到高中教育平均水平或自愿接受技术教育的学生可前往技术高中就读。技术高中帮助学生未来进入工商业、服务业或农业做准备。该方向的学制一般为 3 年，工业和服务业的学制最长为 5 年。学生可以直接进入劳动力市场工作。同时，如若他们在本轨道结束时，达到积分的最低要求，也可以进入一些学院或研究所。第三，国际高级中学：包含两种类型，其资格认证均由教育部组织。一是国家语言高级中学：该类中学使用教育部规定的课程，但课程语言为英语、法语或德语。然而，学生必须用阿拉伯语学习阿拉伯文学、宗教和社会研究。二是外国高级中学：据经合组织网站资料显示，在此类学校，学生学习并获得各种国际体系的资格认证，如美国高中文凭(SAT)、英国学位(IGCSE 和 A-levels)、法国高中毕业证书、国际高中毕业证书(IB)或德国高中毕业证书。

(三)高等教育

一旦学生完成国家或国际高级中学阶段的学习，他们就可以向高等教育机构提出申请。埃及的高等教育包括公立院校、私立院校、军事院校和宗教机构主办的院校，根据内部的分类和分级分别授予文凭资格、学士学位，以及研究生学位（硕士和博士）。这些机构还为那些因为没有提交研究论文，而不具备研究生入学条件的学生提供实践学习（学分制）的机会。根据陶菲克·赛义德的分析①，在2000年全国高等教育会议之后，埃及的高等教育发生了巨大的变化。该会议启动了25个项目，作为高等教育部教育发展计划的一部分。由于2011年至2013年的政治动荡，只有6个项目发展较好，包括教师和领导力发展项目（FLDP）、信息和通信技术项目（ICTP）、资格保证和认证项目（QAAP）、教育系项目（FOEP）、加强技术学院项目（ETCP）、高等教育提升项目（HEEP）。

上述发展计划是提高国家的整体教育、经济水平的战略举措。然而，尽管政府做出了很多努力，但却并没有做到像经合组织/世界银行在建议中所强调的那样——不能只关注结构改革，而是需要改变机构文化。此外，经合组织和世界银行还认为埃及在整个教育系统的规划和发展战略、机构治理、学生接受高等教育的过程、教育质量和有效性的保障措施以及研究、发展和创新计划等方面还存在一些问题。②

二、义务教育阶段的学校类型

如前所述，埃及的义务教育主要有三个层次，即小学教育、初中教育和高中教育。在每个层次中均存在着多种学校类型，有提供国家课程（和证书）的公立学校和提供国际课程（和证书）的国际学校，还有一些私立学校也提供类似的课程。对于技术学校，它涉及许多领域，学校类型主要取决于其所关

---

① Tawfeeq Saeed S., "Higher Education and Quality Assurance in Egypt: Pre and Post CO-VID19," *International Journal of Social Sciences & Educational Studies*, 2021(2), pp.96-107.

② OECD/The World Bank: *Reviews of National Policies for Education: Higher Education in E-gypt* 2010, Paris, 2010.

注的专业。军事学校有初中和高中两种类型，使用教育部的国家课程和额外的技术课程。宗教学校则分为小学、初中和高中三个层次，提供教育部的国家课程和宗教方面的额外课程。

(一)公立学校

1. 普通学校

这是埃及的主要学校类型，涵盖了幼儿园至高中(K—12)的教育，所有课程均以阿拉伯语授课，第二语言为英语。在高中阶段，学生可以从法语、德语、西班牙语或意大利语中选择其他语言。这些学校使用国家课程，为学生参加全国高中考试做准备。

2. 试点学校

这类学校自20世纪80年代建立，目的是提供教育实验的试点，以便随后在国家层面推广相应的教育项目。如果它们办学成功，那之后此类学校数量就会逐渐增加。这类学校分布在埃及的不同省份，提供K—12的教育服务。这些学校使用国家课程和不同的教学方法，为学生参加全国高中考试做准备。学生们可以选择专注于某些科目或语言，同时也可以选择其他课程。

3. 正式学校(由试点学校转型而来)

这些学校以前是试点学校，自2014年起纳入正式学校系统。这些学校分为三种类型，即语言学校、特殊学校和国际公立学校(IPS)。就语言学校而言，它们使用英语的国家课程，并教授第二语言，如法语、德语或汉语(2008年在开罗建立了一所中文试点学校)。这些学校服务于K—12年级的学生，每间教室的学生人数较少(通常为36人/班)，其费用也相对高于普通学校。特殊学校几乎与语言学校类似，只是每间教室的学生人数更少(29名学生)，而费用几乎是语言学校的两倍。最后，国际公立学校是正式的综合学校，使用英国课程。

4. STEM学校

这些学校是教育部在 2015 年为基础教育阶段(小学和初中)的高分(所得分数占总分 90%以上)学生建立的，学校主要关注英语、数学和科学学科。这些学校为学生提供住宿，并采用科学、技术、工程和数学 STEM 模式。他们使用相同的国家课程，但在教学方法上采用 STEM 方法。班级人数相对较少(24 名/班)。这些学校的技术和学术设备由美国国际开发署在教育部的监督下提供。

5. 社区学校

这些学校是 20 世纪 90 年代在联合国国际儿童紧急救援基金的支持下，为无法接受小学教育的儿童建立的(接受小学一年级教育的最高年龄为 8 岁)。这些学校一般位于人口稀少地区，为学龄儿童提供灵活的教育，一个教室可能有不同年龄和背景水平的学生上课。

6. 单班制学校

这些学校是 2004 年在联合国教育、科学及文化组织同世界粮食计划署(WFP)以及其他非政府组织的支持下建立的，以帮助解决辍学儿童问题。这些学校与政府合作，为那些因贫困、健康状况不佳或童工问题而辍学的儿童提供基础教育。2007 年，这些学校与整个普通学校系统合并。

7. 尼罗河埃及学校

这些学校成立于 2010 年，是在部长内阁的监督下利用教育发展基金成立起来的独立实体。这些学校使用具有国际标准的国家课程。它们的特点是与剑桥大学建立了实质性的伙伴关系，为学校提供技术支持。学生可以获得CNISE(尼罗河国际中等教育证书)——相当于英国的 IGCSE，并能够进入国内和国际大学学习。这些学校提供 K—12 教育，其费用是公立国民学校中最高的。

8. 埃及国际学校(EIS)

这些学校是在 2013 年之后建立的，提供 K—12 教育。它们为小学教育提供阿拉伯语课程。然而，从初中和高中开始，学生便用英语学习，为他们的国际文凭考试(IB)做准备。这些学校遵循公立学校体系的规则,但它们与国际文凭组织(IBO)和绿地国际学校有合作。

9. 附属于军队的公共国立学校

这类学校有两种类型,即巴德尔国际学校(BIS)和武装部队军事学校。就巴德尔国际学校而言,它成立于 2015 年,虽附属于埃及武装部队(EAF),但由平民经营。学校提供国家课程,以及英国 IGCSE 和美国 SAT 考试。武装部队的解放军学校是附属于埃及武装部队的公立国民学校,提供初中和高中教育。入学的学生来自军队内部(士兵或军士),他们希望完成基础教育和/或高中教育并拿到相应的证书。

10. 体育学校

这些学校招收在体育方面有天赋的学生,提供初中到高中水平的教育。教育费用由埃及国家体育委员会资助,教育部负责管理教师工资和学校设施费用。与这些学校有关的运动种类有足球、拳击、摔跤、跆拳道、田径、柔道和举重。

11. 特殊需求学校

这些学校为处于 K—12 阶段有精神或身体缺陷的学生服务。例如,有为视觉障碍或失明的学生开设的学校,有为听力障碍或失聪的学生开设的学校,还有为小儿麻痹症或精神障碍的学生开设的学校。

12. 日本 Tokkatsu 幼儿园

这些学校在前面的幼儿园教育中已经简单地提到。这些学校是作为一个试点项目建立的,并很快在全国范围内得到了推广。学校依托于 2016 年签署的埃及—日本教育合作项目(EJEP)。截至 2021 年,埃及全国有 48 所该类幼儿园,这些幼儿园提供英语国家课程,并采用日本的全人教育模式。

(二)私立学校

1. 普通私立学校

这些学校使用的课程与国家课程或阿拉伯地区的课程类似。它们也可能包括更多的科目。这些学校与公立学校相比，主要区别在于每个班的学生人数较少。学校涵盖了 K—12 阶段的教育，费用较高。一些公立学校因为在班额和学费方面的条件而被视为类同于私立学校，如尼罗河埃及学校或埃及国际学校。

2. 英国学校

这些学校提供英国教育课程（IGCES 和 A-Level），自 1994 年以来一直由英国文化教育协会运营。学校涵盖了幼儿园至 12 年级的教育。

3. 美国学校

这些学校提供由国际和跨区域认证委员会（CITA）认证的美国高中文凭。学生报名参加美国高中毕业生学术能力水平考试（SAT），他们在高中阶段的累计成绩以平均成绩（GPA）方式计算。学生成绩由美国大学委员会认证。

4. 法国学校

法国学校提供法国高中毕业证书，即高级中学证书。法国高中的认证来自法国海外教育机构（AEFE），它是法国外交部管理下的国家公共机构，保证在法国境外教授法国国家课程的学校质量。

5. 加拿大学校

由于加拿大的教育有不同的体系，这些学校在埃及的运作取决于学生所需的证书类型。例如，安大略省的高中证书是安大略省中学文凭（OSSD）；在不列颠哥伦比亚省，是不列颠哥伦比亚省毕业证书（BCCG）；在新斯科舍省，是新斯科舍省高中文凭；在曼尼托巴省，是曼尼托巴省高中文凭。这些毕业证书都有不同的教育课程和分级。

6. 德国学校

这些学校提供德国中学证书，即普通高等教育入学资格证书。它们提供 K—12 教育，完全用德语授课。

7. 大使馆学校

这些学校是由外国机构建立的，它招收在外交领域工作的非埃及人的子女。埃及教育部的规定不适用于它们的教育课程，如俄罗斯、日本或韩国学校。

(三)军事学校

这些学校由埃及武装部队(国防部内的教育单位)管理。它们包括：

1. 初等军事技术学校

这种学校接收按照国防部标准完成了小学教育的学生。学校实施寄宿制，学习年限为3年，根据教育部要求，学生需要学习基础课程和额外的技术课程。学生完成学业后将获得由埃及武装部队职业教育和培训部授予的初等军事技术学习证书以及教育部授予的初中教育证书。学生完成基础教育后，可以开始在军队中担任技术员士兵，也可以晋升为技术主管士兵。希望继续接受高中教育的学生可以在军事学校(隶属于军队的公立国民学校)——如在"武装部队军事学校"或普通学校的远程教育系统继续学业。

2. 空军学校(军事高中)

完成基础教育(小学和初中教育)的学生可以根据国防部的标准申请在这些学校学习。学生学习教育部规定的一般课程，以及飞行模拟训练。在学业的最后一年，学生们将进行飞行训练，为加入空军学院作准备。

3. 护理学校(军事高中)

从普通学校或清真寺学校完成基础教育的学生可以根据国防部的标准申请在护理学校学习。学生的学习年限为3年，作为毕业条件，学生需要进行为期两年的实习。这些学校隶属于埃及武装部队医疗服务部。

4. 体育学校(军事高中)

学校招收有天赋的男孩接受小学教育和中学教育。在小学教育阶段，学校实施走读制，学生只在白天来校上学。在中学教育阶段，学校实施寄宿制，学生在周末才能回家，这些学校隶属于埃及武装部队体育部。

(四)技术学校

没有在普通学校(公立或私立)、军事或宗教学校学习的学生可以选择就读技术学校。这些学校颁发的证书相当于联合国教科文组织国际教育标准分类(ISCED)的短期第三级教育(5B 级)。它们包括：

1. 工业教育技术中学

这是最基本的技术教育类型，学制为 3 年。

2. 双元制学校

这些学校是 2004 年 4 月由埃及教育部、德国技术合作基金会和投资者协会合作建立的，旨在提供多样化的教育产品。完成基础教育的学生可以在学校申请学习理论课程和技术实践。双元制学校(教学和培训)的学习年限为 3 年。培训在校内场所进行。在课程结束时，学生将获得双元制中等技术教育文凭以及负责监管的培训机构提供的证书。

3. 职业培训中心

这些中心由贸易和工业部(MTI)下的生产和职业培训部(PVTD)监管。中心有为生产和职业培训部提供的设施、各公司的办公室和设施以及培训设施。学生的学习年限为 3 年，毕业后将获得相当于中等工业学校学历的学徒文凭。此外，学生将被授予专业能力资格。

4. 为听障人士设立的中学

这些学校为听力损伤和耳聋的学生提供为期 3 年的高中教育。在课程结束时，这些学生将获得技术文凭。

5. 酒店管理与运营学校(混合式学习)

这些学校以教育部(以哈勒旺大学旅游和酒店学院为代表)与从事食品制造和酒店管理的私营机构之间的合作为基础。学校采用自己的课程，课程依托于各种教学实践以及基于学分制的培训。学分按级别分配(共 8 个学期)，成功通过第一和第二级(4个学期)的学生将获得酒店管理与运营文凭(专业混合学位)。在完成第三和第四级(另外4个学期)后,学生将获得酒店管理与运营学士学位。

6. 技术专业学校

这些学校由两个机构监管:教育部和有技术专长的特定机构。例如,工业运输中学是教育部与交通部合作办学;饮用水与卫生技术中学由教育部与饮用水与卫生控股公司合作办学;渔业与育种技术中学由教育部与阿斯旺省合作办学;艾因阿勒旺的双元制技术教育中学由教育部与军事生产部合作办学;考古修复工业中学由教育部与考古学院合作办学;1961年成立的邮政中学,旨在培训和提升埃及邮政研究所职员的能力(学校毕业生可以在邮政部商业学院进一步学习)。技术专业学校颁发的证书相当于联合国教科文组织国际教育标准分类(ISCED)的短线高等教育(5B级)。

7. 技术人员预备中心(亚历山大船坞公司)

该中心为14个与建造和修理船舶相关的不同专业培养技术人员,如机械,木工,重/轻金属薄板工程,机械装置,电力,艺术(雕刻和装饰)等。该中心属于亚历山大船坞公司,学习时间为3年,毕业后,学生将获得工业文凭(高等教育)。

8. 慈幼会工业技术学院

这是一个专注于为工业储备人才的意大利职业学校。它是根据埃及和意大利政府之间的合作协议建立的。它包括两个教育系统,IPI为3年,ITI为5年。从任一课程毕业的学生将获得在埃及和意大利均认可的工业文凭(高等教育)。学生毕业后可以申请埃及或欧盟的大学。课程以意大利语授课,但埃及教育部规定的三门课程(阿拉伯语,宗教和社会研究)除外。该研究所与意大利大学合作,学生可以用意大利语展示他们的毕业设计。

9. 高级技术学校

这些学校提供 5 年制的高级技术和职业学习课程，被视为普通高中教育文凭的替代方案。毕业后，学生可以进入不同的大学(特别是工程和应用艺术)学习。学校通过在车间和工厂的实践培训来培养学生。学生的毕业分数由各省、各学院界定划分，与普通高中不同。

(五)宗教学校

自古以来，宗教就深深植根于埃及社会。前文所提到的学校系统都将宗教作为一门单独的课程进行教授。然而，宗教学校(特别是那些隶属于清真寺的学校)以宗教学习为核心。它们包括以下类型的学校：

1. 清真寺学校

这些学校提供 K—12 教育，只接收穆斯林学生，男女学生分开教学，学校是申请穆斯林清真寺大学的唯一通道。清真寺学校分为四种类型：(1)普通学校：开设教育部的国家课程，以及伊斯兰教附加课程。(2)示范学校：以英语教授教育部国家课程中的部分课程，其余课程以阿拉伯语授课，这些课程是对伊斯兰宗教课程的补充。(3)私立(示范)学校：以英语教授教育部国家课程中的所有课程，以及伊斯兰宗教附加课程。(4)诵读学校：学校重心在于诵读《古兰经》(伊斯兰教圣书)。这些学校接收 9 岁以上的学生，学习年限分为三个级别，为期 8 年，毕业后学生可以加入古兰经研究学院，4 年后获得学士学位。

2. 私立伊斯兰学校

这些学校独立于清真寺学校系统，提供伊斯兰宗教课程和私立课程。私立课程可以遵循国家或国际教育体系(英国或美国)，为学生获得高中教育文凭做预备。

3. 基督教学校(旧传教士学校)

这些学校是在 19 世纪传教运动期间由僧侣或尼姑建立和监管的，学校接受基督教和穆斯林学生，并专注于学生的道德教育。学校课程不涉及宗教话题，也没有将基督徒和穆斯林或男生和女生分开教学。这些学校使用国家课程，只有在国家宗教学习的教学过程中，学生才会被分开教学，因为两种课程的内容不一样。大多数学校都有一座教堂和一个单独空间，专门供穆斯林学生用作清真寺进行祈祷。

第三节　埃及教育的新思想与新实践

自古以来，埃及人就以创新而闻名。埃及人的创新专注于日常生活中的实际应用。例如，埃及人发明了世界上最早的书写材料之一——纸莎草纸。与石头、黏土片、动物皮肤或任何其他书写材料相比，纸莎草纸都更方便，这有助于在地中海地区传播知识，该技术在罗马帝国和拜占庭帝国时期持续存在。另一个例子是语言创新(象形文字)，与许多古代文明(如中国文明或美索不达米亚文明)一样，它是字母、音节符号和表意文字或象形图(图片代表整个单词)混合的早期形式。此外，埃及的历法系统(依赖于天文计算的精确测量以及对尼罗河洪水的精确预测)，工程理论(帮助建造了金字塔和古庙等伟大建筑)，手术工具(帮助开发了木乃伊的防腐技术)，等等，仍然是当代创新的重要基础。

所有的创新都以某种方式促进了埃及的教育发展。例如，纸莎草纸和象形文字的发明奠定了信息交流的基础，促进了知识在古埃及时期的传播，并且将他们的生活哲学传播给了当代人。金字塔的工程理论和制木乃伊的手术工具成为历代科学和工程教育的基础。本部分将讨论现代埃及影响教育创新的主要人物及机构的思想及实践。

一、穆罕默德·阿布杜(1849—1905)

20 世纪的埃及见证了许多哲学和观念创新，这些创新成为 21 世纪思想发展的基础。其中一项主要创新来自谢赫·穆罕默德·阿布杜(Sheikh Muhammad Abduh)，他是埃及思想家、法学家、法官、作家和伊斯兰学者。阿布杜生于 1849 年，逝于 1905 年，被认为是阿拉伯和伊斯兰世界教育改革的倡导者之一，尤以更新了伊斯兰律法中的教育观念而闻名。这场思想复兴运动始于 19 世纪末和 20 世纪初，其目标是消除落后的思想观念以应对现代世界。阿布杜最初受到赛义德·哲玛尔丁·阿富汗尼(Sayed Jamal al-Din al-Afghani)的影响，阿富汗尼是 19 世纪埃及的一位政治活动家和伊斯兰思想家。阿富汗尼出生于伊朗，被认为是伊斯兰现代主义的创始人之一。阿富汗尼希望在欧洲实现"泛伊斯兰"式的团结，在印度实现印度教徒和穆斯林的团结以反对英国。他走遍了整个伊斯兰世界，传播统一战线的思想，以应对西方的压制，尤其是应对大英帝国的殖民统治。然而，阿富汗尼对伊斯兰法律中的微小差异不那么感兴趣，而阿布杜则认为这是伊斯兰团结的基础。阿布杜希望专注于教育改革，而不关注政治意识形态，这导致两人最终分道扬镳。对阿布杜来说，伊斯兰教育改革是社会复兴的正途。受到谢赫·穆罕默德·阿布杜影响的重要人物之一是塔哈·侯赛因，他于 1952 年成为埃及教育部长。对阿布杜来说，教育的重点是日常生活中的实际经验。例如，他提到"被经验证明了的例子和事实能更好地指导人"。

　　阿布杜的创新之处是在埃及经历了两种极端分化观点的时期之后，对现代性做出了新的阐释。一方面，因为英国的占领，一些埃及人认为西方人的价值观是唯一正确的启蒙方式。另一方面，埃及极端分子将宗教根源看成真正解放的唯一途径。这两种观点相互矛盾，在敏感时期造成了严重的紧张气氛。阿布杜发表了许多著作，其中的一些伊斯兰教律(法特瓦 fatwā①，由合格的律法学者在回答个人、社会、法官或政府官员提出的问题时对伊斯兰律法观点做出的正式裁决或解释)影响了埃及伊斯兰教的整体文化。他的作品唤醒

---

① 针对社会上的某种情况，对伊斯兰法的某一点做出的正式法律裁决。

了公众对解放的认识,恢复了爱国主义,更新了伊斯兰律法,在社会的政治、经济和文化方面促进了科学和现代主义的快速发展。关于清真寺学校的改革,阿布杜称"清真寺学校的改革是对伊斯兰教最伟大的服务,因为它的改革是对所有穆斯林的改革,它的腐败是所有穆斯林的腐败"。关于文化思想的改革,阿布杜说:"一种被残暴的习惯和传统所束缚的思想是毫无价值的、死的思想。"当试图打破传统信仰和文化习惯的教育改革在一般的文盲公众中激起他们一种被欺骗的恐惧后,阿布杜写道:"对欺骗的恐惧本身就是欺骗。"

二、塔哈·侯赛因(1889—1973)

受穆罕默德·阿布杜影响的重要人物之一是塔哈·侯赛因(Taha Hussein),他因担任阿拉伯文学院院长而获得声望。他关于教育复兴的著作和思想观点使其成为 20 世纪埃及最具影响力的哲学家之一。他曾多次被提名诺贝尔文学奖。虽然他的作品很多,但使他出名的是一篇引起奥阿兹哈和几位保守派人士强烈愤怒和敌意的作品:《论前伊斯兰诗歌》。这部作品表达了对许多传统阿拉伯诗歌真实性的怀疑,也因此间接暗示了《古兰经》不应该被视为客观的历史来源。他被指控侮辱伊斯兰教,但检察官表示:"塔哈·侯赛因是作为一名学术研究员在发声,因此不应对他采取法律行动。"塔哈·侯赛因的作品突出了古埃及人的开放心态,而这种心态反映出埃及文明和阿拉伯文明是截然相反的,他强调埃及只有恢复其古老的根基才能取得进步。

但是,塔哈·侯赛因也号召阿拉伯人团结一致。关于使用 al-'Arabīyah al-Fuṣḥā(现代标准阿拉伯语 MSA),他提出:"在对话中使用标准阿拉伯语,是所有阿拉伯国家真正团结的开始。"在包括塔哈·侯赛因博士和其他 10 位埃及顶级作家和思想家的直播电视讨论中,他们以一种非常特别和富有表现力的对话,呈现了不同时代作家不同文学形式的广度、长度、深度和高度。

参与讨论会的每一位学者对埃及教育和文化都有极为重要的影响,每个人都应该有翔实的传记。但是，由于本章篇幅有限，我们只介绍部分在那次讨论中被提出的想法。例如，他们从政治、思想或文化的角度讨论了任何文学作家在描写一个社会时关于"纪律"的概念。在各种评论之后，塔哈·侯赛因提到，在文学中纪律是"自然的内在法则"，它驱使作家通过他的作品来说明他成长的社会：这是好的纪律。然而，在侯赛因看来，糟糕的纪律是压迫性的统治者强制要求文学作家描写社会的那种法则。这种纪律不会产生任何好的文学作品，并且最终会被视为不适合的。对于文学作家来说，社会的"纪律"并不意味着作家是社会的奴隶（即只写社会显露给他的东西），而是意味着作家应该是社会的一面镜子。所以，当社会中有一些东西需要调整时，作者不会被当前的情况奴役，而是能为那些会读到他文章的人自由地写出改变现状的作品。对侯赛因来说，文学纪律并不意味着阻碍自由，相反，纪律是在自由中、在正确的思想中提出的。

虽然塔哈·侯赛因年轻时因眼部感染而失明，但他的哲学给我们带来了许多振聋发聩的启示。教育的启蒙包括尊重理性，女性的解放，作为基本人权的免费教育。他宣称"知识就像我们喝的水和呼吸的空气（一样重要）"。1950—1952年他担任教育部长，在此期间政府建立了小学义务教育体系，这一体系至今仍然在起作用。他的一个激励性和鼓舞人心的名言是："求知者若是自满便会遭殃。"终身学习是人生使命的基础。他呼吁文学复兴，所以他在保持现代标准阿拉伯语语法、规则和词汇的同时，努力以一种简单和清晰的方式写作。他提出了许多极端、大胆的观点，这些观点反映了他对需要变革的现状的态度。他的哲学创新犹如基石，将无知的反动观点在现实生活中的挑战与教育机构和整个社会的复兴思想联系起来。

三、亚历山大教皇西里尔四世(1816—1861)

在科普特社区①中被称为"改革之父"的早期人物是亚历山大教皇西里尔四世(Pope Cyril IV of Alexandria),生于1816年,于1861年去世。出生时,他的名字是大卫(David),他出生在上埃及(吉尔加,索哈格)。尽管他的父亲是一个目不识丁的农民,但仍把两个儿子(大卫和优素福)送到科普特教会的昆塔布(Kuttab,在埃及和许多阿拉伯国家,这种小学先于正规学校,是最为基础的教育形式),在那里大卫和他的弟弟学会了阿拉伯语和科普特语的读写以及算术原理。当大卫在科普特教会的昆塔布完成他的基础教育后,便和他的父亲一起务农。在他的青年时代,他一直在思考,身体是如何死的,灵魂是如何不朽的,这促使他开始深思并尝试修道生活,以求抛开尘世烦恼,专注于精神事务。他22岁时,抛弃了自己的财产、家人和朋友,来到埃及的圣安东尼修道院当了一名修士。尽管他的精神导师劝说他回到他的家人和朋友身边——这是一种检验修士诚意的常见做法——但是大卫坚持不懈,直到他被修道院完全接受。

在几个月中,大卫在修士教育和精神美德(如智慧和谦卑)方面都取得了进步。修道院的院长去世后,僧侣们同意选他为修道院的院长。僧侣大卫依靠他的美德管理修道院,他收集了包括宗教、文学、历史在内的许多珍贵书籍,并积极推行教育以帮助僧侣们成长。由于大卫的智慧和缔造和平的美德,亚历山大教皇(教皇彼得七世,亚历山大第109任教皇)经常请他帮助解决辖区内的一些冲突。

亚历山大第109任教皇彼得离世后,科普特社区推选大卫来领导教会,并称其为西里尔教皇。大卫在位期间把教育作为启蒙和社会发展的手段。他建立了许多学校,并且第一次建立了女子学校。这些学校教授科普特语、阿

---

① 科普特(Coptic)是埃及的一个土著群体,是前伊斯兰教埃及人的后裔。大多数科普特人属于科普特东正教,他们会说科普特语,科普特语是古埃及语言的最后阶段。

拉伯语、英语、法语和算术。当这些学校开始流行起来时，许多埃及的贵族开始把他们的孩子送到那里，这些孩子在19世纪和20世纪成为许多领域的领袖。另一个重要的转变是从奥地利引进第一台印刷机，并建立了一个印刷厂为新学校和整个科普特社区服务，这是埃及第一次建立印刷厂。大卫还被认为创新了人口普查方式以收集科普特人的生日和他们的家乡城市信息，从而能够把移民和城市密切联系起来。教皇西里尔四世把教育和训练当时的青年作为促进文明社会的一种方式，因此他被称为"改革之父"。

四、哈比卜·吉尔吉斯（1876—1951）

在亚历山大教皇西里尔四世的改革之后，一盏新的灯塔在科普特社区诞生了：会吏长哈比卜·吉尔吉斯（Habib Girgis）。他被视为科普特教育的创新者。吉尔吉斯生于1876年，死于1951年，他的影响在今天的科普特社区仍然可见。吉尔吉斯的父亲在他很小的时候就去世了，由他的母亲将其抚养长大。吉尔吉斯进入科普特中学学习，毕业后进入了神学院。由于他的智慧和勤奋，在他临近毕业的最后一年，他被留任为教师。当时神学院的教师并不多，吉尔吉斯将精力投入图书馆建设以及学习和研究中，并试图通过建立教育机构（神学院和学校）来推动基督教社区的发展。

到22岁时，他创建了慈善社团来为社区服务，并对公众开放神学院及配套设施。除了讲授科普特人的信仰，神学院还教逻辑学、哲学、科普特语、阿拉伯语、英语、希伯来语和希腊语等科目。1898年9月，他被任命为神学院院长。只要学生有需要，他就随时随地开展教学。哈比卜·吉尔吉斯既是教育的象征，也是许多教师的导师。由于很多官方学校和科普特社区并不提供正规教育，吉尔吉斯建立了许多社团，为穷人、孤儿、寡妇以及没有受过适当教育的儿童提供教育服务。

在他的时代，许多传教士从欧洲和美洲来到埃及，目的是使埃及社会皈依天主教和新教。哈比卜·吉尔吉斯为科普特儿童和青年发起了主日学校运动，以发展他们的智慧和研究能力，从而能够辨别知识的真伪。他认为对抗无知和欺骗的最好方法是利用教育课程来培养人们的判断力。他所建立的主日学校，被认为是科普特人教育改革的支柱。

　　哈比卜·吉尔吉斯认为真正的改革是建立在儿童和青年教育启蒙的基础上的，因为他们将成为未来的领导者。尽管他的主日学校运动很少有人支持，并面临着许多障碍，但吉尔吉斯仍然致力于实现这一愿景。到 1941 年，在吉尔吉斯举行第一次主日学校教师会议时，参会教师人数达到了 400 人。哈比卜·吉尔吉斯的主日学校及其课程帮助培养了一代又一代热爱精神生活的领导人，他们是爱国的公民，热爱自己的国家，热爱为社区服务。

五、萨尔瓦特·奥卡沙(1921—2012)

　　萨尔瓦特·奥卡沙(Tharwat Okasha)因创办了诸多文化机构，引领了埃及文化教育的创新而被认为是埃及最伟大的文化部长之一。奥卡沙是纳赛尔时期"自由军官"组织成员之一，他出生于开罗的权贵家庭，自幼接受良好的教育，掌握多种语言，熟谙音乐与艺术，一生出版了 70 多部著作。他早年在完成基础教育后进入军事学院学习，并于 1939 年获得军事科学学士学位并进入军队服务，1948 年，奥卡沙被任命为准尉参谋，1951 年他获得了新闻学硕士学位，此后埃及革命爆发，他开始担任《解放》杂志主编。随后，他被召入外交部门，1953 年至 1956 年先后担任埃及驻波恩、巴黎和马德里大使馆的武官。1957 年至 1958 年，奥卡沙成为埃及驻罗马大使，这对其艺术、文学的认知产生了很大影响。1958 年，因为穆兄会和一些狂热的伊斯兰团体的阻碍，埃及艺术和文化处于低谷状况，亟须发展，因此他被任命为文化部长。1962 年，奥卡沙成为艺术、文学和社会科学最高委员会主席，1966—1970 年他再次担任文化部长。

　　奥卡沙在从事行政工作之余还获得了索邦大学的艺术和文学博士学位（1960 年），并曾是法兰西学院的访问学者。除了创建艺术学院、埃及图书协会和文化艺术高级委员会等许多著名文化机构之外，奥卡沙还在埃及各省建立了"文化宫"，帮助许多普通公民培养了文化创新意识。因为奥卡沙致力于提高埃及周边平民地区的文化认同，他被认为是"穷人的文化部长"。

　　1970 年，贾迈勒·阿卜杜勒·纳赛尔去世后，萨达特任命奥卡沙为总统文化事务助理，对中东地区艺术与文化的发展产生了重大影响。1973 年，奥卡沙成为巴黎法兰西学院艺术史客座教授，1975 年，他被选为英国皇家学院的通信院士。1990 年至 1993 年，奥卡沙还担任了巴黎阿拉伯世界研究所咨询文化委员会负责人。在为埃及及周边地区的文化发展做出长期贡献后，奥卡沙于 2012 年 2 月去世。

六、艾哈迈德·泽韦尔（1946—2016）

　　泽韦尔在纳赛尔 20 世纪 50 年代和 60 年代建立的新教育系统中成长并学习，在亚历山大大学获得了化学科学学士学位和硕士学位。此后，泽韦尔飞往美国，在宾夕法尼亚大学获得了博士学位。泽韦尔被称为"飞秒化学之父"，1999 年，他被授予诺贝尔化学奖，以表彰其在飞秒化学概念和应用方面的创新，他是第一个在科学领域获得诺贝尔奖的埃及人。为表彰泽韦尔在科学领域的贡献，埃及在 2000 年建立了以他的名字命名的科技城，该科技城是一个独立的非营利的学习、研究和创新机构，包含大学、研究机构和技术园区三个主要部分。

　　获得诺贝尔奖后，泽韦尔撰写了《科学时代》一书，强调科学教育的重要性。该著作试图从科学和超越科学的角度理解时代的本质，包括政治驱动力、社会能量、文化身份等方面。艾哈迈德·泽韦尔结合了自己的个人经历以及对"科学时代"的个人看法，写道：

这个世界正在经历一个艰难时期……从政治到经济，从文化多样性到团结。这些事件发生得如此之快，如同流星划过一般……我们没有机会看到，也没有能力认清。

似乎我们生活的历史与我们所知道和理解的历史不同。我们所处时代(由信息和通信革命推动)，与人们几百年前见证的工业革命的时代，或者与几千年前人们见证的农业革命时代，相隔如此遥远。

眼下的科学革命是科学发展的结果，科学革命导致了时空的收缩，并且需要新的措施来衡量这种收缩。火星和地球的距离，人们片刻便能到达；而科学也可以把秒分得更为细小……到百万分之一秒，亿分之一秒。

所有这些创新带来了新的技术，新的社会，使我们能够以不同的方式思考人类世界，而革新也存在很大的好处或可能的风险。这正是"科学时代"。

泽韦尔对推动埃及教育发展有很多想法，对短期内发展起来的中国教育非常着迷。泽韦尔说，在与美国科学和工程大学合作时，50%以上的博士生来自中国。他认为中国鼓励了来自不同地区的优秀学生追求科学发展，因此他也呼吁在埃及的不同地区建立科学协会，发挥"亮点"作用。这些亮点将吸引来自各个地区的人接受科学、技术、工程和数学教育，以便提高整个社会的科学知识和科学理解。泽韦尔宣称，他非常感恩成长于埃及，在贾迈勒·阿卜杜勒·纳赛尔时期接受了基础教育，他认为他在那个时期接受了很好的教育。

第七章

20 世纪末至 21 世纪初期的拉美教育

拉丁美洲的崛起和发展，是一部摆脱帝国主义政治奴役和经济压榨的奋斗史。早在 16 世纪，西班牙、葡萄牙等早期资本主义国家便率先对拉美各国完成了征服和殖民。19 世纪初期，拉丁美洲革命运动的爆发，不仅为拉美各国赢得了民族独立，也奠定了其经济、政治、思想和文化独立发展的基础。第二次世界大战之后，随着拉丁美洲民族解放运动的深入，拉美各国开始在经济、政治、外交、文化乃至教育上摆脱对帝国主义的依附。从历史影响来看，在 20 世纪以前，拉丁美洲受西班牙文化和葡萄牙文化的影响较深，其他国家如英国、法国、意大利、德国等，对拉丁美洲也有较大影响。19 世纪 80 年代之后，美国对拉丁美洲国家的文化渗透逐步加强。[①] 从 20 世纪伊始，拉美各国的政治改革、经济发展、文化独立的趋势愈加凸显，而教育作为社会发展的一个重要组成部分，亟须变革的呼声此起彼伏。"拉美一些教育家提出了教育要与经济、科学、道德同步发展的主张，使教育走上与经济发展相结合的道路。"[②]从 20 世纪下半叶开始，为了摆脱政治、经济、社会等各方面的"西方烙印"，墨西哥、巴西和智利纷纷将教育改革作为实现其独立发展和现

---

① 李春辉：《拉丁美洲史稿》下卷，288 页，北京，商务印书馆，1983。
② 曾昭耀、石瑞元：《战后拉丁美洲教育研究》，16 页，南昌，江西教育出版社，1994。

代化的重要工具和手段。这三个国家的教育改革，虽有共性但也有差异。

20 世纪末期以来，经济全球化趋势的加强，对世界各国的发展都提出更高的要求，墨西哥、巴西和智利也不例外。经济变革要兼顾国内市场和国际化市场，政治变革要兼顾民族国家的独立主权和超国家实体成员国的利益，而教育变革也要兼顾本国国情和他国的教育理论或经验。为了应对日益严峻的国内外环境，以墨西哥为代表的拉美各国纷纷进入了教育变革的新阶段，如墨西哥致力于实现教育的现代化，巴西意在实现"全民教育"和解决教育公平问题，而智利则在民主政府的引导下开启了追求教育公平与质量的重大变革之路。因此，对这三个国家自 20 世纪末期以来教育改革的成绩和问题做阐述和总结，不仅一定程度上反映了拉美教育的整体状况，而且对我国当前的教育改革提供了经验。

第一节　墨西哥的教育

墨西哥政府历来注重教育，把教育放在社会生活的"轴心"地位，并视之为国家对社会的"第一项任务"。[①] 20 世纪后半叶以来，各级各类教育政策和法规的出台，使墨西哥的教育制度基本定型，同时也为其教育现代化的变革奠定了基础。从 20 世纪末期开始，在适合本国国情的基础上，墨西哥开始着力探寻一条旨在实现教育现代化、推进教育公平与质量的变革之路。

一、改革背景

（一）经济改革卓有成效

第二次世界大战之后，墨西哥国内呈现出良好的发展势头，在经济方面，

---

① 曾昭耀、石瑞元：《战后拉丁美洲教育研究》，139 页，南昌，江西教育出版社，1994。

其工业和农业都有极大发展。这一切均归功于墨西哥政府在经济模式上的积极变革，例如，努力推行"进口替代工业化"政策，大力发展本国的制造业，使工业制成品的自给率不断提高等。① 自20世纪80年代起，全球性的经济危机爆发。这场危机波及拉美地区，而墨西哥首当其冲，率先爆发了债务危机。为了应对这场危机，时任墨西哥总统米格尔·德拉马德里·乌尔塔多（1982—1988年任职）开始进行经济结构调整，实行新自由主义的经济改革，转变了过去"进口替代工业化"政策，代之以自由市场为导向的外向型经济模式。萨利纳斯总统（1988—1994年任职）则进一步推行新自由主义市场经济模式，改革收效显著。由此，墨西哥经济得到恢复和增长。

经济增长的客观形势，意味着墨西哥将会面临日益激烈的经济市场环境。与此同时，经济发展对人才质量的要求水涨船高。由于教育质量和水平在很大程度上关乎一国劳动者的能力和素质，因此，教育成为墨西哥政府着手进行调整和改革的重要方面。

（二）政治民主化的转型

如前所述，在20世纪50年代至70年代，墨西哥出现了"经济奇迹"，据统计年经济增长率高达6%。② 经济增长的同时，墨西哥的政治状况也相对进入稳定时期，这无疑为教育改革创造了良好的国内政治环境。

（三）教育发展中的突出问题

20世纪80年代，墨西哥的教育制度基本确立。在教育管理方面，墨西哥已经形成了从联邦政府到各州、地方学校的教育领导体制，三方合作，共同管理各级各类教育。在学校教育制度上，墨西哥是拉美地区第一个以法律形式明确实施免费普及小学义务教育的国家。早在1867年，华雷斯总统颁布的教育组织法就规定初等基础教育为免费义务教育。从1983年起，墨西哥已经

---

① 曾昭耀、黄慕洁：《当今墨西哥教育概览》，10页，郑州，河南教育出版社，1994。
② 曾昭耀、石瑞元：《战后拉丁美洲教育研究》，435页，南昌，江西教育出版社，1994。

实现了10年连贯的免费义务教育，其中学前教育1年，小学教育6年，初中教育3年。在正规教育制度之外，墨西哥积极鼓励发展非正规教育，以满足社会不同层次群体的需求。

墨西哥在取得这些教育成效的同时，问题也是突出的，主要表现在以下几个方面。

第一，经济发展与教育滞后的矛盾。为了适应日益激烈的国内外竞争环境，自20世纪中叶以来，墨西哥政府开始着手进行经济结构调整和模式转型升级，以市场为导向的外向型经济发展模式对劳动者的素质和能力提出更高要求，故而墨西哥政府不得不考虑教育变革。

第二，教育发展中的城乡差异。经济快速发展的带动作用较为广泛，其中便包括城市化发展。城市化的进程，进一步拉开了城乡之间的经济差距，由此引起了城乡教育质量的不均衡问题。据相关统计，从1930年到1980年，墨西哥人口结构发生了重大的变化。"1930年全国有三分之二的人口居住在农村，到了1980年，变成了三分之二的人口居住在城市。"[1]尽管墨西哥政府从19世纪末期就着手建立面向全体人民的义务公共教育体系，但实际状况是农村教育落后的情况仍十分突出。由于大多数中高等学校集中于大城市，且收费昂贵，并要求学生通过严格的入学考试，所以中下层子弟根本没有机会去接受中高等教育。[2] 教育上的城乡差异，也使得墨西哥的教育公平成为亟待解决的一个问题。

第三，各级各类教育发展不均衡。进入20世纪后，墨西哥的职业技术教育虽有所发展，但仍受传统教育观念和传统势力的束缚，其声望和地位不高。例如，墨西哥普通中学毕业生就业后的工资一般比技术学校毕业生高，造成

---

① 田小红：《20世纪80年代以来墨西哥的社会运动与民主转型》，载《当代世界社会主义问题》，2014(4)。

② 曾昭耀、石瑞元：《战后拉丁美洲教育研究》，21页，南昌，江西教育出版社，1994。

了学生不愿就读于技术学校的现象。技术学校不甘于地位低下，纷纷改为非技术学校。同时，师范教育质量差，教师水平堪忧。受经济危机的影响，20世纪80年代墨西哥的教育开支下降超过20%。截至20世纪末，墨西哥的教育开支远远低于联合国所建议的占国民生产总值8%的比例。教师工资的下降，致使他们无心教书而纷纷转行，或者兼职做其他副业，师资的流失伴随着学生的流失。到20世纪末，有一半的孩子没有完成小学学业；而那些升入中学的学生，也有1/4会在中途流失；在大学层次，约有一半到2/3的学生，最终选择了辍学。① 另外，高中教师"身兼数职"的复杂属性，致使墨西哥的高中教育质量受到严重影响，无法确保其高中毕业生的顺利就业。

二、教育改革政策

自1921年以来，墨西哥政府的公共教育部掌握和承担着推动国家教育改革的权力和重任，墨西哥的教育政策都是经由他们之手发布的。这些政策或法规的重要性，不仅对实践层面的教育制度产生了理论指导作用，而且会为下一任政府的教育改革提供借鉴。当然，这只是原则上的理想状态，历史的真实情况应更加复杂。

（一）国家发展与教育现代化

根据现代化理论，以英国为代表的"内发型"国家率先掀起了全球范围的现代化革命，而墨西哥等拉美国家则在发达资本主义国家的殖民和奴役之下，被迫卷入现代化的浪潮之中，属于典型的"外诱型"。其突出特点是政治革命引导经济革命。② 而教育变革同样是由政治革命引发的，更确切地说，是新一届的墨西哥政府为了稳定统治、支持国家的经济变革而制定的与之相适应的

---

① ［美］波特·斯坦迪什、［美］斯蒂芬·M.贝尔：《走世界品文化：浪漫墨西哥》，石小竹、高静译，35—36页，长春，长春出版社，2012。

② 罗荣渠：《论现代化的世界进程》，转引自冯小双、孟宪范：《中国社会科学文丛·社会学卷》上册，256页，北京，中国政法大学出版社，2005。

教育改革纲领。1988 年 12 月 1 日，墨西哥总统萨利纳斯在他就职的第一天就宣告，政府的主要任务是要确保教育的普及，并把提高教育质量列为国家的第一要务，使墨西哥的各级各类教育都能达到社会经济发展所要求的质量①，"没有这个改革，国家是不可能现代化，不可能达到社会公正的"②。这便是《1989—1994 年教育现代化纲要》(以下简称《纲要》)出台的背景。

1. 教育的七大挑战

在全面分析墨西哥教育制度取得的成就和存在的问题后，《纲要》指出墨西哥教育界所面临的七大挑战如下：

第一，分权化管理的挑战。《纲要》指出，墨西哥教育管理中的集权体制，不再适应现代化的变革趋势，而且越来越显得缺乏效率。

第二，扫除文盲。《纲要》指出，全墨西哥有 420 万 15 岁以上的居民是文盲(分散的土著居民地区的文盲率几乎是 100%)，有近 2020 万成年人没有念完小学课程，有 1600 万人没有念完初级中等教育课程。还有近 30 万儿童(占儿童总数的 2%)没有上学，每年有近 88 万小学生弃学，有 170 万 10 岁到 14 岁的儿童不去上学。同时，在 1460 万小学儿童中，只有 54% 的人能读完 6 年小学，而在这些小学毕业生中，又只有 83% 的人能升入中学。

第三，人口数量的挑战。虽然墨西哥人口增长速度相比过去有所下降，但人口数量仍在继续增长，这很容易引发教育供求之间的脱节。

第四，人口和产业结构变化的挑战。《纲要》指出，自 1921 年以来，由于工业化和城市化的发展，墨西哥的人口结构和产业结构都发生了很大的变化。近 70 年来，墨西哥的农村人口增加了两倍，而城市人口增加了 13 倍。

第五，学校教育与生产部门相互联系的挑战。随着人口不断增长，越来越多的劳动人口涌现，加之墨西哥经济的快速增长，劳动人口的素质和学历

---

① 曾昭耀、黄慕洁：《当今墨西哥教育概览》，173 页，郑州，河南教育出版社，1994。
② 曾昭耀、石瑞元：《战后拉丁美洲教育研究》，432 页，南昌，江西教育出版社，1994。

问题，以及教育与经济生产部门的关系显得极为重要。

第六，科技进步的挑战。《纲要》指出，现代社会的活力在很大程度上取决于科学的发展，取决于其成员获得新的知识并通过新的技术把这种知识运用于生产系统的能力。为应付这一挑战，高等教育无疑作用巨大。

第七，教育经费问题的挑战。教育经费的合理化管理和使用，是实现教育现代化的一个重要方面。①

2. 五种能力和三大任务

按照《纲要》的规定，教育改革的目标是要"让高质量的教育和平等的机会真正向一切人开放，实现平等的增长"②。面对21世纪的七大挑战，《纲要》认为，墨西哥现在需要具备以下五个方面的新能力：第一，建立以科技知识为依据的自主、高效的产业结构的能力；第二，加强社会团结、民族统一和科技文化的能力；第三，使劳动者掌握新的生产技术并使这些技术为人类造福的能力；第四，扩大民主和多元的参与渠道的能力；第五，为有效提高人们的福利而改善服务的能力。③

墨西哥所要建立的现代教育制度，还必须完成以下三项任务，即满足社会的要求，提高人民受教育的程度；提高教育质量，符合国家发展的目标；促进社会的参与和各级政府的参与，发挥他们的潜力和资源，实现全国教育发展的目标。④

3. 教育改革的基本内容

为了实现教育现代化，完成改革任务，《纲要》从教育质量、教育普及和教育管理三个方面规定了墨西哥教育改革的基本内容。

---

① 曾昭耀、黄慕洁：《当今墨西哥教育概览》，173—178页，郑州，河南教育出版社，1994。

② 曾昭耀、石瑞元：《战后拉丁美洲教育研究》，443页，南昌，江西教育出版社，1994。

③ 陆炳炎、王建磐：《素质教育：教育的理想与目标》，139—140页，上海，华东师范大学出版社，1999。

④ 钟启泉、张华：《世界课程改革趋势研究：课程改革国别研究》中卷，499页，北京，北京师范大学出版社，2001。

第一，教育质量。《纲要》指出，现代教育最突出的特点就是质量。为了提高质量，墨西哥必须修订教学内容，革新教学方法，加强师资培训，增强各级教育之间的关系，增强科学、技术方面的开放性。关于各级教育的联系方面，《纲要》指出，由于墨西哥教育的基础部分是初等教育，所以，无论初等教育以前的各级教育还是初等教育以后的教育都必须结合起来，以便使之前的教育成为后来教育的基础，后来的教育能够加强和扩大前一级教育取得的成果。

第二，教育普及。"普及初等教育既是生产发展的客观要求，又是一个国家进行思想政治教育和提高全民科学文化水平的基本手段。各国普遍重视初等教育的普及，把普及教育看成国家的一项大政。"[1]《纲要》指出，普及初等教育是墨西哥政府教育改革的当务之急。初等教育是培养未来公民的基础教育，是为他们未来的学习奠定基础的教育，也是为他们未来的职业培训奠定基础的教育，无论怎么说，初等教育应该是一个完整的、能充分满足需要的教育阶段，以促使学生在价值观、身体、知识以及共同生活能力方面都能健康成长。其他各级教育也应该能满足社会的需求。这种满足不可能只通过增加教室和教师的数量来达到，而必须鼓励教学方法和教育组织的革新，特别是要提倡发展校外教育和充分发挥各种现代化通信手段的作用。

第三，教育管理。《纲要》指出，教育管理改革是教育现代化的核心，如果不进行管理改革，不进行教育系统的结构改革，社会其他的改革都不可能奏效。按《纲要》的意见，管理改革的关键就是要实行教育管理分权化政策。按《纲要》的解释，所谓分权化就是要有效地划分教育职能，目的在于让每一级政府和社会的所有部门都有可能对发展全国教育的任务和职责做出贡献。[2]

从以上改革的基本内容来看，《纲要》明确提出了20世纪90年代及之后

---

① 王承绪、朱勃、顾明远：《比较教育》，105页，北京，人民教育出版社，1982。
② 曾昭耀、黄慕洁：《当今墨西哥教育概览》，180—183页，郑州，河南教育出版社，1994。

墨西哥的教育发展战略，是要建设"一种普及的、最扎实的、对生活最有用的初等教育，一种明确规定的、对各种可能的选择具有最大灵活性的中等教育，一种重点在于资助优秀高校、具有创新精神、高质量的高等教育和一种能够给我们中间最需要教育的人重新提供或开辟机会前景的开放教育"。[①] 这是墨西哥国家发展规划中的第一个部门规划，揭开了教育现代化的序幕。[②] 之后的教育改革实践证明，墨西哥初等教育、中等教育、高等教育、师范教育、职业教育都不同程度地受到《纲要》的政策影响。但是，这个《纲要》没有提到如何解决墨西哥教育制度中存在的质量不高、管理无序、教育不公等方面的问题。[③]

此外，1992年，墨西哥联邦政府、州政府和全国教育工作者联合会签署了《国家基础教育现代化协议》，各方都致力于新一轮的改革，而所有这些改革都指向教育系统的分权以及效率和质量的提升。[④]

（二）墨西哥教育发展规划（1995—2000年）

《1989—1994年教育现代化纲要》完成教育改革的历史使命后，墨西哥政府教育改革的步伐并未停止。1994年墨西哥加入经济合作与发展组织（简称经合组织，OECD），自此，作为成员国之一，墨西哥在未来的教育改革中受到了经合组织相关政策的影响。虽然这种影响并无法律上的强制性，但往往带有很大的引导性。

1996年1月，墨西哥总统塞迪略提出"墨西哥教育发展规划（1995—2000年）"。该规划不仅针对以往教育现代化改革的重要方面进行有意加强，而且更注重教育公平和质量问题。

---

① 曾昭耀、石瑞元：《战后拉丁美洲教育研究》，455页，南昌，江西教育出版社，1994。

② 黄志成、彭海民：《墨西哥教育现代化进程——90年代墨西哥教育改革之一》，载《外国教育资料》，1999(1)。

③ David Scott and C. Posner, et al., *The Education System in Mexico*, London, UCL Press, 2018, p.41.

④ 王燕：《G20成员教育政策改革趋势》，344页，北京，教育科学出版社，2015。

1. 基本出发点——素质教育

在这份规划中，素质教育首次被提高到国家基础教育发展战略的地位，这意味着墨西哥教育改革进入一个新的发展阶段。该规划开宗明义提出这样一个理念："墨西哥比以往任何时候都更坚信国家的真正财富是其人民的素质。"①正是人们的能力决定了国家财富的多少。到20世纪末，墨西哥的发展要求人们的行为能力有深刻的变化，而这种变化只有通过教育才能实现。因此，该规划将教育看成发展的战略要素，能使人们提高生活质量和更好地利用当代的科技与文化。② 从这一点看，新一阶段的教育改革仍是墨西哥教育现代化进程的一个组成部分，尽管新的阶段提出了"发展素质教育"的全新理念，但教育为国家经济和社会发展服务的目的始终未变。

2. 教育改革的基本内容

该规划具体规定了墨西哥进行下一阶段教育改革的基本方向和内容。从政策延续性上分析，改革内容可以分为两大部分：

(1)延续教育现代化改革

这部分内容是对教育现代化改革的初步成果进行有意的加强，具体包括以下几个方面。

第一，加强教育联邦化。教育联邦化有助于改善教育服务，既可根据各州、各地区的特点实施各种教育模式，又不影响全国教育的统一规划。

第二，促进全社会的参与。在教育计划的制订和实施过程中，仅有州政府、市政府的参与不够，还应促进社会更大范围的参与，如家长、社会组织等。

第三，改变旧观念，使教育适应未来的发展。科技的飞速发展，要求人们增进知识，不断进行学习和培训。因此，教育要与时俱进，增加那些有助

---

① 陆炳炎、王建磐：《素质教育：教育的理想与目标》，139页，上海，华东师范大学出版社，1999。

② 彭海民、黄志成：《墨西哥基础教育发展的目标与策略》，载《外国教育资料》，1998(6)。

于学生应对全新和快速发展的新世界的教育。

第四，增强教育面向世界的意识。新的信息技术促进了人们相互了解，缩短了人们之间的距离，形成了世界化的倾向。因此，教育也应加强学生属于和拥有世界的意识，使每个人都对他们所处的环境(家庭、社区、国家、人类)负起责任。

第五，引进先进的教育技术手段。电子通信的发展加强了大众通信媒介和信息网络的影响，减少了学校和家庭教育中纸张的使用。因此，学校要努力运用这些新技术来丰富各种类型的教育。在非正规教育中，使用新技术更具意义。[①]

(2)新一轮教育改革

除此之外，该规划还针对墨西哥现行教育制度中存在的各类问题，如教育发展差异、基础教育普及程度不高、妇女教育、环境教育等提出针对性发展建议，这也是为实现国家整体发展战略而服务的。

首先，推进基础教育普及化，实现教育公平。一般来说，教育普及化程度是由一个国家的基础教育水平决定的。据相关统计，1990年的人口普查，墨西哥6—14岁儿童中有250万人没有入学。据1995年的人口规划和基础教育注册人数统计，没有入学的人数还有200万。因此，墨西哥基础教育的普及化仍是亟须解决的大问题。该规划特别指出，在基础教育方面，要充分关注易受损害的社会群体，如居住在农村地区的人、城市边缘地区的人、没有能力的人以及印第安人。规划中还特别提到妇女教育的问题。在社会走向现代化的过程中，妇女的状况及其能力已受到高度重视。妇女教育已被看作战胜落后，获得新机会，提高妇女家庭地位，改变妇女行为、意识、态度和习惯等最为重要的途径。因此，各类教育应特别关注妇女，激励妇女参与教育，帮助她们改变其落后状况，消除对妇女的偏见和歧视，扩大妇女在人类活动

---

① 彭海民、黄志成：《墨西哥基础教育发展的目标与策略》，载《外国教育资料》，1998(6)。

各方面所发挥的作用。①

墨西哥政府此后更是出台一系列政策来促进教育公平，推进教育机会的均等化，力图消除地区差异。影响最为广泛的是"教育、健康和食品计划"。该计划于 1997 年开始实行，是一个联邦计划。该计划的目标局限于贫穷的农村地区，受惠群体是 3—9 年级基础教育阶段的儿童。2002 年 3 月该计划涉及的范围扩大到城市贫困地区，受惠儿童也扩大到了 18 岁以下接受初等教育的儿童，以及 22 岁以下高中学校在校生。这一计划只适用于有学校的地方，实际排斥了没有学校的最边缘化的地区。该计划惠及的人数不断增多，从 1997 年的 225702 户家庭增加到 2004 年的 500 万户家庭，占墨西哥家庭总数的 2.5%。2004 年该计划预算是 914 亿美元，占当年整个教育预算的 89%。该计划对中学生的教育资助额度高于对小学生的资助额度，为了改变男生比例过高的不平衡的学生结构，对女中学生的资助额度又高于男中学生。②

结果表明，这项针对教育不平等的改革计划十分有效，据统计，墨西哥基础教育的升级率和初中升学率增长了 8%，中学女生入学率从 67% 增长到 75%，中学男生入学率从 73% 增长到 78%。该计划使中学就学率增长了 8.4%，中学升学率提高了近 20%，升级率提高了 10%。③ 使三年级的女学生辍学率降低了 17.9%，男学生辍学率降低了 14%。① 这类计划还可以减少童工的使用，如墨西哥的计划使 8—17 岁青少年做童工的可能性降低了 10%—14%。④

其次，提高教育质量，重视师资培训，提高教师待遇。师资水平是关系教育质量的另一个重要方面。要提高教育质量，教师培训是关键，因此墨西哥政府不仅着重提出了要建立教师培养、进修和提高的机制，也提出要提高

---

① 彭海民、黄志成：《墨西哥基础教育发展的目标与策略》，载《外国教育资料》，1998(6)。
② 郑秉文：《社会凝聚——拉丁美洲的启示》，234—235 页，北京，当代世界出版社，2009。
③ 郑秉文：《社会凝聚——拉丁美洲的启示》，236 页，北京，当代世界出版社，2009。
④ 郑秉文：《社会凝聚——拉丁美洲的启示》，237 页，北京，当代世界出版社，2009。

教师的社会地位和改善教师的物质条件。

再次，注重教育促进人的发展与社会发展职能的结合。教育的职能是促进人与社会的发展。墨西哥政府此次进行的教育改革，在实践上特别注重平衡教育的职能。规划指出，随着墨西哥城市化进程的推进，要注重教育对市民的价值、态度等方面的引导，使人们更好地生活。又如，经济发展的同时常伴随着生态环境的恶化，这在客观上要求人们增强环境生态保护意识，也表明社会问题亟须投射到教育改革的实际中。课程内容应添加新的生态文化内容，防止对环境的破坏，培养人们保持生态平衡、改善生态环境的意识和行为。[①]

（三）优质学校计划（2001—2006 年，PEC）

2001—2006 年全国教育规划中的"优质学校计划（PEC）"目的是通过向学校提供补贴，从而改善穷人和边缘社区的教育质量。新的综合教育法规定，中央政府负责对墨西哥各州间教育领域的不平等现象进行补偿。有证据显示，这一教育规划取得了一些成果。从 20 世纪 90 年代末以来，城市和农村学生以及贫穷和富裕学生中学毕业率的差距大大缩小了。1998—2002 年，最富裕学生和最贫穷学生初中毕业率的差距缩小了近 20%。大学生和中学生人均教育开支差距也缩小了，但前者仍是后者的 3 倍多。[②]

（四）《墨西哥教育中长期发展规划（2007—2012 年）》

《墨西哥教育中长期发展规划（2007—2012 年）》的出台，是为实现可持续增长、提高经济竞争力的国家战略服务的。2006 年，卡尔德龙政府上台后，提出了保证国家安全和主权独立，维护法治国家，实现经济可持续增长和提高社会、经济竞争力的 2030 年长远发展目标。[③] 墨西哥公共教育部据此制定

---

① 彭海民、黄志成：《墨西哥基础教育发展的目标与策略》，载《外国教育资料》，1998(6)。
② 郑秉文：《社会凝聚——拉丁美洲的启示》，230 页，北京，当代世界出版社，2009。
③ 中国驻墨西哥使馆教育处：《墨西哥教育中长期发展规划研究》，载《世界教育信息》，2009(5)。

了教育中长期发展规划。

1. 六个教育目标

这份教育中长期发展规划，规定了墨西哥教育要实现的六大目标①，具体内容如下：

第一，提高学习质量，让学生有更好的学习环境。其重点在于提高学生竞争力，让学生适应墨西哥21世纪的发展需要；确保教学工作以提高学生竞争力为核心，并对教学成果进行评估；开展各类教师培训活动；要求各类中高级教育机构之间应尽快做到互相承认学历，保证教育的多样性。

第二，让更多的学生有受教育的机会，保证社会的公平和正义。此规划力求扩大基础教育的覆盖范围，倡导国民尊重本国文化的多样性；同时为15岁以上的社会青年提供免费的成人教育，其模式以生存和工作型教育为主。

第三，全面改善学校教学设施，实现教育手段现代化。内容包括大规模进行校舍建设和改造；制定完整的信息和通信系统；建立全国信息教育发展合作中心；让更多的信息技术成果服务于教学；同时推进开放式教育和远程教育。

第四，注重素质教育，全面塑造人才。关注学生的身体健康，增加学生锻炼的时间，注意其营养平衡；创造条件，培养学生的艺术和文化修养。

第五，树立学生的社会责任感。主要措施是政府相关部门要积极为接受中高级教育的学生提供实习机会；坚持和完善大学毕业生的"半年至一年的社会服务"制度，增强学生了解、参与和回报社会的责任感。

第六，建立社会有关部门参与学校管理的机制，学校账目要透明。要保证学校环境的良好性及安全性，提高包括校长在内的管理人员的素养，为将接受高等教育的学生提供各高校的相关信息和指导，制定透明的高等院校经费来源体系和使用办法。

———————

① 中国驻墨西哥使馆教育处：《墨西哥教育中长期发展规划研究》，载《世界教育信息》，2009(5)。

2. 三大举措

为了实现以上教育的中长期发展目标，2008 年上半年，联邦、各州政府及全国教育工会等创立了全国教育质量联盟，其宗旨是联合全国之力量，关注和解决教育中长期未解决的"大问题""难问题"，真正实现"墨西哥的未来在于教育"的口号，把政府发展教育的重大措施落实到位，如实施教学设施现代化、中小学校校长及教师竞聘上岗，落实教师和教育部门专业化，改善贫困地区办学条件及加强评估等，把提高教育质量作为国家"生活更美好"战略的组成部分。

第一，大规模改善硬件环境，加强管理，努力实现学校现代化。由于墨西哥多数学校的校舍及设施老化，2008—2009 学年度，政府斥巨资，为 14000 所学校配备相应设施，为 27000 所条件恶劣的学校进行装修改造。在信息和通信技术方面，2008 年，政府对四套教育技术进行评估，力争 2009 年开始普及。在社会事务管理及社会活动参与方面，2008—2009 学年度，在各校成立"学校社会活动参与委员会"，在 10 万所学校推广社会活动参与管理示范；对处于高犯罪率地区的 37000 所学校进行重点监护，不断增加"安全学校"数量；对 5500 所全日制住宿学校进行特别关注；对 21000 所无正规作息时间的学校、33000 所非工作日（周末等）工作的学校及 32000 所低效率学校进行有效管理。

第二，引入竞争机制，开始对中小学校长、教师及学生进行评估考试。2008 年是墨西哥前所未有的评估考试年，截至目前，已有几万名中小学教师、学校领导等参加考试，基础教育阶段的学生也参加了全国评估性考试。后续将不断对校长、教师和学生进行评估考试，并将对学校的评估结果通过网络向社会公布。校长及教师只有通过考试，方能上岗，以促使学校改善教育质量。以上做法在墨西哥引起了极大震动，一些州的老师以罢课、堵塞交通、围攻教育部等极端手段进行抗议，但政府并未让步，表示提高教育质量才是真正的公平，国家才有真正的希望。

第三，关注学生利益及全面发展。在学生的健康、饮食及营养方面，2008—2009 学年度政府开始重视学生身体锻炼，以预防疾病，并将学生锻炼与学校活动结合；制定并实施预防肥胖的措施；学校为学生提供营养早餐。在注重改善入学、坚持就读及毕业和升学条件方面，从 2008—2009 学年度开始，国家不断增加奖学金的金额；改善对特殊儿童的照顾；对学生进行生活和工作的整体教育，并在课程改革中体现这些内容。①

(五)OECD 的建议：《专业化教学服务法案》的出台

在经历近 20 年的教育改革之后，墨西哥全国教育质量和水平的提升是十分显著的，突出表现在以下几点：

第一，全民义务教育进展顺利。墨西哥学前教育入学率、小学和初中完学率都比较接近 OECD 国家水平，优于拉美国家均值。

第二，基础教育普及化。基础教育改革成绩显著，6—11 岁儿童的入学率几乎达到普及化水平(98%)。②

第三，国民的受教育机会的公平度，墨西哥总体情况要好于拉美国家平均水平。③

第四，教学质量进步显著。2012 年，国际学术评价项目(PISA)测评中，墨西哥学生取得的成绩(数学考试得分 413 分)虽然低于 OECD 国家平均水平，但是如果和 2003 年的 PISA 成绩对比，则属在均分和公平方面进步最明显的国家之一。④

但墨西哥教育改革成效显著的同时，存在的问题也不容忽视。首要问题

---

① 中国驻墨西哥使馆教育处：《墨西哥教育中长期发展规划研究》，载《世界教育信息》，2009(5)。

② 王燕：《G20 成员教育政策改革趋势》，343 页，北京，教育科学出版社，2015。

③ 经济合作与发展组织发展中心、联合国拉美经委会、CAF−拉丁美洲开发银行：《2015 年拉丁美洲经济展望：面向发展的教育、技术和创新》，207 页，北京，知识产权出版社，2015。

④ 经济与合作发展组织发展中心、联合国拉美经委会、CAF·拉丁美洲开发银行：《2015 年拉丁美洲经济展望：面向发展的教育、技术和创新》，207 页，北京，知识产权出版社，2015。

体现在各级教育发展不均衡上。相较于基础教育取得的累累硕果，高中教育以及高等教育则显得成效不足，在中学和高等教育阶段，墨西哥的入学率不及拉美地区平均水平。高等教育毛入学率为 29%，比拉美的均值 42% 和 OECD 国家均值 71% 低；① 在在校生结构方面，基础教育阶段的在学儿童比例较高，而高等教育阶段的在学青年和成年人比例较低②。其次是教育教学质量堪忧，教师质量仍处于较低水平。如前述，尽管墨西哥学生在 PISA 测评中进步很大，但相较其他国家仍处于低水平。其中，导致这一现象的一个重大原因是教师质量问题。甚至墨西哥长时间存在"教师职位由父母传给家庭成员"的做法。如此可见，这些问题如果不能及时解决，不仅无法为墨西哥国家发展的整体战略提供支撑，而且，长此以往，将无法培养出能够适应 21 世纪新时代的各类人才以及社会公民。

墨西哥政府的政策制定，在考虑本国国情的基础上，超国家实体的影响力开始显著，尤其是经合组织的政策和建议，还有由它们发起的各成员之间的教育水平的比较测试。2012 年，在一份题为《墨西哥基础教育改革进展：OECD 的视角》的报告中，OECD 给墨西哥政府的最大建议是"把国家最优秀的人才吸引到教师队伍"，这便是《专业化教学服务法案》③出台的背景。该法案为墨西哥教育改革提供了合法框架，包括教师专业发展、入职、改进以及资格认证方面新的制度标准。它的核心目标在于依据专业能力规范教师的招聘和晋升。从这点可以看出，该项法案的出台旨在提升墨西哥公共教育的普遍质量，其源头便在墨西哥的教师质量。正如墨西哥的教育专家洛伦佐·戈麦斯·莫林·富恩特斯所言，这也正是此项法案能够在墨西哥动荡的政治氛围

---

① 经济与合作发展组织发展中心、联合国拉美经委会、CAF·拉丁美洲开发银行：《2015 年拉丁美洲经济展望：面向发展的教育、技术和创新》，207 页，北京，知识产权出版社，2015。

② 王燕：《G20 成员教育政策改革趋势》，343 页，北京，教育科学出版社，2015。

③ 有学者译为"专业化教学服务制度"。但从本质上而言，这项制度是由墨西哥政府以法律的形式正式颁发的，故此将之译为法案。当然，该法案的核心便是确立一项旨在提高墨西哥教师质量的服务制度。参见：王燕：《G20 成员教育政策改革趋势》，347 页，北京，教育科学出版社，2015。

中突围并获得一致认可的重要原因。

三、学校教育制度的改革

20世纪末期以来,墨西哥推行的学制改革主要是在联邦政府、州政府、学校的三级管理模式。"自从1921年以来,所有教育事宜一直由政府的公共教育部来掌管。"①之后,随着时代的发展,教育领域开始权力下放。一般而言,墨西哥的学校教育制度分为四级:学前教育,对象是3—5岁儿童;初等教育,一般是6岁入学;中等教育,包括初中教育和高中教育,学制皆为3年;高等教育,学制3—7年不等,视不同专业而定。②

(一) 基础教育:"新教育模式"课程改革

从1983年起,墨西哥就实行了10年免费义务教育(包括1年学前教育),至2008年学前教育(3年)、小学教育(6年)和初中教育(3年)皆被纳入义务教育。从经费投入来看,联邦政府用于教育的公共支出占GDP的5.5%,占政府总支出的25.6%。其中,用于初等教育和中等教育的支出比例高达39%和30%,学前教育的支出为10%,职业教育及其他为3%。墨西哥义务教育阶段的经费由中央和地方政府共同承担,其教育规模由各州确定。③

20世纪90年代初,在基础教育学校领域,墨西哥教育部掀起了一场影响深远的教育改革计划,其重点是中小学校的课程和教学改革。④ 起初,此次改革使用的名称为"教学模式"。然而,改革实际已经超越了教学过程的范围,涉及整个教育领域的结构改革。最后,由墨西哥全国教育咨询委员会拟定为

---

① [美]波特·斯坦迪什、[美]斯蒂芬·M.贝尔:《走世界品文化:浪漫墨西哥》,石小竹、高静译,35页,长春,长春出版社,2012。

② 滕大春:《外国教育通史》第六卷,558页,济南,山东教育出版社,1994。

③ 温涛:《统筹城乡教育发展模式与投融资体制改革研究》,115页,重庆,西南师范大学出版社,2014。

④ 新模式中的基础教育包括学前教育、初等教育和中等教育。参见钟启泉、张华:《世界课程改革趋势研究:课程改革国别研究》中卷,505页,北京,北京师范大学出版社,2001。

"教育模式"。① 此次教育模式的制定，相关人员涉及广泛，包括教育管理部门、教育工会、教师、家长、学术机构以及社会组织的代表等。

《1989—1994年现代化教育规格规划纲要》规定在教学内容上，必须重新审查教学系统的理论内容和实践内容，必须削减那些主要靠死记硬背的知识内容，而选用那些能保证学生价值观的融会贯通，启发创造精神，能掌握当代科技发展所必需的各种语言、思维方法和行动方法的内容。② 据此，新教育模式教学和课程改革的主要目标包括以下五个方面。

第一，学生能够获得并发展读写、口头表达以及实际运用数学知识的技能。

第二，对墨西哥的史地知识以及社会基础知识有所了解。

第三，了解公民的权利、义务和价值观，加强道德教育。

第四，培养学生的人文素养与健康素养，重视艺术和体育教育。

第五，强调自然科学要关注健康、环境、生态、自然资源保护以及关注科技知识的学习。

由此可见，新教育模式的课程改革重新确定了教学的基本内容，力图使学生在德、智、体、美等方面得到发展。根据这一新的概念，"基本内容"不是指最基础的知识，而是指那些能够获得、组织和运用于不同领域的较复杂的知识。因此，"基本内容"应该成为一种基本工具，使学生达到全面发展的目标。新的教学计划和课程设置的主要目的之一是要促进发展学生不断学习所需的能力。因此，要努力使其获得的知识与智力、思维训练联系起来。③ 新教育模式课程改革，目的是让学生不断学习知识和发展能力，建立终身学习

---

①　钟启泉、张华：《世界课程改革趋势研究：课程改革国别研究》中卷，503页，北京，北京师范大学出版社，2001。

②　曾昭耀、黄慕洁：《当今墨西哥教育概览》，180页，郑州，河南教育出版社，1994。

③　陆炳炎：《素质教育：教育的理想与目标》，142页，上海，华东师范大学出版社，1999。

的习惯，为未来的学习奠定良好、扎实的基础。①

(二)高中教育的整体化改革（RIEMS）

2012年，《墨西哥宪法》第3条和第31条正式签署生效，宣布高中教育纳入义务教育。由此墨西哥12年义务教育延长至15年，这在全球范围内处于领先地位。从性质而言，高中教育大多是为升入大学做准备的预科教育，这是墨西哥高中教育的特色。由此可见，高中教育不属于基础教育，在义务教育范围之外，同时又有大学教育的预备性质。高中教育与其之前、之后的教育阶段看似是衔接关系，却几乎陷入孤掌难鸣的境地，处于相对被忽视的地位。尽管2012年后高中教育被正式纳入义务教育，这"并非意味着它的制度良好，或是能够为学生准备更好的教育机会，这个过程有些急于求成，过于仓促"②。

1. 改革动因

促使墨西哥政府开展高中教育改革的原因是多方面的。

首先，高中教育关乎大学的生源质量，也关乎整个国家未来的综合实力。从年龄特点而言，高中教育阶段的学生通常为15—18岁，是面向未来的年青一代，且墨西哥高中的特色之一是大学的预科学校。大学的生源质量取决于高中阶段的教育质量。因此，高中教育质量的高低在一定程度上决定墨西哥未来在国际上的经济、科技、文化的竞争力。

其次，超国家实体的政策影响、成员国之间的教育竞赛等是构成墨西哥加强高中教育改革的动因之一。2007年世界银行发布的报告《发展与下一代》（Development and The Next Generation）指出："如果年青一代能够富有成效地工作、健康地生活，便能推动国家的发展，因为只有那些技术熟练、技能高

---

① 姜有国：《全球博雅教育》，32页，青岛，中国海洋大学出版社，2014。

② Guadalupe López-bonilia，"Curricular Reforms in Mexico Challenges for Developing Disciplinary Literacy in Upper Secondary Education," *Journal of Adolescent & Adult Literacy*，2015(7)，pp. 541-545.

超的劳动力才能大力助推一国经济。"①除此之外，墨西哥从 2000 年开始参加
PISA 测试，通过测试 15 岁学生的学业成就检验基础教育的质量。2000 年 PI-
SA 测试成绩暴露出的一个最严重的问题是，在 15 岁的学生中，大约有一半
的人不具备 21 世纪所需的基本能力。② 在国际教育比较中的弱势地位，一定
程度上警醒墨西哥政府要加快对高中教育进行改革的步伐。

再次，"面向 21 世纪技能"的概念影响了墨西哥对高中教育的改革。"面
向 21 世纪技能"的教育理念源于美国，墨西哥受此影响，提出高中教育应以
培养墨西哥年轻人形成 21 世纪所需技能为基本目标。

最后，墨西哥高中教育制度的缺陷和不足为其高中教育质量不高，这也
是促使墨西哥进行高中教育改革的决定因素。从类型上看，墨西哥的高中教
育大体有三种类别，即普通高中教育、技术型高中教育和专业技术人员高中
教育。第一种只为升入大学做准备，属于大学预科性质的高中；第二种、第
三种兼具升学和就业的双重作用。

从传统来看，墨西哥高中教育的扩展是根据需求来的，新学校的成立是
为了适应不同方面的需求，包括学术的、各种职业需要以及专为农林牧渔而
服务的项目。直到 2000 年，墨西哥高中学校的类型多达 15 种，并且每一类
都是独立的体系。每一所高中有自己的组织体系、培养目标、教育程序和课
程安排。③ 由于高中教育阶段缺乏统一、连贯、合理的课程结构和教学安排，
质量上便会参差不齐、差异明显，导致高中教育的整体质量不高。

此外，墨西哥政府长期以来的主要精力在基础教育而相对忽视高中教育，
致使高中教育本身质量不高，也因此造成大学的生源质量不佳。高中阶段

---

① Kochendorfer-Lucius, Gudrun and Pleskovic Boris, *Development and The Next Genera-tion: Berlin Workshop Series* 2007, Washington D.C., World Bank Publications, 2007, p.2.

② 王燕：《G20 成员教育政策改革趋势》，344 页，北京，教育科学出版社，2015。

③ David Scott and C. Posner, et al., *The Education System in Mexico*, London, UCL Press, 2018, pp.44-45.

(15—18 岁)是人的一生发展的重要阶段，这一阶段教育质量的好坏在很大程度上决定一个国家的人力资源的质量。而长久以来，墨西哥高中学生的辍学率、复读率和不及格率都处于较高水平。据 2012 年的数据统计，墨西哥高中毕业率仅为 47%，远低于 OECD 的平均水平 84%，甚至低于拉美的平均水平 52%。①

2. 改革目标

根据 OECD 的建议，高中教育旨在"给青年提供获得技能、态度、知识的机会和终身学习的能力，使其成为主动的、具有创造性的、参与决策的公民"②。这个目标强调的是面向 21 世纪社会所需要的技能、态度和知识的综合能力。创造性意识、主动学习能力和社会责任感是鲜明的时代特征，也是年青一代需要具备的素养。

为实现培养青年形成 21 世纪综合能力的最终目的，墨西哥政府推行了一项"高中教育的整体化改革(RIEMS)。RIEMS 改革的目标是建立全国高中教育制度，实现制度内的合理转学。墨西哥高中教育的复杂性，导致学生一旦选定某一类高中教育项目，便无法选择其他项目"③。

3. 改革内容

第一，课程改革。课程改革的目标是"促进学生在不同教育情境下的跨学科素养或能力"。方式是通过确立一项共同的课程框架，解决高中课程分散、凌乱、繁杂多样的问题。这个共同课程框架的制定围绕四种概念展开，即一般素养、基本素养、扩展的跨学科素养、专业素养。前两类素养是基础，决

---

① Raja Bentaouet Kattan, Miguel Székely, "Patterns, Consequences, and Possible Causes of Dropout in Upper Secondary Education in Mexico," *Education Research International*, 2015, pp.1-12.

② 王燕：《G20 成员教育政策改革趋势》，352 页，北京，教育科学出版社，2015。

③ Guadalupe López-bonilia, "Curricular Reforms in Mexico Challenges for Developing Disciplinary Literacy in Upper Secondary Education," *Journal of Adolescent & Adult Literacy*, 2015(7), pp.541-545.

定着跨学科的同一化问题。具体到课程，以往的跨学科素养通常指西班牙语、历史和数学三项，扩展后为四项，即数学、自然科学、社会科学和语言沟通。①

第二，教学方法。在教学方法上追求灵活性和多元化，针对不同的高中教育项目，选用适合的教学方式。教师主导型是高中教学课堂上的主流，其中强化型项目是一种适用于 2 年高中教育项目的教师主导型教学方式；虚拟教育是充分利用信息通信技术，采取学生主导与教师辅导结合的方式，学生完成课业后获得证书；自我规划教育和混合模式，给学生充足的时间自由选择课程。②

第三，学校管理方式。首先是校长竞争上岗制。通过考试竞争性地选拔校长，每学年由教职工确定目标和学校管理体制以及各种针对透明度和绩效责任的评价机制。其次是整个学校管理系统的开发以及学生转学规则的确定。这使学生能够在不同子系统之间流动，并避免由于课程的差异和不兼容而需要从头开始的问题。③

第四，评估方式。具体包括对高中学校的评估和学生学业成绩的评估。对于高中学校的评估和认证，主要是建立高中教育评估委员会。这个评估委员会的代表来自教育部门、全国公立大学协会、国家教育评估研究所以及其他部门。委员会负责协调申请加入全国高中教育系统的高中学校的评估过程，以及实施对参与这个系统的学校质量的认证机制。而对高中学生的评价方面，主要是设计和实施标准化考试，监测学生学业成就进步的幅度。学生在高中教育的最后一年要参加全国学生学业成就评价（ENLACE）考试。④

---

① Guadalupe López-bonilia, "Curricular Reforms in Mexico Challenges for Developing Disciplinary Literacy in Upper Secondary Education," *Journal of Adolescent & Adult Literacy*, 2015(7), pp.541-545.

② 王燕：《G20 成员教育政策改革趋势》，353 页，北京，教育科学出版社，2015。

③ 王燕：《G20 成员教育政策改革趋势》，354 页，北京，教育科学出版社，2015。

④ 王燕：《G20 成员教育政策改革趋势》，354 页，北京，教育科学出版社，2015。

第五，师资培训。"对师资进行培训和升级，这是高中教育改革成功实施的一个最重要因素。"①墨西哥的教师教育改革是与高中教育改革相呼应的。教师教育改革的成效可有效改善高中学校的师资水平。

此外，墨西哥政府还通过加大经费投入等直接措施，降低学生辍学率，提高学校的硬件设施及教育设备水平等，保障高中教育质量的提升。

墨西哥的高中教育与高等教育的密切联系，符合《纲要》中加强各级教育之间联系的要求。这种教育特色或许可为我国当前的教育改革提供一些启示。

(三)高等教育大众化

20世纪80年代，墨西哥基础教育领域掀起的新教育模式改革，在改善基础教育教学质量与课程内容的同时，却忽视了对高等教育的支持，致使高等教育学校增幅下降、质量堪忧、封闭式办学及忽视社会效益等问题。②

正是问题的存在，才会促使进一步改革。20世纪后半叶以来，墨西哥高等教育改革的主要目标有二：一为提高质量，加强高校的教学、科研实力，增强高校为国家经济建设和社会服务的职能；二为扩大数量，提高院校的在校生数量以及公、私立高等院校的数量，实现高等教育大众化。1978年，墨西哥政府颁布的《高等教育协调法》明确指出："高中或同等教育之后所进行的教育，不仅包括师范教育、工科和大学教育，还包括旨在取得学士、硕士和博士学位和短期职业性专业及学业，以及现实化与专业化课程。"③接着，《1989—1994年教育现代化纲要》进一步指出，科学研究和技术开发既是国家发展的一种手段，也是国家主权的一个因素，对国家生活有着极大影响。而这个重任无疑将落在高校身上。

为实现高校改革的目标，墨西哥政府在遵循宏观指导原则的基础上，具

---

① 王燕：《G20成员教育政策改革趋势》，353页，北京，教育科学出版社，2015。

② 张新生：《墨西哥近年来的教育改革》，载《国际资料信息》，1994(8)。

③ 薄云：《拉美私立高等教育发展研究：以巴西、墨西哥、阿根廷和智利为个案》，70页，厦门，厦门大学出版社，2017。

体采取以下措施：

第一，增加高校经费并鼓励高等院校自筹资金，公立、私立院校齐头并进，各司其职。墨西哥的高等教育由大学、理工学院和师范学院三部分组成。这三类院校都有公立和私立之分，但公立院校占主导地位，80% 的学生进入公立大学和学院学习。[①] 20 世纪 90 年代以后，墨西哥高等教育进入高速发展期。私立院校作为公共教育的补充，从 1980 年开始，也迅速发展起来，在 1995 年之后，其数量几乎翻了一番。[②] 截至 2000 年，墨西哥高等教育机构共计 1129 个，其中私立院校有 955 个。[③] 截至 2006 年，墨西哥共有 1600 余所高校。[④] 2009 年，墨西哥高校共计 2397 所，其中私立院校 1573 所，占全国院校总数的 65.6%。[⑤]

从经费来源看，公立院校的经费主要来自墨西哥联邦或州政府的财政支持，不收费或收取少量费用，如国立大学以及隶属联邦政府的高校机构的拨款全部来自联邦政府财政拨款，州立大学或隶属州政府的高校机构的经费则由联邦政府和州政府共同承担。私立院校则无法获得公共经费支持，只能自筹经费，学费便成为其主要的经费来源。这在一定程度上决定了公私立院校在教学安排、课程设置、专业选择方面的差异。由于私立高校与政府没有经费牵扯，因而不受公共政策的管辖和影响。因此，私立院校的课程由院校自行决定，或者由任课的专业教授来决定。虽然私立院校课程的数量和授课时

---

① 姜有国：《全球博雅教育》，31—32 页，青岛，中国海洋大学出版社，2014。

② 薄云：《拉美私立高等教育发展研究：以巴西、墨西哥、阿根廷和智利为个案》，74 页，厦门，厦门大学出版社，2017。

③ ［墨西哥］卡洛斯·托雷斯：《墨西哥高等教育体系》，参见马陆亭、范文曜：《高等教育发展的治理政策：OECD 与中国》，67 页，北京，教育科学出版社，2010。

④ 温涛：《统筹城乡教育发展模式与投融资体制改革研究》，115 页，重庆，西南师范大学出版社，2014。

⑤ 薄云：《拉美私立高等教育发展研究：以巴西、墨西哥、阿根廷和智利为个案》，74 页，厦门，厦门大学出版社，2017。

间与公立大学相似，但课程的内容则有所不同。①

第二，以评估促进办学质量提升，将"评价"结果与资金、政策支持相结合。经过长期的改革与发展，为保证高等教育办学质量，墨西哥高等教育逐渐形成规划、评估和认证三方面连贯一致的认证体系。评估是由高等教育校际评估委员会(CITES)组织各领域最杰出的学者参与的同行评估。认证由高等教育认证委员会(COPAES)负责实施②，该机构是一个得到官方承认的民间组织。因此，在墨西哥由政府或高教机构做规划，由同行进行评估，由得到政府认可的民间组织进行认证。③

第三，注重高等院校的社会职能，加大对社会的开放度。高等教育大众化的一个重要特点即发挥高校服务社会大众的职能。

第四，重视科技教育，培养高层次人才，鼓励发展研究型大学，建立教师、研究人员奖励机制。1989年，墨西哥制定了全国鼓励学术工作制度，由各公立大学、科学技术学院、研究机构实施，全国统一标准。④ 随着高等教育国际化的发展，墨西哥政府加快了建设研究型大学的步伐，其中师资质量是关键问题。因此，近些年政府"特别提供资金帮助已经获得聘用的教师进一步深造和学习，以便在获得更高的学位之后成为全职教师并肩负起研究的任务"⑤。

第五，重视非政府性机构的作用。墨西哥通过ANUIES(全国大学与高等教育学院协会)、CUMEX(16所最好的公立大学和私立大学组成的大学联盟)

---

① 姜有国：《全球博雅教育》，31—32页，青岛，中国海洋大学出版社，2014。

② COPAES由专业教师组成，是唯一经公共教育部审定，并被授权对墨西哥公、私立高等教育进行认证的机构。参见：薄云：《拉美私立高等教育发展研究：以巴西、墨西哥、阿根廷和智利为个案》，83页，厦门，厦门大学出版社，2017。

③ 马陆亭、范文曜：《高等教育发展的治理政策：OECD与中国》，68页，北京，教育科学出版社，2010。

④ 张新生：《墨西哥近年来的教育改革》，载《国际资料信息》，1994(8)。

⑤ 姜有国：《全球博雅教育》，36页，青岛，中国海洋大学出版社，2014。

等非政府、非营利的中间性组织，不仅为各成员大学提供合作交流的平台，还把相关政策及要求等传达给大学。如政府对高校的基金拨款以及政策措施的传达主要通过全国大学与高等教育学院协会完成。①

(四)师范教育向教师教育过渡

1989 年《纲要》中，曾经就师范教育的改革方向做出明确规定："为了提高教育质量，根本任务之一就是要培养出一支高水平的师资队伍，这就要建立一套师资培训和教师资格认可的制度，要建立一套教师升级和福利制度，使教师的生活条件能够同教师职业的崇高意义协调起来。"②

20 世纪末，墨西哥通过体制调整和制度改革，基本实现师范教育向教师教育的过渡，即从过去单一强调教师的职前训练转为如今的职前、职后相结合的教师专业化发展制度，达到提升教师质量的目的。这种过渡主要通过两种方式实现。

1. 调整师范教育制度的结构，削减中等师范学校的数量，大力发展高等师范教育

教师的职前教育体系由中等师范学校、高等师范学校和专门师范学校三类师范院校组成，中等师范学校包括幼儿教育师范学校和初等教育师范学校，培养幼儿学校和小学教师，招收初中毕业生，学制 4 年。高等师范学校培养初中和中等师范学校的教师，招收中等师范毕业生和高级中学毕业生，学制3—4 年。专门师范学校培养工农职业教育课教师、体育教师和特殊教育教师，包括工、农、牧各业劳动训练师范学校、体育师范学校和特殊师范教育学校，学制 4 年。③

2. 在保证教师职前培养质量的基础上，引入教师职后奖励制度，专注教

---

① 温涛：《统筹城乡教育发展模式与投融资体制改革研究》，115 页，重庆，西南师范大学出版社，2014。

② 曾昭耀、黄慕洁：《当今墨西哥教育概览》，181 页，郑州，河南教育出版社，1994。

③ 曾昭耀、石瑞元：《战后拉丁美洲教育研究》，470—471 页，南昌，江西教育出版社，1994。

师职后技能和专业化能力的提升

从20世纪60年代起，墨西哥开始建立教师职前教育和职后培训相结合的制度。但实际上，在1990年之前，教育改革的重点在教师职前教育。[①] 一般而言，墨西哥教师职后培训系统由三部分组成：一是专门从事教师在职培训的机构，包括联邦教师培训学院、地区学习咨询中心和地区函授培训中心；二是分布在落后地区的文化讲习团；三是公共教育部所属的有关教育领导机构。[②] 20世纪90年代之后，墨西哥政府开始重视教师的职后培训，先是扩大教师职后的培训周期，然后将师范类大学和其他院校里面的师范院系纳入职后培训体系，提升教师资格标准。[③]

其中，为促进教师专业成长和技能提升，1993年，墨西哥政府开始推行一项"全国教师奖励制度"，称之为卡雷拉教师奖励制度(CM制度)[④]。

卡雷拉教师奖励制度的目的是为教师训练提供动力，并对在教师资格和技能方面的进步给予奖励。墨西哥政府将它看成是一项促进教师标准升级的制度。它力求解决两大问题：一是适应全球的教师专业化发展的一般趋势，二是墨西哥教师专业化发展的特殊性。在卡雷拉教师奖励制度中，设立了教师职后认证的11个程序。每一步都有相应的资格标准、技能水平以及专业化发展上的参与度，并同时给予相应的奖励。奖励额度按教师薪金的一定比例给出。在评估方面，引入一定数量的认证标准，包括高级、合格、专业化发展的参与度以及对学生指导的表现力等。

经过几年的推行，卡雷拉教师奖励制度取得的最大成效是使墨西哥的教

---

① David Scott and C. Posner, et al., *The Education System in Mexico*, London, UCL Press, 2018, p.13.

② 曾昭耀、石瑞元：《战后拉丁美洲教育研究》，470—471页，南昌，江西教育出版社，1994。

③ David Scott and C. Posner, et al., *The Education System in Mexico*, London, UCL Press, 2018, p.13.

④ David Scott and C. Posner, et al., *The Education System in Mexico*, London, UCL Press, 2018, pp.13-14.

师质量极大提升，如阿瓜斯卡连特斯州、索诺拉州。[1] 但教师质量的提高依靠的是巨额奖励资金的投入，截至2003年，薪金奖励达到260亿比索。[2] 为此，卡雷拉教师奖励制度在墨西哥引起巨大争议。

直到2013年，卡雷拉教师奖励制度才完成历史使命，被一项全新的教师法案替代，这便是专业化教学服务法案（LGSPD）的出台。该法案为墨西哥教育改革提供了合法框架，包括教师专业发展、入职、改进以及资格认证方面新的制度标准。[3] 它的核心目标在于依据专业能力规范教师的招聘和晋升。[4] 从这点可以看出，该项法案的出台旨在提升墨西哥公共教育的普遍质量，其源头便在墨西哥的教师质量。

（1）适时调整教师培训课程，重视教师教育课程的实践性

20世纪末期以来，墨西哥的教师教育课程大概可分为五大板块：一是教学技能、历史和社会常识；二是学科知识；三是专家式选择能力；四是信息通信技术和第二语言；五是教学实践。从理论上来讲，经过四年的培训课程的学习后，师范学生应掌握专业的教学技能、坚实的学科知识、应用知识的能力、职业道德规范以及对学生状况和特点的理解力和创造性的反馈能力。随着经济和社会的变化以及教师观念的转换，教师教育课程安排遇到挑战。于是，在1997—2012年，教师教育课程转向更加强调社会化、文化差异性、社会背景、对个人造成的影响，以及学校硬件之间的巨大差异。[5]

---

① Luschei Thomas，"The Impact of Mexico's Carrera Magisterial," *International Perspectives on Education and Society*，2013(19)，pp.209-236.

② David Scott and C. Posner, et al., *The Education System in Mexico*，London，UCL Press，2018，p.14.

③ David Scott and C. Posner, et al., *The Education System in Mexico*，London，UCL Press，2018，p.2

④ 王燕：《G20成员教育政策改革趋势》，347页，北京，教育科学出版社，2015。

⑤ David Scott and C. Posner, et al., *The Education System in Mexico*，London，UCL Press，2018，p.83.

（2）借鉴和吸收国际教师教育改革经验，制定本土化教师教育改革方案

作为成员国，墨西哥积极参与 OECD 的会议，并吸收其有益经验。同时 OECD 已经探索出一套具有创新性意义的方法，用以提高改革的能力，从而促进其成员国及其伙伴国的教育绩效。这些方法包括以下几个：

第一，制定评估措施，对教育状况进行分析研究，并提出切实的建议。

第二，在改革过程中，鼓励利益关系方建言献策，促进交流互动。

据此，墨西哥发布《改善学校：墨西哥行动战略》的项目成果报告。该报告提出了改善教育质量的行动框架，共有 15 条建议，其中首要的 8 条着力提高教师素质，即制定教学标准，界定有效教学活动；吸引最优人才加入教师行列；强化教师职前培训；改进教师职前评估；推行全岗职位竞聘；设定入门试用期；提升职业化水平；加强评估，帮助教师不断提高技能。①

(五)职业教育制度的完善

截至 20 世纪末期，墨西哥已经建立起一整套完整的职业教育体系，这套体系的最大特色是与普通学校教育的紧密结合，也就是说，墨西哥的职业教育始终保持着与普通学术教育的连接。这是墨西哥职业教育改革取得的最显著成就。

墨西哥的职业教育体系既有各级各类职业技术教育的教学和培训机构，又有各级各类职业技术教育的研究机构；既有正规的职业技术教育体系，又有非正规的职业技术学校。② 2009 年 7 月，OECD 发布题为《墨西哥职业教育与培训》的报告。该报告认为墨西哥职业教育与培训扮演着为面临失学危险的学生提供学习机会的重要角色。根据劳动市场的数据，在一些领域，墨西哥

① 经济合作与发展组织中心：《2012 年拉丁美洲经济展望——面向发展的国家转型》，110 页，北京，当代世界出版社，2012。

② 曾昭耀、黄慕洁：《当今墨西哥教育概览》，128 页，郑州，河南教育出版社，1994。

职业技术教育系统发挥了很好的作用。① 另外，为加强对职业教育领导和管理的有效性，公共教育部特成立"全国技术教育委员会"，为政府推行职教改革出谋划策。

尽管墨西哥职业教育体系已经非常成熟，但在日新月异的科技发展面前，仍显得后劲不足。随着经济全球化社会的到来，职业教育的质量、技术人才素质问题日益突出，失业率居高不下。② 另外，职业教育培养与劳动力市场出现明显的脱节。学生习得和掌握的技术往往无法成为其日后参加社会生产或是为个人谋生的手段。在这种情况下，墨西哥职业教育的改革计划逐渐被提上日程。具体而言，改革主要从以下方面进行完善。

1. 根据市场需求，灵活调整职业学校发展结构

墨西哥的职业技术学校主要分为两大类：第一类是中等职业技术学校，主要包括终结性初等学校（技工学校），技术初中、技术高中和终结性中等学校；第二类是高等职业技术学校，分为专科教育、本科教育和研究生教育。③

20 世纪 80 至 90 年代，为适应墨西哥经济对大量熟练工人和技术人员的巨大需求，墨西哥的第一类职业技术学校即中等职业技术学校发展迅速。据统计，1977—1978 年中等职业技术学校数量为 1436 所，至 1984 年已发展至 3700 所。1987 年各种职业技术学校的学生有 184.9 万人，占全国中学生总数的 30.48%。④ 20 世纪 90 年代之后，墨西哥经济结构优化，产业不断升级，原本的熟练技术工人已无法满足市场要求，技术高中以及高等职业技术教育在政府的支持下开始大力发展。从招生人数上来看，"1997 年高中阶段的职业

---

① 国家发展改革委社会发展司、上海市教育科学研究院：《中国职业教育发展战略及制度创新研究》，261 页，北京，中国计划出版社，2015。

② 曾昭耀、石瑞元：《战后拉丁美洲教育研究》，460—461 页，南昌，江西教育出版社，1994。

③ 另外，还有学者将墨西哥职业教育的类型分成三类，即初等职业技术教育、中等职业技术教育和高等职业技术教育。参见赵居礼：《高职高专教育教学质量监控与教学评价体系的研究与实践》，52 页，北京，高等教育出版社，2004。

④ 曾昭耀、黄慕洁：《当今墨西哥教育概览》，131 页，郑州，河南教育出版社，1994。

教育招生人数为 1116925 人，占所有中学招生人数的 42.12%。技术学院和技术大学的招生人数为 198500 人，而高等教育整体招生人数为 1727500 人"①。

2. 引进国外的教学模式和课程体系，提高技术型人才培养质量

在国际化的时代背景下，世界各国的教育经验交流空前广泛。来自欧美等发达国家的职教模式，成为墨西哥职教课程改革的重点学习对象。在具体的课程引进方面，有德国的"双元制"学徒模式、澳大利亚的能力本位课程模式(CB)，等等。值得注意的是，墨西哥的引进并非复制，而是本土化的借鉴和转换。比如，德国的"双元制"学徒模式在 20 世纪 70 年代被引进后，经过近二十年的演化，形成墨西哥独有的"双元发展模式"。该模式下的职教培训学制 2 年，而德国的模式学制为 3 年，且在课程具体安排上也有所不同。

3. 适当提高职业教育的实践课程比例，增强职业教育与市场的联系

"墨西哥的职业教育一直存在着学校主导而忽视实践经验的状况。"②这种情况在正规职业教育体系内尤为严重。

4. 鼓励发展非正规职业教育培训机构，满足市场对劳动力的多元需求

与正规的职教体系不同，墨西哥的非正规职教体系一般以市场需求为导向，因而，在人才培养质量上更容易满足市场需求，在课程设置上更为灵活。

5. 打破多种职业学校制度间的壁垒，增强灵活性

2004—2005 学年，墨西哥 90 万名技术高中的学生可根据自己的意愿，在 985 所学校内变更学校进行学习，且变更手续简便，上网或赴学校登记即可；2003 年，墨西哥已完成对 21 世纪技术类大学的教育模式的设计，并从 2004 年开始实施。③

---

① [澳]杰克·基廷、[美]艾略特·梅德奇、[澳]维罗妮卡·沃尔科夫:《变革的影响：九国职业教育与培训体系比较研究》，杨蕊竹译，158 页，北京，首都经济贸易大学出版社，2016。

② Wiemann, J., "Export of German-style Vocational Education: A Case Study in the Automotive Industry in Puebla, Mexico," *International Journal of Automotive Technology and Management*, 2017 (2), pp. 208-222.

③ 安尼瓦尔·吾斯曼:《我们寻找的职业教育》，314 页，乌鲁木齐，新疆人民出版社，2007。

第二节　巴西的教育

20 世纪 90 年代以前，巴西的国家发展战略重点在经济，教育只是国家整体发展的构成部分，是经济发展的重要辅助。随着国际教育竞争和科技竞争的加剧，巴西政府逐渐认识到教育是一国综合实力发展的重要所在。自巴西政府参与全球性的教育会议开始，提高全民教育质量成为 20 世纪 90 年代以来巴西发展教育的重大战略目标。这一时期，巴西吸取了以往教育发展中的教训，重新确立了巴西教育发展的战略重心，即解决普及教育和提高教育质量的问题。[①]

一、改革背景

（一）经济改革收效甚微

与墨西哥相比较，20 世纪末期以来，为应对世界范围内的经济危机，巴西历届政府做出的一系列经济改革方案收效甚微，如经济增长率低，通货膨胀率居高不下。可以说，这场经济危机恶化为一场严重的金融危机，波及巴西公共财政的各个层面。对于巴西联邦政府而言，经济的恢复和稳定将是国家发展的最大问题和未来改革的重要方向。经济问题的长期存在，导致社会问题的急剧恶化。如收入差距两极分化严重；贫困率居高不下，其中，"贫民窟化"将是严重阻碍巴西经济和社会发展的重大问题；教育政策也难以令人满意。[②]

（二）全面民主制的过渡

1985 年 3 月，若泽·萨尔内（1985—1990 年任职）成为巴西近 20 年以来

---

① 黄志成：《世界教育大系——巴西教育》，327 页，长春，吉林教育出版社，2000。

② ［英］莱斯利·贝瑟尔：《剑桥拉丁美洲史——1930 年以来的巴西》第九卷，吴洪英译，335 页，北京，当代中国出版社，2013。

的首位文官总统,宣告了巴西民主政治时代的来临。萨尔内政府时期,通过颁布几项宪法修正案,改革政党和选举制度,召开全国制宪会议等一系列措施,"快速而完善地过渡到了民主社会"①。其中,选举制度的改革和施行最为引人注目。自萨尔内上任以来,上到总统,下到各市委会和市议员的当选,都必须经由选举产生。而各个候选人在竞选过程中,都宣称通过教育改善巴西社会的不平等现象。比如连续担任两届总统的费尔南多·恩里克·卡多佐(1995—2003年任职)在第二任期的竞选过程中,宣称"通过政府的社会政策来减少社会不平等现象,重点就是就业、医疗、教育和农业"②。从这点看,在巴西,教育改革不仅是候选人确保当选的重要筹码,而且还是整个国家发展事业的重要构成部分。经过几任总统的改革之后,巴西在21世纪初实现民主政治的成熟、巩固和稳定。这在客观上保证了巴西政府对各级各类教育改革的展开。

(三)巴西教育存在的主要问题

正如一些学者指出的那样,20世纪下半叶以来,"尽管周期性的经济危机困扰着巴西,但这个国家经历了强劲而持续的教育扩张"③。巴西历届政府都注重通过颁布教育政策和法规,指导实践层面的教育制度改革,而且教育的经费投入处于较高水准,即使在巴西经济全面遇阻的时期,教育经费投入仍能保持在财政开支的5%左右。④ 经过几番努力,20世纪末期,在教育管理上,联邦政府和州政府实行分权领导的体制。在学校教育制度上,巴西基本实现了初等教育的普及化(小学四年和初中四年的八年义务教育);中等教育

---

① [英]莱斯利·贝瑟尔:《剑桥拉丁美洲史——1930年以来的巴西》第九卷,吴洪英译,335页,北京,当代中国出版社,2013。

② [英]莱斯利·贝瑟尔:《剑桥拉丁美洲史——1930年以来的巴西》第九卷,吴洪英译,363页,北京,当代中国出版社,2013。

③ [英]莱斯利·贝瑟尔:《剑桥拉丁美洲史——1930年以来的巴西》第九卷,吴洪英译,657页,北京,当代中国出版社,2013。

④ 周世秀:《90年代巴西教育的改革与发展》,载《拉丁美洲研究》,2000(3)。

和高等教育的入学率显著提高；职业教育制度基本成型且成效显著，形成全国职业教育网。各级教育都有正规教育和非正规教育之分。

然而，巴西教育改革仍任重而道远，与其他拉美国家相较，巴西的教育仍处于落后水平。

1. 各级各类教育发展极不均衡，长期忽视初等教育和中等教育，文盲率较高，导致巴西普选权问题长期存在

在整个学校教育制度中，巴西的职业教育和高等教育相对而言发展极为迅速。而初等和中等教育长期滞后，甚至处于被忽视的地位。1891 年宪法中已明确规定，巴西新选民登记的一个必要条件就是受教育水平。由于巴西联邦政府将公共初等教育和中等教育的管理权下放至州政府，而州政府却敷衍了事，致使巴西的文盲率居高不下。这种状况的长期存在，导致巴西直到 1985 年，仍有 22% 的成年人未能享受公民权。[①] 尽管自萨尔内任总统以来，巴西已全面实现了民主制度改革，尤其是普选权扩大至巴西的文盲群体，但这并不能改善巴西民众受教育水平低下的严重缺陷，甚至到 21 世纪初期巴西的中小学教育问题仍然突出。初等教育虽然基本实现普及化，但学生的辍学率、复读率较高。1988 年，15—18 岁接受教育并完成初等教育四年级学生的比例是 86%，而只有 39% 的学生完成了八年级，即最后一年级的教育。[②] 一个国家的初等和中等教育水平往往决定其国民的基本素质。巴西却忽视了这一点，致使在各项国际教育水平比较中居于不利地位。巴西学生在国际学术评价项目测评中的数学和阅读能力仅优于同样来自南美的国家秘鲁。

2. 教育不公平现象严重，受教育机会不平等问题突出，地区差异明显

一般而言，经济发达的城市地区教育明显好于农村地区，南部和东南部

---

① ［英］莱斯利·贝瑟尔：《剑桥拉丁美洲史——1930 年以来的巴西》第九卷，吴洪英译，6—7 页，227 页，北京，当代中国出版社，2013。

② ［英］莱斯利·贝瑟尔：《剑桥拉丁美洲史——1930 年以来的巴西》第九卷，吴洪英译，658 页，北京，当代中国出版社，2013。

地区的教育好于北部和东北部地区。以2002年为例,巴西东北部的儿童文盲率仍高达8.7%,而南部文盲率只有1%。即使同在北部,其内部差异也很明显。塞拉亚州的儿童文盲率只有7.3%,但临近的皮奥伊州却高达15.5%。[①]而且,不同肤色、不同性别和来自不同家庭收入群体的孩子之间也存在较大的差异。巴西教育机会不均的一个突出现象是在中等教育中,富有阶层的子女为了能升入大学,纷纷涌向教学条件优越、教学质量较好的私立学校,而中学毕业后,他们却涌向办学条件好,具有学术威望的公立大学,占有了公立大学的多数名额(在巴西,公立学校全都实施免费教育)。相反,低收入家庭的子女,由于没有经济实力,只能进质量一般或较差的公立中学,这就使他们在高考竞争中很早就处于劣势,为了读大学,他们只能进入教学质量普遍较差的私立高等学校,因而享受不到国家提供的教育资源。[②] 随着国际竞争的白热化,以及信息化时代的到来,教育水平的高低将决定一个国家的科技和信息化水平,而巴西教育制度中的不平等问题若长期得不到解决,将会对其国家整体实力造成巨大影响。

二、教育改革政策

根据巴西1988年宪法的有关规定,巴西联邦政府负责制定全国的教育方针和政策,以此协调和指导全国的教育改革计划与实践。根据以往的历史经验,巴西联邦政府在教育改革方面的工作重点集中在从小学到大学的正规学校教育上。[③] 当然,随着国际竞争形势的日益严峻,以及国家对教育质量的要求不断提高,非正规教育也渐渐进入联邦政府的管制视野中。

---

① [英]莱斯利·贝瑟尔:《剑桥拉丁美洲史——1930年以来的巴西》第九卷,吴洪英译,657页,北京,当代中国出版社,2013。
② 潘国庆:《论巴西教育》,62页,长春,吉林教育出版社,2012。
③ [美]汉斯曼哈尔:《巴西教育改革述评》,见瞿葆奎:《教育学文集:印度、埃及、巴西教育改革》,724页,北京,人民教育出版社,1991。

（一）《全民教育十年计划（1993—2003 年）》

1993 年 12 月，巴西教育部出台《全民教育十年计划（1993—2003 年）》，旨在推行一项满足国家全体儿童、少年、青年以至成年人基本学习需求的教育计划。愈演愈烈的国际竞争形势，让巴西政府清醒地认识到一国基础教育的普及率和办学质量的重要性。1990 年，在泰国召开的"世界全民教育大会"上，巴西政府向国际、国内做出承诺：要实现巴西的全民教育，为每个公民提供他们所需要的教育。而由于历史发展的局限和传统的束缚，巴西基础教育可以说是整个国家教育制度的最大短板。由于需求的增加与基础教育质量低下的矛盾越来越突出，联邦政府必须采取措施改革基础教育。从出台过程来看①，该计划在文本内容的厘定和商讨方面颇费周折，可见巴西政府对此项教育改革计划的重视程度较高。从 1993 年年初起，围绕该计划专门召开的各级别的教育专门会议、讨论会、专题研讨会、意见征集会等，不胜枚举。最终，在整合与调试各方意见，并在各级教育行政部门乃至各市、众多基础学校的共同努力之下，于同年 12 月，由时任巴西教育部长莫里利奥·维阿维耶·印海尔公布《全民教育十年计划（1993—2003 年）》。该计划的内容包括以下几个方面：

1. 基础教育的发展目标与十年计划的总目标

基础教育质量的高低，不仅关乎巴西教育的普及率，而且关乎巴西国民的基本素质。因此，基础教育改革成为"十年计划"的关键内容和核心。

通过改革，巴西基础教育欲实现以下七大目标②。

第一，满足儿童、青年和成人的基本学习需求，以便他们具备完全投入国家的经济、社会、政治和文化生活中（尤其是投入劳动市场中）所要求的基

---

① 该计划出台的具体过程可参见黄志成：《巴西全民教育十年计划（1993—2003）的制定》，载《外国教育资料》，1998（4）。

② 黄志成：《巴西全民教育十年计划（1993—2003）的制定》，载《外国教育资料》，1998（4）。

本技能。

第二，公平地提供机会来达到和维持学习及发展的适当水平。

第三，扩大初等教育的途径和范围。

第四，采取措施创建良好的学习环境。

第五，加强机构之间的一致行动、合作关系以及履行各自的承诺。

第六，增加财政资源以维持和投资公共基础教育，在分配和使用上，使之更有效和更公平。

第七，建立较广泛的、更有效的教育与文化合作渠道以及双边、多边和国际交流渠道。

根据"十年计划"的规定，巴西通过十年的改革应实现以下十二项总目标①：

第一，在普通核心课程的目前学习水平上增加约50%，应使用由各教育系统参与的在全国范围确定的(作为参照)新的基础内容和基本能力标准。

第二，扩大学校的覆盖面，使学龄人口入学率至少达到94%。

第三，通过学校减少留级率(尤其是在一至五年级)，来确保学生的升学率，使80%的学生在规定的时间内以较好的成绩读完小学。

第四，要给大约320万较贫穷的幼儿增加教育机会。

第五，通过"全国全面关心儿童和青少年计划"，要给城市边缘地区的120万儿童和青少年全面的关心。

第六，要给370万文盲和460万教育不足的人提供相当于基础教育的机会。

第七，逐渐增加公共教育经费占巴西国民生产总值的比例，目标是达到5%。

第八，实施新的公立学校的管理体制，在财政、管理、教学方面，给予

---

① 黄志成：《巴西全民教育十年计划(1993—2003)的制定》，载《外国教育资料》，1998(4)。

学校自主权。

第九，促进对师范学校开设的课程的检查与评价，以保证师范学校的培训能达到新的质量标准，满足目前全民教育政策的需求。

第十，给州和市的城乡初等学校提供工作的基本条件。

第十一，逐渐增加教师的工资，通过职业培训计划来保证教师的工作效率，使教师既增加工资，又提高社会地位。

第十二，逐渐下放教科书和学校午餐计划的控制权。

2. 行动方针

为实现以上总目标，该计划还制定了两条行动方针，希望通过它可以为教育制度改革创设必要的主客观环境。这两条方针一是要重视需求方面的影响，并与社会各部门进行的努力相一致，以此来加强初等教育在形成伦理和公民教育体系中以及在实施持续的社会公正发展过程中所具有的政治和策略意义的认识；二是要重视供应方面的影响。这方面要求优先给学龄人口提供基础教育服务，切实考虑集中力量、手段和资源来改善公共教育，并提供完全的基础教育以消灭文盲和弥补青年及成人教育的不足。[①]

3. 四大措施

在行动方针之下，为实现"十年计划"提出的总目标，该计划还提出教育改革的四大措施与方法。[②]

第一，加强联合与合作。这种联合与合作指向的是巴西各级教育领导部门，上至联邦教育部、各州教育厅长委员会，下至各市级教育局长联合会乃至巴西大学校长委员会和州教育委员会主任论坛。各部门之间要加强合作与沟通，确立共同的责任和义务，在思想和行动上保持一致，为巴西各级学校教育制度各方面的改革服务。

---

① 黄志成：《世界教育大系——巴西教育》，360—361 页，长春，吉林教育出版社，2000。
② 黄志成：《世界教育大系——巴西教育》，366—374 页，长春，吉林教育出版社，2000。

第二，财政的效率和平等。在财政方面，要求向两个不同的方向重新调整和加强，使之更具灵活性。第一个方向要求至少要恢复到20世纪80年代末的公共开支水平(相当于占国内生产总值的4.3%)，在20世纪末则应达到5.5%。第二个方向旨在使公共资金的管理和分配过程更有效和平等，杜绝浪费和提高效益。

第三，发展国际合作与交流。国际教育的发展将对巴西20世纪末至21世纪初的教育改革产生极大影响。因而，加强国际合作与交流，是巴西实现全民教育政策的一个重要途径。同时，计划也指出要注意巴西教育改革的本土化与国际化的关系问题。

第四，加强巴西政府的工作。巴西的各级政府在实现全民教育计划中的作用不言而喻。无论是教育改革的具体计划、教育经费的分配和投入、教师专业发展与评估、课程与教学改革还是教育管理方面，巴西政府的职责都是不可或缺的。

(二)《全国教育方针与基础法》(1996年)

1996年的《全国教育方针与基础法》是对1961年《全国教育方针与基础法》[1]的重要发展和补充。1961年基础法是巴西历史上首部普通教育法，在巴西教育史上具有里程碑的意义。根据该法案，巴西教育发展的总目标、教育管理体制和其他基本原则得以确立，并影响深远。随着政治权力的更迭、经济的发展，1961年基础法的某些内容已不合时局。及至1996年，巴西联邦政府通过立法机构再次颁布了《全国教育方针与基础法》。

1. 教育目的

根据1996年《全国教育方针与基础法》的规定，巴西教育目的主要有以下

---

[1] 巴西《全国教育方针与基础法》(1961年12月20日第4024号法令)的法案原文可参见黄志成：《世界教育大系——巴西教育》，384—390页，长春，吉林教育出版社，2000。

几个。①

第一，了解个人的权利和责任以及公民、国家和其他社区组织的权利和责任。

第二，尊重人的尊严和基本自由。

第三，加强全国统一和国际团结。

第四，充分发展人的个性并使人们参与公共福利的工作。

第五，培养个人及社会掌握科学与技术资源以尽可能地享用公共福利。

第六，保护、传播和弘扬文化遗产。

第七，取消任何由于哲学思想、政治或宗教信仰以及任何阶级和种族偏见所产生的不平等的待遇。

2. 各级教育的培养目标

除此之外，该教育法规为各级教育规定了明确的培养目标。其中，初等教育对所有 7—14 岁的儿童实施义务教育，所有公立学校均为免费教育。

第一，学前教育。目标是配合家庭和社区活动，使 6 岁以下的儿童在身体、心理、智力和社交方面全面发展。

第二，初等教育。目标是要提供必要的条件来发展学生的潜力，使学生具有自我完善和公民意识训练的基础。

第三，中等教育。目标是实现中等公立学校的免费教育，全面发展青少年各种能力，包括初等教育目标中的要求以及工作培训。

第四，高等教育。目标是要发展自然科学、人文艺术，培养大学程度的专业人员。

第五，职业教育。目标是通过劳动，结合科学和技术的学习，引导学生

---

① 巴西《全国教育方针与基础法》(1996 年第 30 号意见书) 的法案原文可参见黄志成：《世界教育大系——巴西教育》，408—438 页，长春，吉林教育出版社，2000。

不断发展生产劳动技能。①

3. 教育管理体制

根据 1996 年基础法的规定,巴西的教育由过去联邦、州的二级管理体制扩展为联邦、州、市的三级管理体制。三级教育管理体制之间的关系应是互相合作和相互补充。法案中明确了各级教育管理部门的相关职责:"联邦政府负责协调全国的教育政策,规定不同的教育层次和体系,发挥其对其他教育方式的规范、调配和补缺作用。"②而州、市一级的管理部门,除了配合联邦政府的教育政策和相关规定,还分别负责、维护和发展各自管辖范围内的官方机构和教育组织,制订和实施具体的教育政策和计划,下达符合各自级别的补充性规定。各州侧重于批准、承认、委托、监督和评价高等教育及其他院校的专业设置,并保证基础教育和中等教育的发展。而各市重点在基础教育,包括幼儿教育、初等教育和中等教育。

(三)《国家教育规划(2001—2011 年)》

为实现巴西的全民教育总目标,2001 年 1 月,巴西总统卡多佐颁布《国家教育规划(2001—2011 年)》,这是巴西进入 21 世纪以来教育发展的导航性政策,也是巴西促进教育公平的主体政策,同时还是巴西历史上首个综合性的教育发展战略规划。③

1. 总目标与改革范围

该规划规定了 21 世纪第一个十年内巴西在教育上要实施的方针、目标和优先项目。④ 根据该规划,联邦、州和市三级政府将采取措施,致力于实现以下四大总体目标:全面提升巴西人口受教育的水平;改善各级教育的质量;减少社会和地区不平等;促进公共教育管理的民主化。

① 黄志成:《世界教育大系——巴西教育》,417、78—79、421 页,长春,吉林教育出版社,2000。
② 黄志成:《世界教育大系——巴西教育》,411 页,长春,吉林教育出版社,2000。
③ 万秀兰:《巴西教育战略研究》,79 页,杭州,浙江教育出版社,2014。
④ 万秀兰:《巴西教育战略研究》,133 页,杭州,浙江教育出版社,2014。

该规划不同于以往的教育政策，它致力于改革与完善涉及巴西全体国民切身利益的一切教育。在内容上，它包括 12 个不同级别、不同类型的教育规定，即早期儿童教育（要实现在 2005 年入学率达到 30%，至 2010 年提高至 50%①）、小学和初中教育（即八年义务教育）、终结基础教育的 3 年高中教育、高等教育、青年和成人教育、远程教育和职业培训、特殊教育、基础教育教学等。由此可见，不同于 1993 年教育计划，该计划的重点不再着眼于基础教育某一层级的教育，而是综合的国民教育。

为了达成以上目标，该规划提出了以下五大优先领域。

第一，保证 7—14 岁所有儿童接受并完成小学和初中的义务教育。

第二，保证让之前失去上学机会的人或者没有完成义务教育的人接受完全的义务教育。

第三，扩大其他层次的学校教育。

第四，提高教育专业人员的地位。

第五，在各级各类教育教学中开发信息和评估系统。②

2. 教育质量提高的措施与方法

教育质量问题一直是巴西政府教育改革的重中之重。该规划给出的建议和措施，其目的指向巴西教育整体水平与质量的提升。到 2021 年，巴西 PISA 测试要达到世界平均水平。

第一，降低文盲率、辍学率和留级率。该规划指出，要在 5 年内，为 1000 万青少年和成人建立识字计划；到 2006 年，至少有 50% 的青少年和成人文盲接受 4 年初等教育；到 2011 年，100% 的青少年和成人文盲，接受 4 年初等教育，基本扫除文盲；降低学校学生的辍学率和留级率，改善学校留级——

---

① David K. Evans and Katrina Kosec, *Early Child Education Making Programs Work for Brazil's Most Important Generation*, Washington D.C., International Bank for Reconstruction and Development, 2012, p.45.

② 万秀兰：《巴西教育战略研究》，79 页，杭州，浙江教育出版社，2014。

辍学的恶性循环的局面；每年学生的留级率和辍学率不得高于5%。

第二，建立质量评估体系。巴西教育部在2001年规划的子目标中提出："发展各级别各类型教育的评估系统"；在2007年的规划中提出："建立并完善基础教育和高等教育阶段的评估系统，以保障学校提供给学生的教育质量。"在基础教育中，引入新的评估体系——基础教育发展指数。

第三，加大资金投入，提高物质保障强度。巴西教育部在2001年和2007年规划中分别提出如下目标：到2005年，确保所有中学拥有图书馆，安装有电话，配置有复印机、打印机，并且50%的中学配备计算机；到2010年，所有公立学校实现电子信息化；确保所有的中学配备计算机；保障学校校餐的卡路里、蛋白质含量；保障农村地区的学校交通，购买更多校车接送偏远地区的学生上下学等。

第四，加强师资队伍建设。2001年，巴西教育部在十年规划中提出如下目标：1年内实现制订教师紧急培训计划的目标；为幼儿早期教育和儿童学前教育的教师，建立教师培训项目；在计算机教育领域，5年内培训15万名教师和3.4万名技术员；5年内，所有学前和小学教师要取得中学毕业文凭；5年内，所有高中教师要取得大学本科学位；到2007年，所有基础教育阶段教师必须取得高等教育文凭。①

这个规划体现了巴西教育发展战略新的转折，开始以能力建设理论为导向，强调各级各类教育的协调发展，同时在教育的价值取向上，"社会和谐"与"社会包容"的话语替代了单一的"公平"与"效率"的话语。

在《国家教育规划(2001—2011年)》颁布之后，巴西政府又陆续出台了系列政策和规划，实际上是对《国家教育规划(2001—2011年)》的落实和深入。这些政策和规划包括：2004年的《教育部公共政策——优先项目辑要》、2007年的《国家教育发展规划：原因、原则和项目》等。其中《国家教育发展规划：

---

① 万秀兰：《巴西教育战略研究》，79页，杭州，浙江教育出版社，2014。

原因、原则和项目》对此一阶段教育发展战略思想进行了集中阐述，并提出了进一步的行动计划。① 与前述推行的《国家教育规划（2001—2011 年）》类似，《国家教育发展规划：原因、原则和项目》同样强调通过地方教育部门之间的合作，实现共同的目的，即实现全民教育计划中规定的全民教育目标。②

（四）《国家教育十年规划（2011—2020 年）》

1. 发展总目标③

根据该规划的有关规定，巴西政府期望在 2011—2020 年实现以下目标。

第一，通过扫盲运动和普及教育的开展，提高识字率，清除文盲。到 2015 年，15 岁及以上儿童的识字率提高至 93.5%，到 2020 年消除绝对文盲，相对文盲率减少 50%；对 8 岁以下儿童进行扫盲。

第二，通过政策倾斜和资金投入，提高弱势群体和地区的教育水平，实现教育公平。该规划指出，要实现 4—17 岁残疾、智障青少年的入学普及化，保证他们获得教育的权利；提高 18—24 岁人口的平均入学率，力争达到农村地区、入学率较低地区和全国 25% 的贫困地区人口学习时间最少为 12 年，平衡非洲裔人口与其他人口的入学水平，减少地区教育不平衡现象。

第三，提高和改善各级教育的教育质量和教学水平。在 50% 的全日制公立学校提供义务教育。

第四，提高教师任职资格标准，改善教育专业人员的素质。

第五，增加教育资金投入，全面提高国民教育水平。该规划指出，要逐步实现教育领域公共投资计划，争取最低达到国内生产总值的 7%。

---

① 万秀兰：《巴西教育战略研究》，78 页，杭州，浙江教育出版社，2014。

② Xavier Rambla, "A Complex Web of Education Policy Borrowing and Transfer: Education for All and the Plan for the Development of Education in Brazil," *Comparative Education*, 2014(4), pp.417-432.

③ 《国家教育十年规划（2011—2020 年）》的重要规定可参见靳润成、王璟：《国际教育政策发展报告 2013》，223—237 页，天津，天津人民出版社，2013。

2. 各级教育的发展目标

第一，学前教育。至 2016 年，普及 4—5 岁国民的入学教育，同时扩大幼儿教育，至 2020 年，使 50% 的 3 岁国民得以入学。

第二，初等教育。在 6—14 岁的全体国民中普及九年基础教育。

第三，中等教育。到 2016 年前，实现 15—17 岁人口的入学普及化，到 2020 年，使这个年龄组中学教育的净入学率提高到 85%。

第四，高等教育。将 18—24 岁人口的高等教育毛注册率提高至 50%，净注册率提高至 33%，并保证教学质量。提高高等教育质量，将硕士与博士在高等院校在编教师岗位比例提高至 75%，博士占总体的比例提高至 35%；逐步扩大研究生招生，争取实现每年 6 万硕士研究生和 2.5 万博士研究生获得学位。

第五，职业教育。在初级教育和中学教育的最后几年，最少向 25% 的注册青年和成年学生提供职业教育。将中等专科职业教育注册率翻一番，并保证教学质量。

第六，教育专业人员及教师教育。根据国家、州、联邦大区及各首府条例，保证所有从事基础教育的教师，就读过所从事专业的本科课程，接受过高等职业教育；将基础教育阶段教师中的 50% 培养为应用型或研究型研究生，保证其在再教育阶段所学专业与其所从事的教育领域对口；对公共基础教育进行价值评估，使教龄在 11 年以上的教师的平均工资达到与其他院校教师平等的水平；保证在 2 年内，所有教育系统拥有教师职业岗位计划；通过州、联邦大区和首府的特别法律委任的校长，应保证其能参与学校事务，并符合相应的技能职责标准，具备相应才能。

三、学校教育制度的改革

1971 年巴西政府第 5692 号法令，对巴西的基础教育结构做了重大调整。

调整后的巴西学校教育制度分为三级：第一级教育，即初等教育，其中小学4年，初中4年，对象为7—14岁的学生；第二级教育，即中等教育，对象为15—18岁的高中学生；第三级教育，即高等教育，包括本科生和研究生教育。其中，幼儿或学前教育不属于义务教育范围，但属于正规的教育制度。同时，巴西的各级教育有正规教育学校和非正规教育学校之分。私立学校的存在，在一定程度上可以弥补正规学校的不足。

（一）学前教育

长期以来，受经济发展不足、政策不重视和教育观念偏见等历史因素的影响，巴西的学前教育发展水平远远落后于其他各级教育。随着巴西一系列的全民教育实施计划的开展，学前教育的落后状况逐渐得到改善。

1. 学前教育制度的结构优化

2011年，巴西教育部明确将早期儿童教育纳入优先发展的战略部署之一，并将幼儿教育分为两个阶段：0—3岁和4—5岁。这两个阶段的儿童分别进入托儿所和学前教育学校接受早期教育。[①] 结构上的调整反映了巴西政府对学前教育特殊性和重要性的充分认识。特殊性在于儿童接受正规的学前教育，可为其一生奠定重要的基础；重要性在于发展早期儿童教育有助于从一开始就改善教育质量不平等问题，能够帮助贫穷家庭消除因收入而带来的认知方面的差距。[②] 从这一点看，学前教育质量的高低关乎巴西全民教育计划总目标的实现。

2. 政府加大对学前教育的资金投入

巴西政府对学前教育的资金投入，主要集中在以下几个方面。

第一，加快建设学前幼儿教育机构，包括托儿所和学前教育学校。2008

---

① International Bank for Reconstruction and Development：*Early Child Education Making Programs Work for Brazil's Most Important Generation*，Washington D.C.，2012.

② International Bank for Reconstruction and Development：*Early Child Education Making Programs Work for Brazil's Most Important Generation*，Washington D.C.，2012.

年，在巴西不同地区的470个城市兴建了497所托儿机构，2009年另建了700个协助单位，2010年再建了800个学前教育机构。①

第二，改善学前教育机构的基础设施。具体而言，包括学校建设、室内浴室、电力情况、公共饮水系统、公共网络系统、图书室和计算机。在2007年制定的教育发展规划中，巴西政府还设立了"全国公立学前教育系统重建和设施建设项目"。该项目保证通过联邦拨款资助市学前教育系统，建设、重建及改善托儿所、学前教育机构的基础设施和日常活动所需的设备。实施效果很明显，据调查显示，在2001年至2009年间巴西所有地区的托儿所和学前教育机构的基础设施质量都得到很大提升。② 至2010年投资于该项目的金额约达到13.6亿美元。③

第三，实施对贫困家庭儿童的政策倾斜，解决受教育机会的不平等问题。巴西政府于2003年实施了"家庭支持计划"，它是巴西历史上最大的支持低收入家庭的计划，也是"零饥饿计划"的一部分。实施"零饥饿计划"的直接目的虽然是改善全国低收入家庭儿童的食品安全和营养状况，但在实施中规定家长只有送儿童接受学前教育才能加入该计划，从而间接促进了学前教育的发展。④

另外，为了适应不同适龄儿童家庭的多样化需求，一些新的学前机构开始涌现。比如"玩具园"，它面向6岁以下的儿童，开放的时间很灵活，家长可以根据孩子在园的时间长短付费。玩具园环境安全，园内有丰富多彩的玩具供儿童尽情玩耍，也有休息室供儿童休息，配备专业人员照看儿童，还有心理学家轮流值班。"玩具园"灵活的办学方式很受家长欢迎，在巴西各地很

① 万秀兰:《巴西教育战略研究》，266页，杭州，浙江教育出版社，2014。
② International Bank for Reconstruction and Development: *Early Child Education Making Programs Work for Brazil's Most Important Generation*, Washington D.C., 2012.
③ 万秀兰:《巴西教育战略研究》，266页，杭州，浙江教育出版社，2014。
④ 万秀兰:《巴西教育战略研究》，266页，杭州，浙江教育出版社，2014。

快流行起来。①

（二）初等教育

巴西初等教育学校的招收对象是6—14岁的学生，属于免费义务教育范畴。与学前教育类似，巴西的初等教育长期不受重视，发展一直非常缓慢。

首先，巴西初等教育的入学率、辍学率和留级率一直居高不下。"即使是在巴西经济发展最快的20世纪60年代末到70年代前半期，小学的实际入学率也一直停留在70%左右（1970年为73%，1973年为72%，1974年为73%）。"据统计，1980年巴西7—14岁应该享受初等义务教育的儿童一共2507万，但是因为经费拮据，无法提供必要的教学条件，能够上学的人不过1843万，差不多有25%的学龄儿童无处就学，而且巴西大多数地区的小学条件极差，几乎70%是单班学校，留级率和退学率都高达20%—25%。②

其次，受上述问题的影响，巴西的初等教育质量令人担忧。大量的学生或无法接受义务教育，或早早辍学，或反复留级，极大影响了初等教育的教学质量。有些学生在经历若干年的在校学习后，甚至还不会基本的识字和算术。

最后，受教育机会不均的问题突出。在巴西，各地区之间以及地区内部之间，初等教育的入学率存在巨大差别。"在一些富裕的、城市化的南部地区和东南地区的州，其小学生入学率要远远高于东北地区的各州。"③

为解决初等教育发展过程中的这些问题，近些年巴西政府主要采取以下措施加以改进。

1. 政策支持和资金倾斜

1996年《全国教育方针和基础法》中明确指出，要逐步实现强制的和免费

---

① 虞永平：《当代世界学前教育》，164页，苏州，苏州大学出版社，2004。
② 曾昭耀、石瑞元：《战后拉丁美洲教育研究》，449页，南昌，江西教育出版社，1994。
③ 黄志成：《世界教育大系——巴西教育》，131页，长春，吉林教育出版社，2000。

的初等教育。这个责任需要联邦政府、州政府和市政府的共同努力。为解决初等教育投入不足的问题，自1996年开始，巴西联邦政府先后设立了两项基金项目，即"初级教育发展与教师专业发展基金"(FUNDEF)和"基础教育发展与教师专业发展基金"(FUNDEB)①。前者于1997年正式实施，并于2006年被后者代替，一直执行到现在。"初级教育发展与教师专业发展基金"的职责是指州政府、市政府将税收收入的15%用于教育，具体分配则根据小学和初中的学生人数。而联邦政府只做补充性投入，但这种投入往往达不到15%，甚至有时只有1%。② 而2006年开始，新一届政府成立的"基础教育发展与教师专业发展基金"不仅将投入比例增加至20%③，而且将资助范围扩展至整个基础教育，包括早期儿童教育、小学和初中教育。④ 这样一来，可以有效改善以往巴西各级政府对初等教育缺乏支持的问题，为初等教育学校开展各项改革创造经济基础。

2. 解决初等教育入学率低、辍学率和留级率高的问题

一直以来，初等教育入学率低、辍学率和留级率高是困扰巴西初等教育的重大问题。根据1996年教育法的规定，发展初等教育的重任主要在州政府

---

① "初级教育发展与教师专业发展基金"的英文全称为"The Fund for Fundamental Education and for Enhancing the Value of the Teaching Profession"，而"基础教育发展与教师专业发展基金"的英文全称为"Fund for the Maintenance and Development of Basic Education and Enhancement of Education Professionals"。fundamental与basic都有基础教育之意，但是前者的资助范围重点在小学和初中教育，为作区分，故译为"初级教育发展与教师专业发展基金"。

② Rita Almeida, Nicole Amaral and Fabiana de Felicio, *Assessing Advances and Challenges in Technical Education in Brazil*, Washington D.C., International Bank for Reconstruction and Development, 2016, p.50.

③ Rita Almeida, Nicole Amaral and Fabiana de Felicio, *Assessing Advances and Challenges in Technical Education in Brazil*, Washington D.C., International Bank for Reconstruction and Development, 2016, p. 36.

④ Xavier Rambla, "A Complex Web of Education Policy Borrowing and Transfer: Education for All and the Plan for the Development of Education in Brazil," *Comparative Education*, 2014(4), pp.417-432.

和市政府身上。为解决初等教育的这三大问题，各地政府竞相出台多项计划。

第一，根据各地中小学校的在校生人数，设立教育基金，负责分配教育资源。如前所述，"初级教育发展与教师专业发展基金"和"基础教育发展与教师专业发展基金"便属此类，其在促进巴西小学教育的扩张与普及方面是成功的。同时，由于资金分配的重要指标是学校的在校人数，也在一定程度上增强了地方政府发展初等教育的职责意识。

第二，制订和实施各种保障计划，为初等教育学校提供、维持所需的资源。如"教育和教学改革援助计划""全国远距离教育计划""学校学生资助计划"等。其中"学校学生资助计划"由各项具体的子计划构成，包括"全国学校营养计划""全国学校教科书计划""全国学校教具计划""全国学校阅览室计划""全国学校健康计划""全国学校交通计划"等。[1]

第三，实行连续升级制和加速学习计划，帮助落后学生短期内达到所学课程要求，正常升级，及时完成小学教育，避免超龄上学造成的厌学和辍学现象，降低留级率。[2]

结果证明，巴西各级政府出台的这些政策，在解决初等教育的三大顽疾上卓有成效。据统计，到 2008 年，巴西初等教育阶段的入学率、完成率都达到 95%，有显著提高，这在很大程度上改善了巴西初等教育阶段高辍学率、低入学率的问题。[3]

3. 推进课程改革

1996 年《全国教育方针和基础法》中明确规定巴西初等教育的目的是为学生提供基本的学习训练，让他们形成正确的态度和价值观，以及一定的阅读、计算和书写的学习能力，并以此具备与社会生活和外界交流的能力。为实现

---

① 单中惠：《外国素质教育政策研究》，438 页，济南，山东教育出版社，2004。
② 郑秉文：《社会凝聚：拉丁美洲的启示》，231—232 页，北京，当代世界出版社，2009。
③ 赵雪梅：《巴西商务环境》，191 页，北京，对外经济贸易大学出版社，2014。

这一目标,初等教育学校课程和教学内容需做出相应的变革与调整,为学生提供足以培养他们相应能力的课程类型。

初等教育的共同核心课程包括交流和表达(葡萄牙语)、社会(历史和地理)、科学(数学、物理和生物)。必修课程包括体育、艺术教育、卫生课程和就业准备,选修课程有宗教教育。初等学校每年至少应该提供 800 学时的课程。随着《全国课程标准》的执行,巴西引入了两门新课程:社会生活和伦理学。通过这些学科,巴西教育将系统地讨论伦理、环境、卫生、经济和民族多样性等议题。[①]

在课程实施方面,联邦政府并未做统一规定,而是由各州、市、学校根据具体情况而定。每所学校可根据实际情况安排课程和教学内容的先后顺序、课时长短、教学方法和具体的学科。教育法只从一般意义上规定课时不少于800 学时,至于不同年级的教学时间,或每节课的教学时间都由各地区自行拟定。

(三)中等教育

巴西的中等教育大体分为两类:一是普通的公立中学,属于免费教育。二是中等职业培训学校。

巴西中等教育的改革和发展之路十分曲折,可谓是"巴西教育中变化最大、最有争议的一个领域"[②]。从改革历史来看,巴西中等教育在整个教育制度中颇具特色,它最大的特点是在普通中学中对学生进行职业教育培训。这种"融合"有其存在的理论必然性,在联邦政府看来,一可为国家经济和市场提供必要的技术性人才,二可为无法升入大学的青年解决生存问题。但在现实中,这却无可避免地对普通中等教育质量造成极大困扰,致使本可安心于学术型课程学习的学生,需要付出额外精力来应付职业性知识,因此使得普

---

① 万秀兰:《巴西教育战略研究》,43 页,杭州,浙江教育出版社,2014。
② 黄志成:《世界教育大系——巴西教育》,142 页,长春,吉林教育出版社,2000。

通中学教育质量下降，从而影响高等教育的生源质量。此外，同初等教育一样，巴西中等教育的入学率低下、辍学率高以及复读率高的问题同样存在，这也是巴西教育改革亟须解决的。

20世纪末期以来，巴西政府采取一系列措施，促进中等教育学校的发展和提高教育教学质量。

1. 加大学生平均公共教育支出，提高中等教育的入学率和在校生数量，降低辍学率和复读率

20世纪90年代以来，包括巴西在内的拉美地区和加勒比海地区国家加大了生均公共投入，且在之后十年内进一步强化。其中，巴西的表现尤为突出。[1] 巴西通过加大生均公共投入，吸收了更多的学生入读。因此，巴西中等教育的在校学生数呈增长趋势。据统计，1994年，中等教育的学生数大约是500万，比1991年增加100多万；1990—1999年，中学学生数从350万增加到780万，增长了1倍多。[2] 紧接着，在2000年至2008年，巴西进一步提高涉及初中至高中学生的人均教育支出，增长幅度达121%。同时，巴西教育投入占GDP的比例从2000年的3.5%提升至2008年的5.3%。这种增长虽然显著，却仍低于OECD的平均水平（5.9%）。可喜的是教育投入上的增长带来了初中以及高中学生数量的大幅上升。[3]

在这个过程中，巴西中等教育的三大顽疾即升级率低、复读率高、辍学率高的问题也得到缓解。"1992年巴西中学生的平均升级率为52%，平均复读率为42%，1999年，这三种比例进一步改善，升级率上升到77%，复读率下降到17%，辍学率下降到6%。"[4]

---

① 经济合作与发展组织中心：《2012年拉丁美洲经济展望：面向发展的国家转型》，106页，北京，当代世界出版社，2012。

② 万秀兰：《巴西教育战略研究》，46页，杭州，浙江教育出版社，2014。

③ Brock Colin, *Education Around the World: A Comparative Introduction*, New York: Bloomsbury Academic, 2013, p.159.

④ 万秀兰：《巴西教育战略研究》，49页，杭州，浙江教育出版社，2014。

2. 推进中等教育学校的课程改革

经过历届改革，巴西中等教育制度的最大特点是普通中等教育与中等职业教育并行。1971 年教育改革法，明确在普通中学中强制推行职业教育培训课程，并产生一种"综合性中学"。但在实际推行中遭遇社会各界的强烈抵制，抵制者包括公私立中学的教师、管理者、学生家长、部分教育专家等。在各方压力之下，这项改革一直难以真正实施。20 世纪末期以来，巴西出台一系列政策，试图改变中等教育的这种尴尬境况。在课程方面，如何平衡学术性课程与职业性课程成为一个难题。1998 年，巴西教育部出台《全国中学课程标准》，它的制定标准是两大原则，即情景化和跨学科原则。①

(1)职业培训课程独立于学术性课程

职业培训类课程与学术性课程互不干扰的最佳方法是提供"普通中学教育后"的职业课程，即在学生完成终结性的学术课程之后，再提供职业培训。②简言之，一改过去普通中学职业化、职业中学普通化的趋势，使两者成为互相平行、互为独立的关系。

(2)联邦、州和学校的三级课程体系

从领导体制来看，巴西联邦教育部对各级教育的重要职责不在"干预"，而在"引导"，它只负责出台相应的改革政策和指导方针，而发展教育的具体职责落在州政府、市政府和各个学校身上。受此影响，巴西形成了联邦、州、学校的三级课程体系。

(3)课程内容与社会发展保持同步

1998 年，为提高普通中等教育的教学质量，联邦教育部在《全国中学课程标准》中规定了三大领域的核心课程，即交流和表达(葡萄牙语、巴西文学)、

---

① Maria Helena Guimarães Castro, Haroldo Da Gama Torres and Danilo França, "Brazil's Secondary School Crisis and Its Victims," *Sisyphus*, 2013(2), pp.260-289.

② Maria Helena Guimarães Castro, Haroldo Da Gama Torres and Danilo França, "Brazil's Secondary School Crisis and Its Victims," *Sisyphus*, 2013(2), pp.260-289.

社会(历史和地理)、科学(数学、物理、化学、生物),此外还有艺术、体育等。在核心课程之外,提出"多样化课程",但此类课程应与核心课程密切相关,这保证了学校自行设置课程的权利。① 在学时上,普通中学教育在3年时间内通常要求达到2200个实际学时。

1998年课程标准确定之后,随着经济和社会发展的需要,一些新的课程逐渐被纳入课程体系之中。如2006年增设哲学、社会学、历史和非洲、巴西文化课,并规定在2011年强制推行。2009年巴西教育部发布一项指导州政府进行课程改革的项目,称为"中等教育创新项目",目的是通过整合常识、科学、文化和技术实验性知识,推进课程创新和中学制度的重建,以此提高中学的教学质量和推进州一级课程网络的发展进程。又如2012年巴西教育部又在中学推行新的课程标准,规定了12门必修课程,鼓励跨学科知识的融入,例如食品和营养、环境、交通和人权等。②

(4)课程实施遵循灵活而多变的原则

"十年计划"中已经指出,各级教育体系均可以确定补充课程的内容,以此来体现文化多元化和地方差异性。而此次中等教育课程改革中,巴西教育部所指定的最高一级课程标准,并非硬性规定,而是为地方留有一定的自由和空间,各地方可根据各自情况灵活安排。比如,外语这门学科虽然原则上属国家课程范畴,但在实施中,州与州之间有所不同。有的州将之看作国家课程,有的则将其看作多样化课程。又如,在课时方面,同样存在差异。帕拉伊巴州每学年总课时在55350分钟,比圣卡塔琳娜州多出7350分钟,即122.5小时。③

---

① Maria Helena Guimarães Castro, Haroldo Da Gama Torres and Danilo França, "Brazil's Secondary School Crisis and Its Victims,"*Sisyphus*, 2013(2), pp.260-289.

② Maria Helena Guimarães Castro, Haroldo Da Gama Torres and Danilo França, "Brazil's Secondary School Crisis and Its Victims,"*Sisyphus*, 2013(2), pp.260-289.

③ 万秀兰:《巴西教育战略研究》,47—48页,杭州,浙江教育出版社,2014。

3. 完善中等教育质量评估体系

巴西政府先后建立过多项中等教育质量评估机制。例如,基础教育评估制度(SAEB)、基础教育发展指南(IDEB)、全国中等教育测试(ENEM)等。[1]其中,基础教育评估制度经过 2005 年的改革,其评估对象扩展至公立、私立的小学和中等教育学校,方式是通过向教师、家长和学生发放调查问卷,获得与学习相关的历史数据。全国中等教育测试是一种结业性考试,用于测试毕业生的技能和知识,合格者取得中等教育毕业证。在 2009 年,教育部对它进行重大改革,将其上升为巴西全国大学入学统一考试,类似于我们国家的高考制度。

综上所述,历次改革之后,巴西的中等教育在数量和质量上都得到了一定的改善。但是从横向比较来看,巴西中等教育改革的效益并不尽如人意,甚至存在的问题仍大于改革取得的成果,依据 OECD 于 2010 年的教育统计报告,巴西中等教育的完成率仅有 60%,而 OECD 国家的平均水平达到 80%[2];而在 1999—2011 年,巴西中学的辍学率甚至从 7.4% 上涨至 16.2%。[3] 由此看来,巴西中等教育的改革之路依然维持"大起大落"的特点,未来的中等教育改革仍将面临严峻考验。

(四)高等教育

巴西的高等教育虽起步较晚,1920 年才拥有第一所高等教育学校,即里约热内卢大学,但巴西高等教育改革和发展的速度却是有目共睹的。从资金来源上看,巴西的高等教育类型有公立大学和私立大学之分;从管理层次上来看,可分为联邦大学、州立大学、市立大学以及社区、教会和慈善机构设

---

① Maria Helena Guimarães Castro, Haroldo Da Gama Torres and Danilo França, "Brazil's Secondary School Crisis and Its Victims," *Sisyphus*, 2013(2), pp.260-289.

② 万秀兰:《巴西教育战略研究》,49 页,杭州,浙江教育出版社,2014。

③ Maria Helena Guimarães Castro, Haroldo Da Gama Torres and Danilo França, "Brazil's Secondary School Crisis and Its Victims," *Sisyphus*, 2013(2), pp.260-289.

立的大学；从功能和学术地位来看，可分为综合性大学、联合学院和独立学院；从培养层次来看，分为本科教育和研究生教育。由此可见，"巴西的高等教育是一个多样化、多层次、遍及全国的庞大体系"①。

但是，巴西高等教育制度并非是完美无缺的，其内部存在着亟须解决的三大问题：

第一，高等教育的不公平问题突出。不同地区、不同层次、不同类型的高等学校，在办学质量、学生人数、课程水平、科研能力乃至师资质量方面都存在很大差异。一般而言，南部和东南部等发达地区的高校，在学校数量、学生数量和办学质量上都远多于其他落后地区；学术型高校的整体实力最强，占据着全国最好的师资、生源和资金；私立高校在数量上远多于公立高校，却无法保证办学和教学质量。而且，随着经济改革的推进，巴西对高层次科研人才需求增强，人们对高等学校的学术科研提出更高的要求。根据相关统计，"1993年，有99个机构正式涉及各个研究领域，这个数目到2000年增加至200个，其中涉及学术研究的有80%是在公立大学进行的，且主要是在公立大学中位于塔尖的研究型大学里进行"②。

第二，高等教育质量与经费问题。尽管巴西的职业教育体系比较完善，但在人们的传统观念中，能够进入高校仍是第一选择。为满足社会对高等教育的需求，巴西政府决定对高等教育进行扩张。从1990年至2000年，巴西高等教育的毛入学率从11.2%增长到19%，完成了高等教育从精英到大众化的转变。③ 但这同时也产生了两个突出的问题：一个是面对日益增长的学生数，各方的财政支持显得后劲不足；另一个则是办学质量的下降。

① 黄志成：《世界教育大系——巴西教育》，177页，长春，吉林教育出版社，2000。
② 王承绪：《发展中国家高等教育模式的国际移植比较研究》，230页，杭州，浙江大学出版社，2009。
③ 王承绪：《发展中国家高等教育模式的国际移植比较研究》，231页，杭州，浙江大学出版社，2009。

第三，政府集权管理与大学自治之间的矛盾。由于历史的原因，巴西高等教育的管理体制以政府集权管控为主要方式。虽然在政策上，政府允许高校学术自治，但非常有限。这种情况在公立大学更为严重，使得公立大学在资源管理、人事政策以及学术研究上受到政府约束。

为解决上述问题，20世纪90年代以来，巴西政府以及学校积极采取多种措施，促进巴西公立及私立高等教育的健康持续发展。这些措施具体包括下放管理权限，给予高校充分自治权；公私立高校并举，促进巴西高等教育多样化发展；投资体制改革，解决高校经费不足问题；积极更新学科门类，课程内容与时俱进；大力发展研究生教育，增强科研水平，提升国际影响力；推进教育公平，鼓励发展私立高校，鼓励继续教育、夜校等办学形式，为不同阶层的学生提供知识和教育；为私立高校学生创立资助计划等。

除此之外，为了增加低收入家庭的高校入学机会，巴西政府于2004年提出一项"面向所有人的大学"计划(PROUNI)，其对象主要为私立高校，方式是通过免除联邦税收向学生提供奖学金，对私立院校在校生的注册费、本科课程及后续课程提供补助，而参与这一计划的学校也可减免10%—20%的税费。[①] 根据巴西全国教育发展计划，目前巴西新创建了48所大学分校，其中大部分位于边远和贫困地区，同时开展"全民大学计划"，提高穷人、黑人和印第安人的大学入学率，保证高等教育机会的平等。此外，推行大学内地化政策，在最贫困和最边远的地区建立大学，帮助由于地区原因被排斥在高等教育体系之外的学生就近上学。有事实证明，近年巴西内地市镇的高等教育发展速度比大城市还快。[②]

最后，为切实提高高校教育质量，实施全国高等教育评估制度(SIN-

---

① 薄云：《拉美私立高等教育发展研究：以巴西、墨西哥、阿根廷和智利为个案》，64页，厦门，厦门大学出版社，2017。

② 郑秉文：《社会凝聚——拉丁美洲的启示》，231—232页，北京，当代世界出版社，2009。

AES)，增强高校教育评估机制。该制度"旨在改善高等教育质量，引导高校
增加高等教育入学机会，提高高校在学业和社会服务方面的效率和效力，特
别是提高对社会的责任意识，兑现其对社会的承诺"①。

（五）教师教育

巴西的师范教育发展有着良好的历史传统，早在1834年，为解决普通教
育师资问题，巴西便设立了第一所师范学校。不同级别的师范学校由不同级
别的行政部门管理。一般而言，培养一级教育中低年级教师的中等师范学校
隶属州政府；而高等师范学校则隶属联邦政府。②

受巴西整体教育质量不高的影响，师范教育质量低下的问题同样突出；
而且，教师待遇和地位往往不尽如人意，致使有资格担任教师之职的学生对
教师职位敬而远之；加之，在军权统治时期，巴西政府一味地扩张教育，而
不顾经济和社会发展的实际需要，导致教师和学生的比例严重失调、教师教
育水平整体不高，而之后的教育扩张又使这种情况加剧；另外，教师的任职
资格亟待提升。在巴西中学里，具有教师证书的合格教师大约只占教师总数
的50%。

为改善师范教育存在的诸多问题，巴西政府着手进行教师教育改革，具
体采取以下措施。

1. 加强沟通与合作，促进教师专业成长

"十年计划"中指出，制定促进教师专业成长的长期稳定的政策和资格评
估标准；使教师在工资和学历方面达到规定的标准；重建职前与职后培训的
体制和相应标准；审查中学教师和大学教师的培训课程。为响应这一目标，
巴西政府在"世界全民教育"高级小组第四次会议公报中明确指出，政府在推

---

① 薄云：《拉美私立高等教育发展研究：以巴西、墨西哥、阿根廷和智利为个案》，62—63页，
厦门，厦门大学出版社，2017。

② 单中惠：《教师专业发展的国际比较》，181页，北京，教育科学出版社，2010。

动教师专业发展上必须采取以下重要措施。

第一，设立有教育工作者，特别是教师及其代表性组织参与的有效对话构架，以便就如何提高教育质量达成共识。

第二，提高教师的地位，改善他们的工作条件，使他们具有更好的职业前景和专业发展机会，制定适当的薪酬结构，以吸引优质师资力量，防止出现教师流向国外的问题。

第三，减少教师流失所产生的消极影响。

第四，切实发挥教师的作用，包括增强教师的责任心。

第五，与所有相关方开展对话，探讨教师职业伦理准则。

第六，确保教师的能力符合本国标准，并为此对教师进行职前和在职资助性培训。

第七，确保所有教师都能得到专业培训，不论他们是在传统的还是非传统的学校里教学。

第八，改进师生比例，提高教育质量。

另外，2004年，巴西教育部在公共政策里提出"建立教师网络培训模式，鼓励大学参与教师网络培训计划"的目标，并选择了20所大学参加。每所大学可获得200万雷亚尔，并在4年时间内制订各自详细的教师培训计划。[1]

2. 注重教师的职前、职后培训，厘定教师专业标准，做好教师资格认证工作

随着经济和社会的发展，以及教育需求的增长，巴西政府不断出台各种政策和计划，目的是通过高质量的教师职前培训，使他们达到专业标准，获得任教资格。如"教师、教育领导和专业人员的培训计划"。该计划的目的是全面提高教师和专业人员的专业技术资格水准以及改进教育制度和学校的管理方法。具体包括两个方面：一是重建职前专业培训；二是对初等教育教师

---

① 万秀兰：《巴西教育战略研究》，143页，杭州，浙江教育出版社，2014。

的继续培训和进修做好督查、发展和系统化工作。

关于教师的专业标准，巴西政府于2002年发布的《全国中小学教师培训课程大纲》规定，教师的知识结构应包括六个方面：文化知识；关于儿童和成人的知识；与教育相关的文化、政治及经济方面的知识；学科领域的知识；教育学知识；实践性知识。就教师的能力标准而言，主要包括教学设计能力、教学管理能力、教学评价能力和组织协调能力。①

1996年，巴西政府设立了"初级教育发展与教师专业发展基金"，并于次年正式实施。该基金特别要求基础教育阶段的教师必须取得高等教育学位，并在高等教育学校中完成四年学习计划，才能取得教师资格证书。而巴西的教师资格必须通过认定获得。巴西2009年修订的《教育法》规定，中学准教师的认定对象应具有本科以上学历，大学准教师的认定对象应具有硕士研究生以上学历，且都要通过考试认定合格后才能获得教师资格证。②

除了教师的职前认定，巴西政府同样重视教师的职后培训。2003年，巴西教育部在"关于青年和成人教育的国家报告"中特别指出，为了保证高质量的教育，在最近的几十年中，要优先发展教师的在职培训。③

3. 教师教育课程改革，注重教育理论与实践结合

在课程方面，除了传统的教学法、学科理论、教育政策、心理学等专业课程，教授实习相关的实践类课程愈加受到重视。"2006年，巴西'国家教育委员会'在《国家教师资格课程纲要》中明确规定，教学实习必须贯穿于整个教师培训过程，以保证获得相应的教学经验，教师培训至少应有300小时的实践性活动。"④这一类的实践课程有不同形式，比如教育实践研讨会、教师研究活动以及校内外的教学实习等，力求在教学中、教学后提高职前教师对理

---

① 单中惠：《教师专业发展的国际比较》，183页，北京，教育科学出版社，2010。
② 李文莉：《巴西教师教育的发展及启示》，载《国家行政学院学报》，2013(1)。
③ 万秀兰：《巴西教育战略研究》，176页，杭州，浙江教育出版社，2014。
④ 李宝庆、吕婷婷：《巴西教师教育改革新趋向及其启示》，载《比较教育研究》，2016(1)。

论知识的应用能力、自我反思能力和教学控制能力。

4. 提高教师待遇,增强教师职业的责任感

第一,制定教育法,确立教师最低工资标准。据 1994 年第 53 号宪法修正案,巴西为教师设立全国最低工资标准。截至 2010 年年底,巴西各州和市为中小学教师支付了每周 40 小时最低 609.9 美元的工资。这一政策的福利也惠及退休教师。[①] 第二,创建全国性专项基金,加大对教师培训费用的投入和提高教师工资待遇。最具代表性的便是"初级教育发展与教师专业发展基金"和"基础教育发展与教师专业发展基金"。第三,建立教师奖励机制,如实行"绩效工资"激励项目,鼓励教师改进教学。又如,通过"入职教师奖学金项目",鼓励高等教育机构与公立中小学校合作。[②]

(六)职业教育

与其他各级教育相比,巴西职业教育虽然起步较早,但改革和发展受阻。至 20 世纪末,巴西的职业教育已形成正规与非正规两类。其中,非正规的职业教育培训主要依托于企业的短期培训;而正规的职业教育则集中在普通中学与高等教育之中,实行普通教育职业化、职业教育普通化相融合的制度。前者致力于培养学生在短期内获得可创造工业价值的技能,收效快,但质量难以保证。后者的问题更为突出,一方面是普通学术课程与职业课程的比例难以协调,另一方面全社会对高等教育的渴望远超职业教育,因此造成职业教育得不到应有的重视。

为解决职业教育定位模糊、制度安排混乱、课程失衡、社会认可度不高等问题,巴西政府出台一系列措施,从制度、课程、资金方面入手改革职业教育,促进职业教育发展,为国家提供技术人才、科技人才。1995 年,巴西劳动和就业部出台《国家职业培训规划》,强调调动社会各方力量,共同促进

---

① 万秀兰:《巴西教育战略研究》,145 页,杭州,浙江教育出版社,2014。

② 李宝庆、吕婷婷:《巴西教师教育改革新趋向及其启示》,载《比较教育研究》,2016(1)。

巴西职业教育的发展。

1. 形成联邦、州、市三级分权管理的职业教育制度，促进各级各类职业教育的融合

巴西的职业教育改革在很大程度上依赖国家各级教育行政部门的领导，联邦、州、市三级领导分管不同级别和类型的职业教育模式。"联邦技术教育网是国家层次职业教育子系统之一，拥有若干联邦技术教育中心、联邦技术学校、联邦农业技术学校和其他分权管理的教育机构。此外，州和市教育系统中也有一些职业学校、私人部门和非政府组织举办的一些职业学校和培训基地。"①

2003 年开始，巴西为最终正式通过《职业技术教育组织法》采取行动。有关职业技术教育的公共政策文本，体现了职业技术教育和基础教育相结合的需要。这些政策文本规定，这种融合应该包括由各级各类各种形式的职业技术教育组成的一个有机的、普遍的和大众的子系统；而且无论公立教育部门何时提供，这些职业技术教育课程都应该是免费的。在确保良好质量的政策下，职业教育作为减少社会不平等、促进国民经济发展的一个措施，被视为公立学校的一种责任。②

2. 设立专项基金，加大对职业教育的经费投入

2004 年宪法修正案规定创建"职业技术教育发展基金"等，促进职业教育学校发展，加强职业教育师资培训和提升教师资格水平。据统计，从 20 世纪末至 2002 年，巴西共建立了 140 所职业教育机构。2003 年至 2010 年新增 214 所。2006 年，"基础教育发展与教师专业发展基金"成立之后，这种增长比例

---

① 万秀兰：《巴西教育战略研究》，243 页，杭州，浙江教育出版社，2014。
② 万秀兰：《巴西教育战略研究》，243 页，杭州，浙江教育出版社，2014。

仍在持续。①

3. 课程改革强调职业性与学术性的融合

2004 年巴西联邦宪法修正案指出："中等职业教育的课程和中等职业技术教育的课程，除了反映实际工作和生产活动的专门知识和技能外，将包括那些构成综合性和通用性知识核心的科学、技术、社会和人文知识。""高等职业技术教育的课程，除了技术人员培养外，还涉及本科和研究生课程中与技术领域相关的其他学习形式，涉及这些学科教师的证书课程、应用性研究和推广教育。"②

4. "全国职业教育与就业计划"与多样化职业培训模式的涌现

为满足社会对多样化技术型人才的需求，巴西联邦政府、州、市政府以及企业，共同致力于探索促进职业教育发展的新模式。2011 年，为促进巴西职业教育的发展，联邦政府出台了一项"全国职业教育与就业计划"。它包含一系列政策，旨在促进部门合作，共同推动巴西职业教育发展，而且力求将更多新资源用于所有的职业教育类型。该项目确立了四大核心目标：一是提供更多的职业教育机会，包括建设、改革、扩大联邦一级、州一级的职业与技术教育的培训网络；二是增加就业者的受教育机会，为他们提供从初始培训到专业技能培训的课程；三是改进职业教育学校的教学质量；四是提高中等职业教育的数量。③ 该项目的施行采取"双元制"模式：一方面提供长期训练，对象是中学的适龄学生；一方面提供短期培训教育，对象是学校以外的

① Rita Almeida, Nicole Amaral and Fabiana de Felicio, *Assessing Advances and Challenges in Technical Education in Brazil*, Washington D.C., International Bank for Reconstruction and Development, 2016, p.26.

② 万秀兰：《巴西教育战略研究》，243 页，杭州，浙江教育出版社，2014。

③ Rita Almeida, Nicole Amaral and Fabiana de Felicio, *Assessing Advances and Challenges in Technical Education in Brazil*, Washington D.C., International Bank for Reconstruction and Development, 2016, p.43.

人员，无业或工作皆可。①

　　州政府方面会根据各州情况，创建多样化的职业教育和促进就业的模式。这其中具有代表性的是融合模式（Vence Integrado）和共存模式（Vence concomitante）。在融合模式下课程的特点是学术性项目与技术性项目并存。虽然学生入学只需选择其中一种，但接受的训练仍是二者的融合；若选择共存模式，学生在普通中学学习时，即便他们已经完成相关学业，仍可向私立学校申请技术教育的相关培训。据统计，截至 2013 年，共存模式已经吸收 5 万人进行培训。此外，2007 年，还出台了一种"职业发展项目"，它旨在为青少年与成年人分别提供不同类型的职业与技术教育训练。州政府为学生提供培训资金，鼓励他们参与州一级的培训项目，涉及私立学校、市级学校或企业导向的训练基地。课程培训的周期在 14 个月至 2 年不等，而且，这些培训机构还注重与企业合作，共同组织教学，确保学生所学技能与未来职业密切相关。② 无论是联邦政府、州政府、市政府还是企业导向的培训项目，其共同目标是在技能培训与满足个人需要之间达成有效的平衡。③

　　综上所述，20 世纪末期以来，经过多次教育立法，以及全国性教育规划和改革政策的推进，巴西的各级各类教育都取得显著的进步，如最困扰巴西基础教育的低入学率和高辍学率问题基本得到解决，但巴西教育存在的问题仍然非常突出，最为典型的是教育平等和公平、基础教育质量低下等问题。

---

① Rita Almeida, Nicole Amaral and Fabiana de Felicio, *Assessing Advances and Challenges in Technical Education in Brazil*, Washington D.C., International Bank for Reconstruction and Development, 2016, p.43.

② Rita Almeida, Nicole Amaral and Fabiana de Felicio, *Assessing Advances and Challenges in Technical Education in Brazil*, Washington D.C., International Bank for Reconstruction and Development, 2016, pp.48-49.

③ Rita Almeida, Nicole Amaral and Fabiana de Felicio, *Assessing Advances and Challenges in Technical Education in Brazil*, Washington D.C., International Bank for Reconstruction and Development, 2016, p.48.

第三节　智利的教育

一、改革背景

　　1973 年至 1990 年，智利经历了 17 年的军事统治。为实现统治的合法化，军队的领导人内斗纷争不断，国家一度陷于分裂。然而，智利经济却并未出现倒退，反而呈现良好态势，大量政府下属机构、企业实现私有化，对外贸易实现多样化发展。1990 年 3 月首位民选总统帕特里西奥·艾尔文上任之后，欣欣向荣的经济局面得以延续，"20 世纪 90 年代的大部分时间里，经济增长率等于抑或高于军政权统治时期那些最佳年份的增长率，甚至还避免了军权阶段通货膨胀问题"。[①] 这种迅猛势头一直持续至 21 世纪初，据相关统计，2012 年智利人均 GDP 达 15415 美元，成为首个跨入高收入经济体行列的南美国家，贫困率也降至 15% 的历史低位。[②] 与经济增长的迅猛势头相伴而来的是贫富差距日益扩大，普通大众甚至是中产阶层人群的生活不堪重负，其不满情绪也日益高涨。

　　1990 年，智利在政治上开启了向民主化的过渡时期。随着民主的回归，"许多从前领导抗议活动的人都成了议会议员和内阁部长。他们很快就放弃了游行示威和罢工活动，力图在体制内进行变革"[③]。而智利政党中的左、中、右翼联盟一改往日剑拔弩张的绝对分化局面，变成异中求同的协商与妥协氛围。具体而言，20 世纪 90 年代之后，智利的政党政治呈现出不同于军政统治

---

　　① ［美］约翰·L. 雷克特:《智利史》，213—214 页，郝名玮译，北京，中国大百科全书出版社，2009。

　　② 中共中央对外联络部研究室编:《当今世界政党政治研究报告 2013 年》，170 页，北京，中央编译出版社，2014。

　　③ ［美］约翰·L. 雷克特:《智利史》，209 页，郝名玮译，北京，中国大百科全书出版社，2009。

时期的特点①：一是政党众多、类型齐全；二是政党政治相对理想成熟；三是意识形态分野明显，但政策主张趋同；四是两大联盟（中左翼和中右翼）势均力敌、相互制衡。

与此相适应，智利的国家教育制度呈现出新的发展态势。历史上，由国家统一管制教育的观念根深蒂固，直到 20 世纪 80 年代，受新自由主义观念的影响，军人政府将市场竞争机制引入智利各行各业，于是教育开始实现私有化，国家不仅开始下放权力至地方政府，实现中央与地方合作管理公立学校的模式，而且鼓励各类非营利性的私人办学，以满足经济和社会发展对不同人才的需求。然而，教育数量上的增加并不等于教育质量的稳定提升，不仅如此，由于经济上地区与地区之间、家庭与家庭之间的巨大差异，教育的不公平现象日趋严重。所以，自 20 世纪 90 年代起，智利政府将更多的资金和政策投入教育改革中来，试图解决智利教育的公平和质量问题。

二、教育改革政策

20 世纪 90 年代至 21 世纪初，智利政府将保障教育公平、全面提高各级教育的质量作为教育改革的重中之重。尽管各大政党在教育改革的意见上分歧不断，但总的方向是将教育改革放在优先发展的绝对地位。

（一）公平与质量提高计划（1990—1995）

在保障教育公平方面，智利民主政府在延续教育券计划之外，还出台了"900 所学校项目"，以及旨在改善学前和初等教育质量与公平的项目（MECE）。这些政策的基本点在于通过合理分配教育经费和其他教育资源，扶持和帮助处在弱势地位的学校和人群。

---

① 中共中央对外联络部研究室编：《当今世界政党政治研究报告 2013 年》，170—171 页，北京，中央编译出版社，2014。

1. 教育券计划的延续

20世纪80年代初,为了彻底地实现教育市场化目标,智利政府开始推行教育券计划。"教育券是一种由税款资助或民间资助给予证件或现金支付,来扩增公立学校学生选择就读其他公立学校或私立学校机会的择校形式。持教育券的家长可以凭借此券在任何接纳教育券的学校用以支付子女的学费或其他教育费用。"根据资助者的不同,教育券可分为"政府教育券"和"私人教育券"。[①] 至1990年,军政府过渡为民主政府之后,新政府继续推行教育券,并对其进行了补充和完善。此时,教育公平和提高教育质量成为新政府的首选目标,改革的重心转移到重点扶持弱势学校。具体措施有以下几个:第一,加大对极度贫困和低绩效学校的扶持力度;第二,增加教育开支和教师工资,并对高学业绩效学校进行奖励;第三,通过设定课程标准、培训薄弱学校教师等方式,加强了对学校的集权管理,等等。[②] 这些举措可谓是对20世纪80年代以来推行的教育券政策的一种修正,其目的仍是最大限度地确保公平性,即保障每个学生都可以获得教育券并自由选择学校。

2. "900所学校项目"

1990年3月,智利政府为改善质量较差的公立学校和私立资助学校的教育质量,在城市地区选出10%的成绩最差的学校,由政府给予特别支持和资助,这些学校约有900所,所以称"900所学校项目"或"P-900项目",它是对最贫穷的城市和农村的初等学校中的低成就水平状况的一个紧急回应。它为学校提供附加的教学资源和基础设施;为经历失败的孩子建立核心主题学习工作室;为提高教学质量建立在职培训工作室。[③] 在政府的资助下,学校的教学材料极大丰富,基础设施得以改善,教师也得到了额外的在职培训。政

---

① 周琴:《智利教育券政策述评》,载《比较教育研究》,2007(4)。
② 李海生:《教育券政策研究》,116页,北京,民族出版社,2017。
③ 联合国教科文组织编著:《全纳教育共享手册》,陈云英等译,129页,北京,华夏出版社,2004。

府还提供许多资金培训和雇佣当地二流的大学毕业生作为家庭教师，以帮助成绩低下的学生提高学习成绩。至 2002 年，该计划扩展至 1455 所学校①，它对改善智利教育不公平的现象起到积极的作用。

3. MECE 系列项目

1992 年起，智利政府开始推行一系列旨在改进初等教育和中等教育质量的教育改革项目，该项目包含三个子项目，分别为 1992 年启动的"农村教育改进项目"和"初等教育改进项目"以及 1994 年启动的"中等教育改进项目"。② "农村教育改进项目"是特别针对农村小型学校的扶持计划，这些学校主要是复式学校，智利有 4668 所农村学校，其中 78% 的学校实行复式教学。③ 该计划通过为农村或复式班设计课程，创建地区学习网络，打破农村教师分散的局面，比"900 所学校项目"规模和影响范围更大。④ 与此相较，"初等教育改进项目"由于目标明确，且有更多的国家干预，在波及范围上更加广泛。"中等教育改进项目"的目标则惠及整个国家的所有中学。⑤

（二）教育现代化改革（1996—2005）

为了切实提高智利的教育质量，助力国家现代化的发展目标，智利总统于 1994 年任命了一个教育现代化委员会。这个委员会由学者、政府官员、商人以及来自教师联盟、产业界、天主教会和共济会的代表共同组成。他们提出一系列目标远大、各式各样的教育改革建议，一致认为教育比以往任何时刻都更应该受到重视。最终这些意见提交至国会，并获得一致同意。在会上，财政部长宣布从此刻起，将教育放在绝对优先发展的地位。1996 年智利总统

---

① 郑秉文：《社会凝聚——拉丁美洲的启示》，241 页，北京，当代世界出版社，2009。

② Simon Schwartzman, *Education in South America*, London, Bloomsbury Academic, 2015, p.182.

③ 联合国教科文组织编著：《全纳教育共享手册》，陈云英等译，129 页，北京，华夏出版社，2004。

④ 郑秉文：《社会凝聚——拉丁美洲的启示》，241 页，北京，当代世界出版社，2009。

⑤ Simon Schwartzman, *Education in South America*, London, Bloomsbury Academic, 2015, p.182.

在全国讲话中，宣布开启全国的教育改革。

总体看来，此次教育现代化改革包含四个方面的重要内容①。

第一，延长、扩展学校教育质量提高计划，这些计划也被视为此次改革的中心内容。

第二，为教师提供各种支持。它包括推进一项旨在加大教师培训力度的计划，重点建设大学的基础设施，更新相关课程和增强教师学术能力；提高教师素养的项目，通过采用传统的教学方法，融合新的课程结构以及为他们提供海外学习的实习项目；对教师的资金奖励机制等。

第三，在中小学推进新一轮的课程改革。新一轮课程改革的推进是为各个年级学生制订全新的学习计划和项目。新的课程改革更加强调高级技能习得，新技术的应用能力；通识课程的延展性；在 11 年级至 12 年级的职业教育中增强专业性；更新所有学科的目标和内容等。

第四，关注学生在校时间，通过学校管理体制改革，制定统一制度，增加学生的全天在校时间。

以上改革在推行若干年之后，确实取得了一定的成效，但也暴露出更多的问题，尤其是在教育质量的改善方面收效甚微。据有关统计结果显示，与1996 年读小学四年级的学生(未经历改革)相较，1999 年的小学四年级在读生在阅读和数学方面的表现并无差别，甚至大多数还未达到基本的能力水平。在第三届国际数学与科学测评(TIMSS)以及 PISA 测试中，智利学生的糟糕表现更加剧了教育改革的负面影响。②

为了改善这些糟糕状况，2000 年始智利新一届的政府开始在前期教育改革的基础上做出调整和修正。首先，调整小学课程，明确课程目标、细化课

---

① Simon Schwartzman, *Education in South America*, London, Bloomsbury Academic, 2015, pp.185-186.

② Simon Schwartzman, *Education in South America*, London, Bloomsbury Academic, 2015, p.182.

程内容；其次，新的教育政策更加强调对学生进行外部评价，强化国家标准化测试（SIMCE），以及发展新的学习评价标准；再次，增添全新的更加体系化的教育项目，强调课程切实推行到教学中，提高学业水平；最后，进行相应的学校管理体制和领导体制改革。政府与教师联盟达成一致，共同推进一项国家义务教育制度，评估教师在公立学校中的表现，评估的结果作为发展和雇佣稳定性的标准并附带义务培训和薪金奖励机制。①

教育现代化改革推行近十年后，教育领域产生的变化非常显著。教学资源和基础设施水平得到大幅提升，更重要的是增加了学生的在校活动时间，教育普及至学前学校、中学和职业教育。现在最关键的是提高测验评估水平。② 随着 21 世纪初期全球经济的发展以及智利国内政治形势的不断变化，教育势必在新的形势下进行不断调整，以适应新的变化。

（三）"教育新体系化"（2006—2013）

经过前一阶段的教育改革之后，智利各政党、教育部门、知识分子、学生乃至社会普通人士对教育之于国家重要性的问题逐渐达成共识。但在广大普通民众看来，智利教育的发展现状仍然无法满足大部分人的基本需求，尤其对于中下层民众而言，无力承担的学费、可望而不可即的优质学校资源，促使了他们不满情绪的日益高涨。最终，由于各种原因，智利于 2006—2011 年连续爆发大规模学生运动。总体来看，学生诉求的核心内容是要求政府改善智利教育的公平和质量，这是自 20 世纪 90 年代以来困扰智利教育最突出和最核心的问题。从这一点看，这一问题仍然没有得到根本解决。具体而言，这些教育诉求包括重视公立学校教育、施行免费教育、停止资助盈利性学校、禁止学校的种族主义、废除皮诺切特政府时期教育法等。

---

① Simon Schwartzman, *Education in South America*, London, Bloomsbury Academic, 2015, p.188.

② Simon Schwartzman, *Education in South America*, London, Bloomsbury Academic, 2015, p.190.

在这一背景下，为争取民众支持，2006年，总统立即成立了智利教育质量发展咨询委员会，以便集中讨论和改进教育政策导向，以回应学生的要求。在委员会提交的一份报告中，教育改革的建议数量繁多、类型多样，例如大力推行免费教育，提高教育质量，改革公共学校管理体制以及形成全新的教师职业生涯发展规划等。[①] 智利总统从中选取若干建议形成正式报告，并向国会提交，意在推行一项名为"教育新体系化"的改革。至2007年，经国会一致同意，最终形成一份《教育质量协议书》，这份协议书进一步促成了新的智利《教育普通法案》的形成以及教育质量评估制度的确立。

这份协议书是新一轮教育改革的重要基石，它对教育改革的导向性作用可体现在以下六个方面[②]。

第一，建议废弃皮诺切特总统1990年颁布的《教育组织法》[③]，而代之以2009年的《教育普通法案》，后者将教育界定为一个终身学习的过程，其主要目的是促进一个人在其一生中精神、情感、道德、智力、艺术和身体的发展。实现这一目的则需要促进和形成他们"适当的"价值观、知识和技能。[④]

第二，市场机制独有的影响力既不能催生竞争性的教育，更无法产生公平的教育。相反，只能让国家负责确保普及"优质教育"的权利，通过建立一个质量保证机构，评估学校教育的过程和结果；设立教育监督制度，以监督学校是否合乎规范。

---

① Simon Schwartzman, *Education in South America*, London, Bloomsbury Academic, 2015, p.191.

② Simon Schwartzman, *Education in South America*, London, Bloomsbury Academic, 2015, pp.191-192.

③ 1990年《教育组织法》(LOCE)，是一部植根于智利独裁政府时期的法律，它于1990年3月7日颁布，同年3月10日实施，这项在皮诺切特政府倒台之前颁布的政策，由于缺少民主性，近年来饱受争议。参见缪斯：《从教育和收入看智利社会的不平等》，载《西南科技大学高教研究》，2015(4)。

④ Zúñiga, Carmen Gloria, *Study of the Secondary School History Curriculum in Chile from Colonial Times to the Present*, Rotterdam, Sense Publishers, 2015, p.94.

第三，在全国推行"基于标准的教育改革"，明晰教育标准的定义、学校绩效的外部评估以及结果评估。

第四，该协议禁止小学一年级至六年级学生在入学过程中进行学业选择及以学业为由开除学生。

第五，提高教育提供者获得公共补贴的要求。

第六，组建一个由六年制小学和六年制中学一贯制教育组成的学校结构。

此外，《教育质量协议书》还通过了一项《学校优先补贴法》(SEP)，该法案的施行可大幅提高 40% 最贫困的学生的教育券价值。

"教育新体系化改革"在提高智利教育质量方面成效显著。根据国际与国内对智利学生进行的相关测试显示，学生们都取得明显进步。PISA 的结果显示，智利在整个拉美地区表现是最好的，也是参赛国中进步非常显著的国家之一。但是，其教育仍然存在很多被忽视的地方，比如教师境况的改善、学校的管理制度以及公立学校中存在的其他具体问题。

三、学校教育制度的改革

20 世纪 90 年代以来，智利的正规教育制度分为四级：学前教育（2—5 岁）；初等教育（5—13 岁）；4 年制中等教育（13—18 岁）；高等教育（18 岁以后）。从 2003 年起，智利总统拉戈斯宣布将义务教育年限延长为 12 年。从类型上而言，智利的学校类型分三种：公立（市立）学校，主要接收来自中低社会经济状况（SES）家庭的学生；接受补贴的私立学校，主要接收来自中等社会经济状况家庭的学生；不接受补贴的私立学校，只接收来自上等社会经济状况家庭的学生。① 其中，后两种类型的私立教育在整个智利的教育体系中占据非常重要的地位。据 2012 年的统计数字，在所有 OECD 国家中，"智利是私

---

① [美]费尔南多·M. 赖默斯、康妮·K. 郑：《21 世纪的教与学：六国教育目标、政策和课程的比较研究》，金铭等译，104 页，北京，北京语言大学出版社，2016。

人教育投入占比最高的国家，其总教育投入中有 40.1% 来自私人行业"。① 这一点是智利教育的突出特点。

(一)学前教育

智利的学前教育可以分为托儿所阶段(2 岁之前)、中间阶段(2—4 岁)和过渡阶段(4—5 岁)。在智利，学前教育由公立机构和政府补贴的私立机构来提供。学前教育机构大多附设在小学内，每周 18 课时，通过绘画、音乐、舞蹈、游戏活动以及卫生和安全教育，使儿童健康成长，为其接受小学教育打下良好基础。

从近些年智利学前教育的发展和变化来看，由于政府资金扶持力度的加大，能享受学前教育的学生数得到明显增加。1993 年，接受学前教育的儿童(公办和私办)达 25.6 万名，比 1992 年的 24.2 万名增加了约 5.8%。② 至 2011 年政府对所有入学儿童的补贴增加了 15%，以实现 2014 年对 30% 最贫困人口的 4 岁和 5 岁儿童普及学前教育的目标。

至 2006 年，米歇尔·巴切莱特总统启动了一项对幼儿保育的重大改革，其中包括筹措公共费用。规模最大的一项措施包括建立 3000 个新的保育机构，并针对 5 岁以下的所有儿童制定一项全国儿童发展行动——"智利和你一同成长"，作为保健体系的一部分。"智利和你一同成长"是政府、儿童发展专家和其他有关各方协作的结果，旨在满足脆弱家庭和儿童在幼儿发展关键阶段的需求。各个家庭通过主要的保育中心获取广泛的社会和保健服务。还采用信息技术对其进展实施监测。该项目的执行情况由国家 9 个部委进行管理，并通过地区、省级和地方政府进行协调。为帮助 40% 最贫穷家庭的儿童，已经做出了协调一致的努力。对于那些母亲在工作、求学或求职的幼儿有资格

① 经济与合作发展组织发展中心、联合国拉美经委会等：《2015 年拉丁美洲经济展望：面向发展的教育、技术和创新》，194 页。

② 王晓燕：《智利》，124 页，北京，当代世界出版社，1995。

在托儿所或幼儿园接受免费保育。①

由上可见，在学前教育阶段，由于智利政府在政策上的重视和资金上的倾斜，幼儿尤其是贫困家庭的幼儿开始逐步享受到由于改革而带来的教育福利，这在一定程度上缓解了智利教育入学机会的不均等问题。

(二)初、中等教育

智利的初等教育分为小学(1—4 年级)和初中(5—8 年级)两个阶段。小学阶段的主要课程有西班牙语、算术、社会学、地理、历史常识、图画、手工、音乐和体育。在这一阶段，除体育、图画、音乐可由专职教师教授外，其他课程由一个教师负责。而在初中，主要课程与小学无异。凡有条件的学校可为 5 年级或 6 年级学生开设外语课。7 年级或 8 年级学生每周必须有 3 节外语课。在音乐、绘画和手工课中，学生可以任选两门。在大部分农村地区的基础教育，除了完成教育部统一规定的教学内容外，还增设职业技术课程，如木工、捕鱼、手工、电工、烹饪、建筑、农艺等。②

以上是智利初等教育发展的一般状况。为了进一步提高中小学的教学质量，智利政府自 20 世纪 90 年代以来采取了以下措施：第一，教育改进项目。主要目的是改善教育条件，改进教育过程，提高教育质量。第二，"全天制学习"计划，将原来两轮 6 课时的上下午学习制度改为全天 8 节课的学习，每节课为 45 分钟，这项改革给予了学生更多的学习时间，同时也给了教师更多的时间设计方案或接受培训。改革后的中小学教学时间如下：小学 3—6 年级每年 232 小时(约合 45 分钟的课 309 节，另加 9.3 周的课时)；小学 7—8 年级每年 145 小时。至 2004 年，约有 7000 所学校(200 万人)实行了"全天制学习"。③ 据相关统计，全天制学习计划对于智利中小学生的学业水平的提高大

① 联合国教育、科学及文化组织：《全民教育全球监测报告：普及到边缘化群体》，54 页，北京，中国对外翻译出版公司，2010。

② 王晓燕：《智利》，125 页，北京，当代世界出版社，1995。

③ 彭虹斌：《20 世纪 90 年代以来智利中小学教育改革评析》，载《外国教育研究》，2006(5)。

有成效。这项计划甚至被看成是智利"教育改革"的同义词。① 第三，优先发展信息技术教育。政府将大量资金投至配备计算机设备和教师的培训工作。1991年，智利教育部出台了Enlaces计划，向贫穷和边远地区的学生提供网络技术应用教育。② 据统计，"时至2000年，每十个智利人中就有一个人拥有电脑。政府在大、中、小学校对信息技术进行了大量投资，2000年国家花费11亿美元进口计算机产品"③。

智利的中等教育，按其教育目的，分为普通高中和职业高中两类。普通高中的毕业生可进入高等院校继续学习或直接参加工作。普通高中课程设有必修课和选修课。必修课有西班牙语、数学、外语、智利历史和地理、政治与经济、哲学、生物、品德和爱国教育、体育等。普通高中分两个阶段，每个阶段各2年。第一阶段全部为必修课，每周30课时。第二阶段除开设每周21课时的必修课，另设3门选修课，每周9课时。职业高中分商业、工业、农业和师范等类，其课程设置按照各种职业的不同要求安排，以培养有一技之长的劳动者，满足有关部门对技术人员和专业劳动力的需要。职业高中的学生毕业后，除就业外，也可进入大学深造。1993年，全国中等教育(普通高中和职业高中)入学人数达71.1万，基本上与1992年相等。④ 1997年智利的中等教育净入学率为85%，高于其他拉美国家。⑤

(三)高等教育

总体而言，在智利的法律框架下，其高等教育系统主要包括三种类型，即大学、专业学院和技术培训中心，它们是根据1990年第18962号法令

---

① Simon Schwartzman, *Education in South America*, London, Bloomsbury Academic, 2015, p.187.

② 郑秉文：《社会凝聚——拉丁美洲的启示》，252页，北京，当代世界出版社，2009。

③ [美]约翰·L. 雷克特：《智利史》，221页，郝名玮译，北京，中国大百科全书出版社，2009。

④ 王晓燕：《智利》，125页，北京，当代世界出版社，1995。

⑤ [澳]杰克·基廷：《变革的影响——九国职业教育与培训体系比较研究》，杨蕊竹译，140页，北京，首都经济贸易大学出版社，2016。

(LOCE)而获得国家认可的机构，主要培养专业人员和高级技术人员，促进智利科学技术发展。[①] 从办学性质来看，主要分为公立大学和私立大学。

在1990年之前，军政府统治时期的智利高等教育萎靡不振。专制与高压的政治氛围在一定程度上影响了高等院校的治校环境，言论、学术和多元文化不再出现，一些传统的人文社会科学，诸如政治学、社会学等在课程中被删掉。这些现象对于高等院校来说是极负面的影响。直到民主的回归，智利的高等院校才迎来进一步改革的契机。

20世纪90年代以来，智利高等教育改革体现在以下方面：

第一，数量的扩张。院校数量、在校生数量以及高校教师数量都呈现出快速增长的特点。这与智利政府增加对高等教育的财政支持之策密不可分。1990年智利高等教育毛入学率为14.4%，这表明1990年之前，智利处于精英教育阶段。2005年智利高等教育毛入学率为33%，1991—2005年，智利高等教育处于大众化阶段。2006—2011年为后大众化阶段。2011年智利高等教育毛入学率已达到51.6%，表明目前智利高等教育已经处于普及化阶段。为了保证高等教育的快速发展，智利大学校长委员会(CRUCH)这一组织形式应运而生。凡加入该委员会的所有大学都会得到政府的资助。

第二，质量的提高。这一点体现在高等院校的课程和专业结构调整，以及培养层次的合理化方面。受智利经济发展状况的影响，自20世纪90年代以来，社会科学类、法律类、艺术建筑类、管理与商业类等专业陆续增设至院校的课程之中，一方面满足学生的不同需求和专业兴趣，另一方面为日益发展的社会输送相应的人才。除此之外，研究生教育日益受到重视。据有关统计，"2000—2009年智利高等教育注册学生增长幅度总计为91.6%，而同期的硕士研究生注册学生增长幅度达到了257.9%，博士研究生注册学生增长幅

---

① 薄云：《拉美私立高等教育发展研究：以巴西、墨西哥、阿根廷和智利为个案》，102页，厦门，厦门大学出版社，2017。

度达到了 254.9%"。①

第三,结构的优化。随着私立大学、职业技术学院和技术培训中心的崛起,智利高等教育的构成走向多元化,甚至私立大学的贡献远超公立大学,这也成为智利高等教育发展的突出特点之一,也是智利高等教育改革的重要成果。

(四)教师教育

20 世纪 90 年代之前,智利的教师培养工作主要由中等师范类学校、高等师范院校以及其他的专业机构承担。师资培养的质量可谓参差不齐。军政府时期,随着自由主义经济模式的引入,智利社会的各方面都在飞速发展,但师资培养上却严重滞后。随着民主政府的上台,各类教育改革政策不断出台,对教师的质量和素质也提出更高更新的要求,具体可体现在以下方面:

其一,教师培养层次的提高。1990 年之后,高等院校成为唯一培养教师的机构。"1990 年,有 134389 人供职于各级教育机构,其中教师约占 89%,其他为管理或技术性的岗位。在 134389 人中有 6% 在学前教育机构,2% 在特殊教育,57% 在初等教育,35% 在中等教育。总的来看,不缺少教师,从事教学的教师都达到合格标准。1990 年,98% 的小学教师和 92% 的中学教师拥有教育学位。"②

其二,教师教育课程的调整。改革初期,智利教师教育的课程是以学科知识为主、教育专业知识为辅。随着改革的推进,教育实习等相关专业知识的内容才开始受到重视。

其三,重视教师职后培养。智利教师的在职培训主要是通过教职工发展计划、工作室和由许多机构举办的研讨会进行。这些机构主要指大学,并且与教育部的在职培训中心试验项目和教育研究中心进行合作。在职教师培训

---

① 文学:《20 世纪 90 年代以来智利高等教育改革的特点与启示》,载《比较教育研究》,2013(9)。

② [瑞典]T. 胡森、[德]T.N. 波斯尔斯韦特:《教育大百科全书》第 5 卷,刘美凤、宋继华译审,283 页,重庆,西南师范大学出版社,2006。

很受重视，每个市立学校和接受资助的私立学校教师都接受一定的奖金以支付其所学的培训费用。

　　其四，改善教师待遇，提高教师地位。1990 年智利民主政治得以回归，但同时也带来了新的政治压力——教师渴求改善工资待遇和工作条件的呼声日益高涨。政府通过立法确立了不同层次教师的基本工资档次，公立学校教师以任期或签约的形式被聘用。①

　　20 世纪 90 年代以来，经济上的迅速发展，民主政治的相对稳定，为智利教育改革的推进营造了良好的客观环境。从主观因素来看，从中央到地方，从教育领导人员到普通智利民众，都认识到一国之教育对于综合国力发展的重要性，一致要求发展更加公平和更高质量的教育。为此，智利政府从宏观政策上加大了对各级各类教育的资金投入，并鼓励引进信息技术设备，以培养适合未来社会发展的信息人才。同时，为适应民众需求，在宽松的教育政策之下，智利的私立教育得到了大力发展，无论从数量还是质量上都敢于同公立学校教育一较高下，甚至在很多方面还远超公立教育，这无疑是智利私立教育为整个国民教育做出的独特贡献，这也同时成为智利有别于其他国家的典型特点。不过智利虽然在教育方面取得了一些成绩，但其民众在经济和生活水平上的巨大差距，致使他们受教育机会的不均等问题长期存在，这也是未来很长一段时间内，智利政府亟待解决的问题。

　　从墨西哥、巴西和智利 20 世纪 90 年代以来教育发展的历史来看，这三个拉美国家的教育改革之路既有共性又有个性。第一，三者同属南美地区，紧靠北美，在思想上深受新自由主义思潮的影响。这种影响折射在教育上，一个突出表现是教育领导权的下放，并在下放过程中逐渐形成中央政府、地方和学校的三级管理体制，只不过各自权力大小与管理权限不一。第二，政治上处于独裁到民主的过渡期，教育政策的拟定往往能广泛吸取不同群体的

---

　　① 郑秉文：《社会凝聚——拉丁美洲的启示》，241 页，北京，当代世界出版社，2009。

意见，尽可能确保全民义务教育的延长和推行。第三，受信息化时代的影响，各国在学制改革上，能够兼顾传统文化与现代文明，也能兼顾民族特征与异族文化。与此同时，墨西哥、巴西和智利在取得教育成效的同时，也存在着不容忽视的问题，其中最突出的应为教育发展的公平与质量问题。其实，这个问题自 20 世纪初期以来，便一直困扰着这三个国家，虽经近百年的改革，使得三国在改善文盲率、入学率以及普及义务教育问题上，成效显著，但受教育机会的不均等、不同地区学校间教育质量的巨大差异仍旧存在。毕竟，教育不公平现象不仅是教育这个社会子系统本身可解决的，经济发展的不均衡、政治地位的不平等等问题若无法解决，这一现象恐怕将在较长一段时间内持续存在。

第八章

20 世纪末至 21 世纪初期国际组织的教育政策*

20 世纪以来，尤其是第二次世界大战以来，以联合国为代表的国际组织在全球事务和世界发展中发挥了重要作用。在国际教育改革和发展方面，联合国教科文组织、世界银行、经济合作与发展组织以及地区性的组织如欧盟等，基于自身对教育发展的理解，都提出了非常具有前瞻性和重要性的教育观点和教育政策，为教育实践赋予了动力，从而引发了广泛的影响。这些组织及其教育行动也成为世界教育变革的重要源泉和力量。

第一节　联合国教科文组织教育政策

为了应对以种族主义和反犹太暴力为特征的世界大战，联合国教科文组织（以下简称"教科文组织"）1947 年在法国巴黎成立，这是一个通过教育、科学、文化、传播和信息领域促进和平建设、人类发展和跨文化对话的联合国

---

　　* 从严格意义而言，教育政策主要由国家政府和政党来制定和实施，政府间国际组织并没有自己独立而明确的教育政策，而是通过思想倡导、标准制定、能力建设、项目设计与实施、国际合作等职能对会员国的教育政策产生影响，具体表现为公约（convention）、宣言（declaration）、公报（communique）、建议（recommendation）、指导意见（guidelines）等各种具有约束力和不具约束力的报告。

专门机构。正如教科文组织《组织法》序言所宣告的："战争起源于人之思想，故务需于人之思想中筑起保卫和平之屏障"。① 在过去 70 多年的发展历程中，教科文组织始终坚守其教育、科学和文化的人文主义使命，尤其是利用教育工具，帮助人们以全球公民的身份生活，远离仇恨和敌视，寻求通过教育、科学和文化方面的国际合作来建立和平。目前，教科文组织各项计划项目的主要目标是推动实现联合国大会 2015 年通过的《2030 年议程》确定的可持续发展目标。由于教科文组织是联合国系统中唯一具有法定教育授权的专门机构，其教育政策涉及幼儿教育与保育、教育与性别平等、教育与可持续发展、高等教育、信息通信技术教育、教师教育、扫盲、教育权利、全纳教育、工作与生活技能等几乎所有的教育问题领域，受篇幅所限，本节主要选择全民教育、高等教育和职业技术教育三个领域加以阐述和分析。

一、全民教育政策

全民教育是一项旨在通过满足每个人基本学习需求的教育。自 20 世纪 90 年代推出以来，世界全民教育运动已逐步发展成为人类历史上规模最大、范围最广且影响最为深远的一次教育运动，堪称世界教育史上的里程碑。全民教育的主要政策体现在 1990 年世界全民教育大会及 2000 年世界教育论坛所形成的全民教育发展目标。

(一)政策背景

1948 年联合国通过的《世界人权宣言》宣告："人人享有受教育的权利。"②第二次世界大战结束以来，尽管世界各国为确保每个人的受教育权利做出了令人瞩目的努力，但是直至 20 世纪 80 年代，各国教育发展仍面临巨

①　UNESCO: *Constitution of the United Nations Education*, *Scientific and Cultural Organization*, London, 1945.

②　UN: *The Universal Declaration of Human Rights*, New York, 1948.

大的不平衡和严峻的挑战。例如，当时世界仍有 1 亿多儿童，其中包括至少 6000 万女童未能接受初等学校教育；有 9.6 亿成人文盲，其中 2/3 是妇女；功能性文盲已成为包括工业化国家和发展中国家在内的所有国家的严重问题；世界上 1/3 以上的成人未能学习到能改进其生活质量并帮助他们适应社会和文化变化的文字知识及新技能和新技术；有 1 亿多儿童和不计其数的成人未能完成基础教育计划；更多的人虽能满足上学的要求，但并未掌握基本的知识和技能。①

与此同时，当时世界也面临着日益加重的债务负担、经济停滞和衰退的威胁、人口的迅速增长、部分国家之间及国家内部不断扩大的经济差距以及战争、内乱、暴力犯罪、儿童的夭亡和普遍的环境退化等严峻的全球性挑战。这一系列问题限制了为满足基本学习需要所做的各种努力，而相当一部分人基础教育的缺乏又阻碍了全球社会全力且有目的地解决这些问题。这些问题导致了很多贫穷落后国家的教育有明显倒退。在其他一些国家里，虽然经济的增长使资助教育的扩展成为可能，但仍有许许多多的人处于贫困之中，未接受过教育。

面临新世纪的到来，为了将各国在改革、革新、研究及教育等方面所积累起来的经验结合起来，使全民教育的目标在人类历史上第一次成为可以达到和实现的目标，1990 年 3 月 5 日至 9 日，联合国教科文组织与联合国开发计划署（UNDP）、联合国儿童基金会（UNICEF）及世界银行等共同发起了在泰国宗迪恩召开的世界全民教育大会，由此拉开了世界全民教育运动的序幕。

---

① UNESCO：*World Declaration on Education for All and Framework for Action to Meeting Basic Learning Needs*，Jomtien，1990.

(二)主要内容

1.《世界全民教育宣言》

1990 年的《世界全民教育宣言》(以下简称《宣言》)以"满足基本学习需求"为主题，提出每一个人——儿童、青年和成人——都应能获得旨在满足其基本学习需要的受教育机会。基本学习需要包括基本的学习手段(如读、写、口头表达、演算和问题解决)和基本的学习内容(如知识、技能、价值观念和态度)。这些内容和手段是人们为能生存下去、充分发展自己的能力、有尊严地生活和工作、充分参与发展、改善自己的生活质量、做出有见识的决策并能继续学习所需要的。该《宣言》还提出，教育发展的另一个基本目的是传递并丰富共同的文化和道德价值观念。

《宣言》提出到 2000 年世界全民教育发展需要达成的五个基本目标：

第一，普及入学机会并促进平等。应该向所有儿童、青年和成人提供并扩大高质量的基础教育服务；所有儿童、青年和成人都必须获得维持必要的学习水平的机会；尤其是要确保女童和妇女的入学机会；必须积极消除教育差异；此外要特别关注残疾人的学习。

第二，强调学习。基础教育必须把重点放在知识的实际获得和结果上，而不单纯注重是否入学、是否持续参与了已经组织好的学习项目以及是否完成了所需证书提出的要求。

第三，扩大基础教育的手段和范围。《宣言》提出：出生即为学习的开始，初等学校教育是除家庭教育外对儿童进行基础教育的主要传授系统，应该通过多种传授系统满足成人的多样学习需要以及利用信息、通信等所有可能的手段和渠道来帮助传播必要知识。

第四，改善学习环境。《宣言》指出，学习不是在孤立的状态中进行的，社会各方面都必须确保使所有学习者都能得到他们所需要的营养、卫生保健以及一般的物质和情感支持，从而使其能积极参与教育并从中获益。

第五，加强伙伴关系。《宣言》提出，需要建立政府同非政府组织、私营部门、地方社团、宗教团体以及家庭之间新型、有活力的伙伴关系，同时要认识到家庭和教师的关键作用。①

2.《达喀尔行动纲领》

在世界全民教育大会召开 10 年后，联合国教科文组织于 2000 年 4 月 26 日至 28 日在塞内加尔的达喀尔举办世界教育论坛，并通过《达喀尔行动纲领——全民教育：实现我们的集体承诺》（以下简称《达喀尔纲领》）。《达喀尔纲领》是在"2000 年全民教育评估"这一规模最大的教育评估基础上制定的。"2000 年全民教育评估"表明，很多国家已经在全民教育方面取得了重大进展，但令人无法接受的是 2000 年全世界仍有 1.13 亿儿童上不了小学，8.8 亿成人是文盲，教育中仍普遍存在性别歧视的现象，学习的质量、价值观的培养和技能的传授与个人和社会的期望与需要相去甚远。如果不加快实现全民教育步伐，各国和国际减贫的共同目标就无法实现，各国之间和各国内部的差距将进一步扩大。②

世界教育论坛与会者在《达喀尔纲领》中共同承诺在 2015 年一定要实现 6 项具体目标：

（1）扩大和改善幼儿尤其是最脆弱和条件最差幼儿的全面保育和教育；

（2）确保在 2015 年以前所有的儿童，尤其是女童、各方面条件较差的儿童和少数民族儿童都能接受和完成免费的、高质量的初等义务教育；

（3）确保通过公平获得必要的学习机会，学习各种生活技能，从而满足所有的青年人和成年人的学习需求；

（4）2015 年以前成人脱盲人数，尤其是妇女脱盲人数增加 50%，所有的

① UNESCO：*World Declaration on Education for All and Framework for Action to Meeting Basic Learning Needs*，Washington，D.C.，1990.

② UNESCO：*Dakar Framework for Action*，*Education for All：Meeting our Collective Commitments*，Paris，2000.

成年人都有接受基础教育和继续教育的平等的机会；

（5）在2005年以前消除初等教育和中等教育中男女生人数不平衡的现象，并在2015年以前实现教育方面的男女平等，重点是确保女青少年有充分和平等的机会接受和完成高质量的基础教育；

（6）全面提高教育质量，确保人人都能学好，在读、写、算和基本生活技能方面都能达到一定的标准。①

3. 政策影响

全民教育运动已成为当代国际教育发展中最为重要的一场运动。全民教育体现了如下几个方面的重要创新：第一，将教育嵌入全球发展的新共识之中；第二，构建了明确的教育目标与监测机制；第三，在国家层面构建了新的援助方协调机制；第四，在国际教育发展机制中构建了新的合作方式；第五，与国际和国家层面的公民社会组织建立了新型的合作伙伴关系；第六，促进了援助数量与援助形式的演进。②

教科文组织发起并推动的世界全民教育运动是近几十年来国际社会对教育最重要的承诺，并帮助推动了教育方面的重大进展。③正如教科文组织总干事松蒲晃一郎在2000年5月向该组织执行局第159届会议报告中所指出的，自宗滴恩世界全民教育大会以来，《世界全民教育宣言》已成为各个政府以及与基础教育有关的组织和机构的参照标准。随着时光的流逝，《世界全民教育宣言》的基本观点和援助经受了时间的考验。

全民教育逐步进入其他重要国际多边机制的日程之中，成为全球治理的一项重要议题。2000年9月，全球各国首脑在纽约联合国总部进行了会晤，

---

① UNESCO：*Dakar Framework for Action*，*Education for All*：*Meeting our Collective Commitments*，Paris，2000.

② Karen Mundy，Education for All and the New Development Compact，*Review of Education*，2006(1)，p.29.

③ UNESCO：2014 *GEM Final Statement*：*The Muscat Agreement*，Muscat，2014.

通过了《联合国千年宣言》，并设立了一系列以 2015 年为最后期限的目标，即"千年发展目标"，其中第二个目标就是实现普及初等教育。七国集团信息中心发布的报告表明，2009 年八国集团领导人在阿奎拉（Aquila）峰会发表的宣言中也首次提及全民教育问题，提出要推进全民教育，并一致表示要仍然致力于实现全民教育的目标。

全民教育形成了政府高层对话机制。世界全民教育范围内的政策对话论坛主要包括两大主要机制，即全民教育高层会议机制和九个人口大国①全民教育部长级会议机制，其主要目的是动员和保持国家层面领导者坚定的政治意愿，兑现国家对实现全民教育目标所作的政治承诺并筹集资金。

全民教育推动建立了教育监测评估机制。2000 年达喀尔世界教育论坛以后，为了更有效地加快全民教育的进程，国际社会加大了对世界全民教育进展状况的监测与评估力度，为此教科文组织授权成立了一个独立的专家组，每年发布一部《全民教育全球监测报告》。该报告极大地推动了教科文组织统计研究所开展的相关工作。

全民教育推进过程中还形成了多边援助机制。其中最有代表性的是世界银行 2002 年发起的"全民教育—快车道计划"（EFA-FTI）。世界银行网站资料显示，该计划是援助机构与发展中国家之间的一个全球合作伙伴计划，几乎囊括了世界上所有主要的教育捐助机构和主要发达国家②，目的是促进到 2015 年普及基础教育"千年发展目标"的实现。

自 2000 年以来，全民教育在世界范围内取得了巨大的进展。从积极的一面看，在这一时期，失学的儿童和青少年人数减少了近一半，入学儿童增加

---

① 即孟加拉国、巴西、中国、埃及、印度、印度尼西亚、墨西哥、尼日利亚和巴基斯坦。

② 快车道计划的主要多边捐助机构和国家包括：澳大利亚、奥地利、比利时、加拿大、丹麦、欧洲委员会、芬兰、法国、德国、希腊、爱尔兰、日本、荷兰、新西兰、挪威、葡萄牙、俄罗斯、西班牙、瑞典、瑞士、英国和美国，以及非洲开发银行、亚洲开发银行、国际援助开发银行、联合国艾滋病署、联合国儿基会、联合国开发计划署、联合国教科文组织和世界银行。

了约3400万人。在学生性别均等方面取得的进展最大（尤其是在初等教育中）。同时，各国政府也加大了力度，通过国家和国际评估衡量学习成果，从而确保所有儿童都获得高质量教育。但令人遗憾的是，尽管各国政府、民间机构和国际社会做出了种种努力，截至2015年，《达喀尔纲领》确定的6项目标仍未能达成。教科文组织对全民教育监测显示：全球仍有5800万名儿童失学，有1亿名左右的儿童没有完成初等教育；教育中的不平等加剧，最贫穷和处境最不利的人们负担最重；全世界最贫穷国家的儿童，无缘上学的可能性比世界最富裕国家儿童高4倍，不能读完小学的可能性高5倍；冲突仍是难以逾越的障碍，生活在冲突地区的失学儿童所占的比例很高，并且继续走高。此外，教育资金投入也仍然不足。①

二、高等教育政策

联合国教科文组织在高等教育领域的相关政策主要包括综合性和专门性的政策。综合性政策主要体现在教科文组织通过1998年和2009年两次世界高等教育大会所形成的《21世纪世界高等教育宣言：展望与行动》（以下简称《世界宣言》）和《2009年世界高等教育大会公报：高等教育与研究在促进社会变革与发展方面的新活力》（以下简称《公报》）。专门性政策则主要集中在处理高等教育的一些重要问题上。例如，在教师地位方面，教科文组织于1997年提出《关于高等教育教学人员地位的建议》；在文凭资格互认方面，教科文组织先后组织制定了拉美和加勒比地区、阿拉伯地区、欧洲地区、非洲地区和亚太地区等地区性公约，并对跨地区的环地中海国家的国际性公约进行了更新和修订；在教育质量保证方面，教科文组织与经合组织（儿童早期发展）在2005年联合制定了《跨境高等教育质量保证指导意见》（以下简称《指导意见》）。

---

① UNESCO：*Education for All* 2000—2015：*Achievements and Challenges*，Paris，2015.

（一）政策背景

近30年以来，世界范围内高等教育领域呈现出很多新的变化。其中变化之一就是高等教育大众化的迅猛发展。当前，世界高等教育发展最显著的是学生入学人数的激增。1970年，世界各地高等教育阶段的学生人数只有2850万人，而到2000年这一数字已增至1亿人左右。进入新世纪以来，高等教育迎来了有史以来最瞩目的大众化发展时期。2005年，接受高等教育的学生总数达到1.39亿，2010年又增至1.81亿。①其二是跨境高等教育的快速发展。随着高等教育入学率的不断增长，参与跨境流动的学生人数也从20世纪70年代中期的约80万人迅速飙升到2009年的350万人。②经合组织的数据显示，2013年在高等教育入学的学生中有超过400万学生是外国留学生。③其三是多样化高等教育办学形式的蓬勃发展。在高等教育大众化和普及化的背景下，传统办学模式已无法满足日益高涨的高等教育需求。传统办学者和新型教育提供者都在积极利用新的信息通信技术来进一步扩大学生人数。大学中基于近千年历史发展而形成的古典传统方式正遭受到迅猛发展的新高等教育服务提供者，尤其是以信息通信技术为实施机制的提供者的严峻挑战。④ 欧盟预测，网络学习将在今后10年间占到全部高等教育服务提供的30%。⑤随着大规模的在线课程的兴起和高等教育在线办学的蓬勃发展，也出现了跨境承认高等教育资历等难题。

---

① UNESCO：*Draft Preliminary Report Concerning the Preparation of A Global Convention on the Recognition of Higher Education Qualifications*，Paris，2015.

② British Council：*The Shape of Things to Come：Higher Education Global Trends and Emerging Opportunities to 2020*，London，2012.

③ OECD：*Education at a Glance 2015*，*OECD Indicators*，Paris，2015.

④ UENSCO：*Preliminary Report Concerning the Preparation of A Global Convention on the Recognition of Higher Education Qualifications*，Paris，2015.

⑤ UNESCO：*Draft Preliminary Report Concerning the Preparation of A Global Convention on the Recognition of Higher Education Qualifications*，Paris，2015.

(二)政策内容

1. 1998年世界高等教育大会宣言

1998年10月5日至9日，联合国教科文组织在巴黎总部举行了以"21世纪的高等教育：展望与行动"为主题的世界高等教育大会。来自183个国家的政府机构、经济机构、高等教育机构以及非政府组织的4000多位代表出席了会议。此次的会议规模大无论是在联合国教科文组织的历史上还是在世界高等教育的历史上都是空前的。本次大会主要围绕高等教育适切性、高等教育质量、高等教育管理与财政以及高等教育国际合作等议题进行讨论。大会通过《世界宣言》以及配套的《高等教育变革与发展优先行动框架》。

《世界宣言》首先在"高等教育的使命与职能"方面重申，高等教育在教育、培训、研究、保护和传播文化、保护和提供社会价值观以及促进社会整体发展和进步等方面的核心使命，特别是促进整个社会可持续发展和进步的使命应得到保持、加强和进一步扩大。同时，高等教育机构及其专业人员在各种活动中必须坚持严格的伦理准则和严谨的科学态度来履行其职能，完全独立和充分负责地就伦理、文化和社会问题坦率地发表意见，通过不断分析社会、经济、文化和政治趋势，帮助确定和解决影响社会、国家和全球福祉的问题。

在"塑造高等教育新愿景"方面，《世界宣言》强调，要促进公平入学，特别是加强妇女的参与和作用，通过科学、艺术和人文科学的研究及成果传播促进知识的发展，制定有针对性的长期方针，加强与工作世界的合作以及分析和预测社会需求，促进入学机会公平的多种途径，采取强调批判思维和创造力的创新性教育方法，以及把教师和学生作为高等教育的主要参与者。

在"从愿景到行动"部分，《世界宣言》指出，要形成多维度的高等教育质量概念，建立国际公认的质量标准，利用新的信息通信技术的优势和潜力，加强高等教育管理和筹资，将高等教育作为一项公共服务来提供资助，跨大洲和跨国界地开展知识和技能交流，实现从"人才外流"到"人才回流"的转变，以及建立伙伴关系与联盟。①

2. 2009 年世界高等教育大会公报

2009 年 7 月 5 日至 8 日，以"高等教育和研究在促进社会变革与发展中的新动力"为主题的第二届世界高等教育大会在巴黎联合国教科文组织总部举行。来自联合国教科文组织 150 多个会员国的政府部长、大学校长、教授等 1400 多位代表参加了会议。在本届大会上，与会代表探讨了有关高等教育发展的全球性问题，其中包括高等教育机构在应对卫生、能源、食品安全、环境、跨文化对话等挑战中的战略作用，以及全球金融危机对高等教育的影响和高等教育领域如何采取措施应对当前的形势等问题。为了有效应对当前的金融危机，各国都期待高等教育能在人才培养、科技创新、服务社会等方面发挥特殊作用。本届大会讨论并通过了《公报》。

《公报》在"高等教育的社会责任"方面明确提出，高等教育是一种公共福利，是所有有关方面，特别是各国政府的责任；高等教育应引导社会创造全球的有关知识，以应对全球的各种挑战；高等教育机构应倡导批判的思想和积极的公民意识；自主权是以确保质量、实用、有效、透明和社会责任的方式履行学校各种使命所必需的条件。

在"入学、公平和质量"方面，《公报》强调各国政府和学校应当鼓励女性进入、接受和圆满完成各级教育；高等教育应当同时追求公平、适切性和质量等目标；应发挥以公共目标为宗旨的私立高等教育的作用；高等教育应扩大职前及在职的教师教育；利用信息通信技术来增加入学、提升教育质量等，并推广科研成果；将质量保证作为现代高等教育的一项重要职能，并促进有关各方的参与；知识社会需要高等教育系统和高等教育机构的分工更加多

---

① UNESCO: *World Declaration on Higher Education for the Twenty-First Century: Vision and Action and Framework for Priority Action for Change and Development in Higher Education*, Paris, 1998.

样化。

在"国际化、地区化"等方面，《公报》指出，全球高等教育机构都负有通过不同方式帮助世界各国弥补发展差距的社会责任；通过国际大学网络和伙伴关系以及教师学生流动来促进国际合作；必须建立各国的认证和质量保证系统，并使其形成网络；在遵循有关原则的基础上通过跨境提供来促进高等教育的发展。

在"学习、研究与创新"方面，《公报》提出，高校应探寻通过公私伙伴关系促进科研与创新的新途径；高校应在解决与人民福祉相关的领域开展教学和研究工作；高等教育应与社区以及公民社会建立互利的伙伴关系。

此外，《公报》还呼吁会员国通过与各利益相关方合作，在系统和院校层面制定政策和战略，以维持并在可能的情况下增加对高等教育的投入，建立并加强适宜的、由所有利益相关方参与的质量保证体系和监管框架，扩大教师职前和在职培训，鼓励女性接受并完成高等教育，保障处境不利群体平等入学，鼓励学术流动并减少人才流失的负面影响，加强高等教育的地区合作，以及支持全面应用信息通信技术和促进远程在线学习等。

3.《关于高等教育教学人员地位的建议》

1966年，教科文组织曾与国际劳工组织（ILO）共同制定了针对小学和中学阶段教师的《国际劳工组织/联合国教科文组织关于教师地位的建议》。作为对该建议的补充，教科文组织于1997年11月通过了《关于高等教育教学人员地位的建议》。

该《建议》提出的指导原则包括：联合国及其会员国所追求的国际和平、谅解、合作和可持续发展的全球目标需要一支有才干和高素质的高等教育教学人员队伍；高等教育教学是一种专业性职业，要求高等教育人员通过严谨、终身学习和研究获得和保持专业知识和专业技能，并通过学术活动和提高教学技能来保持和发展本学科的知识。

　　该《建议》同时还提出有关教育目标与政策，即高等教育教学人员应该能够进入拥有反映问题不同方面的最新馆藏图书馆；可以自由地在所选择的书籍、期刊和数据库中以个人名义发表研究和学术成果，其知识产权应得到适当的法律保护；应使高等教育教学人员在其整个职业生涯中能够参加有关高等教育或研究的国际集会，不受政治限制地出国旅行，并为此目的使用互联网或视频会议；应制订和鼓励在国家和国际机构之间最广泛地交换高等教育教学人员的项目计划；各会员国和高等教育机构应鼓励向发展中国家提供援助方案，以帮助维持一个为这些国家的高等教育教学人员提供满意的工作条件的学术环境，从而遏制其人才外流。

　　《建议》提出，从事高等教育的教学人员应享有公民权利以及学术自由、出版权利和国际信息交流等方面的权利和自由，应有机会和权利参与高等教育机构内的治理，以及有权选出高等教育机构内学术团体的多数代表。同时，《建议》也指出，行使权利附带着特殊的责任和义务，包括尊重学术界其他成员的学术自由和确保对相反意见的公平讨论的义务。学术自由伴随着一种责任，即研究的基础是对真理的诚实探索。教学、研究和学术工作应完全按照伦理和专业标准进行，并应酌情对社会面临的当代问题做出反应，同时保护世界的历史和文化遗产。

　　在就业方面，《建议》提出，高等教育中的教学人员的雇主应当制定最有利于有效教学、研究、学术和推广工作的雇佣条件，并且公平和不带任何歧视。高等教育中的教学人员应当享有公正、公开的职业发展制度，以及有效、公平、公正的校内劳动关系制度。高等教育教学人员的就业安全应得到保障。高等教育教学人员工作评估和评价的主要功能是根据个人的兴趣和能力使个人得到发展，并以学术同行所公认的研究、教学和其他学术或专业职责的学术能力标准为基础。所有高等教育教学人员在任何纪律程序的每一阶段（包括解雇)都应按照该《建议》附录所列的国际标准，享有公平的保障。①

4. 高等教育资历承认地区公约

教科文组织自建立之初就努力搭建探讨承认高等教育资历和促进学术流动的全球性平台。尤其是近 40 多年来，教科文组织利用自身优势，不断探索和尝试在地区和全球层面制定与实施承认高等教育资历的公约。自 20 世纪 70 年代正式启动制定承认高等教育学历和学位公约开始，教科文组织先后制定了拉美地区、阿拉伯国家、欧洲地区、非洲国家和亚太地区 5 个地区公约。此外，教科文组织还制定了地中海周边国家的跨地区国际公约。进入 20 世纪 90 年代后，为适应新形势发展的需要，上述公约陆续进入修订和更新程序。1997 年，欧洲地区的《里斯本公约》作为教科文组织和欧洲委员会的联合公约率先获得通过。2011 年和 2014 年，亚太地区和非洲国家追随欧洲脚步，修订后的公约即《东京公约》和《亚的斯亚贝巴公约》也先后获得通过。

修订和更新后的各地区公约体现出很多共同之处。一是强调以申请者为中心。在修订后的地区公约中，申请者有权要求在合理时限内，通过透明、统一和可靠的程序，使自己的教育资历获得公正的承认。同时，新的地区公约还引入了"实质性差异"原则，即除非申请者所持有的教育资历存在实质性差异，否则应予以承认。二是更加关注各国高等教育体系间的多样性。新的地区公约努力实现在高等教育领域采用协调一致的策略与保护多样性的丰富资产之间的平衡。各地区公约普遍认为，采取协调一致的措施并非只是便于承认教育资历，更为重要的是要考虑到多样性因素，同时为尊重教育系统的多样性制定法律框架。三是强调获取可靠消息的重要性。新的地区公约要求各国必须提供信息服务，这种服务既可以通过国家信息中心完成，也可以通

---

① ILO/UNESCO: *The ILO/UNESCO Recommendation Concerning the Status of Teachers* (1966) *and the UNESCO Recommendation Concerning the Status of Higher-Education Teaching Personnel* (1997), Geneva, 2016.

过其他专门机构来实现。四是强调以学术承认作为资历承认的主要目的。五是强调与地区高等教育政策发展联系在一起。六是更加重视质量、质量保证和资历框架的作用。

此外，1993年教科文组织大会第27届会议还通过了具有较小约束力的规范报告——《关于承认高等教育学历与资历的国际建议》。在此基础上，2015年教科文组织正式启动了制定承认高等教育资历全球公约的工作。

5.《跨境高等教育质量保证指导意见》（以下简称《指导意见》）

随着教育服务贸易的兴起和发展，高等教育的商业化趋势日渐突出。有部分国家的质量保障和资历认证与承认的体系考虑到了跨境高等教育的问题，但在很多国家，这种体系尚未建立，无法适应解决跨境办学问题的需要。不仅如此，缺少全面协调各种办学方式的国际体系，加上各国质量保证和资历承认体系的多样性和差异性，造成了跨境高等教育办学质量保证方面的巨大差距。2003年教科文组织大会通过一项决议，邀请总干事发挥教科文组织和其他国际机构的职能，制定有关实践和原则指导跨境高等教育发展。随后，教科文组织与经合组织商定，在联合国和教科文组织的相关原则与文书的基础上，共同着手拟订保证跨境高等教育办学质量的指导意见。2005年10月，根据教科文组织大会第33届会议通过的决议要求，教科文组织与经合发组织合作制定的保证跨境高等教育办学质量指导意见以秘书处报告的形式发布。

《指导意见》的主要目的是提高对保证跨境高等教育办学质量重要性的认识以及保护学生和其他有关各方，使其免受劣质办学者或违规办学者的损害，使跨境高等教育的质量发展能够满足人文、社会、经济和文化发展的需要。虽然该《指导意见》对会员国没有法律约束力，但教科文组织仍希望各会员国根据本国实际情况予以应用。

《指导意见》向各国政府建议：第一，针对希望在本国办学的跨境高等教育提供者制定或鼓励制定一套完整、公正而透明的注册或许可制度；第二，制定或鼓励制定一种可靠的跨境高等教育质量保证和认定制度；第三，咨询和协调国内国外负责质量保证和认证的各有关机构；第四，提供有关跨境高等教育注册、许可、质量保证与认证标准的准确、可靠和便于得到的信息；第五，考虑加入教科文组织有关资历承认的地区性公约和参与制定并更新这类公约，以及建立有关公约所规定的国家信息中心；第六，制定或鼓励双边或多边资历承认协议，推动各国资历在双边协议所规定的程序和标准基础上的相互承认或等值。

《指导意见》向跨境高等教育机构或提供者提出的建议包括：第一，确保其跨境提供的课程与在本国提供的课程质量相同；第二，所有的跨境教育机构和提供者都应遵守教科文组织及其他有关规范报告，保障良好的工作环境和工作条件，维护学术自由；第三，制定、保留或修改目前的内部质量管理制度，使其能够充分地利用有关各方的能力，担负起确保国内和国外颁发的高等教育资历具有同等标准的全部责任；第四，当跨境提供高等教育时，应征求有关质量保证和认证机构的意见，并尊重接受国的质量保证和认证制度；第五，加入国家及国际范围的高等教育组织和院校间网络，交流成功的实践经验；第六，发展和保持有关网络和合作伙伴关系，以认可其他国家资历等值或相当的方式推动资历承认；第七，采用相关的良好实践规范；第八，提供有关内部和外部质量保证标准与程序等方面的准确、可靠且容易获得的信息；第九，确保办学机构和所提供课程财务状况的透明度。

《指导意见》针对学生团体提出：第一，参与制定、监督和维护跨境高等教育办学质量；第二，帮助学生对因错误信息误导、办学质量低下导致的学历无法被广泛承认等问题提高防范意识；第三，鼓励学生在申请跨境高等教育项目时询问一些必要的问题。

针对质量保证和认证机构，《指导意见》提出：第一，确保其质量保证和认证安排包括各种跨境高等教育模式；第二，维护并加强现有的地区和国际网络，并在尚无网络的地区建立新的网络；第三，建立派遣国和接受国有关机构之间的联系并加强其合作；第四，提供准确和便于获取的信息；第五，运用现有的关于跨境高等教育的国际报告；第六，在信任的基础上，与其他机构达成相互承认协议；第七，考虑采用国际同行评审小组、国际基准水平等措施，增强不同质量保证和认证机构的评估活动的可比性。

针对学术承认机构，《指导意见》提出：第一，建立和保持有关的地区及国际网络；第二，加强与质量保证和认证机构的合作；第三，与有关各方建立并保持联系；第四，向外国资历持有者和雇主提供有关专业承认的必要信息；第五，采取教科文组织和欧洲委员会有关行为规范；第六，提供清楚、准确和容易得到的信息。

《指导意见》面向专业团体提出建议：第一，建立可供国内外资历持有者利用的信息交流渠道；第二，在派遣国和接收国的专业团体、高等教育机构/提供者、质量保证和认证机构，以及学术承认机构之间建立并保持联系；第三，建立、制定并实施有助于对学习项目和资历进行比较的评估标准和程序；第四，使国际上能够更加容易及时、准确和全面地了解到关于各行业相互承认协议的信息，并鼓励制定新的协议。①

(三)政策影响

教科文组织有关高等教育的政策集中反映出在经济全球化和贸易自由化背景下，该组织对促进高等教育流动和维护高等教育质量的高度关切。教科文组织认为，只有确保教育的质量，才可能成功实现为所有青年和成年人提供具有适切性的知识与技能，从而使其享有体面的工作与生活。与此同时，适切性和就业能力需要通过建立和实施资格框架来推动。虽然说资历承认公约不一定会直接导致提升质量和适切性，但是它可以促进高等教育管理机构

---

① UNESCO：*Guidelines for Quality Provision in Cross-Border Higher Education*，Paris，2005.

的能力建设，促进强有力的质量保证体系和资历框架的发展。尤其是全球公约有助于逐步建立全球性的高等教育质量保证参照体系。

教科文组织与经合组织联合制定的《指导意见》一经推出就受到各有关方面的关注，其影响也远远超出教科文组织的预想。很多国家都将《指导意见》视为一个有益的模式。例如，《指导意见》促使尼日利亚政府于 2005 年提出新的《高等教育法案》。此外，2006 年八国集团圣彼得堡峰会也为扩大《指导意见》的影响提供了新的契机，《指导意见》成为八国集团教育部长会议讨论的一个重要议题。

作为联合国系统负责高等教育事务的国际组织，教科文组织积极通过质量保证与文凭互认在全球论坛发挥重要的作用。① 教科文组织先后于 2002 年、2004 年和 2007 年举办了三次全球论坛，以此作为对话平台，将与质量、认证和文凭互认有关的各方面联系在一起，从社会、政治、经济、文化等多个维度对国际化与高等教育问题展开辩论。作为全球论坛的后续行动，2007 年教科文组织还与世界银行合作共同发起"全球质量保证能力建设计划"(GIQAC)，目的是在教科文组织业已推出的全球论坛和《指导意见》的基础上，在世界范围内支持、改善和提升发展中国家和转型国家的高等教育质量。该计划的伙伴机构涵盖了从事质量保证能力建设工作的各个地区性和跨地区的质量保证网络。

建立共同的术语系统无疑是加强能力建设的一项重要工作。2004 年教科文组织欧洲高等教育中心(CEPES)发起了制订质量保证与认证基本术语和定义汇编的计划。该汇编不仅囊括了大量的术语，而且反映了该领域的新发展，为理解这些术语在不同情境下的意义提供了参考工具。教科文组织还与亚太地区高等教育质量网络(APQN)合作共同开发了建立跨境教育规管框架的工具

---

① UNESCO: *Synthesis Report on Trends and Development in Higher Education Since the World Conference on Higher Education* (*1998—2003*), Paris, 2007.

包，提供参照工具帮助跨境高等教育输入国和输出国建立质量保证规管框架。工具包强调了跨境高等教育质量保证方面所涉及的一些重要议题和需要注意的问题，其中包括各种管理框架模式、建立管理框架的步骤以及从一些国家的实践情况中发现的易犯的错误，等等。此外，教科文组织还推出了"文凭评估网络课程"等一系列课程资源。其中，最有代表性的是教科文组织国际教育规划研究所（IIEP）开发的"外部质量保证：高等教育管理人员选择方案"。该课程面向的主要对象是教育部、高等教育中介组织以及质量保证机构等负责国家质量保证框架工作的政府部门管理者和决策者。其具体内容包含了选择外部质量保证模式、开展外部质量保证活动、建立和完善质量保证机构、理解和评价质量以及管理和保证高等教育跨境提供 5 个不同的质量模块。

三、职业技术教育政策

20 世纪 90 年代以来，教科文组织在既有政策报告特别是 1989 年《技术和职业教育公约》的基础上，制定了一系列有关职业技术教育政策，其中包括 1999 年和 2012 年联合国教科文组织在韩国首尔和中国上海分别召开第二届和第三届国际职业技术教育大会形成的有关会议成果报告，以及 2015 年在修订基础上形成的《关于职业技术教育与培训的建议》（以下简称《职教建议》）。

（一）政策背景

20 世纪 90 年代以来，全球环境变化及其随之而来的发展模式的转换、人口数量和结构的变化、经济发展与就业问题、技术创新与变革等，都对职业技术教育的发展提出新的挑战。由此，这些因素也构成了教科文组织推出职业技术教育政策的宏观背景。

在发展模式上，由于自然资源、环境和气候所承受的压力，国际社会认识到必须从高耗能和高排放型经济向节能清洁的生产和服务模式转变。经济的绿化意味着技能需求将改变，因为不仅会出现新的产业和职业，而且在现有职业中还会出现许多新的技能组合，影响到培训的需求与提供。根据可持续发展方面的考量，职业技术教育与培训必须能够适应不断变化的经济和社会需求，通过相关的职业技术教育与培训为所有青年和成年人提供终身学习机会。

在人口的变化上，2000年至2010年，全球65岁及以上人口的比例从7%升至8%，而14岁以下人口的比例则从30%降至26%。总体而言，2010年全球儿童数量比2000年减少了260万。在发达国家，14岁以下儿童的绝对数量下降了6%，而在最不发达国家，这一数字上升了18%。① 也就是说，发展中国家人口继续快速增长，尤以14岁以下人口的增长速度最快，而发达国家则人口老龄化加速。随着生育率下降以及世界大多数地区的人口预期寿命增加，老龄化现象正在成为今后数十年的一个巨大挑战。这些人口变化以不同方式影响着发达国家和发展中国家的劳动力市场以及其职业技术教育。

在就业问题上，过去十年中，青年人的失业率居高不下，全球经济危机使得情况进一步恶化。在这一背景下，不久的将来情况大有改观的可能性微乎其微，因为失业率上升是一个较长期的趋势。例如，1999年至2008年，全球国内生产总值增加了47%，但全球失业率则下降了0.7个百分点，即从6.4%降至5.7%。国际劳工组织和国际劳工研究所(IILS)的预测也显示，即使是在乐观分析的情况下，发达经济体的就业增长预计至少在2016年以前无法恢复到危机前的水平。

从技术变革的角度来看，创新浪潮一波接一波，时间序列显示其相关持续时间变短了。换言之，从新技术出现、普及到被更新的技术取代，这一周期正在变短，旧技术过时的速度超过以往出现创新浪潮时的速度。日新月异的技术进步意味着劳动力不仅需要具有专业知识和技能，而且需要培养其快

---

① UNESCO: *Unleashing the Potential: Transforming Technical and Vocational Education and Training*, Paris, 2015.

速适应新兴技术所需的通用技能。

而国际化背景下，快速变化的技能需求加大了职业技术教育与培训在支持经济增长和竞争力方面的作用，经济增长和竞争力又能支持创造就业机会。因此，如今有更多国家需要训练有素的并且持续更新仅通过基础教育无法获得的知识、技能和态度的劳动力。①

教科文组织认为，职业技术教育在应对与社会环境有关的问题方面，诸如不利的社会经济条件（包括就业不足和失业——特别是青年与妇女的就业不足和失业问题）、贫穷和贫困、城乡差异、缺乏粮食保障、接受卫生服务的机会不足等，能够起到积极作用。

（二）政策内容

1. 第二届国际职业技术教育大会建议

1999年4月26至30日，教科文组织与韩国政府合作在首尔举办了第二届国际职业技术教育大会。来自130多个国家的700多名代表，其中包括39位负责教育或职业教育的部长和副部长参加此次大会。会议通过题为《技术和职业教育与培训：21世纪愿景》（以下简称《21世纪愿景》）的建议。

《21世纪愿景》首先阐明21世纪的变革及其对职业技术教育的挑战。21世纪完全不同的经济和社会发展将对职业技术教育产生深远影响。职业技术教育系统必须适应包括国际化、日新月异的技术发展、信息和通信革命以及快速的社会变革等一系列变化。职业技术教育应以和平文化和环境可持续发展的社会经济发展新范式为基础，使其自身的发展范式从包容和广泛入学转向满足人的发展需求和赋权，从而有效地参与工作世界。

《21世纪愿景》提出的第二个建议是要完善终生教育与培训体系。《21世纪愿景》指出，终身学习是一个具有多种通路的旅程，而职业技术教育就是其

_____

① UNESCO：*Main Working Document：Transforming Technical and Vocational Education and Training*，Paris，2012.

中不可分割的一部分。除了经济维度以外，职业技术教育系统的设计还应包括文化和环境方面的发展性生活体验。职业技术教育系统应该开放、灵活、以学习者为中心。

《21世纪愿景》提出的第三个建议是创新教育与培训过程。《21世纪愿景》指出，21世纪的学习者面临的挑战要求职业技术教育采用创新的方法。其中首要的是重新调整课程，充分考虑到技术、环境、语言、文化、创业能力以及与休闲和旅游相关的服务产业等一系列新主题和新问题的重要性。尤其是在新信息技术开辟全新的基于技术学习潜能的条件下，应在职业技术教育的教学过程中运用现代技术和新的信息通信技术。

《21世纪愿景》提出的第四个建议是促进全民职业技术教育的发展。《21世纪愿景》认为，职业技术教育是使所有社区成员应对新挑战和发现其作为社会生产性成员角色的最有力的手段，也是实现社会团结、族群融合和个体自尊的有效工具。因此，职业技术教育项目应该设计成为囊括所有学习者需求的综合性和包容性的体系。

《21世纪愿景》提出的第五个建议是改变政府和其他有关方面在职业技术教育中的作用。《21世纪愿景》指出，尽管政府对职业技术教育的发展负有主要的责任，但是现代市场经济条件下的职业技术教育政策设计与实施应通过建立政府、雇主、职业界、产业界、工会和社会之间的新的伙伴关系来实现。

《21世纪愿景》提出的第六个建议是加强职业技术教育的国际合作。《21世纪愿景》指出，各国迫切需要国际机构为教育特别是职业技术教育提供更多的资金和技术支持，从而使职业技术教育为经济社会发展做出更大的贡献。此外，职业技术教育的国际合作还应加强教科文组织与劳工组织、世界银行、各地区开发银行、经合组织、欧盟等的合作以及南北合作和南南合作。①

2. 第三届国际职业技术教育大会共识

2012 年 5 月 14 至 16 日，教科文组织与中国政府合作在上海举行了第三届国际职业技术教育大会。来自 117 个教科文组织会员国和 72 个国际组织的 800 多名代表参加了会议。本次大会的主题是"培养工作和生活技能"，重点探讨如何改革和发展职业技术教育，以确保所有青年和成人均能获得工作和生活所需的技能。会议通过《上海共识：第三届国际职业技术教育大会建议》（以下简称《上海共识》）。

《上海共识》建议教科文组织会员国政府和职业技术教育与培训领域的其他利益相关方考虑执行如下七个方面的措施。

第一，增强职业技术教育与培训的针对性。确保职业技术教育与培训方案契合飞速变化的劳动力市场，推动"绿色职业技术教育与培训"议程，推动将信息通信技术同职业技术教育结合起来，制定框架和奖励机制，推动各相关方积极参与规划、管理、课程、评估、校企合作以及工作场所的学习。

第二，扩大机会，提高质量，增进公平。制定有效的政策来改进教学和学习过程，努力提高职业技术教育与培训的质量，提倡解决问题和批判性思维等通用技能、创业技能以及调整行为的能力，采取创新措施，开办高质量、包容性的职业技术教育与培训，促进女性与男性平等地参与职业技术教育与培训。

第三，调整资历，开发途径。采取灵活的途径，建立基于学习成果的资历体系，实现个人学习的积累、认可和转移，将职业技术教育与培训同普通教育结合起来，确保各级教育层次采取灵活的途径，建立职业指导系统帮助

---

① UNESCO：*Second International Congress on Technical and Vocational Education Recommendations-Technical and Vocational Education and Training：A Vision for the Twenty-first Century*，Seoul，1999.

学生选择适当的途径。

第四，改善证据基础。强化相关框架和工具，改善与制定国家政策议程有关的定量及定性证据的收集工作，提升国家在政策周期内有效利用证据的能力，加强职业技术教育与培训研究，确保国家数据收集和国际标准及举措保持一致。

第五，加强治理和扩大伙伴关系。建立囊括企业、工作者、学习者等的框架，在区域合作倡议和领域框架内，缔结职业技术教育与培训伙伴关系。

第六，增加职业技术教育与培训投资，实现多样化融资。吸纳所有利益相关方的参与，特别是通过采用适当的奖励机制，实现资金来源多样化；提倡定向融资办法，协助处境不利群体接受职业技术教育与培训和实现就业。

第七，宣传职业技术教育与培训。强调职业技术教育与培训在促进经济繁荣和社会融合方面起到的重要作用，增强其对于学生、家庭和其他所有利益相关方的吸引力。①

3.《关于职业技术教育与培训的建议》

1962年，教科文组织大会第12届会议通过了第一份《关于技术与职业教育的建议》。此后，教科文组织根据时间和背景的变化对该报告进行了多次修订和更新。1974年教科文组织大会第18届会议对该报告进行了首次修订。2001年，教科文组织大会第31届会议再度通过了对该报告修订的建议。而后，教科文组织大会第37届会议决议提出对该建议再次加以新的修订，以反映职业技术教育与培训中的新趋势和新问题。2015年，教科文组织大会第38届会议最终通过了最新修订的《职教建议》。

《职教建议》阐明了在一个不断变化的世界中，教科文组织各会员国根据自身的社会经济环境、治理结构和可用资源应遵循的一般原则、目标和指导

---

① UNESCO: *Shanghai Consensus-Recommendations of the Third International Congress on Technical and Vocational Education and Training*, Paris, 2012.

方针，从而在国家、地区和国际层面变革、扩大和加强职业技术教育与培训。建议会员国按照各国的宪法实践及治理结构采取适当的步骤和行动。

《职教建议》提出了职业技术教育发展的新概念、新愿景和新目标。《职教建议》提出，职业技术教育与培训营包括与广泛的职业领域、生产、服务和生计有关的教育、培训和技能发展。职业技术教育与培训作为终身学习的一部分，可能发生在中等教育、中等后教育和高等教育阶段。《职教建议》提出职业技术教育发展的愿景是通过增强个人、组织、企业和社区的能力，促进可持续的经济增长、社会公平等。《职教建议》还提出职业技术教育发展的 4 项具体目标，即增强个人能力以及促进就业、体面的工作和终身学习；促进包容和可持续的经济增长；促进社会公平；促进环境可持续性。

在政策与治理上，《职教建议》提出，会员国应制定针对职业技术教育与培训的相关政策，这些政策应与经济、社会和环境等广泛的政策领域相一致。会员国应通过一个全面的终身学习框架来引导、认可和促进各种形式和环境下的职业技术教育与培训，应酌情扩大其教育和培训体系内容，并通过促进和扩大成人学习者的参与来支持其职业发展。会员国应考虑界定或加强职业技术教育与培训的监管框架，促进部委间协调，增强职业技术教育与培训的治理、管理，在遵循符合公共政策、支持社会对话、责任、问责和效率等关键原则的基础上，加大私营部门对职业技术教育与培训的参与。会员国应制定措施，使资金来源多样化，并通过各种各样的伙伴关系吸引利益相关方的参与。会员国还应采取措施反对一切形式的歧视，通过改革和扩大各种形式的职业技术教育与培训，满足多种多样的学习和培训需求，确保所有青年和成人享有平等的学习机会，发展和增强其知识、技能和能力。

在质量和适切性方面，《职教建议》提出，会员国应鼓励学习者把握各种各样的学习机会，其学习内容应以基础技能为基础，进而深化对科学、技术、社会、文化、环境、经济以及其他方面的理解，应充分利用信息和传播技术的潜力，为学习者成绩信息的生成和使用建立有效和合适的评估系统。会员国应制定政策和框架，保障职业技术教育与培训工作人员合格并具有高素质。鉴于对基于工作的学习以及其他环境下包括社区的、远程的和网上的职业技术教育与培训日益重视，会员国有必要更加系统地支持培训师、导师以及其他促进者的新角色和学习需求，考虑制定或加强关于其地位、招聘及职业发展的政策和框架。会员国应建立以学习成果为基础、并与一系列商定标准有关的明确且注重成果的资格认证框架或体系，特别是促进通过非正规和非正式学习所获得的知识、技能和能力的承认、确认和认证体系。会员国应根据自身的具体情况、治理结构和宪法规定，营造优质职业技术教育与培训的环境，建立职业技术教育与培训的质量保证体系。会员国应建立职业技术教育与培训和劳动力市场信息系统，为发展和监管公私信息和指导服务提供便利。

在监测与评估方面，《职教建议》提出，会员国应根据自身的具体情况、治理结构及宪法规定，对职业技术教育与培训政策和计划进行评估，应开发合适的工具和指标衡量职业技术教育与培训政策的有效性和效率。

在研究与知识管理方面，《职教建议》提出，会员国应通过持续向跨学科研究投资，深化职业技术教育与培训的知识基础，以便为大背景下的职业技术教育与培训提出新的方法和认识，并为职业技术教育与培训的政策制定和决策提供信息。

在国际合作方面，《职教建议》提出，会员国应考虑共享知识、经验以及有前景的做法，加强国际职业技术教育与培训数据的收集，并且利用国际和地区网络、会议及其他论坛，尤其是与联合国系统各实体、地区机构，包括区域经济共同体、公民社会组织以及研究网络一道，促进合作，加强合作式互助，培养能力。①

---

① UNESCO：*Recommendation Concerning Technical and Vocational Education and Training* (*TVET*) *2015*，Paris，2015.

(三)政策影响

在国际社会不断关注和推进全球发展议程特别是 2030 年可持续发展议程的背景下，人们希望通过职业技术教育帮助成年人培养就业和创业所需的技能，从而促进平等、包容和可持续的经济增长。可以说，教科文组织的职业技术教育政策相互关联，不断完善，与全球发展议程具有高度的适切性。例如，《上海共识》的构想和政策领域有助于启发 2015 年《职教建议》的修订和起草工作，该建议是通过与同期修订的《关于成人学习与教育的建议》密切协调和配合制定的。这两项建议为职业技术教育和终身学习领域的工作提供了动力，对于帮助实施"2030 年教育"至关重要。[1]

第二节　世界银行的教育政策

世界银行是一个拥有五大机构的世界银行集团即国际复兴开发银行（IBRD，成立于 1945 年）、国际开发协会（IDA，成立于 1960 年）、国际金融公司（IFC，成立于 1956 年）、解决投资争端国际中心（ICSID，成立于 1966 年）和多边投资担保机构（MIGA，成立于 1988 年）。不过，一般所说的"世界银行"只是指国际复兴开发银行和国际开发协会，因为这两个机构为发展中国家提供低息、无息贷款和赠款。在创立之初，世界银行并不关注任何教育问题。从 20 世纪 60 年代开始，世界银行才开始关注教育领域的发展援助，到如今世界银行已经是世界上最大的教育援助资金的提供者，成为国际教育援助的领头者。从总体上看，世界银行是通过政治、经济的方式来影响发展中国家的教育发展的。世界银行不仅推行它对教育和发展的理念，而且通过援

---

① UNESCO：*Strategy for Technical and Vocational Education and Training（TVET）（2016—2021）*，Paris，2016.

助手段使之机制化。在世界银行的官方网站上，可以看到世界银行发展教育事业的决心——世界银行作为教育领域中的"新贵"，对发展中国家而言，并不仅仅代表了"西方国家所认为的对发展中国家最佳的教育政策和实践"，而且"代表了教育国际影响力的一个制度化进程，它试图向全世界推行它的教育发展模式以及专业术语"。① 目前，世界银行的教育政策已涉及早期儿童发展、技能发展、女童教育、教师教育、高等教育、教育管理、全纳教育以及教育中的数字技术、教育体系的评价与数据比较等主题。受篇幅所限，本节主要选择世界银行从20世纪末至今，在早期儿童发展、教师教育、高等教育这三个领域的主要政策进行阐述和分析。

一、世界银行的教育部门战略

(一)政策背景

世界银行从成立以来，一直把改善受援国的经济及其生产力和社会进步作为目标。但是在正式报告中，世界银行并没有一开始就关注解决教育或其他社会问题，而是强调公共基础设施建设如公路、电厂和通信设施。20世纪60年代之后，越来越多的发展经济学家转而注意人力资本对经济发展的战略作用，世界银行于1970年成立了教育部门，并且陆续发表了有关教育部门的政策文本，并且逐渐开展教育研究，发布研究报告和政策建议，其中不同时期所出台的教育部门战略，正式成为世界银行开展全球教育实践的指导纲领。

(二)主要政策

1. 1995年《教育的当务之急和发展战略：世界银行的回顾》

世界银行在1995年的教育部门报告《教育的当务之急和发展战略：世

---

① Chabbott C., "Constructing Educational Consensus: International Development Professionals and the World Conference for All," *International Journal of Educational Development*, 1998(3), pp.207-218.

银行的回顾》中重拾人力资源理论，首先强调了教育对经济发展和减贫的重要作用，并且提出，随着社会的不断发展进步，教育"必须满足经济对适应性强的工人的日益增长的需求，这些工人能够随时获得新的技能，而且它必须支持知识的持续扩展"。由此可以看出世界银行在新时期发展教育的关注点是投资人力资本以促进教育发展，世界银行认为"教育投资有助于人力资本的积累，这对提高收入和持续经济增长至关重要"①。

随后世界银行也指出，教育主要是通过提高贫困人口的生产力，来减少贫困；通过降低生育率来改善健康状况；通过教育使人们充分掌握参与经济和社会生活所需要的技能。同时世界银行也指出，实现这些目的的重点是发展基础教育（小学和初中教育）。"基础教育包括语言、科学和数学等一般技能，以及为进一步教育和培训奠定基础的交流，它还包括培养工作场所所需的态度。"在报告第七章，论述以基础教育为重点的公共投资时，世界银行主要是从效率最大化和公平最大化的经济学观点来看待公共教育投资，而将国家公共投资的重点放在基础教育上，有助于实现公共教育投资的效率与公平，也有助于应对目前教育系统所面临的挑战。除了上述几点，世界银行在这份教育报告中还对教育质量问题做出了阐述，并且提出了提升教育质量的四种途径，即设立标准、支持那些已经能够促进成果的投入、采纳灵活的策略来获得和使用投入、对行动进行监管。②

该报告是世界银行在 1980 年颁布的重要发展战略，报告体现出世界银行逐渐将教育置于发展战略的重要地位。该报告通过对世界银行教育发展历史的回溯、现状的分析、前景的展望，对教育发展有了更为深刻的把握，也确立了以基础教育为主的发展重点。虽然这一时期，世界银行的教育发展不再

---

① World Bank：*Priorities and Strategies for Education：A World Bank Review*，Washington，D.C.，1995.

② World Bank：*Priorities and Strategies for Education：A World Bank Review*，Washington，D.C.，1995.

局限于教育援助贷款这一较为单一的手段，但世界银行依旧是从经济本位出发考虑教育事业的发展。

2. 1999 年《教育部门战略》

1999 年发布的《教育部门战略》是世界银行首次以"教育部门战略"为名发布教育报告。这份报告主要阐述了世界银行推进"全民教育"的发展愿景。

这份报告的首要关注点是世界银行在这份报告中提出的全新发展愿景——"全民教育"。世界银行提出，教育的主要作用在于改善人民生活和减少贫困。教育之所以重要，最重要的原因是它有助于改善人民生活和减少贫穷。"它通过多种途径做到这一点，包括：帮助人们提高生产力和赚取更多的收入(因为教育是一种投资，加强他们的技能和能力——也就是人力资本)；改善健康和营养；直接丰富生活(例如，智慧思维带来的快乐和赋予它的权力感)；通过加强社会凝聚力和给予更多人更好的机会(从而通过机会实现更大的公平)来促进社会发展。"由此可以看出，世界银行将教育看成是促进整个社会增长发展，进而提高所有人收入的重要工具，因此十分强调教育的"全民性"。此外，世界银行在这份报告中还提到了目前"世界上许多国家通过国际公约和承诺承认教育是一项人权"，而在之前的报告中，世界银行主要看重教育的工具性作用，没有将教育视为一项基本人权，这可以看成是世界银行在对教育角色认知层面的一大突破。

除了新的教育发展愿景，这份报告的另一个强调重点是教育质量。报告提出，教育发展的关注点不仅仅在于学生入学机会的增加，也要对学生的学习成绩给予更多重视。学生接受的教育应该是优质的，这样才能够保证学生掌握生存所必需的一些基本技能，因此要通过改善教育质量，促进学生的优质发展。"提高质量意味着通过改善学生学习的环境，在学生获得的知识、技能和价值观方面取得明显的进步。学习环境包括学生的周围环境，以及学生、教师、管理者和其他服务提供者操作的系统。学习成果的质量影响并受教育系统之外的因素影响，例如家庭环境和对未来劳动力市场的看法。"①世界银行也给出了一些改善教育质量的具体措施，首先是强调教学过程；其次是注重基本技能的获得，这些基本技能包括读写、计算、推理和社会技能，解决问题的能力；再次是强调学习各种先进技术。

总之，这份战略报告十分重视基础教育在全民教育中的重要作用，强调教育质量，并且围绕这两个方面给出了一些观点和建议。在这份报告中，世界银行对教育理解的转变、对教学过程的关注、对学习环境的重视都体现出它正在用更为全面的视角来看待教育事业的发展。

3. 2005 年《教育部门新战略》

2005 年的《教育部门新战略》是进入 21 世纪之后，世界银行发布的第一份教育部门战略。在进入新世纪以来，之前世界银行所倡导的"全民教育"并没有取得太大成果，虽然基础教育、中等教育和高等教育的发展取得了一定进展，但距离预期目标的实现还有一定距离。世界银行认为，1999 年发布教育部门战略之后，世界银行教育业务发展的内外部环境都发生了改变，世界银行必须对形式的变化给予充分的重视，对新时期的教育发展战略进行修改与完善。在这份报告中，世界银行确立了全新的发展愿景——知识经济时代，也提出了新的发展目标——全民教育与面向知识经济的教育。

为此，世界银行提出了要加强教育对促进知识经济发展的作用，主要包括三个重要方面：首先，要把教育上升到国家范畴；其次，为了实现新的教育战略目标，要采用更为系统的综合方法；最后，教育发展要突出以结果为导向。在这份报告中，世界银行依旧强调了投资教育在实现减少贫困和提升竞争力方面的重要贡献。对此，世界银行提出，在对不发达国家或地区提供教育援助的同时，也要帮助建设这些国家或地区的教育系统，以此来保证世

---

① World Bank：*The International Bank for Reconstruction and Development：Education Sector Strategy*，Washington，D.C.，1999.

界银行教育发展战略的顺利实施。

这份战略报告更为明确地展示了世界银行在教育领域的发展战略，表明了世界银行在新世纪发展教育的全新图景。它表明今后自己将致力于在教育领域建立全球合作的伙伴关系，突破民族国家的界限，实现教育领域的全球合作。

要言之，该报告在 1999 年教育战略的基础上，强调知识经济时代教育的重要意义，指出一方面保持对基础教育的关注，另一方面强调基础教育之后的教育发展以及终身学习的重要性。这充分表明世界银行已经把高等教育作为促进发展和减轻贫困的一种关键性工具，因为"高等教育在知识经济中为减轻贫困和促进有效率的投资提供所需的知识和技能；能促进这方面的政策、治理和管理的改革；通过扩大低收入和处境不利群体学生的入学来提高教育公平；通过教师培训提高所有层次的教育质量，从而有利于实现全民教育和千年发展目标；可以创造社会资本并且提高发展项目管理的质量"①。

4. 2011 年《全民学习：投资于人类知识和技能以促进发展》

在经历了 2008 年的经济危机之后，发达国家的经济低迷使得世界银行一度面临着发展援助预算下滑的风险。在教育领域，世界银行从 20 世纪 60 年代开始一直通过教育贷款援助试图促进世界贫困地区的教育发展，然而它也发现，目前自身在教育领域的投入与产出不成正比，教育投资数额不断增加，但实际的产出效果却并不令人满意，即"充足的教育，匮乏的学习"。一方面，发展中国家的失学儿童人数比之十年前有极大地下降，但仍然距离千年发展目标提出的"普及基础教育"还有一定的距离。另一方面，受教育机会的增加也凸显了教育质量的重要性。获得进入学校机会的儿童是否能真正掌握应习得的知识技能，并获得适应未来知识社会的终身学习能力，成为最受人们关

---

① David Berk: *Tertiary Education: Lessons from A Decade of Lending*, *FY 1990—2000*, Washington, D.C., World Bank, 2002.

注的问题，因为经济增长、发展和摆脱贫困最终取决于人们所获得的知识和技能。令人担忧的是，从国际测试的结果来看，大部分发展中国家和经济合作与发展组织成员国之间存在很大的知识差距。

全球教育发展目标与现实的差距使世界银行有了深切的危机感，伴随而来的还有全球教育环境的变化：生育率的下降使得人口结构发生转变，低收入国家以幼龄人口为主，而中等收入国家青年人口激增并越来越集中在城市地区；中等收入国家的崛起催生了很多国家对技能型人才的需求；通信技术及其他技术的极大进步正在改变工作的特性和就业市场对技能的需求。

正是因为这些新挑战，世界银行需要明确自己新的教育愿景，从而提高教育援助的效率，并以此为基础与其他国际组织和国家加强在教育领域的战略合作伙伴关系。在此基础上，世界银行重新考虑了全球教育发展的方向，推出了新的教育战略《全民学习：投资于人类知识和技能以促进发展》，对未来十年的教育发展做出了布局与规划。

这份报告秉持了世界银行在教育领域的一贯观点，认为教育是经济增长和社会发展的基础，重视教育在减少贫困方面的重要性，同时也十分注重从以往的教育工作中总结经验教训。在此基础之上，提出了世界银行对未来教育的新目标，即从促进"全民教育"转变为促进"全民学习"。世界银行指出，"全民学习"目标的提出是在获得入学机会的基础上更强调受教育的结果，是对教育千年发展目标的提升，有利于在促进教育机会公平的基础上进一步促进教育结果的公平。

世界银行为了达成上述"全民学习"的目标，指出各国对教育的投资应做到早投资、明智投资、为全民投资。第一，儿童在早期获得的基本技能令他们进行终身学习成为可能，因此，各国应高度重视早期教育，投资于儿童早期教育。第二，各国公共教育投入应更为明智，即投资于能提升学习能力、提高学习质量的领域。第三，全民学习意味着所有的学习者都可以获得其所需的知识和技能，因此要保证女性、残障人士、少数民族人士等弱势群体获得与其他人同样的教育机会，要使任何人在人生的任何阶段都能获得学习机会。

在未来10年，世界银行规划了两大战略内容：第一，在国家层面，世界银行将着重支持各国教育体系的改革。明确今后将更加关注教育体系的运行效率，把资金和技术支持的重点放在促进学习成果的体系改革上。第二，世界银行将致力于为各国教育改革打造一个全球层面的高质量知识信息数据库。[1] 为此，世界银行启动了"导向更好教育结果的系统办法(SABER)"监测项目，其核心工作是通过对教育结果的系统监测和基本标准制定，保障各个国家和地区的教育结果，提升其教育质量。

(三)政策影响

2018年，世界银行重要的报告《世界发展报告》四十年来首次以教育为题，深入探讨了如何应对全球学习危机、提高教育质量、优化人力资本结构、应对人类发展重要难题。报告指出，如果学不到知识，教育就无法实现消除极端贫困、为人们创造平等的教育机会的承诺。数百万儿童在入学数年后仍不会读写或基本的算术，这一学习危机正在扩大而不是缩小社会差距。部分青少年学生已经因贫困、冲突、性别或残疾而处于弱势地位，在成年之前甚至掌握不了最基本的生活技能。报告提出了具体的政策措施建议，这些建议包括加强学习效果评估，利用哪些做法有效、哪些做法无效的事实证据来指导教育决策的核定，再次强调了世界银行提出的"全民学习"理念。

由此可见，随着世界银行不断发布新的教育部门战略，越来越重视教育发展，一方面继承了以往世界银行发布的教育战略报告中的重要观点，将教育看成促进社会发展的主要工具，认为"教育可以成为经济进步的引擎，是人

---

① 闫温乐:《世界银行与教育发展》，118页，上海，上海教育出版社，2013。

们改变和改善生活的机会"①，充分体现了世界银行的"金融银行"本质。另一方面，世界银行的"知识银行"角色在新时期的重要程度不断增加，世界银行集团提出建立一个全球层面的知识库就集中体现了这一点。它将"学习"这一概念提升到了一个前所未有的高度来加以重视，认为"学习"比"学校教育"的概念范围更广，更具包容性，把目光从学校教育转向社会范围内的全民学习，这体现了世界银行对教育质量的重视，同时，也是其在教育发展层面的重要突破。

二、世界银行的早期儿童发展政策

(一)政策背景

20世纪后期开始，国际社会越来越关注早期儿童发展。根据世界银行的一项研究表明，在最低收入和中等收入国家，如果学前教育的入学率达到50%，则会通过提高教育程度而产生高达340亿美元的经济利益。为了满足政府对早期儿童发展投资的指导需求，世界银行出版了一系列的政策报告，为决策者在经济、社会发展的需求下制定和实施最好的幼儿投资政策提供指导。世界银行认为，对早期儿童发展进行投资是一个国家为实现公平和长期繁荣所做的最明智的事情之一。因为儿童早期经历对其大脑发育有深远影响，影响他们的学习、健康等，甚至影响他们的一生。然而，由于缺乏适当的营养以及良好的抚育和支持，数百万的儿童未能充分发挥其潜力。从出生前一直到小学，对儿童的身体、认知、语言和社会情感发展进行正确的投资，对于引导儿童走上成功的学业道路至关重要。②

---

① World Bank：*Learning for All：Investing in People's Knowledge and Skills to Promote Development：World Bank Group Education Strategy 2020*，Washington，D.C.，2011.

② World Bank：*World Bank Education Overview：Early Childhood Development（English）*，Washington，D.C.，2018.

进入 21 世纪之后，儿童早期发展成为世界银行教育战略的重点之一。2000 年世界银行召开了关于儿童早期发展的国际大会，将大会相关论文和讨论汇编并出版了《从儿童早期发展到人类发展：为儿童的未来投资》一书，该书对全球儿童早期发展政策共识的达成起到了重要的推动作用。[1] 此后世界银行出版了一系列有关儿童早期发展与教育的政策报告，积极推动各成员国对儿童早期发展方面的重视，增加各成员国在儿童早期发展的投资，根据各国问题进行具体分析，并在此基础上完善政策体系，帮助各国在保障学前教育机会公平的同时逐步提升学前教育的质量。

(二)主要政策

1.《投资幼儿：儿童早期发展指南的政策对话和项目准备》

《投资幼儿：儿童早期发展指南的政策对话和项目准备》(以下简称投资指南)主要包括四部分内容。

在第一部分发起关于投资儿童早期发展的政策对话中，《投资指南》从经济、生存与健康以及入学准备与学业成绩三个方面回答了为什么要投资儿童早期发展。从经济角度来看，有强有力的证据表明，儿童早期发展干预可以在短期和长期内产生重大收益。在儿童入小学之前就出现认知和总体发展的延迟，往往会对其家庭和社会造成长期而高昂的代价，针对性强的儿童早期发展干预是一种经济有效的策略，可帮助预防或纠正这些延误，从而使生活在贫困中的儿童更加健康，在学校中表现更好，并成为更有生产力的成年人。从生存与健康的角度来看，对儿童早期发展的公共投资对儿童的健康成长起了关键作用。证据表明，中低收入家庭的许多幼儿由于营养不良等可预防的原因而遭受高死亡率与高发病率，这对其短期和长期的发展均会产生负面影响。幼儿期刺激、营养和健康与卫生三者之间的重要协同作用，对于儿童的

---

① 杨一鸣主编：《从儿童早期发展到人类发展——为儿童的未来投资》，1 页，北京，中国发展出版社，2011。

茁壮成长和发挥其全部潜能是必不可少的。从入学准备和学业成绩的角度来看，没有从优质幼儿发展干预措施中获益的贫困儿童往往在进入小学后没有做好学习的准备，这导致公共教育系统效率低下。目标明确的幼儿发展干预措施是一项成本低效益高的战略，有利于幼儿的入学准备、学业成绩提高和学业完成，最大限度地增加对公共教育的投资，使贫困儿童逐渐成长为有生产力的成年人。

在第二部分评估需求、衡量结果和建立政策框架中，要进行设计、监控和评估儿童早期发展干预措施的数据收集。首先，为了设计适合一国国民经济和优先事项的幼儿发展干预措施，必须进行情况分析或需求评估，其中包括社会经济、人口、健康、营养和教育状况的数据，以及现有服务质量和可得性的数据。确定人口需求和服务差距的情况分析是制定国家幼儿发展政策的第一步。其次，收集数据以跟踪和监控儿童早期发展服务的实施。儿童早期发展的改进措施可能需要各国政府来决定。影响评价还可以通过提供估计干预措施成本效益的数据来指导未来的投资。收集这些数据应该是一个周期性的过程。理想情况下，各国政府和合作伙伴将评估和重新评估其人口的需求，并相应地调整幼儿保育服务的提供。当需求得到满足时，可以重新调整干预的重点，以确定下一组问题的优先次序。反过来，最有效的方法是扩大其应用规模。接下来在综合服务的政策框架和体制安排中，概述了制定国家幼儿发展政策框架的理由和过程。鉴于幼儿发展方案的多部门性质，包括健康、营养、教育和社会保护等领域，而且政府参与的先例往往有限，建立一个政策框架可以提高国家对幼儿的愿景和目标的可见性，明确不同行为者和机构各自的责任，并为公共和私人投资提供重要指导。

在第三部分儿童早期发展投资的战略切入点中，《投资指南》在这一部分讨论了战略切入点的选择，包括如下四个切入点：第一，以入学准备为中心的基于学校的儿童早期发展计划，根据这些学校所服务的环境和年龄组，它们可能被称为托儿所、日托、学前班、儿童中心或幼儿园；它们旨在促进幼儿的发展(针对0至6岁年龄段的全部或部分年龄)，并提供小组设置，孩子可以与同伴互动。理想情况下，基于中心的计划以综合方式提供满足幼儿的各种需求(即健康、营养、教育等)的服务。第二，基于家庭的儿童早期发展计划，旨在改变健康、营养和养育子女的行为。解决幼儿健康、营养和早期刺激的儿童早期发展计划通常直接交付给母亲和儿童，或者通过信息和教育计划间接改善护理实践和育儿技能。这些信息和教育服务有时是在家庭以外提供的(例如，在社区或医疗中心)，但它们被认为是基于家庭的儿童早期发展干预措施。第三，针对有幼儿家庭的交流和媒体宣传活动，许多案例研究和形成性评估表明，关于儿童健康、营养和整体发育的宣传活动是有效的。第四，有幼儿家庭的有条件现金转移，有条件现金转移方案向目标家庭(通常是贫困家庭)提供资金，条件是他们采取具体行动，例如送孩子上学或利用预防性保健服务。目标是促进儿童的人力资本积累，以此打破贫穷的代际循环。

第四部分成本核算与融资的内容规划儿童早期发展干预措施时要考虑的成本类型，以及财务来源和融资机制的选择。在成本核算部分指出了分析和比较儿童早期发展项目成本结构的挑战。提供了在计划和计算儿童早期发展计划时应考虑的财务和经济成本的信息。在儿童早期发展项目投资部分讨论资助幼儿发展计划的筹资机制。指出了在进行幼儿发展投资的跨国比较时面临的挑战，并就可作为比较分析变量的维度提供了指导。大多数国家在筹集足够的收入以提供优质的幼儿保育服务方面，还有很长的路要走。各国政府不仅需要对幼儿保育服务作出预算承诺，而且还需要与幼儿保育提供者和主要利益相关者合作，寻找创新、稳定和可持续的收入来源。

2.《加快儿童早期发展：投资幼儿以获得高回报》

世界银行网站资料显示，世界银行在2014年12月发布了一份战略报告《加快早期儿童发展：投资于幼儿以获得高回报》，提出了世界银行对早期儿

童发展投资所设想的框架。首先，该报告指出了 25 项被证实对于儿童成长与
发展非常关键的干预措施，如图 8-1 所示。

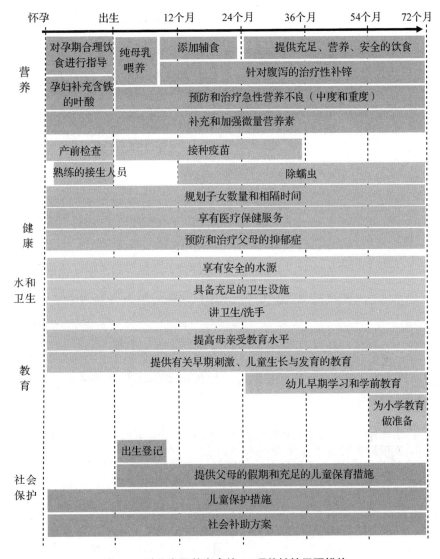

图 8-1　对儿童及其家庭的 25 项关键性干预措施

第一，提出五项综合一揽子计划。25 项干预措施可以在儿童生活的不同
阶段通过以下五个综合一揽子计划加以实施。

(1)涵盖整个早期儿童发展阶段的家庭支持一揽子计划,旨在促进儿童身体、社会和认知发展,包括提高母亲的受教育水平、计划子女数量和相隔时间、提供早期刺激和儿童生长与发育教育等共12项干预措施。

(2)孕期一揽子计划,旨在降低孕妇和新生儿死亡率,减低新生儿贫血和低出生体重的危险,包括产前检查、孕妇补充含铁的叶酸、为孕期合理饮食进行指导共3项干预措施。

(3)儿童出生一揽子计划(从出生到6个月),旨在预防婴幼儿发病,降低婴幼儿和产妇的死亡率,包括分娩中有熟练的接生人员、出生登记、纯母乳喂养共3项干预措施。

(4)儿童健康与发展一揽子计划(从出生到5—6岁),旨在预防儿童死亡,减低发育不良和贫血的危险,提高儿童的认识发展,包括接种疫苗,为幼儿提供充足、营养和安全的饮食,预防和治疗急性营养不良等共5项干预措施。

(5)幼儿园一揽子计划(3—6岁),包括提供学前教育和为小学教育做准备共两项干预措施。

第二,提出四项政策原则。除了以上关键的干预措施和综合一揽子计划外,为了创造一个表现最优的早期儿童发展体系,报告还呼吁各国必须记住四项原则。

(1)需要准备一份综合性的早期儿童发展诊断与策略报告,从而找到差距和政策关注点。事实上,据世界银行网站资料显示,世界银行在2012年就推出了"优化教育结果的系统方法——早期儿童发展"这一工具,针对有利的政策环境、政策实施的范围、质量监控与保障三个方面进行政策评估。考虑到成本和资金,国家还应优先考虑三个因素:一是时间,尤其是从母亲怀孕前3个月到儿童2岁之间;二是影响儿童发育不良的危险因素;三是最脆弱的目标。

(2)必须通过有效的协调机制广泛实施。考虑到干预儿童生长发育的措施无法通过某一个部门完成，因此需要协调多个部门和机构。协调机制既包括横向部门之间，也包括中央与地方政府之间。一般而言，健康部门会负责幼儿早期的生活，教育部门则通过幼儿园负责儿童的基础教育。虽然不同的国家因教育体制不同，可能产生不同的安排，但每个国家都必须采取务实的态度，建立清晰的角色定位和职责范围。

（3）不同干预措施要形成协同增效效益并节约成本。例如针对儿童的认知发展，需要结合儿童早期学习等教育措施和经济援助措施。又如针对营养的干预措施将会在儿童7岁以后逐渐失去作用，但随着时间的推移，接受了营养干预措施的儿童会渐渐产生教育收益。

（4）监测、评价与扩大成功的干预措施。全面监测和评价早期儿童发展的投资和成效，有助于提高政策管理的效率。一方面，要收集幼儿的需求数据；另一方面要把这些有价值的数据提供给管理者和决策者，以便他们调整和适应政策目标。

3.《结合现金支付和父母计划来促进儿童早期发展》

世界银行网站资料显示，2018年，世界银行在《结合现金支付和父母计划来促进儿童早期发展》报告中考察了现金支付项目是否能有效促进儿童发展。在世界银行的公共部门计划中，现金支付计划享有一定的特权，因为它们的目标是最贫困和最脆弱的家庭，如会导致儿童慢性营养不良和其他贫困指标中最容易剥夺儿童发展机会的家庭。其次，报告分析了现金支付计划结合父母计划是否能更有效地促进儿童发展。报告指出，父母和照顾者是孩子发展的建筑师，他们作为婴儿营养、健康和安全的负责人，对儿童的健康发展至关重要。除此之外，父母通过与孩子的交谈，陪伴他们一起玩耍或阅读，给他们讲故事并以互动方式回应他们的提问，能积极塑造儿童的技能和社会情感能力。如果把现金支付计划和相关措施相结合，就能改善父母自身的行为，成为促进儿童早期发展的有力工具，具体体现为：第一，在家庭层面运作现金支付计划，使贫困家庭的父母能够放松家庭的预算限制，从而改善家庭环境，花更多时间与子女互动，并投资于孩子的健康、营养和教育；第二，现金支付计划通过减少经济紧张和贫困的影响，可以改善家庭成员的心理健康，这使父母可以更积极地与子女互动，促进儿童发展；第三，相关的结合措施可以直接提供以儿童为中心的商品和服务，并鼓励父母获得可用的服务，获取知识并采取促进幼儿身体健康及其认知和非认知技能的行为，并为幼儿提供安全保障，促进其早期学习和发展的环境。尽管来自发展中国家和发达国家的数据不一，但许多研究证明，父母计划可以改善儿童的发育结果，尤其是在其认识和语言方面。值得注意的是，父母计划在改善儿童营养方面效果较差。

再次，报告提出了四种结合现金支付和父母计划的模式，即整合模式、融合模式、协调模式和捎带模式。整合模式是指由现金支付计划来管理父母计划，曾在孟加拉国、哥伦比亚、布基纳法索和尼日尔实施；融合模式是由不同的机构负责实施现金支付计划和父母计划，但明确地为共同的人群提供合作服务，曾在印度尼西亚、墨西哥、卢旺达实施；协调模式是指现金支付计划和父母计划并没有明确的合作，但各自对相关的人群进行干预，曾在秘鲁实施；捎带模式是指现金支付计划由一个既定的独立平台来提供，如已经提供父母计划的初级卫生保健网络。

最后，报告提出几点政策建议：第一，虽然将现金转移计划与父母计划相结合有望改善儿童早期发展，但证据依然有限，在世界银行研究的10个案例中采用整合模式的最为常见，但模式的选择还需取决于各国的国情和计划的适应性；第二，在发展中国家和发达国家实施的父母计划已经提供了一系列良好经验，但很难总结出一套放之四海而皆准的一般做法；第三，在考虑将父母计划纳入现金支付计划时，政策制定者应根据机构的管理、协调或与现金支付计划保持一致的能力来审查现有的方案，政策制定者需要仔细考虑哪个机构可以作为父母计划最合适的实施者，并使监督的持续时间、频率与计划干预的强度和一线工作者的资格保持一致。

4.《早期刺激：帮助父母让其孩子们茁壮成长》

2018年的报告《早期刺激：帮助父母让其孩子们茁壮成长》旨在提供各国的一些有效实例，为父母一起开展有效的儿童早期刺激措施提供指导和建议。世界银行认为在所有国家，不同收入和教育水平的父母都可以且应该为子女进行有效的早期刺激。因此，世界银行将早期刺激整合到由其贷款资助的健康/营养、社会保护、教育、技能、社区发展等领域的项目中，并取得了一定的成效。世界银行网站资料显示，具体的实施渠道如下。

（1）家访。家访者通常是社区卫生工作者，他们可以向家长传授关于儿童早期刺激的知识。家访通常在每周或每两周进行一次，会为家长留下游戏材料，并可以在随后的家访中用不同的玩具替换。

（2）小组会议。小组会议是在社区内的便利地点为父母和他们的孩子举办的培训活动。训练有素的社区卫生工作者、社区志愿者辅助专业人员来领导这些小组，向参加活动的父母展示早期刺激活动、培训照顾者技能并回答其问题以及组织讨论。

（3）卫生诊所的候诊室。卫生诊所的候诊室可以尽早地向家长提供有关早期刺激的信息，塑造家长良好的养育行为，为儿童提供有玩具和书籍的活动等。

（4）社区健康计划。在低收入家庭，卫生工作者往往是第一个也是唯一一个与幼儿父母有联系的服务者。因此卫生工作者可以向家长传递信息，促进儿童的健康检查。

（5）营养计划。营养计划可能特别适合于为2岁以下的儿童提供早期刺激，因他们在这个时期大脑发育迅速，早期刺激至关重要。此外，一些营养干预措施，如母乳喂养，能促进照顾者和婴幼儿之间的良好关系，这也是早期刺激的关键因素。

（6）现金支付计划。它通过积分或定期聚会的形式为父母提供有关营养、健康和早期刺激的知识, 尤其用于低收入和中等收入国家, 但其可能对早期刺激的干预措施是有限的, 因有针对性的现金支付计划的对象主要是那些最脆弱的家庭。

(7)学校团体。例如以家长—教师协会和其他以学校为基础组建的团体, 对学龄前的学生及其家长进行早期刺激的培训。

(8)女性参与行动和学习小组。早期刺激已被纳入女性参与行动和学习小组之中, 在协调人的支持下, 女性讨论育儿挑战, 包括孕产妇抑郁、营养、健康、卫生和早期刺激, 并确定克服它们的解决方案。

(9)大众媒体。无线电广播、移动短信和电视都可以向父母提供有关早期刺激、良好的健康和营养来促进儿童发展的信息, 同时技术也可以根据儿童的年龄和发展水平来定制信息, 为父母提供及时的指导。

在人员保障上, 报告指出, 从事儿童早期刺激的理想人员需要具备较高的专业能力, 例如能提供专业服务的机构可能比社区志愿者具有更高的技术专业知识, 但价格却非常高; 社区志愿者可以理解社区内其他成员的文化背景, 然而他们可能没有达到早期刺激所需的最佳教育水平, 并且由于薪酬水平较低, 可能会有更高的流失率。

最后, 报告提出了有效开展早期刺激的十条建议。

(1)让所有父母和照顾者都参与进来。有时早期刺激只关注母亲, 但是研究发现, 与幼儿互动的父亲和其他主要照顾幼儿者也在孩子的发展中起着关键作用, 他们也应该学习并实践早期刺激。

(2)在幼儿出生前就开始。早期刺激开始的年龄越小, 影响越大。

(3)使其具有参与性, 让家长有机会练习和分享经验。与父母和主要照顾者的活动应尽可能有互动性。辅导者应该模仿与孩子的互动, 练习唱歌和游戏, 带来用于游戏的材料并及时地反馈, 鼓励家长在家中练习新技能并分享经验。

（4）强调语言发展。婴幼儿的照顾者，即使是那些受教育程度低的人，也可以通过讲故事、唱歌、描述日常生活以及命名幼儿的物品来增强幼儿的语言习得能力。这些活动应该尽早开始，因为语言发展在幼儿们说话之前就开始了。

（5）重视游戏。游戏是儿童认知发展的基础，可以培养其批判性思维以及他们的创造力和想象力。婴幼儿的照顾者可以利用积木或其他工具与儿童玩游戏，例如用勺子、铅笔或其他物体来假装"打电话"。

（6）利用当地知识和材料。如利用低成本和易于获得的材料，如塑料瓶、瓶盖、袜子和鹅卵石，可以很容易地转化为自制玩具，如摇铃、汽车和玩偶等。

（7）安排与参与者的频繁接触。早期刺激的干预需要合理的密集才能有效。有证据表明，每月至少需要进行两次家访以使儿童发育受益，并且高质量的干预措施才能产生影响。

（8）监督和支持提供早期刺激培训的人员。研究表明，支持性监督是成功进行早期刺激干预的基本要素，包括观察培训者和干预人员，并提供及时、支持性的反馈。

（9）尽可能利用现有的系统。除非使用现有系统，否则早期刺激的干预措施可能无法持续。为了降低忙碌的工作人员有超载的风险，重要的是要确保有足够的资源来培训、监督从事早期刺激的服务人员。

（10）从小处开始，确保质量后展开。扩张得太快可能适得其反。重要的是要探索一个小规模的有效方法，并确保高质量，然后扩大到更广泛的覆盖范围。在整个计划的扩展过程中，重要的是识别任何问题并解决它们，并实时提供支持。

5.《幼儿的早期学习：是什么？为什么重要？我们如何推动？》

为了进一步帮助各国政府开展一系列简单且负担得起的干预措施来支持幼儿及其家庭，促进儿童的早期发展和学习的机会，世界银行在 2018 年发布了总结性的报告《幼儿的早期学习：是什么？为什么重要？我们如何推动？》。

该报告首先指明了早期刺激和早期学习的重要性。早期刺激，即通过简单的日常活动，如说话、唱歌、阅读和玩耍来刺激婴儿的神经发育，并为其未来的生活建立强大的大脑。儿童通过互动和刺激来学习，他们需要观察、感受、聆听来了解周围的世界。在孩子开始更正式的早期学习之前，父母和照顾者为孩子的发育早期提供这些机会至关重要。早期刺激之所以刻不容缓，一是因为在儿童发展的早期，他们的大脑发育比其他时期都更快并且最具有可塑性。但是这种可塑性是一把双刃剑，即机会也易错失。大脑的发育是连续并累积的，从简单的网络发展到负责的网络；身体、感觉、运动、认知和社会情感的发展是相互依存的，构成一个动态网络，最终影响个体的终身发展。在这个关键时期，孩子需要关怀和早期刺激，保证其安全和营养，并给予其学习的机会。二是因为早期发展的技能为未来的成功奠定了基础。在出生到进入小学期间，孩子们培养了重要的技能，会为未来他们的学习、就业和成功奠定基础。这些技能主要包括：第一，认知技能。可以让儿童保持注意力，能理解并与他人沟通，逐步解决更复杂的问题。第二，执行技能。这一技能尤为重要，因为它们包括儿童集中注意力，计划和管理时间，设定目标以及在不同情况下调节自己行为的能力。第三，社交和情感技能。这让儿童与他人相处融洽，并管理负面情绪和攻击性行为。

因此，在儿童早期需要给予一种安全的、有保障的、积极的关系。具体而言，包括给予幼儿一定的刺激和探索的机会，如观察、感受和触摸的机会等；讲故事，孩子应该倾听故事并理解内容，了解如何打开和阅读一本书；结构化的游戏学习，通过针对关键领域的游戏活动和与其他儿童的互动来发展技能。为此，各国政府需要为孕妇、父母和照顾者提供帮助和支持，培训他们的育儿知识和能力，为家庭提供优质实惠的儿童保育条件，不断扩大幼儿园规模。

　　早期学习，是指儿童在进入小学之前获得较为正式的学习机会，例如幼儿园、游戏小组和其他有组织的早期学习活动可以帮助孩子培养他们在小学及以后取得成功所需的早期语言能力、读写能力、计算能力和社交能力。儿童早期（即学前期）在认知和社交情感技能开发方面的差距，可能会制约儿童利用小学教育发掘其全部潜力的能力。早期学习的重要性不仅在于儿童走进教室后就要做好学习准备，还在于学校切实为儿童学习提供机会。尤为重要的一点是，上学后的最初几年可为今后学习奠定基础。一项对 12 个低收入和中等收入国家的研究发现，上过幼儿园的人比没有上过的人要具有更高的学历；另一项全球调查显示，在低收入和中等收入国家的 15 岁学生中，上过幼儿园的学生比没有上过幼儿园的学生平均阅读成绩要高出 67 分，数学成绩要高出 83 分。为此，各国政府可以通过多种渠道来促进儿童的早期学习，其中正规和非正规的学前教育被证明是有效的工具。

　　（三）政策影响

　　进入 21 世纪后，世界银行与各国政府和合作伙伴一起制订、实施政策与计划，使更多的儿童有获得优质儿童早期教育的机会，并满足所有儿童的发展需求。世界银行的教育战略采取协调一致的方法，承认贫困、性别排斥、冲突和残疾等特殊挑战。在儿童进入小学之前，早期的认知和社会情感发展方面的差距可能会限制儿童进入小学后发挥其全部潜能。世界银行旨在通过创造有利的环境，在儿童早期阶段培养在学校和生活中取得成功的技能。①

　　世界银行通过学前教育政策宣传投资儿童早期发展的重要性，引起了各个国家对儿童早期发展的重视，并利用 SABER——儿童早期发展政策评估工具帮助各国评估和完善学前教育政策，通过贷款和投资等方式推动全球特别是发展中国家建立并完善学前教育体系。在世界银行的努力下，各国在针对

---

① World Bank: *World Bank Education Overview: Early Childhood Development（English）*, Washington, D.C., 2018.

具体问题进行分析的基础上,逐渐完善政策体系,增加对儿童早期发展的投资力度,进而推动学前教育的普及并提高学前教育的质量。

世界银行学前教育政策推动了多个国家对儿童早期发展的政策制定和实施,在一定程度上促进了学前教育的普及,有利于全民教育和可持续发展教育目标的实现。早在 2000 年,联合国教科文组织在达喀尔举办的世界教育论坛上通过的《达喀尔行动纲领》中,强调到 2015 年要实现的目标之一就是"扩大和改善幼儿尤其是最脆弱和条件最差幼儿的全面保育和教育"①。而 2015 年 9 月召开的联合国大会上,通过的《2030 年可持续发展议程》中的目标四是教育相关的目标,在这一目标中,对于学前教育目标的表述为"到 2030 年,确保所有女孩和男孩都能获得优质的幼儿发展、看护和学前教育,使他们为接受初级教育做好准备"②。所有儿童都有接受优质学前教育的权利已经成为全世界的共识,世界银行近年针对早期儿童发展出台的相关政策,非常有力地推动了许多国家特别是非洲、拉丁美洲、南亚等地区的发展中国家的学前教育普及,在一定程度上为全民教育和可持续发展教育目标的实现做出了贡献。

三、世界银行的教师教育政策

(一)政策背景

在世界银行看来,教育质量比教育数量更能准确地预测经济增长。如果一国能把考试成绩提高一个标准差,那么国民生产总值平均年增长率可以在长期内提高约 2 个百分点。如果说教育投资的经济效益取决于学生的学业成绩,那么有哪些关键因素会影响学生的学习呢?尽管许多研究已经证实了在早期保证儿童的营养、健康和生活情感发展的重要性,但是一旦孩子们上学

---

① UNESCO: *Dakar Framework for Action*, *Education for All*: *Meeting our Collective Commitments*, Paris, 2000.

② UN: *Transforming Our World*: *The* 2030 *Agenda for Sustainable Development*, New York, 2016.

后，没有任何一个单一因素的影响能胜过教师的质量。可以说，高质量的教师队伍是所有高质量教育体系的基石。此外，教师工资往往是各国教育预算中最大的支出项目，因此实施正确的教师政策至关重要。同时，对教师质量的关注也关系到全民教育目标的实现。为此，世界银行利用"优化教育结果的系统方法——教师"(SABER—TCH)这一工具发布系列国别报告，同时又出版了一些重要的地区性和全球性政策报告，为世界各国的教师政策改革提供最新的依据和实践经验。

(二)主要政策

1.《教师教育者和初级教育计划》

世界各国经常面临着提升现有教师队伍水平，同时重新设计新的教师培训计划的挑战。通常情况下，职前教师培训、初级教师培训和在职教师专业发展是很难被区分开的。在许多发展中国家，这些情况出现的原因是许多教师在没有任何教师培训的情况下被聘用。在过去40年中，小学和中学入学率有了大幅提升，现在需要做的是扩大教师队伍。目前对学生教学和教师教育的研究日益增多，这为新的培训模式、课程、教师标准、校本学习和认证要求提供了动力。充分了解教师以及教师最初是如何被选拔、培训、筛选、毕业、认证、实现专业发展并最终获得高级认证的，将有助于实现教师政策范围的可视化。①

2009年世界银行发布了这份政策报告《教师教育者和初级教育计划》，首先围绕着职前教师教育中的几个关键问题进行了讨论，包括教师职前培训的时间和地点；职前教师教育课程比例的协调；教学证书的颁发；合同式教师的聘用等多个方面。在此之后，报告提出了总结性的几点问题：一是有效的教师教育者通常被要求有教育学硕士或博士学位，或在特定学科(如数学教育)具有教学经验。二是在大多数国家，进入教师培训的学生"质量"仍然令人

---

① World Bank: *Teacher Educators and Initial Education Programs*, Washington, D. C., 2009.

担忧，优秀学生通常被其他职业吸引，因为那些职业具有更高的社会声望和更高的报酬。三是教师群体目前依旧是以女性为主，并且出现了队伍老龄化的现象。四是提出教师初级教育筛选机制的主要组成部分，即基本技能考试、面试、高中成绩、学科领域考试以及四年大学学位、教学科目大学学位、教师入学考试。最后一部分是高质量的初级教师教育计划需要在学校的学术内容和教育理论与实践中保持平衡。学校所提供的教学经验与教师的教学和课堂管理能力是成正比的。① 在介绍了教师教育政策制定的主要流程之后，该报告围绕着教师培训的相关问题展开了论述，主要关注的问题如下：第一，大多数国家对教师教育工作者的资格要求是什么？第二，谁从事教学工作？第三，教师候选人的智力素质如何，与进入其他专业的教师相比如何？第四，把最初的教师培训搬到大学水平有什么效果？第五，初始教师培训理论与实践的平衡点是什么？第六，在什么样的机构里培训教师？第七，初始教师培训课程的性质是什么？第八，教师教育课程由谁负责审批？第九，学科知识在教师初始培训中应该扮演什么角色？第十，最初的教师培训应该包括教育基础和方法课程吗？第十一，教师应该如何接受技术使用方面的培训？第十二，实践经验课程的作用和在整体中所占百分比是多少？第十三，初始教师教育项目的供需双方。第十四，聘用合同制教师对教育质量的提升有何作用？通过对上述问题的描述与回答，报告得出了最终结论，认为长期可持续地解决教师短缺问题的办法不是使低成本、非专业教师制度化，而是使教学成为一种有吸引力的职业，让教师拥有体面的工作和生活条件。②

2.《优秀教师：如何提升拉丁美洲和加勒比海地区学生的学习》

世界银行网站资料显示，2016年的这份《优秀教师：如何提升拉丁美洲和加勒比海地区学生的学习》报告中，首先指出在这一地区的教师具有五个特

---

① World Bank：*Teacher Educators and Initial Education Programs*，Washington，D. C.，2009.

② World Bank：*Teacher Educators and Initial Education Programs*，Washington，D. C.，2009.

点：一是多数是具有较低社会经济地位的女性；二是具备高水平的正规教育，但是认知技能薄弱；三是工资待遇相对较低，且工资上涨趋于平直；四是工作稳定；五是教师供应过剩。针对教师教学时间利用低效、教师倚重黑板而较少利用信息技术、课堂学生参与度低、学校内和学校之间的课堂实践差异巨大这些问题，该报告指出了以下针对招聘、培养、激励教师三大方面的解决策略。

第一，招聘更好的教师。这就意味着要提高教师的选择性，包括提高进入教师教育的标准、提高教师教育的质量、提高新教师的招聘标准三大方面。首先，在提高进入教师教育的标准上主要采取的策略如下：第一，在教育部的直接管理下关闭低质量的学校（一般是指非大学的教师教育机构）；第二，建立由教育部直接管理的全国性教师教育大学机构；第三，为优秀的学生提供奖学金；第四，提高高等教育机构的认证标准。其次，在提高教师教育的质量上可以采取的策略有职前培训的重点应放在新教师如何面对课堂工作和提高学生的学习成绩以及提高教学实习的最低标准等。最后，在提高新教师的招聘标准方面，主要的策略有拟定国家教师标准、开展教师技能和素质的岗前测试和选择性教师证书。

第二，培养更好的教师。一旦教师被录用，就涉及教师入职、评估、职业发展、管理等环节。在教师入职环节，意味着学校要为新教师在最初 5 年的教学工作中提供发展支持，并且辨识出某些不合适教学工作的人员将其劝退。在教师评估环节，研究表明成功的教师评估体系具有四大特征：一是基于教师标准建立一个对优秀教师能力和行为的清晰表述；二是对教师的表现进行全面评估；三是评估工具具有技术效度以及评估过程具有完整性；四是有良好的制度来保证评估结果（包括正面和负面）的影响。在教师的职业发展环节，可以采取以下策略：一、开展"脚本培训方式"，使教师能在每一天规划好的课程中使用特定的教学策略和附带材料；二、关注内容掌握的培训，旨在填补教师的知识空白和加强他们在所教科目中的专业知识和教学效率；三、关注课堂管理的培训，通过备课、有效利用课堂时间、保持学生参与的策略和有效的教学技巧来提高教师的课堂效率；四、开展同伴协作，在学校内或跨校中建立小型的教师小组，可以在课程开发、学生评估、教学研究及其他活动中开展相互学习和合作，来提高教师职业发展。在教师的管理方面，学校领导要承担起充分发挥教师潜力，并有助其专业成长的直接责任，因此需要开展多种方式并增加对校长的培训。

第三，激励教师积极开展工作。对教师的激励措施包括三个领域，即职业领域的奖励，包括内在的满意度、知识掌握和专业成长、职业认可和声誉、良好的工作条件和愉快的工作环境；责任压力领域，包括工作的稳定性、学生反馈、管理反馈；经济奖励，包括差异性工资、奖金、养老金及待遇。

3.《教师的有效配置：政策说明》

世界银行在 2018 年发布的这份《教师的有效配置：政策说明》报告中，首先介绍了在雇佣、调配和管理教师方面的困难。通过在印度尼西亚地区的调查研究，世界银行发现，印度尼西亚教育系统不平等和效率低下的一个主要原因是教师招聘程序不完善和教师管理不善。这导致学校无法聘用到最好的候选人成为教师，也导致不同学校之间，教师群体分配不平等的现状。随后，报告进一步指出，这项研究的主要目的是向政策制定者提供具体的政策方向和选择，以改进与确定教师需求以及教师的公平分配、招聘和分配有关的制度，该研究还旨在改善中央政府与地方政府在教师任命和调配方面的合作方式。在对教师的需求和分配问题进行审查时，教师供过于求，缺乏有效的教师管理所需的一致数据，中央政府关于教师队伍管理的规定的泛滥引发的教师需求差距，教师配置管理问题的协调四个方面所暴露的问题最为突出。在介绍教师聘用和分配的良好做法之时，该报告重点关注了确定对教师的需求、抽样地区教师分布概况、教师招聘实践、公务员教师招聘与调配中的问题等几个方面。第三部分的重要内容是关于招聘和部署教师的国际经验和良好做法。在这一部分，首先介绍了教师调配系统运作的两种方式，即国家集中规划和市场体系运作。并且指出，在实践中，许多国家采用集中和分散相结合的教师部署制度。接下来重点介绍了建设合理有效的教师教育政策的一系列举措，主要包括：使用合理的激励措施；奖励表现好的教师；投资教师专业发展；为特定地点招聘教师；要求新入职教师在偏远学校任教；将教师职业发展与农村地区发展联系起来；在教师入职前与入职后改善教师教育，鼓励专业发展；为合同制教师提供专业发展机会；改善教师管理；为教师提供支持性服务；培养学校领导。①

最后，报告介绍了中央、地方和学校应考虑的一些政策建议，并给出了今后的一系列发展规划。世界银行认为，需要在选定的地区和省份开展世界银行和相关部门之间的合作行动，以支持改善教师就业和调配系统，并确保教育质量的公平分配。具体分为三个步骤：通过制定更有效的系列政策来促进教师聘用和部署系统的有效实施；开展社会化努力，以提高人们对教育和培训系统的认识；在线管理信息系统以提供技术支持。②

4.《世界范围内的教师专业发展：证据和实践之间的差距》

世界银行在2018年发布了《世界范围内的教师专业发展：证据和实践之间的差距》，报告的目标主要有：第一，通过提出一种调查工具——在职教师培训调查工具（ITTSI）来填补教师专业发展课程本质特征方面的信息空白，以记录在职教师培训计划的设计和实施细节。在得到数据信息之后，使用定量和定性相结合的方法分析了结果数据。第二，利用这些数据来描述低收入和中等收入国家在职教师培训的现有证据，对比得出能使学生获得大量学习收益项目的特点。第三，从世界各地规模化的教师专业发展课程样本中评估当

① World Bank: *Efficient Deployment of Teachers: A Policy Note*, Washington, D. C., 2018.
② World Bank: *Efficient Deployment of Teachers: A Policy Note*, Washington, D. C., 2018.

前在职教师专业发展实践，并分析当前实践与评估课程产生的最佳实践之间的差异。

该报告的主要结论为：第一，揭示了教师专业发展课程的普遍缺陷。首先，课程非常多，并且这些课程在科目和教学重点、教学时间、教师能力的培养以及其他许多变量方向都有所不同。然而，对这些变量的报道往往试图将它们简化为少数几个变量，每个学者都独立决定哪些变量与报告最相关。因此本文提出了一套标准的指标——ITTSI——来促进报告的一致性。① 其次，论证了教师专业发展计划的一些特点，重点介绍了能够与晋升或薪酬等激励措施联系起来、具有特定的学科重点、在培训中能够结合的课程设置。此外，有证据表明，后续访问以加强培训中所学的技能对有效培训非常重要。详细的记录项目特征与严格的评估，将会为有效的评估提供信息。再次，通过比较不同规模的教师专业发展课程项目和表现最优秀的评估项目的方法，验证了证据中所表明的教师专业发展课程项目的有效特征与大多数教师专业发展课程项目在设计、内容和交付方面的实际情况之间的差距。研究结果表明，规模化培训项目往往缺乏高绩效培训项目的关键特征，规模化培训与职业激励挂钩的可能性就很小。

报告最后指出，改善在职教师专业发展对政府而言是十分有利的。他们已经在这些项目上投入了资源，教师和教师工会对这些项目也有着广泛的支持。报告中提到的一系列措施为国家政府和利益相关者提供了学习机会，并制订出有效的教师专业发展计划。报告最后强调了最有效的措施，如激励机制、特定主题重点和课程制定等，如果能被采纳并且成功实施，会对教师专业发展课程的质量、教学质量和学生学习的质量都有所提升。②

---

① World Bank：*Teacher Professional Development around the World：The Gap between Evidence and Practice*，Washington，D. C.，2018.

② World Bank：*Teacher Professional Development around the World：The Gap between Evidence and Practice*，Washington，D. C.，2018.

(三)政策影响

世界银行出于对提升教育质量的考虑,十分重视优秀教师队伍的建设,因此对教师教育的发展也极为重视。作为世界范围内教育贷款数量最大的国际组织,世界银行为许多国家都提供了教育援助项目,对世界各国尤其是广大发展中国家的教育发展起到了极为重要的推动作用。在教师教育层面,世界银行相关政策的出台都是建立在大量数据与文字资料的支持之上,这就为世界各地区教师教育的发展提供了一个借鉴与范本。其次,世界银行出台的相关政策作为指导开展教师教育的主要政策报告,在广大发展中国家的教师教育事业发展层面发挥了十分积极的作用。在政策的指导之下,广大发展中国家的教师教育建设逐渐步入正轨,发展中国家的教师数量、教师群体质量、整体教育水平都有了较为显著的改善。

四、世界银行的高等教育政策

(一)政策背景

世界银行最初并不关注高等教育,在20世纪60年代至70年代一直坚持人力资本理论,重视职业教育和基础教育,高等教育始终处于边缘地位;在20世纪80年代更是进一步坚持用成本效益的分析方法,对发展中国家的高等教育进行严厉的批评;进入20世纪90年代,世界银行才开始反思高等教育的作用,尤其是在20世纪90年代末,世界银行将对高等教育的重视上升到一个新的高度,然而在1990年的"全民教育宣言"和2000年的"千年宣言"的背景下,世界银行在政策中仍然坚持要求发展中国家应将初等教育优先于高等教育。进入21世纪之后,世界银行开始认识到高等教育在知识经济中的重要性,高等教育成为世界银行的一大政策重心。

(二)主要政策

1.《发展中国家的高等教育：危机和前景》

进入 21 世纪之后，世界银行对于高等教育的关注又开始上升，2000 年，世界银行和联合国教科文组织联合发布了《发展中国家的高等教育：危机和前景》。这虽然是一份两大国际组织共同起草的文件，但是实际上更多地体现了世界银行的声音。

报告一开始就指出高等教育是现代世界的"基础教育"，如果发展中国家的高等教育不改变发展缓慢和落后的局面，将越来越难以从全球知识经济中获益。可见，在对高等教育的理解上，报告一方面仍然延续了世界银行一贯以来作为一种投资的看法，另一方面则在知识经济的背景下再次强调了人力资本的重要性："如果不提升人力资本，国家势必落后并且知识和经济发展势必遭到排斥和孤立。"①

在这种理论指导下，因高等教育对经济发展的贡献使得其地位和作用日益彰显。所以报告中承认从 20 世纪 80 年代以来世界银行和其他机构对教育收益率的狭隘使用，错误地认为对初等教育的公共投资比高等教育的回报要高，导致许多国家政府和国际援助机构将发展高等教育放在次要地位。所以，此报告要求发展中国家将高等教育置于国家发展最优先的位置。

然而，这种话语的转变并不意味着世界银行已把高等教育视为公正、平等、和谐发展社会中的一项基本人权和社会权利。相反，在知识经济和日益不平等的社会中，世界银行只是关注如何满足企业利用大学的研究能力来生产新知识的需要，以及如何适应不断增长的技能培训、再就业的需求。

它建议发展中国家在发展高等教育上具体应从四个方面入手：第一，在经费上，应该采取综合的经费支持模式以加大经费投入，来源可包括私立部

---

① World Bank：*Higher Education in Developing Countries Peril And Promise*，Washinton，D.C.，2000.

门、个人和机构捐赠以及学生学费；第二，在资源上，要更为有效地利用人力和物力资源，包括技术的利用；第三，在管理上，应提升管理（包括高等教育内部管理）的质量和效率；第四，在课程开发上包括科学技术和普通教育，在知识社会中高层次的专家和具有广泛知识基础的"通才"都极为重要。

报告中所勾勒的理想的高等教育体系拥有充分的自主管理权，同时接受政府的指导与监督；主张高等教育机构的分化，应设立研究型大学、理工学院、专业学院和社会大学，以满足不同层次的高等教育需求，并且强调各个类型的高等教育机构都要充分利用远程教育手段；提倡高等教育机构之间的知识共享，并且加强开放以及和社会的对话能力；主张竞争的同时具有合作精神，只不过它更强调高等教育的竞争而非合作，"高等教育之间的竞争有利于提升高等教育的质量和学生的利益"①。

总之，这份联合报告更多地表现出世界银行对高等教育独特的观点，而有别于联合国教科文组织对高等教育的看法。在一定程度上，这可以视为世界银行和联合国教科文组织之间的意见分歧和地位相争，是世界银行对于联合国教科文组织在1998年组织了世界高等教育大会之后的反应，也反映了世界银行正在不断说服世界各国，以市场为导向的改革是高等教育改革最有利或最好的方法。

2.《构建知识社会：高等教育的新挑战》

2002年世界银行公布了《构建知识社会：高等教育的新挑战》，再次强调了知识经济中高等教育优先发展的地位。一方面，这是世界银行针对越来越多批评它只重视初等教育，而忽视高等教育的回应；另一方面，信息时代必然赋予高等教育更核心的作用。这标志着在世界银行内部，高等教育不再处于一个被人忽视的边缘地位。

---

①　World Bank：*Higher Education in Developing Countries Peril And Promise*，Washington，D.C.，2000.

这份报告认为，知识就是发展。既然知识成为经济发展的核心，那么生产知识的高等教育自然成为重中之重。这份报告重新审视了高等教育在新的经济环境下的重要作用，包括知识成为经济发展的重要推动力，新的高等教育方式的出现(无边界的远程教育)，技术革新所引起的高等教育组织变革，高等教育的国际化和私有化趋势以及全球人力资本市场。在这里，世界银行对高等教育的理解已经远远超出了人力资源理论，开始提倡以人为本和构建社会资本。高等教育被世界银行明确地称为"国际公共产品"，这不仅反映了高等教育在世界各国中的价值，而且强调了高等教育作为知识创造机构的职能是"无界的"。

事实上，将高等教育视为国际甚至全球公共产品符合世界银行一贯以来坚持减少政府对高等教育干预的原则。在此基础上，世界银行为各国发展高等教育提出自己的建议：首先，高等教育应以发展为目标，例如通过基础研究和新技术的开发这种方式，高等教育的社会收益可能大大超过个人收益；其次，政府的干预对于促进公平而言是必要的；最后，要实现"千年发展目标"中对基础教育的承诺需要一个强大而有效的高等教育体系。①

在世界银行看来，随着基础教育的逐渐普及和中等教育入学率的上升，发展高等教育自然就成为首先考虑的任务，这包括各国政府要促进不同类型的高等教育机构的发展，使私立高等教育机构建立良好的监管环境，同时要提供有针对性的财政激励措施如根据绩效，要收取学费和提供学生资助相结合等。

总之，世界银行在这份报告中将高等教育提升到史无前例的地位，主张高等教育应该促进政策对话和知识共享，认为高等教育是全球公共产品。这表明，世界银行在面对国际化挑战时，意识到发展中国家必须通过获取知识并利用知识来实现发展，因此不遗余力地提倡高等教育国际化，包括高层次

① World Bank: *Constructing Knowledge Societies: New Challenges for Tertiary Education*, Washington, D.C., 2000.

人才的全球流动、破除知识和知识工作者的各种贸易壁垒和流动障碍。

(三)政策影响

目前，世界银行已经成为一个重要的高等教育理论研究者和实践者，并且成为推动发展中国家高等教育变革的一个重要的倡导机构。正如学者琼斯所言：“教育已经成为现代化的先导，世界银行已经在相关政策的制定中发挥了一定的作用。在教育和经济怎样结合的问题上，世界银行俨然成为西方思想的传播者。”①对于世界银行而言，促进经济发展始终是其首要目标也是终极目标。因此，在世界银行的高等教育政策演变中，如何看待高等教育在国家经济发展中的作用成为其贷款政策演变的指南针。

如果单从高等教育的贷款数额上看，世界银行未必就是发展中国家最大的援助机构，但是和双边援助机构相比，世界银行的高等教育贷款又具有独特性。首先，世界银行作为多边援助机构，一方面有足够的实力进行全球筹资，从而提供更为宽裕的贷款。同时，其经济实力又使它能影响其他投资机构的决策，从而为发展中国家获得其他来源的援助资金起到了催化的作用。其次，世界银行和单个提供贷款的主权国家不同。双边援助国家的动机极为复杂，包括各种政治、经济和人道主义的因素；而对世界银行而言，虽然促进经济发展是其最明显的目的，但是世界银行必然要学会倾听来自不同国家的意见，协调发达国家和发展中国家的不同利益，从而成为发展中国家在发展问题上与发达国家的一个重要博弈场所。再次，世界银行作为多边援助机构，已经建立起全球性的援助体制网络。它从事发展援助的研究工作，出版自己的研究成果，召开和倡议世界大会，主导甚至垄断国际援助的舆论。也正是因为世界银行建立了庞大的全球网络平台，故而可以运用多种渠道来进行信息和经验的交流，推广其主张，引导发展中国家的高等教育变革。

这一切都表明，世界银行对发展中国家高等教育的重要意义并不能局限

①　Jones P.W., *World Bank Financing of Education*, London, Routledge, 1992, p.14.

于贷款资金的数量上，尽管高等教育贷款在世界银行贷款中的比重不高，但无法否认这些资金不仅成为发展中国家高等教育事业经费中的重要补充，而且发挥着不可取代的重要作用，因为高等教育始终是和国家经济发展联系最密切的领域，其成败往往牵一发而动全身。

然而，正是因为世界银行雄厚的经济实力和强大的经济权力，其在高等教育上的政策也因此被烙上了"功利"色彩，它处处考虑的是西方的经营管理理念、成本效益的分析方法以及维护自身财政能力的需要，从而招致了各种批评。在这些批评中，世界银行作为一个发展援助机构的积极形象开始变得模糊起来，其高等教育政策倾向和发展中国家的实际需要之间也存在较多矛盾。

第三节　经济合作与发展组织的教育政策

经济合作与发展组织(OECD，以下简称"经合组织")虽形成于经济领域，但教育在其议程中长期占有一席之地，且在过去的数十年里逐渐获得了主流地位。20世纪90年代后，尤其是进入21世纪以来，随着以"国际学生测评项目"(PISA)为代表的一系列国际教育调查项目的建立与推广，经合组织逐渐建立起强化自己在教育领域的"独特立场"与"国际品牌"。如今经合组织涉足了从幼儿教育与护理到成人学习，从普通教育到职业教育再到非正式学习等各级各类教育问题，不仅越来越明显地影响着其成员国的教育政策走向，而且以各种或直接或间接的途径深刻地影响着全世界的教育理论发展与改革实践。[1] 由于篇幅限制，本节将在探讨经合组织整体教育政策价值取向的基础上，着重概述其在20世纪末以来尤为关注的两个教育政策议题方面的举措与主张。

---

① 丁瑞常：《经济合作与发展组织参与全球教育治理的权力与机制》，载《教育研究》，2019(7)。

一、教育政策的价值取向

作为一个经济组织，经合组织教育政策的价值取向与其信奉的经济学一致，战后曾经历了新自由主义转向，再到后来向欧洲社会民主主义及凯恩斯主义妥协与融合的演变。近年来，该组织又确立了包容性自由主义"新路径"，并将促进各国提供优质全民终身学习机会作为自己的教育政策目标。经合组织当前基于工具效能视角下的绩效主义教育质量观，把为全民提供平等教育机会作为其包容性增长战略的基石，把促进教育机会的终身化作为对自由主义所伴随的社会排斥的一种补救措施。

（一）工具效能视角下的绩效主义教育质量观

经合组织虽然频繁使用"优质""卓越""成功""有效"等形容词来描绘某类教育系统或其子系统，却很少就这些概念本身做出一个正面的界定。2005年，经合组织在一份报告中归纳了六种不同视角下的教育质量观，并自称该报告选择的是工具效能视角："教育系统的成功有赖于特定程度和形式的投入和过程所具有的工具性潜力，即与绩效的关联程度，选择教育系统内的环境、投入和过程指标来表征预期教育成果。"[1]报告认为，工具效能观试图揭示影响绩效的条件，辨别给定的约束条件或前因，以及更容易接受政策的因素，因此为政策提供了更有力的工具。应该说，这也是经合组织所有教育工作的基本特征。

然而，工具效能观只强调了关注焦点是影响教育质量的因素，却依旧没有对教育质量的内涵做出回答。而从后文看来，该报告实际上将教育质量替换成了具有强烈的经济学意味的教育效能或学校效能概念。经常与效能同时出现的另一个概念是效率，反映的是投入与产出、效能与成本之间的平衡。在经合组织话语体系中，优质的教育通常是指有效且有效率的教育，而衡量这种有效性的标准是毕业生对于生活尤其是生产所需的各种认知和非认知技

---

① OECD: *School Factors Related to Quality and Equity: Results from PISA* 2000, Paris, 2005.

能的掌握水平。经合组织发起的以国际学生测评项目为代表的一系列跨国教育评价项目都是为了将教育中的效能与效率转变成量化的可测指标，以供问责和改进。这充分体现了"绩效主义"的取向。与学校教育传统所倡导的那种以学科知识和考试理性为导向的教育绩效大不相同的是，经合组织倾向于以教育结果与未来发展之间的关系作为教育绩效的新内涵。[①] 这一点，在当前的"新路径"时代，并没有发生本质的变化。2012年提出的"技能战略"甚至将这种观念推向了极致。

(二)以教育的全民化作为包容性增长的基础

经合组织在1990年提出促进教育的全民化，作为一种对教育公平需求的回应。但是，与联合国教科文组织更多地强调教育全民化的社会文化价值不同的是，经合组织当时提出要将教育向全民普及，很大程度上是因为认识到"经合组织国家根本无法承受大量的潜在人才未经开发"[②]。尽管经合组织表示教育全民化也是促进公平的需要，但在经过新自由主义的涤荡之后，并不是将教育公平视作一个伦理概念，也不是一种道德追求，而是与经济效益有关的一个工具性目标。[③] 它是通过为所有人提供教育机会，使其掌握参与社会竞争所需的技能。这也解释了经合组织网站所呈现的那样——秘书处的教育与技能司当前为何将自己的使命定位为"与政府合作制定政策以提供高质量的教育机会，使包括妇女、老年人、处境不利群体和第一代移民及其子女在内的所有人都能获得成功"。

2015年，经合组织启动"促进全民优质教育项目"，作为对"新路径"倡议的回应之一，于2017年发布研究报告《面向全民的教育机会：克服整个生命

---

① 高原：《冷静对待"PISA二连冠"——基于新自由主义视角的思考》，载《外国中小学教育》，2014(4)。

② OECD: *High-quality Education and Training for All*, Paris, 1992.

③ 罗晓静：《OECD教育公平政策探析——兼论对中国教育的影响》，硕士学位论文，华东师范大学，2010。

过程中的不平等》(以下简称《全民教育机会》)。报告提出,它是建立在包容性增长这一概念框架之下的,认为"支持最处境不利群体的教育和劳动力市场政策和做法可以推动包容性经济增长和增强社会凝聚力。一个国家的繁荣取决于它如何使不同背景的人拥有获得体面工作,提高生产力和创新能力,潜在创造就业机会,以及做出更明智的政治、经济和生活选择的技能"。

报告认为,在收入不平等加剧的时代,个人的社会经济和人口背景往往在决定生活结果方面发挥主要作用。收入和财富的不平等可能会限制那些处于较低收入和财富分配水平的人提高经济和社会阶层的机会。那些处于劣势的人不太可能获得高质量的学习环境,并获得支持、培养他们成年后能够攀上社会经济阶梯的能力。因此,不同社会经济地位的人之间的教育和技能差距会加剧收入和财富不平等,从而形成了恶性循环。此外,从集体层面考虑,报告认为高收入不平等也会阻碍经济增长,且不利于社会凝聚。因此,《全民教育机会》提出:教育政策和学校实践应侧重于为所有人提供公平的教育机会。需要注意的是,该报告所指的为所有人提供平等机会是一个贯穿于个人整个生命过程的连续概念——而下一刻的机会平等取决于这一刻的结果公平。如其所列举的例子,如果想要使所有人在小学就读时处于平等地位,就需要为处境不利群体提供有针对性的支持,才可以使他们在进入小学之前获得与他人同等的起点。①

应该说,将教育全民化作为包容性增长的基础是经合组织在教育领域的一个基本价值取向,也是其与联合国教科文组织所倡导的全民教育思想的分水岭。

(三)以教育的终身化作为对社会排斥的补救

与全民教育类似,经合组织紧接联合国教科文组织的步伐大力推崇终身

---

① OECD：*Educational Opportunity for All：Overcoming Inequality Throughout the Life Course*，Paris，2017.

教育思想，但二者的出发点和解读方式同样存在明显不同。尤其是在1996年召开以"使全民终身学习成为现实"为主题的第四届经合组织部长级教育委员会会议以后，经合组织的终身教育思想与联合国教科文组织出现了越来越大的分歧。联合国教科文组织是基于一种人文主义传统，认为终身教育会促进更和谐的社会，使人们适应和控制变化。这是一个有关个人发展的概念，口号是人们在"成就自我"而不是"被制造"，期望人们通过自我评估、自我意识和自我导向学习来实现民主和人文主义核心目标，以及自我全面发展。[①] 而经合组织是采用人力资本的观点，从提升经济竞争力以及促进社会和解的角度阐释了终身教育的重要意义。

进入20世纪90年代后，随着教育日益成为增强国际竞争力和应对种种社会经济挑战的利器，经合组织将教育终身化与其之前提出的教育全民化思想融合，于1996年发表了《面向全民的终身学习》，表明了自己在终身教育方面的新立场。该报告减少了对结构和制度的关注，而是把注意力集中到个人身上，认为终身学习的实现在很大程度上取决于个人的学习能力和动机。在同年发表的另一份报告中，经合组织指出："通过终身学习，个人与组织得以不断累积知识，形成珍贵的智慧资产，进而促成经济的繁荣与发达。"[②]这可以说是经合组织在随后二十年里推动教育终身化的首要动因。这一版本的终身学习概念很快得到关注和推广，甚至取代了联合国教科文组织的有关论述而成为国家政策辩论的主流思想驱动。在部分学者看来，这首先是因为它与经合组织内部和成员国内的主要政治和经济议程完全挂钩；其次，经合组织提出的这个概念对商界有最强有力的支持。概言之，在经合组织的终身学习思想中，学习和生产之间完全是共生关系，教育也因此完全融入了该组织的

---

① Kjell Rubenson, "OECD Education Policies and World Hegemony," in *The OECD and Transnational Governance*, eds. Rianne Mahon and Stephen Mcbride, Vancouver, UBC Press, 2008, p.257.

② 杨彬：《世界终身教育发展：理论脉络、发展模式和战略举措》，载《天津市教科院学报》，2009(1)。

主要议程。①

　　经合组织强调促进教育的终身化还有另一个重要考虑，即它在促进社会公平中的意义。但这种社会公平是建立在新自由主义市场逻辑前提之下的。尤其是近年来强调新自由主义的包容性修正之后，经合组织对于教育（学习）终身化的论述更多的是基于一种"补救"立场——对自由主义不可避免地带来的社会排斥问题的补救。《全民教育机会》便充分体现了这种价值取向。它虽然没有将终身化列入其标题，但强调为全民终身提供平等的学习机会实际上是其核心观点之一。该报告指出，"公平的学习机会需要终身提供。在生活早期提供公平的学习机会至关重要，但在当今动荡的劳动力市场上，也要给成人学习机会。对于缺乏资源参与学习和提高技能的成年人尤其如此。政府、雇主和当地社区需要通过教育培训和实际工作培训相结合的方式，提供成人学习项目，重点是提高就业能力，尤其要为处境不利的成年人提供有针对性的支持。"用其原话，就是要为在学校教育中失利的人群，提供"二次教育机会"②。

二、核心素养：从概念框架到国际测评

　　经合组织在20世纪末提出了核心素养概念，并随即启动了一系列理论研究与实践探索工作。我国有学者甚至认为，该组织提出了迄今为止最为成熟的核心素养指标框架。③ 这不仅是经合组织在教育领域的一大贡献，而且成了其他教育项目的基础。"技能战略"的提出使得经合组织对于核心素养的关注

①　Kjell Rubenson, "OECD Education Policies and World Hegemony," in *The OECD and Transnational Governance*, eds. Rianne Mahon and Stephen Mcbride, Vancouver, UBC Press, 2008, p.255.

②　OECD：*Educational Opportunity for All：Overcoming Inequality Throughout the Life Course*, Paris, 2017.

③　张娜：《三大国际组织核心素养指标框架分析与启示》，载《教育测量与评价》，2017（7）。

又提到了一个新的高度,并赋予了其更为广泛的意义。更重要的是,核心素养如今已成为经合组织沟通教育与其他政策,尤其是经济增长政策的关键枢纽。

(一)核心素养的界定与遴选

经合组织认为,尽管其成员国乃至整个世界都在尝试测量人们的文化水平,但其实测评结果并不全面,尤其是核心素养部分,其中一个主要原因就是人们对于素养是什么,以及哪些素养值得进行系统测试,没有达成普遍共识,因此需要制定一个总体框架,以便能够根据透明的概念性准则和公认的前提来界定和遴选核心素养。为此,经合组织于 1997 年年底启动了"素养的界定与遴选:理论与概念基础"项目(以下简称"素养界定项目")。

2002 年,素养界定项目小组向经合组织教育委员会和教育研究与创新中心递交了主要研究结论,基于需求导向将素养界定为"为满足需求或成功完成任务的能力,由认知维度和非认知维度组成",并指出了素养的发展是终身的,且不限于固定场所。该项目认为,为了面对当今世界的复杂挑战,个人需要广泛的素养,但列出一个他们在不同场合需要的各种素养清单并没有什么实际价值,因此进一步提出了核心素养概念,而所谓"核心"就是在多个生活领域都具有重要意义,且有助于整个社会的良好运作,这种核心素养必须兼具三个特点:一是有助于社会和个人形成有价值的产出;二是帮助个人满足各种情况下的重要需求;三是不仅对于专家而且对所有个人都很重要。

2003 年,素养界定项目出版了最终研究报告《为了成功生活和健全社会的核心素养》,认为三大类素养关乎所有人和整个社会的成败。据经合组织网站资料,可以将三大素养阐释为以下三点:其一,个人要能使用广泛的工具与环境进行有效的交流,既包括信息技术等物质方面的,又包括语言的使用等社会文化方面的。其二,在一个交流日益密切的世界里,个人需要拥有与其他人交往的能力,而且由于他们可能会遇到来自不同背景的人,所以还应学会在不同群体中进行互动。其三，个人要能够管理自己的生活，把自己的生活置于更广泛的社会环境中，并自主行事。以上每类素养都有一个特定的重点，但彼此之间是相互关联的，共同构成了识别和映射核心素养的基础。报告在每个类型中又遴选了最为核心的三种素养。

尽管素养界定项目建立时经合组织已经启动了国际学生测评项目及面向成人的类似国际调查，但该项目的研究成果及其提出的核心素养框架为这些测评项目的进一步发展提供了重要的理论基础和方向指引。尤为重要的是，该项目融入了终身学习精神，为在校学生学业测评和校外成人的素养调查以及相应的教育教学改革提供了一个具有内在一致性的概念框架。在素养界定项目之后，经合组织主要通过国际测评项目致力于核心素养的测量工作。直至 2015 年，经合组织教育与技能司宣布开启名为"教育与技能的未来：经合组织教育 2030 框架"（以下简称"教育 2030 框架"）的新项目。该项目与各参与国一起为两个意义深远的问题寻找答案：一是今天的学生需要什么知识、技能、态度和价值观，才能在 2030 年茁壮成长，塑造自己的世界？二是教学系统如何能有效地发展这些知识、技能、态度和价值观？相应地，教育 2030 框架项目分为两个阶段。第一阶段的工作任务是建立一个面向 2030 年的学习概念框架。

与之前的素养界定项目类似，教育 2030 框架的首要工作是界定和澄清 2030 年的世界需要怎样的素养，建立一个具有共同语言的多维学习框架，以使各国——无论是个人还是集体，都能够认识到尚未得到测量但是对于塑造未来有着关键意义的学习成果，并相应地开展教育系统和教育教学实践改革。该项目也将为经合组织的大型国际教育测评项目长远的概念发展铺平道路。2019 年，经合组织完成第一阶段工作，并发布结题报告《经合组织"学习罗盘 2030"：系列概念注释》（以下简称《学习罗盘 2030》）。

经合组织使用"罗盘"这个隐喻是为了"形象地表达学生面临的未来世界是

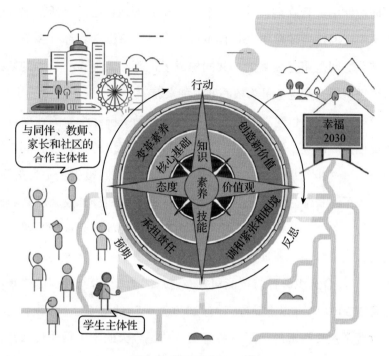

图 8-2　学习罗盘 2030①

不确定的、复杂的和模糊的，如同在大海航行中随时会遭遇各种未知的风险和困境，而能使学生摆脱这些风险和困境的正是学习罗盘中所展现的能力、素养及外部支持体系"。《学习罗盘 2030》提出了一个"同心多层结构"的核心素养新框架，构成了这个"学习罗盘"中的"方位盘"。框架内层称作"核心基础"，被定义为"整个课程进一步学习的先决性基本条件，核心技能、知识、态度和价值观"。一是认知基础，包括读、写、算素养，以及在此基础上建立的数字素养和数据素养；二是健康基础，包括身体和精神健康，以及幸福；三是社会和情感基础，包括道德和伦理。

在核心基础的外围，《学习罗盘 2030》进一步提出了一个更深层次的素养

---

① OECD：*OECD Learning Compass* 2030：*A Series of Concept Notes*，Paris，2019.

类别，称作"变革素养"，被定义为"学生改革社会和塑造美好生活未来所需的知识、技能、态度和价值观类型"，并提出了三种变革素养。一是创造新价值，指一个人通过采取明智和负责任的行动，在一般意义上进行创新并像企业家那样行事的能力；二是调和紧张和困境，指在竞争的、矛盾的或不相容的需求之间作出权衡，如公平与自由、自治和团结、效率和民主进程、生态学和简单化的经济模型、多样性和普遍性、创新和连续性；三是承担责任，指一个人可以根据其经历、个人和社会目标、被教导的内容、是非观来反思和评价自己的行为。①

(二)核心素养的测量与国际比较

作为一个以数据监测见长的国际机构，经合组织除了对核心素养进行了概念建构，更多的是在这些素养的测量方面着力，启动了一系列核心素养测量与国际比较项目。这些项目对于经合组织在核心素养领域的贡献是多重的。首先，是为各国建立了一个具有国际比较意义的素养监测数据库。这是这些测量项目最为直接的成果和影响。其次，这些项目所开发的素养测量工具本身就是一种技术上的突破，在促进各国教育质量问责与监测的能力建设方面亦有裨益。此外，每个测评项目在开展每轮测评工作时都涉及对于核心素养概念的重新认识与操作性界定，间接地服务于理论创新。

1. 国际学生测评项目

学者统计，截至2012年，国际上已至少有39种跨国性学生测评项目，且有2/3(26种)形成于20世纪90年代之后。经合组织的国际学生测评项目也是在这一时期酝酿而成的。尽管历史相较而言并不算长，但当前它在国际上的影响力已远超其"前辈"。2000年，经合组织启动了首轮测评，当时的28个成员国及巴西、拉脱维亚、列支敦士登和俄罗斯参与其中。此后，经合组织每三年组织一轮类似测评。经合组织网站资料显示，2015年，经合组织启

---

① OECD：*OECD Learning Compass* 2030：*A Series of Concept Notes*，Paris，2019.

动了第六轮国际学生测评项目，来自35个成员国与37个伙伴国家和经济体的50多万名学生参与了测评。

经合组织的国际学生测评项目并不考查受测者对具体学校课程的掌握情况，而是"学生在各种情况下识别、解释和解决问题时，对于关键学科的知识和技能的运用，以及进行有效分析、推理和交流的能力"①。按照经合组织的表述，它通过评估各国接近完成义务教育的15岁学生对于充分参与现代社会所必需的关键知识和技能的掌握程度，衡量他们是否准备好迎接当今知识社会的挑战，所要回答的核心问题是"公民知道和能够做什么是重要的"②，以为各国的教育决策及国际政策对话与合作提供依据。具体而言，项目主要测评各国学生在阅读、数学和科学三个领域的素养，并基于此判断各国教育系统的"适切性"。每轮测评都将选择其中一个领域作为主测领域，另外两个作为次要领域。除了三个关键学科，经合组织在后续的国际学生测评项目还不断增添新的测评内容，如创造性问题解决、金融素养与合作式问题解决、全球素养等。

近年来，经合组织基于国际学生测评项目，还形成了两个衍生项目。其一是2013年启动的"面向发展中国家的国际学生测评项目"，意在确定国际学生测评项目如何能最好地支持中等收入国家和低收入国家的循证政策制定，并为联合国领导的全球学习目标定义做出贡献。该项目旨在增加中等收入国家和低收入国家使用国际学生测评项目来监测国家制定的改进目标的进展情况；分析与学生学习成果相关的因素，特别是对于贫穷和边缘化人群；制度能力建设；以及服务于联合国可持续发展目标的监测。③ 其二是"基于国际学

① OECD：*PISA 2015 Assessment and Analytical Framework：Science, Reading, Mathematic, Financial Literacy and Collaborative Problem Solving(Revised Edition)*，Paris，2017.

② OECD：*PISA 2015 Results (Volume I)：Excellence and Equity in Education*，Paris，2016.

③ OECD：*Making Education Count for Development：Data Collection and Availability in Six PISA for Development Countries*，Paris，2016.

生测评项目的学校测试"(以下简称学校测试)项目，旨在将国际学生测评项目的测评工具用于学校层面的研究、基准测试以及实践改进。经合组织为了推广该项目的影响范围以及对于教育教学实践改进的影响效果，建立了一个名为"国际学生测评项目学校改进在校项目"的在线协作学习平台。全球教师和其他教育专业人员，如行政人员、教育政策主管、管理人员和教育研究人员均可使用该平台，与世界各地的同行、专家就特定课堂、学校改进任务进行交流与合作。

2. 社交与情感技能研究

近年来，越来越多的证据表明，社会和情感技能是塑造人类行为的重要且经常被忽视的因素。随着个人和工作之间的联系日益密切，社会情感特征预计将变得越来越重要。基于此，经合组织在其教育研究与创新中心的"教育和社会进步"(ESP)项目的主持下，启动了"社交与情感技能研究"项目，对社会和情感技能问题进行了实证性的分析研究。经合组织网站资料显示，在项目的第一阶段，专家组根据与心理学、教育和经济领域的一些主要研究人员合作，撰写了大量的文献综述，并对 9 个经合组织国家的详细纵向数据进行分析，制定了一个概念框架，于 2015 年 3 月发表了阶段性成果《社会进步技能：社会和情感技能的力量》。[1] 报告认为，社会和情感技能可以在文化和语言边界内得到有意义的测评。这些测评可以帮助决策者更好地评估孩子们当前的技能水平及其未来的技能需求，从而帮助教师和家长有效地对儿童所处学习环境做出相应地适应性调整。[2] 经合组织网站资料显示，经合组织因此于 2017 年启动了一项对全球多个国家和城市的 10—15 岁学生进行社交与情感技能测评的国际调查项目，作为社交与情感技能研究的第二阶段。

该网站还披露了此测评项目将基于第一阶段提出的概念框架，对受测者

---

① 访问日期：2018-01-13。

② OECD：*Skills for Social Progress：The Power of Social and Emotional Skill*，Paris，2015.

在五个领域的社会和情感技能进行直接测量,即合作、情绪调节、任务表现与他人交往和开放心态。每个领域都包含一组相互关联的社会和情感技能。例如,任务表现包括成就导向、可靠性、自我控制和持久性。此外,这项研究还包括所谓的"复合"技能,即代表两种或两种以上个人技能的组合。该网站还提到,除了直接的技能测评,考虑到社交与情感技能的交互性,项目还通过对受测者的家长、老师进行问卷调查,根据他们提供的有关受测者的社交和情绪技能及其在家中、学校观察到的受测者行为的信息,间接测评受测者的社会和情绪技能。

三、有效教师与创新教学

教师既消耗了许多国家绝大多数的教育支出,同时也是决定教育系统效能的关键性因素,因此成为经合组织继核心素养又一重点关注的教育政策议题。与教师直接相关的另一个议题是教学。

(一)吸引、发展和留住有效教师专题评议

经合组织教育部长在2001年4月发表的"公报"中将教与学作为新教育任务的四个关键工作领域之一。2001年5月,教育委员会同意开展一项题为"促进优质教学"的活动。在秘书处更详细的活动建议基础之上,教育委员会将该活动的焦点定位于教师政策。2002年1月,经合组织举行的一次专家会议建议将如何吸引、招聘、培养和留住有效教师作为关注重点,并因此提议启动一项专题评议。2005年6月,经合组织出版了《教师至关重要:吸引、发展和留住有效教师》(以下简称《教师至关重要》)作为该评议项目的最终研究报告。

报告认为,教学质量不仅取决于教师的"质量",还取决于他们的工作环境。有能力的教师在未提供适当的支持或充分的挑战和激励的环境中,不一定能发挥出他们的潜力。旨在吸引和留住有效教师的政策既需要招聘有能力的人才,也要为其专业发展和持续的优良表现提供支持和激励。基于此,该

报告从两个层面提出了政策建议。其一是关注整个教学行业，力求改善教师地位和劳动力市场竞争力，改善教师发展和学校工作环境。其二则更有针对性，侧重的是吸引和留住特定类型的教师，吸引教师到特定学校工作。①

（二）教师教学国际调查

2006 年，经合组织正式启动了教师教学国际调查（TALIS）。② 经合组织网站资料显示，2008 年，经合组织完成首轮调查，共 24 个国家和经济体参与了调查；2013 年进行的第二轮调查覆盖了 34 个国家和经济体，2014 年又加入了 4 个国家和经济体；网站信息还表明，目前有 48 个国家和经济体确定参与2018 年开展的第三轮调查。

教师教学国际调查是第一个为教师和校长提供发言权的国际调查，由参与调查的国家和经济体政府、经合组织、一个国际专家联盟，代表世界各地教师联盟的"教育国际"和欧洲委员会合作开展，并得到了联合国教科文组织等其他机构的支持。与国际学生测评项目不同的是，该项目并非测评，而是问卷调查。根据经合组织网站信息，经合组织称之为一种自我报告式调查，让接受调查的教师和校长尽可能准确地描述其工作情况及其对学校和工作条件的体验与感受。

教师教学国际调查开发了两种问卷：一份针对教师，另一份针对校长。最近一轮（2013 年）调查重点关注了学校领导力、教师所处职业环境、教学条件及其对学校和教师效能的影响。经合组织网站信息显示，2018 年的调查问卷继续关注与 2013 年类似的调查重点，并进一步调查教师的教学实践质量和教学信念；学习环境，教师和学校的特点；学校领导力的重要性；教师的专业实践和课堂环境；教师教育与职前教育的相关性；通过专业发展、评估和

---

① OECD: *Teachers Matter: Attracting, Developing and Retaining Effective Teachers*, Paris, 2005.

② 高光、张民选：《经济合作与发展组织的三大国际教育测试研究》，载《比较教育研究》，2011(10)。

反馈进行的教学改进；学校氛围、学习环境的适切性以及利益攸关者关系；教师自我效能感和工作满意度；教师对课堂创新的开放性；课堂中与公平和多样性有关的问题。

教师教学国际调查目前主要将调查对象锁定为提供初中教育的学校校长和教师。自第二轮调查起，参与国家也可以自愿将调查范围扩增到小学和高中。但为了使调查结果具有可比性，调查对象排除了某些特殊学校，如专门用于成人教育的学校或有特殊需要的学生的学校。近年来，经合组织还基于教师教学国际调查的模式和经验，启动了"经合组织强势开端教师教学国际调查"项目。

(三)教学实践视频研究与全球视频库

在2018年的教师教学国际调查中，经合组织在传统的问卷调查基础之上，增加了"教学实践视频研究与全球视频库"(以下简称教学视频研究项目)。与传统的问卷调查不同，教学视频研究项目旨在获得实际课堂中的教学实践数据，并借此推进教、学调查方法论研究。经合组织网站资料显示，经合组织称该项目将通过回答以下问题来支持决策者改进教师政策：第一，教学的哪些方面与学生学习和非认知结果有关；第二，教师如何在不同的国家背景下教授课程，如哪些教学法和资源被用来教授类似的数学内容，教师如何利用个人和小组作业来完成学习目标；第三，各种教学实践如何相互关联。

教学视频研究项目目前只是一个试点项目，预计将持续4—5年，智利、哥伦比亚、日本、墨西哥、西班牙的马德里、英国的英格兰、美国以及我国上海成为首批参与者。经合组织网站资料显示，在试点研究中，该项目通过四条渠道采集数据。第一，对抽取的85名初中教师的两节数学课进行课堂教学录像。第二，对参与课堂录像的学生进行前后测试以衡量学生的学习成果，其中既有来自国际学生测评项目中的相关题项，也有新增的与录像课程中教授内容一致的附加题。第三，在课程前后，分别对参与课堂录像的师生实施调查。第四，收集课堂教学所涉及的相关材料，如教师的课程计划、教学材料，以及学生的家庭作业等。最后，所有的视频和个人资料将按照经合组织的计算机化个人数据处理原则进行处理。

教学视频研究项目形成了三份成果。一是经合组织的比较报告，其中包含各国教学档案和各国有效的教学比较，涉及教学与教学测量、教学与学生成果之间的关系、国家/地区教学文化等内容；二是关于方法论解释和视频研究编码框架的技术报告；三是一个全球视频教学实践库，将展示和传播世界各地有效教学实践的视频，以作为同伴学习的工具。

第四节　欧盟的教育政策

欧洲联盟，简称欧盟(EU)，从 1957 年成立欧洲煤钢共同体，至今已历经六十多年。欧盟总部设在比利时首都布鲁塞尔。创始成员国有 6 个，目前拥有 27 个成员国。2018 年统计，欧盟总面积达 397.7 万平方千米。除英国外，欧盟其余 27 国人口数量约为 4.46 亿人，其正式官方语言有 24 种。欧盟是欧洲地区规模最大的区域性经济合作的国际组织。自 1957 年签署《罗马条约》欧洲共同体创建以来，最初的 20 年间欧盟没有在教育方面采取行动。随着经济发展的需求，以及成员国对教育的重视，1971 年欧盟教育首脑之间召开了第一次教育会议。1974 年创立了教育委员会，达成了第一次教育合作决议，从此教育便纳入欧盟事务之中。21 世纪以来，欧盟先后在职业教育、基础教育、高等教育等领域出台了很多政策，促进欧盟教育的发展。

一、欧盟的职业教育政策

职业教育与培训是欧盟最早关注的重点教育领域。自 1993 年欧盟正式成立以来，实施的一系列计划都包含职业教育的发展。1994 年出台了达·芬奇计划，不断探索以巩固教育与职业培训的欧洲合作区，促进以"知识欧洲"为中心的发展；2000 年，欧盟启动了一个有关成人教育的行动计划，即格龙维计划，通过成员国之间的合作与经验交流来提高全欧洲范围内成人学习的有效性和实用性，进而推动欧洲终身学习的发展。2002 年，在《哥本哈根宣言》下，开始欧盟的哥本哈根进程，并且建立了欧洲资格认证框架，使职业资格在社会的快速发展过程中能够在整个欧洲范围内得到互认。

(一)达·芬奇计划

1994 年，欧盟提出了著名的职业教育与培训行动计划——"列奥纳多·达·芬奇计划"，达·芬奇计划是行动计划中的重要标志，而且这个计划的推行对欧盟职业教育的发展有承前启后的作用，计划试图通过实现成员国之间的超国家交流与合作，来提高职业教育与培训的质量，这一延续 10 年之久的计划从纵向上促进了欧盟职业教育的变革，也促进了欧盟职业教育一体化。欧盟网站资料表明，达·芬奇计划的目的在于提高人们特别是青少年在各级各类初级职业培训方面的技能；通过完成职业培训和学徒制的联合工作以提高就业能力和优化职业整合及重组；提高继续职业培训和终身技能的质量和机会，以增强和发展适应力，特别是以巩固技术和组织的变化；促进和加强职业培训的创新功能，以提高竞争力和创业能力，同时也增强新的就业可能性；在促进职业培训机构间的合作方面给予特定关注，其中包括大学和企业，尤其是中小型企业。

达·芬奇计划的主要内容包括建立和发展一个能够科学衡量劳动者技能和能力的框架体系，同时要兼具体系的透明度，如欧洲通行证和欧洲履历。其次是建立沟通各国的职业教育培训学分转换体系，并为各国提供统一的参考原则和标准。再次是建立职业教育与培训领域的共同原则，确保培训质量，使学习者在非正规、无正规情境下所获成果能够得到欧盟层面的认可。最后是建立终身学习的指导方针。达·芬奇计划被分为两个阶段来实施：第一阶段时间为四年（1995—1999），该阶级取得了良好的效果。第二阶段时间为六年（2000—2006）。之后，达·芬奇计划被纳入终身学习计划中，进一步地实施推广。

(二)《哥本哈根宣言》

2000年3月在里斯本举行的欧盟国家首脑会议上通过了《里斯本战略》，提出"要把欧洲建成世界上最具竞争力和最具活力的知识经济社会，保持可持续性经济增长，有更多更好的工作机会，社会更具聚合力"。2002年11月，欧洲31国的教育部长和欧盟委员会表决通过了《哥本哈根宣言》，宣言旨在不断加强职业教育与培训领域的合作，共同实现"里斯本目标"。宣言规定，在增强职业教育与培训合作方面推行四个优先权，坚持巩固和增强职业教育与培训合作的四个原则，并保证其能够有效实施。此外，该宣言还提出欧洲职业教育和培训学分转换体系（ECVET），这对欧洲资格框架体系的研究及促进EQF的制定和实施起了重要的作用。与此同时，2004年5月，欧盟理事会通过的"职业教育与培训共同质量保证框架（ECQAF）"为欧盟各国建立完善的质量保证体系奠定了基础。

哥本哈根进程是为实现里斯本战略中职业教育与培训相关目标的系列政策。欧盟2002年到2010年将职业教育与培训作为优先发展领域，在职业教育领域开展了一系列改革。哥本哈根进程也是"教育和培训"战略规则的重要组成部分，力求为实现欧洲2020年战略做出贡献。这一进程旨在确立欧洲共同目标和改革国家职业教育制度；制定共同的欧洲框架和工具，提高能力和资格的透明度和质量，促进流动；开展合作，促进欧洲国家间的相互学习。在哥本哈根进程下，2003年欧盟理事会在比利时布鲁塞尔召开会议，提出职业教育和培训的工作重点是提高职业教育和培训的透明度，加强职业教育指导和信息交流，建立和完善能力和资格认证制度，完善质量保证体系，提高职业教师和企业培训教师的业务素质，注重职业学生基本技能和语言能力的培养，提高数字化时代技能素养，构建终身学习体系。2004年欧盟理事会在比利时的布鲁塞尔召开会议，提出建立和完善对非正规和非正式教育的认证制度。同年，欧盟理事会通过实施"欧洲之路证书培训"的决定。2004年12月欧盟委员会、欧盟32国负责职业教育和培训的部长及欧洲社会合伙人在荷兰的马斯特里赫召开职业教育和培训会议，会议通过了《马斯特里赫公报》，肯定了哥本哈根进程在提高欧洲职业教育的知名度方面取得的成功。

在哥本哈根进程下，2008年4月23日欧盟议会和欧盟理事会联合通过了《关于建立终身学习欧洲资格框架的建议》，至此，欧洲资格框架正式完成了立法程序并进入实施阶段。欧洲资格认证框架的目标是使职业资格在整个欧洲范围内得到互认。作为促进欧洲终身教育发展的工具，欧洲资格框架囊括了普通的、职业的以及大学的培训和继续教育。为此，欧洲资格框架确定了职业培训的八个级别，每个级别都有三个维度，即知识、技能和能力。[1] 自2008年起，已有39个国家参与到欧洲资格框架的进程中，35个国家已将其国家资格框架相关联。[2]

(三)格龙维计划

欧盟于2000年启动了一个有关成人教育的行动计划，即格龙维(Grundt-vig)计划。格龙维计划旨在通过成员国之间的合作与经验交流来提高全欧洲范围内成人学习的有效性和实用性，进而推动欧洲终身学习的发展。各成员国的成人教育状况各有不同，参与成人教育的有正规的(如中小学、学院、大学)和非正规的机构(如成人教育中心、协会、图书馆、展览馆、家长组织等)。格龙维计划面向所有的成人，同时以行动计划为手段，开展各成员国间

---

① The European Parliament and Council: *Recommendation on the Establishment of the European Qualification Framework for Lifelong Learning*, Strasbourg, 2008.

② European Union: *The European Qualification Framework: Supporting Learning*, *Work and Cross-border Mobility*, Luxembourg, 2018.

的亲密合作，包括发展和促进全欧盟公民的终身学习。

二、欧盟的普通教育政策

(一)苏格拉底计划

在普通教育方面，欧盟发起了苏格拉底计划。欧盟网站资料显示，苏格拉底计划的目的是加强各级教育的欧洲意识，优化欧洲教育资源，使其能广泛地使用以促进教育各个领域的机会平等；促进欧盟语言知识的质量和数量的发展，特别是那些不经常使用的语言；促进教育领域的合作与流动，尤其鼓励教育机构间的交换；提高开放和远距离学习；鼓励文凭和学历认证的完善；发展信息交流，帮助扫清有关方面的障碍；鼓励教育实践和资源发展方面的革新，探索教育领域共同方针利益问题。同时，苏格拉底计划还探索促进男女间平等和为障碍人群提供平等机会，积极与社会排外、民族主义、排他主义作斗争。苏格拉底计划包括以下几类活动，即欧洲教育领域人员的跨国流动；以跨国合作为基础，为发展教育革新和提高教育质量而制定的项目活动；提高语言技能和对不同文化的理解；在教育中使用信息和交流技能；跨国合作网络优化经验和好的实践的交流；教育体系和方针政策的观察和比较分析；信息交流活动以及好的实践活动和革新的传递。

(二)夸美纽斯计划

苏格拉底计划第二期由八个行动计划，即夸美纽斯计划、伊拉斯谟计划、语言计划、教育信息与传播技术计划以及其他提高欧洲教育合作意识的行动，如讨论会、议会、计划结果和资料以及与非参与国和国际组织的合作论文等。其中夸美纽斯计划主要是针对基础教育而提出的。

夸美纽斯计划是以 17 世纪捷克摩拉维亚族的哲学家夸美纽斯命名的。夸美纽斯计划覆盖学前教育、小学教育、中学教育，着重于加深年轻人对欧洲文化、语言和价值的多样性的理解，帮助学生获得个人发展、未来就业以及成为积极的欧洲公民所必备的基本技能和能力，其内容主要包括语言学习、跨文化教育、环境和科学教育等多边教育项目。该计划分三个阶段实施，夸美纽斯计划的目的是提高教学质量、加强欧洲意识和促进语言学习。同时也关注一些重要热点问题，如在多元文化背景下进行学习培养欧洲公民的意识、支持帮助处境不利群体，包括没有完成学业的和处于学校边缘的学生。

夸美纽斯计划由三个主要部分组成。一是中小学之间的合作，包括中小学项目，语言项目和学校发展项目。二是初级和在职教师培训，包括多边合作工程和对教师的个别资助。三是夸美纽斯计划的网络建设。

三、欧盟的高等教育政策

为推进欧洲高等教育一体化与国际化，欧盟自 20 世纪 80 年代以来实施了各种教育交流计划和项目。其中，"伊拉斯谟计划"是欧盟实施的高等教育交流计划，从最初的"伊拉斯谟项目"，到"苏格拉底项目"的一个子项目，再到"伊拉斯谟世界项目"及最新运行的整合加强版"伊拉斯谟+"项目，伊拉斯谟项目在过去 30 年间几经调整。

（一）伊拉斯谟系列计划

1. 伊拉斯谟计划

1987 年 6 月，欧共体推出"欧洲共同体关于大学生流动的行动项目"，即伊拉斯谟计划。该项目旨在鼓励学生、教师和科研人员在欧洲范围内的自由流动，主要内容包括人员流动、主题网络、欧洲学分转换系统，还包括课程开发、国际集中项目、校企合作项目和语言课程及其他辅助性措施。伊拉斯谟计划在 1987—1990 年期间共投入了 8500 万欧元，成功资助了约 43000 名大学生跨国进修和约 1500 所大学发展联合课程。[1]

2. 伊拉斯谟世界计划

---

① 蔡安成：《欧盟〈ERASMUS 计划〉的发展》，载《比较教育研究》，2001(11)。

　　为了将"伊拉斯谟计划"推广到欧洲以外的国家和地区，欧盟网站资料显示，2003 年，欧盟委员会推出了"伊拉斯谟世界计划"，旨在加强欧盟高等教育的交流与合作，扩大欧盟高等教育在全世界的影响力，促进同非欧盟国家文化对话，增进相互了解，吸引优秀人才。该计划于 2003 年经欧洲议会和欧洲理事会批准通过，2004 年 1 月至 2008 年 12 月正式执行。项目总预算为 2.3 亿欧元。"伊拉斯谟世界计划"主要面向欧洲学生，也面向第三国（欧洲以外）的留学生和访问学者。它以增强硕士层次的高等教育交流为目标，通过建立 100 个跨大学的"欧洲硕士专业点"和提供上万个奖学金和访问学者名额的方法，促进欧洲学生在欧洲范围内的大学自由流动；吸引非欧盟成员国的学生和学者到欧洲大学开展学习和研究；鼓励欧盟国家的学生和学者到国外的大学学习或工作；通过其他项目活动如出版计划、组织教育国际会议、为第三国学生进入欧盟学习提供咨询服务等提升欧洲高等教育的国际影响力和形象。欧盟通过"伊拉斯谟世界计划"于 2005—2006 年启动了五个"亚洲窗口计划"，欧盟"伊拉斯谟世界计划"还要求参加该项目的学生，必须在两所以上参与联合培养人才计划的大学学习，才有资格获得硕士或博士学位。这种强制性的教育教学安排，是为了促进流动，为了丰富学生的语言学习资源和环境，也有效促进了欧盟学分认定、累计与转换体系的开发与完善。[①]

　　3. 伊拉斯谟+计划

　　2014 年 1 月，欧盟正式启动"伊拉斯谟+计划"，即欧盟"2014 年至 2020 年教育、培训、青年和体育计划"[②]。该计划合并了"伊拉斯谟计划""伊拉斯谟世界计划"等欧盟在教育、培训和青年领域的 7 个原有计划，并首次涉及体育领域，期限为 2014 年至 2020 年。欧盟网站资料显示，整个项目预算达到

---

　　① 窦现金：《欧盟学分认定、累计与转换体系的发展》，载《世界教育信息》，2018(439)。

　　② European Parliament：*The Erasmus+ Programme：European Implementation Assessment*，Strasbourg，2018.

147亿欧元，经费比上一期交流合作计划(2007年至2013年)增加了40%。该计划主要通过促进学生流动，提升其就业能力；加强协同创新，共享最佳实践；支持政策改革，实现资格互认三个关键行动来实施。该计划的实施不仅有利于推动实现欧盟高等教育国际化，加强各国教育合作交流，促进教育制度体制创新，而且有利于深化产教研融合，提高学生创业就业能力，从而实现欧洲整体发展目标。

在伊拉斯谟系列计划中，学生的学分认定与转换一直是重点。为此，欧共体推出了欧洲学分转换制度与学分累计制度(ECTS)作为学分认证转换的共同标准。欧洲学分转换系统保证学生的学分能够在欧盟范围内自由"流动"，旨在方便学习者在学校内和学校间积累与转换学分。欧洲学分转换系统的实施打破了校与校之间的樊篱，消除了国与国之间的障碍，为欧洲各国高等学历之间的相互比较提供了方便，为欧洲大学生在欧洲地区继续就业提供了保障。目前，欧盟学分认定、累计与转换体系不仅是高等学校学分转换的工具，还发挥着学分累计功能，它不再局限于高校中的正规课程和传统学习者，也应用于各类学习项目(包括课程教学、工作场所学习、远程学习等)和所有类型的学习者(包括全日制学生和在职学习者)。欧盟学分认定、累计与转换体系越来越多地被应用于各个教育阶段、各种教育类型的课程设计，为各级各类人才创造更多的学习机会，提高教育结构体系的效率和质量。

(二)博洛尼亚进程

欧盟网站资料显示，1999年6月18—19日，在意大利城市博洛尼亚召开了欧盟成员国教育部长联席会议，商讨并确立了欧盟高等教育一体化在新世纪发展的目标，欧洲29个成员国教育部长签署了《博洛尼亚宣言》。宣言明确提出，在21世纪的第一个十年，欧洲应当创建一个统一的高等教育空间，一个无边界的欧洲知识共同体，以提高人民的"欧洲公民"意识，促进学生、教师的国际交流，优化教学、科研的资源配置等。该宣言是欧盟"博洛尼亚进程"的开端，也标志着欧洲教育体制改革"欧洲高等教育一体化进程"的开始。

博洛尼亚进程是48个欧洲国家在高等教育领域的政府间合作，指导公共当局、大学、教师和教师的集体努力。与利益相关者协会、雇主、质量保证机构、国际组织和包括欧盟委员会在内的机构一道，就如何促进高等教育的国际化进行一系列努力。其重点是采用三个周期制度(学士/硕士/博士)加强质量保证和更容易识别资格和研究期研究。在这十年之间，"博洛尼亚进程"中，分别在2001年通过了《布拉格公报》，主要集中于教师与学生的流动，增强欧洲高等教育的吸引力；在2003年通过了《柏林公报》，主要涉及入学公平，加强高校、国家和欧洲层面的质量保证以及将高等教育与研究结合起来；2005年的《卑尔根公报》提到基于可持续发展的国际合作；2007年《伦敦公报》提出要提高博洛尼亚进程的全球维度；2009年《鲁汶公报》在回顾过去十年"欧洲高等教育区"的发展历程后，总结虽然"博洛尼亚进程"在欧洲学生与教师流动、国际交流以及高等教育质量等方面取得了突出的成就，但是"欧洲高等教育区"的设想并未完全实现。

因此2010年3月，里斯本欧盟首脑会议明确了欧盟未来新的战略目标，即使欧盟成为世界上最具创新能力和活力的经济体系，能够保持可持续且较快的经济增长享有更多社会福利和提升工资水平、更强的社会认同感和公民自豪感。这就要求各成员国在现行的各国高等教育合作方面进行重大的变革。欧盟委员会在高等教育一体化方面的方针也要随之调整，除了加强欧盟境内学生的交流外，欧盟也给非成员国的学生提供奖学金，鼓励第三国学生赴欧洲学习，促进文化交流，且与第三国的大学进行学术上的合作，增加交流渠道。

四、欧盟的公民教育与青年战略

(一)欧盟公民教育

欧盟是一个超国家区域组织，欧洲公民概念是《马斯特里赫特条约》(简称

《马约》)的核心，把欧洲一体化和公民参与直接联系起来。①《马约》指出，凡是具有成员国国籍的人都是欧盟公民。欧洲公民概念的目的就是通过公民广泛参与欧洲一体化进程来加强和巩固其欧洲身份。20 世纪 80 年代末期，欧盟的机构越来越多地表明欧洲公民应该具有一些特殊的品性，即公民的美德。在 20 世纪 90 年代，欧洲公民品格更多地被描绘成具有主动意识、积极参与精神及具有创造性三方面的美德。未来理想的公民应是一个受过良好教育的、具有语言能力的、有创造性的、自知自觉的"幸存者"。他能够充实地、积极地生活，向全社会贡献力量。人们希望，通过帮助公民"发挥他们的潜能"，来增强欧洲经济内在和外在的竞争能力。

1984 年欧洲的《枫丹白露宣言》提出了"培养公民和具有更广阔视野的共同体"的主张，1985 年欧洲议会的"米兰报告"提出"公民的共同体"主张。1992 年 6 月欧洲议会通过决议，提出在学校开展关于欧洲的教育和欧洲公民的教育。人们将发展欧洲意识的教育视为公民欧洲建设的最有效的途径之一。欧洲公民教育是欧洲教育一体化目标的核心内容，主要是使公民熟悉自己作为欧洲公民的权利、义务和职责，并理解其他人的权利、义务和职责，此外，言谈和交流的艺术及形成有关处事规则的意识也是欧洲公民教育的另一重要组成部分。②

(二)欧盟青年战略

欧盟十分重视青年的力量。自 2002 年以来，欧盟已经在与其他政策的协同作用下开展了一次专门的欧盟青年政策合作，旨在解决年轻人教育和就业等问题。这种合作促进了成员国的政策和立法改革，并促进了青年组织的能力建设。同时青年战略通过让青年妇女和男子共同参与并赋予他们权利，使

---

① 周悦、杨祖功：《欧洲联合的蓝图——马约之后的欧洲共同体》，41—87 页，北京，经济日报出版社，1994。

② 杨明：《欧洲教育一体化初探》，载《比较教育研究》，2004(6)。

青年人能够抓住机会，与欧洲价值观相联系。如《关于"通过教育和文化加强欧洲特性"的来文》所述，欧盟领导人在 2016 年认可了采取行动支持青年的必要性。① 在"布拉迪斯拉发路线图"中，欧盟致力于为青年创造更好的机会。

　　欧盟青年战略是根据理事会 2018 年 11 月 26 日决议制定的 2019—2027 年欧盟青年政策合作框架提出的。欧盟青年战略侧重于三个核心行动领域，围绕着三个词：参与、联系、赋权，同时致力于跨部门的联合执行。2017 年至 2018 年对话期间，在欧洲的年轻人中，有 11 个欧洲青年目标得到发展。其目标包括欧盟与青年的联系、两性平等、包容性社会、信息与建设性对话、心理健康与福祉、推进农村青年发展、人人享有优质就业、可持续绿色欧洲等。欧盟青年战略应通过调动欧盟一级的政策工具以及所有利益攸关方在国家、区域和地方各级采取的行动，为实现青年人的这一愿景做出贡献。这些目标反映了欧洲青年的观点，代表了积极参加欧盟青年对话的人的愿景。

　　欧盟主要采取了五大行动来推动青年战略的实行。一是改善跨政策领域的跨部门合作，包括通过欧盟青年协调员，为青年制定欧盟政策的声音；二是跟踪欧盟在青年方面的支出；三是启动新的更具包容性的欧盟青年对话，重点关注机会较少的青年；四是消除障碍，促进志愿行动和团结流动；五是通过执行一项青年工作议程，以增加对非正规学习的认识；六是加强欧盟青年政策和有关欧盟方案之间的联系。

五、结论

　　作为致力于欧洲治理的一个政治联合体，欧盟想要把欧洲建设成为最具竞争力和活力的知识经济区仍存在诸多的挑战。基于欧盟教育所处的内外环境以及欧盟教育的发展态势，欧盟教育呈现出一些显著特征。

---

① Commission, "Communication on Strengthening European Identity Through Education and Culture," *Official Journal of the European Union*, 2017(673).

首先，欧盟追求政治认同，突出欧洲一体化的价值目标。欧盟围绕服务政治认同这一核心价值制定教育与培训的具体政策目标，比如提升教育质量、倡导教育公平、推动终身学习等。这些具体的价值目标与政治认同这一最高目标形成相互支持和制约的"一与多"的关系。追求政治认同成为欧盟教育的最高价值目标，并通过落实和深化"欧洲维度的教育"进一步推动欧洲的政治一体化。

其次，欧盟着重于完善标准体系，兼顾质量和效率。致力于欧洲统一和复兴艰巨任务的欧盟对教育质量给予了特别的重视，并采取积极的应对措施，在多个基础性政策文件中都要求为欧洲公民提供"优质"的教育。新世纪以来，欧盟首先在"ET2010"战略框架中提出使欧洲教育成为"世界教育质量的参照系"的远大目标，同时在"ET2020"中将提升教育与培训的质量作为欧洲教育与培训未来发展的 4 项核心战略之一。提升教育质量必将成为欧盟教育发展的一项优先政策。

最后，欧盟积极推进终身学习计划，带动全面教育治理。从 20 世纪 90 年代中后期开始，欧盟出台了一系列的文件和报告，大力宣传和落实终身学习政策。1995 年，欧盟发布报告《教与学：迈向学习社会》以进一步落实和推进终身学习计划，并于该年出台了两个以推行终身学习为目标的综合性教育行动框架——苏格拉底计划和达·芬奇计划，同时，欧盟将 1996 年定为"欧洲终身学习年"。2000 年，欧盟里斯本会议发表《实现终身学习的欧洲》宣言，欧盟以新的目标和高度对终身学习战略重新进行了统一规划和部署，将终身学习作为全方位、跨领域的社会系统工程进行建设，把终身学习置于前所未有的战略地位。2009 年 5 月，欧盟教育部长理事会通过欧盟教育和培训下一个十年的战略框架"ET2020"，该框架的首要目标就是使终身学习和自由流动成为现实。欧盟的长远目标是实现真正的欧洲统一，欧盟正积极推进终身学习，以促成"欧洲维度"或"欧洲认同"的政治目的。

第九章

教育思想的分化与融合

17 世纪中叶，捷克教育家夸美纽斯出版了《大教学论》，标志着独立形态的教育学开始孕育。19 世纪初，德国教育家赫尔巴特完成《普通教育学》，作为一个独立、系统的学科体系的教育学开始形成。继教育母学科形成之后，教育科学开始不断分化，走向纵深发展。20 世纪中叶以来，教育学一方面朝着精细化、专门化的方向衍生出众多分支学科，另一方面教育学与其他学科间的相互融合交叉又形成了许多边缘学科，众多教育分支学科蓬勃发展起来，为教育科学的发展不断注入新的活力。

第一节 教育分支学科的蓬勃发展

一、教育科学的发展与学科分化

随着科学技术突飞猛进的发展，人类各学科的知识总量急剧增加，知识更迭速度加快，各种新科学、新思想不断涌现，各领域学科的研究内容越来越专门化，学科分化越来越细，同时，各学科间知识的相互渗透也越来越快，一些新兴学科和交叉学科不断涌现。在这种背景下，自 20 世纪 60 年代以来，教育学科出现了急剧的相互交叉、分化融合的趋势。

20 世纪 60 年代以来，随着普及教育年限的不断延长和各类各级教育体系的建立和完善，对教育专业化和教育质量标准都提出了更高要求，依据学校的类别、学科性质、教育对象和教育内容等，分门别类地进行教育研究，开展教育实践活动成为教育学科发展的一个重要走向。一大批新的研究领域从教育学科中不断分化出来，包括学前教育、高等教育、成人教育、技术教育、职业教育、特殊教育、科学教育、医学教育、军事教育、艺术教育等。此外，一些领域的研究又不断拓展深入，在教育发展中的作用和地位不断凸显，逐渐形成体系化的知识，成为新兴的教育分支学科，如高等教育学、成人教育学等。在此过程中，还形成了更次级的分支学科或研究领域，如比较高等教育学、学前教育心理学等，这些学科和研究领域是在新分化出来的学科或研究领域基础上，与其他相关学科或研究领域再度交叉、融合而形成的。

一批在 20 世纪上半叶已获得独立地位且较为成熟的教育分支学科，在自身理论体系建设不断拓展、深入的同时，则出现了快速内向分化的趋势，逐渐形成了新的子级分支学科。例如，教育社会学相继分化出教育政策社会学、高等教育社会学、教育革新社会学、学校社会学、班级社会学、教师社会学、教学社会学、课程社会学、教育知识社会学等。在教育心理学领域，随着从以往注重在实验室中对动物进行研究转向以学校和课堂环境中的儿童、学生为对象的研究，教学心理学、学校心理学等分支学科相继创立。此后，高等学校心理学、学校管理心理学、教育社会心理学、课堂社会心理学等新兴学科领域也相继产生。在教育史学科发展中，进一步分化为教育制度史、教育思想史、教育文化史、高等教育史、学校教育史、职业教育史、女性教育史等，近十几年来，随着国际史学领域的发展，又出现了教育心智史、教育身体史、教育活动史等新的学科领域。

由两门或两门以上的学科彼此交叉而形成的边缘学科在 20 世纪六七十年

代得到迅猛发展。随着教育与社会经济、政治、文化等的联系日益紧密，相互影响程度的日益加深，教育领域由此分化出一批基础理论型的交叉学科，如教育经济学、教育文化学、教育政治学、教育人类学、教育生态学等。与此同时，通过与其他技术性学科和具有方法论性质的学科交叉，以服务教育实践为主要目的，教育学科中形成了一批应用技术理论型的交叉学科，如教育政策学、教育技术学、教育信息学、教育系统学、教育控制学、教育情报学、教育未来学、教育规划学、教育预测学、教育传播学、教育工程学等。同时，教育与社会各层面关系的融合又进一步与更为具体的社会问题结合，产生了诸如教育法学、教育人口学、教育卫生学等学科。

二、新兴交叉学科的蓬勃发展

（一）教育生态学

教育生态学是 20 世纪 70 年代在英美等国形成的以整体论的观点，运用生态学原理和方法来研究教育现象与问题的一门新兴学科。

生态学这一概念在教育学中的应用始于美国教育学者沃勒（W. Wailer）。1932 年，他在著名的《教学社会学》一书中提出"课堂生态学"的概念。20 世纪 40 年代，美国心理学家巴克（R. Barker）和赖特（H. Wright）从生态学角度探讨了儿童行为发生、发展的特点与教育的关系问题。后来，巴克注意到学校是一个极为重要的生态环境，在 20 世纪 60 年代，他与另一研究者冈普（P. V. Gump）对学校规模与学生行为之间的关系进行了合作研究，取得了显著的成果，这也使得学校规模与学生行为研究后来成为教育生态学研究的一个重要亚域。[1] 1966 年，英国学者阿什比（E. Ashby）在对英国、印度和非洲大学的比较研究中提出了"高等教育生态学"的概念。到 20 世纪 70 年代，教育生态学研究进入繁荣发展时期。一些学者从教育与社会、环境等关系入手来

---

[1]　范国睿：《教育生态学》，9—10 页，北京，人民教育出版社，2000。

探讨问题,如费恩(L. J. Fein)的《公立学校的生态学》探讨了社区控制与学校之间的关系,坦纳(R. T. Tanner)的《生态学、环境与教育》、沙利文(E. A. Sullivan)的《未来:人类生态学与教育》从生态危机的角度,探讨了人类生存的宏观环境与人类教育的关系。1976 年,美国教育家劳伦斯·克雷明(L. Kreiman)在《公共教育》一书中提出了"教育生态学"概念,用了专门一章"面向教育生态"进行了探讨。

1978 年,克雷明又发表了《教育生态学中的变革:学校和其他教育者》的演讲,进一步阐明了他的教育生态学见解。克雷明指出,教育生态学的方法就是把各种教育机构与结构置于彼此联系中,并在维持它们且受它们影响的更广泛的社会联系中予以审视。① 此外,英国学者埃格尔斯顿(J. Eggleston)出版了研究教育资源分布的专著《学校生态学》,提出教育资源的分布及个体对教育资源分布的反应等应成为教育生态学研究的内容。在他看来,教育资源分布的不平衡将导致教育效果的不平衡。学校是保存社会生态完整无损的工具之一,学校实际上是一个社会控制的环境,要合理进行学校内部的资源分配。②

20 世纪末以来,教育生态学研究范围不断拓宽,朝向纵深发展。教育生态学主要沿着宏观与微观两方面展开研究。在宏观方面,教育生态学以教育现象和教育制度为中心,研究社会群体环境与人类教育活动的交互关系,以揭示有利于教育发展的环境,寻求教育发展趋势的方向、教育应有的体制和体系。在这方面,国外学者主要关注对区域教育生态的研究,侧重对以学区为单位的教育生态内部不同组分之间的相互关系以及学区生态系统对外部变革的影响作用的研究。例如,学者马丁(Martin)以布朗弗布伦纳的生态理论为分析框架,试图确定影响学生流动的潜在社会系统,在社区层面识别区分转

① Cremin Lawrence A., *Public Education*, New York, Basic Books Inc Publishers, 1976, p.30.
② 范国睿:《英美教育生态学研究述评》,载《华东师范大学学报》(教科版),1995(2)。

学与非转学儿童区域的人口统计学特征，从而考察出与学生高流动率相联系的微系统、中系统与外系统变量。①还有的学者研究了区域生态环境与学生攻击行为，心理健康项目实施之间的关系等。

在微观方面，教育生态学主要注重学校和课堂环境、个体行为对教育教学的影响等，通过对学校的设施设备、校园环境、学生文化、分班制以至课堂的座位安排、课堂气氛等的分析，来构建有利于学生发展的教育生态环境。学校层面的教育生态研究注重学校生态系统内部各个生态因子之间的相互关系，主要涵盖对于学校教育内部的具体问题，诸如学生的某些问题行为，如偏见、攻击和暴力等，以及对学校、家庭与社区之间关系，对学校面临的整体问题与变革等不同层面的研究。1987 年，华盛顿大学的古德莱德(J. I. Goodlad)对微观的学校生态学进行了研究，提出学校是一个文化生态系统的观念，主张从管理的角度，统筹各种生态因素，以建立一个健康的生态系统，提高学校的办学效率。②课堂层面的教育生态研究将课堂教学视为一个生态系统，关注课堂内部不同生态因子之间的关系，尤其是课堂生态因子与学生发展之间的关系。学者内斯特兰德(Nystrand)等人研究了学生写作和阅读、课堂话语之间的关系，认为现代课堂中相互竞争的状态形成了阻碍议论文写作教学的环境障碍。③

(二)教育技术学

20 世纪中叶以后，西方国家在由工业化社会向知识化、信息化社会转型的过程中，直接推动了一批应用型、技术型学科的兴起。教育技术学即是 20

---

① Martin And Alison Joenn, "An Ecological Investigation of Social Systems and Student Mobility: Policy Implications for School Practices," PhD diss., University of Missouri-kansas city, 2003.

② Goodlad J.I. ed., *The Ecology of School Renewal: Eighty-Sixth Yearbook of the National Society for the Study of Edwation*, Chicago, University of Chicago Press, 1987.

③ Martin Nystrand And Nelson Graff, "Report in Argument's Clothing: An Ecological Perspective on Writing Instruction in A Seventh-Grade Classroom," *The Elementary School Journal*, 2001(4), pp.479-493.

世纪70年代在视听教育和程序教学的基础上发展起来的一门技术型新兴教育分支学科。

20世纪初，由于科学技术的进步，出现了各种传播教育信息的媒介，如摄影、幻灯和无声电影等，它们可以向学生提供活生生的视觉形象，"视觉教育"的概念由此诞生。1906年，美国出版了《视觉教育》一书，用于指导教师拍摄照片和制作幻灯片。1923年，美国视觉教育协会成立。到20世纪30年代初，有声电影和无线电广播开始在教育中得到运用，视听教育这一概念开始取代视觉教育的概念。为反映视听技术的进步和视听教学实验研究的成果，1947年，美国的视觉教育协会更名为视听教育协会。20世纪50年代末到60年代初，程序教学和教学机器开始应用于教学中，开始了计算机辅助教育的实验研究。这些新型教育手段的推广引发了对"什么是视听教育"的重新探讨。"教育传播""教学技术"等一些概念、术语不断出现。1970年美国视听教育协会正式更名为美国教育传播与技术协会(AECT)，象征着"视听"概念向"技术"概念的转变。1972年，AECT对教育技术进行了定义，标志着教育技术学开始形成。从20世纪70年代到90年代，AECT对教育技术概念进行了多次定义，开始用系统理论和系统方法来定义这一领域，这标志着人们对教育技术内涵的理解不断深化，教育技术学作为一个学科领域逐渐成熟起来。1994年，AECT发表了西尔斯(Seels)和里齐(Richey)合著的《教学技术：领域的定义与范畴》，提出了著名的AECT94定义，书中将教学技术定义为"是对学习过程和资源进行设计、开发、利用、管理和评价的理论与实践"。这一定义被世界各国广泛接受，成为教育技术最权威的定义。此后，在AECT94定义的基础上，AECT不断对教育技术的内涵进行拓展、完善，又发布了AECT2005定义等。

1. 教育技术学的研究范畴

根据具有代表性的 AECT94 定义，教育技术学的研究范畴主要具体分为设计、开发、运用、管理和评价五大方面。[1]

（1）设计。设计是详细说明学习条件的过程，可划分为教学系统设计、信息设计、教学策略和学习者特征四个子领域。教学系统设计是涵盖了分析、设计、开发、实施和评价教学等步骤的有组织的过程；信息设计主要指运用有关心理学原理来设计传递与反馈信息的呈现内容、呈现方式和人机交互等；教学策略是对具体的教学内容、教学活动程序、方法、媒体等因素的总体考虑；学习者特征是指影响学习过程有效性的学习者经验背景的各个方面。

（2）开发。开发是指针对学习资源和学习过程，按照事先设计好的方案予以实施的过程，可分为印刷技术、视听技术、基于计算机的技术和整合技术四个子领域。印刷技术主要是通过机械或照相印刷过程制作、发送材料的方法；视听技术是通过机械或电子设备来制作或发送材料以呈现视听信息的方法；基于计算机的技术是利用基于微处理器和有关的教学资源来制作和发送材料的方法；整合技术是基于计算机技术的集成化发展阶段，学习者可以在各种信息资源中进行高度的交互活动。整合技术是通过网络通信、多媒体、数据库、人工智能、专家系统、人机界面技术等的应用，将信息资源、工具、在线帮助、监测系统、情境、教学和管理等功能都综合在一个系统环境中。

（3）运用。运用是通过教与学的过程和资源来促进学习者学习活动的过程，涉及媒体的利用、革新推广、实施和制度化、政策和法规四个子领域。媒体的利用是对学习资源的系统使用，是依据教学设计方案进行决策的过程；革新推广是为了使改革的成果能被采纳而通过有计划的策略进行传播的过程；实施和制度化是组织中的个人对革新成果合理使用，并将革新成果整合到整个组织结构中；政策和法规是影响和规范教育技术推广和使用的强制性规则

[1]　何克抗编著：《教育技术学》，6—8 页，北京，北京师范大学出版社，2002。

和行为。

（4）管理。管理通过计划、组织、协调和监督来控制教学，具体分为项目管理、资源管理、传送系统管理和信息管理四个子领域。项目管理指计划、监督和控制教学设计和开发项目；资源管理是指计划、监督和控制资源分配以支持系统和服务；传送系统管理是用于向学习者呈现教学信息的媒体和使用方法的组合；信息管理包括计划、监视和控制信息的存储、转换或处理，以为学习提供资源为目的。近年来，学习资源的管理、学习过程的管理、项目管理、知识管理等子领域构成了当前教育技术管理的主要内容。

（5）评价。评价是对计划、产品、项目、过程、目标或课程的质量、有效性或价值的确定，主要包括问题分析、标准参照测量、形成性评价和总结性评价等。问题分析是使用信息收集和决策策略来确定问题的本质和范围，它是教学评价的前端步骤；标准参照测量是确定学习者对预定内容的掌握程度的技术；形成性评价包括收集达标方面的信息，并使用这些信息作为进一步发展的基础；总结性评价包括收集达标方面的信息和使用这些信息来做出利用方面的决策。

教育技术学的五个研究范畴，既相互独立又相互渗透，其中设计、开发、运用是教育技术学研究中相对独立的内容或阶段，管理和评价贯穿于上述内容和阶段之中。研究者可以集中在某一个范畴之内，但同时也需要其他范畴的理论与实践的研究成果。实践者则经常需要同时考虑几个或者所有范畴的功能。这五个范畴都围绕"理论与实践"开展工作，并通过"理论与实践"相互作用、相互联系。

2. 教育技术学的当前发展

当前，教育技术学科已经进入了繁荣发展时期，根据相关统计研究，目前国外教育技术学形成了一些核心的研究领域，在这些研究领域中，涌现出了一批当代国际知名的教育技术学者和代表人物。[①]这些领域的代表性学者从不同角度、不同层面对教育技术学研究有重要影响，对国外教育技术学发展有巨大的促进作用，构成了国外教育技术学研究的知识结构基础与理论来源。

一方面，教育学、心理学、科学教育、学习科学的交叉研究，为教育技术学的发展奠定了理论与方法论基础，尤其为教育技术学实证研究范式的拓展提供了统计学与心理测量学等的学科基础。这类研究成果在很大程度上影响了教育技术的发展方向，从根本上推动了教育技术的演进，为教育技术的发展提供了科学教育、学习与教学、心理学等学科理论基础。其视角主要聚焦于信息技术、计算机技术在教育领域创新应用的研究，为教育技术学的发展提供了创新实践基础，为信息技术推动教育系统、教育成就的评估和变革，积累了丰富的实践经验。计算机为媒介传播、技术扩散和技术采用方面的研究，则为教育技术的发展奠定了跨学科理论研究基础，传播学中的创新扩散理论和信息管理学中技术接受模型的提出，为教育技术研究领域注入了来自传播学、管理学、计算机科学、心理学等领域的理论活力，拓展了教育技术的研究空间与价值取向。

在此基础上，教育技术学在多领域呈现出繁荣发展的趋势。在教学设计、学习方式、多媒体认知学习等方面，情景化学习与学习实践社区，协作学习与计算机支持协作学习，教育游戏、移动学习、泛在学习，数字技术、数字媒体与数字化学习等新技术支持下的学习领域，这些都是当代教育技术学研究的前沿热点与发展方向。人工智能与学习科学、认知科学等，是当前教育技术学的一个主要研究领域，主要聚焦于虚拟学习同伴与教学代理等教育中的人工智能、学习科学与认知领域问题解决、心智模型与概念转变、计算机模型、工作记忆、功能磁共振成像（FMRI）等跨学科交叉研究，研究成果在很

---

① 兰国帅、基德、梁林梅：《国外教育技术十大领域与权威人物的知识图谱建构研究——基于18种SSCI期刊(1960—2016年)文献的可视化分析》，载《远程教育杂志》，2017(3)。

大程度上影响了教育技术学科未来的发展方向。在线学习、远程教育与远程培训作为教育技术学另一个主要研究领域，涵盖了在线学习与在线教育，远程教育和远程培训与评估，远程教育与国家发展关系的宏观分析研究，远程教育经济学成本效益研究，开放与远程学习项目的设计、开发与管理，开放教育资源的使用与获取等领域，为远程教育、在线协作学习与在线教育、在线学习与课程设计、高等教育与远程教育、网络学习研究的发展奠定了基础。此外，教育技术学也注重对视觉素养、信息素养、计算机素养、媒介素养教育等领域的研究，这更深入地拓展了教育技术学的发展空间。

(三)教育人类学

教育人类学是一门应用人类学的基本原理和方法研究教育现象与教育行为的新兴交叉学科。尽管教育人类学在20世纪上半叶就已萌发并获得一定程度的发展，但其大力发展和独立学科地位的获得则要到20世纪下半叶以后。教育人类学经过20世纪五六十年代的学科体系化和专业化，到七八十年代已趋向成熟，"在科学殿堂作为一门独立学科注册的资格"已经得到确认。①从教育人类学的发展来看，主要可以分为两个代表性分支：一是文化教育人类学，主要以美国、英国等为代表。文化教育人类学又可以具体分为以人类学家为主的教育人类学理论和以教育学家为主的多元文化教育理论两派。多元文化教育理论继承了文化人类学"文化相对论"的观点。文化教育人类学主要是将文化人类学的观点和方法应用于教育领域，研究范围主要包括少数民族教育和多元文化教育等。二是哲学教育人类学，主要以德国、奥地利、荷兰等国为代表。哲学教育人类学以哲学人类学的立场和手段研究人与教育的关系，注重从人的本质、教育的本质、人接受教育的可能性和必要性出发来研究教育的理论与实践问题。除文化教育人类学和哲学教育人类学外，教育人类学还形成了其他的分支研究领域，如比较教育人类学、社会教育人类学、心理

---

① 钟启泉、李其龙主编:《教育科学新进展》，42页，西安，陕西人民教育出版社，1993。

教育人类学、体质教育人类学等。

1. 文化教育人类学

20 世纪初，教育成为文化人类学家共同感兴趣的研究对象，文化人类学研究逐渐扩展到教育领域。1904 年至 1905 年，美国人类学家休利特（E. L. Hewlett）在对菲律宾和美洲印第安人的教育进行考察研究后，分别撰写了《人类学与教育》《教育中的精神因素》，这两部作品成为美国文化教育人类学的先驱性著作。此后，一些教育家和人类学家开始从人类学角度研究教育与儿童发展问题、文化与人格发展的关系等，如博厄斯（F. Boas）、米德（M. Mead）、本尼迪克特（R. Benidict）、卡丁纳（A. Kardiner）、林顿（R. Linton）等。到第二次世界大战之后，人类学对教育的研究从利用教育反对战争转向反思教育本身，人类学家开始采用人种志等方法对学校教育中的具体问题进行考察。1954 年，美国人类学会与斯坦福大学联合举办了教育与人类学会议，主要探讨了教育与人类学的联系、教育过程的社会文化背景、教育中的跨文化问题等。1955 年又出版了第一部教育人类学教科书《教育与人类学》，标志着文化教育人类学的正式形成。20 世纪 60 年代，美国的教育人类学对现代社会问题的研究越来越多，出现了大量民族志的研究著作，如杰克逊（P. Jackson）的《课堂教学中的生活》等，此外研究的应用性也越来越强。20 世纪 70 年代以后，美国的文化教育人类学开始走向成熟。主要标志为：1970 年美国人类学与教育学学会的成立，1974 年斯宾德勒主编了《教育与文化过程：教育人类学探讨》，1978 年《人类学与教育季刊》杂志的创办等。这一时期文化教育人类学的研究呈现出几个重要的特征，如在研究理论方面，斯宾德勒提出了工具性理论模式；在研究领域方面，出现了对双语教育、城市中社区与学校关系、课堂教学等领域的专门研究；在研究方法论上，教育民族志的研究得到不断发展。

英国文化教育人类学的形成和发展主要是在 20 世纪 50 年代以后。到 20

世纪40年代,英国人类学已经形成了以马林诺夫斯基(Bronislaw Malinowski)、拉德克利夫-布朗(A. R. Radcliffe-Brown)为代表的"功能学派"和基于柴尔德(V. G. Childe)的理论而形成的"文化生态学派"。在此基础上,20世纪50年代以后,以英国詹姆斯·林奇为代表的多元文化教育学派在英国逐渐发展起来。20世纪60年代以来,英国文化教育人类学在批评传统教育观的同时,不断提升学科理论水平,形成研究群体,学科影响力不断扩大。20世纪70年代以后,英国文化教育人类学进入成熟阶段,其研究重点逐渐转向多元文化教育的融合、协调与应用、种族间的教育机会公平问题的解决、关注不同环境背景下儿童的成长与学习等。

2. 哲学教育人类学

20世纪20年代,随着舍勒尔(Max Scheler)、卡西尔(Ernst Cassirer)在哲学人类学上作出的贡献,在二三十年代,一批德国学者在哲学教育人类学的研究上做出了开创性的工作。阿·胡特的《教育人类学的本质和任务》、格尔曼娜·诺尔的《关于人的教育知识》相继出版,奠定了哲学教育人类学的理论基础。1941年,德普·福瓦尔德在《教育科学与教育哲学》一书中,专章概括了自狄尔泰提出"教育以人为主"命题以来哲学人类学的教育观。德国著名教育人类学家博尔诺夫也从阐释狄尔泰生命哲学的基础上探讨教育与生命的真谛,把教育与人类发展的各种问题综合起来进行研究,促进了哲学教育人类学的进一步发展。到20世纪五六十年代,哲学教育人类学进入快速发展时期,众多论述教育人类学的著作相继问世,一批学者也对教育人类学的学科发展提出思考。如弗利特纳于1963年组织了一系列教育人类学的讲座,并汇编成《教育人类学的道路》,对各学科业已存在的教育人类学研究进行总结和理论化。博尔诺夫于1965年发表《教育学中的人类学考察方式》,再次强调了他的人类学方法取向立场,这一讨论对学科概念体系的形成和学科发展起了重要推动作用。1966年罗思在出版的《教育人类学》中把教育人类学视为一门

"信息处理学科"，在经验整理加工上对有关人的研究信息做哲学解释学上的分类等。到 20 世纪 70 年代以后，一系列研究组织、学科带头人、学术刊物、专门研究主题和理论的产生以及教育人类学新的分支学科的建立，标志着哲学教育人类学作为一门学科基本形成。德国的《教育学》杂志成为当时欧洲哲学教育人类学的学术园地，德国蒂宾根大学和哥廷根大学成为哲学教育人类学研究的中心，埃森大学成立了专门的教育人类学系。荷兰、奥地利等国学者对儿童人类学、青年人类学和成人人类学等做出了开创性的研究。

3. 教育人类学的当前发展

到 20 世纪 80 年代时，教育人类学研究得到迅速发展。国内外高校已将教育人类学课程作为教育专业学生的必修课程，并设立了教育人类学专业，国际上许多国家和地区也纷纷成立了教育人类学研究机构和组织。这一时期，具体的文化视域下的教育人类学研究成为热点。维果茨基（Vygotsky Lev S）最早提出的文化历史发展理论形成广泛影响。多样性学习作为一个重要研究领域得到进一步发展，其显著的进展是运用维果茨基的理论，重视作为学习中介性支架的传统或现代文化工具的作用，因而加强了人类学学习研究的深度感和时代感。[1]此外，一些教育人类学研究著作陆续出版，如梅尔茨（F. Marz）的《教育学和教育人类学的问题史》（1980）、舒耶尔（H. Scheuerl）的《教育人类学——历史引论》（1982）、克劳伊特尔（K. J. Kreuter）的《教育的人类学基础》（1982）、哈曼（B. Hamann）的《教育人类学：理论—模式—结构》（1982）、斯宾德勒编著的《学校教育民族志研究：实践中的教育人类学》（1983）、博尔诺夫的《教育人类学》（1983）等，进一步推动了这门学科的发展。

20 世纪 90 年代以来，教育人类学学者主要利用应用人类学的概念，多元化的研究方法、研究手段以及民族志等，来研究教育机构和教育过程。研究

---

[1]　Casey C. and Robert L.E., *A Companion to Psychological Anthropology*：*Modernity and Psycho Cultural Change*, Austin, Blackwell Publishing Ltd, 2005, pp.72-89.

者通过实地观察和亲身体验，做出翔实的民族志描述；对特定的重大教育论题，进行多元化的研究与分析；对典型个案，在民族志描述和分析的基础上，结合跨学科研究方法，使其教育过程理论化等。在此过程中，国际教育人类学的研究呈现出了两大特点。①一是研究的价值取向基本完成了从"学科本位"向"问题本位"转化。这使得教育人类学研究从基本的方法、理论研究转向对社会实际问题的研究，表现出对社会问题的敏感反应和持续关注。二是对现代性的反思逐渐加强。当下的教育人类学研究对教育制度、课程、学科教学、师生关系和当代学生的民族身份认同等问题进行了现代性视野下的剖析，对社会公正与平等问题的关注日益凸显，如从种族、阶级、性别、肤色造成的差异现象进行研究，深入探讨教育公平问题。

4. 教育人类学的理论发展

教育人类学学科自形成以来，经过半个多世纪的发展，以哲学教育人类学和文化教育人类学为代表的两派，分别产生了极具代表性的学者，并形成了相应的教育人类学理论。

(1)哲学教育人类学理论

博尔诺夫是现代德国教育哲学的重要代表人物，他深受生命哲学、存在主义哲学和哲学人类学的影响，形成了自己的哲学教育人类学理论。博尔诺夫提出了非连续性教育、可教育性等观点，他注意到生命过程中更具有根本性意义的非连续性成分，认为突发的非连续性事件如危机或少数重大的特定的遭遇等也是一种具有影响的教育途径。同时，他认为人类学的第一个基本问题是人对教育的需要性问题。人是具有可塑性的，能够通过教育获得生活的能力。此外，博尔诺夫提出了教育人类学的一系列方法原则。第一，人类学还原原则。这一原则要求一切文化现象都要从人这个根源去认识，人是文

---

① 甘永涛：《1965—2013年国际教育人类学的研究前沿与演化》，载《华东师范大学学报》(教科版)，2015(1)。

化的生产场所，是一切文化现象的源泉，要真正地认识文化必须还原到人本身去。第二，工具原则。人不能通过反省认识人类自身，只能通过人类创造的外部客观文化来认识自己，在这一过程中，文化即作为人类认识自身的一种工具。第三，人类学对个别现象的解释原则。人类生活中除了存在文化现象外，还存在很多情绪、本能、情感等非文化现象。由于我们无法通过这些现象来理解人类自身，因此需要通过个别现象来解释人类与这些现象直接的关系以及人类本身。第四，开放问题原则。人会随着个人经历、阅历的增长而改变，对人的理解不可能一下子全面完善，因此要求以一种开放性眼光去看待人类本身。①

除博尔诺夫外，奥地利著名的教育人类学家赫勃尔特·茨达齐尔也是哲学教育人类学的代表性学者。茨达齐尔论证了教育人类学中"以人类学为目的的教育学"和"以教育学为目的的人类学"这两个问题。前者指教育人类学可以理解为教育学对人类学的论证，后者则指在教育领域中使用人类学方法有效地说明教育学问题。茨达齐尔认为教育人类学应该主要指后者。同时，他指出教育人类学着重研究人的本质问题，人是具有本能性、反思性、自觉性、需要教育的生物，要了解教育人类学首先要了解人的本质，用人的观念概括教育的初步观念。茨达齐尔开创了成人人类学研究的先河。成人人类学是通过成人教育学的研究实现对人的本质的了解，其中社会化教育是成人人类学理论的精髓。社会化是一种塑造自我、影响自我和决定自我的过程，茨达齐尔指出，社会化的途径主要通过家庭社会化、学校社会化和职业社会化来完成。此外，茨达齐尔也对游戏的教育学意义进行了阐述，认为游戏有多种多样的教育意义，但他也指出教育者不能仅仅通过游戏实现其教育目的。

（2）文化教育人类学理论

斯宾格勒被誉为美国教育人类学之父。他的研究范式和理论都具有前沿

---

① 滕星编：《教育人类学通论》，108—109页，北京，商务印书馆，2017。

性，他在教育人类学研究中主要构建了文化理疗理论、跨文化比较研究和教育民族志研究等。文化理疗是指人们在对自身文化达到觉悟的过程中，要学会感知其他文化，能够意识到文化是一种潜在的偏见，能从不同文化角度对教育现象和问题进行比较分析，研究其发生发展的动因特点、一般规律等。文化理疗的目的是帮助学生在接受跨文化教育的过程中，既增强对主体文化的理解，也保持对自身文化的信心，具备应对不公正对待的能力。对教师而言，则帮助他们了解自身文化定位，自觉转变在与处境不利儿童交往中所表现出来的由文化预设等因素而导致的否定态度，抑制不自觉的文化偏见，实现文化对话等。斯宾格勒通过教育实验，从不同文化角度对某些教育现象与问题展开比较研究，探究其动因，阐述其规律，形成了跨文化比较研究的方法。

奥格布是美国乃至世界少数民族教育领域最有影响的学者之一，其作品在教育和人类学领域都被广泛引用。奥格布的研究主要集中于美国黑人与白人成就的不平等及少数民族学生在学校学业的成功与失败两大方面。奥格布提出了阶层化社会理论、文化模式理论、文化生态理论等。奥格布在研究工业社会中少数民族地位和学校教育问题时，提出了阶层化社会理论，从宏观族群社会阶层分析角度来研究少数民族学生的低学业成就问题。他认为美国是类卡斯特文化社会体系，即以种族构建社会劳动体系，依照种族背景规定就业机会，因而存在职业限制，致使一些少数民族集中于较低阶层的职业，这种影响也导致少数民族学生在学校学习中缺乏高成就动机。要解决这一问题，应从改造整个社会制度，消除类卡斯特社会制度入手。文化模式理论则是奥格布对阶层化理论的修正而提出的一种综合性理论模式，该理论试图从传统文化、族群历史经验、族群生存策略和族群关系等多种角度，寻找解释少数民族学生学业成就高低的原因。此外，奥格布注重从跨文化角度研究文化和文化改变对认知能力的影响，以及文化如何塑造与重塑人们的思想，这种对文化环境的重要作用的重视，使得他提出了文化生态理论，并在1982年发表的《社会化：一种文化生态方法》一文中详细论述了生态文化模式。

（3）多元文化教育理论

詹姆斯·林奇是英国多元文化教育理论代表人物，他最早提出了全球多元文化教育。林奇自20世纪80年代末起即提倡全球主义的多元文化课程，以纠正文化和地理无知以及不关心世界其他人命运的地方主义课程。林奇的主要思想集中体现在他1989年出版的《全球社会的多元文化教育》一书中。林奇提出了多元文化教育课程理论、多元文化教师教育理论和多元文化教育国际化理论等。他认为多元文化教育的课程设计应该建构在"多元文化社会的伦理任务"和"文化、社会和经济的规律"基础上，其目标由"工作者、公民、个人再加上尊重他人的基本伦理所组合而成"，课程内容上必须重国际性，观点上重全球性，应能明确体现多元文化社会及其多元的价值准则，消除对少数民族的刻板印象、偏见和歧视，承认和尊重其他文化或民族价值，改变用主体民族或主流文化批评少数民族的传统。为发展多元文化教育，林奇重视具有多元文化能力的教师的教育与培养，对教师教育所需的职业发展提出了一个分类法，内容涉及文化或背景、道德或情感、认知、教学行为、推论和经验等六个方面，为引进多元文化教育的教师发展的机构、政策提供了一个轮廓。此外，林奇从更宏观的社会及国家层面出发，提出了以人权教育为核心的全球多元文化教育构想。

（四）教育经济学

教育经济学是运用经济学的原理和方法研究教育投资及其经济收益等的学科。尽管早在17世纪英国的古典经济学中就已出现对教育与经济关系的研究，但教育经济学作为一门独立的学科则形成于20世纪60年代的美国。

1. 教育经济学学科的创立

教育经济学最早在20世纪20年代出现在苏联，以苏联著名经济学家斯特鲁米林(C. T. Ctpymnjinh)于 1924 年发表的《国民教育的经济意义》一文为标志，这是世界上最早用数量统计的方法阐述教育的国民经济意义的论文，被认为是世界上第一篇教育经济学论文。西方最早的教育经济学研究是 1935 年美国学者约翰·沃尔什(J. R. Walsh)发表的《人力的资本观》，其被认为是西方国家研究教育经济学的第一篇论文。到 20 世纪 60 年代，美国的经济学家舒尔茨(T. W. Schultz)、贝克尔(G. S. Becker)、丹尼森(E. F. Denison)等一起构建了人力资本理论的基本体系，为教育经济学的正式独立奠定了理论基础。舒尔茨在《人力资本投资》《教育的经济价值》《对人投资的思考》等系列论文中对人力资本理论进行了系统化，其基本主张为重视人力资本投资，认为教育投资是人力资本的重要源泉。劳动的教育装备率高，劳动生产率也就高，从而增强创造收入的能力。贝克尔从人力资本理论的微观领域研究入手，用具体的量化研究论证了不同教育等级之间的收益率差别。丹尼森把教育因素视为人力资本因素的组成部分，提出了"经济增长多因素分析法"，细致地计算了教育的经济价值。

1962 年，英国经济学家维泽(J. E. Vaizey)出版了第一本正式以学科命名的专著《教育经济学》，系统地阐述了教育经济学的基本理论。次年，国际经济学会在法国组织教育经济学专题讨论会，会议论文经过精选于 1966 年出版，该论文集的出版，使教育经济学在国际学术界被公认为一门独立的学科。20 世纪 60 年代被认为是西方教育经济学的黄金时代。20 世纪 70 年代后，教育经济学的研究重点开始由纯经济学分析转向社会学的多元分析。同时，教育经济学本身也发生了分化，出现了高等教育经济学、行为教育经济学等新兴的分支学科。

2. 教育经济学的理论发展

自 20 世纪 70 年代以来，在认识到人力资本理论表现出的问题与不足后，一系列重新评估教育的经济价值的新理论不断涌现，其中比较有代表性的是筛选假设理论、劳动力市场分割理论、社会化理论、关注人本文化的社会资本理论、基于新制度经济的教育产权理论等。

（1）筛选假设理论

它是 20 世纪 70 年代初美国经济学家迈克尔·斯宾塞（Andrew Michael Silence）和罗伯特·索洛（Robert Merton Solow）等提出的。筛选假设理论是将教育作为一种筛选装置，以帮助雇主识别不同能力的求职者，将他们安置到不同职业岗位上的理论。筛选理论对人力资本理论宣称的教育能够提高生产率提出疑问，极端地假设教育并不增加人力资本，只是作为一种筛选装置筛选出生产能力较高的人。它指出了教育促进经济增长的另外一条途径，即促进社会人力资源的合理配置。

（2）劳动力市场分割理论

劳动力市场分割理论主要研究教育与工资问题，代表人物有斯特·瑟罗（Lester C. Thurow）、彼得·多林格尔（Peter B. Doeringer）、迈克尔·皮奥里（Michael J. Piore）等人。该理论认为教育程度与工资水平成正比例关系是有条件的，劳动力市场存在主要市场和次要市场的分割，在主要劳动力市场，人力资本理论的教育程度与工资水平的正相关性成立；而在次要劳动力市场，则不成立。人力资本理论则把本来分割成不同部分、具有封闭等级性的市场抽象地视为完全统一的竞争性市场，基本前提就不正确。劳动力市场分割理论并不否认教育的作用，它和人力资本理论最大的区别在于它除了将教育作为影响收入的一个重要内生变量之外，还将制度因素、雇主和雇主的工作态度因素等作为内生变量。

（3）社会化理论

该理论出现于 20 世纪 70 年代中期，由萨缪·鲍尔斯（Samuel Bowles）和赫伯特·金迪斯（Herbert Gintis）提出。1976 年，鲍尔斯和金迪斯合著的《资本主义美国的学校教育：教育改革与经济生活的矛盾》一书引发强烈反响，他们认为教育的经济价值源于教育的社会功能，教育的社会功能对经济的影响远比教育提高知识技能更重要。劳动者的表现则源自自身拥有的非知识化的个性特征，教育的经济功能便是通过各种教育途径和手段使学生社会化，使不同的学生形成经济结构所需要的各种个性特征。

(4)社会资本理论

法国社会学家皮埃尔·布迪厄(P. Bourdieu)第一个对社会资本进行了系统分析。1980年，布迪厄发表《社会资本随笔》一文，正式提出了"社会资本"的概念。之后，美国学者詹姆斯·科尔曼和罗伯特·普特南等先后提出了社会资本理论并将其作为人力资本理论基础上的理论加以阐释。社会资本理论一般是指在一个国家或地区内，通过民众自由地将个体人力资本进行横向的社会组合而生成的能够促进一个国家经济和社会持续发展的社会关系与社会心理结构。社会资本理论从群体人力资本角度研究社会经济，更注重一国经济与社会发展中的人际关系，它提升了人的社会地位，将从微观层面为主的分析扩展到宏观层面，把无形资本因素(社会心理)引入研究，弥补了人力资本理论研究方法的不足之处。

(5)教育产权理论

随着新制度经济学的兴起，国外学者很快将其方法的普适性运用到包括教育在内的社会分析之中。新制度经济学在教育经济学领域的运用主要分为两个方面。一是把新制度经济学作为一种新的视角和方法来分析教育中的问题，如运用制度变迁理论作为解释高等教育体制改革与结构调整的理论基础。二是从新制度经济学中挖掘出与教育活动不同层面之间的联系，如将产权理论引入教育领域，对教育资源配置效率和公平问题进行制度分析，提出了教育产权的概念及有关问题的探讨。

3. 教育经济学的当前发展

根据相关研究，当前国际教育经济学的研究趋势主要聚焦于人力资本、高等教育、教育效率、教育成就(尤其是学生的学业成绩)等方面。①

(1)人力资本

自 1961 年舒尔茨提出人力资本的概念以来,国外学者针对物质资本与人力资本的成本收益比较以及教育的个人收益率和教育对经济增长的贡献展开了大量的实证研究。虽然 20 世纪 70 年代一些西方国家的经济出现了缓慢增长的趋势,教育的发展似乎没有带来劳动生产率的相应提高,一些学者对人力资本理论提出了质疑和批评,并先后产生了筛选理论、劳动力市场分割理论、社会化理论等,但人力资本理论依然是目前国际教育经济学研究的重要理论基础。21 世纪以来,西方发达国家的科技迅速发展,以科技和创新驱动的增长模式逐步取代了以往靠资本和劳动力投入带来的经济增长模式,互联网技术的发展也使得教育的生产与配置功能得到了更大程度的发挥,教育、技术、创新在重塑国际经济格局中发挥着日益重要的作用,这些新变化使得人力资本理论再度成为教育与经济增长关系、教育收益率等问题实证研究的基础。

(2)高等教育

国际教育经济学较少关注基础教育,而更加关注高等教育领域内的教育经济学问题。随着劳动力市场的人才需求类型变化,各国对于高层次创新拔尖人才需求的增加,使得个人决策过程中对高等教育的需求日益增加。高等教育机会的获得及其影响因素、高等教育产出的影响因素、高等教育生产过程中的教育财政及资助问题等成为 21 世纪以来国际教育经济学者的关注焦点。学者们分别对高等教育中的学生性别差异问题、高等教育成本分担机制及高等教育财政投入问题、高等教育领域的同伴效应问题、高校教师薪酬问题、高等教育资助和投资回报率问题等展开了相关研究。

---

① 胡咏梅、李佳哲:《21 世纪以来国内及国际教育经济学研究的热点与前沿问题——基于〈教育与经济〉与 Economics of Education Review 的知识图谱分析》,载《教育与经济》,2018(4)。

（3）教育效率

全球范围内的教育资源，尤其是优质的教育资源具有较高程度的稀缺性，针对教育资源的"浪费"和"滥用"问题，如何高效配置教育资源对于各国教育政策的制定具有重要的现实意义。21 世纪以来，除了教育经济效率，教育机构内部生产过程中的投入和产出的关系问题也成为教育经济学者们关注的重要问题。相比于最初对教育效率问题的简单描述，当下教育效率的估计方法日益成熟和多元化。各国学者通过运用 TIMSS 数据库、采用非参数方法和 DEA 的方法、利用模拟数据和面板数据等方式对各国相关的教育效率问题纷纷开展了研究。

（4）学生学业成绩

21 世纪以来，国际教育经济学学者始终关注教育质量，即学生的学业成绩及其影响因素。信息技术等一系列社会技术革新推动了各国新一轮的教育改革，在这些教育改革中，哪种资源对学生学业成绩的影响更大，哪种变革更利于学生产出的最大化，教育经济学在学生学业成绩方面的研究与相关教育改革政策呈现出高度相关性，为各国教育政策的制定提供了经验证据。此外，国际教育类数据库如国际数学和科学研究趋势（TIMSS）、国际学生阅读能力发展研究项目（PIRLS）、国际学生评估项目（PISA）等不断发展也成为学生学业成绩研究不断丰富和深入的重要原因。这些国际学生学业成绩数据库可同时用于对单个国家和国家间的比较研究，数据库的丰富为各国教育经济学学者开展研究提供了可靠的数据支持。许多国家的学者利用这些数据库开展了学生学业基础、教师质量、教师薪酬、同伴等不同因素对学生学业成绩影响效应的研究。

（五）教育未来学

教育未来学是 20 世纪 60 年代初随着国际未来学研究从理论转向应用而被引入教育学科领域的。它是主要运用未来学的理论和方法，根据社会、经济、文化、人口和科学技术的发展趋势，分析和研究未来教育的体系、规模、结构、管理、内容方式和技术等的应用理论型学科。

教育未来学研究范围广泛，从宏观方面研究、预测未来教育体系及其与社会经济结构的关系到微观方面研究、预测课程的各种内容等，几乎可以涉及人类教育活动的所有方面。具体来讲，其研究内容主要包括：分析和预测未来社会的政治经济结构及其发展水平对教育的总体影响；分析和预测未来科学技术的进步对教育的影响和要求；预测未来的学龄人口及其构成，以确定教育发展的规模和结构；研究未来社会中人的全面发展并制定相应的方针和政策；研究和预测未来教育制度的发展趋势和特点；研究和预测未来学校的教学体系的设计，教学内容的更新等状况；预测现代教育技术的发展趋势，研究未来教育中应用技术的最佳方式等。①

教育未来学主要依据系统论、控制论、信息论等学科的方法，将教育视为一个由各种子系统组成的"系统"，强调借助科学技术的发展来把控教育的未来进程，利用未来研究的相关信息指导现实的教育决策和计划。在西方未来学研究所运用的上百种预测方法中，应用于教育预测的方法既有定性分析法，也有定量分析法。在这些方法中，应用较为广泛的主要为以下几种方法②：第一，趋势外推法。该方法根据过去与现在的教育发展趋势，分析影响教育的多种变量，以推断未来教育的发展趋势。第二，特尔斐法。这种方法主要根据所要预测的教育问题，首先选择这一方面的专家，由专家根据自己的专长和经验，提出对有关问题的直观认识和分析判断，然后在专家提供的资料基础上撰写综合报告，再交由专家修正或作进一步阐释。第三，关联树法。该法也被称为"树式图解法"，多用于对未来教育规划的制订。这种方法首先对导致教育变量发生变化的各种因素进行考察，然后用多层次的分支形

---

① 高占祥等主编：《中国文化大百科全书（教育卷）》，664 页，长春，长春出版社，1994。

② 王坤庆：《20 世纪西方教育学科的发展与反思》，229—230 页，上海，上海教育出版社，2000。

式来图解各因素之间的相互作用和未来发展的多种可能性。第四，前景设想法。该方法主要运用主观想象，直接分析教育未来的多种可能性，设想教育的未来情景并提出实现它的方法或途径。第五，类推法。该方法依据历史和现实情况，对同样条件下的未来发展情况进行预测，如利用人口数量构成年增长率等数据资料，预测未来若干年内学龄人口及其分布情况等。

在教育未来学的发展中，一些国际性的未来研究组织起了巨大的推动作用。联合国教科文组织以及国际性的未来学研究机构，如世界未来学会、罗马俱乐部、人类2000年国际协会、国际未来可能性协会、世界未来研究联合会等，通过会议、合作研究、出版著作等形式开展教育未来学研究。1960年成立的世界未来学会专门分设了教育分会。罗马俱乐部将未来教育作为重要的研究领域之一，其发布的研究报告《学无止境》是具有国际影响的未来教育学著作，报告中指出现代教育要有未来观点，对未来可能出现的问题要有准备，要改革传统的、面向过去或现在的"适应性学习"，推行面向未来的"创新性学习"。[1] 20世纪70年代以后，联合国教科文组织通过组织专题计划活动，举办国际性学术讨论会，出版有关教育未来发展问题的专著等形式对教育未来学进行研究。

世界各国学者也不断开展和从事有关未来教育的活动和研究。很多大学开设关于未来问题的研究课程，并且授予未来学方面的学位。一批研究教育未来学的著作陆续出版，如德迪(C. Dede)与鲍曼(Jim Bowman)合著的《教育未来》、伊里奇(I. Illich)的《非学校化社会》、托夫勒(Alvin Toffler)的《为明天学习：未来教育的作用》、霍斯特洛普(W. Hostrop)的《教育未来学基础》、索克特(Hugh Sockett)的《教育未来研究》、理查德·D. 范斯科德的《美国教育基础——社会展望》、瓦格纳(Tony Wagner)的《教育大未来》、珀金斯(David N. Perkins)的《为未知而教，为未来而学》等。伊里奇认为传统学校教育已异化为

---

① 张继泽：《未来学》，69页，贵阳，贵州人民出版社，2013。

一种制度化机构，无法提供一种真正自由的教育，主张在未来废除正规的学校教育，以网络学习取代学校教育。托夫勒指出教育被紧紧地束缚在过去和现在之中，未来的概念遭到忽视，"为了免受未来的冲击，我们必须创立一种超工业化的教育制度。要做好这件工作，我们要撇开过去，在未来中寻找我们的目标和方法"①。理查德·D. 范斯科德通过将当前与未来、社会与教育、危机与希望、知识工艺及价值观等多种因素结合来综合考察未来的教育发展。他用一个三面棱锥体图形提出了"未来的构架"理论。三面棱体的基部表示当前及正在出现的各种价值观和态度；可见的左侧面表示当前和正在出现的知识与工艺；可见的右侧面表示当前存在和设想的问题、危机与令人忧虑之处；不可见的背面表示可知与不可知的未来。这一"未来"一方面由三面棱锥体的基部与两个可见面呈现的景象所决定并为人们所认知，另一方面受人们的直觉和幻觉所支配，但它仍由人类的干预、规划和自然时限以及自然消失的预言来修正。② 瓦格纳在《教育大未来》中讨论了年轻人要在未来世界中获得成功所必须具备的 7 项基本能力，指出教育改革要以培养学生的这些能力为目标，让年轻人真正掌握自己的明天和不断变化的未来世界。珀金斯指出"我们需要以一种全新的视角来看待教育，在教育中既关注已知，也关注未知。也许，我们需要一种更具有'未来智慧'的教育视角，在复杂而多变的世界努力培养人的好奇心、启发人的智慧、增进人的自主性和责任感，引导学生积极地、广泛地、有远见地追寻有意义的学习"③。

---

① 张继泽：《未来学》，68 页，贵阳，贵州人民出版社，2013。

② ［美］理查德·D. 范斯科德等：《美国教育基础——社会展望》，北京师范大学外国教育研究所译，416—417 页，北京，教育科学出版社，1984。

③ ［美］戴维·珀金斯：《为未知而教，为未来而学》，杨彦捷译，1 页，杭州，浙江人民出版社，2015。

第二节　元教育学的产生与发展

　　元教育学(meta-pedagogy)或元教育理论(meta-theory of education)是一种对教育学进行元研究的学科。它不同于对教育学的反思与回顾,而是以教育理论和教育研究为研究对象进行再研究的一种理论。它是教育理论的认识论基础,以澄清教育理论的认识论为目的。元教育学主要考察和探讨教育学的历史与现状、学科性质与学科分类、理论基础与逻辑起点、基本概念与基本命题、形式结构与实质内容、研究方法与方法论、理论与实践的关系等,其核心是教育理论的性质和分类问题,本质上是一种从认识论上进行反思和综合的研究。元教育学是在元理论的基础上发展起来的,并逐渐构建和形成了教育学的元理论。

一、元理论研究

　　20世纪初,元理论首先在西方国家兴起。"元"为英文中的"meta"一词,有"在什么之后""总的""超越""初始的"等意。"元"与某一学科名称连用通常表示这一学科的更高级的逻辑形式,主要包含两层含义:一层含义是指这种逻辑形式具有超验、思辨的性质。这源于"metaphysics"一词的使用。该词最早出现在亚里士多德的著作中,公元前1世纪古希腊学者在编辑整理亚里士多德的著作时,发现了一本不同于论述自然现象或有形物体,而是研究事物本质或抽象道理的文集,因此将其命名为"metaphysics"。自此,亚里士多德《物理学》之后的著作被后来的研究者称为"metaphysics",意为"物理学后诸篇"。另一重含义则蕴藏着以一种批判的态度和更本质的方式审视原来学科的性质、结构和研究活动。因此,元理论一般指的是以研究结果和研究活动为对象进行再研究而形成的知识理论体系。

元理论概念的应用最早出现在数学和逻辑学研究中。德国著名数学家希尔伯特（D. Hilbert）首次使用了元理论这一概念。他尝试用有穷的方法来证明无穷的数学系统的协调性，把整个数学理论形式化为无内容的符号体系，然后将这种符号体系作为研究对象，再用其他理论来研究它的协调性。这种研究数学理论的方法即为数学的元理论。元数学的任务主要是研究形式化数学的公理与定理的性质，依靠证明论的方法，来研究数学论证和数理逻辑问题之间的联系。元数学理论已被看成是建立在形式语言基础上的逻辑演算，这种形式语言具有特殊的语形和语义概念。[①]元数学研究的深入发展，促进了元逻辑学的产生。元逻辑学有狭义和广义之分。狭义的元逻辑学是对逻辑理论的整体性质的研究，而对其中的某个具体的逻辑法则并不关注，其核心在于逻辑的形式化。广义的元逻辑学是对一般形式系统的研究，其由形式语言发展而来。形式语言是一些表意的人工符号和用这些符号组成的有意义的符号串。通过在形式语言中选择相应的公式作为公理，并建立推理原则，即构成了形式系统。元逻辑学通过形式化、符号化的思想将我们带入语言分析的维度中。

此后，分析哲学的诞生促使许多学科开始了元理论研究的进程。元伦理学就是与分析哲学一脉相承的。摩尔（G. Moore）通过严密的逻辑分析从根本上揭示了传统的伦理学说包含的逻辑矛盾及其产生的原因。他认为这些矛盾的产生多是由于要给"善"下定义。要想杜绝危及整个伦理学体系的逻辑结构上的纰漏，需明确"善究竟是什么"。摩尔通过对"善"概念的分析，进入了对道德语言的分析，从而开创了对元伦理学问题的专门研究。在历史学研究中，沃尔什（W. Walhs）率先提出了"分析的历史哲学"概念，其与传统的"思辨的历史哲学"相对立，具有元理论的性质。分析的历史哲学不是去发现历史是什么、人如何创造历史等问题，而是对历史学研究的性质、对象、方法及功能

① 郑毓信、林曾：《数学逻辑与哲学》，123—125 页，武汉，湖北人民出版社，1987。

等的认识，是对历史的假设、前提、思想方法和性质进行反思，对历史知识论的研究。

从分析哲学中还衍生出另一类元理论研究——科学哲学。分析哲学拒斥形而上学，试图把哲学改造为科学的哲学，尤其是逻辑实证论者竭力主张把对科学知识的分析作为哲学的唯一任务。逻辑实证论者一方面采取元哲学的立场来反思、批判甚至抛弃传统哲学；另一方面又对科学进行反思和逻辑分析。这种哲学因而又具有了科学的元理论的性质，即为科学哲学。科学哲学发端于19世纪中叶，经历了逻辑实证论学派、波普(K. Popper)学派及库恩(T. Kuhn)、拉卡托斯(T. Lakatos)等历史主义学派几个阶段。它们都以科学为对象，是对科学知识和科学活动的反思，重在分析科学知识的逻辑结构和概念，科学知识发展中的逻辑、社会和心理基础与科学理论评价的方法及进步指标等。除科学哲学外，科学学也是对科学的元研究理论。波兰社会学家兹纳涅茨基(F. Znainecki)首先创造和使用了"科学学"一词，其中不仅涉及科学知识的内部问题，还包括科学家的学术活动、科学的社会作用等问题的研究，从而使科学的自我反思从科学本身扩展到与社会的关系上。科学学把科学视为一个知识体系和特殊的社会体制，重在从多种角度、运用多种方法来分析科学活动及其社会功能。与此同时，元科学的概念也应运而生。从狭义方面来说，它是用逻辑分析的方法对一般科学理论的概念和逻辑结构进行分析，可以说，狭义的元科学是科学哲学的一个组成部分；从广义方面来看，元科学是"科学的科学"，是把科学作为一种社会现象全面地进行研究。[1]实际上，科学哲学、科学学、元科学有不同也有重叠，可以说都是关于科学的元理论。

受科学元理论研究的影响，其他具体的学科也纷纷提出了自身的元理论。元社会学由弗费伊(P. Furpey)于1953年首次提出。他认为元社会学主要探讨

---

① [英]约翰·齐曼：《元科学导论》，刘珺珺等译，2页，长沙，湖南人民出版社，1988。

社会学知识的科学性、研究对象和社会学研究的规则等问题。瑞泽尔(G. Ritzer)提出了"社会学的元理论"概念，他把其界定为对已有的社会学理论的研究，包括对社会学的概念、方法、数据和理论等多方面的研究。此外，还有元心理学等。雷科弗(S. Rakover)认为元心理学是比心理哲学更宽泛的概念，重在考察心理学范围内科学哲学所考察的典型议题，诸如理论的可接受性与科学进步之间的关系等。

二、元教育研究的兴起

西方对教育学的本体反思几乎从它诞生起就已开始。这种反思首先集中体现在教育史的研究和著名理论家在探讨教育问题时的历史思索中。这类研究主要是对教育思想、教育理论进行历史事实的陈述，更多的是限于对具体内容、具体问题的思考，并没有区分教育思想和教育理论。因此，这类研究尚未达到对系统化的教育学进行形式化分析的水平。将"教育学是什么"的元理论立场问题作为专门的研究对象，在认识论上加以系统反思，是西方近代科学实验方法取得重大突破，推动各学科领域思维方式变化的结果。

从认识论上对教育理论性质开始进行系统反思，对教育理论类型进行区分，大约始于 19 世纪末。1876 年，德国原赫尔巴特学派的维尔曼(O. Willmarm)提出了应将教育理论区分为科学教育学和实践教育学两种类型。前者研究教育的社会和文化事实方面，确定教育是什么，而不规定应当做什么，是经验、分析、归纳和说明性的。后者规定教育应当做什么，具有行为规范或准则体系特征，是规范、要求和命令性质的。

1911 年，法国教育社会学家涂尔干(Émile Durkheim)发表了《教育学的本质与方法》一文，指出对教育的思考可从科学的目标和实践的目标出发，并把科学教育理论从以实践为目标的教育学中区分出来，称之为"教育科学"。在 20 世纪 30 年代时，德国教育家洛赫纳(R. Lochner)就尝试把教育科学作为一种经验科学,认为它的目的并不在于对教育行为产生影响而在于认识事实。洛赫纳第一个对实践教育理论的认识论结构做了透彻的分析,指出了它的非科学性,以及与科学紧紧联系起来对它做出解说的可能性与必要性。上述几位学者可以说是元教育理论的先驱。①但是,对教育理论的元研究在第二次世界大战前还是零星、不成规模的,元教育理论研究尚处萌芽阶段。

到20世纪50年代时,分析教育哲学在英、美等国家兴起,教育学的元理论研究开始孕育。分析教育哲学以对教育理论中的概念、命题、教育实践中的语言进行逻辑和语言的分析、检验为主。尽管其偏重于对教育概念的澄清与梳理,但其所做的工作已具有元理论的性质,分析教育哲学对教育理论命题逻辑的分析实际上已构成元教育理论的一个部分。英国的分析教育哲学家注重对一些重要的教育命题及其论证进行分析,并由此深入到教育理论性质的探讨。彼得斯(R. Peters)和赫斯特(P. Hirst)从不同的角度否定了一门独立的教育科学的可能性,赫斯特还更进一步强调了教育理论只能是实践的教育理论;穆尔(T. Moore)通过区分科学理论与实用理论的结构来为教育理论作为实用理论进行辩护;奥康纳(D. O'Connor)则以科学理论的标准来指责现有教育理论的非科学性,他指出传统的教育理论往往将形而上学、价值判断、经验性认识这三种不同逻辑系统的陈述混杂在一起,缺乏逻辑关系的合理性证明。美国的分析教育哲学家们则偏爱对教育陈述的基本用语作考察,特别是对一些口号、隐喻进行分析;与此同时,他们还对教育学的学科独立性问题进行了争论,谢弗勒(I. Scheffler)与索尔蒂斯(J. Soltis)分别代表了否定和肯定两种取向。

尽管从20世纪70年代起分析教育哲学开始走向衰落,但其对教育理论的反思、探索,不仅使教育理论的元研究备受理论界关注,而且为元教育理

---

① [德]W. 布雷岑卡:《教育学知识的哲学——分析、批判、建议》,载《华东师范大学学报》(教育科学版),1995(4)。

论的体系建构奠定了基础。

三、元教育研究的理论构建

元教育学正式出现大约是 20 世纪 70 年代初。"元教育学""元教育理论"
等概念最早由德国教育家沃尔夫冈·布雷岑卡在 1971 年出版的著作《从教育
学到教育科学：元教育理论导论》中提出。

布雷岑卡的元教育理论是针对当时德国教育理论界的混乱状态，旨在澄
清教育理论的认识论基础而提出的。当时德国教育理论界存在着三种主要教
育理论流派：作为德国师资培训课程，直接以教育实践为目的的实践教育学
（规范教育学）；注重教育事实分析的科学教育学（经验教育学）；强调体验和
理解的人本主义倾向的精神科学教育学（解释学教育学或文化教育学）。学者
们对上述理论各持一端，相互攻讦，面对这种情况，1966 年布雷岑卡发表了
《科学教育学的危机在最近出版的教科书中的表现》一文，对精神科学教育学
的非科学性进行了批判，主张重建教育科学，由此引发了关于教育学学科性
质的大辩论。布雷岑卡在论争中不断修正和发展自己的观点，逐渐形成了元
教育理论体系。1978 年，布雷岑卡在发行第四版《从教育学到教育科学：元教
育理论导论》时，将书名改为《元教育理论：教育科学、教育哲学、实践教育
学基础导论》，这标志着布雷岑卡元教育理论体系建构工作的初步完成。

布雷岑卡从分析哲学立场来建立元教育理论，他认为元教育理论是一种
关于教育理论的认识论，包括对教育学基本命题、逻辑进行语言的、逻辑的、
经验的分析，以及对教育学的学科性质、教育理论的基本类型和教育知识的
基本成分的分析。布雷岑卡从赫尔巴特、维尔曼、迪尔凯姆、洛赫纳等人的
思想中得到启发，认为传统教育学不足的根源在于试图在一种相同的命题体
系中将实践教育理论的规范性任务与科学理论的描述性任务联系起来，由此
产生了一种模糊不清的大杂烩式的学科，因此，他主张不再把教育学看成是

兼有规范——经验双重任务的一体化的学科，并以知识的陈述形式为分类标准，区分了三类教育理论：运用描述性陈述的教育科学、运用规范性陈述的教育哲学和运用描述—规范性陈述的实践教育学。教育科学是关于心理和社会—文化现实中各种状况在逻辑上相互联系的并且多少得到证实的规律性假设系统，是获得关于教育行为方面的科学认识。教育哲学是教育科学的补充，它解决的是在制订教育计划和采取教育行动时出现的价值问题和规范问题。实践教育学的创立是为了用实践知识武装教育工作者。他们需要这种知识来指导目的合理的教育行为。实践教育学包括社会—文化状况分析，教育目的、方法或技术和促进职业道德等成分。①通过将教育理论按照逻辑体系的不同而一分为三，布雷岑卡旨在使三种不同陈述逻辑的教育学理论在各自范围内有效解决问题，成为相互区别、取长补短的有机认识论体系。

布雷岑卡的元教育理论在德国乃至世界范围内产生了影响，他对元教育理论概念的提出和元教育理论体系的建构是教育理论发展史上的首创，也是西方教育理论自身探索、建设的一个飞跃。②尽管其理论体系还有待于进一步完善、充实，但其对教育学理论从认识论上进行的元思考，为日后新的元教育理论的发展，为构建科学的教育学理论奠定了基础。

四、元教育研究的进一步发展

在元科学的影响下，20 世纪 70 年代以来，元教育学研究不断探求新的视角和方法。法国的米亚拉雷(G. Mialaret)在 1985 年出版了《教育科学导论》，立足于教育科学发展的历史与现状，提出了教育科学的复数形式的概念，对教育科学在对象、结构、研究方法和范围等方面进行了元理论分析，反映了

---

① [德]W. 布雷岑卡：《教育学知识的哲学——分析、批判、建议》，载《华东师范大学学报》(教育科学版)，1995(4)。

② 李明德、杨孔炽主编：《外国教育思想通史：20 世纪的教育思想》(下册)，685 页，长沙，湖南教育出版社，2002。

现代教育科学不断分化、交叉渗透并形成大量学科群的发展现状。美国的阿特金斯(E. Atkins)试图从对科学哲学的元理论原则的批判中建立元课程论，他认为有三种理解理论化活动的可能方案，即实在论、相对论和实验主义——解释学。而对于课程这样一个关注道德选择、科学方法的运用和审美感受的领域，最后一种方案，即元理论，将有助于我们根据实践来形成课程理论，并根据理论来进行实践。俄国的盖尔顺斯基引进科学学的范畴着手构建"教育科学学"，以分析教育学知识的内部状况，试图确定教育学的独立的学术地位，区分出它的客体和对象，研究它与外部环境的相互作用、它与其他科学的整体和跨学科的相互作用，并特别注意到它的社会责任、预测等实践功能。这种尝试将有助于把元教育学的研究引向对教育学的内部、外部的种种关系进行历史的、结构的和功能的全面探讨。

　　1976 年，美国学者格拉斯(G. U. Glass)首次提出了元分析概念和技术，他在美国教育研究协会的主席演讲中将元分析定义为"对各项研究的大量分析结果进行统计分析，以达到整合研究结果之目的"，通过对经验性教育研究成果进行定量分析，考察其研究特征与研究有效性的共变关系，总结经验性教育研究方法特别是教育实验在设计和处理上的得失，从而得出了更具有普遍性的研究结论。这为元教育学研究在方法上注入了新鲜血液，也构成了元教育学的一部分。除教育研究领域外，元分析现在也在医学和心理学中得到了更广泛的应用。由于元分析能够对大量研究结果进行统计分析，以确定一项干预措施或方法总体上是否有效，并且可以通过确定与研究中较大/较小影响相关的模式或重要联系来解释研究结果的变化等，近十几年来，通过学校和各层级教育领域中元分析技术的运用，其重要性进一步被强化。而针对元分析技术存在的评估数据间是否具有可比性以及其无法报告具有无效或负结果的研究等不足，如何产生有效、无偏见、准确的元分析结果是当前教育元分析中关注的焦点。2008 年，美国心理学会(APA)制定了报告元分析的标准，即元分析报告标准(MARS)，其中包括了在元分析研究中应该报告的关键信息。MARS 的制定是基于与元分析领域著名专家的磋商以及现有标准的比较，如用于医学和健康研究的 QUOROM 声明(元分析的报告质量)。MARS 旨在提高元分析的效用，促进学者之间的跨学科对话，并帮助评论者设计未来的研究。①

西方元教育学的研究正由零散的反思尝试建立系统化的元理论，尽管这一过程在近年来的发展中趋于和缓。但教育学科自我意识的构建和反思，却从未停止。元教育学研究虽不能直接增加我们关于教育的知识，不能直接指导我们的教育实践，但其理论框架可以通过检验教育学的各种命题体系，区分它们的目的和价值，确认教育学的种种内外部关系，从而厘清现行教育理论的缺陷，促进构建更为合理的教育理论。

第三节 教育研究方法的新进展

自 20 世纪七八十年代以来，西方教育研究取向出现了新特点。20 世纪上半叶，居于西方教育研究主流地位的实证研究范式受到了强有力的挑战，以新的方法论为基础的教育研究不断涌现，逐渐形成西方教育研究方法取向上的多元共生格局。

一、实证研究的嬗变

20 世纪 60 年代以来，实证主义的研究范式不断受到以人类学、诠释学等

---

① Soyeon Ahn, Allison James and Nicholas D. Myers, "A Review of Meta-Analyses in Education: Methodological Strengths and Weaknesses," *Review of Educational Research*, 2012(4), pp.436-438.

为代表的社会人文科学方法的冲击。在教育研究中，研究者逐渐意识到以自然科学为标准的实证研究方法并不能完全把握和适应复杂的教育现象，以客观、价值无涉的立场寻求普适性的研究结果并不现实。相同的教育现象，经过以客观性、准确性和可检验性为标准的不同的实证主义研究者研究后，可能出现不同乃至相反的研究结论。这迫使人们对教育现象的特殊性质和研究教育问题的方法进行反思，由此引发研究者对实证研究方法的重新审视。一些研究者由此改变了原有的实证主义立场，另一些研究者在坚持实证研究范式的同时则尝试做出某种变通。如美国学者格拉斯（G. U. Class）提出的"元分析"概念和技术。元分析是一种对具有某一特征的各项单个教育实验或其他经验性教育研究的成果进行计量整合的定量性分析方法和技术。这一概念和技术的出现反映了实证主义取向的研究者对教育实验及其他经验性教育研究成果在量的方面所进行的反思、修正，当前元分析技术已成为实证研究中的一种重要整合与综述方法，为教育研究与政策制定者提供了丰富而有价值的发现。

此外，基于对自然科学研究对象和教育研究对象性质上的差异的认识，实证主义取向的教育研究者不再像早期实证主义者那样要求对教育实验进行自然科学意义上的严格的变量控制。如 20 世纪 60 年代由坎贝尔（B. T. Campbell）和斯坦尼（T. C. Stanley）率先提出的准实验的概念和设计方法。准实验涉及在遵循实证主义的方法论原则，揭示教育现象间的因果联系的基础上，尝试兼顾教育现象不同于自然现象的特殊性质，强调研究真实自然条件下的教育对象，在实地情境中所进行的研究一般不设控制组或设不相等的控制组，甚至测量也不进行专门的设计，常使用学校常规活动中所获得的数据，如考试成绩等。由于每一具体情境间都存在着程度不同的差异，准实验要求对实验结果的代表性和可推广性都要加以谨慎地解释和论证。西方近几十年发展起来的适合复杂教育情境的其他多因素实验设计、统计分析也反映了类似的研究理念的变化。

二、质性研究的发展

自 20 世纪七八十年代起，随着在西方社会科学研究领域里掀起的关于量化研究与质性研究方法论论战，在教育领域里，质性研究也向长期垄断教育研究领域的量化研究发起挑战，动摇了量化研究的中心地位，引发了质性研究在教育领域的合法地位和两种研究方式是否有相容的可能性等问题的论争。到 20 世纪 80 年代中期，教育质性研究得到了越来越广泛的认可和应用。学校教育的文化适应性研究、批判教学研究、批判种族理论和女性主义分析框架下的教育质化研究等，为贫穷阶层、有色人种、女性等参与教育活动、争取平等教育机会与权利等方面做出了贡献。[①]近十几年来，教育质性研究进一步得到发展，新的著作和期刊不断出现。自 1994 年起，《质性研究手册》通过每五年的版本更新，动态地记录了过去 20 多年间教育质化研究的发展、变化与趋势。有关教育质性研究的新著作也不断出版，如《教育质性研究：理论与方法》《质性研究和案例研究在教育中的应用》《在教育情境下做质性研究》《艺术取向教育研究：理论与实践》《访谈作为一种质性研究：教育和人文社会科学研究者指南》等，同时一些专门刊物的出现，也为质性研究的发展提供了国际学术交流的阵地，如《国际教育质性研究期刊》《质性研究》《叙事研究》等。

近 20 多年以来，教育质性研究学者在使用民族志、叙事法、自传法、扎根理论和现象学等一些主流的质性研究方法的同时，也通过多种方法和理论的交叉融合，发展出了一系列新的质性研究方法，诸如基于质性的教育行动研究、艺术取向教育研究、女性主义教育质性研究、后结构主义教育质性研

---

① Nathaniel L. Gage, "The Paradigm Wars and Their Aftermath: A 'Historical' Historical Sketch of Research and Teaching Since 1989," *Educational Researcher*, 1989(7).

究等①，此外，在质性研究领域也出现了一种质性研究整合的新趋势。

(一)基于质性的教育行动研究

近年来教育质性研究的一大发展特征是将教育质性研究与行动研究结合。行动研究是自20世纪50年代产生以来西方教育研究领域较为活跃的一种研究方式，也被视为教育实践工作者的教学和工作方法，常常采用"准实验"研究的方式，同时也与重质、重整体、重互动关系的人种志研究相结合等。行动研究关注实际情境中发生的教育实践，强调从具体情境中概括出来的理论只有回到产生该情境的背景或回到具有类似于该情境的背景中才能显示其意义，强调应从研究者的实践活动开始，在实践中进行，并以实践质量的提高与否作为检验研究成果的标准。与质性方法相结合的行动研究，主要有参与式行动研究、课堂行动研究、批判行动研究等。课堂行动研究以教师为研究者，采用质化研究的方式收集课堂资料进行阐释性探究。批判行动研究从更宏观的角度探究教育和社会的关系，解释工业社会造成的教育不公平问题，尤其关注女性、少数族裔和社会底层人群的教育处境和社会地位。

(二)艺术取向教育研究

艺术取向的教育研究是一种新兴的教育质性研究方法，其在资料收集和呈现方式上具有超越传统文本的特性，融合了艺术领域中的诗歌、散文、小说等文学元素，绘画、摄影、雕塑等视觉形式，以及戏剧、舞蹈、宗教仪式等表演形式，使参与者通过对艺术呈现方式的建构性反思和理解来达到教育功能。近年来，苏珊·芬利(Susan Finley)进一步拓展了该方法，提出"批判艺术取向研究"，强调采用批判伦理的艺术审美视角来分析和呈现研究，并以行为主义的立场帮助被研究者解决教育问题、改善教育状况、争取社会地位与权力。

---

① 李玲、韩玉梅、杨顺光：《西方教育质化研究近二十年的发展、挑战以及中国本土化探究》，载《全球教育展望》，2015(8)。

(三)女性主义教育质性研究

女性主义理论思潮推动了一些新的教育质性研究方法的产生，如读者剧场法、影像对话法等。读者剧场法以戏剧脚本的形式呈现女性教师的生活和工作写照。研究者将参与研究的女教师作为其中的角色扮演者，将她们各自的教育情境作为剧本的场景，把她们的访谈录音作为戏剧脚本材料，并将不同背景下女性教师的多样风格特征、真实经历与反思等通过组织化的剧本情节与对话展现出来，读者通过对角色的感受与分析来对戏剧中女教师的生活与工作经历形成理解、阐释和反思。影像对话法则将图片、绘画、访谈和讲故事等手段结合起来对女性教师的身份与社会地位进行批判式分析与阐释，借以帮助弱势女性教师发出声音，寻求教育帮助和变革。

(四)后结构主义教育质性研究

后结构主义理论催生出了诸如根状茎写作法、巴洛克法等以文本为呈现方式的新的教育质性研究方法。根状茎写作法将传统的文本呈现改变为一种非线性写作的呈现，用非传统的文本形式构建语义符号的链条，强调不同要素之间的复杂关联，用根茎与其枝杈间错综交织的关系来比喻研究对象的教育经历和教学经历，呈现权力组织、生存环境、社会科学环境、社会权力争斗等要素间的复杂关系，以根茎似的整体面貌和形式来分析、呈现和解构研究对象的身份和故事。巴洛克法以教育研究的跨学科属性为根基，以教育现象界限和范畴的不确定性与不连贯性为导向，承接了巴洛克艺术风格中综合拼接的手段与特征，以错综复杂、反对理性的形式剖析教育政策和问题。

(五)质性研究整合

质性研究整合是一种系统地回顾、分析、整合与阐释，它既可以指质性研究整合的过程及所使用的方法和技巧，也可以指其所产生的论文或报告，具有质性研究的元分析性质。质性研究整合在过去 20 多年中得到了快速发展，目前已在教育、社会工作、组织学习和医护等领域得到广泛应用。1988

年，诺布利特(Noblit)和黑尔(Hare)的研究，为教育领域质性研究整合的发展
奠定了基础。质性研究整合要求研究者从多方面对每项研究的质量进行批判
性评价，并将其与其他相关研究互相关联，为评价单项质性研究提供了方法。
同时，它能够综合各单项研究的理论、方法和结果以获得整体全面的知识，
较好地消除研究碎片化现象，合理比较同类研究。此外，质性研究整合也能
够克服单项质性研究很难发展出有说服力和推广度的理论这一局限，通过整
合综合多项研究的场景、方法和发现，有利于诸如扎根理论等的理论建构与
重构。这种理论建构功能被视为质性研究整合最重要的贡献。①根据 2010 年梅
杰和萨文·巴登对质性研究整合过程的论述，质性研究整合具体的操作方法
主要分为三大阶段，即设计、探究和呈现。②设计阶段具体包括形成研究问题、
搜索和提取原始文献、评估原始研究质量、选定最终文献四个步骤。掌握了
作为数据的相关文献后，研究者进入探究阶段，这一阶段是一个循环往复的
过程，要求过程中的每一步都要具有高透明度，具体包括为探究做准备、分
析研究数据、整合研究数据、阐释研究发现四个步骤。最后，明确读者对象，
例如是一线教育实践者还是教育研究人员或政策制定者等，形成质性研究整
合报告，呈现整个研究。报告主要包含引言、文献综述、研究设计、研究发
现、分析讨论、结语等。

三、混合研究的兴起

21 世纪以来，教育研究领域出现了由理论、范式争辩到关注实践问题的
焦点转移，其结果是对实际问题的更多关注和对不同范式和方法论的更大包

---

① Ritzer G., "Metatheorizing in Sociology: Explaining the Coming of Age," in *Metatheorizing*,
ed. G. Ritzer, Newbury Park, CA: Sage, 1992, pp.7-26.

② 陶伟:《国外教育研究中的"质性研究整合"评介: 理据与实操》, 载《外国教育研究》, 2015(11)。

容,定量和定性方法相结合的混合方法研究正在成为一种潮流和趋势。①混合方法研究是研究者在一项单一研究或一系列相关研究中,混合或结合使用定量与定性的方法、手段或概念。混合方法研究因其能够有效结合定量与定性研究各自的优点,增加互补性优势,压缩非重叠性弱点,而备受学界关注。伯克·约翰逊(Burke Johnson)、拉里·克里斯滕森(Larry Christensen)也指明了混合研究方法的这种优势,"通过在一项研究中结合两个(或更多)拥有不同优势和劣势的研究方法,你就不太可能错过重要的东西或是犯错误"②。

混合方法研究的概念可以追溯到1959年,美国方法论的先驱人物坎贝尔(Campbell)和费斯克(Fiske)在研究心理特质的效度时,倡导采用"多元特性—多元方法矩阵",促成了多种方法的混合使用。他们认为,把不同的研究方法作用于同一个研究问题,可以使不同的研究方法之间彼此验证、相互补充,确保研究中出现的差异不是源于所使用的方法,而是确实源于所研究的特性本身。③后来,在广泛采用的"三角互证"中,逐渐形成了对同一问题以不同方法得出的研究结果进行相互验证的研究需求。三角互证意为研究同一现象时多种方法论的结合,主要包含数据互证(研究者使用多种资料来源)、理论互证(研究者使用不同视角或理论解释研究结果)、研究者互证(使用不同的研究人员进行同一研究)、方法互证(使用不同的研究方法来研究某一问题)。其中,方法互证又可区分为方法内互证(单独使用量化或者质性的不同方法)和方法间互证(同时使用量化和质性方法)。④

---

① Bryman A., "The Research Questions in Social Research: What Is Its Role?," *International Journal of Social Research Methodology*, 2007 (1), pp.5-20.

② [美]伯克·约翰逊、拉里·克里斯滕森:《教育研究:定量、定性和混合方法》,马健生等译,49—50页,重庆,重庆大学出版社,2015。

③ Campbell D. T., Fiske D. W., "Convergent and Discriminant Validation by the Multi-trait-multi-method Matrix," *Psychological Bulletin*, 1959 (2), pp.81-105.

④ Denzin N. K., *The Research Act: A Theoretical Introduction to Sociological Methods*, New York, Praeger, 1978, pp.291-307.

　　1998 年，路易斯安那州立大学方法论教授塔沙克里(Tashakkori)和特德莱(Teddlie)在出版的《混合方法论：定性和定量方法的结合》一书中，进一步区分了相对简单的混合方法和更高层次的混合模型研究。混合方法是指在一项研究中的某一阶段，如在资料收集阶段，融合定量研究和定性研究的路径，而混合模型则是指在研究过程的所有阶段，如概念化、资料收集、资料分析和推论中，都融合了定量和定性两种路径，这种混合模型研究正成为社会科学和行为科学研究中日益强化的一种发展趋势。到 2003 年，两人又出版了《社会和行为研究的混合法手册》，讨论了混合方法在不同学科中的应用，为混合方法建构了全面的分类体系，并提供了可用于实践的操作指南，使混合方法研究逐渐被学术界广泛接受并流行起来。2005 年，第一届混合方法研究国际会议在剑桥大学召开；2007 年，《混合方法研究杂志》创立，该杂志由美国加拉德特大学编辑出版，主编是美国混合方法研究的两位著名学者塔沙克里和克雷斯维尔(Creswell)，这也成为该研究范式进入新阶段的重要标志；2013 年，国际混合方法研究协会(MMIRA)成立，并于 2014 年 6 月在美国波士顿大学召开了以"混合方法研究的挑战、进展和多样化"为主题的第一届年会，这标志着混合方法研究开始作为一个独立和专门的研究领域被正式确立。

　　克雷斯维尔曾对混合方法研究下过一个比较宽泛的定义。他认为混合方法研究是一种研究设计，为一种方法论，它的哲学假设指导数据的收集和分析，以及在研究过程不同阶段定量和定性方法的混合。作为一种具体方法，混合方法研究关注数据的收集和分析，强调在一项研究或一系列研究中混合使用定量与定性方法。它的基本思想是综合使用定量与定性方法以克服使用单一方法的不足，更好地理解和阐释研究问题。[1]这个定义的核心是把混合方法研究作为一种研究方法论(research methodology)，强调它背后的哲学假设和

---

① Creswell J. W. and Plano Clark V. L., *Designing and Conducting Mixed Methods Research*, CA, Sage, 2006.

理论立场，持这种观点的学者还有塔沙克里和特德莱以及约翰逊(Johnson)、奥乌格普兹(Onwuegbuzie)和特纳(Turner)等人。约翰逊和特纳也把混合方法研究称为与定量研究和定性研究并驾齐驱的"第三种教育研究范式或方法论范式"或教育研究的"第三次方法论运动"。①

在混合方法研究的发展过程中，美国一些学者对有关混合方法研究的类型、目的、设计策略和操作步骤进行了探讨，取得了一些较有代表性的研究成果。第一，混合方法研究的类型。克雷斯维尔依据定性、定量研究在混合方法研究中的地位和先后顺序把混合方法研究分为顺序混合、并行或共时混合、同等地位混合、主次混合。塔沙克里和特德莱在此基础上界定了第五类混合方法研究类型"多层次路径设计"，即研究者在资料收集的不同层次上使用不同的方法。② 第二，混合方法研究的设计策略。克雷斯维尔针对收集数据的方式是否采用顺序法、并行法或转换法，提出了顺序性解释策略、顺序性探究策略、顺序性转换策略、并行三角互证策略、并行嵌套策略、并行转换策略等6种混合方法研究的设计策略。③在国家研究方法中心发布的报告中，梅森(Mason)也总结了6种混合方法研究的设计策略：主次策略、平行策略、整合策略、确证策略、多维度策略、没有内在逻辑策略。第三，混合方法研究的目的。格林(Greene)等人在1989年展示了运用混合方法所完成的57项研究，列出了这些研究的5个主要目的：一、三角互证，即在研究同一现象时通过运用不同方法对研究结果进行确证以寻求一致性；二、互补，即用一种研究方法得出的结论来进一步描述、扩充、解释、澄清另一种研究方法所得出的结论；三、发展，即用一种研究方法获得的结果可以被用来作为发展

---

① Johnson B., Onwuegbuzie A. J. and Turner L. A., "Towards A Definition of Mixed Methods Research," *Journal of Mixed Methods Research*, 2007(12), pp.112-133.

② [美]阿巴斯·塔沙克里、查尔斯·特德莱：《混合方法论：定性和定量方法的结合》，唐海华译，17页，重庆，重庆大学出版社，2010。

③ [美]约翰·W.克雷斯威尔：《研究设计与写作指导：定性、定量与混合研究的路径》，崔延强译，168—173页，重庆，重庆大学出版社，2008。

另一种研究方法的基础；四、启动，即发现那些能够导致研究问题重构的似是而非的观点和矛盾对立的结论；五、扩展，即通过运用多种方法为研究中不同的组成部分拓展广度和范围。① 第四，混合方法研究的操作步骤。约翰逊和奥乌格普兹认为一个完整的混合方法研究设计通常包括确定研究问题、确定是否采用混合方法研究并阐述理由、在混合方法和混合模型之间选择研究设计、收集研究数据、分析研究数据、解释研究数据、使研究数据合理化、总结研究结论并撰写研究报告等8个步骤。②

近年来在美国教育研究领域，一些专门介绍和论述混合方法研究的学术著作和论文陆续出版和发表。在这些论著中，学者们进一步厘清了混合方法研究的目的和含义、理论基础、研究假设、设计策略、操作步骤、研究中涉及的伦理道德等问题，使混合方法研究获得了越来越多的教育研究者的认可，在教育研究中得到了越来越多的使用。至2013年已出版20多部论述混合方法研究的专著，除《混合方法研究杂志》外，近年来还先后出现了《定性与定量研究》《田野方法》《国际多元研究方法杂志》等混合方法研究专门期刊，美国部分大学已开设混合方法研究网上课程，自2005年开始，已陆续召开了9次有关混合方法研究的国际会议。可以说，混合方法研究作为具有互补性优势的一种新兴的方法论范式，正处于蓬勃发展之中。

---

① Greene J.C., Caracelli V.J. and Graham W.F., "Toward A Conceptual Framework for Mixed-Method Evaluation Designs," *Educational Evaluation and Policy Analysis*, 1989 (3), pp.255-274.

② Johnson R.B. and Onwuegbuzie A.J., "Mixed Methods Research: A Research Paradigm Whose Time Has Come," *Educational Researcher*, 2004 (7), pp.12-26.

第十章

20 世纪末至 21 世纪初期外国教育发展"新"趋势

　　全球教育在 20 世纪以来发生了深刻的变革，基于工业社会背景下的强调知识传授、规范程序、分科教学和教师中心的传统教育逐渐让步于强调活动、个性化学习和综合教学的新教育，而在 20 世纪末 21 世纪初，教育的发展又展现了诸多的新趋势，信息网络技术的发展为教育时空的拓展、教学方式的革新和个别学习的实现提供了新的可能，生态文明观和环保意识的强化，推动建立了一个新的教育生态系统，和平发展的意愿为人类的发展奠定了稳定健全的教育基础，国际化的交流和沟通为人类的发展确立了一条合作共赢的教育道路。在 2019 年年底爆发的新型冠状病毒感染已经深刻地影响了教育的形态，从而向我们提出了诸多严肃的教育问题，这些问题更多的是对教育的内在本质的提问。基于对教育历史发展的理解，探讨发展的新趋势，不仅是总结经验和教训，更是面向未来的思考和回答。

第一节　信息技术背景下未来教育的发展

　　2015 年，联合国在《仁川宣言》中确立的《教育 2030 行动框架》强调要充分发挥信息技术对教育的革命性影响，从而实现人的全面、自由和个性化发展。信息技术的发展已成为影响未来教育的关键因素，在此背景下，未来教育将随着教育信息化的推进在教育观念、模式和方法上发生一系列变革，并将受到人工智能和大数据等新的信息技术手段的深刻影响。

一、各国教育信息化的推进

美国政府在 1996 年到 2016 年之间，陆续颁布了多个国家教育信息技术计划，包括 1996 年的《使美国学生做好进入 21 世纪的准备：迎接技术素养的挑战》（NETP1996）、2000 年的《数字化学习：让所有的孩子随时随地都能得到世界一流的教育》（NETP2000）、2004 年的《走向美国教育的新黄金时代：网络、法律和当今的学生如何变革着对教育的期待》（NETP2004）、2010 年的《改革美国教育：技术助力教育》（NETP2010）和 2016 年的《为未来做准备的学习：重塑技术在教育中的角色》（NETP2016）。作为国家层面推出的持续的教育信息化规划，NETP 计划给美国教育信息化指明了道路，也为其他国家的教育信息化提供了参考。

NETP1996 要求美国截至 2000 年，使每间教室和图书馆连通国际互联网，确保每个儿童都能用上现代多媒体计算机，并给所有教师进行培训，使他们能够熟练使用计算机。NETP2000 中提出所有的教师和学生，不管在教室、学校、社区还是在家里都能够使用信息技术，教师能有效地运用技术来促进学生高水平学习，学生均具备信息技术素养和技能，通过应用数字化内容与网络来改变教学。NETP2004 主要针对美国信息化发展状况，通过调整教育信息化投资结构，提高信息技术应用效能。NETP2004 据此提出了包括变革预算方式、提升领导力、改进教师培训、鼓励使用宽带网络、支持在线学习和虚拟学校、迈向数字内容和整合数据系统等七项建议。2010 年提出的 NETP2010 倡导进行信息技术支持的教育系统的全方位、整体性的变革。为实现提高大学毕业生的比例和缩小学生之间的成就差异，该计划提出了"技术支持下的 21 世纪学习模型"，包含了学习、评价、教学、基础设施四个领域。NETP2016 在分析自 NETP2010 实施以来所取得成就的基础上，根据美国教育发展所面临的主要挑战，有针对性地提出了包括学习、教学、领导力、评价和基础设施五大基本领域的"为未来做好准备的学习"框架图。NETP2016 引入大量政策、技术、应用等方面的研究成果和实践案例，为教育信息化建设决策提供支撑。

英国政府将信息通信技术看成是教育改革的核心，十分重视信息通信技术的发展与应用。早在 1998 年，英国就全面启动了国家学习信息系统，并建立了英国教育传播与技术署(BECTA)，开始大力推进教育信息化战略。2005 年，英国出台了《利用技术：改变学习及儿童服务》的信息化战略，旨在五年内建立一套完整的信息化教育支持机制和体系，以促进儿童和学习者个性化学习的实现。2008 年，BECTA 发动"下一代学习运动"，颁布了《利用技术：下一代学习(2008—2014)》系统战略和两个阶段计划(2009—2012，2010—2013)，成为英国政府以技术促进学习的国家信息化教育战略的一个重要组成部分。2016 年，英国教育部发布了《教育部 2015—2020 战略规划：世界级教育与保健》，致力于建设安全健康、处处优质和为成人生活做准备的教育体系，提出要大力推进 STEM 课程，并强调信息技术与教育的理性融合。

澳大利亚的教育信息化虽然在联邦各州独立的推进下取得了良好发展，教育信息基础设施建设和学生信息技术应用能力达到较高的水准，但直到 2008 年推出国家层面的《数字教育革命》(2008—2014)，即 DER 战略，澳大利亚的教育信息化才进入了真正的高速发展时期。DER 战略通过进一步加强教育信息基础设施建设和相关支持、进一步利用信息技术改进和变革学生学习以及提升教师能力，旨在构建世界一流的教育体系。2015 年，澳大利亚政府首次颁布《国家创新与科学议程》，明确了教育对国家发展和创新的重要作用，谋求建立和推进国家 STEM 学校教育战略，并强调利用信息技术在人才和技能领域取得新的突破。

日本的教育信息化起步于 20 世纪 80 年代。1999 年，日本政府颁布了"新千年计划"，提出了教育信息化未来发展的目标，旨在推进教育信息基础设施的建设和提升学校师生利用信息技术的能力。2001 年到 2009 年，日本政府实施了具有里程碑意义的信息化战略三部曲，即 e—Japan（2001）、u—Japan（2004）、i—Japan（2009），教育信息化是其中的重要组成内容。e—Japan 战略计划到 2005 年将日本建设成最先进的信息化国家，强化教育信息化和教育信息化人才培养；u—Japan 战略旨在通过建设泛在连接的网络，建立一个突破时空约束的信息化社会；i—Japan 战略旨在建立一个"安心且充满活力的数字化社会"，同时在教育领域形成一套能持续稳定培育高端信息通信技术人才的体制。在此基础上，日本又陆续出台了一系列的教育信息化战略，包括 2011年颁布的《教育信息化愿景》，2012 年颁布的《面向 2020 的 ICT 综合战略》（草案），2013 年颁布的《日本再振兴战略》《创建世界最发达 IT 国家宣言》《第二期教育振兴五年（2013—2018）基本计划》，这些战略均高度重视教育信息化对人才培养和国家发展的重要作用。日本在 2015 年和 2016 年度科学技术白皮书中指出，在面向未来的教育中，应充分利用信息技术与教育的结合培养科技创新人才。

韩国自 1996 年首次提出教育信息化发展战略以后，韩国初高中、大学已基本实现数字化教学，成功研发出 EDUNET、RISS 等学术研究信息系统，并将其高校数字教学资源运用到了商业项目中，成功启动了韩国教育信息化发展的全球发展项目。韩国在 2010 年、2011 年还出台了《教育与科学技术信息化的发展规划（2010—2014）》《智慧教育战略规划（2011—2015）》两部文件，希望借助教育信息化发展机遇提升国家软实力，将其"3R"（读书、书写及算术）过渡到技能"7C"培养，以培养学生的批判思维能力、解决问题能力、知识创新能力、团队协作能力、组织领导能力、跨文化交流能力、职业与生活技能。

新加坡教育部在1997年至2015年陆续发布了四个教育信息化发展规划（Master Plan），这一系列规划均包含愿景、目标和实施策略三个方面的内容。Master Plan 1（1997—2002）重点强调教育信息基础设施的建设和教师信息技术技能的培训，为教育信息化的推进奠定硬件资源和人力资源的基础；Master Plan 2（2003—2008）强调在已有建设的基础上，将信息技术应用于教育教学，以信息化教学促进学生的学习；Master Plan 3（2009—2014）强调充分利用信息技术的优势，培养学生自主学习和协作学习的能力；Master Plan 4（2015—2020）提出培养面向未来的、负责任的数字化学习者，通过提高学生信息能力和素养，为国家和个人创造更好的成长环境。

二、智慧教育的兴起

进入21世纪以来，信息技术突飞猛进，在物联网、云计算、大数据、移动通信等新一代信息技术的推动下，世界上多个国家和地区已将智慧教育作为其未来教育发展的重大战略，如新加坡、韩国等均颁布了相关的国家教育政策，从数字教育转向智慧教育已成为全球教育发展的一种未来趋势。

智慧教育既是经济全球化、技术变革和知识爆炸的产物，也是教育信息化发展的必然阶段。智慧教育是依托物联网、云计算、无线通信等新一代信息技术所打造的物联化、智能化、感知化、泛在化的新型教育形态和教育模式，是数字教育的高级发展阶段，旨在提升现有数字教育系统的智慧化水平，实现信息技术与教育主流业务的深度融合，促进教育利益相关者的智慧养成与可持续发展。近年来，一些国家开展了一系列智慧教育的研究和实践。

1. 新加坡

2006年，新加坡公布了由新加坡资讯通信管理发展局（IDA）主导的《智慧国家 2015》(IN2015)计划，规划在 2006—2015 年这十年间，投资上百亿新元构建一个与时俱进的信息通信生态系统，将新加坡打造成一个以信息通信产业为支撑、信息技术无处不在的智慧国家。IN2015 计划中明确指出新加坡要构建以包含泛在学习、交互式数字学习资源、适应不同学习风格的智能学习体验为特征的智慧教育，智慧教育作为 IN2015 计划的重要组成部分，目的是使公民能够更好地适应未来的信息社会，并能够运用信息技术手段随时随地进行个性化学习与终身学习，保持个人乃至整个国家的竞争力。

IN2015 计划包含三个方面的战略重点：一是使用信息技术改变教学方式，开发全新的学习资源，建立以学习者为中心的个性化学习空间；二是建设国家范围的教育基础设施，使所有学校可以用较低成本便捷地接入高速宽带网络，使学习者可以方便地获取所需要的数字资源；三是使新加坡成为全球教育领域使用信息技术的创新中心。IN2015 计划主要通过 EdVantage 项目的实施进行落实，目标是提供一个延伸至课堂以外的以学习者为中心的交互式学习环境，项目共分为 iACCESS、iIEARN、iEXPERIENCE 三部分，iACCESS 为学习者提供随时随地的信息接入以满足随时随地发生的学习，iIEARN 为学习者提供交互式数字学习资源，iEXPERIENCE 为学习者提供交互式智能学习应用，以满足不同学习方式的需求。[1] 新加坡教育部从所有学校中选取了15%—20% 的学校作为实验学校，实验信息技术在教学中的创新应用。另选5% 的学校作为"未来学校"的试点，希望这些试点学校走在信息技术应用最前端，成为在教育和学习领域全面整合信息技术的示范学校。"未来学校"的建设方向不尽相同，主要包括培养学生的自主学习能力；创新课程体系和教学方法；开发 3D 仿真学习环境；开发工具提供虚拟环境，以加深并展现学生对概念的理解与学习；开发实验人工智能聊天机器人，通过启发式提问支持学

---

① 杨红云、雷体南编著：《智慧教育：物联网之教育应用》，13 页，武汉，华中科技大学出版社，2016。

习；开发支架式算法探究性学习系统，对学生学习进度及内容掌握程度进行评估等。"未来学校"项目的发展得到了各方面的积极参与，IDA希望通过个人、企业、政府公共部门(PPP)合作模式与教育技术研究团体、信息技术研究人员以及海外教育技术机构建立合作关系。这种PPP合作模式是新加坡智慧教育变革的亮点之一。新加坡教育部不仅希望这些"未来学校"能够提升教学内容的丰富性，以满足学习者的需求，而且希望这些"未来学校"能够提供各种可能的模式，以实现信息通信技术与教育教学实践的无缝整合。

2. 韩国

2011年6月，韩国教育科学技术部(MEST)向韩国总统府提交了《通往人才大国之路：推进智慧教育战略》提案，同年10月发布了《智慧教育推进战略》，通过提供智能化和个性化的学习方案，加强学生适应21世纪的能力，其目标是通过课堂改革培养有创造力的全球人才，创新教育体系。MEST在战略提案中将智慧教育中的"smart"一词分解成五个单词的首字母缩写，分别代表了智慧教育的五大特征，即自我导向、激励、自适应、丰富的资源和技术融入。

韩国《智慧教育推进战略》包含了数字教科书的开发和应用；推广在线学习，构建在线评价系统；推进教学资源的公共利用，规范信息通信伦理教育以避免信息技术带来的社会问题；强化教师的智慧教学能力；推行以云计算为基础的教育服务；升级智慧教育推动体系；宣传扩大韩国智慧教育政策在国内乃至国际的影响力等七项主要任务。为了落实《智慧教育推进战略》的七项任务，韩国政府对相关政策法规进行制定和修改，以应对教学模式变革带来的变化，努力建立并推广涵盖教学环境、资源、方法以及教师和学习者等各种教学要素以及能够产生良性循环的智慧教育生态系统。同时，尽量降低智慧教育环境中的数字鸿沟以及其他由信息技术应用引发的负面影响。

此外，韩国政府颁布了智慧教育推进战略的国家教育政策，主要包括开发和应用数字教科书，争取取消纸质教材；通过加强在线学习与大学选修课程制度间的联系等措施推广在线学习；构筑教育内容的公共利用环境，确保资源在受保护的条件下被广大教师和学生自由使用；强化智慧教学与管理，提升教学质量，促进教育管理的规范化、科学化和智能化；推行以云计算为基础的教育服务；设立旨在推进智慧教育的未来教育研究中心等内容。其中，政策指出韩国智慧教育推进战略的核心是数字教科书的普及推广，以期通过教材的彻底革新来带动整个教育体系的升级改造。

3. 澳大利亚

澳大利亚的教育大省维多利亚州建立了以最先进的智能教室系统为核心的中小学智慧教育成果，这一系统包含用于为师生创建灵活、多种用途的新型教室，新的授课与学习技术，新的授课模式与学习实践，这些实践构建于面向不同学生的个性化学习课程基础之上。

智能教室系统涵盖了先进的超网和互联网门户 FUSE 支持下的在线学习技术。维多利亚州教育部建立了一个覆盖全州的超网系统，这个系统中的 1500 多所公立学校以及其他相关部门可通过互联网访问这个网站。超网包含了每个学生的考勤记录、时间表、学习进度信息，以及教师的反馈、每个学生的课堂任务和家庭作业信息。通过超网，教师可以随时授课，在任何地点和时间都可以使用功能强大的数字学习工具、资源和学生数据，不同学校的教师可以在线分享资源和专业知识。学生可以创建自己的在线学习档案，参与在线学习活动。家长可以在家中观察孩子的学习，可以在超网上查看有关学生学习进展的信息，转学学生的学习进度和信息也可以通过超网转移到新学校。FUSE 就像是超网的图书馆，供教师查询来自州立图书馆、博物馆和科技馆等机构的学习资料和资源。在线学习正在成为全球学习和授课的一种新趋势。维多利亚州公立学校的教师们通过在线学习课程的实践，授课方式已发生重大转变。他们采用最新的技术来支持学生的学习，包括新的计算机、超网、交互式白板、数码相机和摄像头以及名目繁多的软件和在线学科资源等。这些技术工具能让学生利用在线环境共同学习、相互评论对方的作业，学习变得动态且富有乐趣。

智能教室系统的教学是依据由参与、探索、解释、阐述、评估五部分组成的 e^5 教学模式开展的。e^5 教学模式最重要的功能是让教师了解他们处于授课实践的什么位置，教师可以依据此模式提供的教学专业标准进行自我评估，精确了解自己所处的专业水平，进而确定教学改善的方向和内容。同时，维多利亚州教育部还提供了大量的课程和教学资源，支持学校的智能教室系统制定课程、开展教学活动。

三、信息技术背景下未来教育的新模式

大数据、云计算、人工智能、移动技术、社交网络、Web2.0 以及虚拟现实技术等层出不穷的信息与通信技术变革创造并支撑着多样丰富的新型学习模式，构建了正式与非正式、个体与协作、基于学校与工作场所等的开放学习方式，深刻地影响和改变着未来教育的模式，依托信息与通信技术的创新与发展，新的课堂、教学与学习模式不断涌现。

1. 慕课

近十年来，倡导"开放共享"理念的慕课（MOOCs）在世界范围内逐步成熟，带来了新的学习变革。在慕课的在线学习环境中，来自全世界的学习者都可以在这里创造、研究及分享他们的开放教育资源。自 2012 年起，慕课风潮开始席卷全球。美国创立了 Udacity、Udemy、Coursera、EDX 等主要慕课平台，英国推出了 Future learn，德国建立了 Iversity，欧盟 11 国联合推出了 Ope-nupEd。在慕课国际化的进程中，地区性慕课平台也纷纷崛起。除了我国的学堂在线外，西班牙的 Miríada X、墨西哥的 Mexico X、法国的 France Université Numérique（FUN）、约旦的 Edraak 等，在学习者规模上均突破了 100 万。其他

地区性慕课平台，如日本的 JMOOC、俄罗斯的 openedu. ru、韩国的 K-MOOC、印度尼西亚的 Indonesia X 等都取得了较大的发展。

慕课具有开放性和大规模参与等基本特点。任何人均可参与，并且通常是免费的，这种开放性也使得慕课具有可以大规模参与的特点，来自世界各地的学习者都可以自由参与自己喜好的课程。例如，2011 年斯坦福大学史朗（Thrun）教授开设的《人工智能导论》课程，吸引了来自 190 多个国家的 16 万余学生注册，并有 2 万人完成了课程学习。目前世界主流慕课平台的核心课程资源以 5—15 分钟的微视频课程为主。这些课程的主讲教师都由一流学校的名师担任。许多课程视频中还内嵌一些小测验，帮助学习者及时评估学习效果。学习者能够对这些短视频进行步调控制、暂停等操作，对相关内容进行探究与重新利用。慕课平台还整合了社交网络、在线论坛、视频会议等。慕课课程也逐渐与学分学位认证和职业发展相联系。在美国，不少高校开始认可学生在慕课上修得的学分。Coursera、edX、Udacity 等都有课程可以直接换取高校学分，并与一些高校合作开发了基于慕课的在线学位项目。例如，2013 年，美国佐治亚理工学院与 Udacity 共同发布了在线硕士学位项目 Online Master of Science in Computer Science（OMSCS），此后，Coursera 与伊利诺伊大学发布了 Master of Business Administration（iMBA）、Master of Science in Accounting （iMSA），与巴黎高等商学院发布了 Masters in Innovation and Entrepreneurship（OMIE）等在线硕士项目。2017 年，edX 发布了面向招聘和在职培训的职业认证项目，以进一步满足在职学习者的需要，帮助学习者获得社会高需求行业的关键性技能。随着慕课教育价值的凸显，其应用领域也逐渐由高等教育向基础教育拓展。美国地区行政网站披露，目前，美国 K-12（从幼儿园到 12 年级的教育）的教育工作者正在研究开放内容利用、学习分析、基于能力的教育和个性化教学，慕课将在这些方面发挥重要作用。具有代表性的例子是可汗学院，其现有的视频课程涵盖了 K-12 数学和科学主题等。

慕课在得到迅速发展的同时,其高退课率与辍学率、低临场感与低持续性、质量参差不齐、对教师要求高以及难于评价与测试等不足之处也逐渐凸显,慕课未来的发展之路也需要变革和创新。如何增强慕课课程设计,系统总结慕课课程设计的要素和经验,为未来高质量的课程设计提供参考显得愈发重要。慕课的学习体验和效果也有待提升,在注重知识获取的同时,能够混合多个学习空间、多类学习资源以及提倡多样化的学习方式等更多因素应被纳入考虑。此外,在慕课学习过程中的一些特殊群体也值得关注。慕课学习中的高度活跃群体是慕课学习生态的重要参与者和促进者,应该充分发挥他们在慕课学习群体中的积极作用,同时需要思考如何制定优先化、个性化等干预措施,提高处于辍学边缘的学生的学习效果,提升慕课学习质量。

2. 翻转课堂

翻转课堂(Flipped Classroom)作为一种新的课堂教学方法,颠倒了传统"先教后学"课堂教学模式,学生通过观看教师事先录制好的教学视频,将基础知识的学习前置到课前,实际的课堂中学生则在教师指导下进行相关讨论、练习、完成作业等。这种新的学习形式,引发了课堂教学的变革,成为在世界范围内被广泛关注和采纳的课堂教学新模式。

2007 年,科罗拉多森林公园的高中化学教师乔纳森·伯格曼(Jonathan Bergman)和亚伦·萨姆斯(Aaron Sams)在其高中科学课教学中,录下了他们的 PPT 简报教学短片,给缺勤课程的学生看,后来,这一教学模式受到各界重视,翻转课堂开始盛行起来。2012 年,乔纳森·伯格曼和亚伦·萨姆斯成立了非营利性组织 Flipped Learning Network(FLN),用以帮助教师提升有效实施翻转课堂的知识与技能,同时为其提供资源。当前,翻转课堂已运用于世界许多国家的中小学校的科学、数学和其他科目教学,变得越来越普遍,同时大学也开始在各专业领域课程中推动翻转课堂的模式。此外,慕课也与翻转课堂的发展紧密联系起来,基于慕课的翻转课堂有效促进了教与学的变革。

2012年，美国圣何塞州立大学与 edX 开展了为期一学期的翻转课堂实验，87名学生参与了开设在 edX 上的"电子线路"课程。这些学生在 edX 上自主学习教学视频，完成课程的练习和测试，在正常的上课时间则与教师一起探讨课程问题。在这种模式下课程的通过率达到了90%，而以往传统模式课程通过率则为55%。此实验在一定程度上证明基于慕课的混合式学习模式显著提高了在校学生的学习质量。①

总体而言，翻转教室从理念和科技两个方面对教学和学习进行了改革，把教师实际知识的讲解部分当成课后作业，把课堂上的宝贵时间用于师生互动、练习、测验及指导，从而使教学变得更具弹性，使学生有机会获得更高层次的思考，挑战更深入的讨论，进行深度理解的学习。这种翻转让教师中心的教学转化为学生中心的教学，教师从而能够对学生进行一对一教导，促进学生适应性学习，这种教师角色的转变也让学生在学习中的角色改变，同侪之间可以相互沟通、教导及学习，学生对自身学习更负责任，更专注精熟学习、高层次能力的学习，同时也专注于学习参与，获得更高的学习成就和自信，激发强烈的学习动机。

与此同时，翻转教室也面临着一些障碍与问题。比如，翻转教室需要大量的教学准备，对教师的能力要求高，教学视频制作如何切合教学主题和教师风格的问题，学生如何在课外事先有效做好上课准备以达到理想的课前学习目标的问题，教师实施翻转课堂缺乏诸如录像脚本、人力、经费、设备、空间等各方面必要支持的问题，一些教师只为教授更多内容而做翻转的问题，因科技、移动设备资源等存在落差致使一些学生无法顺利获取教学视频以及学生大量观看教学视频形成的银幕依赖的问题均日益凸显。此外，因失去教

---

① Ghadiri K. and Qayoumi M.H., et al., "The Transformative Potential of Blended Learning Using MIT edX 's 6.002 x Online MOOC Content Combined with student Team-Based Learning in Class," *Environment*, 2013(8), p.14.

师面对面传授的机会以及教学目标与成效存在差异等而产生的来自学生和家长的抱怨与不信任问题也时有出现。如何应对并解决上述诸多问题，是翻转课堂有效实施的重要保障，也是确保翻转课堂实施效果与质量的关键。

3. 机器人辅助教学

机器人的发明、研究及应用是信息技术创新的重要代表。教育机器人的出现，不仅带来了教育模式的变革，也对教学实践产生了积极的促进作用。一方面，教育机器人对于提升学生 STEM 课程参与，促进 STEM 课程整合具有重要作用。美国的教育工作者和政策制定者一直呼吁美国加强对 STEM 教育的关注并且设置了很多课后机器人项目来鼓励学生参与 STEM 课程的学习。艾伦(Alan)等人通过对三项国家级课后机器人项目的追踪发现，课后机器人项目对学生 STEM 学习兴趣和态度存在积极的影响。[1]另一方面，教育机器人对学生学习以及综合能力培养产生了重要作用。在教学中融入教育机器人，有助于学生知识建构与协作学习。在学科教学中融入机器人活动，有助于学生计算思维能力的发展，实现多维教学目标。斯坦福大学的艾莎·多曼(IIsa Dohmen)和丹尼尔·施瓦兹(Daniel Schwartz)等人把教学机器人的辅助教学作为连接课堂与课外的桥梁。学生通过在学校或家中登录平台，将自己所学知识教给机器人，并能够与在线的同学开展互动。研究发现，通过这种学习方式的运用，学生能够获得更完备的知识结构。[2] 此外，教育机器人对特殊儿童的学习活动也可以产生积极的影响。妮可莉亚等人利用新型教育机器人课程

---

[1] Mechior A.L. and Burack C., et al., "Impacts of After-School Robotics Programming on STEM Interests and Attitudes," *Annual Conference of the American Educational Research Association*, New York, 2018.

[2] 鲍贤清、缪静霞、詹艺等：《学习的生态和技术的功用——美国 AERA2010 年会述评》，载《远程教育杂志》，2010(5)。

来干预诵读困难和孤独症谱系障碍（ASD）学生的自尊、自我认知和社会适应性。①

4. 课堂、教学中新技术工具的融入

新兴信息技术的发展，促使教学环境的结构发生动态变化，以满足学习者的不同需求，从单一的面授视听学习体验到现在富有媒体支持的感官学习体验，新技术支持下的创新教学应用正在蓬勃发展，课堂教学环境不断走向智能化。

可穿戴设备在教学应用中的融入，为技术变革教育注入了一股新力量。它通过人体的生理活动和行为活动，可以自动收集信息，通过自身感受来影响学习，有助于青少年在科学探究学习活动中的积极参与。维吉尼亚（Virginia）等人研究了如何将可穿戴传感器设备与早期小学课堂相结合，他们在科学课堂中部署了一个融合可穿戴传感器的课堂探究计划，对基于可穿戴设备的学习设计提供了重要启示。②多点触控教室以及触控教室桌面软件的开发，则为中学生开展协作与问题解决学习活动提供了帮助。随着虚拟现实技术（VR）和增强现实技术（AR）在教育教学中的应用，其功能已从教学技术支持上升到技术增强学习体验的层次，在运用 VR 的教学中，学生能够获得更好的参与度、空间感和真实感等，学生在参与融入 AR 的学习活动时，热情度较高，对情景的兴趣和 AR 使用的舒适度也表现良好。VR/AR 技术在特殊教育的实践中也取得了较好的效果，能够用于干预和发展高功能孤独症儿童的社交能力，提高其社交互动水平等。此外，随着学习分析技术、学习可视化技术和数据

---

① Eteokleous N. and Kolani E., "Educational Robotics Curriculum: Building Robots, Self-Esteem, Self-Perception, and Social Adequacy for Students with Learning Disabilities," *Annual Conference of the American Educational Research Association*, New York, 2018.

② Byrne V., Velez R., Kang S., Norooz L., Katzen M., Froehlich J. and Clegg T.L., "Scaffolding to Increase Agency Among Early Learners Conducting Wearable-Based Scientific Inquiry," *Annual Conference of the American Educational Research Association*, New York, 2018.

挖掘技术等新技术的发展，利用数据挖掘技术能够发现海量的教育数据中所蕴含的规律和价值，从而优化教育教学过程，教育大数据与学习分析技术等的对接，将有助于实现学习的科学预测、分析和决策，进一步实现教学的科学化、精准化，这种教育大数据支持下的创新教学模式，也将成为未来教育的新常态。

5. 游戏化学习

当下，游戏化越来越多地被用作提高学生参与度来促进学习的一种方式，自2012年起，美国新媒体联盟连续三年在发布的《地平线报告》中将"游戏化和基于游戏的学习"列为未来教育的新技术之一。游戏化学习，作为弥补传统教育中较难满足的胜任力需要、自主需要和关联需要等，将游戏元素融入学习过程中，充分发挥其在创设学习情境、激发学习兴趣、保持学习动机、增强学习交互性与培养学生高阶思维能力等方面的作用，为学生提供了良好的动机与情绪机制。根据应用目的的不同，游戏化学习可分为在线教育游戏、情境体验游戏、平行实境游戏、跨学科系统游戏等。

当前，学者们对游戏化学习的关注主要聚焦在游戏化学习中的学习者态度、意愿与行为表现以及游戏化学习中的教学代理发展与应用等内容上。南希(Nancy)等人在对游戏化学习观念的定性研究中发现学生们更青睐于移动式的游戏化学习，移动应用与游戏化学习的结合，将成为受欢迎的一种学习方式。[1]在关注态度、意愿对游戏化学习开发与应用影响的同时，随着人工智能的发展，一批研究者也在积极探索基于游戏化学习的智能教学代理。随着学习元素的不断融入，复杂的游戏解决方案所带来的认知需求增加，智能教学代理正在成为一种极具潜力的支持技术，可以作为支持游戏化学习环境中的

---

[1] Wingo N. P., Roche C. and Willing J. "We're Playing for Bragging Rights: A Qualitative Study of Students' Perceptions of Gamified Learning," *Annual Conference of the American Educational Research Association*, New York, 2018.

一种互动方式。作为教学代理研究的发起人之一，詹姆斯·莱斯特(James Lester)团队提出了基于人工智能和虚拟现实的新一代游戏化学习教学代理。[①] 这种游戏化学习的教学代理作为非玩家角色可以直接支持学生解决问题，同时又作为角色巧妙地嵌入游戏学习环境的叙述中，在基于故事的学习互动中扮演不可或缺的角色，同时还整合了自然语言处理、智能多模态接口和虚拟现实技术形成的智能分析工具。伴随着游戏化学习与人工智能的深度融合，智能教学代理将在与学生有效互动，提供适应性发展和支持深度学习方面发挥越来越大的作用。

第二节　生态教育的践行与探索

生态教育的直接动因源于20世纪出现的一系列震撼人类并直接威胁人类正常生存发展的全球环境污染问题，以及由此引发的全球性生态危机。随着工业社会的发展，人类技术的突飞猛进，世界人口的激增，资源枯竭、环境污染问题日趋严重，人类面临着日益错综复杂的全球生态破坏问题。树立正确的生态意识和生态道德观念，对人类的生存发展至关重要，而生态意识和生态道德的形成，依赖于生态教育体系的建立和生态教育的全面开展。

一、生态危机与生态教育

1. 生态危机

19世纪的工业革命开创了人类历史的新纪元，在人类历史上写下了极其光辉灿烂的一笔。但是由于盲目开发，人类在征服自然的同时未能客观地认

---

① Lester J., "Pedagogical Agents for Game-Based Learning," *Annual Conference of the American Educational Research Association*, New York, 2018.

识自然生态环境，因此，随之而来的资源危机、环境危机、生态危机使人类经受了惨痛的生态教训。20 世纪中叶以来，随着第三次工业革命的发展和世界经济工业化、市场化进程的加快，生态危机从局部走向整体、从区域走向全球。现代生态危机具有多样性和动态复杂性，当今世界面临的生态破坏突出表现在全球性的气候变化、空气污染、臭氧层消耗与破坏、土地退化和荒漠化、生物多样性锐减、生物栖息地被破坏导致的物种灭绝、酸雨污染、水源短缺、有毒化学品危害、垃圾泛滥等。各种生态灾难的接踵而至为人类敲响了生态保护的警钟，人们的生态意识逐渐觉醒，生态教育理念随之发展起来。

2. 生态教育的发展历程

20 世纪 30 年代以来，随着生态环境日益恶化，生态问题日益凸显，人类开始对人与自然的关系进行重新审视，针对生态问题的研究日益受到重视。早在 20 世纪 30 年代，美国学者奥波尔德在《保护伦理学》中即指出，人类应当改变人与自然关系中征服者的形象，重新考虑人与自然的关系。1952 年，欧洲学者阿尔贝特·史怀泽获得了诺贝尔和平奖，他创立了"敬畏生命"的生命伦理学，主张人的存在不是孤立的，而是依赖于其他生命和整个世界的和谐，人必须像敬畏自己的生命意志一样敬畏所有生物的生命意志。20 世纪 60 年代，美国海洋生物学家雷切尔·卡森出版《寂静的春天》，为环境问题敲响警钟，西方环境保护运动兴起，生态研究日渐繁荣。"地球日"发起人盖洛德·纳尔逊精辟地指出，来自自然的威胁是远比战争更为危险的挑战，一个国家可以从战争的创伤中迅速恢复起来，但没有哪一个国家或地区能从被毁坏的生态环境中迅速恢复起来。

世界生态教育兴起于 20 世纪 70 年代。自 1972 年以来，联合国环境规划署和教科文组织在生态及环境保护、教育方面召开了一系列国际会议，极大地推动了全球生态教育的发展。1972 年联合国人类环境会议在瑞典斯德哥尔摩召开，114 个国家和地区的代表参加。这次会议提出了"只有一个地球"的著名口号，发表了《人类环境宣言》和《人类环境行为计划》，提出"教育是环境发展过程的核心"，正式将"环境教育"名称确定下来，明确了环境教育的性质、对象和意义，标志着环境教育在全球范围内的兴起。联合国教科文组织于 1975 年正式制订了国际环境教育计划，创办了环境教育刊物《连接》，并通过电脑数据库收集了世界高校及科研院所 900 多个环境教育机构 300 多万条环境教育信息。自 1975 年起，教科文组织又承办了 31 个示范性研究项目，在全球高校及研究所中建立了 13 个地区性师资培训中心机构和 37 个国家级培训中心，130 个国家中 26 万中小学生和大约 1 万名环境管理人员和生态教育工作者参与了这项活动。① 1975 年，联合国环境规划署和国际环境教育计划署成立，并在贝尔格莱德召开了国际环境教育研讨会，会议呼吁"我们需要一种新的全球伦理来支持个人、社会和人类在生物圈中的地位相一致的态度和行为"，会议正式提出了环境道德教育问题，并发表了世界环境教育的重要纲领性文件《贝尔格莱德宪章》，该宪章首次提出了全球范围的环境教育的基本理念和框架。1977 年在第比利斯召开的世界政府间环境教育会议，发布了另一份重要的纲领性文件《第比利斯宣言》，该宣言对环境教育的目的、任务、对象、内容，以及教材、教具、教学原则和教学方法等做出了规范。在上述纲领性文件推动下，国外尤其是发达国家在中小学、中专技术学校、高等本专科院校中，掀起了一股广泛深入的生态教育热潮。各国对生态教育十分重视，在综合性大学中的本科教育中普遍开设了有关生态学方面的普及课程。1987 年，联合国教科文组织在莫斯科召开了国际生态教育培训大会，讨论并制订了国际生态教育和培训计划，从经济、社会、文化、生态等不同角度，全面阐述了生态教育的内涵。

---

① 段昌群：《生态学教学理论探索与实践：21 世纪大学生态学教学内容优化及课程体系建设》，203 页，北京，高等教育出版社，2001。

1992 年，在里约召开的联合国环境与发展大会上通过了《21 世纪议程》，其中用了专门一章来论述环境及生态教育问题，生态教育首次登上世界政府首脑会议，标志着生态教育在国际上进入大发展的重要时期。[①] 1994 年，为推动《21 世纪议程》的落实，"地球议会"成立。1995 年，地球议会组建了"地球宪章计划"秘书处，开始制定《地球宪章》和开展"地球宪章运动"。《地球宪章》以尊重生命，看守大地，维护生态系统的完整性为理念。2002 年的约翰内斯堡世界首脑会议进一步把经济发展、社会进步与环境保护确认为可持续发展的三大道路。2009 年哥本哈根世界气候峰会呼吁建立新型经济发展模式和有利于生态发展的新型生活方式。自此之后，世界生态教育逐渐进入与经济、社会和文化进步等相互紧密结合的全面、深入、可持续发展的新时期。

3. 生态教育发展特点

随着生态教育的深入发展，生态教育的发展呈现出一系列鲜明的特点，生态教育已走向专业化和系统化，并且呈现出网络化、生活化的趋势，生态教育注重教育过程中的渗透性和实践性，与其相关的立法也在不断完善。

(1)生态教育走向专业化和系统化

欧美国家的生态教育起步较早，积累了丰富的经验，尤其是大学的生态教育已发展成专业化的模式。学校的生态教育通过系统规划和实施生态教育的目标和任务，依靠专业的生态教育理论知识，不仅重视课堂效果，同时也重视学科之间的良性交流，使生态教育走向专业化和系统化。例如，澳大利亚将保护环境当成国策，从基础教育阶段到大学，均把生态教育作为必修课，形成了系统化的教育体制，促使每个公民都有了自发参与生态环境的意识，进行保护环境的共识，澳大利亚的生态教育也因此处于世界领先地位。日本相关机构编辑出版的供教师使用的《环境教育指导资料》指出，日本学校的生态教育主要是关注环境问题，通过让学生了解人与自然的关系，进而更好地

---

① 闫蒙钢：《生态教育的探索之旅》，69 页，芜湖，安徽师范大学出版社，2013。

掌握解决环境问题的办法，提高对环境质量的判断力，形成对环境负责任的态度以及行为。为此，日本的教育主管部门把生态教育分三个阶段来进行：第一，以小学低年级学生为教育对象，通过让学生接触自然，使学生在感悟自然的过程中学习保护自然的知识，形成对生态环境的热爱，同时培养学生解决生态问题的一般技巧。第二，了解自然教育，增强学生对环境的认识。第三，建立保护大自然的教育制度，依靠多种途径培养学生的环保意识。①

（2）生态教育越来越网络化、生活化

生态教育的网络化是指在学校的生态环保理论中，改变了由单纯依靠学校进行生态教育的模式，逐步发展为由政府机构、教育组织、学生家庭共同合作，形成了密切相连的综合生态教育网络化平台。欧美发达国家通过建立起规范化的网络平台，把生态教育的覆盖面扩大到多种多样的方面，使学校的生态教育变成统一的纽带。生态教育的生活化是指学校的生态教育逐步从课本转向社会实践，从课堂转向生活实际。在走向生活的进程中，欧美发达国家学校生态教育更重视与现实生活的全方位联系，使学生在第一时间适应社会变化，引导人们结合生活现状，站在和谐互动的角度去思考问题，重点解决全社会所共同面临的环境问题，竭尽全力地为环保做出自己的努力。

（3）生态教育过程更具渗透性与实践性

隐性课程作为一种全新的教育模式，在生态教育中得到广泛的运用。一些欧美发达国家的高校在开展生态教育时，改变了传统的教育思路，越来越关注依靠隐性教育，发挥隐性课程的渗透性功能作用，追求在教育的过程中实现生态教育，达到强化生态教育的目的。此外，很多高校还充分利用实践活动的机会，组织学生开展多样化的生态教育实践，促使学生养成良好的行为习惯。很多学校还建立了一系列的生态教育研究基地，为学生研究专用。欧美很多国家的政府也在此方面做出了巨大贡献。如英国很多的地方教育当

① 陈柒叁、曾斌：《大学生环保意识与行为培养研究》，15页，北京，中国言实出版社，2015。

局开办了数百个生态研究基地，供各个学习阶段的学生进行户外实践，提高生态理论水平和基本技能。欧美国家这种特殊的研究基地是专门为生态教育而组建的，具有很强的针对性，有利于提高生态教育的教学水平。①

(4)生态教育的法制化

对生态教育进行立法已是欧美国家相当成熟的经验，通过立法机关立法和政府机构严格执法来规范生态教育是欧美学校生态教育的发展趋势。欧美部分国家是世界上较早通过立法保障生态环境教育的国家，它们通过制定一系列环境教育法规和发展规划，为本国生态环境教育的顺利实施提供最有效的法律保障。与此同时，有些国家的学校也把很多生态教育的核心思想融会于相应的制度之中，依靠严格执行完善的法律法规，推动生态教育水平不断发展。

二、批判取向的生态教育思想

批判取向的生态教育作为西方生态教育思想的一个分支，区别于传统的环境教育和可持续发展教育，依据批判教育学思想，对生态教育进行重新审视和思考，力图挖掘生态危机背后的社会问题，进而从人类意识层面解决引发生态危机的原因。批判取向的生态教育以生态中心为基本假设，强调人与自然的共生，认为解决生态环境问题的根本措施不是环境知识和科学技术，而是要认识到生态环境问题产生的社会结构这一根本问题，生态教育中要强调社会正义、生态正义，要结合自然科学和社会科学的方法。

作为批判取向的生态教育思想，南美的生态教育学者主要以保罗·弗莱雷、莫阿西尔·加多蒂、弗朗西斯·古铁雷斯、莱昂纳多·博夫等为代表。南美生态教育思想主要借助于保罗·弗莱雷的解放理论得以发展，是其解放思想在生态环境领域的补充与完善。北美生态教育学者主要以理查德·卡恩、

---

① 陈柒叁、曾斌：《大学生环保意识与行为培养研究》，17 页，北京，中国言实出版社，2015。

格雷格·密斯扎克等为代表。理查德·卡恩是美国洛杉矶安提亚克大学教师，主要研究方向为批判教育学、环境教育等，其代表作《批判教育学，生态扫盲和全球危机：生态教育学运动》通过对资本主义意识和由其引发的其他社会问题进行批评，为审视当前生态危机提供了另一条思路。格雷格·密斯扎克在加州大学洛杉矶分校工作，参与了保罗·弗莱雷研究所的研究项目，著有《教育全球环境公民》。欧洲的生态教育学者主要以斯蒂文·格雷夫为代表。斯蒂文·格雷夫是保加利亚可持续地方发展和可持续发展中心负责人，主要从事生态教育学、可持续教育、"绿色"国际关系等方面的研究，负责主编了 2012 年的《国际生态教育学手册》。他们共同致力于生态教育理论建设与生态教育运动实践，将教育与生态运动和社会变革紧密联系。

批判取向的生态教育认为传统的环境教育并没有改变破坏环境的现状，并经常系统地加剧环境的破坏。这是由于传统的学校环境教育忽视了社会冲突与环境破坏之间的联系。如果从根本上忽视了对环境问题根源的分析，学生学到的环境知识并没有与环境破坏的社会背景产生联系，环境教育也仅仅是止步于此。"破坏环境最终直接或间接有利于当地的经济发展，这种错误的教育在全球层面发生，破除这种错误认知的传播是生态教育学的重要任务"①，批判取向的生态教育即主张对当前生态环境破坏和被我们忽视的社会背景联系起来，以这种社会—环境问题为批判对象，避免将人与自然生态对立起来的人类中心的意识形态所造成的严重后果。

生态正义是批判取向的生态教育的批判理据。批判取向的生态教育主张将"正义"这一人类社会特有的维度拓展到整个生态维度。生态正义以生态中心论为落脚点，认为自然界的万事万物都有其存在的内在价值，正义的适用

---

① Gregery William Misiaszek, "Ecopedagogy in the Age of Globalization: Educators Perspectives of Environmental Education Programs in the Americas which Incorporate Social Justice Models," PhD diss., University of California, 2011.

范围应扩展到生态领域中，要求人类尊重非人类生命的存在价值和生存权利。而要实现生态正义则离不开社会正义的实现。由于生态危机的政治根源，即资本主义追求利益最大化的不正义，因此决定了必须坚持生态正义的价值感，使生态运动走向生态政治变革。

理查德·卡恩在《批判教育学、生态扫盲与全球危机：生态教育学运动》中提出了生态教育的三维批判分析框架，即宇宙观、科技和组织维度三个维度。卡恩通过对"教化"的历史思考，重新审视社会生活的宇宙观，探索通过"生态教化"重建野性与文明或者人类与动物的对立关系，使双方都有所获益。在科技维度上，在批判科技所带来的潜在威胁和各种污染之外，卡恩尝试运用媒体、计算机以及多媒体等科技来发展批判性的多元科技生态扫盲。但卡恩也指出，在发展多元科技扫盲和抵抗压迫的生态教育学过程中，必须始终保持警惕，对当代科技的背景假设、呈现方式和实践行为保持清醒的头脑。[1]在组织维度方面，卡恩力图将传统生态知识重建为一种可持续性的新科学，以反抗所有西方统治权的压迫形式，支持对本土化进行重新组织，从而为所有创造性、参与性与和平性的全球关系提供强有力的支撑，包括大型和小型的生灵，包括人类和非人类。[2]卡恩所指的传统生态知识，是"通过上千年来人类与自然直接交流所取得的"存在、智慧和文化连续性。[3]这种传统生态知识是相对于西方现代科学而言的，反抗日渐成熟的不可持续性资本主义和统治全球的社会经济结构的一种"新科学"。

批判取向的生态教育具有宏伟开阔的视野，有助于人们反思人类与生态的关系，批判地看待生态危机与社会问题、科技进步、经济发展的内在联系，

---

① [美]理查德·卡恩：《批判教育学、生态扫盲与全球危机：生态教育学运动》，张亦默等译，68 页，北京，高等教育出版社，2013。

② [美]理查德·卡恩：《批判教育学、生态扫盲与全球危机：生态教育学运动》，张亦默等译，107 页，北京，高等教育出版社，2013。

③ [美]理查德·卡恩：《批判教育学、生态扫盲与全球危机：生态教育学运动》，张亦默等译，93 页，北京，高等教育出版社，2013。

批判取向的生态教育要求国际社会政治力量对生态危机做出负责任的态度，改变自己体系的不可持续性，积极应对全球生态危机，保障人类和生态的可持续发展。

三、国际环境教育的新趋势

进入 21 世纪以来，随着社会发展、生态环境和教育观念变化等，国际环境教育在关注重点和内容上呈现出了一些新的发展特征和趋势，环境教育的关注层面从自然环境本身延伸至社会和个体层面，将其置于一个更加整体的生态系统中去思考。

自 2000 年以来，国际环境教育研究的内容主要集中于对环境知识、环境保护、气候变化、生物多样性、可持续发展教育、环境态度与行为、环境课程、儿童环境教育等的关注。[①]从关注热点和发展趋势上来看，学校环境课程与教师素养及教师培养和培训方面，仍是国际环境教育的主要关注点，包括环境教育在课程实施中的障碍以及环境教育课程的开发，教师素养对环境教学的影响以及教师就环境教育方面的培训和培养等内容。同时，国际环境教育越来越注重环境实践与行动力的培养。早期对环境行为的关注主要集中在个体的认知驱动行为以及环境知识、意识、态度对环境行为影响关系等上，近年来，对环境行为的关注逐渐转向对环境行动能力的研究，研究者认为儿童早期的户外经历能够增强其成年后保护环境的行为倾向与实践能力。因此，环境教育课程越来越重视对学生解决真实环境问题的行动能力的培养，对影响行动能力的诸如技能、行动经验、洞察力等因素及其影响程度的研究也越来越受到关注。另一方面，国际环境教育持续关注对环境态度、环境意识、环境伦理等价值取向问题的探讨。在这一方面，环境教育更加注重从个体层

---

① 苏小兵、潘艳：《2000 年以来国外环境教育研究的知识图谱分析》，载《比较教育研究》，2017(7)。

面去探讨个体的环境认知、态度与环境行为之间的关系，环境行为的影响因素与社会背景、学校教育、道德规范等的相关性。大量的研究发现，积极的环境态度能够影响环境友好行为的发生。此外，对环境教育测量与评价的研究，尤其是对一些具体环境教育项目的实际效果的测量与评价，成为近年来环境教育的新的关注热点。其中，"自然关联性"量表的开发及其在环境教育项目中的应用成为关注的重点。该量表用来测试人与自然建立联系的影响、认知和体验，评价个体感觉与自然相联系以及属于自然的程度。

第三节　国际化背景下和平教育的走向

人类文明的繁荣始终笼罩着战争的阴云。20世纪爆发的两次世界大战给人类带来巨大的灾难，进入21世纪后，战争危机和暴力冲突依然存在。虽然国际局势总体趋于和平状态，但局部战争时有发生，地区冲突接连不断，国际恐怖主义威胁不减。致力于人类和平的和平运动与和平教育仍然是21世纪人类的主题之一。

和平教育是伴随着世界范围内和平运动的兴起而出现的一种教育思潮与教育实践。作为一种抽象的教育思潮，和平教育是在教育过程中贯彻非暴力、宽容和尊重生命等价值诉求，以达到人类理解与共生。作为一种现实的教育实践，和平教育是向学生传授知识，培养学生的和平建构能力，帮助学生内化和平理念，增强国际理解的教育活动。在国际化发展背景下，和平教育的内涵得到不断深化，并通过正式和非正式教育等多种教育方式与途径的运用，宣扬和平文化，最终达到消除战争、暴力、冲突，实现人类宽容与理解，维护世界和平的目的。

一、和平运动与和平研究

西方和平运动有着悠久的历史，经历了漫长的萌芽、发展、演变和壮大的过程。有美国学者认为"我们今天理解的大规模的和平运动是一个相对近期的概念，在时间上开始于 19 世纪早期"①。1815 年，纽约和马萨诸塞州先后成立了和平协会。1816 年，世界上最早的和平团体"争取促成持久与普遍和平协会"在伦敦成立。1830 年，欧洲大陆出现了第一个和平团体"日内瓦和平协会"。到 19 世纪三四十年代，由于政治家和知名学者推动，更多民众开始组织起来，成立了和平社团，和平运动初具规模。1843 年，第一次国际性的和平大会在伦敦召开，标志着和平运动的历史翻开了新的一页。19 世纪 70 年代以后，和平团体迅速增多。1889 年，第一届国际议员大会与世界和平大会在巴黎召开。此后，除因战争原因中断过外，大会几乎每年举行一次。第一次世界大战期间，反战活动受到镇压，一些和平团体发生严重分裂，部分团体则彻底解散。战后不久，和平运动得到恢复，并在 20 世纪 30 年代中期达到高潮。然而，由于德、意、日法西斯的兴起，自 30 年代后期和平运动再次走向衰落。从 20 世纪 50 年代中后期到 60 年代初，美苏展开了大规模的核军备竞赛，在欧洲和亚洲部署核武器并进一步扩散，引起了反核和平运动的高涨。越南战争爆发后，全世界又掀起了反对越南战争的浪潮，世界各地都出现了以反对美国在越南的军事行动和声援越南抗击美国为主要形式的反战示威。自 20 世纪 90 年代以来，世界和平运动的国际联系日益加强，2003 年反对伊拉克战争全球联合抗议就是典型表现。

和平研究与和平运动紧密相连。伴随着世界各地和平运动的发展与深入，和平研究逐渐兴起和发展，成为助推世界和平的重要力量。西方国家的和平研究约发端于 19 世纪末。但在第二次世界大战之前，和平研究基本停留在学

---

① ［美］大卫·巴拉什、查尔斯·韦伯：《积极和平：和平与冲突研究》，刘威等译，34 页，南京，南京出版社，2000。

者讲座和学生兴趣小组的层面上，还没有成立专门的和平研究机构。1948 年，美国曼彻斯特学院成立了世界上第一个和平研究机构。1959 年，挪威奥斯陆成立了国际和平研究所，由和平研究之父约翰·加尔通(Johan Galtung)担任所长，同时创办了世界第一本和平研究期刊《和平研究杂志》。1964 年，国际和平研究协会成立，成为推广和平研究与和平教育的专业学术组织。欧洲与北美的众多大学和学院也纷纷设立了和平研究机构和专业，开设和平研究课程，具有代表性的如哥德堡大学的和平与发展研究院、英格兰的布拉德福德大学和平研究系等。早期的和平研究主要关注武器竞赛、核裁军和战争问题，其研究的目的就是防止战争，武器控制与管理和战争防御是最传统的和平研究领域。和平研究在冷战时期得到了快速发展。如何防止核战争和大国之间的冲突是冷战时期的主要研究课题。冷战结束后，国家内部冲突日益突出，和平研究的重点也从国际政策转移到国家内部问题上来。国家内部的民族、宗教、部落、派系、身份认同等成为和平研究的主题。

美国和平教育学者伊恩·哈里斯(Ian Harris)和莫里森(Morrison)指出，人类获得和平的方法很多，如通过力量建构取得和平、通过政治手段取得和平、通过正义取得和平、通过可持续发展取得和平，而其中一个很重要的途径是通过和平研究与和平教育取得和平。①作为和平运动与和平研究的组成部分，和平教育随着 20 世纪 50 年代和平学的产生发展而兴起，在当今国际化的时代背景下，和平教育的发展也在随着时代主题不断演变。

二、和平教育的内容与目标

和平教育首先根源于人们对什么是和平的研究。和平教育研究的先驱、和平研究之父约翰·加尔通对于和平的定义被广泛引用。1969 年，加尔通提出了积极和平和消极和平的概念。他认为，和平有两种含义，一种是消极意

---

① 程红艳、Jing Lin：《和平教育：打破教育与战争的隐性结盟》，载《教育学报》，2013(4)。

义上的，即没有战争和暴力的状况；另一种是积极意义上的，即社会制度和结构是正义的，没有结构性暴力，也即因政治、经济、社会和文化制度所导致的剥削、压迫、偏见、歧视等，以及与之相伴的流亡、贫穷、饥饿、疏离或自我否定等。加尔通指出，消极意义上的和平不是真正意义上的和平，因为和平的状况可能仅仅是由于武力威慑而保持的表面性的和平，而积极意义上的和平，是维护社会正义的和平，是通过尊重人们的尊严、维护人们的平等权利与正义诉求而达成了和平，这是一种真正意义上的和平。在此基础上，加尔通将和平分成三种类型，即直接和平、制度结构和平和文化和平。直接和平是指暴力的消除，制度结构和平是指社会政治、经济制度能够保障人们平等、公正、有尊严的生活状态，文化和平是指与文化、宗教等意识形态相关的社会标准中所包含的和平态度和行为等。加尔通指出，和平教育不只是要教会学生"什么是和平"，更要让学生知道"如何达成和平"。①

从积极与消极和平的角度来讲，教育应该是一种典型的积极和平形态，是达至积极和平的最重要的途径。正如伊安·哈利斯(Ian Harris)所言："要创造一个和平的世界，人类必须致力于积极和平，致力于建立社会公正标准，维护人权，推动社会的可持续发展。对于教育工作者，这不仅仅意味着阻止暴力以营造一个积极的课堂学习环境，而且还要帮助学生在内心确立起对维护和平的责任意识。"②《21世纪和平和正义海牙议程》也指出："当世界公民都理解全球问题和用于解决冲突的技巧，为正义而进行非暴力抗争，以国际人权和平等的标准而生活，尊重地球和每一个人时，和平文化才会被接纳。这种学习只有通过系统的和平教育才能获得。"③

---

① ［挪威］约翰·加尔通：《和平论》，陈祖洲译，90页，南京，南京出版社，2006。

② Harris Ian, "From World Peace to Peace in the Hood: Peace Education in A Postmodern World," *Journal for A Just and Caring Education*, 1996(3), pp.378-395.

③ Hague Appeal: *The Hague Agenda for Peace and Justice for the 21st Century*, Geneva, 1999.

在此基础上，美国著名的和平教育学者贝蒂·瑞尔顿(Betty Reardon)指出"和平教育是关于获得和维持和平的需要和可能性的知识的传授，解释知识的技能训练，应用知识解决问题、获得可能性的反思和参与能力的发展。"①瑞尔顿对和平教育的这一界定，得到世界和平教育学者的广泛认可。她指出，和平教育有"为了和平的教育"和"关于和平的教育"之区分，前者强调教育是营造与维持和平的先决条件，而后者则更强调教育要传授维护和平和秩序的知识与技能。在这两者之间，"关于和平的教育"是和平教育的核心部分。和平教育是传授关于取得和平与维持和平的要求、障碍、可能性的知识，并培养学生理解知识、发展反思和参与的能力、运用知识克服障碍，达至和平。和平教育总的目的是发展一种真正的全球良知，让人们作为世界公民去行动，从而改变引发战争和冲突的现有社会结构和思维模式。和平教育应该包括冲突解决教育、人权教育和避免战争和暴力的教育等重要内容。

在国际化的时代，人类已然成为命运共同体，伊恩·哈里斯(Ian Harris)正是在这样的时代背景下来理解和平教育的，并为其赋予了其更广泛的内涵和意义。哈里斯列举了和平教育的十项具体目标，包括理解和平这一概念的丰富意义、缓解自我恐惧、提供关于安全的信息、理解暴力行为、形成跨文化理解、提供未来定位、教导和平是一个过程的理念、宣传和平是通过社会正义达成的理念、树立对他人的尊重、非暴力解决冲突。②基于此，哈里斯指出和平教育应该包括五个相互关联的内容：强调人的尊严和权利的人权教育、强调国际之间相互理解的国际教育、反对贫困和谋求发展的发展教育、保护生态的环境教育和解决冲突教育。可以说，哈里斯所构建和理解的和平教育已经从对人的尊严与人权，对冲突与暴力的关注延伸至对世界不同民族的文

---

① Betty A. Reardon, "Peace Education: A Review and Projection," *Department of Educational and Psychological Research*, Malmo University (Sweden), 1999(4), p.38.

② Ian M. Harris and Mary Lee Morrison, *Peace Education*, North Carolina and London, Mcfarlang & Jefferson Company, Inc., 2003, pp.66-75.

化理解和包容，对人与自然整个世界生态系统可持续性发展的关怀。

随着对和平教育内涵理解的深入，和平教育也被视为一种社会学习过程，这一过程应该包含着一系列个体技能的学习，以获得应对各种各样问题与冲突的能力。这些所要学习的个体技能主要包括如下几个方面：第一，认识自我。能够在觉察与应对自己及他人感受和态度方面具有敏感性。第二，认识自身及社会的依赖性。对察觉社会依赖性方面具有敏感性，具有对自身生活状况的意识，对个体所处其中的社会关系进行分析。第三，移情。能够深入体会对方的感觉并对其表示理解的能力。第四，对模糊性的包容。察觉并容忍他人所表现出的模棱两可与矛盾冲突的意见的能力。第五，交流的素质。将个体的需求与兴趣通过适当的途径加以表达的能力，通过一种交流的过程在自己的观点与其他各种观点之间建立一种平衡关系，既不完全生活在别人的期待之中，也不完全忽视别人的期待。①

三、和平教育的践行

1. 学校中的和平教育

20世纪90年代以来，在欧洲、美国、日本等发达资本主义国家以及许多发展中国家里，和平教育已成为其学校课程的一个组成部分。许多国家通过公民教育等和平教育课程讲授和平文化，例如挪威自1984年起开设"和平与安全"课程，出版相关教学指导书，组织课外专题讲座活动等，让学生在活动中接受和平教育。由纽约贵格会1974年出版的和平教育教材《为这个小星球创建友好的课堂》，广受欢迎，被世界各国的教育机构采用。许多大学与研究机构都开设了和平教育相关课程，学生通过主修或选修此类课程，获得了学分或被授予学位。这类和平教育课程主要关注战争、暴力、冲突、人权、环

---

① ［美］D.亚当斯主编：《比较教育与国际教育》，朱旭东等译，95页，重庆，西南师范大学出版社，2011。

境等问题，探讨如何避免战争与冲突，如何获得和平等。21 世纪初期，欧美各地已有 300 多所大学提供和平研究课程，还有 150 多所院校打算开设此类课程。①此外，各国还通过去除传统教材中含有偏见的内容，还原真实的历史作为推行和平教育的一种方式。例如以色列 2001 年的公民课程就 1967 年的战争叙述进行了相关修正等。②

　　作为和平教育的主要阵地，如何在学校情境下开展和平教育成了和平教育学者关注的焦点。在和平教育课程开发方面，鲍尔·莱德里奇（Paul J. Lederach）提出，和平教育课程包含三个基础要素：知识，即战争与和平问题、经济与正义等方面的知识；态度，即尊重和同情；技能，即沟通技能和评判思维。和平教育不应作为一门独立的学科来教，教师应该采用多种方法，将与和平相关的议题融入现有的学科范围。③在体现和平文化的教学改革方面，克里斯托夫·沃尔夫（Christoph Wulf）认为，和平教育是一个社会学习的过程，是对自己和他人感受和态度的敏感性的发展过程。和平教育者要从两个层面开展工作，在宏观层面上致力于消除结构性暴力，在微观层面上致力于人们对和平态度的转变。④在学校开展和平教育的组织策略方面，伊恩·哈里斯（Ian Harris）认为，从和平的层次看，和平维持、和平营造、和平建构三个层次在中小学均有所表现，学校内维持秩序的保安，学校针对暴力的严厉处罚，即是典型的和平维持策略；冲突性解决、协商、冲突管理、文化多元意识和全纳教育等可以归结到和平营造层次。旨在培养学生的归属感、对他人的尊

---

① Zvi Bekerman and Claire McGlynn eds., *Addressing Ethnic Conflict through Peace Education: International Perspectives*, New York, Palgrave Macmillan, 2007, pp.39-40.

② 王正青：《社会冲突中的和平教育》，载《教育学术月刊》，2009(10)。

③ Paul J. Lederach., *Preparing for Peace: Conflict Transformation across Cultures*, Syracuse, Syracuse University Press, 1995, pp.65-80.

④ Christoph Wulf, "Relationship of Peace to Education: Some Solutions/Strategies," *International Journal of Humanities and Peace*, 1993 (1), pp.66-67.

重、族群间的积极对话和交流则可归结为和平建构层次。①

联合国教科文组织（UNESCO）也认识到和平教育的实践不仅仅是防止战争或暴力的研究，而是要注重教授和平态度、知识和技能。为此，联合国教科文组织针对和平教育课程的设计，提出了三项原则。一是教科书和教材应强调非暴力、和平文化、宽容团结、人权、性别平等、积极公民以及环境保护等；二是将非暴力与和平文化的原则及策略整合到所有领域和学校常规训练之中；三是在多元文化与国家课程建构中，融入地区性知识与传统。2007年，联合国教科文组织又对如何通过创新教材设计来建构和平进行了探讨，其主要议题涵盖不同文化对教科书、教材与学习材料的影响；超越教科书，整合学校活动以思考与构建和平；思考和学习跨文化及跨学科、促进世界可持续发展所需的技能。②

2. 其他和平教育形式

学校以外的和平教育主要是通过国际组织、非政府组织以及大众传媒等途径开展的。联合国及联合国教科文组织和联合国儿童基金会（UNICEF）等是和平教育的积极拥护者和倡导者。联合国教科文组织的一项重要工作即以促进和平教育、人权和民主为核心，并支持和帮助一些非政府组织开展和平教育，促进世界和平。1974年，联合国教科文组织发表了《为国际理解、合作与和平的教育及与人权和基本自由相联系的教育之建议》，为世界范围内和平教育的推行提供了方向。1994年，联合国教科文组织又通过发布《教育促进和平、人权和民主行动声明和一体化框架宣言》，重申了教育在化解冲突、构建和平方面的作用与不可替代性。联合国儿童基金会的许多分支机构制定了以和平教育为中心的课后和暑期方案，建立讲习班和青少年校外活动项目，倡

① Ian M. Harris and Mary Lee Morrison, *Peace Education* (*2nd edition*), North Carolina and London, Mcfarlang & Jefferson Company, Inc., 2003, p.11.
② 程红艳、Jing Lin:《和平教育：打破教育与战争的隐性结盟》，载《教育学报》，2013 (4)。

导制作以青少年为对象的和平教育类媒体、出版物以及开展基于社区的文艺活动。联合国也于1997—1999年召开了三次大会,并将2000年定为"和平文化国际年",宣布2000—2010年期间为"为世界儿童建设和平与非暴力文化国际十年",颁布了《和平文化宣言和行动纲领》,推动世界和平教育进入了一个新的发展阶段。

1964年成立的国际和平研究协会一直是促进世界和平教育的重要机构,其下设的和平教育委员会负责和平教育的组织与协调工作,通过举办和平教育学术会议,开设相关课程,出版多种和平教育书刊,与其他组织展开合作等形式,为推动国际和平教育做出了重要贡献。创立于1988年的欧洲大学和平研究中心(EPU)是一所国际性的非政府组织,致力于传播联合国教科文组织的和平理念,为欧洲和平进程提供科学与教育支持,培养和提高个人在和平创建与冲突解决方面的能力,为全球和平文化的发展做出贡献。自1990年以来,EPU一直开设研究生课程,向学生传授冲突分析与其内在原因方面的知识、和平构建及相关领域的实践技能。海牙呼吁和平组织于1999年启动了和平教育运动,现已建立起了一个和平教育的世界性网络。此外,各国还通过诸如电视、报纸、杂志与电影等大众媒介来宣传和传播和平教育。建立于2000年的和平文化新闻网(CPNN)就是运用国际互联网在全球范围内交流和平思想,宣传和开展和平教育的新途径。CPNN作为一个全球性的网络,采用多种语言进行信息交流,从而促使和平文化在全球的发展。

在当代,和平博物馆也日益成为进行非正规形式的和平教育的一种有效途径。和平博物馆的国际网络(INMP)认为其是通过收集、展览及解释和平相关资料,促进形成和平文化的非营利性教育机构。和平博物馆的建设最早可追溯至20世纪初期海牙和平宫的建造。第二次世界大战后,和平博物馆开始在世界范围内迅速发展起来,1992年和平博物馆第一届国际会议在英国布拉德福德大学召开,标志着和平博物馆的发展进入一个新的阶段。这次会议确认了和平博物馆作为学校和平教育的中心、社区和平教育重要阵地的地位。目前世界范围内的和平博物馆已达百余所，主要分布于欧洲及美、日、韩等国。日本和平博物馆研究学者山根和代将和平博物馆划分为两类：一类描述战争以及战争的恐怖，另一类不仅展示战争而且还描述和平的美好。

第二次世界大战给世界人民带来了巨大创伤，如何反思战争是摆在日本政府与民众面前的重大课题。作为日本和平运动的重要组成部分，和平博物馆在短短半个多世纪的时间里便获得了巨大发展，日本建造出了当今世界数量最多、规模最为庞大、形式最为多样的和平博物馆。成立于 1992 年的京都世界和平博物馆，致力于客观反映日本侵略历史，通过对日本侵略历史及其后果进行客观展示，来揭露战争的残酷、宣言和平的重要性。博物馆的宗旨即指出"京都世界和平博物馆建立初衷是为实现世界和平做出贡献。通过展览，我们希望揭露战争的悲惨真相，展现反战人士的努力抗争，促使人们了解维护和平的重要性"①。日本的许多和平博物馆均是利用战争遗迹而建造，通过展现战争遗迹来宣传反战意识。日本的岩崎知弘美术馆、佐喜真美术馆和丸木"原爆"美术馆则是通过绘画等艺术形式进行和平教育的和平博物馆的代表。此外，日本也建造了一系列关注人权问题的和平博物馆，具代表性的有大阪人权博物馆和堺市的和平与人权博物馆等。

第四节　国际化背景下教育交流与合作

随着经济全球化的不断深化，知识经济成为主要的经济形态，各国各地区间的文化教育交流越来越密切，国际教育交流与合作已从零星、单一的内容发展到系统化和多样化的阶段，在教育国际化进程中扮演着越来越重要的

---

① ［日］山根和代：《日本的和平博物馆与和平研究》，载《南京大学学报》，2005（3）。

角色，发挥着更加重要的作用。

一、国际组织与全球教育发展

20世纪以来，国际教育组织数量不断增加，组织机构和功能类型日益丰富，影响力不断扩大。国际教育组织倡导了许多广泛传播与应用的教育理念，制定了评价各国教育发展的标准，为各国尤其是发展中国家的教育事业发展提供了有力的资金援助和技术支持。国际教育组织对人类教育事业的发展做出了重要的贡献。

1. 国际教育组织的发展

建立教育相关的国际组织的思想，最早由"比较教育学之父"朱利安（Ullien）提出。朱利安在1817年提议设立国际教育组织，希望借此让各个国家相互交换教育资料，加强教育的国际交流合作，以促进世界和平。由于当时正值民族主义思潮盛行时期，这一思想未被重视。[1]从19世纪80年代到第一次世界大战前，一些人士和学者先后为建立国际教育组织付出巨大努力。同时，一些综合性的国际组织也开始关注各国教育的发展。到20世纪初，一些国际教育组织纷纷建立。其中，1901年，欧洲职业教育工作者在瑞士建立了国际商业教育协会；1908年，国际数学教学委员会（ICMI）在罗马成立；1912年，欧美大陆的新教育运动与进步主义教育运动的教育工作者在瑞士日内瓦成立了国际新教育联盟。1913年，英联邦大学协会（ACU）成立。这一时期的国际教育组织还处于初步发展时期，主要是针对某一特定教育领域或教育议题而组织起来的国际性联盟，数量还较少，组织间还缺乏相互的合作联系等。

第一次世界大战后，各国开始深刻反省战争带来的灾难，试图用各种方式维护世界和平，促进人类进步。发展教育、和平利用科学、加强各国联系和增进人类相互了解，成为各国的共同期望，民间和政府间的国际教育应运

---

[1] 卢晓中：《比较教育学》，17—18页，北京，人民教育出版社，2005。

而生。1919 年国际大学妇女联合会(IFUW)成立，1924 年该组织开始与国际联盟密切合作，建立教育基金，以促进各国教育发展，资助欧美各国女子上大学和大学女教师做研究。在此期间，一些重要的国际教育组织和学术研究团体先后创立。例如 1919 年创立了数学、物理、化学和生物四大自然科学领域的国际学术联合会。1921 年，一些欧美国家的教育工作者发起建立了世界教育工作者协会(WEF)，向全世界所有教育工作者、教育专业组织的成员、对各教育阶段和领域有兴趣的人士开放。1922 年，作为国际重要组织之一的国际联盟设立了国际智慧合作委员会，主要负责促进教师与学生交流、出版学术刊物、储备科学研究的国际基金、协定与处理国际专利与著作权等事务。这一时期国际教育组织更具多样性，涉及的教育领域更宽、影响范围更大，各机构之间已通过寻求合作的方式共同致力于教育问题的解决。

"二战"后，国际组织以空前的规模和速度发展起来。教育作为人人享有的基本权利，不仅能够减少处境不利群体，而且能够在不同的国家、种族和文化群体之间建立共同理解，因此，大量的国际组织开始介入各国教育开发与国际教育合作，受到国际社会的普遍重视。1945 年联合国教科文组织的创建标志着国际教育组织发展到一个新阶段。联合国教科文组织的宗旨在于通过教育、科学及文化来促进各国间的合作，共同致力于世界和平与安全，以增进对正义、法治及联合国宪章所确认的世界人民不分种族、性别、语言或宗教均享人权与基本自由之观念的普遍尊重。从 20 世纪 60 年代起，在联合国教科文组织的带动下，世界银行、各大洲的开发银行以及其他综合性国际组织、国际经济组织、慈善组织、基金会和各种专业组织，也纷纷投入到世界教育发展事业。20 世纪 90 年代，随着冷战结束，国际组织发生巨大变化，全球公民意识不断增长，关乎人类发展的教育问题逐渐成为国际组织重视的主要领域之一。通过国际教育组织的推动，跨国教育合作与交流逐渐成为全球教育发展的重要主题。

当前, 全球国际组织数量庞大, 对国际组织的类型划分, 尚未有统一标准。有学者根据国际组织在国际教育中的地位和作用, 把国际教育组织分为四类。第一类是协调国际教育参与机构、主导国际教育发展方向的中枢机构, 如联合国以及联合国教科文组织; 第二类是国际教育的情报、科研和规划机构, 如日内瓦国际教育局、汉堡国际教育研究所等; 第三类是诸如儿童基金会、欧洲文化财团教育研究所等国际教育分支机构; 第四类是国际教育的学校组织, 如国际学校联合会、欧洲国际学校协会等。[1]另有学者按照地域将国际教育组织分为全球性国际组织与区域性跨国组织。前者包括联合国教科文组织、世界银行、经济合作与发展组织、国际教育局等; 后者包括欧洲联盟、美洲国家组织、东南亚国家联盟等。[2]此外, 按照国际组织的主体构成, 国际教育组织也划分为政府间国际组织与非政府间国际组织, 还有借助网络通信技术发展形成的地区性网络教育组织, 如欧洲高等教育质量保证网络(EN-QA)、亚太地区高等教育研究网络(APHERN)等。[3]这些多类型、多地域的国际教育组织从不同层次、不同方面对世界教育的发展产生了重要的影响, 做出了重要的贡献。

2. 国际教育组织的影响与作用

国际教育组织的发展历程表明, 以教育增进人类理解, 促进社会进步, 捍卫世界和平, 是国际教育组织始终如一的使命。自第一次世界大战起, 一批优秀的科学家、文学家、教育家和社会活动家纷纷呼吁建立国际教育组织, 促进各国教育交流来增进人类理解, 共同防止战争冲突。许多国际教育组织的建立, 即以通过促进教育发展来增进人类和平、发展与进步。《联合国教科文组织组织法》就开宗明义地指出"战争起源于人之思想, 故务须于人之思想

---

① 徐辉:《国际教育初探——比较教育的新进展》, 108 页, 成都, 四川教育出版社, 2005。
② 钟宜兴:《比较教育的发展与认同》, 18 页, 高雄, 复文图书出版社, 2004。
③ 杨启光:《全球教育政策转移比较研究》, 112 页, 杭州, 浙江大学出版社, 2013。

中筑起保卫和平之屏障""为了能通过促进各国人民之间教育、科学和文化的联系来实现世界和平增进人类福祉的目的，各国代表在此创建联合国教育、科学及文化组织"。①20世纪60年代以后，国际社会越来越认识到教育对经济、社会发展的意义，国际组织把灾后重建、消除贫困、保护环境和资源、防治艾滋病、反毒品、男女平等等世界问题的希望寄托在教育发展之中。许多非专门教育性的国际组织提出了"发展教育，促进人类健康发展"和"发展教育，促进可持续发展"等口号，向各国教育提供极大的资金和技术支持，为促进教育发展，解决社会问题，推动经济社会进步做出了重要贡献。

　　总体来说，国际教育组织对世界教育所发挥的作用可以归纳为三大方面。一方面，各类国际教育组织在促进世界范围内的教育信息交流和教育科学决策，推动教育理念创新，促进教育思想传播方面发挥了重要的智囊作用，是全球教育价值与规范的传播者。自"二战"结束以来，以联合国教科文组织为代表的国际组织，始终重视人的基本教育权，通过开展系列大会、发表诸多重要宣言、形成众多重要政策文件等方式向各国传播普惠世界的教育价值与理念，并始终以"国际理解与和平，消除国家、民族和种族的对立、隔阂和冷漠，反对暴力和战争"为总的基本教育价值取向。②另一方面，国际教育组织通过对一系列全球教育制度与问题开展教育研究，促进教育知识共享和教育科学的持续发展。国际组织通过强大的政策、人力、资金优势，积极开展专门的教育政策与计划的研究，并以此影响各国的教育发展政策。其中，发展教育是国际组织研究的重要议题，联合国教科文组织及其辅助机构、经济合作与发展组织、世界银行等通过积极参与"二战"以来一系列国家教育重建，推进许多国家或地区的教育现代化建设。此外，国际组织也通过学术研究与质量评估来影响各国教育发展，在这方面，国际教育成就评估协会(IEA)开展

---

①　张民选：《国际组织与教育发展》，62页，上海，上海教育出版社，2010。

②　朱旭东、黄晓红：《国际(教育)组织的价值取向研究》，载《国际观察》，2000(5)。

了一系列有影响、大规模的国际教育成就研究。此外，国际教育组织在开展全球教育援助与开发，对各国教育，尤其是发展中国家，提供资金支持和专项教育援助方面发挥了积极的作用。"二战"后，作为主要援助机构，国际组织向第三世界国家提供了大量的教育援助，世界银行因此被认为是世界上最大的外部教育资助的提供者。20 世纪 80 年代以来，国际组织的教育援助理念从过去单纯的经济发展向人力资源开发方向转变，援助领域也由高等教育向农村教育、初等教育、非正规教育和女性教育等倾斜，援助关系也从不平等向致力于建设合作伙伴关系转变。①

二、国际化与跨文化教育

1960 年，马歇尔·麦克卢汉(Marshal Mcluhan)在《传播探索》一书中提出了"全球村"的概念，此后各民族之间的文化交流加快，同时，文化交往的增加必将导致价值观念的冲突与较量，对文化民族性进行冲击。在此背景下，跨文化教育应运而生。

作为一种国际教育思潮的跨文化教育，兴起于 20 世纪 90 年代，联合国教科文组织的大力提倡和努力推行是最为重要的推动因素。20 世纪 80 年代开始，联合国教科文组织越来越意识到国际化对文化发展的影响以及跨文化交流中教育的重要性，由此制定了一系列相关的宣言、专题报告等大力提倡和推行跨文化教育。1992 年，联合国教科文组织主办的国际教育大会提出的第78 号建议《教育对文化发展的贡献》首次明确、系统地提出了跨文化教育的理念，提出了跨文化教育的具体策略与方法，对跨文化教育中的课程、教学、内容、方法、语言等方面给出了基本的原则指导，组织了一系列的跨文化教育实践。该文件指出跨文化是"关于不同文化的知识和理解，以及在一国内部各种文化成分之间和世界各国不同文化之间建立积极的交流与相互充实的关

---

① 袁本涛:《发展教育论》，536—563 页，南京，江苏教育出版社，2005。

系",开展跨文化教育是要"促进对文化多样性的尊重、相互理解和丰富""增进国际理解并使同各种排斥现象作斗争成为可能""其目的应是从理解自己人民的文化发展到鉴赏邻国人民的文化,并最终鉴赏世界性文化"。①在联合国教科文组织对"跨文化教育"的界定中,强调跨文化教育需要与种族主义斗争,以促进文化多样性;强调跨文化教育是建构不同民族间社会聚合、增进相互理解的必要条件;强调不同民族间需要平等的交流和对话,以促进相互理解和尊重,实现所有文化的平等尊严。联合国开发计划署网站资料显示,1996年,联合国教科文组织在发布的《国际理解教育:一个富有根基的理念》中指出,跨文化教育可以促进国际理解,"可以从学校教育、课程与教学过程中进行跨文化教育",并列举了世界各地一些跨文化教育的成功案例。② 2004 年,联合国开发计划署人类发展报告——《今日多样化世界中的文化自由》也指出了跨文化教育的重要性。

2006 年,联合国教科文组织对跨文化教育的实施提出了更具体的指导方针和实施原则,发布了《跨文化教育指南》。该指南总结了跨文化教育的主要问题,阐释了跨文化教育的准则框架,对跨文化教育的具体目标和作用,以及实施跨文化教育的主要原则和措施进行了论述,为各国实施跨文化教育制定了参考框架。联合国教科文组织指出跨文化教育在实施上主要应遵循以下十条策略:一为加强教育与文化发展政策的协调;二为加强学校在促进文化上的作用;三为开展跨学科合作项目;四为重视课程中的文化和跨文化内容;五为重视鉴赏文化遗产;六为关注学校教学语言问题;七为关注历史教育;八为关注当代世界重大问题;九为加强传媒的教育作用;十为关注教师的作

① 赵中建主译:《全球教育发展的历史轨迹——国际教育大会 60 年建议书》,498—499 页,北京,教育科学出版社,1999。
② 赵营、张佩萍、陈佳:《历史述评:联合国教科文组织和跨文化教育实践》,载《现代教育科学》,2011(2)。

用和加强教师培训。①此外，联合国教科文组织也概括了跨文化教育的三项基本原则：一是跨文化教育要顾及每个学习者的文化身份，提供一种在其文化敏感性接受范围内的教育；二是跨文化教育为每个学员实现积极和充分参与社会生活的目标，提供一种必要的文化知识、态度和技能；三是跨文化教育为所有的学生提供学习文化知识、文化态度和技能的机会，使他们能够在不同的人群之间，民族、社会、文化和宗教群体以及国家之间相互尊重、理解和团结。②

随着联合国教科文组织对跨文化教育的大力推动与倡导，许多国家及国际组织纷纷建立了跨文化教育机构，诸如欧洲跨文化教育培训与研究协会、美国国际跨文化教育协会、英国国际跨文化教育协会等，这些组织和机构对推动和促进世界跨文化教育的发展做出了积极贡献。跨文化教育也引起各国政府的高度重视，跨文化教育已成为许多国家学校教育的重要部分。例如，1996年，德国各州文教部长会议(KMK)颁布了《关于在中小学校进行跨文化教育教学的建议》，《建议》指出了跨文化教育的必要性和基本原则，成为德国中小学开展跨文化教育的参考，2013年，KMK又对该《建议》进行了补充修订。美国《2000年教育目标法》指出，所有学生均需了解关于本国及世界其他地区的多元文化传统知识，大幅增加能够掌握与运用多种语言的学生比例，所有教师要具备进行跨文化教育的能力。

跨文化教育是一种在多元文化背景下，提出符合时代要求的不同于传统教育模式的新型教育。作为世界教育新潮流的跨文化教育思想已超越了以往的移民教育、多元文化教育、少数民族教育、双语教育等概念，它力求通过多语言、多文化的互动学习，以达到不同文化、民族、宗教群体之间相互尊重、理解和团结的教育目的，在国际化的新形势下，其逐渐形成一种新的教

---

① UNESCO：*The Contribution of Education to Cultural Development*，Geneva，1992.

② UNESCO：*Guidelines on Intercultural Education*，Paris，2006.

育理念，并成为一种教育发展趋势，一种国际教育思潮和运动。有学者认为，跨文化教育旨在推动国际化社会的建设，就是克服本土与非本土的二分法及其偏见，致力于尊重差异的相互理解的多样性文化的繁荣。①

三、跨国高等教育的发展

跨国高等教育是高等教育领域跨越时空界限的国际化教育交流与合作形式，它是在高等教育国际化的基础上发展起来的，是高等教育国际化新的发展趋势。广义的跨国高等教育指人员、学程、课程、教育服务提供者、学术活动、研究、服务等跨国界或区域的流动。跨国高等教育包括合作办学、远程教育、独立海外分校以及区域高等教育一体化等多种形式。国际化的发展是跨国高等教育产生的原动力，也是其产生和发展的时代背景。20世纪80年代以后，随着全球经济一体化的不断拓展与深化以及信息技术的迅猛发展，跨国高等教育进入大发展时期。

1. 澳大利亚、美国、英国的跨国高等教育

跨国高等教育的提供国主要以西方发达国家为主，其中以澳大利亚、美国、英国等为主要代表。

(1)澳大利亚

在跨国高等教育方面，澳大利亚是先驱者。澳大利亚通过向其他国家提供教育服务，大力发展输出型跨国高等教育。澳大利亚将开拓市场放在优先地位，发展了多元的跨国高等教育形式。在学校类别上兼有高等教育、学院、职业教育与培训(VET)、英语专修学校(CELICOS)等类型。在办学形式上涵盖了海外分校、双联协议、澳大利亚境内高等教育机构与境外高等教育机构合作提供的课程或计划、特许项目、远程教育等模式。同时，涉及从本科到

---

① Aikman Sheila, "Interculturality and Intercultural Education: A Challenge for Democracy," *International Review of Education*, 1997 (5/6), pp.463-479.

博士的各个层级，覆盖各个学科领域。①

20 世纪 90 年代后，澳大利亚的跨国高等教育开始进入法制化发展轨道，也更加注重跨国高等教育的政策推动与质量监管。1991 年，澳大利亚政府颁布了《海外学生教育服务(提供者注册与财务规定)法》，规定提供跨国教育的机构都须参加"澳大利亚联邦政府招收海外学生院校及课程注册登记(CCRI-COS)"，并需要详细说明该教育机构在每一个州开设的每一门课程的信息。随后，从 1997 年至 2001 年，澳大利亚政府又相继出台一系列有关海外学生教育服务的法律条文，对教育服务诸多方面的标准与要求等进行了规定，包括《海外学生教育服务(注册费用)法》《海外学生教育服务(保障资金拨款)法》《海外学生教育服务实施条例》等。2001 年，澳大利亚校长委员会(AVCC)颁布了《澳大利亚大学对国际学生提供教育的条例和纲要》，内容涵盖跨国高等教育的宣传、招生、准入、教学、福利等诸多方面，意在保证澳大利亚跨国高等教育的质量和信誉，提高高等教育的国际竞争力。2003 年，澳大利亚政府发布了题为《通过教育融入世界》的跨国教育发展战略，在对跨国教育与培训的历程进行简要回顾的基础上，分析了澳大利亚的优势与条件，并就其未来发展策略提出了一系列建议，提出通过国际教育输出加强与世界交往以提升澳大利亚国际竞争力的战略导向。2007 年，澳大利亚政府又确立了跨国质量战略框架(CTQS)，为进一步维护和促进澳大利亚跨国教育质量提供了保障，以确保为境外提供的高等教育质量位居国际前列。此外，成立于 2000 年的澳大利亚大学质量保障署(AUQA)负责澳大利亚高等教育质量的评估、审计和报告，AUQA 每五年对澳大利亚的跨国高等教育机构进行一次质量评估，并就澳大利亚跨国高等教育存在的问题以及相应的改进建议等形成报告，供各大学参考，该报告也对海外学生开放，接受他们的共同监督，以确保良好

---

① Nelson B.A., *National Quality Strategy for Australian Transnational Education and Training: A Discussion Paper*, Canberra, Science and Training, 2005.

的办学质量。

在澳大利亚跨国高等教育的发展中，政府一直发挥着主导作用。澳大利亚政府将国家政治经济利益与跨国高等教育的发展紧密结合在一起，并将跨国高等教育提高到国家战略发展的高度，使其实现了跨越式的发展。此外，澳大利亚也逐渐形成了政府、澳大利亚大学质量保障署及大学等多方主体良性互动的质量保障体系，致力于保障学生的合法权益与跨国高等教育的质量，使跨国高等教育取得了较为优质高效的发展。澳大利亚已经成为世界跨国高等教育提供国的领军者。

（2）美国

美国的跨国高等教育形式多样，最突出的是开办海外分校，其远程教育、网络课程发展迅速，企业大学及 IT 认证处于世界领先水平。

美国跨国高等教育的世界领先地位是政府、高等教育机构以及其他利益相关者多方密切协作的结果。美国政府借助世界贸易组织谈判框架，积极参与相关国际政策的制定，为跨国高等教育的发展提供了机遇。据美国高等教育认证委员会披露的消息，为了更好地对跨国高等教育实施监管，规范跨国高等教育的外部质量保障，1997 年美国 8 个地区性认证机构联合颁布了《为海外非美国公民提供国际教育项目的良好做法原则》，对实施跨国高等教育的高等教育机构的使命、跨国高等教育授权、教学计划与资源、招生与学分转换以及跨国合作的合同安排等问题提出了详细的认证标准。2001 年，美国高等教育认证委员会颁布了《美国认证机构认证非美国教育机构和项目原则》，提供了认证跨国高等教育项目的原则和框架，要求对跨国教育机构或项目的认证充分考虑所在国的文化与教育体制，了解合作背景，提供所需信息资料，计算运行成本等。除了加强跨国高等教育的外部质量认证外，一些实施跨国高等教育的高等教育机构往往还借助美国或他国的媒体，邀请海外的校友和国际友人加强市场推广和宣传；建立学校的全球推广部门和多种语言的网站和宣传材料；与其他国家政府、高等教育机构或企业合作，借助这些单位或机构将本校的高等教育向全球推广等。

此外，其他教育机构和团体也积极致力于推动美国跨国高等教育的发展。成立于 1996 年的全球跨国教育联合会是美国跨国高等教育信息收集和研究的专门组织。该联合会定期组织全球范围内的专家学者对跨国教育问题进行专题研讨，并发布报告，如《跨国教育服务贸易》《亚太地区跨国高等教育的需求》等。美国教育委员会也通过发布一系列的报告，对跨国高等教育提供政策建议。其中，《高校国际合作指导方针》描述了规划、发展和实施国际合作的基础，强调国际合作的机构环境，并对实施过程中的每一步提供建议；《美国学位项目和国际分校》介绍了美国建立国际分校的经验，并提供了 10 所美国国际分校的案例介绍。国际教育协会对美国跨国高等教育发展也产生了重要影响。跨国高等教育项目是国际教育协会工作的一个重要领域，2007 年，国际教育协会还发起针对美国国际分校的调查，并发布了关于分校位置、学生数量、学生来源地等的数据报告。一些基金会所发挥的积极作用也不可忽视。美国国家科学基金会、福特基金会、卡耐基基金会、洛克菲勒基金会、富布赖特基金会等都曾为美国的跨国高等教育输出项目提供资助。美国高等教育机构开展的联合或双学位项目的外部经费一部分即来源于基金会的资助。此外，工商企业举办的营利性国际教育机构成为美国跨国高等教育发展的重要组成部分。例如，阿波罗国际集团旗下的凤凰城大学在全球拥有约 16 万学生，在美国本土以外建立了多所国际分校。

(3)英国

20 世纪 80 年代初，英国率先对欧盟以外的外国留学生实行全额收费制。为解决因学费和生活费过高而不能全程留学的海外学生的实际需要，英国大学推出了一些新的跨国高等教育形式，包括远程教育、特许经营项目和课程衔接项目(基础课程和双联课程)等。在远程教育方面，英国开放大学的海外远程教育发展最为迅速也最有影响力，这一时期双联课程和特许经营项目发展最为迅速。20 世纪 90 年代中期以来，英国的跨国高等教育进入了快速发展的时期，英国政府和大学采取了积极的发展策略，鼓励大学到海外输出高等教育，扩大教育服务贸易，英国大学加入了海外办学的浪潮，截至 2006 年年底，英国约 65% 的大学在世界各地开展了 1536 个跨国高等教育项目。与此同时，英国也加强了对海外办学的教育质量和教育水平的监控。1995 年英国高等教育质量保证委员会(HEQC)颁布了《高等教育境外合作办学质量保障实施准则》，特别强调境外办学的教学水平与质量，如规定学生入学资格、课程设置、学制等需与英国国内的相应规定保持一致，英国大学必须完全控制考试和评估方法等。1997 年后，英国高等教育质量保障署(QAA)承担起对境内与境外合作办学机构和项目进行评价的责任。2001 年后，英国国内和海外的办学项目，都须通过 QAA 审核达到标准后才能实施。

目前，英国跨国高等教育项目已遍布世界各地，包括欧洲、亚洲、美洲、非洲等，其中欧洲和亚洲(以东南亚地区为主)是其主要集中地区。英国跨国高等教育主要集中于本科和研究生层次，占比分别为 56% 和 44%，主要分布在工商管理、数学与计算机科学、工程技术、艺术与设计等专业。①跨国高等教育形式涵盖了特许经营项目、授证许可项目、课程衔接项目、远程教育项目、合作大学项目等。英国也已形成了比较完善的内外结合的跨国高等教育质量保障体系，既包括高等教育机构内部质量保障体系，也包括独立于政府的外部评估机构及各种不同性质的组织对高等教育机构办学质量评估的外部质量保障体系。例如，英国高等教育质量保障署对开展跨国高等教育的英国高校和海外合作机构进行质量审核，高等教育基金委员会为使用公共资金在海外办学的英国高校提出指导建议，国家审计署对英国高校在海外的办学活

---

① DIUS Research Report：*Transnational Education and Higher Education*：*Exploring Patterns of HE Institution Activities*，Sheffield，2008.

动进行调查,英国电子工程协会、工商管理协会及皇家医药协会等专业协会对英国海外合作项目的专业认证等。

2. 国际组织对跨国高等教育的推动

随着跨国高等教育活动日益频繁,提高全球范围内的跨国高等教育质量成为实施跨国高等教育各主体的共同诉求,以联合国教科文组织(UNESCO)、世界贸易组织(WTO)、经济合作与发展组织(OECD)等为代表的一些国际组织为跨国高等教育的学历互认、学分互换、学位互授、质量保障等提供了政策指导,促进了跨国高等教育的发展质量和水平的提升。

WTO作为最重要的跨国教育制度化的推动者,所推出的《服务贸易总协定》(GATS)把教育作为服务产品纳入国家之间的经济交易框架中,其中的高等教育服务贸易承诺减让表包括鼓励签约国开放高等教育市场,到海外办学;允许外国教育机构颁发学历学位或文凭证书;鼓励签约国之间学历学位互认互授;取消签约国政府对教育市场的垄断等内容。① OECD在2003年提出了不同于"教育服务贸易"的新概念"跨境教育",并与UNESCO、欧盟(EU)等合作制定、签署了一系列优化跨境高等教育质量保障的指导准则和建议报告,为各国提供决策参考,包括《国际化与高等教育贸易》(2003)、《高等教育的质量与认证:跨境的挑战》(2004)、《跨境高等教育质量保障指南》(2005)、《资格认证系统:终身教育的立交桥》(2007)、《跨境高等教育:能力发展的路径》(2008)等。其中,OECD与UNESCO共同制定的《跨境高等教育质量保障指南》以保护学生与其他利益相关者免受低质量的跨国教育项目及声誉恶劣的教育机构的影响,保持跨境高等教育的持续健康发展为宗旨,指南为高等教育机构及其提供者、质量保障机构和鉴定机构以及认证和证书评估机构的运行提供了指导。此外,UNESCO与OECD、WTO密切合作,制定了一系列高

---

① 国家教育发展研究中心专题组:《关于WTO教育服务贸易的背景资料》,载《中国教育报》,2002-05-11。

等教育学历学位互认、互授的政策、公约和指导准则，不断满足跨国高等教育流动的新形势与新变化的需求。

作为区域性国际组织的欧洲联盟(EU)也积极关注跨国高等教育及其质量监管，认为跨国高等教育有助于实现欧洲高等教育一体化和提升欧洲高等教育的国际竞争力水平。1998年，EU发表了《关于欧盟非官方高等教育报告》，为欧盟监控非官方高等教育质量提出政策性建议。1999年，EU启动了"博洛尼亚进程"，设立了6条核心原则，其主要目标就是通过高等教育的跨国流动和发展，推进欧洲高等教育一体化，进而促进其教育国际化进程。同年，UNESCO、欧洲理事会与EU两大资格认证网络颁布了《跨国教育与资格认证》，并先后于2000年、2001年和2003年分别发表了跨国教育的专题研究报告和建议。此外，随着跨国高等教育的发展，主要致力于开展关于高等教育质量评估、理论与实践研究，为成员单位的质量保障实践提供意见和建议并为其搭建沟通与交流平台的国际性的高等教育质量保障协会，如国际高等教育质量保证机构联合会(INQAAHE)、欧洲高等教育品质保证协会(ENQA)、亚太地区高等教育质量保障组织(APQN)及非洲质量保障机构联合会(AFQN)等，也将跨国高等教育的质量标准、评估办法与相关政策问题的研究列为其重要议题。例如，UNESCO和APQN共同开发了《跨境教育规范管理框架的工具包》，ENQA制定了《跨国高等教育质量保证》，为各国跨国高等教育质量保障和认证标准、方法的发展等提供了参考依据。

参考文献

一、中文文献

安尼瓦尔·吾斯曼：《我们寻找的职业教育》，乌鲁木齐，新疆人民出版社，2007。

安双宏：《印度教育发展的经验与教训》，载《教育研究》，2012(7)。

安双宏：《印度教育战略研究》，杭州，浙江教育出版社，2013。

鲍贤清、缪静霞、詹艺等：《学习的生态和技术的功用——美国 AERA2010 年会述评》，载《远程教育杂志》，2010(5)。

薄云：《拉美私立高等教育发展研究：以巴西、墨西哥、阿根廷和智利为个案》，厦门，厦门大学出版社，2017。

蔡安成：《欧盟〈ERASMUS 计划〉的发展》，载《比较教育研究》，2001(11)。

陈城城：《日本现行〈学习指导要领〉修订研究》，硕士学位论文，东北师范大学，2012。

陈剑光：《信息化教育的国际经验及启示》，载《科技进步与对策》，2004(8)。

陈柒叁、曾斌：《大学生环保意识与行为培养研究》，北京，中国言实出版社，2015。

陈腾华：《为了一个民族的中兴：以色列教育概览》，上海，华东师范大学出版社，2005。

陈腾华：《以色列开始新一轮基础教育改革》，载《基础教育参考》，2004(12)。

陈小萍：《印度教民族主义与独立后印度政治发展研究》，北京，时事出版社，2015。

谌启标：《韩国基础教育改革中的英才教育计划》，载《外国中小学教育》，2005(5)。

成建丽：《建国后以色列中小学英才教育发展历史研究》，硕士学位论文，天津师范大学，2020。

程红艳、Jing Lin：《和平教育：打破教育与战争的隐性结盟》，载《教育学报》，2013（4）。

单中惠：《教师专业发展的国际比较》，北京，教育科学出版社，2010。

单中惠：《外国素质教育政策研究》，济南，山东教育出版社，2004。

邓莉：《21世纪以色列基础教育改革研究》，硕士学位论文，华东师范大学，2014。

丁瑞常：《经济合作与发展组织参与全球教育治理的权力与机制》，载《教育研究》，2019（7）。

段昌群：《生态学教学理论探索与实践：21世纪大学生态学教学内容优化及课程体系建设》，北京，高等教育出版社，2001。

范国睿：《教育生态学》，北京，人民教育出版社，2000。

范国睿：《英美教育生态学研究述评》，载《华东师范大学学报》（教科版），1995（2）。

甘永涛：《1965—2013年国际教育人类学的研究前沿与演化》，载《华东师范大学学报》（教科版），2015（1）。

高光、张民选：《经济合作与发展组织的三大国际教育测试研究》，载《比较教育研究》，2011（10）。

高原：《冷静对待"PISA二连冠"——基于新自由主义视角的思考》，载《外国中小学教育》，2014（4）。

高占祥等主编：《中国文化大百科全书（教育卷）》，长春，长春出版社，1994。

国家发展改革委社会发展司、上海市教育科学研究院：《中国职业教育发展战略及制度创新研究》，北京，中国计划出版社，2015。

何克抗编著：《教育技术学》，北京，北京师范大学出版社，2002。

胡建华：《战后日本大学史》，南京，南京大学出版社，2001。

胡瑞华：《韩国大学内部管理特点及对我国大学去行政化的启示》，载《高教探索》，2011（6）。

胡咏梅、李佳哲：《21世纪以来国内及国际教育经济学研究的热点与前沿问题——基于〈教育与经济〉与Economics of Education Review的知识图谱分析》，载《教育与经济》，2018（4）。

黄海刚：《20世纪90年代以来以色列高等教育的变革》，载《中国高教研究》，2017（9）。

黄志成：《巴西全民教育十年计划（1993—2003）的制定》，载《外国教育资料》，1998（4）。

黄志成:《世界教育大系——巴西教育》,长春,吉林教育出版社,2000。

黄志成、彭海民:《墨西哥教育现代化进程——90 年代墨西哥教育改革之一》,载《外国教育资料》,1999(1)。

霍力岩、黄爽、陈雅川等:《美、英、日、印四国学前教育体制的比较研究》,北京,北京师范大学出版社,2013。

姜星海、杨驹:《日本高考改革动向与争论》,载《教育科学研究》,2020(8)。

姜英敏:《从"平等"到"追求卓越"——浅析韩国义务教育理念变迁》,载《比较教育研究》,2008(12)。

姜英敏:《韩国"全球公民教育"的发展及其特征》,载《比较教育研究》,2013(10)。

姜勇、严婧、黄瑾:《以色列高等教育体制改革的变迁与启示》,载《高教探索》,2013(5)。

姜有国:《全球博雅教育》,青岛,中国海洋大学出版社,2014。

焦健:《韩国的职业教育改革》,载《教育发展研究》,2001(7)。

金红莲:《韩国多层级教育机构评价制度及其特点》,载《外国教育研究》,2014(8)。

金红莲:《韩国基础教育学制改革研究》,载《当代教育科学》,2016(16)。

金红莲、臧日霞:《韩国国立大学法人化改革述评》,载《比较教育研究》,2010(2)。

经济合作与发展组织发展中心、联合国拉美经委会、CAF—拉丁美洲开发银行:《2015 年拉丁美洲经济展望:面向发展的教育、技术和创新》,北京,知识产权出版社,2015。

经济合作与发展组织中心:《2012 年拉丁美洲经济展望:面向发展的国家转型》,北京,当代世界出版社,2012。

阚阅:《公平与积极的反歧视:印度义务教育均衡发展策略透析》,载《比较教育研究》,2011(8)。

兰国帅、基德、梁林梅:《国外教育技术十大领域与权威人物的知识图谱建构研究——基于 18 种 SSCI 期刊(1960—2016 年)文献的可视化分析》,载《远程教育杂志》,2017(3)。

雷丽平:《韩国职业技术教育的发展与改革对我国的启示》,载《东北亚论坛》,2008(2)。

李宝庆、吕婷婷:《巴西教师教育改革新趋向及其启示》,载《比较教育研究》,2016(1)。

李春辉:《拉丁美洲史稿》下卷,北京,商务印书馆,1983。

李芳洲:《以色列教育发展与现代化》,哈尔滨,黑龙江教育出版社,2014。

李海生：《教育券政策研究》，北京，民族出版社，2017。

李海霞、具滋亿：《韩国高等教育信息化发展近况及其启示》，载《比较教育研究》，2009(7)。

李玲、韩玉梅、杨顺光：《西方教育质化研究近二十年的发展、挑战以及中国本土化探究》，载《全球教育展望》，2015(8)。

李世宏：《以色列基础教育发展特点分析》，载《外国中小学教育》，2003(2)。

李水山：《韩国教育的重大改革进程与效益评价》，载《职业技术教育》，2003(31)。

李婷婷、王秀红：《日本新一轮基础教育课程改革新动向——文部科学省"学习指导要领"(2017)述评》，载《外国教育研究》，2019(3)。

李文莉：《巴西教师教育的发展及启示》，载《国家行政学院学报》，2013(1)。

李文主编：《印度经济数字地图2011》，北京，科学出版社，2012。

梁荣华：《韩国大学特色化政策变迁过程中价值观的转变》，载《外国教育研究》，2009(12)。

梁荣华：《基于融合理念的韩国大学公民教育课程研究》，载《黑龙江高教研究》，2017(9)。

凌磊：《韩国终身教育改革新动向——基于学分银行制和学位自学考试制度改革分析》，载《现代教育管理》，2018(2)。

刘继和、赵海涛：《韩国英才教育制度及启示》，载《比较教育研究》，2012(12)。

刘进、徐丽：《"一带一路"沿线国家的高等教育现状与发展趋势研究(五)——以印度为例》，载《世界教育信息》，2018(10)。

刘幸、姜星海、钟秉林：《日本战后人口变迁与教育变革的关系研究》，载《教育科学研究》，2021(12)。

刘云艳、岳慧兰、杨晨晨：《韩国的学前教育政策：现状、问题及其启示》，载《外国教育研究》，2013(7)。

卢晓中：《比较教育学》，北京，人民教育出版社，2005。

陆炳炎、王建磐：《素质教育：教育的理想与目标》，上海，华东师范大学出版社，1999。

罗朝猛：《基础教育：以色列民族中兴的基石》，载《新教师》，2013(10)。

罗荣渠：《论现代化的世界进程》，转引自冯小双、孟宪范：《中国社会科学文丛·社会学卷》上册，北京，中国政法大学出版社，2005。

罗晓静:《OECD 教育公平政策探析——兼论对中国教育的影响》,硕士学位论文,华东师范大学,2010。

马君:《印度高等教育面临的挑战及应对策略——基于印度"高等教育第十二个五年规划"(2012—2017)的分析》,载《高教探索》,2014(3)。

马丽华、刘静、李正连:《韩国"自上而下"和"自下而上"相结合的终身教育推展框架及思考》,载《外国教育研究》,2018(11)。

马陆亭、范文曜:《高等教育发展的治理政策:OECD 与中国》,北京,教育科学出版社,2010。

孟宪华、牟为娇:《"BK21 工程"与韩国高等教育改革》,载《东北亚论坛》,2004(4)。

宁波:《韩国的终身教育机制》,载《教育研究与评论》,2010(2)。

潘国庆:《论巴西教育》,长春,吉林教育出版社,2012。

潘雅:《继承和发扬根植于民族血液里的创新精神——访以色列教育部部长夏伊·皮隆》,载《世界教育信息》,2015(1)。

潘月娟、孙丽娜:《印度发展学前教育的措施、问题及其对我国的启示》,载《比较教育研究》,2015(3)。

彭海民、黄志成:《墨西哥基础教育发展的目标与策略》,载《外国教育资料》,1998(6)。

彭虹斌:《20 世纪 90 年代以来智利中小学教育改革评析》,载《外国教育研究》,2006(5)。

朴钟鹤:《韩国英才教育的历史沿革与特点》,载《比较教育研究》,2010(4)。

齐小鹍:《日本高等教育国际化政策:演进与趋势》,载《上海教育评估研究》,2018(3)。

邱兴:《以色列教育》,北京,中国文史出版社,2004。

邱兴:《以色列中小学教师职前教育体制及其特点》,载《外国中小学教育》,2009(1)。

邱永辉、欧东明:《印度世俗化研究》,成都,巴蜀书社,2003。

饶本忠:《论以色列对西方高等教育模式的移植》,载《现代大学教育》,2010(3)。

施晓光:《走向 2020 年的印度高等教育——基于印度"国家中长期发展规划"的考察》,载《中国高教研究》,2011(6)。

施永达:《韩国中等职业教育改革及对我们的启示》,载《外国中小学教育》,2007(11)。

宋丽萍：《印度教特性运动的政治文化解读》，载《南亚研究》，2019(4)。

苏小兵、潘艳：《2000 年以来国外环境教育研究的知识图谱分析》，载《比较教育研究》，2017(7)。

孙启林：《战后韩国教育研究》，南昌，江西教育出版社，1995。

谈毅、全允桓：《韩国政府科技计划评估模式分析与借鉴》，载《科学与科学技术管理》，2004(6)。

谭建川：《困顿中的摸索：解读日本新一轮〈学习指导要领〉的修订》，载《比较教育研究》，2010(2)。

谭建川：《日本"宽松教育"的兴衰及其启示》，载《今日教育》，2016(11)。

陶建国：《韩国幼儿园教育评价制度研究》，载《外国教育研究》，2014(11)。

陶伟：《国外教育研究中的"质性研究整合"评介：理据与实操》，载《外国教育研究》，2015(11)。

滕大春：《外国教育通史》第六卷，济南，山东教育出版社，1994。

滕星编：《教育人类学通论》，北京，商务印书馆，2017。

田华：《工程教育与产学联盟的纽带：韩国 NURI 计划》，载《高等工程教育研究》，2008(S2)。

田小红：《20 世纪 80 年代以来墨西哥的社会运动与民主转型》，载《当代世界社会主义问题》，2014(4)。

田中耕治、项纯：《日本形成性评价发展的回顾与展望》，载《全球教育展望》，2012(3)。

涂玥：《韩国 3—5 岁幼儿保教一体化课程述评》，载《幼儿教育》，2014(Z6)。

万秀兰：《巴西教育战略研究》，杭州，浙江教育出版社，2014。

汪辉、李志永：《日本教育战略研究》，杭州，浙江教育出版社，2014。

王承绪：《发展中国家高等教育模式的国际移植比较研究》，杭州，浙江大学出版社，2009。

王承绪、朱勃、顾明远：《比较教育》，北京，人民教育出版社，1982。

王国辉、杨红：《从官到民：日本终身学习推进主体的多元化态势》，载《教育科学》，2014(2)。

王建梁、武炎吉：《印度高等教育结构：现状、评价及反思》，载《世界高等教育》，2020(1)。

王坤庆：《20世纪西方教育学科的发展与反思》，上海，上海教育出版社，2000。

王丽：《国大党的兴衰与印度政党政治的发展》，厦门，厦门大学出版社，2014。

王丽燕、丘林：《日本高等职业教育体系有效衔接的经验及启示》，载《职教发展研究》，2021(3)。

王树义、孙嘉：《战后日本终身学习体系演进及启示》，载《成人教育》，2016(1)。

王小英、刘思源：《日本2018年实施的〈幼儿园教育纲要〉述评——基于日本〈幼儿园教育纲要〉五次修订的视角》，载《外国教育研究》，2018(8)。

王燕：《G20成员教育政策改革趋势》，北京，教育科学出版社，2015。

王战军、雷琨、于妍：《韩国大学评估特征探析及对我国"双一流"建设评价的启示》，载《教育发展研究》，2020(3)。

王正青：《社会冲突中的和平教育》，载《教育学术月刊》，2009(10)。

魏玉亭、高长完：《韩国高等教育国际化建设：动因、战略与挑战》，载《比较教育研究》，2019(6)。

魏玉亭、高长完：《韩国一流大学与卓越人才发展计划："BK21 PLUS工程"实施述评》，载《高等工程教育研究》，2020(3)。

温涛：《统筹城乡教育发展模式与投融资体制改革研究》，重庆，西南师范大学出版社，2014。

文学：《20世纪90年代以来智利高等教育改革的特点与启示》，载《比较教育研究》，2013(9)。

吴春艳、肖非：《以色列的英才教育现状研究》，载《比较教育研究》，2012(12)。

吴若楠：《以色列学前教育研究》，硕士学位论文，西北大学，2018。

吴伟、赵健：《日本"宽松教育"：历史脉络与理性审视》，载《比较教育研究》，2013(4)。

吴遵民、黄健：《国外终身教育立法启示——基于美、日、韩法规文本的分析》，载《现代远程教育研究》，2014(1)。

夏鹏翔：《日本终身教育政策实施现状分析》，载《日本学刊》，2008(2)。

辛涛：《基于学生核心素养的课程体系建构》，载《北京师范大学学报》(社会科学版)，2014(1)。

徐辉：《国际教育初探——比较教育的新进展》，成都，四川教育出版社，2005。

徐小洲、柳圣爱：《韩国跨国教育的现状与问题》，载《比较教育研究》，2005(6)。

闫蒙钢：《生态教育的探索之旅》，芜湖，安徽师范大学出版社，2013。

闫温乐：《世界银行与教育发展》，上海，上海教育出版社，2013。

杨彬：《世界终身教育发展：理论脉络、发展模式和战略举措》，载《天津市教科院学报》，2009(1)。

杨汉清主编：《比较教育学》，北京，人民教育出版社，2015。

杨红云、雷体南：《智慧教育：物联网之教育应用》，武汉，华中科技大学出版社，2016。

杨静：《新世纪以来日本基础教育课程改革及其启示》，载《河北师范大学学报》(教育科学版)，2014(3)。

杨曼苏：《今日以色列》，北京，中国工人出版社，2007。

杨旻旻、连进军：《印度改善弱势群体基础教育运动及问题——以20世纪80年代中期以后为中心》，载《外国教育研究》，2013(8)。

杨明：《欧洲教育一体化初探》，载《比较教育研究》，2004(6)。

杨启光：《全球教育政策转移比较研究》，杭州，浙江大学出版社，2013。

杨晓斐：《卓越、扩张、公平——印度高等教育"十二五"规划"三极"战略述评》，载《比较教育研究》，2014(12)。

杨一鸣：《从儿童早期发展到人类发展——为儿童的未来投资》，北京，中国发展出版社，2011。

余海军：《印度发展学前补偿教育项目的经验及启示》，载《比较教育研究》，2012(7)。

虞永平：《当代世界学前教育》，苏州，苏州大学出版社，2004。

袁本涛：《发展教育论》，南京，江苏教育出版社，2005。

臧佩红：《日本近现代教育政策研究》，南京，江苏人民出版社，2019。

曾昭耀、黄慕洁：《当今墨西哥教育概览》，郑州，河南教育出版社，1994。

曾昭耀、石瑞元：《战后拉丁美洲教育研究》，南昌，江西教育出版社，1994。

翟俊卿、袁靖：《印度职业教育的新变革——解读"新中等教育职业化计划"》，载《职业技术教育》，2018(24)。

张德伟：《论日本学校教育的国际化》，载《外国教育研究》，1994(2)。

张继泽：《未来学》，贵阳，贵州人民出版社，2013。

张晶：《韩国0—6岁婴幼儿早期教育及其启示》，载《中国教育学刊》，2014(1)。

张开芬、王雪燕：《韩国高等教育大众化对我国高等教育发展的启示》，载《现代教育科学》，2008(5)。

张立娅：《以色列英才教育研究》，硕士学位论文，华东师范大学，2015。

张民选：《国际组织与教育发展》，上海，上海教育出版社，2010。

张娜：《三大国际组织核心素养指标框架分析与启示》，载《教育测量与评价》，2017(7)。

张倩红：《以色列教育的特点》，载《西北大学学报》(哲学社会科学版)，2000(2)。

张倩红：《以色列史》，北京，人民出版社，2014。

张帅：《宗教政治化与宗教社会化：印度教民族主义的崛起及未来走向》，载《印度洋经济体研究》，2021(2)。

张新生：《墨西哥近年来的教育改革》，载《国际资料信息》，1994(8)。

张玉荣、刘光华：《韩国高等教育的主要特征及其对我国的启示》，载《现代远距离教育》，2006(3)。

赵慧杰、施枫：《以色列高等教育发展的现状、问题及启示》，载《中国电力教育》，2013(16)。

赵雪梅：《巴西商务环境》，北京，对外经济贸易大学出版社，2014。

赵营、张佩萍、陈佳：《历史述评：联合国教科文组织和跨文化教育实践》，载《现代教育科学》，2011(2)。

赵中建：《全球教育发展的历史轨迹——国际教育大会60年建议书》，北京，教育科学出版社，1999。

赵中建：《印度基础教育》，广州，广东教育出版社，2007。

赵中建：《战后印度教育研究》，南昌，江西教育出版社，1992。

郑秉文：《社会凝聚——拉丁美洲的启示》，北京，当代世界出版社，2009。

郑英蓓：《韩国高职教育中的"产学合作"模式》，载《高等工程教育研究》，2006(2)。

郑毓信、林曾：《数学逻辑与哲学》，武汉，湖北人民出版社，1987。

中共中央对外联络部研究室编：《当今世界政党政治研究报告2013年》，北京，中央编译出版社，2014。

中国驻墨西哥使馆教育处：《墨西哥教育中长期发展规划研究》，载《世界教育信息》，2009(5)。

钟启泉：《"扎实学力"与学习动机——日本安彦忠彦教授访谈》，载《上海教育科研》，2005(5)。

钟启泉、张华：《世界课程改革趋势研究：课程改革国别研究》中卷，北京，北京师范大学出版社，2001。

钟宜兴：《比较教育的发展与认同》，高雄，复文图书出版社，2004。

周慧文：《"WCU 计划"与韩国世界一流大学建设》，载《中国高校科技》，2019(4)。

周琴：《智利教育券政策述评》，载《比较教育研究》，2007(4)。

周世秀：《90 年代巴西教育的改革与发展》，载《拉丁美洲研究》，2000(3)。

周悦、杨祖功：《欧洲联合的蓝图——马约之后的欧洲共同体》，北京，经济日报出版社，1994。

朱旭东、黄晓红：《国际(教育)组织的价值取向研究》，载《国际观察》，2000(5)。

[澳]杰克·基廷：《变革的影响——九国职业教育与培训体系比较研究》，杨蕊竹译，北京，首都经济贸易大学出版社，2016。

[澳]杰克·基廷、[美]艾略特·梅德奇、[澳]维罗妮卡·沃尔科夫：《变革的影响：九国职业教育与培训体系比较研究》，杨蕊竹译，北京，首都经济贸易大学出版社，2016。

[美]波特·斯坦迪什、[美]斯蒂芬·M. 贝尔：《走世界品文化：浪漫墨西哥》，石小竹、高静译，长春，长春出版社，2012。

[美]D. 亚当斯主编：《比较教育与国际教育》，朱旭东等译，重庆，西南师范大学出版社，2011。

[美]阿巴斯·塔沙克里、查尔斯·特德莱：《混合方法论：定性和定量方法的结合》，唐海华译，重庆，重庆大学出版社，2010。

[美]伯克·约翰逊、拉里·克里斯滕森：《教育研究：定量、定性和混合方法》，马健生等译，重庆，重庆大学出版社，2015。

[美]大卫·巴拉什、查尔斯·韦伯：《积极和平：和平与冲突研究》，刘威等译，南京，南京出版社，2000。

[美]戴维·珀金斯：《为未知而教，为未来而学》，杨彦捷译，杭州，浙江人民出版社，2015。

[美]费尔南多·M. 赖默斯、康妮·K. 郑：《21 世纪的教与学：六国教育目标、政策和课程的比较研究》，金铭等译，北京，北京语言大学出版社，2016。

[美]汉斯曼哈尔：《巴西教育改革述评》，见瞿葆奎：《教育学文集：印度、埃及、巴西教育改革》，北京，人民教育出版社，1991。

[美]理查德·D. 范斯科德等：《美国教育基础——社会展望》，北京师范大学外国教育研究所译，北京，教育科学出版社，1984。

[美]理查德·卡恩：《批判教育学、生态扫盲与全球危机：生态教育学运动》，张亦默等译，北京，高等教育出版社，2013。

[美]约翰·L. 雷克特：《智利史》，郝名玮译，北京，中国大百科全书出版社，2009。

[美]约翰·W. 克雷斯威尔：《研究设计与写作指导：定性、定量与混合研究的路径》，崔延强译，重庆，重庆大学出版社，2008。

[挪威]约翰·加尔通：《和平论》，陈祖洲译，南京，南京出版社，2006。

[日]山根和代：《日本的和平博物馆与和平研究》，载《南京大学学报》，2005 (3)。

[瑞典]T. 胡森、[德]T. N. 波斯尔斯韦特：《教育大百科全书》第 5 卷，刘美凤、宋继华译审，重庆，西南师范大学出版社，2006。

[以色列]米希尔·葛兰：《以色列教育体制：现状及挑战》，郭潇莹、潘雅译，载《世界教育信息》，2015(2)。

[印度]克里希那穆提：《教育就是解放心灵》，张春城、唐超叔译，北京，九州出版社，2010。

[印度]克里希那穆提：《思考从结论开始吗——生命的注释 Ⅲ》，徐文晓译，上海，华东师范大学出版社，2005。

[印度]克里希那穆提：《一生的学习》，张南星译，北京，群言出版社，2004。

[印度]普普尔·贾亚尔卡：《克里希那穆提传》，胡因梦译，深圳，深圳报业集团出版社，2007。

[英]莱斯利·贝瑟尔：《剑桥拉丁美洲史——1930 年以来的巴西》第九卷，吴洪英译，北京，当代中国出版社，2013。

[英]约翰·齐曼：《元科学导论》，刘珺珺等译，长沙，湖南人民出版社，1988。艾宏歌：《当代韩国教育政策与改革动向》，北京，社会科学文献出版社，2011。

二、外文文献

Abuaita A. , "Schooling Mubarak's Egypt," PhD diss. , Brown University, 2018.

Aburish Said K. , Nasser: *The Last Arab*, New York, St. Martin's Press, 2004.

Ackers J. and Hardman F. , "Classroom Interaction in Kenyan Primary Schools," *Compare*, 2001(2).

Aikman Sheila, "Interculturality and Intercultural Education: A Challenge for Democracy," *International Review of Education*, 1997 (5/6).

Alderuccio M. C. , "An Investigation of Global/Local Dynamics of Curriculum Transformation in Sub-Saharan Africa with Special Reference to The Republic Of Mozambique," *Compare*, 2010(6).

Amin G. , *Egypt in the Era of Hosni Mubarak: 1981—2011*, Cairo, American University in Cairo Press, 2011.

Barnett E. "An Analysis of Community Involvement in Primary Schools in Malawi," *International Journal of Educational Development*, 2013(5).

Baruch Nevo and Shlomit Rachmel, "Education of Gifted Children: A General Roadmap and the Case of Israel," in *Creativity in Mathematics and the Education of Gifted Students*, R. Leikin, A. Berman and B. Koichu, Rotterdam, Sense Publisher, 2009.

Betty A. Reardon, "Peace Education: A Review and Projection," *Department of Educational and Psychological Research*, Malmo University (Sweden), 1999(4).

Bigawa R. N. , "The Democratic Republic of the Congo: An Overview," in *Education in East and Central Africa*, ed. C. Wolhuter, London, Bloomsbury, 2014.

Blanka Burg, "Gifted Education in Israel," *Roeper Review*, 1992(3).

Bloch G. , *The Toxic Mix*, Cape Town, Tafelberg, 2009.

Bray M. , *Double-Shift Schooling: Design and Operation for Cost-Effectiveness*,

Paris/London: UNESCO/Commonwealth Secretariat, 2008.

British Council: *The Shape of Things to Come: Higher Education Global Trends and Emerging Opportunities to 2020*, London, 2012.

Brock Colin, *Education Around the World: A Comparative Introduction*, New York: Bloomsbury Academic, 2013.

Bryman A. , "The Research Questions in Social Research: What Is Its Role?," *International Journal of Social Research Methodology*, 2007 (1).

Bush T. , *Theories of Educational Leadership and Management*, London, Sage, 2011.

Chabbott C. , "Constructing Educational Consensus: International Development Professionals and the World Conference for All," *International Journal of Educational Development*, 1998(3).

Christoph Wulf, "Relationship of Peace to Education: Some Solutions/Strategies," *International Journal of Humanities and Peace*, 1993 (1).

Cremin Lawrence A. , *Public Education*, New York, Basic Books Inc Publishers, 1976.

Creswell J. W. and Plano Clark V. L. , *Designing and Conducting Mixed Methods Research*, CA, Sage, 2006.

David K. Evans and Katrina Kosec, *Early Child Education Making Programs Work for Brazil' s Most Important Generation*, Washington D. C. , International Bank for Reconstruction and Development, 2012.

David Scott and C. Posner, et al. , *The Education System in Mexico*, London, UCL Press, 2018.

Denzin N. K. , *The Research Act: A Theoretical Introduction to Sociological Methods*, New York, Praeger, 1978.

DIUS Research Report: *Transnational Education and Higher Education: Exploring Patterns of HE Institution Activities*, Sheffield, 2008.

Dreibelbis R. and Greene L. E. , et al. , "Water, Sanitation, and Primary School Attendance: A Multi-Level Assessment of Determinants of Household-Reported Absence in Kenya," *International Journal of Educational Development*, 2013(5).

Du Toit P. J. , "South Sudan: An Overview," in Education in *East and Central Africa*, ed. C. Wolhuter, London, Bloomsbury, 2014.

Dull L. , *Disciplined Development: Teachers and Reform in Ghana*, Oxford, Lexington Books, 2006.

European Parliament: *The Erasmus + Programme: European Implementation Assessment*, Strasbourg, 2018.

European Union: *The European Qualification Framework: Supporting Learning*, Work and Cross-border Mobility, Luxembourg, 2018.

Ginestie J. and Bekale Nze J. S. , "The Republic of Gabon: An Overview," in *Education in East and Central Africa*, ed. C. Wolhuter, London, Bloomsbury, 2014.

Goodlad J. I. ed. , *The Ecology of School Renewal: Eighty-Sixth Yearbook of the National Society for the Study of Edwation*, Chicago, University of Chicago Press, 1987.

Government of Nigeria, *Nigerian National Policy of Education*, Lagos, NERDC Press, 2013.

Greene J. C. , Caracelli V. J. and Graham W. F. , "Toward A Conceptual Framework for Mixed-Method Evaluation Designs," *Educational Evaluation and Policy Analysis*, 1989(3).

Gregery William Misiaszek, "Ecopedagogy in the Age of Globalization: Educators Perspectives of Environmental Education Programs in the Americas which Incorporate Social Justice Models," PhD diss. , University of California, 2011.

Guadalupe López – bonilia, "Curricular Reforms in Mexico Challenges for Developing Disciplinary Literacy in Upper Secondary Education," *Journal of Adolescent & Adult Literacy*, 2015(7).

Hague Appeal: *The Hague Agenda for Peace and Justice for the 21st Century*, Geneva, 1999.

Harber C. , *Education, Democracy and Political Development in Africa*, Brighton, Sussex Academic Press, 1997.

Harber C. , *Politics in African Education*, London, Macmillan, 1989.

Harber C. , *State of Transition: Post-Apartheid Educational Reform in South Africa*, Oxford, Symposium, 2001.

Hardman F. , Abd-Kadir J. and Smith F. , "Pedagogical Renewal: Improving the Quality of Classroom Interaction in Nigerian Primary Schools," *International Journal of Educational Development*, 2008(1).

Harris Ian, "From World Peace to Peace in the Hood: Peace Education in A Postmodern World," *Journal for A Just and Caring Education*, 1996(3).

Hartwig K. , "Using A Social Justice Framework to Assess Educational Quality in Tanzanian Schools," *International Journal of Educational Development*, 2013(5).

Helen Chapin Metz, *Egypt: A Country Study*, Washington, GPO for the Library of Congress, 1990.

Ian M. Harris and Mary Lee Morrison, *Peace Education, North Carolina and London*, Mcfarlang & Jefferson Company, Inc. , 2003.

International Bank for Reconstruction and Development: *Early Child Education Making Programs Work for Brazil' s Most Important Generation*, Washington D. C. , 2012.

Irene Clements. *Career Education and Vocational Education: A Comparison.* Washington, D. C. , National Education Association of the United States, 1977.

Jansen L. , "*Stereotyping in School Textbooks*," The Mercury, 2015.

Johnson B. , Onwuegbuzie A. J. and Turner L. A. , "Towards A Definition of Mixed Methods Research," *Journal of Mixed Methods Research*, 2007(12).

Johnson D. , "Improving the Quality of Education in Nigeria: A Comparative Evaluation of Recent Policy Imperatives," in The *Changing Landscape of Education in Africa*, ed. D. Johnson, Oxford, Symposium, 2008.

Johnson R. B. and Onwuegbuzie A. J. , "Mixed Methods Research: A Research Paradigm Whose Time Has Come," *Educational Researcher*, 2004 (7).

Jones P. W. , *World Bank Financing of Education*, London, Routledge, 1992.

Kamwendo G. , "Malawi: Contemporary and Critical Issues," in *Education in Southern Africa*, ed. C. Harber, London, Bloomsbury, 2013.

Karen Mundy, Education for All and the New Development Compact, *Review of Education*, 2006(1).

Kjell Rubenson, "OECD Education Policies and World Hegemony," in *The OECD and Transnational Governance*, eds. Rianne Mahon and Stephen Mcbride, Vancouver, UBC Press, 2008.

Kochendorfer-Lucius, Gudrun and Pleskovic Boris, *Development and The Next Generation: Berlin Workshop Series 2007*, Washington D. C. , World Bank Publications, 2007.

Lawai B. , "A Comparative Analysis of Secondary Education in Four Central African Countries (Burundi, Rwanda, Chad and Equitorial Guinea)," *the Social Sciences*, 2007(2).

Lee V. E. and Zuze T. L. , "School Resources and Academic Performance in Sub-Saharan Africa," *Comparative Education Review*, 2011(3).

Lester J. , "Pedagogical Agents for Game-Based Learning," *Annual Conference of the American Educational Research Association*, New York, 2018.

Luschei Thomas, "The Impact of Mexico's Carrera Magisterial," *International Perspectives on Education and Society*, 2013(19).

Majgaard K. and Mingat A. , *Education in Sub-Saharan Africa: A Comparative Analysis*, Washington, World Bank, 2012.

Manteaw O. , "Education for Sustainable Development in Africa: The Search for Pedagogical Logic," *International Journal of Educational Development*, 2012(3).

Maria Helena Guimarães Castro, Haroldo Da Gama Torres and Danilo França, "Brazil's Secondary School Crisis and Its Victims," *Sisyphus*, 2013(2).

Marphatia A. and Legault E. , et al. , *The Role of Teachers in Improving Learning in Burundi, Malawi, Senegal and Uganda*, London, Action Aid and the London Institute of Education, 2010.

Martin And Alison Joenn, "An Ecological Investigation of Social Systems and Student Mobility: Policy Implications for School Practices,"PhD diss. , University of Missouri-kansas city, 2003.

Martin Nystrand And Nelson Graff, "Report in Argument's Clothing: An Ecological Perspective on Writing Instruction in A Seventh-Grade Classroom," *The Elementary School Journal*, 2001(4).

Masaiti G. and Chita J. , "Zambia, An Overview of Formal Education,"in *Education in East and Central Africa*, ed. C. Wolhuter, London, Bloomsbury, 2014.

Matemba Y. H. and Lilemba J. M. , "Challenging The Status Quo: Reclaiming Indigenous Knowledge Through Namibia's Postcolonial System," *Diaspora, Indigenous and Minority Education*, 2015(3).

Mechior A. L. and Burack C. , et al. , "Impacts of After-School Robotics Programming on STEM Interests and Attitudes," *Annual Conference of the American Educational Research Association*, New York, 2018.

Mestry R. and Naidoo G. , "Budget Monitoring and Control in South African Township Schools," *Educational Management Administration and Leadership*, 2009(1).

Miriam Peyser, "Identifying and Nurturing Gifted Children in Israel," *International Journal for the Advancement of Counseling*, 2005(6).

Mirshak N. , "Authoritarianism, Education and the Limits of Political Socialisation in Egypt," *Power and Education*, 2020(1).

Moland N. , "Can Multiculturalism Be Exported? Dilemmas of Diversity on Nigeria's Sesame Square," *Comparative Education Review*, 2015(1).

Moland N. , "Nigeria: An Overview," in *Education in West Africa*, ed. E. J. Takyi-Amoako, London, Bloomsbury, 2015.

Namibia Ministry of Education, *A Report on the Training of Trainers*, Windhoek, Ministry of Education, 1993.

Nathaniel L. Gage, "The Paradigm Wars and Their Aftermath: A 'Historical' Historical Sketch of Research and Teaching Since 1989," *Educational Researcher*, 1989 (7).

Nelson B. A. , *National Quality Strategy for Australian Transnational Education and Training: A Discussion Paper*, Canberra, Science and Training, 2005.

Nitza Davidovitch, Yaacov Iram, "Regulation, Globalization, And Privatization of Higher Education: The Struggle to Establish A University in Israel," *Journal of International Education Research*, 2014(3).

Nitza Davidovitch, Yaakov Iram, "Models of Higher Education Governance: A Comparison of Israel and Other Countries," *Global Journal of Educational Studies*, 2015 (1).

Nyatuka B. O. , "Kenya: An overview," in *Education in East and Central Africa*, ed. C. Wolhuter, London, Bloomsbury, 2014.

Nyerere J. , *Education for Self-Reliance*, Dar Es Salaam, Government Printer, 1967.

Nzabalirwa W. , "Rwanda: An Overview," in *Education in East and Central Africa*, ed. C. Wolhuter, London, Bloomsbury, 2014.

OECD/The World Bank: *Reviews of National Policies for Education: Higher Education in Egypt 2010*, Paris, 2010.

OECD: *Education at a Glance 2015*, OECD Indicators, Paris, 2015.

OECD: *High-quality Education and Training for All*, Paris, 1992.

OECD: *Making Education Count for Development: Data Collection and Availability in Six PISA for Development Countries*, Paris, 2016.

OECD：PISA 2015 Results (Volume I)：Excellence and Equity in Education，Paris，2016.

OECD：School Factors Related to Quality and Equity：Results from PISA 2000，Paris，2005.

OECD：Skills for Social Progress：The Power of Social and Emotional Skill，Paris，2015.

OECD：Teachers Matter：Attracting，Developing and Retaining Effective Teachers，Paris，2005.

Paul J. Lederach. , Preparing for Peace：Conflict Transformation across Cultures，Syracuse，Syracuse University Press，1995.

Pomuti H. and Weber E. , "Decentralisation and School Management in Namibia：The Ideologies of Education Bureaucrats in Implementing Government Policies," International Scholarly Research Network，2012.

Raja Bentaouet Kattan，Miguel Székely，"Patterns, Consequences, and Possible Causes of Dropout in Upper Secondary Education in Mexico," Education Research International，2015.

Rita Almeida，Nicole Amaral and Fabiana de Felicio，Assessing Advances and Challenges in Technical Education in Brazil，Washington D. C. , International Bank for Reconstruction and Development，2016.

Ritzer G. , "Metatheorizing in Sociology：Explaining the Coming of Age," in Metatheorizing，ed. G. Ritzer，Newbury Park，CA：Sage，1992.

Roberts D. M. , "Cracks in the Support for Two Tanzanian Rural Primary Schools with High Performance on National Exams," International Journal of Educational Development，2005(43).

Rowell P. , "Perspectives on Pedagogy in Teacher Education：the Case of Namibia," International Journal of Educational Development，1995(1).

Shipman M. , Education and Modernisation，London，Faber，1971.

Skelton A. , "Leveraging Funds for School Infrastructure: The South African ' Mud Schools' Case," *International Journal of Educational Development*, 2014(39).

Sommer M. and Ackatia-Armah N. , et al. , "A Comparison of the Menstruation and Education Experiences of Girls in Tanzania, Ghana, Cambodia and Ethiopia," *Compare*, 2015(4).

Soyeon Ahn, Allison James and Nicholas D. Myers, "A Review of Meta-Analyses in Education: Methodological Strengths and Weaknesses," *Review of Educational Research*, 2012(4).

Stephens D. , *Qualitative Research in International Settings*, London, Routledge, 2009.

Taniguchi K. and Hirakawa Y. , "Dynamics of Community Participation, Student Achievement and School Management: The Case of Primary Schools in Rural Malawi," *Compare*, 2016(3).

Tawfeeq Saeed S. , "Higher Education and Quality Assurance in Egypt: Pre and Post COVID19," *International Journal of Social Sciences & Educational Studies*, 2021 (2).

The European Parliament and Council: *Recommendation on the Establishment of the European Qualification Framework for Lifelong Learning*, Strasbourg, 2008.

UENSCO: *Preliminary Report Concerning the Preparation of A Global Convention on the Recognition of Higher Education Qualifications*, Paris, 2015.

UN: *The Universal Declaration of Human Rights*, New York, 1948.

UN: Transforming Our World: *The 2030 Agenda for Sustainable Development*, New York, 2016.

UNESCO: *2014 GEM Final Statement: The Muscat Agreement*, Muscat, 2014.

UNESCO: *Constitution of the United Nations Education*, Scientific and Cultural Organization, London, 1945.

UNESCO: *Dakar Framework for Action*, *Education for All: Meeting our Collective*

Commitments, Paris, 2000.

UNESCO: *Draft Preliminary Report Concerning the Preparation of A Global Convention on the Recognition of Higher Education Qualifications*, Paris, 2015.

UNESCO: *Guidelines for Quality Provision in Cross-Border Higher Education*, Paris, 2005.

UNESCO: *Guidelines on Intercultural Education*, Paris, 2006.

UNESCO: *Main Working Document: Transforming Technical and Vocational Education and Training*, Paris, 2012.

UNESCO: *Recommendation Concerning Technical and Vocational Education and Training (TVET) 2015*, Paris, 2015.

UNESCO: *School Supervision in Four African Countries*, Paris, 2001.

UNESCO: *Synthesis Report on Trends and Development in Higher Education Since the World Conference on Higher Education (1998—2003)*, Paris, 2007.

UNESCO: *The Contribution of Education to Cultural Development*, Geneva, 1992.

UNESCO: *The Hidden Crisis: Armed Conflict and Education EFA Global Monitoring Report*, Paris, 2011.

UNESCO: *The Quality Imperative*, Paris, 2005.

UNESCO: *Unleashing the Potential: Transforming Technical and Vocational Education and Training*, Paris, 2015.

UNESCO: *World Declaration on Education for All and Framework for Action to Meeting Basic Learning Needs*, Washington, D. C. , 1990.

UNESCO: *World Declaration on Higher Education for the Twenty-First Century: Vision and Action and Framework for Priority Action for Change and Development in Higher Education*, Paris, 1998.

UNESCO: *Youth and Skills: Putting Education to Work EFA Global Monitoring Report*, Paris, 2012.

Verspoor A. , "The Challenge of Learning: Improving the Quality of Basic Education in Sub-Saharan Africa," in *The Changing Landscape of Education in Africa*, ed. D. Johnson, Oxford, Symposium, 2008.

World Bank: *Constructing Knowledge Societies: New Challenges for Tertiary Education*, Washington, D. C. , 2000.

World Bank: *Efficient Deployment of Teachers: A Policy Note*, Washington, D. C. , 2018.

World Bank: *Higher Education in Developing Countries Peril And Promise*, Washington, D. C. , 2000.

World Bank: *Learning for All: Investing in People' s Knowledge and Skills to Promote Development: World Bank Group Education Strategy* 2020, *Washington, D. C. ,* 2011.

World Bank: Priorities and Strategies for Education: A World Bank Review, *Washington, D. C. ,* 1995.

World Bank: Teacher Educators and Initial Education Programs, *Washington, D. C. ,* 2009.

World Bank: Teacher Professional Development around the World: The Gap between Evidence and Practice, *Washington, D. C. ,* 2018.

World Bank: The International Bank for Reconstruction and Development: Education Sector Strategy, *Washington, D. C. ,* 1999.

World Bank: World Bank Education Overview: Early Childhood Development (English), *Washington, D. C. ,* 2018.

Zeichner K. and Dahlstom L. , Democratic Teacher Education Reform in Africa: The Case of Namibia, *Boulder, Westview Press,* 1999.

春木憂、森美智代:《幼児教育と小学校教育をつなぐ"ことば"の教育:接続期カリキュラムに関する調査をもとに》,載《全国大学国語教育学会国語科教育研究:大会研究発表要旨集》,2019(137)。

大豆生田啓友:《新制度以降の自治体発の子育て支援・保育の取り組み》,載《医療と社会(特集：子どもをめぐる諸課題を考える―少子化問題を中心に―)》，2017(27)。

広田照幸：《教育改革のやめ方――考える教師、頼れる行政のための視点》，东京，岩波书店，2019。

河野誠哉：《「個性」というアポリア：教育改革、若者文化、障害者理解をめぐる横断的考察》，載《山梨学院生涯学習センター紀要》，2020(3)。

江川玟成、高橋勝、葉養正明、望月重信編：《最新教育キーワード（第13版）》，东京，実事通信出版，2009。

金子照基：《教育改革と政策理念》，載《日本教育行政学会年報》，1985(11)。

金子照基：《日本の教育改革の特質について一試論》，載《教育学研究》，1970(37)。

井上定彦：《現代日本の社会変動と高等教育改革：到達点と課題》，載《島根県立大学総合政策学会》，2006(11)。

平原春好、土屋基規：《戦後日本の教育関係審議会答申年表》，載《教育学研究》，1977(4)。

小松茂久：《新教育委員会制度について考える――教育委員会制度研究の視点から―》，載《教育行財政研究》，2016(43)。

桐田清秀：《戦後日本教育政策の変遷――教育課程審議会答申とその背景》，載《花園大学社会福祉学部研究紀要》，2010(3)。

天野郁夫：《全球化視野中的日本高等教育改革》，載《現代大学教育》，2006(6)。

三和義武：《臨時教育審議会における自由化論から個性主義への転換と審議会の特徴に関する一考察》，載《学び舎―教職課程研究―》，2020(3)。

桑原敏明：《少子化社会と教育政策の課題》，載《日本教育政策学会年報》，1997(4)。

寺田盛紀：《職業教育とキャリア教育及び高等教育との関連―政策形成への関与を振り返って―》，載《敬心・研究ジャーナル》，2021(1)。

后 记

第十九卷和第二十卷从世界六大洲主要国家以及国际组织在 20 世纪末至 21 世纪初期教育发展的行动和实践出发，探讨了教育发展的整体趋势及其背后所蕴含的社会潮流。从各章的内容中我们能大致清晰地了解 20 世纪至 21 世纪之交世界教育变革的进程。一方面我们感受到了教育和社会发展潮流澎湃的力量，如何激发每个人的创造性和潜能以成就幸福而正义的个人和社会这一古老的教育议题在新世纪焕发出新的光彩，在新的社会结构、技术和实践途径的推动下，这个问题的解决又向前迈进了一大步。但另一方面，我们也看到了全球教育发展的不均衡，在一些欠发达国家，在一些国家的欠发达地区，在不同的群体里，教育作为改善人们不利处境的最为有力的方式之一，依然受制于观念、经济、政治、社会等各个方面的条件，未能尽力发挥其自身的价值和作用。在一些地区，教育已经朝向实现每个人自由而全面的发展，而在另一些地区，部分儿童则连受教育的机会都未曾拥有。2019 年爆发的新型冠状病毒感染，一方面让我们在最大的范围内实验了网络教育的方式，为教育形态的更新积累了丰富的经验，这些经验无疑会让我们今后的教育发展体现出新的特征和道路；但另一方面也加深了我们对教育本质的理解和反思，教育的属人特性、教育的内化路径、教育的均衡道路都进入了一个需要进行新的思考的时期。

"路曼曼其修远兮，吾将上下而求索"，人类的教育不断地进入新的时代，教育发展的道路也将永无止境，伟大的教育理想将激励所有的教育工作者不断奋进，不断谱写新的教育篇章。

第十九卷前言由朱旭东(北京师范大学)撰写，第一章由杜钢(首都师范大学)撰写，第二章由郭志明(天津师范大学)、肖聪(天津师范大学)撰写，第三章、第十一章由乐先莲(南京师范大学)撰写，第四章由张梦琦(首都师范大学)、熊梓吟(上海交通大学)、郝东方(北京体育大学)撰写，第五章由孙进(北京师范大学)撰写，第六章由姜晓燕(中国教育科学研究院)撰写，第七章由万阳卓(北京语言大学)撰写，第八章由蔡瑜琢(芬兰坦佩雷大学)、李丽洁(天津师范大学)、左兵(岭南师范学院)撰写，第九章由任平(广州大学)、贺阳(山西工商学院)、李琛(广州大学)撰写，第十章由赵尚武(瑞典斯德哥尔摩大学)撰写。朱旭东负责主持全书的编写以及第一、二章的组稿，孙进负责第四、五、七、八、九、十章的组稿，乐先莲负责第三、六、十一章的组稿以及全书最后的通稿。

第二十卷第一章由杨驹(苏州科技大学)、姜星海(北京师范大学)撰写，第二章由姜星海(北京师范大学)、金玉(湖南师范大学)、郭成(北京师范大学)撰写，第三章、第九章、第十章由景珊珊(北京师范大学)、王晨(北京师范大学)撰写，第四章由郭志明(天津师范大学)撰写，第五章由欧玉芳(浙江师范大学)撰写，第六章由来自埃及的 Boulus Shehata(北京师范大学)用英文撰写，由王艳艳、景珊珊、刘敏、郑菲遐、李明妹、洪小涵和罗秋白分工译成中文，王晨校订，第七章由王美君(山东政法学院)撰写，第八章由阚阅(浙江大学)、沈蕾娜(首都师范大学)、丁瑞常(北京师范大学)、乔鹤(首都师范大学)、滕珺(北京师范大学)撰写，全卷最后由王晨统稿，罗秋白协助统稿，并校订注释。

在著作的撰写过程中，虽然遇到了各种困难，但所有的作者、译者、编者以及出版社编辑都认真积极应对，付出了辛勤的劳动和满腔的心血，在此特向各位作者、译者、编者和工作人员致谢。总主编吴式颖、李明德两位先生耄耋期颐之年，依然忘我工作，确定章节结构，审读最终书稿，给予修改意见，协调各卷编撰，志气克壮，老而弥新，实乃我辈楷模，在此一并致谢致敬。

因为才疏学浅，时间仓促，书中难免存在各种问题，也敬请各位方家指正。